Le Gu

R. Mattès/MICHELIN

Bretagne

Directeur	David Brabis
Rédactrice en chef	Nadia Bosquès
Rédation	Amaury de Valroger, Christine Coutaller
Mise à jour	Alexandra Forterre
Informations pratiques	Catherine Rossignol, Yves Croison, Marie Simonet.
Documentation	Eugenia Gallese, Yvette Vargas.
Cartographie	Alain Baldet, Michèle Cana, Josette Durand, Thierry Lemasson
Iconographie	Stéphane Sauvignier
Secrétariat de rédaction	Pascal Grougon, Danièle Jazeron
Correction	Sophie Jilet, Juliette Dablanc
Mise en page	Didier Hée
Conception graphique	Christiane Beylier à Paris 12e
Maquette de couverture	Laurent Muller
Fabrication	Pierre Ballochard, Renaud Leblanc
Marketing	Cécile Petiau, Ana Gonzalez
Ventes	Gilles Maucout (France), Charles Van de Perre (Belgique), Philippe Orain (Espagne, Italie), Jack Haugh (Canada), Stéphane Coiffet (Grand Export)
Relations publiques	Gonzague de Jarnac
Régie publicitaire et partenariats	michelin-cartesetguides-btob@fr.michelin.com

Le contenu des pages de publicité insérées dans ce guide n'engage que la responsabilité des annonceurs.

Pour nous contacter

Le Guide Vert Michelin
46, avenue de Breteuil
75324 Paris Cedex 07
☎ 01 45 66 12 34
Fax : 01 45 66 13 75
www.ViaMichelin.fr
LeGuideVert@fr.michelin.com

Parution 2006

Note au lecteur

L'équipe éditoriale a apporté le plus grand soin à la rédaction de ce guide et à sa vérification. Toutefois, les informations pratiques (prix, adresses, conditions de visite, numéros de téléphone, sites et adresses Internet...) doivent être considérées comme des indications du fait de l'évolution constante des données. Il n'est pas totalement exclu que certaines d'entre elles ne soient plus, à la date de parution du guide, tout à fait exactes ou exhaustives. Elles ne sauraient de ce fait engager notre responsabilité.

Ce guide vit pour vous et par vous ; aussi nous vous serions très reconnaissants de nous signaler les omissions ou inexactitudes que vous pourriez constater. N'hésitez pas à nous faire part de vos remarques et suggestions sur le contenu de ce guide. Nous en tiendrons compte dès la prochaine mise à jour.

À la découverte de la Bretagne

Terre d'élection des peintres, des marins, mais aussi des vacanciers, la Bretagne n'est pas une destination comme les autres. Rien, ni les flots capricieux ni les hasards du climat ne semblent avoir de prise sur cette région parfois ombrageuse, souvent mystérieuse, mais toujours attachante. Riche d'un exceptionnel patrimoine, de fortes traditions, d'hommes et de femmes de caractère, elle garde intact son pouvoir de séduction. Mais quel est son secret ? Est-ce l'appel du large, les pouvoirs magiques de Merlin, une spiritualité foisonnante ?

Ce qui frappe avant tout, c'est son incroyable diversité. Très visitée, la Bretagne ne cesse de surprendre ceux qui la parcourent. De la haute Bretagne au Finistère, de l'agitation de la côte au plus profond des forêts, elle offre mille visages, tous aussi marquants, tous aussi intéressants : les pas du promeneur conduisent toujours à un calvaire, une chapelle, un mégalithe ou un solide manoir ; les sentiers de douaniers découvrent à chaque tournant de nouvelles perspectives, d'inoubliables tableaux où les rochers rivalisent de couleur avec la mer ; dans les ports, des vedettes rapides ou de vénérables voiliers attendent leurs passagers pour des îles de rêve perdues entre Manche et Océan. L'enchantement se prolonge dans l'assiette où un choix illimité de poissons, d'impressionnants plateaux de fruits de mer, de savoureuses galettes accompagnées du fameux cidre régional sont toujours là pour la plus grande satisfaction des gourmets. Car le patrimoine ici n'est pas l'apanage des musées mais se vit, se partage au hasard des promenades, des rencontres et des nombreuses manifestations qui rythment les saisons.

L'équipe des Guides Verts Michelin
LeGuideVert@fr.michelin.com

Sommaire

Informations pratiques

Invitation au voyage

S. Sauvignier/MICHELIN

Le calvaire, ici à Pleyben, une silhouette traditionnelle en Bretagne.

R. Mattes/MICHELIN

Les danses folkloriques rencontrent toujours un grand succès.

Villes et sites

R. Mattes/MICHELIN

Retour de pêche au port du Guilvinec.

S. Sauvignier/MICHELIN

Coquillages et crustacés, les joies de la pêche à pied.

Cartes et plans

Les cartes routières qu'il vous faut

Comme tout automobiliste prévoyant, munissez-vous de bonnes cartes. Les produits Michelin sont complémentaires : ainsi, chaque ville ou site présenté dans ce guide est accompagné de ses références cartographiques sur la gamme de cartes Local que nous proposons.

Les **cartes Local**, ont été conçues pour ceux qui aiment prendre le temps de découvrir une zone géographique plus réduite (un ou deux départements) lors de leurs déplacements en voiture. Elles disposent d'un index complet des localités et proposent les plans des préfectures. Pour ce guide, consultez les cartes Local 303, 308, 309 et 316.

L'assemblage de nos cartes est présenté ci-dessous avec les délimitations de leur couverture géographique.

Les **cartes Régional**, couvrent le réseau routier secondaire et donnent de nombreuses indications touristiques. Elle sont pratiques lorsqu'on aborde un vaste territoire ou pour relier des villes distantes de plus de cent kilomètres. Elles disposent également d'un index complet des localités et proposent les plans des préfectures. Pour ce guide, utilisez la carte 512.

Et n'oubliez pas, la **carte de France n° 721** vous offre la vue d'ensemble de la région Bretagne au 1/1 000 000, avec ses grandes voies d'accès d'où que vous veniez.

Enfin sachez qu'en complément de ces cartes, le site Internet **www.ViaMichelin.fr** permet le calcul d'itinéraires détaillés avec leur temps de parcours, et offre bien d'autres services. Le Minitel **3615 ViaMichelin** vous permet d'obtenir ces mêmes informations ; les **3617** et **3623 Michelin** les délivrent par fax ou imprimante.

L'ensemble de ce guide est par ailleurs riche en cartes et plans, dont voici la liste :

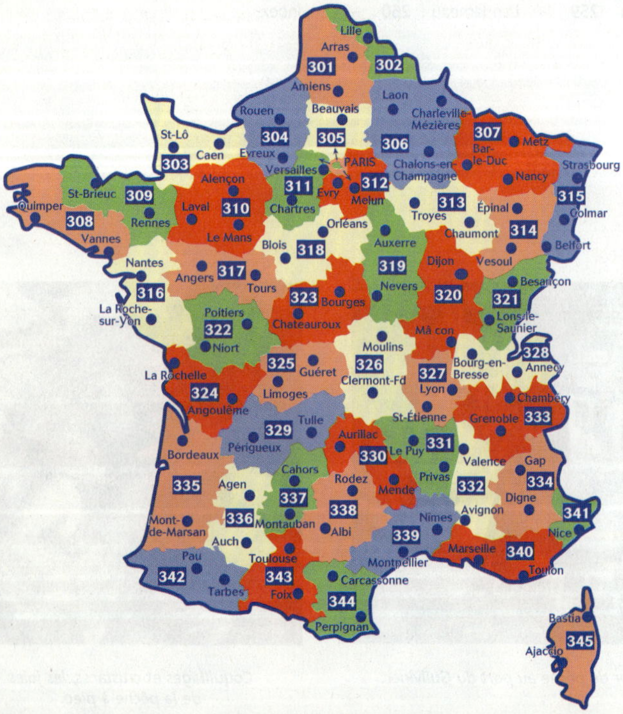

Cartes thématiques

Plans de villes

Plans de monuments

Cartes des circuits décrits

Légende

Monuments et sites

- Itinéraire décrit, départ de la visite
- Église
- Temple
- Synagogue - Mosquée
- Bâtiment
- Statue, petit bâtiment
- Calvaire
- Fontaine
- Rempart - Tour - Porte
- Château
- Ruine
- Barrage
- Usine
- Fort
- Grotte
- Habitat troglodytique
- Monument mégalithique
- Table d'orientation
- Vue
- Autre lieu d'intérêt

Sports et loisirs

- Hippodrome
- Patinoire
- Piscine : de plein air, couverte
- Cinéma Multiplex
- Port de plaisance
- Refuge
- Téléphérique, télécabine
- Funiculaire, voie à crémaillère
- Chemin de fer touristique
- Base de loisirs
- Parc d'attractions
- Parc animalier, zoo
- Parc floral, arboretum
- Parc ornithologique, réserve d'oiseaux
- Promenade à pied
- Intéressant pour les enfants

Abréviations

A	Chambre d'agriculture
C	Chambre de commerce
H	Hôtel de ville
J	Palais de justice
M	Musée
P	Préfecture, sous-préfecture
POL.	Police
	Gendarmerie
T	Théâtre
U	Université, grande école

	site	station balnéaire	station de sports d'hiver	station thermale
vaut le voyage	★★★	☼☼☼	✻✻✻	✝✝✝
mérite un détour	★★	☼☼	✻✻	✝✝
intéressant	★	☼	✻	✝

Autres symboles

ℹ	Information touristique
	Autoroute ou assimilée
❶ ❶	Échangeur : complet ou partiel
	Rue piétonne
	Rue impraticable, réglementée
	Escalier - Sentier
	Gare - Gare auto-train
S.N.C.F.	Gare routière
	Tramway
	Métro
P R	Parking-relais
♿	Facilité d'accès pour les handicapés
	Poste restante
	Téléphone
	Marché couvert
	Caserne
	Pont mobile
	Carrière
⚒	Mine
B F	Bac passant voitures et passagers
	Transport des voitures et des passagers
	Transport des passagers
③	Sortie de ville identique sur les plans et les cartes Michelin
Bert (R.)...	Rue commerçante
AZ B	Localisation sur le plan
►►	Si vous le pouvez : voyez encore...
⌚	Conditions de visite en fin de volume

Carnet pratique

	Catégories de prix :
⊖	À bon compte
⊖⊖	Valeur sûre
⊖⊖⊖	Une petite folie !
20 ch. : 38,57/57,17 €	Nombre de chambres : prix de la chambre pour une personne/chambre pour deux personnes
demi-pension ou pension : 42,62 €	Prix par personne, sur la base d'une chambre occupée par deux clients
6,85 €	Prix du petit déjeuner ; lorsqu'il n'est pas indiqué, il est inclus dans le prix de la chambre (en général dans les chambres d'hôte)
120 empl. : 12,18 €	Nombre d'emplacements de camping : prix de l'emplacement pour 2 personnes avec voiture
12,18 € déj. - 16,74/38,05 €	Restaurant : prix menu servi au déjeuner uniquement – prix mini/maxi : menus (servis midi et soir) ou à la carte
rest. 16,74/38,05 €	Restaurant dans un lieu d'hébergement, prix mini/maxi : menus (servis midi et soir) ou à la carte
repas 15,22 €	Repas type « Table d'hôte »
réserv.	Réservation recommandée
	Cartes bancaires non acceptées
P	Parking réservé à la clientèle de l'hôtel

Les prix sont indiqués pour la haute saison

Les plus beaux sites

NANTES	★★★	Vaut le voyage
Tréguier	★★	Mérite un détour
Pont-Aven	★	Intéressant
Quintin		Autre site décrit dans ce guide

La cotation des stations balnéaires répond à des critères liés à leur activité.

Itinéraire décrit dans ce guide: rechercher dans l'index en fin de guide un des sites du parcours pour retrouver la description détaillée de l'ensemble du circuit.

0 20 km

Circuits de découverte

Pour de plus amples explications, consulter la rubrique du même nom dans la partie "Informations pratiques" en début de guide.

Les hortensias, omniprésents en Bretagne.

R. Mattès/MICHELIN

Informations pratiques

Avant le départ

adresses utiles

Ceux qui aiment préparer leur voyage dans le détail peuvent rassembler toute la documentation utile auprès des professionnels du tourisme de la région. Outre les adresses indiquées ci-dessous, sachez que les coordonnées des **offices de tourisme** ou **syndicats d'initiative** des villes et sites décrits dans le corps de ce guide sont précisées au début de chaque chapitre (paragraphe « La situation »).

Un numéro pour la France, le 3265 – Un nouvel accès facile a été mis en place pour joindre tous les offices de tourisme et syndicats d'initiative en France. Il suffit de composer le 3265 (0,34€/mn) et prononcer distinctement le nom de la commune. Vous serez alors directement mis en relation avec l'organisme souhaité.

Organismes de tourisme

Bretagne infos 24h/24 – ☎ 02 99 36 15 15 - tlj sf w.-end 8h30-17h30.

Maison de la Bretagne – 203 bd St-Germain - 75007 Paris - ☎ 01 53 63 11 50 - www.tourismebretagne.com

Comité régional du tourisme de Bretagne – 1 r. Raoul-Ponchon - 35069 Rennes Cedex - ☎ 02 99 36 15 15 - www.tourismebretagne.com

Comités départementaux de tourisme

Ille-et-Vilaine – 4 r. Jean-Jaurès - BP 60149 - 35101 Rennes Cedex 3 - ☎ 02 99 78 47 40 - www.bretagne35.com

Loire-Atlantique – 2 allée Baco – BP 20 502 - 44005 Nantes Cedex 1 - ☎ 02 51 72 95 30 - www.loire-atlantique-tourisme.com

Côtes-d'Armor – 7 r. St-Benoît - BP 4620 - 22046 St-Brieuc Cedex 2 - ☎ 02 96 62 72 01 - www.cotesdarmor.com

Finistère – 11 r. Théodore-Le-Hars – BP 1419 - 29104 Quimper Cedex - ☎ 02 98 76 20 70 - www.finisteretourisme.com

Morbihan – PIBS - allée Nicolas-Leblanc - BP 408 - 56010 Vannes Cedex - ☎ 02 97 54 06 56 - www.morbihan.com

Fédération régionale des pays d'accueil de Bretagne – 2 pl. Bisson - BP 24 - 56301 Pontivy Cedex - ☎ 02 97 51 46 16 - frpat-bretagne@wanadoo.fr

Adresses électroniques

Bretagne infos – Vous pouvez surfer sur les sites internet suivants, en plus des adresses mentionnées ci-dessus : www.tourisme.fr, www.iles-du-ponant.com, www.bretagne.com (actualités), www.inet-bretagne.fr, www.sellor.com, www.littoral-ouest.com, www.tourismebretagne.com, www.formulesbretagne.com

Villes et Pays d'art et d'histoire

Sous ce label décerné par le ministère de la Culture et de la Communication sont regroupés quelque 130 villes et pays qui œuvrent activement à la mise en valeur et à l'animation de leur architecture et de leur patrimoine. Dans les sites appartenant à ce réseau sont proposées des visites générales ou insolites (1h30 ou plus), conduites par des guides-conférenciers et des animateurs du patrimoine agréés par le ministère (voir également « La destination en famille »). Renseignements auprès des offices de tourisme des villes ou sur le site www.vpah.culture.fr

Les Villes et Pays d'art et d'histoire cités dans ce guide sont :

Auray, Concarneau, Dinan, Dinard, Fougères, Guérande, Nantes, Quimper, Rennes, Saint-Malo, Vannes et Vitré.

météo

Quel temps pour demain ?

Les services téléphoniques de Météo France.

Taper 3250 suivi de :

1 : toutes les prévisions météo départementales jusqu'à 7 jours (DOM-TOM compris).

2 : météo des villes.

3 : météo plages et mer.

6 : météo internationale.

Accès direct aux prévisions du département : ☎ 0 892 680 2 suivi du numéro du département (0,34 €/mn).

Prévisions pour l'aviation ultra-légère (vol libre et vol à voile) : ☎ 0 892 681 014 (0,34 €/mn).

Toutes ces informations sont également disponibles sur www.meteo.fr

G. Targat/MICHELIN

Tempête sur la Côte Sauvage de Quiberon.

Climat

La réputation du climat breton n'est pas sans être entachée de quelques gouttes de pluie ou perlée par les embruns du large. La situation géographique de la Bretagne qui s'avance en plein océan Atlantique, en fait un carrefour d'influences météorologiques souvent contradictoires entre les perturbations du front polaire venant de l'Est et les vents dominants qui soufflent à l'Ouest. La Bretagne est donc une zone de dépressions : le climat y est doux et un peu humide. Aussi, grâce au phénomène des marées, le mauvais temps ne s'installe jamais et le soleil ne tarde pas à percer les fâcheux cirrus, cumulus et autres nimbostratus qui s'avèrent moins mobiles sur les régions françaises plus continentales. Cette particularité bretonne fait que l'on rencontre une flore souvent méditerranéenne jusque sur le littoral des Côtes-d'Armor ou du Finistère bien que ces mêmes côtes abritent des espèces boréales... En Bretagne, vous n'aurez jamais froid, la neige reste exceptionnelle, mais vous souffrirez rarement de la chaleur, grâce à la brise marine. Cela dit, le département de la Loire-Atlantique, qui n'appartient déjà plus à la Bretagne administrative, connaît en été d'assez fortes vagues de chaleur, surtout à l'intérieur des terres.

transports

Par route

L'autoroute Océane (A 11), puis l'A 81 et la N 157 conduisent de Paris à Rennes ; il est également possible de prendre l'A 13 et l'A 84 (autoroute des Estuaires) en passant par Caen. L'A 11 (E 501, puis E 60) mène directement à Nantes.

Échelle anénométrique de Beaufort

FORCE	*APPELLATION*	*VITESSE DU VENT*		*POINTS DE REPÈRE*	
		nœud	km/h	à terre	en mer
0	Calme	1	1	La fumée monte tout droit	La mer est d'huile
1	Très légère brise	1 à 3	1 à 5	La fumée est déviée	Petites rides
2	Légère brise	4 à 6	6 à 11	Le feuillage frémit	Vaguelettes courtes
3	Petite brise	7 à 12	12 à 19	Le feuillage est constamment agité	Petites vagues, quelques moutons
4	Jolie brise	11 à 16	20 à 28	Sable et poussière s'envolent	Vagues plus longues, moutons
5	Bonne brise	17 à 21	29 à 38	Les arbustes se balancent	Vagues allongées, nombreux moutons
6	Vent frais	22 à 27	39 à 49	Les fils électriques sifflent	Embruns, lames, écume
7	Grand-frais	28 à 33	50 à 61	Les arbres sont agités, la marche est pénible	L'écume est soufflée en traînées
8	Coup de vent	34 à 40	62 à 74	Marche contre le vent impossible	Vagues de plus de 5 m
9	Fort coup de vent	41 à 47	75 à 88	Dégâts sur les constructions	Grosses lames, visibilité réduite
10	Tempête	48 à 55	89 à 102	Arbres déracinés	Déferlement en rouleaux
11	Violente tempête	56 à 63	103 à 107	Très gros dégâts	Rouleaux énormes, mer recouverte d'embruns
12	Ouragan	64 et plus	118 et plus	Rare dans les terres (1987, 1999)	Visibilité quasi nulle, mer devenue blanche d'écume

Paris-Rennes : 349 km, environ 3h20
Paris-Nantes : 382 km, compter 3h30
Paris-Brest : 597 km, environ 5h40
Il n'y a pas d'autoroute payante en Bretagne ; les voies express sont gratuites.

La **carte Michelin n° 726** au 1/1 000 000 donne les grands itinéraires, les temps de parcours, les itinéraires de dégagement ainsi qu'un calendrier des prévisions de circulation.

Informations sur Internet et Minitel – Le site Internet **www.ViaMichelin.fr** offre une multitude de services et d'informations pratiques d'aide à la mobilité (calcul d'itinéraires, cartographie, depuis les cartes de pays aux plans de villes, sélection d'hôtels et restaurants du Guide Rouge Michelin...) en France et en Europe.

Les calculs d'itinéraires sont également accessibles sur Minitel (3615 ViaMichelin) et peuvent être envoyés par fax (3617 ou 3623 Michelin).

Informations autoroutières – 3 r. Edmond-Valentin - 75007 Paris - informations sur les conditions de circulation sur les autoroutes au ☎ 0 892 681 077 - www.autoroutes.fr

Location de voitures

Ada – Central de réservation - ☎ 0 825 169 169 (0,15 €/mn) - www.ada.fr

Avis – Réservation France ☎ 0 820 050 505 - www.avis.fr

Europcar – Réservation France - ☎ 0 825 358 358 - www.europcar.fr

Hertz – Service de réservation ☎ 0 825 861 861 - www.hertz.fr

Par rail

Depuis Paris (gare Montparnasse), le train permet de rejoindre les grandes villes de l'Ouest que sont Nantes (2h), Rennes (2h), Brest (4h) et Quimper (4h). La ligne Paris-Le Croisic dessert Nantes, St-Nazaire et La Baule. La ligne Paris-Quimper dessert Rennes, Redon, Vannes, Auray, Lorient, Quimperlé, Rosporden. La ligne Paris-Brest dessert Rennes, Lamballe, St-Brieuc, Guingamp, Plouaret-Trégor, Morlaix et Landerneau. Desserte de St-Malo par TGV directs à partir de 2006.

F. Le Divenah/PHOTONONSTOP

☎ 3635 (informations-vente) - renseignements et réservations : 3615 SNCF. www.voyages-sncf.com

Par air

La région, dotée de plusieurs aéroports, est reliée aux principales villes françaises et européennes.

COMPAGNIES AÉRIENNES :

Air France – La compagnie dessert l'aéroport de Nantes depuis Clermont-Ferrand, Lyon, Toulouse, Marseille, Ajaccio (l'été seulement), Lille, Bordeaux, Brest, Strasbourg et Paris ; de Rennes depuis Bordeaux, Lyon, Marseille, Montpellier, Mulhouse, Nice, Strasbourg, Toulouse et Paris. La compagnie assure également des liaisons journalières entre Nantes, Lyon, Nice, Marseille, Paris et l'aéroport de Brest. En outre, Paris est relié à Rennes, Lyon et Paris à l'aéroport de Lorient. Renseignements et réservations : ☎ 0 820 820 820 - www.airfrance.fr

AÉROPORTS QUI DESSERVENT LA RÉGION :

Aéroport Nantes Atlantique – CCI - 44346 Bouguenais Cedex - ☎ 02 40 84 80 00 (accueil-informations 24h/24) - www.nantes.aeroport.fr

Aéroport international de Brest-Guipavas – Situé à 9 km au NE de Brest - 29490 Guipavas - ☎ 02 98 32 01 00 - www.brest.aeroport.fr

Aéroport de Rennes – BP 29155 - 35091 Rennes Cedex 9 - ☎ 02 99 29 60 00 - www.rennes.aeroport.fr

Aéroport de Lorient Bretagne Sud – L'aéroport de Lorient Bretagne Sud - 56270 Ploemeur - ☎ 02 97 87 21 50 - www.lorient.aeroport.fr - liaisons quotidiennes de/vers Paris et Lyon et liaisons hebdomadaires de/vers Galway, Cork et Waterford en Irlande.

Aéroport de Quimper-Cornouaille – 29700 Pluguffan - ☎ 02 98 94 30 30.

Aéroport de Lannion – Côte de Granit – Av. Pierre-Marzin - 22300 Lannion - ☎ 02 96 05 82 22 - www.lannion.aeroport.fr

Par bateau

Pour connaître les conditions de traversée par bateau vers les îles, se reporter aux « carnets pratiques » des chapitres concernés.

TROUVER LE N° D'UN HÔTEL
DANS LA RÉGION.

118 000

LES RENSEIGNEMENTS. TOUT SIMPLEMENT

0,96 euros TTC la minute depuis un fixe ; pour les appels depuis un mobile, tarif en fonction des opérateurs.

FCB Paris

G. Targat/MICHELIN

Pointe de l'Arcouest, retour de Bréhat.

tourisme et handicapés

Lancé en 2001, le **label national Tourisme et Handicap** est délivré en fonction de l'accessibilité des équipements touristiques et de loisirs au regard des quatre grands handicaps : auditif, mental, moteur ou visuel. À ce jour, un millier de sites labellisés (hébergement, restauration, musées, équipements sportifs, salles de spectacles, etc.) ont été répertoriés en France. Vous pourrez en consulter la liste sur le site Internet de Maison de France à l'adresse suivante : www.franceguide.com.

Pour de plus amples renseignements au sujet de l'accessibilité des musées aux personnes atteintes de handicaps moteurs ou sensoriels, consulter le site http://museofile.culture.fr

Enfin, un certain nombre de curiosités décrites dans ce guide sont accessibles aux handicapés. Elles sont signalées par le symbole ♿.

Guides Michelin France et Guide Camping Michelin France – Révisés chaque année, ils indiquent respectivement les chambres accessibles aux handicapés physiques et les installations sanitaires aménagées.

Hébergement, restauration

Le pourtour de la côte n'est pas avare en hôtels et en campings, des plus simples aux plus sophistiqués. Nombreux sont les ports où l'on trouvera un petit hôtel sympathique à l'accueil familial, alors que les grandes stations balnéaires telles que Dinard, Perros-Guirec ou La Baule s'enorgueillissent d'établissements très luxueux qui participent au prestige de leurs plages. En revanche, la Bretagne intérieure s'est davantage spécialisée dans les gîtes ruraux et les chambres d'hôte, parfois même jusque dans les endroits les plus reculés de l'Argoat que sont le pays de Guerlédan, les Montagnes Noires ou le pays du Mené dont Loudéac et Moncontour sont les centres importants.

S'en étonnera-t-on ? Les grandes tables et les auberges de caractère bretonnes servent une cuisine que l'on qualifiera volontiers de maritime. Le homard est roi, qu'il soit en cocotte ou rôti au jus, et on trouvera d'alléchantes déclinaisons de coquilles Saint-Jacques et de langoustines, ainsi qu'un très riche éventail de poissons bien tentants (filet de saint-pierre à la coriandre, turbot fourré au crabe, galette de rouget au romarin, bar farci d'huîtres tièdes...). Les restaurants plus accessibles servent quelques plats traditionnels qui ont également fait la renommée de la cuisine bretonne : les huîtres, bien entendu, mais également la cotriade (plat populaire à base de poissons locaux, crustacés et légumes) et l'incontournable plateau de fruits de mer (tourteau ou araignée, palourdes, bulots, langoustines, crevettes, huîtres... accompagnés de mayonnaise, de pain blanc et de pain noir, de beurre salé). Sachez aussi apprécier la carte des restaurateurs locaux qui proposent des spécialités régionales telles que le *kig ha farz* du Léon (pot-au-feu à base de blé noir), la frigousse du pays de Rennes (pot-au-feu à base d'artichauts, de tomates ou de marrons), la morue sous toutes ses formes dans les Côtes-d'Armor, ou encore un poisson d'eau douce au beurre blanc dans le pays nantais où cette recette désormais nationale vit le jour. Enfin, la légion des crêperies participe à la table bretonne. La galette de sarrasin, qui constitua des siècles durant la base de l'alimentation paysanne, fait aujourd'hui le régal des touristes, quel que soit son accompagnement pourvu que la bolée de cidre ne soit pas loin !

Une petite pause à Locronan.

G. Targat/MICHELIN

les adresses du guide

Pour la réussite de votre séjour, vous trouverez la sélection des bonnes adresses de la collection LE GUIDE VERT. Nous avons sillonné la région pour repérer des chambres d'hôte et des hôtels, des restaurants et des fermes-auberges ... En privilégiant des étapes, souvent agréables, au cœur des villes, des villages ou sur nos circuits touristiques, en pleine campagne ou les pieds dans l'eau , des maisons de pays, des tables régionales, des lieux de charme et des adresses plus simples... pour découvrir la région autrement : à travers ses traditions, ses produits du terroir, ses recettes et ses modes de vie. Le confort, la tranquillité et la qualité de la cuisine sont bien sûr des critères essentiels ! Toutes les maisons ont été visitées et choisies avec le plus grand soin, toutefois il peut arriver que des modifications aient eu lieu depuis notre dernier passage : faites-le nous savoir, vos remarques et suggestions seront toujours les bienvenues !
Les prix que nous indiquons sont ceux pratiqués en **haute saison** ; hors saison, de nombreux établissements proposent des tarifs plus avantageux, renseignez-vous...

Mode d'emploi

Au fil des pages, vous découvrirez nos carnets pratiques : toujours rattaches a des villes ou à des sites touristiques remarquables du guide, ils proposent une sélection d'adresses à proximité. Si nécessaire, l'accès est donné à partir du site le plus proche ou sur des schémas régionaux.
Dans chaque carnet, les maisons sont classées en trois catégories de prix pour répondre à toutes les attentes :
Vous partez avec un budget inférieur à 40 € ? Choisissez vos adresses parmi celles de la catégorie ⊖ : vous trouverez là des hôtels, des chambres d'hôtes simples et conviviales et des tables souvent gourmandes, toujours honnêtes, à moins de 14 €.
Votre budget est un peu plus large, jusqu'à 65 € pour l'hébergement et 30 € pour la restauration. Piochez vos étapes dans les ⊖⊖. Dans cette catégorie, vous trouverez des maisons, souvent de charme, de meilleur confort et plus agréablement aménagées, animées par des passionnés, ravis de vous faire découvrir leur demeure et leur table. Là encore, chambres et tables d'hôte sont au rendez-vous, avec également des hôtels et des restaurants plus traditionnels, bien sûr.
Vous souhaitez vous faire plaisir, le temps d'un repas ou d'une nuit, vous aimez voyager dans des conditions très confortables ? Les catégories ⊖⊖⊖ et ⊖⊖⊖⊖ sont pour vous... La vie de château dans de luxueuses chambres d'hôte pas si chères que cela ou dans les palaces et les grands hôtels : à vous de choisir ! Vous pouvez aussi profiter des décors de rêve de lieux mythiques à moindres frais, le temps d'un brunch ou d'une tasse de thé... À moins que vous ne préfériez casser votre tirelire pour un repas gastronomique dans un restaurant renommé. Sans oublier que la traditionnelle formule « tenue correcte exigée » est toujours d'actualité dans ces élégantes maisons

L'hébergement

Les hôtels

Nous vous proposons un choix très large en terme de confort. La location se fait à la nuit et le petit-déjeuner est facturé en supplément. Certains établissements assurent un service de restauration également accessible à la clientèle extérieure.

Les chambres d'hôte

Vous êtes reçu directement par les habitants qui vous ouvrent leur demeure. L'atmosphère est plus conviviale qu'à l'hôtel, et l'envie de communiquer doit être réciproque : misanthropes, s'abstenir ! Les prix, mentionnés à la nuit, incluent le petit-déjeuner. Certains propriétaires proposent aussi une table d'hôte, en général le soir, et toujours réservée aux résidents de la maison. Il est très vivement conseillé de réserver votre étape, en raison du grand succès de ce type d'hébergement.
NB : certains établissements ne peuvent pas recevoir vos compagnons à quatre pattes ou les accueillent moyennant un supplément, pensez à le demander lors de votre réservation.

La restauration

Pour répondre à toutes les envies, nous avons sélectionné des restaurants régionaux bien sûr, mais aussi classiques, exotiques ou à thème... Et des lieux plus simples, où vous pourrez grignoter une salade composée, une tarte salée, une pâtisserie ou déguster des produits régionaux sur le pouce.
Quelques fermes-auberges vous permettront de découvrir les saveurs des terroirs de France. Vous y goûterez des produits authentiques provenant de l'exploitation agricole, préparés dans la tradition et généralement servis en menu unique. Le service et l'ambiance sont bon enfant. Réservation obligatoire !
Par ailleurs, si vous souhaitez déguster des spécialités régionales dans une auberge ou mitonner vous-même de bons petits plats avec les produits du terroir, le **Guide Gourmand Michelin Bretagne** vous permettra de trouver les boutiques de bouche reconnues, les adresses des marchés, la liste des spécialités culinaires régionales et leurs recettes, des adresses de restaurants aux menus inférieurs à 28 €.
Enfin, n'oubliez pas que les restaurants d'hôtels peuvent vous accueillir.

et aussi...

Si d'aventure, vous n'avez pu trouver votre bonheur parmi toutes nos adresses, vous pouvez consulter les Guides Michelin d'hébergement ou, en dernier recours, vous rendre dans un hôtel de chaîne.

Le Guide Michelin France

Pour un choix plus étoffé et actualisé, Le Guide Michelin France recommande hôtels et restaurants sur toute la France. Pour chaque établissement, le niveau de confort et de prix est indiqué, en plus de nombreux renseignements pratiques. Les bonnes tables, étoilées pour la qualité de leur cuisine, sont très prisées par les gastronomes. Le symbole **« Bib Gourmand »** sélectionne les tables qui proposent une cuisine soignée à moins de 26 € (prix d'un repas hors boisson).
Le symbole **« Bib Hôtel »** signale des hôtels pratiques et accueillants offrant une prestation de qualité avec une majorité de chambres à moins de 67 € (prix pour 2 personnes, hors petit-déjeuner).

Le Guide Camping Michelin France

Le Guide Camping Michelin France propose tous les ans une sélection de terrains visités régulièrement par nos inspecteurs. Renseignements pratiques, niveau de confort, prix, agrément, location de bungalows, de mobile homes ou de chalets y sont mentionnés.

Les chaînes hôtelières

L'hôtellerie dite « économique » peut éventuellement vous rendre service. Sachez que vous y trouverez un équipement complet (sanitaire privé et télévision), mais un confort très simple. Souvent à proximité de grands axes routiers, ces établissements n'assurent pas de restauration. Toutefois, leurs tarifs restent difficiles à concurrencer (moins de 45 € la chambre double). En dépannage, voici donc les centrales de réservation de quelques chaînes :
B&B – ☎ 08 92 78 29 29
Etap Hôtel – ☎ 0 892 688 900
Villages Hôtel – ☎ 03 80 60 92 70

Enfin, les hôtels suivants, un peu plus chers (à partir de 60 € la chambre), offrent un meilleur confort et quelques services complémentaires :
Campanile – ☎ 01 64 62 46 46
Kyriad – ☎ 0 825 003 003
Ibis – ☎ 0 825 882 222

Hébergement rural

Maison des Gîtes de France et du tourisme vert – 59 r. St-Lazare - 75439 Paris Cedex 09 - ☎ 01 49 70 75 75 - www.gites-de-france.com - cet organisme donne les adresses des relais départementaux et publie des guides sur les différentes possibilités d'hébergement en milieu rural (gîtes ruraux, chambres et tables d'hôte, gîtes d'étape, chambres d'hôte de charme, gîtes de neige, gîtes de pêche, gîtes d'enfants, camping à la ferme, gîtes Panda).

Gîtes d'étapes – Les randonneurs peuvent consulter le guide « Gîtes d'étapes, refuges », de A. et S. Mouraret (Rando Éditions La Cadole - 74 r. A.-Perdreaux - 78140 Vélizy - ☎ 01 34 65 11 89) - www.gites-refuges.com - cet ouvrage est principalement destiné aux amateurs de randonnée, d'alpinisme, d'escalade, de ski, de cyclotourisme et de canoë-kayak.

Hôtels et chambres d'hôte en ligne – Vous pouvez consulter les offres de séjours et escapades de « Formules Bretagne » sur le site www.formulesbretagne.com - renseignements ☎ 01 53 63 11 53.

Bienvenue à la ferme – Pour un contact privilégié avec la nature, demandez le catalogue de Bienvenue à la ferme (fermes de séjour, fermes auberges, visites, produits fermiers, vacances enfants) - ☎ 02 23 48 27 73 - www.bretagnealaferme.com

Auberges de jeunesse

Ligue française pour les auberges de la jeunesse – 67 r. Vergniaud - bâtiment K - 75013 Paris - ☎ 01 44 16 78 78 - www.auberges-de-jeunesse.com - la carte LFAJ est délivrée en échange d'une cotisation annuelle de 10,70 € pour les moins de 26 ans et de 15,25 € au-delà de cet âge.

H. Le Gac/MICHELIN

Terrasse à Nantes.

Services de réservation Loisirs Accueil

La Fédération nationale des services de réservation Loisirs Accueil – 280 bd St-Germain - 75007 Paris - ☎ 01 44 11 10 44 - www.resinfrance.com ou www.loisirsaccueilfrance.com - la Fédération propose un large choix d'hébergements et d'activités de qualité, édite un annuaire regroupant les coordonnées des 62 services Loisirs-Accueil et, pour tous les départements, une brochure détaillée.

Editorial Marque Communiqué

Toyota Prius

Demain commence aujourd'hui

Et si la solution aux problèmes d'environnement existait déjà ? Avec sa technologie hybride révolutionnaire, la Toyota Prius marie écologie, agrément de conduite et performances.

Réduire les émissions sans sacrifier les performances

Dans la course à la voiture moins polluante, Toyota possède une longueur d'avance grâce à la propulsion hybride. Le moteur essence habituel est complété par un moteur électrique relié à des batteries très compactes. Le moteur électrique procure alors un couple très important, équivalent à celui d'une puissante motorisation turbo-Diesel, gage de belles accélérations, avec une pollution nulle. La Prius accélère de 0 à 100 km/h en seulement 10,9 s.

Pour le conducteur, une auto comme une autre

Le système hybride, baptisé HSD (Hybrid Synergy Drive), est entièrement géré électroniquement. Pierre-Gilles de Gennes, prix Nobel de physique en 1991 ne tarit pas d'éloges : *"Le moteur hybride est aujourd'hui la meilleure solution pour diminuer la pollution et la consommation d'énergies fossiles"*. Pour cet homme de science, *"le moteur hybride est un progrès considérable et probablement la solution aux problèmes engendrés par l'automobile pour les 20 prochaines années"*.

Un silence de fonctionnement digne d'une limousine

Grâce à l'utilisation régulière du moteur électrique, le fonctionnement du système hybride se caractérise par une douceur et un silence digne d'une limousine. La combinaison transparente et imperceptible de ses deux sources d'énergie permet à la Toyota Prius de concilier des consommations et des émissions en baisse, un agrément de conduite préservé et un confort royal. Cerise sur le gâteau, en tant que véhicule propre, elle fait profiter son acheteur particulier d'un crédit d'impôts de 1 525 €*. Avec la Prius, tout le monde est gagnant, l'environnement comme le conducteur !

N°Azur 0 810 010 088
PRIX APPEL LOCAL

TODAY TOMORROW TOYOTA
Aujourd'hui, demain

HYBRID SYNERGY DRIVE
ESSENCE / ELECTRICITE

UNE TONNE DE CO_2 EN MOINS PAR AN !**
CONSOMMATION MIXTE : 4.3 L/100KM***

*Pour les particuliers conformément au bulletin officiel des impôts Art 5. B-C1-03 N°2 du 3 Janvier 2003
**Une tonne de CO_2 de moins qu'une berline familiale à moteur Diesel. Moyenne calculée sur 20 000 km/an.
***Consommations L/100 km (Normes CE) : cycle urbain, extra-urbain, mixte : 5,0/4,2/4,3. Emissions de CO_2 (en cycle mixte) : 104g/km

choisir son lieu de séjour

Faire un tel choix, c'est déjà connaître quel type de voyage vous envisagez. La carte que nous vous proposons fait apparaître des villes-étapes, localités de quelque importance possédant de bonnes capacités d'hébergement, et qu'il faut visiter. Les lieux de séjour traditionnels sont sélectionnés pour leurs possibilités d'accueil et l'agrément de leur site. Enfin, les villes de Rennes, Nantes, St-Malo, Quimper et Vannes, ainsi que Belle-Île méritent d'être classées parmi les destinations de week-end.
Les offices de tourisme et syndicats d'initiative renseignent sur les possibilités d'hébergement autres que les hôtels et terrains de camping décrits dans les publications Michelin, et sur les activités locales de plein air, les manifestations culturelles ou sportives de la région.

Propositions de séjours

idées de week-ends

NANTES

Pour bien débuter la découverte de la cité des ducs, commencez par la cathédrale et ses gisants, puis gagnez le château et ses douves herbeuses. Vous voici dès le départ au cœur de l'histoire nantaise. Poursuivez en allant flâner dans les rues qui entourent Ste-Croix, un quartier sympathique où vous ne tarderez pas à repérer un endroit où aller déjeuner en plein air, de quelques huîtres par exemple... Une promenade digestive

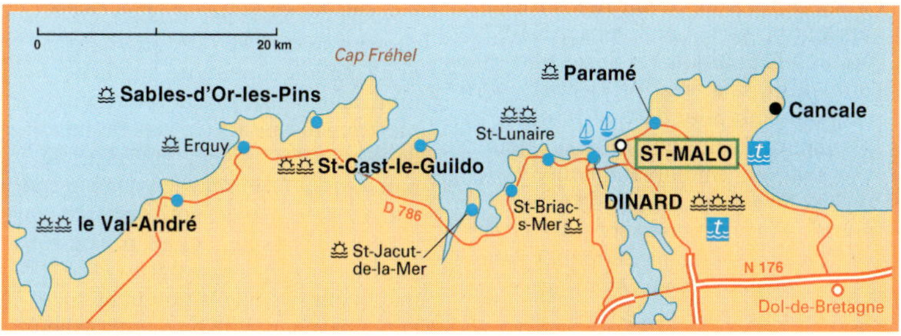

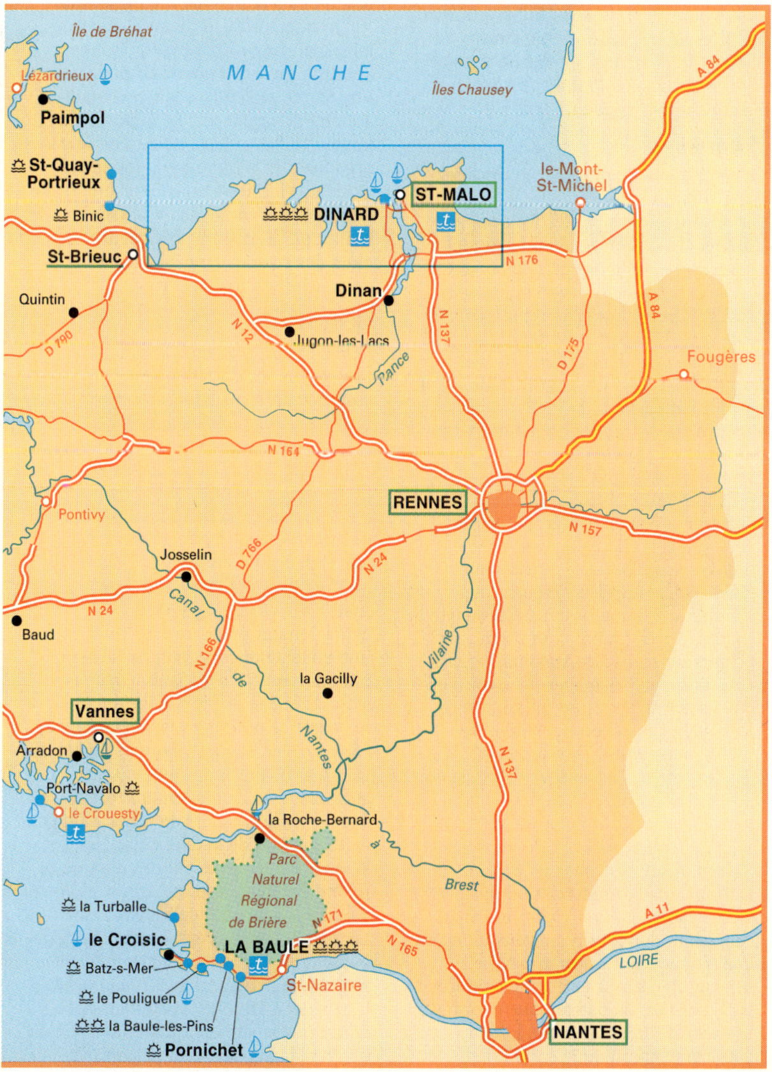

s'impose ! Direction l'ancienne île Feydeau et ses hôtels d'armateurs. Puisque nous sommes samedi, un brin de lèche-vitrine sera un doux prétexte à visiter les alentours de la place Royale, dont le beau passage Pommeraye aux nombreuses boutiques. Si le soleil frappe un peu, vous terminerez votre balade du côté des terrasses de la place du Commerce, à moins que vous ne préfériez visiter le musée Dobrée ou les ombrages du distingué cours Cambronne. Après avoir peut-être assisté à un match de football du FC Nantes à la Beaujoire et après une bonne nuit, saisissez la fraîcheur matinale pour aller découvrir les splendeurs du musée des Beaux-Arts. Il sera bientôt midi quand vous sortirez du musée, gagnez la gare fluviale pour une croisière (-déjeuner) sur l'Erdre ou allez pique-niquer dans les douves du château. Avant de reprendre la route ou le train, consacrez le reste de votre après-midi à la visite d'un musée (Jules-Verne, Maillé-Brézé, Muséum d'histoire naturelle) et n'oubliez pas de passer par le jardin des Plantes, assurément un des plus riches du pays.

Saint-Malo

Il est difficile de profiter, en un week-end, du riche patrimoine malouin sans se laisser séduire par les irrésistibles sirènes de la mer. On vient à St-Malo pour le spectacle des grandes marées, pour les joies de la plage, mais il ne faudrait pas oublier la magnifique cité corsaire. Rejoignez sans tarder les remparts pour profiter de l'éclairage matinal sur la ville et sur la mer, avant d'aller flâner dans les ruelles de la cité jusqu'à vous y égarer ; vous trouverez toujours une porte ouverte dans les remparts pour profiter d'une perspective inattendue. La visite du château et de son musée d'Histoire vous plongera dans le passé mouvementé de la ville de Jacques Cartier ; les tourelles de guet vous y réservent de superbes vues sur la cité et la côte. Après un bon après-midi sur la plage, retournez à St-Malo *intra-muros* ; vous pourrez y déguster de savoureuses crêpes avant d'assister, en amoureux, au coucher du soleil. Le lendemain matin, vous vous aventurez à l'extérieur des remparts. Vous pouvez aller du côté du Fort national et, si la marée le permet, vers l'île du Grand Bé. Puis, selon le temps qu'il fait, rendez-vous à St-Servan-sur-Mer pour vous promener le long de la corniche d'Aleth jusqu'à la tour Solidor, ou bien visitez le Grand Aquarium dont l'univers vous plongera dans le monde sous-marin. Mais, surtout, consacrez votre après-midi à une croisière en bateau, que ce soit sur la vallée de la Rance ou le long de la côte vers Dinard ou le cap Fréhel.

Belle-Île

Vous voulez rompre avec la ville, vous voulez vraiment changer d'air, alors, pas de doute, Belle-Île est votre destination de week-end idéale. Pour cela, rendez-vous à Quiberon pour embarquer avec votre voiture vers le port du Palais. Dès que vous aurez abordé le quai de ce petit port, vous serez déjà bien loin de tout. Allez poser vos petits bagages à votre hôtel, puis engagez votre mission flânerie, en vous promenant par exemple dans la citadelle fortifiée par Vauban, en choisissant un petit café où manger une cotriade et boire un ballon de muscadet. Sans brusquerie aucune, maintenant que vous êtes réellement dans un autre univers, envisagez de parcourir la Côte sauvage, vers le Sud, vers l'Est ou vers le Nord, comme vous le sentez. Vous ne risquez pas de vous perdre ! Les sites agréables ne manquent pas : de la pointe des Poulains à la pointe du Skeul, Belle-Île réserve des points de vue enivrants. Vous saurez bien, à mesure que l'air iodé creusera votre appétit, trouver l'endroit qui vous attendait pour passer une soirée face à l'Océan et à une belle assiette de crustacés. Le lendemain, si la voiture vous lasse, pourquoi ne pas organiser un pique-nique, louer un vélo, et, s'il fait beau, gagner une plage de sable fin. Vous vous y laisserez bercer par le rythme des vagues. Il y a alors des risques pour que vous décidiez de ne plus rentrer.

Quimper

Samedi matin, pas une hésitation, rendez-vous dans la belle et commerçante rue Kéréon. Ses jolies vitrines et ses belles maisons à encorbellement ne doivent pas vous empêcher de louvoyer dans les rues adjacentes, et spécialement dans les rue des Boucheries et rue du Sallé. Pour déjeuner, vous trouverez tout ce qu'il faut sans trop vous en écarter. L'après-midi sera culturelle, tout d'abord avec le musée des Beaux-Arts, très agréablement présenté, où l'on verra une attachante collection de tableaux bretons, ensuite avec la majestueuse cathédrale St-Corentin, entièrement restaurée, aux remarquables vitraux du 15e s. Le soir venu, de bonnes crêpes ou galettes vous rassureront sur votre gourmandise. Le lendemain matin, découvrez les ateliers de fabrication et de décoration de la faïencerie Henriot : la visite est commentée et intéressera même les connaisseurs. Après un passage à la proche église N.-D.-de-Locmaria, lequel d'entre vous résistera à une croisière (-déjeuner) sur l'Odet aux rives enchanteresses ? Du port du Corniguel à Bénodet et Ste-Marine, découvrez le site où Tabarly avait choisi de vivre lorsqu'il n'était pas en mer.

De retour en ville, on pourra encore visiter le Musée départemental breton et ses traditions populaires, ainsi que le jardin de l'évêché qui offre une belle vue sur les flèches de la cathédrale.

Vannes

Vannes est une cité charmante dont la vieille ville vous séduira sans attendre. À partir de la place Gambetta, qui fait face au port de plaisance, on peut apprécier les remparts en longeant la Marle aux étonnants lavoirs en ardoise et la verte promenade de la Garenne. On entrera vraiment dans la ville dont l'Aramis de Dumas fut l'évêque, en passant par la porte Prison au nom pourtant peu engageant : on découvre alors une ancienne cité très élégamment restaurée où il est plaisant de marcher au gré des beautés architecturales qu'elle conserve. Après un petit en-cas, on visitera la Cohue et sa galerie des Beaux-Arts ainsi que la cathédrale St-Pierre et son trésor, avant d'apprécier les vestiges préhistoriques du Musée archéologique. Il sera alors temps pour les gourmands de penser au plateau de fruits de mer qu'ils dégusteront en soirée. Le dimanche, vous abandonnerez Vannes pour découvrir le golfe du Morbihan, mais auparavant, un passage par l'Aquarium océanographique et tropical ainsi que par la presqu'île de Conleau vous donneront un bel avant-goût de ses rives. Au départ de Vannes, une excursion en bateau est la façon idéale de découvrir le golfe. La vedette sur laquelle vous embarquerez vous emmènera vers l'île d'Arz et l'île aux Moines, mais aussi vers une douceur et une lumière uniques dont vous vous souviendrez bien longtemps.

Rennes

Il faut entamer un séjour rennais par le vieux Rennes afin de découvrir la partie ancienne de la ville, ses belles façades à encorbellement et ses hôtels aristocratiques, mais surtout toute une atmosphère de détente. Et comme c'est samedi matin, profitez du cadre magnifique du grand marché de la place des Lices où il est agréable de traîner. On trouvera ensuite sans peine la terrasse où réaliser une halte aimable. L'après-midi sera consacré à découvrir plus avant ce sympathique quartier du vieux Rennes, avec la cathédrale St-Pierre, la place Ste-Anne, les nombreux magasins environnants, puis une visite au proche palais du parlement de Bretagne, splendidement restauré après un dramatique incendie. Au lendemain d'une bonne nuit, allez visiter le musée des Beaux-Arts avant de déjeuner du côté de l'église St-Germain ou de la rue St-Georges. Ensuite, rendez-vous place de l'Hôtel-de-Ville où l'on visitera l'hôtel de ville construit en 1743 par Jacques Ange Gabriel, l'architecte du Petit Trianon à Versailles. Après ces visites dominicales, il sera temps de profiter du merveilleux jardin du Thabor dont vous apprécierez les doux courants d'air si la journée est chaude, mais surtout la richesse des plantations. L'heure du départ ne tardera malheureusement plus guère : si vous êtes en voiture, passez par l'écomusée de Rennes, situé 8 km au Sud de la ville.

Rennes, place du Champ-Jacquet.

R. Mattès/MICHELIN

idées de week-ends prolongés

Brest, Ouessant et les Abers

Après une visite de Brest (son château, son arsenal et Océanopolis) lors de la première journée, en avant toute pour une découverte de la belle rade de Brest tout en se dirigeant vers l'île d'Ouessant où l'on passera une journée de dépaysement, avec notamment la visite du Centre d'interprétation des phares et balises. Après l'expérience mémorable de l'excursion en bateau à travers le goulet de Brest, on reviendra sur la terre ferme pour partir à la recherche des abers par la pointe de St-Mathieu où vient frapper l'océan.
Le Conquet, Lanildut, Portsall, l'Aber-Wrac'h et le phare de l'île Vierge fermeront joliment l'écrin d'un séjour de trois jours où auront probablement alterné les « grains » et les éclaircies pour le plus grand plaisir des yeux.

De la baie de Morlaix à la Côte de Granit rose

Il faut pousser jusqu'à Carantec pour bien profiter de la baie de Morlaix.
La belle route touristique qui longe la baie ramène à cette ville aux anciennes maisons à encorbellement (visite du musée des Jacobins).
Le lendemain, on suit la côte, tout simplement et sans se presser.
C'est l'occasion de découvrir des sites très différents les uns des autres : le cairn de Barnenez, St-Jean-du-Doigt, Locquirec, St-Michel-en-Grève, jusqu'à Lannion et ses maisons anciennes.

R. Mattès/MICHELIN

Côte de Granit rose.

Le programme des deux derniers jours sera fonction du climat. S'il fait beau, profitez des plages de Trébeurden, Trégastel, Ploumanac'h et Perros-Guirec tout en essayant d'aller voir la superbe cathédrale de Tréguier et surtout l'île de Bréhat. Si le temps est incertain, pénétrez un rien à l'intérieur des terres pour visiter le radôme de Pleumeur-Bodou, le château de Tonquédec et Tréguier, tout en revenant sur la côte pour toucher Bréhat qui se visite avec plaisir quel que soit le climat.

Saint-Malo et la Côte d'Émeraude

La visite de Saint-Malo et de ses environs immédiats (description dans la partie « idées week-ends ») monopolise les deux premières journées. Le troisième jour, on passe par St-Lunaire et une visite à l'usine marémotrice de la Rance pour gagner l'élégante station de Dinard où les amoureux feront la promenade du Clair de Lune après une visite au musée du Site balnéaire. La dernière journée se veut décontractée et résolument orientée baignade si le soleil est de la partie : St-Briac-sur-Mer et St-Cast-le-Guildo sauront satisfaire les envies de plage. Enfin, le fort La Latte et le cap Fréhel achèveront en apothéose ce petit itinéraire de quatre jours.

Un séjour médiéval : du Mont-St-Michel à Vitré via Fougères

Une grosse demi-journée est nécessaire à la visite de l'étonnant et magistral îlot du Mont-St-Michel. On peut ensuite faire une promenade dans la baie ou s'essayer au char à voile à Cherrueix avant de gagner Fougères où l'on passera la soirée. Le lendemain, on aura à cœur de voir plus précisément ce qu'une petite promenade nocturne n'avait qu'esquissé : l'imposant château et ses nombreuses poivrières, l'église St-Sulpice, le quartier du Marchix, le ravissant jardin public, et les diverses échoppes et boutiques du centre. Il ne serait pas étonnant que l'on ait envie de rester à Fougères une soirée de plus, tant la ville séduit son visiteur. On arrivera donc à Vitré en soirée ou en matinée pour le dernier jour. La ville offre un autre tableau médiéval avec son château fort de rêve et des remparts couronnés ici et là de mâchicoulis. Les amoureux de belles lettres auront à cœur de pousser jusqu'au château des Rochers-Sévigné où vécut la marquise de Sévigné.

Nantes et son estuaire

La visite de Nantes prendra deux jours (description dans la partie « week-ends ») au terme desquels on filera vers la presqu'île guérandaise, où l'on se basera à La Baule ou à Guérande. De là, on alternera les promenades côtières (entre Le Pouliguen et Batz-sur-Mer) et les plaisirs de la plage (La Baule et La Turballe) avec des visites bien précises selon ses envies : base sous-marine de St-Nazaire, Océarium du Croisic, marais salants et cité médiévale à Guérande, ou encore promenade en chaland dans la Grande Brière. S'il reste du temps libre, on se décidera peut-être à tirer des bords en baie de La Baule en louant un bateau... ou un simple pédalo.

Le golfe du Morbihan et les mégalithes

Ce programme de trois jours débute par Vannes que l'on quittera au matin du deuxième jour pour une excursion dans le golfe du Morbihan (description dans la partie « week-ends »). Au soir de cette journée, on gagnera Auray après avoir visité le cairn de Gavrinis, près de Larmor-Baden. On logera avantageusement à Auray afin de dîner dans le charmant port de Saint-Goustan, sur les bords du Loch. Le lendemain, on ira visiter l'ensemble mégalithique de Locmariaquer, puis celui de Carnac, non sans pousser jusqu'au port de La Trinité-sur-Mer, port de plaisance par excellence.

G. Targat/MICHELIN

Conleau dans le golfe du Morbihan.

Quimper et ses environs

On consacrera deux journées à visiter Quimper et les bords de l'Odet (description dans la partie « week-ends »). Les deux journées suivantes seront utilisées à de petites excursions dont l'ensemble dessine un parfait tableau de la diversité que peuvent offrir la capitale de la Cornouaille et ses environs. Ainsi, il faut absolument aller voir les belles demeures en granit de Locronan, le secret et escarpé site du Stangala, la douceur de Bénodet, station balnéaire tournée à la fois sur la rivière Odet et sur la mer, ou encore visiter le pays fouesnantais réputé pour son cidre et ses plages familiales de Cap-Coz et de Beg-Meil.

idées de séjours d'une semaine

Le Finistère Sud

Départ de Quimper (une journée) pour contourner la Cornouaille (2e jour) par Loctudy, Penmarch, les pointes du Raz et du Van, jusqu'à Douarnenez où l'on fait étape. Le lendemain (3e jour), halte à Locronan avant d'aller se baigner à Ste-Anne-la-Palud d'où l'on gagnera Pleyben et son magnifique enclos paroissial, puis l'agréable parc de Trévarez. On fait étape à Châteaulin.

R. Mattès/MICHELIN

Douarnenez.

Le lendemain (4e jour), retour sur Quimper, que l'on dépasse pour aller à Bénodet où il serait dommage de ne pas faire une excursion en bateau sur l'Odet. Après une étape à Fouesnant, gagner la plage de Beg-Meil qui est parfaitement orientée pour profiter encore du soleil en fin de journée. Le 5e jour, on peut visiter l'église de La Forêt-Fouesnant et aller à Concarneau dont la ville close offre l'occasion d'un joli petit bain de foule. Le 6e jour, direction Pont-Aven, charmant bourg aux nombreuses boutiques de souvenirs et où les plus gourmands prendront le temps de satisfaire leurs envies. Si une dernière baignade vous séduit, choisissez Port-Manech et sa petite plage désuète.

Le Finistère Nord

Départ de Brest où l'on visite le château et Océanopolis, puis prenez la direction de la pointe St-Mathieu pour gagner Le Conquet où l'on fera étape.

R. Mattès/MICHELIN

Presqu'île de Crozon.

Le 2e jour, remontez toute la côte des abers via Lanildut, Porspoder, Portsall, aber Benoît et Aber-Wrac'h, puis le phare de l'île Vierge avant de gagner Le Folgoët où l'on fait étape. Le 3e jour, visite de la belle basilique du Folgoët, puis cap au Nord vers Goulven et son clocher, Brignogan-Plages... et ses plages, Plouescat et ses châteaux, enfin Roscoff (église et aquarium) où l'on fait étape. Le 4e jour, petite excursion en bateau vers l'île de Batz et son phare haut de 44 m, puis on prend la direction de la belle chapelle du Kreisker, à St-Pol-de-Léon, puis de Carantec et sa petite île Callot (si la marée le permet). On fait étape à Morlaix. Le 5e jour, visite de Morlaix avant de longer la baie de Morlaix (cairn de Barnenez) et la côte avec Primel-Trégastel, St-Jean-du-Doigt et Locquirec où l'on fait étape. Le 6e jour, visite de deux enclos paroissiaux (St-Thégonnec, Guimiliau) avant de franchir le pic breton du roc Trévézel pour aller voir les rochers de Huelgoat. De là, on descend sur Châteaulin où l'on fait étape. Le 7e jour est réservé à la presqu'île de Crozon et à ses pointes, avec montée au Ménez-Hom au retour pour clore en beauté cette semaine de pérégrinations.

La Bretagne Nord

Départ de Rennes (une journée) et prenez la direction (2e jour) de Vitré dont on visite le château avant de se rendre à celui de Fougères où l'on fait étape. Le lendemain (3e jour), cap sur le château de Combourg où vécut Chateaubriand, puis touchez aux limites de la Bretagne en allant visiter le magnifique îlot du Mont-St-Michel avant de gagner, par Cancale et la pointe du Grouin, St-Malo où l'on fait étape. Le 4e jour, visite de St-Malo. Le 5e jour, on quitte la cité corsaire pour descendre la rive droite de la Rance jusqu'à Dinan, que l'on visite, puis remontez la rive gauche jusqu'à l'usine marémotrice avant de gagner Dinard où l'on fait étape. Le 6e jour, longez la côte par St-Briac-sur-Mer, St-Cast-le-Guildo, le fort La Latte, le cap Fréhel, les belles plages de Sables-d'Or-les-Pins, d'Erquy et de Val-André, puis dépassez St-Brieuc et sa baie pour faire étape dans le port de Paimpol. Le lendemain (7e jour), petite traversée en bateau pour aller se promener sur la douce île de Bréhat, puis visite de la cathédrale de Tréguier avant d'aller à Perros-Guirec et Ploumanach terminer cette semaine de visites dans l'étrange lumière de la Côte de Granit rose.

La Bretagne Sud

Départ de Nantes (une journée et demie) avant de prendre (2e jour) plein Ouest la direction de la presqu'île de Guérande où l'on fait étape pour profiter des plages de Pornichet, La Baule, Le Pouliguen et La Turballe, ainsi que des paisibles marais salants de Guérande. Le lendemain (3e jour), visite du Croisic (Océarium) et de Guérande (remparts), puis promenade en chaland dans la Grande Brière avant de monter au Nord vers les ravissantes maisons anciennes de Rochefort-en-Terre où l'on fait étape. Le 4e jour, direction la coquette Malestroit, la digne Josselin et son vénérable château, l'étonnant parc de Kerguéhennec et son exposition permanente d'art contemporain, avant de plonger sur Vannes où l'on fera étape deux nuits. Le 5e jour, visite de Vannes et croisière en bateau dans le très beau golfe du Morbihan. Le 6e jour, visite du cairn de Gavrinis, d'Auray et de son port, St-Goustan, des sites mégalithiques de Locmariaquer et Carnac (où se trouve aussi une belle plage), puis de la Côte sauvage de Quiberon où l'on fait étape. Le 7e jour, journée à Belle-Île, une merveilleuse façon de clore cette semaine bretonne.

Circuits de découverte

Pour visualiser l'ensemble des circuits proposés, reportez-vous à la carte p. 14 du guide.

1 Estuaire de la Loire et Pays du sel

Circuit de 240 km au départ de Nantes – La Loire-Atlantique a le vent en poupe avec la festive Nantes, l'industrieuse St-Nazaire dont les célèbres chantiers navals réalisent de prestigieux bateaux de croisière, l'élégante et frivole station de La Baule et sa plus belle plage d'Europe, et la médiévale Guérande dont les marais fournissent un sel riche en oligoéléments désormais vanté par tous les gastronomes de l'Hexagone.

2 Marches de Bretagne

Circuit de 220 km au départ de Rennes – Les vieilles pierres, les vieilles maisons, les vieux châteaux, les vieilles histoires de cette Bretagne qui résista longtemps au royaume de France, c'est peut-être du passé, mais ce n'est pas dépassé ! Quand on flâne le soir dans ses ruelles animées et qu'on croise sa population décontractée, Rennes apparaît toute jeune, toujours en ébullition, et semble avoir communiqué son dynamisme aux localités et sites historiques de sa campagne environnante.

3 Au pays de Merlin l'Enchanteur

Circuit de 250 km au départ de Josselin – Première image : l'auguste et vénérable château de Josselin dominant l'Oust. Deuxième image : l'art le plus contemporain et le plus international qui soit n'hésitant pas à envahir le parc solennel du château du 18e s. de Kerguéhennec. Images suivantes : de vieux bourgs tout rajeunis par de jolies restaurations et des manifestations estivales. Il y a là quelque prodige ! En effet, Merlin et la fée Viviane ne sont pas loin. Leur souvenir plane sur la vaste et mythique forêt de Paimpont, la forêt de Brocéliande des légendes arthuriennes.

4 Mégalithes et préhistoire

Circuit de 190 km au départ de Vannes – De son point de départ jusqu'à son terme, ce circuit est constitué de beautés naturelles et de splendides vestiges dressés par l'homme. La civilisation des mégalithes avait de l'ambition, celle de lever des pierres colossales ; elle avait manifestement du goût, car elle a choisi de s'installer dans des sites qui embrassent des paysages magnifiques. Entre les rudesses de la préhistoire et les charmes du golfe du Morbihan, Vannes, Auray, Port-Louis et Hennebont savent offrir des étapes plutôt séduisantes.

Carnac, alignements du Menec.

J. Malburet/MICHELIN

5 Au cœur du pays breton

Circuit de 225 km au départ de Pontivy – La Bretagne est religieuse. C'est un choix et un droit qu'elle a du reste défendus âprement tout au long de son histoire. Rostrenen, Le Faouët et Kernascléden comptent parmi les plus beaux édifices religieux de la secrète Argoat. Témoignant de sa diversité topographique, le lac de Guerlédan, les gorges de Toul Goulic et le site de Castennec ajoutent un petit parfum de mystère. Où que porte le regard, la Bretagne s'affirme de granit, c'est la matière de ses vieilles pierres, travaillées ou naturelles.

6 Pont-Aven et la patrie des peintres

Circuit de 180 km au départ de Pont-Aven – L'agréable lumière qui baigne Pont-Aven et ses environs recèle un je-ne-sais-quoi de miraculeux. Cette qualité inexprimable par les mots, qui baigne l'air de cette partie de la côte bretonne, des peintres de la valeur de Gauguin ou de Bernard ont réussi à la traduire dans leurs toiles. Alors, même si vous n'avez jamais tenu un pinceau de votre vie, n'hésitez pas à vouloir vous aussi percer le mystère de la lumière bretonne, un maillot de bain suffit !

7 Pays bigouden et Cornouaille

Circuit de 170 km au départ de Quimper – Le Finistère a une atmosphère de bout du monde. Facile à dire avec un tel nom ! Facile à vérifier aussi, car après les calmes beautés architecturales de Quimper et Locronan, on plonge sans tarder dans la dimension de la roche et de la vague, du ciel et de la mer, avec l'immensité de la pointe du Raz pour apothéose. Ici, l'air soûle, même par beau temps. Après la noblesse sédentaire de N.-D.-de-Tronoën et les écueils de Penmarch, on appréciera la douceur de Bénodet dont la ria est un petit éden breton.

8 Hauteurs de l'Armorique

Circuit de 250 km au départ de Châteaulin – Amateurs de panoramas étendus, à vos marques et à vos chaussures de marche ! Bien sûr, les hauteurs bretonnes sont modestes : 384 m maximum... Du roc Trévézel à la pointe de Penhir, du Ménez-Hom à la pointe des Espagnols, la route s'élève certes peu, mais l'ampleur et les teintes des paysages sont uniques. Dans ces parages de landes, laissez votre véhicule sur les parkings et écoutez ce vent qui porte un silence qu'ignorent les profondes vallées alpines, même lorsque les rochers plongent brutalement dans une mer agitée.

9 Abers sauvages et Léon

Circuit de 250 km au départ de Brest – Qui aime la nature se doit le pèlerinage des abers et du Léon.

G. Targat/MICHELIN

Côte des Abers, vers Porsmoguer.

Falaises, dunes, rias, tourbières et rivières façonnent un Finistère Nord encore intact. Tout en finesse, les coloris y égrainent leur diversité : du plomb des ardoises et du granit de Kersanton des alentours de Brest aux ors des grèves et des lichens de Brignogan et de Lanildut. Il semble bien que malgré ses efforts nombreux et renouvelés, l'homme ne parvienne pas à détruire la beauté sauvage de ces lieux où trouvent refuge des milliers d'oiseaux migrateurs.

10 Enclos paroissiaux et baie de Morlaix

Circuit de 325 km au départ de Morlaix – Maisons à encorbellement à Morlaix, églises à St-Pol-de-Léon et Roscoff, enclos à Lampaul-Guimiliau et St-Thégonnec, pont habité à Landerneau, trésor religieux à St-Jean-du Doigt, tombes à couloir à Barnenez, que tout ceci est culturel ! Culturel, oui, mais varié, et ce d'autant plus que la magique baie de Morlaix et la péninsule rocheuse de Locquirec sauront offrir des plages attirantes à ceux et celles qui préfèrent les joies de la pêche à pied et du parasol.

11 Lumières du granit rose

Circuit de 180 km au départ de Lannion – « Il faut le voir pour le croire », dit-on parfois. Croyez-le ou non, ici, le granit, arrondi par l'érosion, est vraiment rose ou beige orangé selon l'endroit et l'intensité des rayons du soleil. Du coup, la côte a des allures de villégiature idéale avec St-Michel-en-Grève, Port-Blanc, Perros-Guirec et Trégastel. L'arrière-pays ne semble pas jaloux de ces merveilles, car le château de Tonquédec et le sommet panoramique du Ménez-Bré connaissent des décors plutôt flatteurs.

12 Trégor et Penthièvre

Circuit de 160 km au départ de St-Brieuc – La baie de St-Brieuc a vu la naissance du tourisme balnéaire au milieu du 19e s. avec l'arrivée du chemin de fer. Puis le département a été délaissé, peut-être à cause de son nom peu évocateur. C'est pourquoi il a abandonné les Côtes-du-Nord pour les Côtes-d'Armor en 1990. Cela n'a bien sûr rien changé à la beauté des points de vue, mais cela correspond nettement mieux aux reliefs de cette côte qui sert d'écrin à un petit joyau : l'île de Bréhat au climat si doux.

13 Côte d'Émeraude et vallée de la Rance

Circuit de 270 km au départ de Dinan – Qu'il tonne, qu'il pleuve ou qu'il fasse un soleil de plomb, la mer est ici d'un vert émeraude digne des plus belles pierres colombiennes. Quelques haltes de ce circuit font rêver rien qu'à l'appel de leur nom : la Rance, Cancale, St-Malo, le cap Fréhel, les Sables-d'Or. Aussi découvrira-t-on avec bonheur des coins moins fréquentés comme Dinan, St-Cast, le Val-André, Moncontour et le château de la Hunaudaye qui rappellera à certains les romans de cape et d'épée de leur enfance.

Itinéraires à thème

au rythme des marées

Les journées à la plage laissent souvent d'agréables souvenirs ; elles se terminent traditionnellement par la lente mais inexorable remontée de la mer qui vous oblige à quelques replis stratégiques avant de s'en prendre à votre beau château de sable. Il faut avoir passé quelques jours sur la côte bretonne pour découvrir l'importance des marées qui, deux fois par jour, rythment la vie du littoral. La marée haute est attendue par le baigneur qui ne veut pas faire des kilomètres pour trouver l'eau, ou par le plaisancier qui doit quitter le port. Le pêcheur à pied et le vacancier qui vient peaufiner son bronzage préfèrent la marée basse car elle découvre les belles plages de sable. Les Bretons connaissent bien ce phénomène utilisé dans les moulins à marée ou, plus récemment, à l'usine marémotrice de la Rance. L'amplitude, très variable, est graduée en coefficients de 20 à 120. Les grandes marées (coefficients supérieurs à 100), très prisées pour la pêche à pied, offrent un spectacle grandiose lorsque le vent pousse de fortes lames contre la côte. Les plus importantes ont lieu à l'équinoxe. Pour connaître le calendrier des grandes marées ou les heures des marées (hautes et basses) interrogez les offices de tourisme ou consultez le site www.shom.fr

les routes touristiques

Ces routes regroupent le patrimoine architectural, archéologique, botanique ou géologique autour d'un thème historique commun : les ducs de Bretagne, les peintres en Cornouaille, les phares et balises (voir ci-après), les enclos paroissiaux, etc. Elles sont signalées, le long des routes, par des panneaux.

La plupart des offices de tourisme possèdent les dépliants et les tracés de ces itinéraires, sinon adressez-vous aux comités départementaux de tourisme.

B. Kaufmann/MICHELIN

Église de Locronan.

les cités d'art et de caractère de Bretagne

Pour les Villes et Pays d'art et d'histoire, se reporter au chapitre « avant le départ ».

Le label « Ville d'art et d'histoire » est attribué à douze villes de ce guide Bretagne :

Auray – 02 97 24 09 75

Concarneau - ☎ 02 98 97 01 44

Dinan - ☎ 02 96 87 69 76

Dinard - ☎ 02 99 46 94 12

Fougères - ☎ 02 99 94 12 20

Guérande - ☎ 02 40 24 96 71

Nantes – ☎ 02 40 20 60 00

Quimper - ☎ 02 98 53 04 05

Rennes - ☎ 02 99 67 11 11

Saint-Malo – 02 99 56 64 48

Vannes - ☎ 02 97 47 24 34

Vitré - ☎ 02 99 75 04 46

Les Petites Cités de caractère sont au nombre de vingt : Bécherel,

B. Kaufmann/MICHELIN

Phare de l'île Vierge.

Châteaugiron, Châtelaudren, Combourg, Guerlesquin, Josselin, Jugon-les-Lacs, La Roche-Bernard, Le Faou, Léhon, Lizio, Locronan, Malestroit, Moncontour, Pont-Croix, Pontrieux, Quintin, Rochefort-en-Terre, Roscoff et Tréguier.

Pour tous renseignements :

Associations régionales « Villes d'art et d'histoire, Villes historiques » et « Petites Cités de caractère » de Bretagne - 1 r. Raoul-Ponchon - 35069 Rennes Cedex - ☎ 02 99 84 00 80.

la route des Phares et Balises

C'est en Bretagne que l'on trouve la plus grande concentration de phares, feux et autres bouées et balises des côtes françaises. Une route permet, en parcourant le littoral du pays de Brest, de voir et de visiter quelques-uns des phares les plus importants d'Europe. Renseignements à l'Office du tourisme de Brest - ☎ 02 98 44 24 96. En Bretagne, plusieurs phares se visitent : île de Batz (☎ 02 98 61 75 70), île Vierge (☎ 02 98 04 70 93), Trézien (☎ 02 98 89 69 46), Saint-Mathieu (☎ 02 98 48 30 18) et Eckmühl (☎ 02 98 58 81 44).

la nature et l'environnement

Plutôt bien préservée en Bretagne, la nature offre des spectacles de toute beauté à ceux qui prennent le temps de la regarder, de l'observer. Différentes structures facilitent sa découverte en proposant des randonnées à thème, des animations, des expositions...

Conservatoire de l'espace littoral – 8 quai Gabriel-Péri - port du Légué - BP 474 - 22194 Plérin Cedex - ☎ 02 96 33 66 32.

Bretagne vivante - SEPNB – 186 r. Anatole-France - BP 63121 - 29231 Brest Cedex 3 - ☎ 02 98 49 07 18.

Ligue pour la protection des oiseaux (LPO) – Station LPO de l'île Grande - 22560 Pleumeur-Bodou - ☎ 02 96 91 91 40 - www.lpo.fr

Office national des forêts (ONF) – 211 r. de Fougères - BP 70233 - 35702 Rennes Cedex 7 - ☎ 02 99 27 47 27.

Direction régionale de l'Environnement (Diren) – Diren Bretagne - 2 r. Maurice-Fabre - CS 86523 - 35065 Rennes cedex - ☎ 02 23 48 64 00 - www.bretagne.ecologie.gouv.fr

Parc naturel régional d'Armorique – 15 pl. aux Foires - BP 27 - 29590 Le Faou - ☎ 02 98 81 90 08 - fax 02 98 81 90 09 - www.parc-naturel-armorique.fr

Parc naturel régional de Brière – Office du tourisme de Brière - 38 r. de la Brière - 44410 La Chapelle-des-Marais - ☎ 02 40 66 85 01 - www.parc-naturel-briere.fr

G. Targat/MICHELIN

En Brière.

sites remarquables du goût

Quelques sites de la région (lieux permanents de production, foires et marchés ou manifestations), dont la richesse gastronomique s'appuie sur des produits de qualité liés à un environnement culturel et touristique intéressant, ont été dotés du label « Sites remarquables du goût ». En Bretagne, Cancale, Riec-sur-Belon, et Le Guilvinec en bénéficient, ainsi que les marais salants de Guérande. Pour plus d'informations, consultez le site www.sitesremarquablesdugout.com

Découvrir autrement la région

sur terre

En train

À l'heure du TGV, la belle locomotive à vapeur 231 K8 vous emmène découvrir la vallée du Trieux et son estuaire avec un parcours de quelque quarante minutes sur la ligne Paimpol-Pontrieux. Cette locomotive construite en 1912 a quitté le service en 1971, avant de tourner dans « Borsalino and co » (1974) ; alors, au 3e coup de sifflet, en avant pour une expérience passionnante. Renseignements et réservations : gare de Paimpol - av. du Gén.-de-Gaulle - 22500 Paimpol - ☎ 0 892 391 427 (0,34 €/mn) - www.vapeurdutrieux.com

En calèche ou roulotte

On peut aussi découvrir Belle-Île au rythme d'une calèche - ☎ 02 97 31 76 67 - www.lescaleches.com

Lanrivain - ☎ 02 96 45 76 31 – 4 circuits nature ou vieilles pierres : 1h30, 15 € (enf. 6,50 €) ; 2h30, 20 € (enf. 9,50 €) - de mi-juin à mi-sept. : 1 merc. à la ferme au rythme du cheval breton (se renseigner pour les tarifs).

R. Mazin/PHOTONONSTOP

En tracteur

Aucune voiture ne peut être acheminée sur l'**île de Bréhat**, aussi pouvez-vous vous y déplacer en taxi... qui est en fait un tracteur équipé d'une remorque couverte. Cela fait sourire, mais c'est bien pratique lorsque la valise est lourde.

dans et sur l'eau

Pratiquer la pêche à pied

La pêche à pied n'est soumise à aucune formalité administrative, bien que les services de l'État songent à de nouvelles réglementations à propos des zones autorisées. Deux exigences : d'une part, vérifiez qu'aucune interdiction sanitaire n'a été décrétée là où vous comptez pêcher, d'autre part respectez des tailles minimales ; une recommandation : remettre en place les rochers que vous déplacerez. Les tailles minimales : poissons plats, 25 cm ; tourteaux, 8 cm ; homards, 23 cm ; palourdes, 3,5 cm ; prairies, 3 cm ; moules, 4 cm.

Naviguer sur les « vieux gréements »

De nombreuses unités ont été restaurées ou tout simplement construites à l'ancienne. Ainsi est-il possible d'embarquer pour une demi-journée, une journée, un week-end ou le temps d'une longue croisière sur l'un de ces merveilleux voiliers récemment restaurés. Tout au long du corps de ce guide, les « carnets pratiques » vous renseignent sur les vieux gréements sur lesquels embarquer.

Naviguer sur les rivières et canaux bretons

Rivières et canaux de Bretagne constituent un réseau de plus de 600 km de voies navigables.
Une liaison Manche-Océan emprunte le **canal d'Ille-et-Rance**, puis la Vilaine, en passant par Dinan, Rennes et Redon.

Le canal de Nantes à Brest – Réalisé de 1811 à 1842, cet ouvrage exceptionnel (360 km) a oublié sa vocation militaire, perdu son intérêt économique mais est devenu un atout touristique majeur de la Bretagne intérieure. Les lourdes péniches de fret sont aujourd'hui remplacées par de confortables « pénichettes » et les chemins de halage sont progressivement restaurés, pour le plus grand bonheur des randonneurs.
Partant de Lorient, la croisière sur le Blavet, le tronçon oriental du **canal de Nantes à Brest** et l'Erdre font découvrir Josselin et Redon avant de gagner Nantes.
Du fond de la rade de Brest, la remontée de l'Aulne et de la partie occidentale du canal de Nantes à Brest conduit à Châteaulin et Carhaix-Plouguer.
Les principales compagnies de tourisme fluvial sont installées à Blain, Sucé-sur-Erdre, Messac, Redon, Josselin, Rohan, Châteauneuf-du-Faou, La Chapelle-aux-Filtzméens, Dinan.
Les brochures suivantes donnent de nombreuses informations sur ce type de tourisme :

Et maintenant, choisissez la meilleure façon de voyager...

Avec TGV, partez à la découverte des régions de France en toute sérénité, et réservez à des conditions avantageuses votre voiture de location AVIS en même temps que votre billet de train. * * * * * * * * * * * * * * * *Organisez votre voyage sur tgv.com*

TGV
Prenez le temps d'aller vite

SNCF

Escales d'une rive à l'autre (loisirs et tourisme au bord de l'eau), édité par le Comité régional de Bretagne (avec celui des Pays de Loire) - 1 r. Raoul-Ponchon - ☎ 02 99 36 15 15 - www.tourismebretagne.com

Plaquette de promotion, Carnets de Route (guide pratique et touristique) sont disponibles au Comité des canaux bretons et des voies navigables de l'Ouest - 6 r. de Lourmel - 56300 Pontivy - ☎ 02 97 25 38 24 - www.canaux-bretons.net

Formules Fluviales - diffusée par « Formules Bretagne » - 203 bd St-Germain - 75007 Paris - ☎ 01 53 63 11 53.

Les éditions Grafocarte – 125 r. Jean-Jacques-Rousseau - BP 40 - 92132 Issy-les-Moulineaux Cedex - ☎ 01 41 09 19 00.
Les éditions Grafocarte éditent des cartes-guides nautiques (particulièrement la N 12 de St-Malo au barrage d'Arzal et de Lorient à Nantes).

Redon : le canal de Nantes à Brest.

G. Targat/MICHELIN

vue du ciel

Aéro-Sub Multi-Services - ZA Quelarn - 29740 Plobannalec - ☎ 02 98 87 89 48 - L'altitude offre un regard à la fois insolite et merveilleux sur la région où l'on passe ses vacances.

Le Trégor vu du ciel avec l'aéro-club de la Côte de Granit, r. du Cdt-Coadou - Lannion - ☎ 02 96 48 47 42 - http://accg.chez.tiscali.fr

Promenade, survol de la côte et baptême de l'air en ULM : M. Chevalier, Plounévez-Porzay (baie de Douarnenez). ☎ 02 98 81 28 47.

Vous trouverez également quelques adresses dans les « carnets pratiques » des villes et sites décrits.

avec les enfants

Il n'y a pas que des plages, des calvaires et des châteaux en Bretagne. Aquariums, parcs zoologiques, visites insolites... la région offre une grande variété de loisirs très prisés des plus jeunes. Dans la partie « Villes et sites », le pictogramme ☺ signale de nombreuses activités susceptibles d'intéresser votre tribu.

Réseau Ville et Pays d'art et d'histoire

Le réseau des Villes et Pays d'art et d'histoire (voir la rubrique « Visite guidée ») propose des visites-découvertes et des ateliers du patrimoine aux enfants, les mercredis, samedis et pendant les vacances scolaires. Munis de livrets-jeux et d'outils pédagogiques adaptés à leur âge, ces derniers s'initient à l'histoire et à l'architecture, et participent activement à la découverte de la ville. En atelier, ils s'expriment à partir de multiples supports (maquettes, gravures, vidéos) et au contact d'intervenants de tous horizons : architectes, tailleurs de pierre, conteurs, comédiens, etc.

Ces activités sont également proposées pendant la visite des adultes - en juillet-août, dans le cadre de l'opération « L'Été des 6-12 ans ».

Sports

canoë, kayak (rivière ou mer)

Le **canoë** se manie avec une pagaie simple ; le **kayak** avec une pagaie double. Le **kayak de mer** connaît un véritable succès, à la vente ou en location, dans les grands centres balnéaires ; il est un moyen privilégié de découvrir les magnifiques côtes bretonnes. Une sélection de clubs est proposée dans les « carnets pratiques » du guide.

Les « **points Canoë nature** » et « **points Kayak de mer** » – Ces labels de la Fédération française de canoë-kayak (FFCK) mettent en valeur les structures qui proposent une offre touristique de qualité. L'enseignement lui même est reconnu par la mention « école française de canoë kayak ». Se renseigner à la fédération pour avoir la liste de ces structures labellisées.

G. Targat/MICHELIN

Kayak de mer.

Fédération française de canoë-kayak (FFCK) – 87 quai de la Marne - BP 58 - 94344 Joinville-le-Pont - ☎ 01 45 11 08 50 - www.ffcanoe.asso.fr - la Fédération édite un livre « France canoë-kayak et sports d'eaux vives » et avec le concours de l'IGN une carte « Les rivières de France », avec tous les cours d'eau praticables.

cyclotourisme et VTT

La Brière, le pays gallo, l'Argoat sont autant de régions rivalisant d'intérêt touristique, qui offrent des parcours pour « toutes les jambes ». Sur place, les offices de tourisme et syndicats d'initiative fournissent généralement la liste des loueurs de cycles.
Enfin, certaines gares SNCF proposent des bicyclettes, qu'il est possible de restituer dans une gare différente.
Les passionnés ne manqueront pas d'aller visiter le Véloparc de Plouay.
Les conseils généraux développent les pistes cyclables un peu partout. Par exemple 45 km de pistes le long du canal d'Ille-et-Rance, de Tréverien à Chevaigné.

Fédération française de cyclotourisme – 12 r. Louis-Bertrand - 94207 Ivry-sur-Seine Cedex - ☎ 01 56 20 88 87 - www.ffct.org

Fédération française de cyclisme – 5 r. de Rome - 93561 Rosny-sous-Bois Cedex - ☎ 01 49 35 69 24 - www.ffc.fr - la Fédération propose 46 000 km de sentiers balisés pour la pratique du VTT, répertoriés dans un guide annuel.

golf

Les équipements bretons en matière de golf sont nombreux, variés et souvent installés sur des sites ravissants.

Fédération française de golf – 68 r. Anatole-France - 92309 Levallois-Perret Cedex - ☎ 01 41 49 77 00 ou 0 892 691 818 - www.ffgolf.org

Le comité régional du tourisme de Bretagne édite une plaquette répertoriant une trentaine de clubs à travers les quatre départements de la région.

Ligue de golf de Bretagne – Immeuble « Le Calypso » - 130 r. Eugène-Pottier - 35000 Rennes - ☎ 02 99 31 68 80 - www.liguebretagnegolf.com

lutte

Le gouren – Connaissez-vous le Gouren, lutte traditionnelle bretonne reconnue par la Fédération française ? D'origine celte, cette technique s'est développée dans la région en conservant des valeurs (loyauté, fair-play) exprimées dans un serment. Pratiqué en clubs, il donne lieu à de passionnantes compétitions (en salle l'hiver mais aussi en plein air, l'été, dans des fêtes traditionnelles). Renseignements auprès de Ti ar Gouren, la Maison de la lutte et des ports bretons à Berrien (29) - ☎ 02 98 99 03 80 ou au Comité national de Gouren à Landerneau - ☎ 02 98 95 40 48.

pêche en eau douce

Pêcher au toc, à l'anglaise, au lancer ultraléger ou lourd, au vif ou à la mouche, taquiner la truite, attendre la remontée des saumons, traquer le brochet ne posent aucun problème. Quels que soient l'endroit et le type de pêche, il conviendra d'observer la réglementation nationale et locale ; de s'affilier pour l'année en cours, dans le département de son choix, à une association de pêche et de pisciculture agréée par la préfecture ; d'acquitter les taxes afférentes au mode de pêche pratiqué ; d'obtenir, pour pêcher dans des eaux de domaine privé, l'autorisation du propriétaire riverain.

Union nationale pour la pêche et la protection du milieu aquatique – 17 r. Bergère - 75009 Paris - ☎ 01 48 24 96 00 - www.unpf.fr

On peut se procurer des cartes et informations locales auprès des fédérations départementales pour la pêche et la protection du milieu aquatique.

Pêche en famille – École française de pêche – M. Stéphane Sence, BP 16, 33450 St-Sulpice-et-Cameyrac, ☎ 05 56 30 24 50. www.ecoledepeche.com. Séjours jeunes et adultes, toute l'année (de 1 à 15 jours).

pêche en mer, pêche à pied

De la baie du Mont-St-Michel à l'estuaire de la Loire, l'étendue des côtes procure un champ d'activités sans limites à l'amateur de pêche en eau salée.
Les plaisanciers peuvent pratiquer la pêche en mer à partir de leur navire ou la chasse sous-marine, à titre d'agrément exclusivement. La liste des engins de pêche autorisés figure sur leur titre de navigation. La chasse sous-marine est quant à elle soumise à une réglementation stricte et il convient de s'informer préalablement auprès du service des Affaires maritimes.
Enfin, la pêche pratiquée à pied n'est soumise à aucune formalité administrative, sauf pour l'usage des filets qui nécessite une autorisation délivrée par les Affaires maritimes. Il existe toutefois des restrictions locales qui diffèrent selon le littoral et selon les zones ; aussi est-il recommandé de se renseigner auprès des autorités compétentes.

R. Mattès/MICHELIN

Pêche à pied.

plongée sous-marine

Ce sport est très pratiqué en Bretagne. Les amateurs de chasse sous-marine ou de paysages sous-marins trouvent, surtout le long des côtes Sud (Port-Manech, Port-Goulphar à Belle-Île...), des criques limpides, poissonneuses et riches en algues.

Comité interrégional Bretagne-Pays de Loire de la Fédération française d'études et de sports sous-marins – 39 r. de la Villeneuve - 56100 Lorient - ☎ 02 97 37 51 51 - www.ffessm-cibpl.asso.fr - il vous fournira tous les renseignements nécessaires.
Certaines interdictions sont à respecter en ce qui concerne la pêche sous-marine. Il faut notamment retirer (gratuitement) une autorisation auprès des Affaires maritimes.

randonnées équestres

À travers les landes bretonnes, sur les pentes des monts d'Arrée, en forêt de Brocéliande ou le long des rivages, toutes les formules d'équitation sont possibles en Bretagne.
Pour les passionnés de cheval, un petit détour s'impose au haras d'Hennebont.

Délégation nationale au tourisme équestre – 9 bd Macdonald - 75019 Paris - ☎ 01 53 26 15 50 - cnte@ffe.com - le comité édite une brochure annuelle, *Cheval nature*, l'officiel du tourisme équestre, répertoriant les possibilités en équitation de loisir et les hébergements accueillant cavaliers et chevaux.

Formules Bretagne – 203 bd St-Germain - 75007 Paris - ☎ 01 53 63 11 53.

Equibreizh – Les passionnés de cheval ont certainement entendu parler de ce superbe itinéraire (environ 2 500 km) qui fait le tour de la Bretagne en reliant les principaux sites. Avec votre monture, ou encadré par un centre de tourisme équestre, vous pouvez choisir votre parcours et vos étapes. Boucles possibles. Pour commander le topoguide, contacter l'Association régionale de tourisme équestre en Bretagne - ☎ 02 97 84 44 00 - www.equibreizh.com

COMITÉS DÉPARTEMENTAUX DE TOURISME ÉQUESTRE

CDTE des Côtes-d'Armor – Association des cavaliers d'extérieur des Côtes d'Armor (ACECA) - Kertau - 22190 Plérin - ☎ 02 96 74 68 05 ou 02 96 73 12 38 - www.ville-plerin.fr/aceca

CDTE du Finistère – 27 r. Laennec - 29710 Plonéis - ☎ 02 98 91 02 02 - www.equi29.com

CDTE de l'Ille-et-Vilaine – La Ferme de Chenedet - 35133 Landéan - ☎ 02 99 97 35 46 ou 06 83 01 17 77.

CDTE de la Loire-Atlantique – Gérard Daniel - 7 imp. Polymnie - 44470 Carquefou - ☎ 08 71 47 65 50.

ADTE du Morbihan – 4 r. Georges-Cadoudal - 56390 Grand-Champ - ☎ 02 97 66 40 46.

randonnées pédestres

Les GR 34 (sentier des douaniers), 37, 38, 341, 380 sillonnent l'Argoat en tous sens ; ils feront la joie des bons marcheurs comme des moins chevronnés. Les chemins de halage du canal de Nantes à Brest et la Voie verte sont également très appréciés.
En général, les offices de tourisme fournissent une liste d'associations locales de randonnée pédestre.

Fédération française de la randonnée pédestre – 14 r. Riquet - 75019 Paris - ☎ 01 44 89 93 93 -

www.ffrp.asso.fr - la Fédération donne le tracé détaillé des GR, GRP et PR ainsi que d'utiles conseils.

Comité régional Bretagne de la randonnée pédestre – Maison des sports - 13B av. de Cucillé - 35065 Rennes Cedex - ☎ 02 99 54 67 61.

France Randonné – 9 r. des Portes-Mordelaises - 35000 Rennes - propose des séjours et organise des randonnées à pied, à vélo, à cheval avec ou sans accompagnateur. Vous trouverez dans la boutique des cartes et des guides de grandes randonnées (GR) et de petites randonnées en boucles (PR) - ☎ 02 99 67 42 21 - www.france-randonnée.fr

Conservatoire du littoral, ONF, Parcs naturels régionaux... Ces organismes proposent des randonnées ou de la documentation bien utile pour découvrir la région. Se reporter au chapitre « Itinéraires à thème », rubrique « la nature et l'environnement ».

voie verte

Adeptes du roller, de la bicyclette ou de la marche en famille, un terrain de jeu idéal vous attend sur la Voie verte qui relie Mauron à Questembert dans le Morbihan. Comme souvent, une ancienne voie ferrée a été réhabilitée pour accueillir les sportifs, les familles et les personnes à mobilité réduite.

Cet itinéraire de 53 km situé à l'Ouest de la forêt de Paimpont passe à proximité de Loyat, Montertelot, Ploërmel, Le Roc-St-André, St-Marcel, Malestroit, Molac... De nombreux accès sont possibles tout au long du parcours. Se renseigner aux offices du tourisme de Tréhorenteuc (☎ 02 97 93 05 12), de Ploërmel (☎ 02 97 74 02 70), de Malestroit (☎ 02 97 75 14 57) ou de Questembert (☎ 02 97 26 56 00).

voile et planche à voile

Le découpage des côtes bretonnes offre des baies bien abritées très favorables à la pratique de ces sports. Dans les grandes stations, des régates sont organisées tout au long de la saison. La **voile** est le sport régional par essence. Toutes les stations balnéaires possèdent au moins un club où l'on pourra s'initier à la voile ou louer un bateau pour une balade en mer. La pratique de la **planche à voile**, de plus en plus populaire, est réglementée sur les plages. Les clubs, où vous pourrez louer des planches, vous renseigneront.

Fédération française de voile – 17 r. Henri-Bocquillon - 75015 Paris - ☎ 01 40 60 37 00 - www.ffvoile.org

France Station Voile - Nautisme et Tourisme – 17 r. Henri-Bocquillon - 75015 Paris - ☎ 01 44 05 96 55 - www.france-nautisme.com - ce réseau regroupe sous le nom de « stations nautiques » des villages côtiers, des stations touristiques ou des ports de plaisance qui s'engagent à offrir les meilleures conditions pour pratiquer l'ensemble des activités nautiques. Les stations bretonnes sont : Saint-Malo, Saint-Cast-le-Guildo, Pléneuf-Val-André, Perros-Guirec, la rade de Brest, Crozon-Morgat, le pays de Lorient.

Sous le vent, dans le golfe du Morbihan.

G. Targat/MICHELIN

Santé, Forme

la thalassothérapie en Bretagne

La mer et son environnement (algues, climat marin) remettent en forme très naturellement les personnes stressées ou fatiguées. La thalassothérapie (du grec *thalassa*, la mer) est un ensemble de diverses techniques qui renforcent l'action naturelle du bord de mer : algothérapie (applications ou bains d'algues), hydrothérapie (jet, douche ou bain d'eau de mer), kinésithérapie (gymnastique, massage), sauna, aérosols d'eau de mer, etc. La durée moyenne (et reconnue comme étant efficace) d'une cure en centre de thalassothérapie est de l'ordre de 7 à 10 jours.

Sur la carte des lieux de séjour *(p. 28)* sont localisés les centres de thalassothérapie de la région couverte par ce guide.

ADRESSES NATIONALES

Fédération mer et santé – 8 r. de l'Isly - 75008 Paris - ☎ 01 44 70 07 57 - www.thalassofederation.com

Vous pouvez également consulter le site www.thalasso-first.com où vous rendre au salon annuel des Thermalies qui se déroule fin février à Paris.

ADRESSE RÉGIONALE

Les renseignements et réservations peuvent se faire auprès du Comité régional du tourisme de Bretagne :

Formules Thalasso – 203 bd Saint-Germain - 75007 Paris Cedex - ☎ 01 53 63 11 53 - www.formulesbretagne.com - une brochure présentant l'ensemble des centres de thalassothérapie de Bretagne est disponible sur demande.

LES CENTRES

Arzon – Institut de thalassothérapie Louison-Bobet - Port du Crouesty - 56640 Arzon - ☎ 02 97 53 49 90 - www.miramarcrouesty.com

La Baule – Thalgo La Baule - av. Marie-Louise - BP 50 - 44503 La Baule Cedex - ☎ 02 40 11 99 99 - www.lucienbarriere.com

Le Relais Thalasso de la Baule - 28 bd de l'Océan - 44500 La Baule – ☎ 02 40 11 33 11 - www.thalasso-labaule.com

Belle-Île – Castel Thalasso - Goulphar - Bangor - 56360 Belle-Île – ☎ 02 97 31 80 15.

Bénodet – Relais Thalasso de Bénodet - Corniche de la plage - 29950 Bénodet - ☎ 02 98 66 27 00 - www.thalasso-benodet.com

Carnac – Thalassothérapie de Carnac - av. de l'Atlantique - BP 100 - 56341 Carnac Cedex - ☎ 02 97 52 53 54 - www.thalasso-carnac.com

Dinard – Thalassa Dinard - Hôtel Novotel - 1 av. du Château-Hébert - 35800 Dinard Cedex - ☎ 02 99 16 78 10 - www.accorthalassa.com

Douarnenez – Thalasso Douarnenez - Centre de Thalassothérapie de Tréboul - 42 bis r. des Professeurs-Curie - BP 4 - 29175 Douarnenez - ☎ 0 825 004 230 - www.thalasso.com

Perros-Guirec – Centre de Thalassothérapie - Bd Joseph-Le-Bihan - 22700 Perros-Guirec - ☎ 02 96 23 28 97 - www.thalassol.com

Quiberon – Thalassa Quiberon - Bd de Goulvars - BP 10802 - 56178 Quiberon Cedex - ☎ 02 97 50 20 00 - www.accorthalassa.com ou www.accorvacances.com

Roscoff – Thalasso Roscoff - Roch Kroum - 29680 Roscoff - ☎ 02 98 29 20 00 - www.thalasso.com

Saint-Malo – Thermes Marins - Grande plage du Sillon - 100 bd Hébert - BP 32 - 35401 St-Malo - ☎ 02 99 40 75 75 - www.thalassotherapie.com

Achats et souvenirs

Vous n'aurez pas de mal à trouver par vous-même les rues commerçantes des villes que vous parcourrez. Sachez néanmoins que les « carnets pratiques » des villes et sites décrits vous proposent quelques bonnes adresses.

les principaux marchés

Très important dans la vie des communes, le marché est un moment sacré fait de rencontres et d'échanges. Tout en couleurs, parfums et senteurs, il constitue une excellente façon de connaître une région et de découvrir les produits locaux que proposent les producteurs eux-mêmes.
Toutes les villes et presque tous les bourgs possèdent leur marché. La liste ci-dessous n'est qu'indicative et précise les jours de grand marché de quelques places importantes.

Lundi
Auray, Châtelaudren, Combourg, Concarneau, Guerlesquin, Moncontour, Pontivy, Pontrieux, Redon, Vitré.

Mardi
Landerneau, Le Croisic, Quintin, Saint-Malo, Saint-Pol-de-Léon.

Mercredi
Châteaubriant, Guérande, Nantes, Quimper, Roscoff, Tréguier, Vannes.

Jeudi
Châteaugiron, Dinan, Hennebont, Lannion, La Roche-Bernard, Le Croisic, Malestroit, Pont-Croix.

Vendredi
Concarneau, Guingamp, Jugon-les-Lacs, Landerneau, Quimperlé, Saint-Malo.

Samedi
Bécherel, Dinard, Dol-de-Bretagne, Fougères, Guérande, Guingamp, Josselin, Landerneau, Le Croisic, Morlaix, Nantes, Port-Louis, Quimper, Redon, Rennes, Vannes, Vitré...
Quelques-uns de ces marchés sortent du lot. Le marché de Dinan (rue de la Poissonnerie) a pour cadre les venelles pittoresques de la ville ; celui de La Baule (tous les jours en été) est particulièrement bien fourni ; le marché des Lices à Rennes est un des plus

grands de France ; le marché de Dinard du samedi matin rassemble les meilleurs produits de la côte ; le marché de Quimper et ses halles St-François toutes modernes proposent de nombreux produits biologiques (vendredi après-midi), etc.

les criées

C'est toujours un spectacle haut en couleur que d'assister au tri et à la vente des produits de la pêche, au retour des chalutiers. Ces ventes ont lieu, en général, tous les jours de la semaine, une demi-heure après le retour des bateaux, et durent à peu près deux heures. Concarneau, Douarnenez, Le Guilvinec, Erquy, Loctudy et Lorient, Roscoff, St-Quay-Portrieux sont les plus importantes. **Criée de Plouhinec** – ☎ 02 98 70 74 55 - visite guidée de la criée de Plouhinec juil.-août : lun. et jeu. 14h30 - 3 € (-13 ans gratuit).

que rapporter ?

À DÉGUSTER

Alcools – Compagnons des plats de crustacés, le muscadet et son petit frère le gros-plant sont produits dans le pays nantais ; accompagnateur des crêpes et galettes, le cidre fermier a ses Rolls à Fouesnant et Pleudihen-sur-Rance ; plus anecdotique, mais bel et bien breton, le chouchen, ou hydromel, est surtout une spécialité de Rosporden , le pommeau, le *lambig* ou fine de Bretagne (eau-de-vie de cidre) et les bières sont nombreux, aussi sera-t-il peut-être plus judicieux de jouer la carte de l'authenticité avec la cervoise, fameuse boisson des Gaulois, ou de la surprise avec le whisky breton distillé du côté de Lannion.

Friandises et sucreries – Il ne faut pas attendre la fin d'un séjour en Bretagne pour comprendre que les Bretons sont assez gourmands. La renommée des galettes de sarrasin, fars aux pruneaux parfumés à la cannelle et *kouign amanns* généreusement caramélisés a depuis longtemps franchi les limites de la région. On croise un peu partout des biscuiteries artisanales qui vous allèchent de loin, bien que la Mecque du genre soit indéniablement Pont-Aven avec ses inimitables *traou-mads*. Spécialités typiquement régionales s'il en est, des crêpes de froment et des galettes de sarrasin sont vendues un peu partout ; de plus en plus de petites fabriques artisanales ont ouvert et en vendent sous un sachet plastique qui leur assure quelques jours de fraîcheur. Typiques des stations balnéaires comme La Baule et Quiberon, les *niniches* feront la joie

Hervé Le Gac/MICHELIN

Une confiserie à Nantes.

des enfants... et des dentistes à votre retour. Reste la myriade de produits locaux, qui varient d'un marché à l'autre, mais dont on peut extraire la confiture de lait et les caramels au beurre salé, produits fermiers traditionnels, les crêpes dentelle de Quimper, les gavottes de Dinan, le pain plié du Trégor, les madeleines des Côtes-d'Armor, les berlingots nantais, les craquelins de St-Malo, etc.

Produits de la mer – La sardine (et le maquereau) peut être à l'huile d'arachide ou d'olive, nature ou aux piments, par 3, 6 ou 12 filets ; bref, il y a une variété de boîtes et de préparations (le pâté de sardine au whisky est un « must »). On conçoit que le poisson est plutôt délicat à rapporter de vacances, aussi songera-t-on à la soupe de poisson vendue en bocal, de même que son indissociable rouille. Mais, à l'heure douloureuse qui sonne la fin d'un séjour, allégez votre peine en pensant à choisir sur votre dernier marché une bourriche d'huîtres (elles supportent très bien le voyage si vous les logez au fond du coffre, à l'abri du soleil).

Condiments – Le sel de Guérande (gros sel et fleur de sel) n'est plus à présenter. Plutôt que de l'acheter dans un quelconque supermarché, procurez-vous-en auprès d'un paludier, c'est plus sympa et c'est moins cher.

Niniches de Quiberon.

J. Malburet/MICHELIN

Fromages – La Bretagne, grande région d'élevages laitiers, fait pourtant figure de parent pauvre en matière de fromages. Il y a toutefois le curé nantais, la trappe au lait cru de l'abbaye de Timadeuc, le saint-paulin et le crémet nantais.

À porter

Vêtements de marins – Le pull marin bleu marine ou blanc ligné de bleu est un classique qui se permet de mépriser les modes puisqu'il en est une à lui tout seul. Les coopératives maritimes des ports bretons sont de petites cavernes d'Ali Baba où chacun trouvera son bonheur d'apprenti loup de mer, que ce soit avec les sacro-saints bonnets et casquettes bleus ou encore avec la vareuse, naguère ringarde et aujourd'hui déclinée jusque dans le prêt-à-porter dans des coloris très actuels. Il reste évidemment le très traditionnel ciré jaune, mais des versions plus modernes et plus sportives ont vu le jour avec le développement de la voile.

Sabots – Les paysans en ont porté jusque après guerre. Les années 1970 les avaient remis à l'honneur ; ils restent un produit artisanal vendu principalement dans les villages campagnards.

Décoration

Dentelle – L'art de la dentelle s'est perfectionné avec les coiffes des pays bretons, guère portées de nos jours. Une petite production de nappes et de mouchoirs délicatement ouvragés survit à cette désaffection.

Faïence – Les faïenceries de Quimper perpétuent une longue tradition de qualité : leurs ateliers et les magasins de la ville vendent aussi bien de la vaisselle que des sculptures décoratives témoignant de la maîtrise des artisans. Plus populaire, amusant, et en fait tout aussi traditionnel, le bol à oreilles orné d'un prénom est un produit incontournable qui enchante les plus petits. La Bretagne en est littéralement inondée.

La mer à la maison – Des vacances au bord de la mer ne laissent pas que les marques du maillot, elles impriment aussi les esprits. On s'y sent tellement bien qu'on a bien souvent envie de rapporter un petit quelque chose qui nous rappellera les bons moments passés sur la côte. Toute une série d'objets symbolisant la mer sont disponibles. Les plus simples sont la carte postale et le poster, mais leur pouvoir évocateur étant un peu limité, on choisira peut-être un cadre en coquillages, un tableau de nœuds marins ou une marine dégotée sur un marché, une maquette de bateau ou encore un instrument de navigation en laiton. Tout le monde trouvera de quoi satisfaire sa nostalgie ou de quoi calmer son impatience à revenir en Bretagne.

Les fameux sabots de bois.

G. Targat/MICHELIN

Kiosque

presse

Ouest-France, quotidien.
Le Télégramme, quotidien.
ArMen, bimensuel.
Bretagne magazine, bimensuel.
Le Chasse-Marée, 9 numéros par an, pour passionnés de voile et de bateaux.

ouvrages généraux et albums

Bretagne, Yves Le Gallo, Le Télégramme, 2003.
Bretagne, S. Recouvrance, J.-P. Gisserot, 1999.
La Bretagne, images et histoire, dirigée par A. Croix, Apogée, 1999.
Les Éditions Bordessoules publient une collection traitant de l'histoire des départements bretons : *Les Côtes-d'Armor de la préhistoire à nos jours, Le Finistère... La Loire-Atlantique... Le Morbihan... L'Ille-et-Vilaine...*
Loire-Atlantique, Tourisme & Culture, Laurence Vilaine, Siloë, 2002.

Histoire / Ethnographie

Anatole Le Braz et la Légende de la mort, D. Besançon, Terre de Brume, 1996.
Anne de Bretagne, H. Le Boterf, France-Empire, 1996.
Bretagne sacrée et légendaire, M. Déceneux, Ouest-France, 1996.

www.voyage.fr

© Thomas Goisque

jumpfrance

Tous les jours, un nouveau monde à découvrir.

Avec Voyage, partez à la rencontre de peuples inconnus, de contrées inexplorées, de paysages idylliques... Grâce à des reportages, magazines d'information, grands documentaires ou émissions culturelles, Voyage vous propose de partager les richesses de notre planète.

voyage
La télé de tous les voyages

Sur le câble et CANALSAT

Contes et légendes de Bretagne, par Y. Pinguilly, Nathan, 1998.
Histoire de Bretagne, H. Poisson et J.-P. Le Mat, Coop Breizh, 2000.
Le Guide de la Bretagne, Bretagne mystérieuse, G. Le Scouëzec, Coop Breizh, 1997.
Le Cheval d'orgueil, P. J. Hélias, Terre Humaine, Plon.
Un hiver en Bretagne, M. Le Bris, Nil Éditions, 1996.
L'Institut culturel de Bretagne (Skol-Uhel ar Vro) édite plusieurs séries de publications dans différentes collections : *Cahiers de l'Institut culturel de Bretagne, Histoire de Bretagne, Patrimoine archéologique de Bretagne...*, 1995.
Mémoire d'un paysan breton, J.-M. Déguignet, An Here, 1999.
Dictionnaire de la tradition bretonne, G. Le Scouëzec, Éditions du Félin, 1999.

Art / Architecture

Arts populaires de Bretagne, P. Le Stumm, Ouest-France, 1999.
Bretagne romane, L.-M. Tillet, La nuit des temps, Zodiaque, diff. Desclée de Brouwer.
La Bretagne au fil de ses couleurs, H. Jaouen et B. Louviot, Ouest-France.
Gauguin et la Bretagne, D. Delouche, Apogée.
Monet à Belle-Île, D. Delouche, Le Chasse-Marée.
Pont-Aven, l'école buissonnière, A. Terrasse, Gallimard-Jeunesse.
Sérusier et la Bretagne, C. Boyle-Turner, Ar Men/Chasse-Marée.
100 peintres en Bretagne, H. Belbéoch et R. Le Bihan, Palantines.
Les Éditions du Patrimoine et la Caisse nationale des monuments historiques et des sites coproduisent des collections thématiques très documentées : « Cahiers de l'inventaire » : *Le Manoir en Bretagne* ; *Les Orfèvres de Basse-Bretagne...* ; « Itinéraires du patrimoine » : *Églises d'Ille-et-Vilaine, Bretagne d'or et d'argent...* ; « Images du patrimoine » : *Le Canton de Josselin, Les Malouinières, Les Orgues en Bretagne...* ; « Parcours du patrimoine » : petits circuits de tourisme culturel.

« Solitude » de Paul Sérusier (musée des Beaux-Arts de Rennes).

A. Le Bot/PHOTONONSTOP

Marine

Bretagne, pays de mer, B. Le Nail et P. Plisson, Le Patrimoine maritime breton, Hachette, 1998.
Dictionnaire pittoresque de marine, J. Lecomte, Le Chasse-Marée/Ar Men.
Guide des gréements – Petite encyclopédie des voiliers traditionnels, Le Chasse-Marée/Ar Men.
Les Gens de mer, insolite et quotidien, N. Cazeils, Ouest-France, 1999.
Quand le Bretons peuplaient les mers, I. Frain, Fayard.
À Éric, Jacqueline Tabarly et Daniel Gilles, Éditions du Chêne, 1999.

Romans

Ces messieurs de Saint-Malo : vol. I : Ces messieurs de Saint-Malo ; vol. II : Le Temps des Carbec ; vol. III : Rendez-vous à la Malouinière, B. Simiot, Albin Michel.
Gens de Bretagne, par six auteurs différents : P. Féval : *La Fée des grèves* ; P. Loti : *Pêcheur d'Islande* ; A. Le Braz : *Le Sang de la sirène* et *Les Noces noires de Guernaham* ; R. Vercel : *Remorques* ; Pollès : *Sophie de Tréguier* ; P. J. Hélias : *L'Herbe d'or*, Omnibus/Presses de la Cité.
Le Chemin noir, C. Le Quintrec, Albin Michel.
Marion du Faouët, brigande et rebelle, C. Borgella, Laffont.
Un recteur de l'île de Sein, H. Queffélec, Librio.
À noter également tous les policiers régionaux (collections Enquêtes et Suspense et POL'Art) aux éditions Alain Bargoin.

Divers

Cuisine des châteaux de Bretagne, G. du Pontavice, Ouest-France, 1997.
La Cuisine de Bretagne et d'Armorique, C. Thibault, Gisserot, Paris, 1996.
Les Chemins du Tro Breiz, A. Guigny, Itinéraires et découvertes, Ouest-France, 1996.
Sentiers des douaniers de Bretagne, D. Dantec, Itinéraires et découvertes, Ouest-France, 2000.
Pêcheurs d'images, Philip Plisson, Éditions du Chêne, 1999.

Enfants

Le Mont-Saint-Michel, Petite fugue dans la baie, le village et l'abbaye, O. Mignon et C. Larose, Siloë.

vidéocassettes

La Route des mégalithes, coédition Centre des monuments nationaux/Ouest audiovisuel.
Les villes de **Brest, Nantes, Rennes, Quimper, Saint-Malo** sont filmées dans la collection « *Touristique* » ; la ville de **Vannes**, dans la collection « *Court-Métrage* » ; **Bretagne et Bretons** (récit vidéo de 5h en 3 cassettes qui racontent la Bretagne des origines à nos jours), collection « *Histoire* » Vidéo-Visite.

Cinéma

La Bretagne est apparue à l'écran dans quelques films demeurés célèbres. Ont été tournés :

À **Brest** (Finistère) : *Remorques* (1939) de Jean Grémillon, avec Jean Gabin.

À **Erquy** (Côtes-d'Armor) : *Pattes blanches* (1949) de Jean Grémillon, avec Fernand Ledoux ; *Le Blé en herbe* (1954) de Claude Autant-Lara, avec Edwige Feuillère.

À **St-Marc-sur-Mer** (Loire-Atlantique) : *Les Vacances de Monsieur Hulot* (1951) de Jacques Tati.

Au **cap Fréhel** (Côtes-d'Armor) : *Les Vikings* (1958) de Richard Fleischer, avec Kirk Douglas.

À **Lesconil** (Finistère) : *Les Naufrageurs* (1959) de Charles Brabant, avec Charles Vanel.

À **Quiberon** (Morbihan) : *Babette s'en va-t-en guerre* (1959) de Christian-Jaque, avec Brigitte Bardot.

À **Nantes** (Loire-Atlantique) : *Lola* (1961) de Jacques Demy, avec Anouk Aimée ; *La Reine blanche* (1990) de Jean-Louis Hubert, avec Catherine Deneuve.

À **Sainte-Anne-la-Palud** (Finistère) : *Que la bête meure* (1969) de Claude Chabrol, avec Michel Duchaussoy et Jean Yanne.

À **Locronan** (Finistère) : *Qui ?* (1970) de Léonard Keigel, avec Romy Schneider ; *Chouans* (1988) de Philippe de Broca, avec Sophie Marceau.

À **Belle-Île** (Morbihan) : *Traitement de choc* (1972) de Alain Jessua, avec Alain Delon.

À **Locquirec** (Finistère) : *Hôtel de la plage* (1977) de Michel Lang, avec Guy Marchand.

Au **château de Beaumanoir** (Côtes-d'Armor) : *Tess* (1979) de Roman Polanski, avec Nastassja Kinski ; *Je suis le seigneur du château* (1987) de Régis Wargnier, avec Jean Rochefort.

Dans le **golfe du Morbihan** : *Mon oncle d'Amérique* (1980) d'Alain Resnais, avec Gérard Depardieu ; *Les Clés du paradis* (1991) de Philippe de Broca, avec Gérard Jugnot.

À **Morlaix** (Finistère) : *Les Quarantièmes rugissants* (1982) de Christian de Chalonge, avec Jacques Perrin.

À **Quimper** (Finistère) : *Les Fantômes du chapelier* (1982) de Claude Chabrol, avec Michel Serrault.

Au **Pouliguen** (Loire-Atlantique) : *La Baule-les-Pins* (1989) de Diane Kurys, avec Nathalie Baye.

Au **Guilvinec** (Finistère) : *La Nuit de l'océan* (1992) de Antoine Perset, avec Jeanne Moreau.

À l'**île de Sein** (Finistère) : *Élisa* (1995) de Jean Becker, avec Vanessa Paradis.

Dans le **Finistère** : *Western* (1997) de Manuel Poirier, avec Sergi Lopez.

À **Saint-Nazaire** (Loire-Atlantique) : *Le Poulpe* (1998) de Guillaume Nicloux, avec Jean-Pierre Darroussin et Clothilde Courau.

À **Dinan** (Côtes-d'Armor) : *Armageddon* (1998) de Michael Bay, avec Bruce Willis et Ben Afflec.

À **Cancale** (Ille-et-Vilaine) : *Meilleur espoir féminin* (2000) de Gérard Jugnot, avec Gérard Jugnot et Bérénice Bejot.

À **La Baule** (Loire-Atlantique) : *15 août* (2001) de Patrick Alessandrin, avec Richard Berry et Charles Berling.

Calendrier festif

De nombreuses associations adhèrent à la Fédération française des fêtes et spectacles historiques. Un guide est disponible sur le site www.loriflamme.com

festivals

Janvier

La Folle Journée : musique classique (dernier week-end), ☎ 02 51 88 20 00. **Nantes**

Avril

Festival « Livre et Mer », Salon du livre maritime (21-23 avril), ☎ 02 98 97 52 72. **Concarneau**

Mai/juin

Festival « Étonnants Voyageurs » : littérature internationale (mi-mai en 2005), ☎ 02 99 56 64 48. www.etonnants-voyageurs.net **St-Malo**

Festival « Art Rock » : musique, théâtre, danse, arts plastiques (1er week-end), ☎ 02 96 68 18 40. www.artrock.org **St-Brieuc**

Printemps des arts : musique baroque et classique (de mi-mai à fin juin), ☎ 02 40 20 03 00. www.printemps-des-arts.com **Nantes**

Juillet

Festival « Les Tombées de la Nuit » (1ère semaine), ☎ 02 99 32 56 56. **Rennes**

Festival des Vieilles Charrues (3e week-end), ☎ 08 20 89 00 66, www.vieillescharrues.asso.fr **Carhaix-Plouguer**

Festival des arts dans la rue (de mi-juillet à mi-août), ☎ 02 98 46 19 46. www.artdanslarue.com **Morlaix**

Triomphe des Écoles de St-Cyr-Coëtquidan (3e ou 4e samedi du mois). ☎ 02 97 70 72 57. **Guer-Coëtquidan**

Festival de Cornouaille (fin du mois), ☎ 02 98 55 53 53. **Quimper**

Festival de jazz (fin juillet), ☎ 02 97 01 62 40. www.mairie-vannes.fr/jazzavannes **Vannes**

Août

Festival interceltique (10 jours, début du mois), ☎ 02 97 21 24 29. www.festival-interceltique.com **Lorient**

Festival de la danse bretonne (semaine du 15), ☎ 02 96 43 73 89. www.dansebretonne.com **Guingamp**

« Escales » : deux jours et deux nuits de musique (début du mois), ☎ 02 51 10 00 00. www.les-escales.com **St-Nazaire**

Festival folklorique du Ménez-Hom (du 13 au 15), ☎ 02 98 81 27 37 ou 02 98 81 51 29. www.monclocher.com/plomodiern **Plomodiern**

Les « Celtiques de Guérande » (2e semaine), ☎ 02 40 24 96 71. www.ot-guerande.fr **Guérande**

Spectacle son et lumière de Bon-Repos, ☎ 02 96 24 82 20. **Abbaye de Bon-Repos**

Festival du Bout du Monde (dernier week-end), ☎ 02 98 27 00 32. www.festivalduboutdumonde.com **Presqu'île de Crozon**

« Les Rendez-vous de l'Erdre » (dernier week-end), ☎ 02 51 82 37 70. www.rendezvouserdre.com **Nantes**

Octobre

Festival du film britannique (1er au 2e week-end du mois), ☎ 02 99 88 19 04. www.festivaldufilm-dinard.com **Dinard**

Festival du livre en Bretagne (dernier week-end), ☎ 02 98 93 37 43. **Carhaix-Plouguer**

Novembre

« Quai des Bulles » : festival de la bande dessinée et de l'image, projetée (1er week-end), ☎ 02 99 40 39 88. www.quaidesbulles.com **St-Malo**

Festival des Trois Continents : films (dernier week-end), ☎ 02 40 69 74 14. www.3continents.com — **Nantes**

Décembre

« Transmusicales » (1re semaine du mois), ☎ 02 99 31 12 10. — **Rennes**

pardons

Mai

Pardon de la chapelle Ste-Anne (Lampaul) (1er dimanche), ☎ 02 98 68 76 67. — **Lampaul-Guimiliau**

R. Mattès/MICHELIN

Le pardon de Sainte-Anne à Lampaul-Guimiliau a lieu chaque année, en juillet.

Pardon de St-Herbot (jeudi de l'Ascension), ☎ 02 98 86 90 07. — **St-Herbot**

Pardon de N.-D.-de-Délivrance (2e week-end), ☎ 02 96 74 92 17. — **Quintin**

Pardon de St-Yves (3e dimanche), ☎ 02 96 92 30 51. — **Tréguier**

Pardon de St-Yves (4e dimanche), ☎ 02 97 51 70 38. — **Bubry**

Juin

Pardon de la chapelle N.-D.-du-Crann (le dimanche qui suit le week-end de la Pentecôte), ☎ 02 98 93 82 22. — **Notre-Dame-du-Crann**

Pardon de St-Tugen (mi-juin), ☎ 02 98 74 81 19 — **St-Tugen**

Pardon de la St-Mathurin (week-end de Pentecôte), ☎ 02 96 73 49 57. www.pays-moncontour.com. — **Moncontour**

Pardon de la St-Jean (le dimanche qui suit la Saint-Jean), ☎ 02 98 67 34 07. — **Plouguerneau**

Pardon d'été de la Ste-Barbe (dernier dimanche), ☎ 02 97 23 23 23, www.paysroimorvan.com — **St-Jean-du-Doigt**

Juillet

Pardon de N.-D.-de-Bon-Secours (1er week-end. ; procession de nuit), ☎ 02 96 43 73 59, http://perso.wanadoo.fr/paroisse-guingamp/ — **Guingamp**

Petite troménie (2e dimanche), ☎ 02 98 91 70 14. — **Locronan**

Pardon de St-Carantec (3e dimanche), ☎ 02 98 67 02 72. — **Carantec**

Grand pardon de Ste-Anne (le 26), ☎ 02 97 57 68 80. — **Ste-Anne-d'Auray**

Grand pardon de Ste-Anne (dimanche qui suit la Ste-Anne), ☎ 02 98 56 00 91. — **Fouesnant**

Pèlerinage islamo-chrétien à la chapelle des Sept-Saints (4e dimanche), ☎ 02 96 38 91 73. — **Le Vieux-Marché**

Pardon de la Ste-Hélène (4e dimanche matin), ☎ 02 97 51 70 38. — **Bubry**

Août

Pardon de N.-D.-de-Pénéty (1er dimanche). — **Persquen**

La troménie de Haute-Bretagne (le 15). — **Bécherel**

Pardon de la madone des motards (les 14 et 15), ☎ 02 97 22 10 70. www.madonedesmotards.fr.st — **Porcaro**

Pardon de N.-D.-de-la-Clarté (14 et 15). — **Perros-Guirec**

Pardon de N.-D.-de-Roscudon (le 15) — **Pont-Croix**

Pardon de la St-Pierre-et-St-Paul (15 août), ☎ 02 98 04 71 02. — **Plouguerneau**

Pardon de N.-D.-du-Relecq (le 15), ☎ 02 98 78 43 86. — **Plounéour-Ménez**

Pardon de N.-D.-de-Rumengol (le 15), ☎ 02 98 81 93 45. — **Rumengol**

Pardon de N.-D. de la Tronchaye (1er dimanche après le 15), ☎ 02 97 43 31 50. — **Rochefort-en-Terre**

Pardon de N.-D.-de-Callot (1er dimanche après le 15), ☎ 02 98 67 07 88. — **Carantec**

Grand pardon (dernier week-end). — **Ste-Anne-la-Palud**

Pardon de la St-Fiacre (3e week-end), ☎ 02 97 23 23 23, www.paysroimorvan.com. — **Le Faouët**

Septembre

Pardon de N.-D.-de-Rocamadour et bénédiction de la mer (1er dimanche), ☎ 02 98 27 90 48. — **Camaret**

Grand pardon de Notre-Dame (1er week-end). — **Le Folgoët**

Pardon de N.-D.-de-Grande-Puissance (1er dimanche) — **Lamballe**

Pardon de N.-D.-de-Penhors (1er dimanche). — **Pouldreuzic**

Pardon de la St-Cornély (2e dimanche), ☎ 02 97 52 08 08. — **Carnac**

Pardon de N.-D.-du-Roncier (7 et 8), ☎ 02 97 22 20 18. — **Josselin**

Pardon de N.-D-de-la-Joie (3e week-end). — **Pontivy**

Pardon de N.-D.-du-Vœu (dernier dimanche), ☎ 02 97 36 24 52. — **Hennebont**

Pardon de Saint-Hervé (dernier dimanche), ☎ 02 97 23 41 83. — **Gourin**

Octobre

Fête de l'archange St-Michel : messe dans l'église abbatiale, présidée par les évêques de Coutances et de Bayeux (1er dim. du mois). ☎ 02 33 60 14 05. — **Le Mont-St-Michel**

fêtes, foires et marchés

Avril

La Fête du livre (week-end de Pâques), ☎ 02 99 66 75 23. — **Bécherel**

Carnaval (mi-carême), ☎ 02 40 48 13 94. — **Nantes**

Mai

La Semaine du golfe, fête maritime attirant des centaines de bateaux (le week-end de l'Ascension, les années impaires). — **Golfe du Morbihan**

Le mariage du duc Jean IV et de Jeanne de Navarre (3e week-end), ☎ 02 40 24 96 71. — **Guérande**

Juillet

Fête des brodeuses (2e dimanche), ☎ 02 98 82 37 99. — **Pont-L'Abbé**

Fêtes historiques (1re quinzaine), ☎ 02 97 01 62 40. www.mairie-vannes.fr — **Vannes**

Fête des remparts (les années paires), ☎ 02 96 87 94 94 http://perso.wanadoo.fr/.fete-remparts.com — **Dinan**

Fêtes médiévales (dernier week-end), ☎ 02 97 36 24 52. — **Hennebont**

Morand-Grahame/HOA QUI

Paimpol, Fête du chant de marin.

Août

Fête du chant de marin (les années impaires ; 1re quinzaine), ☎ 02 96 55 12 77. www.paimpol-2005.com	**Paimpol**
Fête de la mer (début août), ☎ 02 96 72 30 12. www.erquy-tourisme.com	**Erquy**
Week-end médiéval (1er samedi), ☎ 02 98 32 43 93.	**Château de Kergroadès**
Fête des ajoncs d'or (1er dimanche), ☎ 02 98 06 04 70.	**Pont-Aven**
Fête de la Brière, course de chalands (dimanche avant le 15 et le 15), ☎ 02 40 91 67 09.	**Île de Fédrun**
Fête de la tourbe (le 15), ☎ 02 40 91 41 34. www.saint-lyphard.com	**St-Lyphard-en-Brière**
« Nuit du livre » (2e samedi), ☎ 02 99 66 75 23.	**Bécherel**
Fêtes d'Arvor (13-14-15), ☎ 02 97 01 81 21.	**Vannes**
Fête des filets bleus, ☎ 02 98 97 01 44.	**Concarneau**
Fête des artisans (2e dimanche), ☎ 02 97 74 80 81.	**Lizio**
Fête médiévale (mi-août, les années impaires), ☎ 02 96 73 49 57. www.pays-moncontour.com	**Moncontour**
Festival de la cité des hortensias (1re quinzaine), ☎ 02 96 23 21 15. www.perros-guirec.com	**Perros-Guirec**

Septembre

Fête du beurre (4e vendredi), ☎ 02 98 86 90 07.	**St-Herbot**

Octobre-novembre

« Mille Sabords » (week-end de la Toussaint), plus grand salon nautique du bateau d'occasion. ☎ 02 97 53 74 43. www.lemillesabords.com	**Arzon, Port-Crouesty**

rencontres sportives

Avril

Spi Ouest-France : voile (week-end de Pâques), ☎ 02 97 55 72 21.	**La Trinité-sur-Mer**

Mai

Concours international de saut d'obstacles (1ere semaine), ☎ 02 40 60 02 40. www.labaule-cheval.com	**La Baule**

Juillet

Concours national de saut d'obstacles (dernière semaine), ☎ 02 97 36 10 34.	**Hennebont**

Août

Concours international de saut d'obstacles (début du mois), ☎ 02 99 46 19 35.	**Dinard**

Novembre

« Route du rhum » (tous les 4 ans, prochaine édition le 29 octobre 2006). Course en solitaire de Saint-Malo à Pointe-à-Pitre. www.routedurhum.org	**Saint-Malo**

Détail du calvaire de Pleyben.

S. Sauvignier/MICHELIN

S. Sauvignier/MICHELIN

Invitation au voyage

La mer

Les quatre cinquièmes de ses contours baignés par la Manche et l'océan Atlantique, la Bretagne est maritime par essence. Lorsqu'on pense à elle, on rêve de côtes découpées sur lesquelles se fracassent de lourdes vagues écumantes ou bien de plages tranquilles où les parents lisent au soleil pendant que leurs enfants édifient des châteaux de sable, on songe au poisson que l'on achètera au retour de la pêche ou à la planche à voile qui nous emmènera glisser sur l'eau. Bref, Bretagne et mer ne font qu'une. C'est bien là toute la magie de cette gigantesque péninsule.

Le phare d'Ar Men à l'île de Sein.

Y. Tierny/MICHELIN

Marée basse à St-Briac-sur-Mer.

L'Armor

C'est le nom que les Gaulois donnèrent à la région côtière : il signifie « pays au voisinage de la mer ». L'Armor (ou plus rarement l'Arvor) s'oppose à l'Argoat, pays de l'intérieur.

La côte bretonne

Extraordinairement découpée, elle totalise 1 200 km ; elle n'en mesurerait que 600 si elle s'était contentée d'être rectiligne. Cette longue dentelle rocheuse compte une multitude de paysages magnifiques composés de hautes falaises, de caps déchiquetés, d'îles et d'écueils, de larges baies, d'amas granitiques, de promontoires escarpés, de golfes et de rias (ces estuaires où la marée pénètre), de criques et de grèves, tous rythmés par le va-et-vient régulier des marées et le ballet incessant des bateaux qui la quittent ou y reviennent. Cette merveilleuse diversité fait toute l'originalité de la côte bretonne.

Et comme si cette diversité ne suffisait pas à nous régaler les yeux, l'Armor a comme fractionné la totalité de son littoral pour mieux nous envoûter. En effet, au gré de ses promenades, on remarquera que la végétation est brûlée par le vent salin là où la côte est exposée, qu'elle est exubérante là où elle est abritée et qu'y poussent sans effort mimosas, palmiers, eucalyptus, lauriers-roses, etc. Vraiment, la côte bretonne est des plus variées.

Vagues et marées

L'Armor est continuellement frappé par les vagues, qu'éloignent ou rapprochent les marées. Les vagues, ou, comme disent les marins, les

Les bienfaits de la marée basse

La marée basse fait la joie des pêcheurs. Veillez toutefois à ne pas tout déplacer, à ne pas tout ramasser. Replacez les pierres et les galets que vous soulevez, les habitants qu'elles cachent vous en sauront gré.
En tenant compte des avis préfectoraux et municipaux régissant la pêche à pied, on pêchera donc des décapodes (crabes et crevettes) et des bivalves (palourdes et moules)

G. Pisson

lames, sont un mouvement ondulatoire produit par le vent. Même lorsque la brise ne souffle plus, l'ébranlement se propage à de grandes distances : c'est la houle. Par une illusion d'optique, l'eau semble se déplacer, mais il suffit de regarder flotter un bouchon pour constater qu'il reste immobile. Près du rivage, le mouvement ondulatoire des vagues est freiné par le fond : un déséquilibre se produit et la crête de la lame s'écroule en longs rouleaux d'écume avec un bruit sourd et rythmé, c'est le ressac. Quand la vague atteint un obstacle abrupt, rocher ou falaise, elle est soulevée, lance des embruns, puis retombe de tout son poids. Les jours de tempête, le spectacle peut être prodigieux.

Curieux phénomène que celui des marées. Il est causé par l'attraction de la Lune et, dans une moindre mesure, par celle du Soleil. Lorsque la Lune est au-dessus de la mer, elle attire l'eau vers elle, le niveau de la mer s'élève : c'est la marée haute. Six heures plus tard, la Lune n'est plus au-dessus de l'eau, l'attraction n'opère plus : c'est la marée basse. Lorsque le Soleil et la Lune sont à peu près alignés par rapport à la Terre, l'attraction est plus forte : c'est la marée de vive eau ou grande marée : ce phénomène se reproduit tous les quinze jours, lors de la pleine lune ou de la nouvelle lune. En Bretagne, les grandes marées les plus importantes se produisent en mars et septembre, au moment des équinoxes.

Marée basse, dans le Finistère.

R. Mattes/MICHELIN

La voile

Véritable pépinière de marins, la Bretagne est la région la plus maritime de France. Un proverbe dit que « les Bretons naissent avec de l'eau de mer autour des yeux et l'océan coule dans leurs veines dès les premiers jours ». Aussi la voile est-elle ici plus qu'un sport, c'est une seconde nature, un élément à la fois indissociable du paysage et un art de vivre qui confine pour beaucoup à la passion.

La régate ou le sport pour tous

Jadis réservée à l'élite, la voile, à laquelle il faut depuis les années 1980 ajouter la planche à voile, est devenue un sport populaire. Avec la construction en série, l'industrie nautique a délaissé l'artisanat des anciens temps et produit aujourd'hui des embarcations réalisées en matériaux de synthèse qui ont mis cette discipline à la portée de toutes les bourses. On en veut pour preuve les 700 écoles de voile de la Fédération française de voile, et les plus de 1 000 clubs qui se répartissent sur l'ensemble de l'Hexagone. Aussi, les amoureux de la mer sont-ils nombreux à régater le long des côtes bretonnes, à scruter le ciel, anticiper la brise thermique, s'interroger sur les dépressions pour mieux gonfler leurs spinnakers et leurs génois sur les vagues du grand bleu. On est aujourd'hui bien loin des premières courses qui opposaient des canots de pêche vers 1850. Monocoques et multicoques de tous types sont amarrés aux pontons des ports de plaisance et chacun rêve de participer un jour à une course, fût-elle la plus modeste d'entre toutes, ou le « Spi Ouest-France », organisé tous les ans à La Trinité-sur-Mer, qui permet aux anonymes de côtoyer certains grands noms de la voile.

N. Benavidès/MICHELIN

Un monde sans frontière

Les grands marins – Certes, tous les grands marins ne sont pas bretons... quoiqu'ils le soient tous un peu, tellement la Bretagne incarne la mer. Et dans cet univers sans frontière, il n'y a pas un « voileux » qui ne connaisse Bernard Moitessier, Yves Le Toumelin et Éric Tabarly, l'idole des houles, malheureusement disparu au large du pays de Galles en juin 1998. L'osmose entre ce dernier et ses bateaux ainsi que sa droiture ont ennobli l'image de la voile dans l'esprit des profanes qui, avant lui, regardaient l'océan comme une vaste steppe liquide sans vie. Il laisse un souvenir impérissable et un sillage où navigue cette pépinière de marins formée à ses côtés : Olivier de Kersauzon, Marc Pajot, Philippe Poupon, Jean Le Cam, Alain Thébault, Yves Parlier.

La famille des grands marins s'est nettement agrandie depuis quelques années, surtout depuis que la voile est réellement entrée dans le monde de la compétition. Grâce au financement de marques qui ont compris l'énorme force d'attraction que ce sport exerce sur les foules, des bateaux de plus en plus performants sortent des

F. Le Divenah/PHOTONONSTOP

Même les vieux gréements régatent.

chantiers de Lorient, de Vannes ou de Nantes, aussitôt engagés dans des courses au long cours souvent passionnantes, toujours éprouvantes. Ces « formules 1 » de la mer utilisent désormais des matériaux performants à haute résistance tels le spectra, le Kevlar ou le titane. Elles sont barrées par de véritables vedettes qui ont pour nom Florence Arthaud, Isabelle Autissier, Frank Camas, Alain Gautier, Paul Vatine, Laurent Bourgnon ou Loïck Peyron. Les disparitions d'Alain Colas, en 1978, de Loïc Caradec, en 1986, ou de Gerry Roufs, en 1997, sans parler de celle de Tabarly déjà évoquée, nous ont à chaque fois rappelé combien la mer est dangereuse et à quel point ces sportifs de haut niveau exercent un métier très risqué pour assouvir leur amour de la mer.

Les grandes courses – Courses en solitaire ou par équipes et records de traversée animent le monde de la voile presque tout au long de l'année. La ferveur pour ce sport est en effet devenue telle que l'amateur peut suivre les grandes courses de chez lui... grâce à Internet. En effet, des sites ont été ouverts pour pouvoir suivre leurs évolutions presque sans discontinuer. On peut ainsi situer tel ou tel concurrent isolé sur une mer du globe en restant confortablement installé dans son fauteuil !

À tout seigneur tout honneur. La Bretagne est le cadre de départs ou d'arrivées de compétitions devenues prestigieuses. La plus célèbre est probablement la Route du rhum, qui relie la pointe du Grouin à Pointe-à-Pitre à bord de monocoques et multicoques. Elle a lieu tous les quatre ans (première édition en 1978, prochaine édition en 2006) ; ses vainqueurs ont pour nom Michael Birch, Marc Pajot, Philippe Poupon et Laurent Bourgnon, Michel Desjoyeaux. D'autres courses ont soulevé l'enthousiasme des foules, par exemple : La Baule-Dakar, difficile à cause de la traversée du golfe de Gascogne en automne ou Québec-St-Malo, à cause de ses baleines et ses icebergs, ou encore Lorient-les Bermudes-Lorient davantage connue sous le nom de Transat en double. La Course du Figaro démarre en juillet d'un port breton, vendéen ou normand, tandis que la Course de l'Europe fait étape dans les grands ports du Nord au Sud de l'Europe. Il y a aussi la Route des hortensias, une course conviviale qui relie la Bretagne aux Açores, ou le Trophée « Cutty Sark », qui relie Aalborg à St-Malo.

N. Benavidès/MICHELIN

Sous le fanion du Sport nautique de l'Ouest, ceux des sociétés des régates de Douarnenez, Carnac, Morlaix, Vannes, Lorient et Le Pouliguen.

SHOM

S. Sauvignier/MICHELIN

Les vieux gréements

Tradition sur mer

Durant des siècles, les marins ont navigué sans moteur. La propulsion à vapeur est apparue au 19e s., puis la propulsion mécanique s'est généralisée au lendemain de la Seconde Guerre mondiale. Enfin, les procédés modernes de construction se sont emparés, au cours des années 1960, de la navigation de plaisance. Dès lors, il n'était plus question de naviguer sur des bateaux en bois devenus obsolètes.

Or, depuis la fin des années 1970, des passionnés de la mer ont entrepris de remettre en valeur ces bateaux jugés dépassés et périmés par la modernité. Sensibles à leur silhouette magnifique, des individualités ou des associations décidèrent de les restaurer entièrement ou d'en construire des répliques. Ainsi naquit un véritable engouement pour les « vieux gréements » qui, si l'on en croit les marins, procurent un plaisir inégalable à ceux et celles qui les barrent – en fait, un gréement est l'ensemble des cordages et poulies nécessaires à la manœuvre des navires à voiles. Une passion que traduisent à merveille ces grands rassemblements de voiliers traditionnels qu'organisent régulièrement les grands ports.

S. Sauvignier/MICHELIN

Dans un voilier, les commandes sont sur le pont.

Le promeneur qui longe les côtes bretonnes a aujourd'hui de nombreuses occasions de voir glisser sur l'eau un de ces navires à la voilure souvent colorée. Mais, s'il en a le plaisir des yeux, il a également la possibilité d'embarquer. Un nombre croissant d'associations offre en effet la possibilité de naviguer sur un de ces bateaux conçus à l'origine pour la pêche ou le cabotage, et très typés selon la région où ils ont été armés.

Pour tous les goûts

Très voilées pour bien profiter des vents portants, les goélettes, bâtiments à deux mâts, sont mondialement connues (Brest en possède un magnifique exemplaire reconstruit, *La Recouvrance*, du nom de son quartier le plus célèbre). En revanche, les « bateaux de travail » de nos côtes le sont beaucoup moins. Leur poids, leur forme, leur voilure étaient adaptés aux conditions locales de pêche. C'est ce qui fait qu'on rencontre des flobarts dans le port de Boulogne, des camins au Havre, ou, puisque la batellerie n'était pas en reste, des fûtreaux en Loire, des gabares en Gironde.

En Bretagne, les bisquines, bateaux de pêche à la ligne et au chalut originaires de Normandie et en service à Cancale jusqu'au début du 20e s., sont probablement les plus renommées, grâce à la superbe *Cancalaise* à coque noire, qui a été entièrement reconstruite. Ces bateaux étaient les plus toilés du pays et participaient à des régates qui attiraient déjà les touristes sur la Côte d'Émeraude durant la seconde moitié du 19e s. Également réputés, les chasse-marée sont des bateaux côtiers à trois mâts que l'on rencontrait aux abords des abers ; aujourd'hui, La *Belle Angèle* prouve à quel point ils tenaient bien la mer. Nettement plus petits et moins connus, les sinagots étaient destinés au dragage des huîtres dans le golfe du Morbihan et en baie de Quiberon. Un des derniers exemplaires mouille dans le port de Séné, qui a donné son nom à ce type d'embarcation. Les langoustiers portent un nom plus explicite ; La *Belle Étoile*, à la coque blanche et aux voiles rouges, est aujourd'hui à nouveau amarrée au port de Camaret, qui fut un grand port langoustier. Les lougres effectuaient du cabotage, comme le *Corentin* au large de l'Odet ou le *Grand-Léjon* au large de Saint-Brieuc. Les flambarts naviguaient autrefois

Les voiles tannées par le soleil et le sel.

exclusivement sur les côtes septentrionales de Bretagne et servaient notamment au ramassage du goémon ; on peut en revoir depuis qu'ont été lancés l'*An Durzunel* de Loguivy et l'*Ar Jentilez* de Perros-Guirec. Les chaloupes sardinières naviguaient, elles, sur les côtes méridionales de Bretagne ; le *Telenn Mor* de Douarnenez en préserve le souvenir. Les cotres sont de petits bateaux à un seul mât, comme les sloops à mât unique vertical ; *Le Renard*, construit à l'occasion des festivités de « Brest 1992 », est la réplique du dernier bateau de Robert Surcouf, le corsaire malouin. Mais il y a encore les sloops coquilliers brestois, les forbans du Morbihan, les dragous des Côtes-d'Armor, etc. On le voit, la flottille des vieux gréements est variée et répond à des navigations différentes.

La personnalité forte

Goélettes, ketchs et clippers sont des noms qui, sur toutes les rives du monde, font rêver tous les amateurs d'horizons. Chaque pays maritime s'enorgueillit de posséder l'un ou l'autre vieux gréement d'exception. Les rassemblements de navires traditionnels étant de plus en plus populaires, ils sont devenus de véritables ambassadeurs de leur pavillon.

Naturellement, la France possède quelques bateaux de cet ordre. Le plus prestigieux, le plus grand, est le *Bélem*, dont le port d'attache est Nantes. Ce trois-mâts barque (58 m de long, 1 200 m² de voilure) a été lancé dans ce port en 1896 pour transporter du cacao, du rhum et du sucre, et navigua comme « antillais » jusqu'en 1914. Entièrement restauré de 1979 à 1985, il accueille des stagiaires.

« La Cancalaise », toutes voiles dehors.

Y. Tierny/MICHELIN

Un filet de pêche, ça se démêle avec patience !

La religion de la pêche

La pêche côtière

Sole, turbot, raie, bar, dorade, crustacés, coquille St-Jacques... faites votre choix ! La production est toutefois loin de toujours répondre aux besoins locaux : une ville comme St-Brieuc est approvisionnée en partie par Lorient. Sur le littoral atlantique, la pêche à la sardine constitue une activité saisonnière de juin à septembre.

La pêche hauturière

S'opposant au cabotage, la pêche de haute mer est pratiquée jusqu'au large de l'Islande et représente la principale activité des grands ports. Le thon est pêché à la traîne ou à l'appât vivant dans le golfe de Gascogne, à la senne tournante le long des côtes africaines. La pêche au thon blanc (germon) a lieu de juin à octobre, et débute entre le Portugal et les Açores. Le thon tropical (albacore ou listao) est pêché par une trentaine de grands thoniers-congélateurs armés à Concarneau et basés en Afrique occidentale.

Qu'ils pratiquent la pêche côtière, la pêche hauturière, la grande pêche ou la pêche aux crustacés, les marins bretons ont su s'adapter aux techniques les plus modernes, et ce malgré une réduction des quotas d'exploitation due principalement à la mondialisation de cette industrie. Avec Lorient et Concarneau, la Bretagne arrive largement en tête des régions françaises pour la valeur et l'importance des prises.

La grande pêche

Elle désigne la pêche à la morue, pratiquée sur les bancs de Terre-Neuve, du Labrador et du Groenland. Elle fit autrefois la célébrité de Paimpol et de St-Malo, mais ne subsiste que modestement. Les chalutiers actuels sont de véritables usines, équipées d'installations de filetage mécanique et de congélation.

La pêche aux crustacés

Surtout pratiquée sur les côtes rocheuses à l'aide de casiers ou de nasses, elle s'est également développée dans les eaux lointaines. Les langoustiers-congélateurs de Camaret et Audierne, équipés de viviers et d'installations de congélation, partaient en effet pour plusieurs mois, sur les côtes de Mauritanie notamment.

Les mouettes suivent de près les chalutiers

Y. Tierny/MICHELIN

Les autres ressources de l'océan

Les conserveries

C'est Fouquet, ministre de Louis XIV, qui encouragea la mise en baril des poissons, méthode qui supplanta peu à peu la salaison et le séchage. Au début confite dans l'huile, la sardine a bénéficié du procédé mis au point en 1810 par Nicolas Appert pour être mise en conserve. Cette industrie, qui a beaucoup souffert de la concurrence des pays du tiers monde, est principalement localisée en presqu'île de Quiberon et dans les ports de Douarnenez et Concarneau.

Océanologie et aquaculture

L'affaiblissement de la pêche force les chercheurs de l'Ifremer (Institut français de recherche pour l'exploitation de la mer) à trouver sans cesse des solutions nouvelles. Bientôt, la pêche sera probablement relayée par l'aquaculture. Déjà, des fermes marines finistériennes élèvent avec succès le saumon et le turbot.

J.-D. Sudres/PHOTONONSTOP

... des coquilles Saint-Jacques.

La conchyliculture

Les gastronomes savent que l'élevage des huîtres (ostréiculture) et des moules (mytiliculture) constitue une activité importante en Bretagne. Grande productrice d'huîtres plates (belons), la région a également développé ses parcs d'huîtres creuses (fines de Bretagne). Elle produit annuellement 30 000 t d'huîtres creuses et 2 000 t de plates, soit le quart de la production nationale. Quant aux moules de bouchot, elles sont cultivées de la baie du Mont-St-Michel à la baie de St-Brieuc, et dans l'estuaire de la Vilaine.

Les algues et leur transformation

Depuis longtemps récoltées comme engrais, puis matières premières de l'industrie chimique, les différentes variétés d'algues se retrouvent à présent aussi bien sur les tables de restaurant que dans les centres de thalassothérapie. Aujourd'hui, la réglementation autorise la culture et la récolte du goémon au moyen de bateaux spécialement équipés. Le pays des Abers est le centre principal de cette activité.

Les chantiers navals

Ce secteur sinistré pendant des années connaît avec les Chantiers de l'Atlantique à St-Nazaire un site d'envergure mondiale. Capables de mettre en chantier des navires de 500 000 t, ils se sont surtout tournés vers la production de porte-conteneurs, de plates-formes de forage et de navires de croisière ; l'année 2003 restera dans les annales avec la construction du plus grand paquebot du monde, le *Queen Mary 2*. C'est grâce à ce secteur de prestige que les chantiers ont pu faire la preuve de leur dynamisme et de leur savoir-faire.

Malheureusement vides, les casiers à homards.

S. Sauvignier/MICHELIN

La pêche à pied

En Bretagne, des marées de belle amplitude abandonnent sur l'estran d'innombrables coquillages et crustacés. Les invertébrés les plus prisés des pêcheurs à pied – coques, praires, palourdes et couteaux en tête – sont habituellement invisibles du premier coup d'œil. Les repérer est alors un jeu que l'on pratique volontiers en famille.

R. Holzbachova/Ph. Benet/MICHELIN

Crevettes grises.

Bancs de coques

Dans la vase marine des baies, ces coquillages bivalves se rassemblent en myriades de bancs. Enlisés dans le sable à 5 ou 10 cm de profondeur, ils apprécient la fraîcheur et l'humidité des lieux. Parfois une coquille ovale et crénelée, couverte de sillons verticaux, affleure à la surface. Lorsqu'elle atteint 3 cm, elle est bonne à ramasser. Avant de cuisiner la « palourde du pauvre » , faites-la dégorger, car elle emprisonne des grains de sable désagréables sous la dent.

R. Corbel/MICHELIN

Coque.

Praires

Recherchée pour sa texture délicate, la praire se cache dans une épaisse coquille granuleuse qui va du safran au brique. Elle s'enfouit dans le sable coquillier sans laisser de trace. Mais si le pêcheur tapote le sol, le mollusque se referme brusquement et délivre un jet d'eau qui le trahit.

R. Corbel/MICHELIN

Palourde.

Paloudes

La palourde, fort appréciée, ensable ses valves jumelles, aux sillons concentriques, jusqu'à 15 cm de la surface. Deux petits orifices espacés de 1 cm, où débouchent ses siphons, dénoncent sa présence. Une taille de 4 à 8 cm permet sa mise au panier.

Patelles ou berniques

Très communs, ces mollusques gastéropodes se cachent sous leur fameuse coquille en forme de chapeau chinois. Solidement ancrés aux rochers à marée basse, ils sont difficiles à récupérer mais aussi à cuisiner car leur chair est délicate.

R. Corbel/MICHELIN

Patelle.

Les couteaux

Cadeau des grandes marées, le couteau ressemble effectivement à un manche de couteau plié. Coquillage bivalve longiligne de 10 à 15 cm, d'un gris d'ardoise mouillée, il creuse le sable à la verticale pour se protéger. Et se signale sur l'estran par un orifice en « huit ». Mais le pêcheur peut aussi attendre, immobile, que le flux de l'océan baigne à nouveau l'estran, le couteau sort alors tout seul, ce qui évite la pêche au sel qui brûle le mollusque.

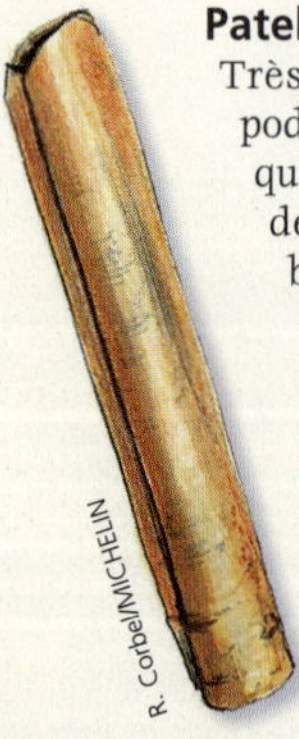

R. Corbel/MICHELIN

Couteau.

S. Sauvignier/MICHELIN

Pêcheur à pied.

Les crabes

Des algues, des cailloux, des flaques de rochers, les **crabes verts** filent de toutes parts. Ces prédateurs à la silhouette trapue de teinte foncée, ou grisâtre, portent le doux nom d'« enragés » et sont pourtant faciles à capturer à la main. Peu charnus ils donnent du fumet à une soupe. L'**étrille** par contre est savoureuse quand elle dépasse les 5 cm qui autorisent son prélèvement. Farouche ce « crabe cerise » au dos duveteux, aux yeux et aux articulations rouges, se dissimule dans les failles. Mais il se défend dressé, toutes pinces dehors. Et où donc se terre le jeune **tourteau**, dit « petit dormeur » ? Sur le rivage qui lui tient lieu de nurserie, avant son départ vers le large. Ses pinces disproportionnées, gantées de noir, le distinguent de ses congénères. Il ne lâche d'ailleurs plus le doigt téméraire qui tente de le saisir.

R. Corbel/MICHELIN

Bigorneau.

Roses ou grises, les crevettes

Quel est ce bouquet qui se cueille à l'épuisette dans les mares salées au creux des rochers ? C'est le bouquet, ou crevette rose. Son rostre, un éperon qui prolonge sa tête, est courbe et denté dessus-dessous. La carapace translucide du crustacé se pare de raies plus foncées, et c'est à la chaleur de la cuisson qu'elle vire au rose. Quant à la crevette grise, au corps frêle et plat, elle se confond avec le sable dans lequel elle s'enfonce superficiellement.

Les bigorneaux

Sur les rochers, les bigorneaux à la coquille en colimaçon, se camouflent en petit nombre sous les algues et le fucus, une algue brune qu'ils broutent pour se nourrir. D'un vert sombre tirant sur le noir, ces gastéropodes marins mesurent au plus 3 cm. Inactifs à marée basse, leurs tentacules oculaires, pris pour des cornes, les font surnommer « bigornes ». À ne pas confondre avec les gibbules, des cousins à la coquille aux zébrures attirantes, mais à la chair immangeable.

SAVOIR-VIVRE

La pêche à pied requiert quelques précautions pour ménager l'équilibre naturel. L'épuisette, la griffe de jardin, ou la fourchette, sont des outils peu saccageurs. Les coquillages et les crustacés se ramassent à la saison autorisée, à la dimension voulue, et en quantité modeste – c'est-à-dire proportionnelle à l'assiette que l'on est capable d'ingurgiter. Les femelles porteuses d'œufs sont relâchées, les cailloux replacés *in situ*. Le fruit de la pêche se couvre d'algues coupées, et non arrachées, afin de permettre leur repousse. Ces gestes évitent un microcataclysme écologique qui régnerait trois ans durant. La réglementation encadrant la pêche à pied se trouve dans les mairies et aux Affaires maritimes *(voir la partie Informations Pratiques, Sports, page 42)*.

Étrille sur la défensive.

S. Sauvignier/MICHELIN

L'Argoat

S. Sauvignier/MICHELIN

La mystérieuse forêt d'Huelgoat.

C'est peu dire que la Bretagne intérieure offre un charme tout différent de celui qui attire les estivants sur les côtes. En effet, le voyageur qui se décide à faire dos à la mer pour se tourner vers la campagne bretonne découvrira un pays de vallons et de prairies bien distincts des rias et des plages du littoral. Certes, l'Argoat n'est plus ce « pays au voisinage de la forêt », mais il a gardé son avant-goût de montagne qui en surprendra plus d'un.

Plateaux et montagnes

La montagne ! Si le mot écrase un peu les collines bretonnes, c'est néanmoins sous ce terme que les gens de la côte ont l'habitude de dénommer la partie centrale de la Bretagne. Il est vrai qu'en maints endroits, un vent vigoureux, une certaine aridité ainsi que des crêtes en dents de scie contrastant avec les ondulations des plateaux donnent une impression de haute altitude. Du roc Trévezel (384 m) ou du Ménez-Hom (330 m), on découvre une immense étendue de terre, une succession de mamelons où serpentent des rivières encaissées aux eaux brunes et vives. De plus près, le terrain apparaît généralement comme découpé en damier par des talus ou des murs de pierres sèches qui délimitent les champs et les prés, bien que la débocagisation due à l'évolution de l'agriculture ait progressivement quelque peu arasé ce maillage traditionnel.

Forêts et landes

Autrefois, la Bretagne possédait d'immenses forêts de chênes rouvres et de hêtres (*faou* en breton), aux sous-bois de houx et de fougères. Les générations qui se sont succédé depuis les Romains ont porté la hache dans ces massifs. Il n'en reste plus que des tronçons épars, dont les forêts de Paimpont ou de Quénécan. Ce sont des bois accidentés, coupés de gorges, de ravins, de chaos de rochers, dont Huelgoat est l'exemple accompli.
Des landes souvent incultes avaient remplacé les forêts. Elles s'étendent encore en vastes solitudes dont la mélancolie s'éclaire au moment où

La Bretagne est une péninsule de 27 200 km². C'est une vieille terre de l'ère primaire, plissée à l'ère secondaire et disloquée à l'ère tertiaire.
De tout temps, l'Argoat a été nettement moins peuplé que le littoral, c'est-à-dire l'Armor. Le relief tourmenté

R. Mattès/MICHELIN

Les landes des Monts d'Arrée.

de la Bretagne intérieure lui a en effet longtemps garanti une vie dure et l'a longtemps maintenue comme en dehors de la société et de l'ouverture sur le monde que connaissait la façade maritime. Là n'est pas le moindre paradoxe de ce vaste bloc de granit qui semble un grand nez pointé vers l'Ouest et le Nouveau Monde, à savoir ne pratiquement rien connaître du monde marin tout en étant bordé par la mer sur les quatre cinquièmes de son pourtour.

les ajoncs offrent leur manteau d'or ou quand les bruyères forment un tapis violet. Hors des sommets, elles ont presque partout cédé devant l'effort paysan et sont devenues des terrains de culture. Telles sont, par exemple, les landes de Lanvaux qui recouvrent le pays vannetais.

Une terre agricole

Bien que terre réputée ingrate et pauvre, la Bretagne n'en a pas moins été le grenier à blé du royaume aux 16e et 17e s., et est aujourd'hui la première région agricole de France. Traditionnellement légumière, l'Argoat est avant tout le pays de l'aviculture et des vaches laitières, ceci grâce à l'essor impressionnant qu'y a connu l'industrie agroalimentaire au cours des dernières décennies. Par ailleurs, l'élevage des porcs s'est industrialisé et représente aujourd'hui la moitié de la production française. La Bretagne, comme de nombreuses régions d'Europe, a donc connu une transformation sans précédent de son agriculture. Fondé sur l'intensification de la production et la recherche permanente de la meilleure rentabilité, le développement agricole breton a servi de modèle à de nombreuses régions européennes.

R. Mazin/PHOTONONSTOP

Paysage de bocage aux environs de Brasparts.

Triskell.

N. Benavides/MICHELIN

R. Mattes/MICHELIN

Les traditions

À l'instar des grandes régions françaises, la Bretagne cultive son identité en entretenant jalousement une série de traditions séculaires. Vestimentaires, religieuses, linguistiques ou plus largement artistiques, elles traduisent une mentalité et une façon de vivre tout à fait particulières qui semblent résister au laminoir du modernisme.

La Bretagne et ses symboles

Si la Bretagne a plus changé au cours de la première moitié du 20e s. qu'au cours des deux siècles précédents, elle a su retrouver depuis les années 1980-1990 toute l'originalité que lui conservaient ses mœurs, cela malgré le dépeuplement des villages et l'évolution inéluctable du commerce, de l'industrie et du tourisme.

A. de Valroger/MICHELIN

Hermines et blason breton.

Ainsi, qui ne connaît le **drapeau breton**, le fameux Gwenn ha du (blanc et noir) dessiné en 1925 par Morvan Marchal ? Saviez-vous que ses cinq bandes noires symbolisent les cinq anciens évêchés de haute Bretagne (Rennes, Nantes, Dol, St-Malo, St-Brieuc), ses quatre bandes blanches ceux de basse Bretagne (Léon, Cornouaille, Vannes, Tréguier) ? Quant aux hermines, elles rappellent l'ancien duché de Bretagne. Au 13e s., la fourrure de ce petit animal fut adoptée par les ducs de Bretagne comme symbole du pouvoir. Autre attribut, le **triskell**, ou triskèle, se présente sous une forme tournante à trois branches représentant la terre, le feu et l'eau. Son origine serait celte.

La devise **Potius mori quam foedari**, « Plutôt la mort que la souillure », est donnée comme celle des Bretons. La légende raconte qu'une petite duchesse aurait recueilli une blanche hermine blessée qui avait préféré braver les flèches des chasseurs et les sabots des chevaux plutôt que de trouver le salut en traversant un chemin boueux !

J. Schormans/RMN

Costumes bretons du milieu du 19e s.

Les costumes traditionnels bretons sont de la fête.

Coiffe du golfe du Morbihan.

R. Mattes/MICHELIN

Costumes et coiffes

La Bretagne possède des costumes d'une variété et d'une richesse surprenantes. Transmis de génération en génération, ils étaient autrefois de toutes les fêtes familiales et publiques. Aujourd'hui, les costumes traditionnels ne sortent des armoires qu'à l'occasion des pardons ou des manifestations folkloriques. Le touriste a alors la possibilité d'apprécier la finesse de la décoration qui, à l'origine, témoignait de l'aisance de la famille. De satin ou de velours, brochés et brodés, garnis de dentelles, les tabliers rivalisent avec les robes de cérémonie. Généralement noires et souvent ornées de bandes de velours, celles-ci présentent parfois des broderies de soies multicolores et flamboyantes, comme à Quimper ou sur le costume bigouden de Pont-l'Abbé.

La grande originalité du costume féminin est la **coiffe**, portée autrefois surtout dans le Finistère et le Morbihan. L'une des plus attrayantes est certainement celle de Pont-Aven. Avec sa dentelle harmonieusement disposée autour d'un ruban de couleur elle se complète d'une grande collerette empesée. La coiffe bigoudène (région de Pont-l'Abbé) est l'une des plus curieuses, et probablement la plus connue. Naguère de petites dimensions, cette ravissante et haute parure de dentelle a atteint, après 1930, des proportions déconcertantes. Il faut aussi évoquer, avant de verser dans un inventaire rébarbatif, la petite coiffe de Quimper, celle de Plougastel qui rappelle les hennins médiévaux, celle de Douarnenez qui est serrée sur le chignon, celle d'Auray qui ombre le front, celle de Huelgoat et sa résille en dentelle. Encore une fois, la Bretagne se décline en variétés et diversités, dont on prendra conscience en visitant les musées de Quimper, Guérande, Rennes, Nantes, Dinan et Pont-l'Abbé.

J.-M. Roignant/HOA-QUI

Détail de gilet d'homme.

F. Le Divenah/PHOTONONSTOP

Procession de bannières à Locrona

Les pardons

Manifestations de ferveur religieuse, les pardons bretons ont lieu dans des églises ou chapelles consacrées par une tradition parfois millénaire. Les fidèles viennent y chercher le pardon de leurs fautes, exécuter un vœu ou demander des grâces. Si les grands pardons sont les plus spectaculaires, les petits sont souvent les plus fervents. Ils offrent tous deux l'occasion d'assister à une cérémonie haute en couleur au cours de laquelle on porte en procession des bannières, des reliques, des croix et des statues. En général, les pardons sont clos par une fête villageoise plus profane, animée par des danses et des musiques traditionnelles.

La grande troménie

Un sanctuaire druidique serait à l'origine de ce pèlerinage renommé qui se déroule tous les six ans à Locronan. Ce parcours de 12 km à 12 stations, créé au 12e s., ouvre, paraît-il, les portes du paradis à celui ou celle qui en suit rigoureusement le tracé, c'est-à-dire à celui ou celle qui effectue réellement les stations où l'on écoute la Bonne Parole. Il faut se garder de considérer cet événement comme une fête folklorique, il s'agit bel et bien d'un pèlerinage à marche lente, qui se déroule dans un esprit de dévotion et non de kermesse.

Monsieur saint Yves

Saint Yves est le saint le plus populaire de Bretagne. C'est le redresseur de torts et la consolation des pauvres. Fils d'un gentilhomme, Yves Hélori est né à Minihy-Tréguier en 1253. Magistrat et avocat, il a acquis une popularité inouïe par son esprit de justice et de conciliation, par la rapidité de ses jugements et la concision de ses plaidoiries. Un jour, un bourgeois assigne devant lui un mendiant qui, chaque jour, vient devant le soupirail de sa cuisine humer le fumet des plats. Yves saisit une pièce de monnaie, la fait sonner et renvoie le plaignant en disant : « Le son paie l'odeur ». Cet « avocat des pauvres » s'éteignit en 1303 et fut canonisé en 1347.

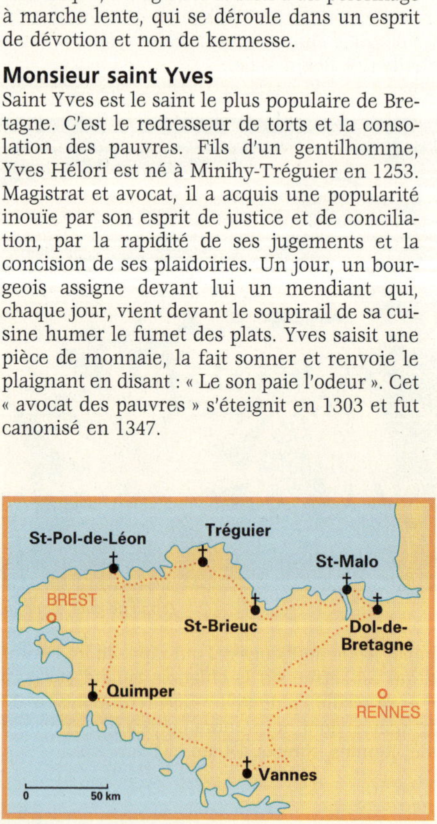

Le Tro-Breiz

Jusqu'au 16e s., une tradition exigeait que tout Breton fît, au moins une fois dans sa vie, le pèlerinage des sept cathédrales. C'est ainsi que le Tro-Breiz draina les foules les plus nombreuses. L'itinéraire avoisinait 700 km et permettait aux pèlerins d'aller se recueillir devant les reliques des saints fondateurs de Bretagne : saint Brieuc à... St-Brieuc, saint Malo à St-Malo, saint Samson à Dol-de-Bretagne, saint Patern à Vannes, saint Corentin à Quimper, saint Pol-Aurélien à St-Pol-de-Léon et saint Tugdual à Tréguier. Qui manquait à ce devoir devait effectuer le voyage après sa mort, en avançant tous les sept ans de la longueur de son cercueil ! De nos jours, des groupes de plus en plus nombreux suivent les traces des pèlerins d'autrefois.

En tant que patron des avocats et des gens de loi, son culte s'est étendu à l'Europe entière et jusqu'en Amérique. Ceci explique que des délégations d'avocats étrangers se joignent à la foule des pèlerins qui, à Tréguier, assistent au « pardon des pauvres ».

Saints guérisseurs et saints protecteurs

Les relations des Bretons avec leurs saints ont toujours été empreintes de familiarité. De leur côté, les saints guérisseurs écoutaient leurs invocateurs et les exauçaient. Bien leur en prenait, car, faute de bienveillance, la statue était injuriée, quelquefois même fouettée ou traînée dans la boue !

Certains saints sont même invoqués en toute circonstance, notamment les saints apôtres dont les statues s'alignent le long des porches ou sur les calvaires. D'autres sont appelés pour combattre des maladies déterminées : sainte Apolline contre les maux de dents ; saint Colomban pour rendre l'esprit aux demeurés ; saint Hervé contre les maladies des yeux ; saint Hubert contre la rage ou la peur ; saint Mamert contre les maux de ventre ; saint Méen contre les troubles mentaux ; saint Mériadec contre la surdité ; sainte Eugénie ou sainte Tujane contre la migraine ; saint Yvertin contre les maux de tête... On le voit, il y en a pour tous les maux !

D'autres saints sont protecteurs : saint Fiacre veille sur les jardiniers, saint Jacques sur les marins, sainte Barbe (invoquée par temps d'orage) est la patronne de ceux qui manient les explosifs... Mais c'est à la Vierge Marie et à sa mère sainte Anne que va la ferveur la plus vive.

Sainte Anne

Son culte, répandu en Occident au retour des croisades, favorisé par la duchesse Anne, a fait de sainte Anne, la patronne des Bretons. Le plus fameux pardon, celui de Ste-Anne-d'Auray, lui est consacré et aussi celui, très important de Ste-Anne-la-Palud, d'où ce dicton : « Mort ou vivant, à Ste-Anne une fois doit aller tout Breton. » Ses statues la représentent le plus souvent avec un manteau de couleur verte, symbolisant l'espoir du monde, seule ou apprenant à lire à Marie.

La grande troménie de Locronan.

R. Mattes/MICHELIN

S. Sauvignier/MICHELIN

Enseigne de taverne bretonne.

La langue bretonne

Du point de vue linguistique, les Bretons sont plus proches des Irlandais et des Gallois que des Français. Du 4e au 7e s., l'Armorique, c'est-à-dire la Bretagne actuelle, a donné asile aux Brittons chassés de Bretagne, la Grande-Bretagne actuelle, par l'invasion anglo-saxonne. Dès lors, le breton rivalisa avec le français, dérivé du bas latin. Il fallut le rattachement à la France au 15e s. et la Révolution pour renverser la situation en faveur du français.

On compte en fait deux Bretagne : la haute-Bretagne ou pays gallo et la basse-Bretagne ou Bretagne bretonnante. On parle français dans la première, français et breton dans la seconde. Outre la langue, cette limite, qui s'étend globalement de Saint-Brieuc à Vannes, reflète les traditions : c'est en effet en basse-Bretagne (à l'Ouest) qu'on a le plus de chances de retrouver les coutumes, contrairement à la haute-Bretagne (à l'Est) où il n'en est presque plus de trace.

Appartenant au groupe des langues celtiques, le breton actuel (brezhoneg) se décompose en quatre dialectes principaux : le cornouaillais (Sud-Finistère), le léonard (Nord-Finistère), le trégorrois et le vannetais. Si les trois premiers sont très proches et constituent la langue dénommée « KLT » (Kerne-Léon-Trégor), le vannetais s'en distingue, substituant notamment un « h » au « z » ; ainsi, Breiz (Bretagne) devient Breih. Pour remédier à ces différences, l'usage du « zh » a été institué pour tous les mots concernés, ce qui a par exemple donné Breizh, mot qu'on a souvent l'occasion de voir apposé à l'arrière des véhicules sous forme de macaron.

PETIT LEXIQUE MUSICAL

Bagad (pluriel bagadou) : ensemble composé de binious, de bombardes, de caisses claires, de tambours et d'une grosse caisse. Le bagad de Lann-Bihoué est l'un des plus connus au monde.

Biniou kos ou cos : petite cornemuse traditionnelle sonnant à l'octave de la bombarde.

Biniou braz ou bras : grande cornemuse d'origine écossaise (great highland bag pipe).

Bombarde : instrument à vent, ancêtre du hautbois, accompagnant toujours le biniou. Très populaire en Bretagne, il est pratiqué par des milliers de talabarders.

Cornemuse : instrument de musique à anche, composé d'un sac de cuir comportant plusieurs tuyaux sonores.

Fest-noz (pluriel festou-noz) : fête de nuit.

Harpe : la harpe celtique ou harpe irlandaise telle qu'on la voit de nos jours est directement issue de la harpe médiévale.

Kevrenn : ensemble des bagadou d'une ville.

Sonneur : joueur de biniou.

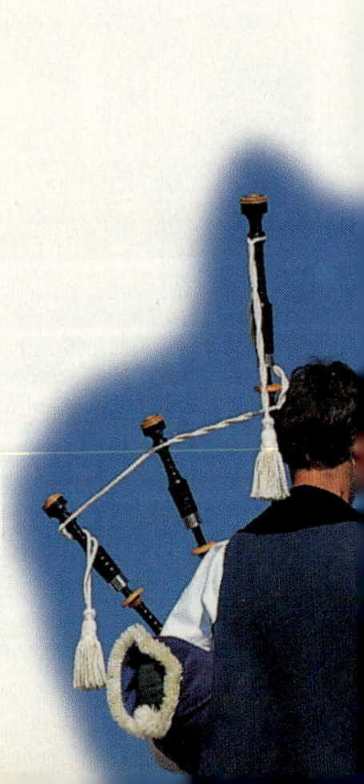

R. Mattès/MICHELIN

La danse, c'est folklorique.

Musique celte et bretonne

S. Sauvignier/MICHELIN

Disques de musique bretonne.

Ce n'est qu'après la Seconde Guerre mondiale que le renouveau de la musique celtique s'est amorcé avec la création de la *Bodaged ar Sonérion*, assemblée des sonneurs qui « inventa » le bagad, forme bretonne des *pipebands* écossais. Dans les années 1970, Alan Stivell, passionné de lutherie, formé à l'école des *festou-noz* et des *bagadou*, ressuscita la harpe celtique et s'inscrivit comme le chef de file de la nouvelle musique bretonne. Plus récemment, Dan Ar Braz (nom breton de Daniel Le Braz) a contribué à affirmer la vitalité de la musique celte actuelle. Héritière de très anciennes traditions mélodiques, la musique bretonne épouse aujourd'hui d'autres influences celtiques et modernes. Elle s'exprime toute l'année en Bretagne par la présence de groupes nombreux (Alan Stivell, Tri Yann Am Naoned, Gilles Servat, Clam's, Denez Prigent, etc.), et lors de rassemblements annuels d'une importance rarement égalée en France avec les Transmusicales et les Tombées de la Nuit à Rennes, le Festival de Cornouaille à Quimper, le Festival interceltique à Lorient, le festival des Vieilles Charrues à Carhaix-Plouguer...

Sonneur, un métier qui demande du souffle.

Rennes, la célèbre place du Champ-Jacquet.

A. de Valroger/MICHELIN

Habitat traditionnel

Vieilles rues

Parmi les charmes d'un voyage en Bretagne, la flânerie dans les vieux quartiers retiendra toute l'attention de ceux et celles qui aiment à s'imprégner de l'atmosphère si attachante des lieux chargés d'histoire et pourtant encore bien vivants. Il n'est guère de villes ou de bourgs qui n'aient conservé, telles qu'elles étaient jadis, des rues entières ou tout au moins quelques maisons isolées, généralement magnifiquement remises en valeur. Si des artisans ou des boutiques de souvenirs ont souvent investi ces quartiers, c'est parce que ces derniers conservent une séduction authentique que ne parviennent pas à démentir les constructions actuelles sacrifiant à la religion du fonctionnalisme. Le plaisir d'une promenade entre les façades de granit ou pans de bois des cités bretonnes remplace quelquefois (pour ne pas dire fréquemment) avantageusement une énième séance de bronzage, car l'ombre des vieilles rues cache des merveilles qui ne tarderont pas à éblouir votre séjour.

Maison fleurie à Belle-Île.

D. Faure/PHOTONONSTOP

Vieilles maisons

L'architecture traditionnelle des villes et des campagnes bretonnes est bien plus diverse qu'on ne l'imagine au premier abord. Au détour des villages, on croise de petites maisons de pêcheurs frappées d'une ancre de marine, des fours à pain voûtés de briques, des moulins à marée à proximité des abers, des fermes massives aux toits de chaume ou d'ardoise, en pierres apparentes à l'intérieur des terres, parfois enduites dans les régions côtières pour les protéger de l'air salin. Disséminées au bord des routes, ces curiosités ne peuvent être envisagées d'un seul coup d'œil. Si l'on veut découvrir l'archétype du village breton, il faut se rendre à Locronan, dont l'ensemble de belles maisons cossues forme un patrimoine d'une valeur exceptionnelle.

Dans les villes, le granit est bien sûr à l'honneur, mais on rencontre aussi du schiste, du grès ou du pisé (une maçonnerie de terre argileuse), ou encore une combinaison de matériaux qui rythment très élégamment le paysage urbain de villes comme Vitré ou Morlaix. Sans être rares, ces habitations ne sont pas légion. De nombreuses maisons médiévales à pans de bois ont en effet disparu dans les grands incendies du 17e s., aussi les Bretons soignent-ils avec amour celles qui ont survécu, d'autant plus qu'à partir de la fin du 16e s., chaque terroir se singularisait par un type d'architecture propre. Au 18e s., à la suite d'édits interdi-

Les Malouinières

À la fin du 17e s. et au 18e s., les armateurs de St-Malo ont fait construire des gentilhommières dans cette campagne que l'on nomme le « Clos-Poulet », au Sud-Est de la ville. Bien qu'elles ne soient pas toutes de mêmes dimensions, elles présentent une architecture homogène : cheminées élancées, toits à pente raide percés de lucarnes, façades crépies de blanc, parements de granit. Une particularité locale à remarquer si l'on visite la cité des corsaires.

Chaumière à Crozon.

R. Mattès/MICHELIN

Porte d'armoire bretonne.

S. Sauvignier/MICHELIN

sant le bois dans la construction, des hôtels particuliers en pierre ont remplacé ces belles demeures à détails gothiques. Les villes étant souvent closes par des murailles, il fallait construire en hauteur pour trouver de la place. Apparurent alors des bâtiments classiques aux lignes plus sévères, mais qui ont toutefois su conférer un cachet élégant aux grandes villes de l'Ouest.

Le mobilier

Pendant des siècles, les artisans bretons ont exécuté lits clos, buffets, vaisseliers, armoires et gaines d'horloge selon des modèles identiques ne différant d'une pièce à l'autre que par de petits détails d'ornementation. Cet aspect répétitif les a portés à la maîtrise de leur art.

S. Sauvignier/MICHELIN

Cuillères en bois (Musée bigouden de Pont-l'Abbé).

Le lit clos, caractéristique essentielle du mobilier breton, permettait de se protéger du froid et aussi de s'isoler dans la grande pièce commune. Le lit est généralement fermé par deux portes coulissantes ; par une seule grande porte dans le Léon, par d'épais rideaux dans la région d'Audierne ou le Morbihan. Il se complète toujours d'un banc-coffre où l'on rangeait le linge. Une riche ornementation les décore : fuseaux, guirlandes, motifs religieux dont le monogramme du Christ ou le cœur chouan, figures géométriques, juxtaposées ou entrelacées, appelées décorations « au compas ». Ces motifs se retrouvent aussi sur les armoires, souvent coiffées d'une corniche plate débordante ou parfois à double cintre comme dans le bassin de Rennes. Le coffre a également joué un rôle important : il abritait le linge ou le grain destiné à l'usage ménager.

La faïence

Relevant davantage de l'art décoratif que du mobilier, la faïence en était pourtant un accessoire indissociable. La faïence de Quimper, indéniablement la plus renommée, s'est enrichie au fil des siècles de nombreux apports qui ont à diverses reprises relancé cette production, marquant son évolution et témoignant de sa créativité. Un tel brassage de savoir-faire et de méthodes de travail transmis de siècle en siècle aux « peinteurs » quimpérois a fait de Quimper, devenu un véritable centre de compagnonnage, le foyer d'une production dont l'originalité réside dans la diversité des styles.

C'est aux environs de 1840 qu'apparaissent les faïences à sujets bretons (avec notamment le fameux « petit Breton », personnage caricatural qui va détrôner les décors traditionnels), et que commence leur industrialisation. Créées par A. Beau, la série des « scènes bretonnes » inspirées de contes et de gravures et plus tard celle des « légendes bretonnes » connaîtront un vif succès.

Faïences H.B. Henriot à Quimper.

S. Sauvignier/MICHELIN

Plaisirs de la table

RMN
Cuillers en buis du 18e s.

Que l'on vienne en Bretagne pour se détendre sur une plage, apprécier les enclos paroissiaux ou encore marcher le long d'un sentier de douaniers, on vient aussi et peut-être surtout pour s'asseoir devant un superbe plateau de fruits de mer, une belle assiette de poisson fraîchement pêché ou une bonne crêpe au beurre. Car la cuisine bretonne a deux caractéristiques, la simplicité et la qualité de ses produits.

La mer et ses délices

Autant se mettre l'eau (de mer) à la bouche tout de suite ! Palourdes farcies ou nature, langoustines et coquilles Saint-Jacques, croustilles et chaussons de crabes, huîtres creuses ou plates, homards grillés ou à la crème, crevettes et oursins... sans compter la foule des poissons dressés sur les étals des marchés matinaux, du maquereau au bar de ligne, du rouget à la dorade... Un choix quasiment illimité qui inspire de savoureuses recettes comme la cotriade, sorte de bouillabaisse bretonne. Les algues ne sont pas oubliées et sont de plus en plus utilisées dans la cuisine.

Le fleuron : les huîtres

Parmi les très nombreux coquillages de la côte (voir p. 64), les huîtres font figure de stars et sont souvent invitées lors de nos fêtes. Classées en 12 crus, elles sont le plus souvent consommées crues, bien qu'un nombre croissant de restaurants les proposent chaudes. Un impératif absolu : leur fraîcheur, ce qui n'impose pas de les servir glacées. Habituellement, on les présente accompagnées de citron, de vinaigre à l'échalote, de pain de seigle et de beurre salé qui se marient particulièrement bien avec la saveur iodée de l'huître.

De la charcuterie au marché

Comment parler de la gastronomie régionale sans évoquer les succulentes spécialités et recettes à base de porc : l'andouille de Guémené, la saucisse bretonne, souvent associée à une galette, et bien sûr, le fameux plat traditionnel breton, le kig ha farz (viande et farce), cuisiné comme un pot-au-feu. Mais l'agriculture bretonne offre bien d'autres trésors ; citons par exemple la poule coucou de Rennes, le poulet de Janzé, le canard nantais, même s'il est plutôt vendéen, le chou-fleur et l'artichaut du Léon, l'oignon rosé de Roscoff, la fraise de Plougastel, le marron de Redon...

Coquillages et crustacés.

J.-D. Sudres/PHOTONONSTOP

Gourmandises

À tout seigneur tout honneur ! La crêpe de froment ou de sarrasin fait les délices de tous les gourmands. Au beurre, au sucre, à la

J.-D. Sudres/PHOTONONSTOP

Le far aux pruneaux : une valeur sûre.

La recette de la galette de sarrasin

Ingrédients : 500 g de farine de sarrasin, 100 g de beurre salé, 2 œufs, 1/2 l de cidre. Faire un puits dans la farine, y casser les œufs, délayer avec le cidre et un peu d'eau, incorporer le beurre fondu jusqu'à l'obtention d'une pâte fluide. Laisser reposer quelques heures à température ambiante puis faire cuire à feu vif pendant 2mn. Retourner vivement, beurrer et garnir à volonté.

confiture, au fromage, aux œufs, au jambon, etc., elle s'accompagne de cidre ou de lait ribot (petit lait). À savoir : la galette de sarrasin se mange salée, la crêpe de froment sucrée.

À l'ombre de ce monument, les amateurs de sucreries se régaleront de crêpes dentelle de Quimper, de galettes de Pont-Aven, de biscuits et de berlingots nantais, de far et de *kouign amann*, d'œufs de mouettes ainsi que de pralines de Rennes.

À consommer avec modération

La boisson nationale, pardon régionale, est le cidre. Les meilleurs, au risque de chagriner les autres, sont ceux produits à Fouesnant, Beg-Meil et Pleudihen-sur-Rance. De la cervoise celtique à la bière il n'y a qu'un pas, et des brasseries bretonnes (Britt, Coreff, Lancelot, Mutine, Sainte-Colombe, Tri Martolod) produisent des bières traditionnelles, mais aussi au blé noir, à l'eau de mer...

Le seul vin breton est le muscadet, qui bénéficie de l'appellation d'origine contrôlée (AOC) depuis 1936. Les Nantais l'entourent d'un culte jaloux. Son cépage, le melon de Bourgogne, cultivé depuis le début du 17e s., donne un vin blanc sec et fruité particulièrement recommandé pour la dégustation des poissons et fruits de mer.

Les apéritifs, eaux-de-vie et liqueurs ne manquent pas. Le chouchen, également appelé hydromel (eau-de-vie de miel), fait la fierté de Rosporden. Mais il y a aussi le Bouchinot de Saint-Méen-le-Grand, le lambig ou fine de Bretagne, le pommeau, la liqueur de fraise, et même... le whisky breton !

La crêpe : version Chandeleur...

E. Quéméré/PHOTONONSTOP

J.-D. Sudres/PHOTONONSTOP

... et version traditionnelle.

S. Sauvignier/MICHELIN

Chouchen.

Légendes et littérature

La Table ronde et le Saint-Graal.

D'Est en Ouest, du Nord au Sud, la Bretagne regorge de récits merveilleux. Croyances, rituels et contes ont ainsi créé au fil des siècles un univers folklorique pour les uns, mystérieux pour les autres. Sous leur enveloppe de fables, les légendes ont surtout su conserver la fraîcheur de mythes très anciens qui n'ont pas été sans imprégner la vie littéraire bretonne, du Moyen Âge à nos jours. Alors, plongeons un peu dans ce monde fantastique qui fascine la Bretagne depuis des temps immémoriaux.

Une terre de légendes

L'âme bretonne a toujours incliné au rêve, au fantastique, au surnaturel. C'est ce qui explique l'étonnante abondance et persistance des légendes au pays d'Armor.

La Table ronde

Après la mort du Christ, Joseph d'Arimathie, un de ses disciples, quitte la Palestine en emportant quelques gouttes du sang divin dans la coupe où le Rédempteur a bu lors de la dernière Cène. Il débarque en Bretagne, séjourne en forêt de Brocéliande, l'actuelle forêt de Paimpont, puis disparaît sans laisser de trace. Au 6e s., le roi Arthur et cinquante chevaliers entreprennent de retrouver la précieuse coupe. Elle constitue à leurs yeux le Saint-Graal, que seul pourra conquérir un guerrier au cœur pur. Cet homme idéal est Perceval, le Parsifal de Wagner. La recherche du Graal a donné naissance à d'inépuisables récits d'aventures médiévaux qui forment le cycle de la Table ronde. Pourquoi ronde ? Parce qu'Arthur et ses chevaliers s'assemblaient autour d'une table qui avait cette forme pour supprimer toute préséance.

KHARBINE-TAPABOR

Tristan et Iseult.

KHARBINE-TAPABOR

Merlin et Arthur.

GIRAUDON

Merlin et Viviane

Un des compagnons du roi Arthur, Merlin l'Enchanteur, vient en forêt de Brocéliande. Dans sa retraite, il rencontre Viviane, et l'amour d'exalter l'enchanteur et la fée. Pour garder plus sûrement Merlin, Viviane lui soutire un à un ses secrets et l'enferme dans un cercle magique. Il pourrait certes se libérer, mais il accepte avec joie, et pour l'éternité, cette captivité amoureuse.

Tristan et Iseult

Tristan, prince de Léonois envoyé par son oncle Mark, roi de Cornouaille, ramène d'Irlande Iseult, que Mark va épouser. Sur le navire, Tristan et Iseult boivent par erreur le philtre destiné à lier d'un amour inaltérable Iseult à son époux. La passion éclate dans les deux cœurs.

Les récits font varier les dénouements : tantôt Tristan est tué par Mark, ulcéré de sa trahison ; tantôt il se marie et meurt dans son château de Bretagne. À chaque fois, Iseult le suit invariablement dans la tombe. L'opéra de Wagner et le livre de Joseph Bédier ont célébré ce drame de l'amour.

La ville d'Ys

Au temps du bon roi **Gradlon**, vers le 6e s., Ys est la capitale de la Cornouaille : la baie des Trépassés et la baie de Douarnenez en revendiquent les vestiges. La ville est protégée de la mer par une digue et le roi garde toujours sur lui la clef d'or qui ouvre les écluses.

Sa fille, la belle Dahut, appelée encore Ahès, mène une vie de débauche et rencontre le diable sous la forme d'un séduisant jeune homme. Comme preuve d'amour, il lui demande d'ouvrir les portes aux flots. Dahut dérobe la clef pendant le sommeil du roi et bientôt la mer se rue dans la ville. Gradlon fuit à cheval, sa fille en croupe. Mais les vagues le poursuivent et vont l'engloutir. À ce moment, une voix céleste lui ordonne, s'il veut être sauvé, de jeter à l'eau le démon qu'il porte derrière lui. Le cœur serré, le roi obéit, et la mer se retire aussitôt. Mais Ys est détruite.

Gradlon, qui choisit Quimper comme nouvelle capitale, finira ses jours en odeur de sainteté, guidé par saint Corentin. Quant à Dahut, changée en sirène, elle est devenue Marie-Morgane et entraîne, depuis lors, au fond de la mer les marins que sa beauté attire. Il en sera ainsi jusqu'au vendredi de la Croix où la messe du rachat sera célébrée dans la cité engloutie. Alors Ys ne sera plus maudite et Morgane reprendra sa première forme.

La vie littéraire

Moyen Âge et Renaissance

Aucune œuvre rédigée en vieux breton n'ayant été conservée, il nous reste le témoignage de sujets traités en latin ayant le plus souvent pour objet l'histoire de l'Église ou de la Bretagne, la morale et la vie des saints. On sait d'un côté que cette littérature bretonne disparue a inspiré le cycle arthurien, il nous reste de l'autre des écrits de moines.

La grande figure est donc Pierre Abélard (1079-1142), brillant philosophe, natif du Pallet, près de Nantes, qui fut abbé de St-Gildas-de-Rhuys. Il y reçut la correspondance passionnée de la jeune Héloïse, épousée secrètement, et relata l'histoire de ses malheurs. On peut citer aussi Guillaume Le Breton, poète et historiographe de Philippe Auguste, auteur de douze volumes de *Philippide* où il exalte les événements du règne avec patriotisme. Ce n'est qu'aux 15e et 16e s. qu'on cerne une véritable école d'historiens et de poètes, née à la suite de la création de l'université de Nantes au 15e s.

17e et 18e siècles

Bretonne par alliance, Mme de Sévigné a, de son château des Rochers-Sévigné, daté maintes lettres décrivant Rennes, Vitré, Vannes et Port-Louis où elle a fait « le plus joli voyage du monde ». Alain René Lesage, spirituel auteur de *Gil Blas*, connut le succès avec ses œuvres réalistes où il transposa des souvenirs de son Vannetais natal. Élie Fréron s'est illustré à travers ses démêlés avec Voltaire dont il était le filleul, et fut le brillant directeur du périodique parisien, *L'Année littéraire*.

À l'ombre de ces « vedettes », des bénédictins rédigèrent l'histoire de la Bretagne. Enfin, des livres bretons partiellement rédigés en français avaient la religion pour sujet, tandis qu'une littérature populaire transmettait les traditions bretonnes.

ROGER-VIOLLET

Gil Blas.

Romantisme et époque contemporaine

« Il inventa la mélancolie et la passion moderne. » Cette opinion de Théophile Gautier souligne à quel point **François René de Chateaubriand** a eu un rayonnement immense. Sa sensibilité, son éloquence passionnée, sa riche imagination, servies par un talent et un style brillants, expliquent l'influence qu'il exerça sur ses contemporains. Ses *Mémoires d'outre-tombe* évoquent son enfance à St-Malo et sa jeunesse au château de Combourg. Royaliste et théocrate, **Lamennais** devint un démocrate convaincu. L'évolution de sa philosophie se reflète dans ses œuvres, de l'*Essai sur l'indifférence* au *Livre du peuple* paru en 1837. Philologue, historien et philosophe, **Ernest Renan** fut un esprit critique professant une foi absolue dans la science. Avec son style souple et brillant, il écrivit de nombreux ouvrages parmi lesquels ses *Souvenirs d'enfance et de jeunesse* rappellent sa Bretagne natale.

Probablement moins puissants, mais fidèles interprètes du terroir, quelques auteurs ont bien traduit la pensée bretonne : Auguste Brizeux (1803-1858), auteur des poésies *Telen Arvor* ; le conteur Émile Souvestre qui écrivit *Les Derniers Bretons* ; Hersart de La Villemarqué et ses recueils poétiques de chants populaires, *Barzaz Breiz* et *Myrdhinn ou l'Enchanteur Merlin* ; le chantre du cidre Frédéric Le Guyader ; le folkloriste et poète Anatole Le Braz (1859-1926) avec *Les Légendes de la mort* ; le romancier Charles Le Goffic (1863-1932), également poète avec *L'Amour breton* ; le chansonnier Théodore Botrel (1868-1925) qui célébra *Les Chansons de chez nous* et *Les Chants du bivouac*.

Parmi le grand nombre d'auteurs qu'on pourrait citer ici, dégageons les poètes symbolistes Villiers de L'Isle-Adam et Tristan Corbière, les romanciers Paul Féval, auteur du *Bossu*, et Jules Verne (1828-1905), précurseur des découvertes modernes

Chateaubriand, vu par Girodet en 1811.

GIRAUDON

et traduit dans le monde entier, ainsi que J.-P. Calloc'h, poète lyrique qui s'exprimait dans le dialecte de Vannes. Pierre Loti doit également être mentionné pour *Mon frère Yves* et *Pêcheurs d'Islande* qui a Paimpol pour cadre. Enfin, il faut encore évoquer le poète surréaliste Saint-Pol-Roux, dit « le Magnifique », Marseillais mais Breton de cœur, le romancier et nouvelliste Jakez Riou (1899-1937), auteur de *Nominoé* qui écrivait en breton, le journaliste, essayiste et écrivain Louis Guilloux (1899-1980), originaire de Saint-Brieuc (ville qui apparaît souvent en filigrane dans *Le Sang noir*, *Le Pain des rêves* et *Le Jeu de la patience*), et le poète René-Guy Cadou (1920-1951) qui chanta sa Brière natale.

ROGER-VIOLLET

Henri Queffélec.

Trois figures modernes

Ils sont tous trois disparus récemment. Trois styles et trois visages d'une même Bretagne.

Henri Queffélec (1910-1992) est un des auteurs contemporains ayant le plus célébré la Bretagne. Son roman le plus populaire reste *Un recteur de l'île de Sein*, adapté au cinéma en *Dieu a besoin des hommes*. On peut citer également : *Un homme d'Ouessant, Franche et secrète Bretagne, Ils étaient six marins de Groix*. Son fils Yann a brillamment pris la relève.

Pierre Jakez Hélias (1914-1995) a consacré toute son œuvre à la Bretagne, publiant plus de soixante ouvrages. Qui n'a pas lu *Cheval d'orgueil*, publié en breton sous le titre *Marh al Lohr*, ne peut prétendre connaître le pays bigouden.

Glenmor (1931-1996), de son vrai nom Émile Le Scanff ou Milig ar Scanv, fut un inlassable défenseur de la culture bretonne. Ce chanteur a laissé de nombreux disques ainsi que plusieurs recueils de poèmes.

Histoire

DAGLI ORTI

La Bretagne a une histoire plusieurs fois millénaire. Isolée, cette étrave du vaisseau France constitue une entité à la fois physique et humaine qui fut relativement hermétique aux invasions. Du reste, l'histoire bretonne ne nous est pas entièrement connue, sinon sa vie politique, précisément depuis la constitution de son duché au 9e s.

L'antique Armor

La genèse bretonne débute voici quelque 450 millions d'années puisque cette terre était émergée au silurien. L'homme manifeste sa présence en Bretagne environ 600 000 ans avant notre ère. Quelque 150 000 ans plus tard, voici qu'un *Homo erectus* y taille des galets, puis, vers 35000 avant J.-C. passe un chasseur-cueilleur nomade, qui se sédentarise au mésolithique, soit vers 7000 avant J.-C.

Avant J.-C.

- **6e s.** – Les Celtes arrivent dans la péninsule et lui donnent le nom d'Armor (pays au voisinage de la mer). Un peuple mal connu, dresseur de mégalithes, les a précédés.
- **56** – César détruit la flotte des Vénètes, le peuple le plus puissant d'Armorique, et conquiert tout le pays.

Après J.-C.

Pendant quatre siècles, la civilisation romaine accomplit son œuvre. Puis les invasions barbares ruinent l'Armor.

- **460** – Arrivée des Celtes de Grande-Bretagne (dénommée jusqu'alors Bretagne, *Britannia* pour les Romains). Ces colons évangélisent l'Armorique, qu'ils nomment Petite Bretagne. L'État reste anarchique.
- **799** – Charlemagne soumet toute la Bretagne.

Le duché de Bretagne

En 826, Louis le Pieux fait duc de Bretagne un seigneur vannetais, Nominoé, qui se libère de la suzeraineté franque. Il rassemble toute la Bretagne sous son autorité et ouvre une dynastie royale indépendante. En 952 meurt le dernier roi de Bretagne, Alain. Suit une période de désordre et de misère qui se prolongera jusqu'à la fin du 14e s.

- **1341** – La guerre de Succession s'ouvre à la mort du duc Jean III. Sa nièce, Jeanne de Penthièvre, femme de Charles de Blois, que soutiennent les Français, et son frère Jean de Montfort, allié des Anglais, se disputent le duché.
- **1364** – Charles de Blois, malgré l'aide de Du Guesclin, est battu et tué à Auray. De cette guerre, la Bretagne sort ruinée.

Le valeureux Du Guesclin

Bertrand Du Guesclin, né vers 1320 près de Dinan, est l'incarnation du héros français. Entré au service du roi en 1356, il est armé chevalier au château de Montmuran, le lendemain de la prise de Rennes. Ses victoires lui valent titres et honneurs : gouverneur de Pontorson, comte de Longueville, duc de Molina, duc de Transtamarre, roi de Grenade et, enfin, connétable de France. À la mort de cette figure légendaire, les possessions de la Couronne s'étaient considérablement agrandies aux dépens des Anglais et de leurs alliés.

Du Guesclin devant Charles V.

Les étapes d'une épopée (voir carte ci-dessous)

①	**1356**	Prise de Rennes.
②	1359	Délivrance de Dinan.
③	1363	Prise de plusieurs villes bretonnes.
④	1364	Prise de Mantes et de Meulan.
⑤	–	Victoire de Cocherel (16 mai).
⑥	–	Défaite d'Auray. Du Guesclin est fait prisonnier (29 septembre).
⑦	1366	« Les Grandes Compagnies » pénètrent en Espagne. Une succession de victoires sur Pierre le Cruel et les Anglais les mène jusqu'à Séville.
	1367	Défaite de Najera (3 avril) : Du Guesclin est fait prisonnier par les Anglais à Bordeaux.
	1369	Du Guesclin est libéré contre une rançon (17 janvier).
⑧	1370	Prise de Moissac. Libération du Périgord.
⑨	–	Libération du Mans. Victoire de Pontvallain. Le Maine et l'Anjou sont libérés.
⑩	–	Prise de Bressuire.
⑪	–	Défaite du Pont-de-Juigné. Du Guesclin est fait prisonnier.
⑫	1371	Prise de Briouze.
⑬	1372	Victoire de Mortain. Le Bocage normand est libéré.
⑭	1372-1373	Prise de nombreuses villes en Poitou-Saintonge-Angoumois.
⑮	1373	La Bretagne est conquise, sauf Brest et Derval.
⑯	1374	Prise de St-Sauveur-le-Vicomte.
⑰	1378	La Normandie est soumise, sauf Cherbourg.
⑱	1380	Prise de Chaliers (27 juin).
⑲	–	Prise de Châteauneuf-de-Randon (13-14 juillet). Mort de Du Guesclin.

DAGLI ORTI

La duchesse
Anne de Bretagne...

... devenue reine de
France, face à son
époux Louis XII.

DAGLI ORTI

Réunion de la Bretagne à la France

De 1364 à 1468, les ducs de la maison de Montfort relèvent le pays. C'est la période la plus éclatante de son histoire. Les ducs, véritables souverains, ne rendent qu'un hommage théorique au roi de France. En 1488, le duc François II, entré dans la coalition féodale dirigée contre la régente de France, Anne de Beaujeu, est battu à St-Aubin-du-Cormier et meurt. Sa fille, Anne de Bretagne, lui succède.

- **1491** – Anne de Bretagne épouse Charles VIII, mais reste duchesse et souveraine de Bretagne.
- **1498** – Charles VIII meurt accidentellement, Anne retourne dans son duché.
- **1499** – Anne redevient reine de France en se mariant avec Louis XII. Le duché reste distinct de la Couronne.
- **1514** – Anne de Bretagne meurt. Sa fille, Claude de France, hérite du duché. Elle épouse François d'Angoulême, futur François Ier.
- **1532** – François Ier fait ratifier l'union définitive de la Bretagne et de la France par le parlement de Vannes.

Loyalisme et révoltes

En 1588, la Bretagne se soulève contre son gouverneur, le duc de Mercœur, qui veut profiter des troubles de la Ligue pour s'approprier la province. Trop mystique pour verser dans le protestantisme, celle-ci ne connaît pour ainsi dire pas les guerres de Religion, d'autant plus qu'en 1598, Henri IV vient à Nantes signer un édit qui met fin aux luttes religieuses.

- **1534** – Le Malouin Jacques Cartier découvre l'estuaire du St-Laurent.
- **1664** – Création à Lorient, par Colbert, de la première Compagnie des Indes orientales.
- **1675** – Révolte dite du « papier timbré », qui dégénère en jacquerie.
- **1720** – La tentative du marquis de Pontcallec d'établir une République bretonne échoue.
- **1764** – Le parlement de Rennes et son procureur général La Chalotais s'opposent au gouverneur d'Aiguillon. Le prestige de l'autorité royale est entamé. La Révolution s'annonce.
- **1765** – De nombreux réfugiés acadiens s'installent à Belle-Île.
- **1773** – Naissance de Surcouf à St-Malo.
- **1789** – Les Bretons accueillent la Révolution avec enthousiasme.

DAGLI ORTI

Cartier, célébrité malouine et canadienne.

• **1793** – Noyades en série à Nantes par le sinistre Carrier.
• **1793-1804** – La Chouannerie : c'est le nom donné à l'insurrection royaliste dont les artisans avaient adopté le hululement du chat-huant comme signe de ralliement. Ses origines, comme pour la guerre de Vendée, furent l'exécution de Louis XVI, ainsi que la conscription et la persécution des prêtres qui ne reconnaissent pas la Constitution civile du clergé.
Parmi ses chefs dominent le marquis de La Rouërie, né à Fougères et instigateur du mouvement, et Cadoudal, fils d'un cultivateur des environs d'Auray.
• **1795** – Débarquement de Quiberon.
• **1804** – Exécution de Cadoudal.
• **1832** – Une nouvelle tentative de révolte, organisée par la duchesse de Berry, échoue à Nantes. C'est le dernier soubresaut.
• **1909** – La grève des soudeurs des conserveries concarnoises dégénère en émeute.
• **1914-1918** – La Bretagne paie un lourd tribut en vies humaines à la Grande Guerre (plus de 250 000 victimes).

La Bretagne contemporaine

Après les mesures de débretonnisation de la IIIe République, la région va voir briller le flambeau du nationalisme breton avec le mouvement *Breiz Atao*. En attendant, l'aviateur morbihanais Le Brix prend de l'altitude et effectue, avec Costes, le premier tour du monde aérien en 1927-1928.
• **1940** – Les habitants de l'île de Sein sont les premiers à rallier le général de Gaulle.
• **1942** – Audacieux coup de main anglo-canadien contre la base de St-Nazaire.
• **1944-1945** – La fin de l'occupation nazie en Bretagne voit se multiplier les destructions, notamment à Brest, Lorient, St-Malo et St-Nazaire.
• **1951** – La formation du Comité d'études et de liaison des intérêts bretons (Celib) prélude au renouveau économique de la Bretagne.
• **1962** – Première liaison de télévision par satellite réalisée à Pleumeur-Bodou.
• **1966** – Mise en service de l'usine marémotrice de la Rance et de la centrale nucléaire des Monts-d'Arrée.
• **1967** – Le naufrage, en mars, au large des côtes anglaises, du pétrolier *Torrey Canyon* engendre la première « marée noire » venue polluer les plages bretonnes.
• **1969** – Création du Parc naturel régional d'Armorique.
• **1970** – Création du Parc naturel régional de Brière.
• **1975** – Premiers forages pétroliers entrepris en mer d'Iroise (sur le plateau continental enveloppant le Finistère).
• **1978** – Institution de la Charte culturelle et du Conseil culturel de Bretagne.
Échouage du pétrolier *Amoco Cadiz* devant Portsall.
• **1985** – Mise en place d'une signalisation routière bilingue, en français et en breton.
• **1990** – Les Côtes-du-Nord deviennent les Côtes-d'Armor.
• **1994** – Grand incendie du parlement de Bretagne à Rennes.
• **2004** – « Brest 2004 » sacre la fête de la voile dans une Bretagne plus que jamais maritime.

Sein, décorée de la Croix de la Libération.

B. Barbier/PHOTONONSTOP

B. Kaufmann/MICHELIN

Une Bretagne de mégalithes

Ces monuments de pierre brute ont été à la source d'une inépuisable série de légendes et d'interprétations. La potion magique de nos irréductibles Gaulois n'est malheureusement pas responsable de toutes ces pierres levées qui ne cessent de nous intriguer par leur aspect colossal.

F. Le Divenah/PHOTONONSTOP

À l'Île aux Moines...

À Carnac...

Une constellation de pierres levées

Que sait-on au juste de cette mystérieuse civilisation des mégalithes qui a atteint son apogée dans le pays vannetais bien avant qu'Obélix ne devienne le plus illustre tailleur de menhirs ?
On dénombre en Bretagne quelque 6 000 menhirs et plus de 1 000 dolmens, sans compter les cairns et les dépôts funéraires.
Les cairns sont apparus au néolithique ancien (vers 5000 avant J.-C.). Géographiquement cantonnés au littoral, ils sont de formes variées. Au cours du néolithique moyen (vers 4000 avant J.-C.), les chambres funéraires se sont allongées et ont progressivement changé de type architectural tout en se dotant d'un art pariétal très riche. À la fin du néolithique, celles-ci évoluèrent en allées couvertes, parallèlement à l'apparition de sépultures à entrée latérale. À la différence des cairns, menhirs et dolmens, les allées couvertes se répartissent sur l'ensemble de la Bretagne.

Les constructeurs

L'homme est présent en Bretagne depuis quelque 600 000 ans. À l'*Homo erectus* qui domestique le feu vers 450000 avant J.-C. succède, vers 35000 avant J.-C., l'homme « moderne », chasseur-cueilleur nomade qui se sédentarise progressivement. Vers 7000 avant J.-C., les agriculteurs du Proche-Orient colonisent l'Europe. Vers 5000 avant J.-C., l'océan Atlantique stoppe net leur progression. Arrivés à la fin de la terre (Finistère), ils vont remplacer les communautés locales et prendre possession du sol. Et voici que pour enterrer leurs morts, ils élèvent des mégalithes, des « grandes pierres ».
Face à ces témoignages du passé, l'homme et la femme d'aujourd'hui ne peuvent manquer d'être impressionnés par leur masse, leur aspect cyclopéen. En effet, un mégalithe peut peser plus de 300 t. Le déplacer nécessitait donc le concours de plusieurs centaines de personnes. Soit on faisait rouler la pierre sur des rondins (jusqu'à 10 km), soit on la plaçait sur un radeau pour descendre la rivière ou traverser la baie. Pour la dresser, on la faisait glisser dans une fosse sur une rampe inclinée, puis on la stabilisait avec de la terre et des cailloux. Et le tour était joué !

SAGEMOR

Mais aussi à côté de Crozon...

Religion et société

Il va de soi que seul un pouvoir politiquement fort avait la faculté d'« inviter » ses sujets à construire des tombes gigantesques pour une petite élite. Un pouvoir fort et des divinités puissantes : au néolithique, il s'agit de la femme et du taureau. Elle est présente sous forme d'écussons ou de steles anthropomorphes, lui n'est bien souvent représenté que par un simple U figurant ses cornes.

Les mégalithes avaient une fonction funéraire et de prestige. Placés sur des hauteurs, taillés dans des roches nobles, ils étaient visibles de loin. Ces symboles des divinités tutélaires veillaient sur les villages et structuraient le territoire. Les alignements paraissent orientés en fonction des équinoxes ou des solstices, mais il serait imprudent de se laisser aller à des théories astronomiques et astrologiques hasardeuses. On peut supposer que, dans une société d'agriculteurs, les travaux étaient rythmés par des cérémonies, comme ce fut le cas chez nous jusque dans les années 1950.

Menhir : pierre dressée souvent alignée de façon rectiligne ou en cercle **(cromlech)**.
Tumulus : tombe fermée recouverte de terre.
Cairn : tombe à couloir recouverte d'une structure de pierre ou de bois. Contrairement aux tumulus, le cairn est accessible en permanence (cérémonies cultuelles ou nouvelle sépulture).
Dolmen : vestige de chambres funéraires.
Allée couverte : double rangée de pierres dressées recouvertes de dalles. Contrairement au tumulus, elle peut stocker les ossements de plusieurs centaines d'individus.

Survivances et folklore

Nombre de légendes se sont attachées à expliquer les mégalithes, de même qu'une myriade d'interprétations romantiques. Les unes et les autres ont engendré fées et farfadets sur un lit de superstitions. On l'a vu, la réalité est plus simple.

Au 2ᵉ millénaire, à l'âge du bronze, le mégalithisme est progressivement abandonné. À l'âge du fer, certains mégalithes sont démolis et réincorporés dans d'autres ensembles. Eh non ! les Gaulois n'élevaient pas de menhirs, dommage pour Obélix... Les Romains, eux, s'en servaient comme bornes routières. Les Bretons ont cependant toujours éprouvé du respect pour ces grandes pierres, d'où un culte païen qui a survécu à tous les efforts d'une Église oscillant sans cesse entre destruction et tentative de récupération (de nombreux menhirs sont christianisés). Des légendes pittoresques sont nées au cours des siècles. Ne dit-on pas que le soir de Noël, les menhirs de Carnac vont boire sur la grève de Saint-Colomban...

... et près d'Arzon.

B. Kaufmann/MICHELIN

ABC d'architecture

ST-BRIEUC – Plan de la cathédrale St-Étienne (13e et 14e s.)

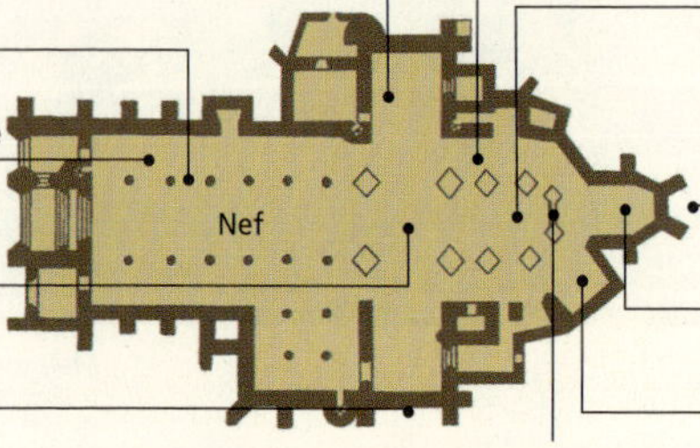

ST-POL-DE-LÉON – Élévation des deux premières travées Nord de la nef de l'ancienne cathédrale (13e et 14e s.)

DINAN – Porche à trois arcs de la basilique St-Sauveur (12e s.)

R. Corbel/MICHELIN

QUIMPER – Cathédrale St-Corentin (13e au 19e s.)

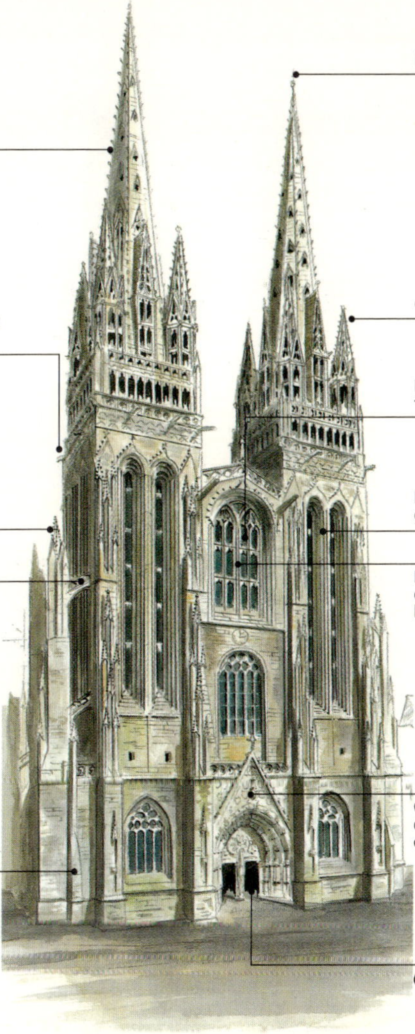

COMMANA – Retable Ste-Anne (1682-1691) dans l'église St-Derrien

Placé derrière l'autel et le surmontant verticalement, le retable de Commana est un véritable joyau de l'art baroque en Bretagne.

R. Corbel/MICHELIN

PLOUGASTEL-DAOULAS – Calvaire (17e s.)

Véritables pages d'évangile figées dans la pierre, les scènes de la vie de Jésus, sculptées sur le calvaire, permettaient au prédicateur d'illustrer son propos.

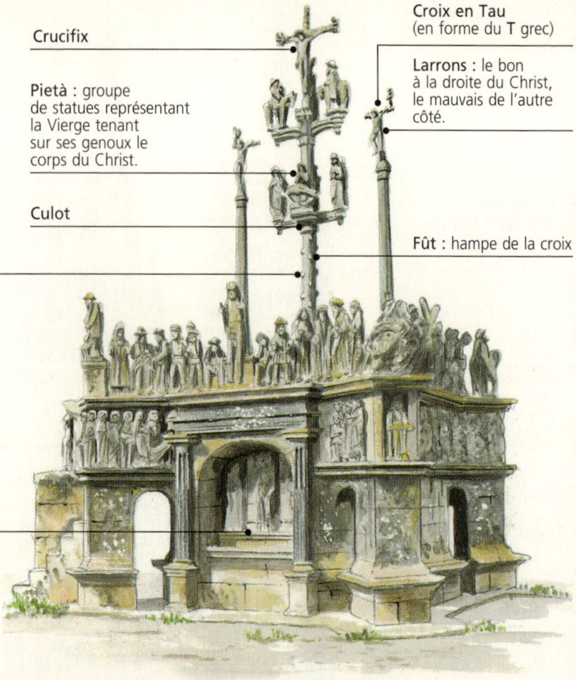

ST-THÉGONNEC – Porte triomphale de l'enclos paroissial (17e s.)

La « porte des morts », porte cochère très ouvragée marquant la frontière entre la vie profane et le monde spirituel, était réservée aux processions religieuses ou aux convois funèbres.

R. Corbel/MICHELIN

FORT LA LATTE – Château fort (14ᵉ s.)

Dominant la mer de plus de 60 m, ce fort du 14ᵉ s. remanié au 17ᵉ s. et restauré au 20ᵉ s. a conservé un aspect médiéval.

BELLE-ÎLE-EN-MER – Citadelle Vauban (17ᵉ s.)

Construite au 16ᵉ s., la citadelle de Belle-Île fut entièrement remaniée par Vauban au 17ᵉ s. Particulièrement bien conservée, elle est un témoin remarquable de l'architecture militaire classique.

R. Corbel/MICHELIN

JOSSELIN – Façade intérieure du château (1490-1510)

Élevée tout au début du 16e s., cette magnifique façade sur cour montre l'exubérance, la fantaisie et la richesse des lucarnes sculptées à la mode de la Renaissance.

R. Corbel/MICHELIN

RENNES – Hôtel de ville (1730-1742)

Construit par l'architecte Jacques Gabriel ; le creusement central au niveau du beffroi produit un effet de mise en scène théâtral, typiquement baroque.

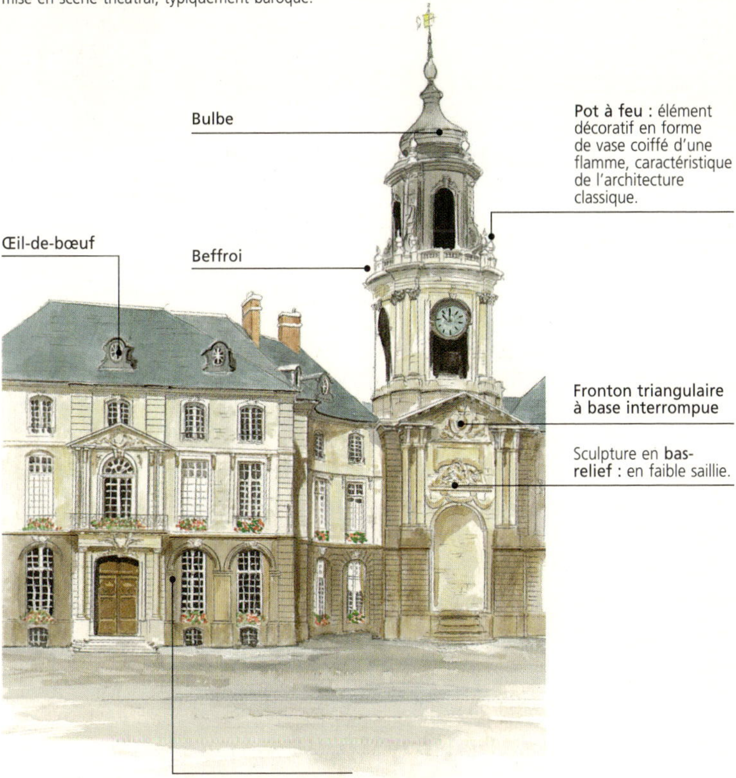

JOSSELIN – Maison « Lovys Piechel » (1624)

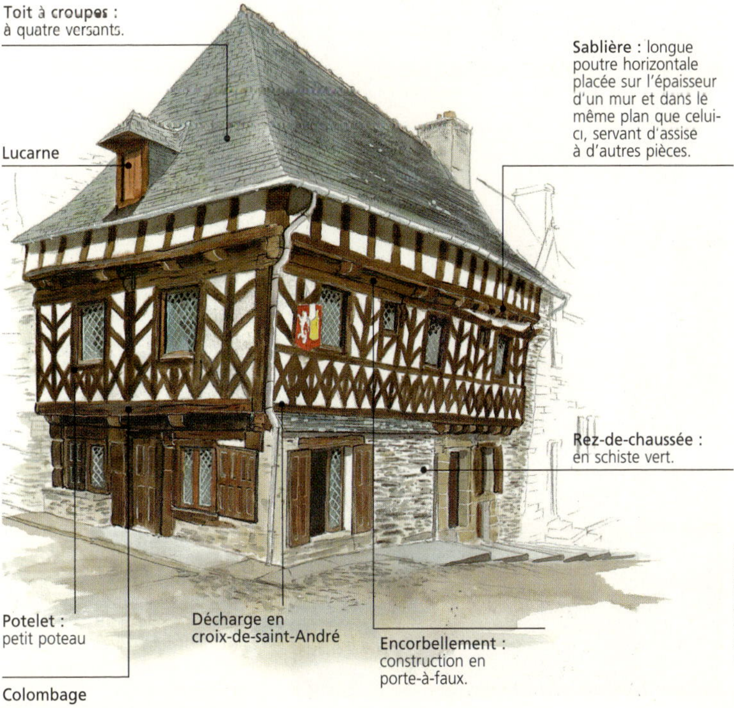

R. Corbel/MICHELIN

Sainte Anne et la Vierge, Quimper.

S. Sauvignier/MICHELIN

L'art breton

Non loin des plages et des sites géographiques les plus prisés, les villes et les campagnes protègent pieusement les témoignages artistiques de l'histoire bretonne. Profondément religieux, l'art a ici laissé des traces matérielles à la fois monumentales et originales, presque toujours taillées dans ce granit qui fait à la fois l'orgueil et la particularité de la Bretagne. Prendre le temps de s'intéresser à ces vestiges, c'est se donner toutes les chances de mieux comprendre cette « péninsule du bout du monde ».

UNE MYRIADE DE FONTAINES

Les fontaines liées au culte de l'eau sont innombrables en basse-Bretagne. La plupart d'entre elles sont des fontaines guérisseuses. Presque tous les lieux de pardons possèdent une fontaine où vont boire les fidèles. Elle est placée sous la protection d'un saint ou de la Vierge dont les statues s'abritent dans de petits sanctuaires, tantôt frustes, tantôt ornés. Dans les lieux de pèlerinage importants, comme Ste-Anne-d'Auray, la fontaine a été aménagée de façon moderne, avec vasques, bassins et escaliers.

Une architecture mystique

Neuf cathédrales, une vingtaine de sanctuaires importants, des milliers d'églises et de chapelles rurales forment un imposant ensemble de monuments religieux. Ils traduisent toute la force de la foi qui animait et anime encore le peuple breton, parfois avec une richesse excessive et un réalisme presque caricatural, mais toujours avec la fidélité due aux traditions.

Nef de la cathédrale St-Corentin à Quimper.

S. Sauvignier/MICHELIN

Les cathédrales

Elles sont inspirées des grands édifices de Normandie ou d'Île-de-France, mais ne peuvent rivaliser, ni par les dimensions, ni par l'ornementation, avec leurs modèles. Les ressources des bâtisseurs étaient limitées, et le granit local est une pierre dense et difficile à travailler. En outre, les difficultés de trésorerie ont prolongé les travaux de trois à cinq siècles, ce qui nous permet de repérer toutes les étapes du gothique, depuis l'arc dépouillé des débuts jusqu'à la folle exubérance du flamboyant. Enfin, la Renaissance est venue placer sa dernière touche au cœur de ces édifices dont les plus intéressants sont ceux de St-Pol-de-Léon, Tréguier, Quimper, Nantes et Dol.

S. Sauvignier/MICHELIN

Le portail Sud de l'église de Commana.

Églises et chapelles rurales

À l'époque romane (11e et 12e s.), la Bretagne était dans une condition misérable, les sanctuaires furent donc rares, et même transformés aux siècles suivants. Sous les ducs, et après la réunion à la France, le territoire se couvrit d'églises et de chapelles gothiques et Renaissance.

Jusqu'au 16e s., le plan général est un rectangle, parfois un plan en T. La nef est souvent sans bas-côtés et sans fenêtres, et aboutit à un chœur flanqué de chapelles et séparé de la nef par un arc de pierre. Le chevet est plat et percé d'ouvertures. La voûte de pierre est très rare, on lui préfère une charpente lambrissée, souvent peinte et dont les entraits, les sablières et les têtes de blochets sont fréquemment sculptés. Or, voici qu'à partir du 16e s. est adopté le plan en forme de croix latine, avec un transept dont la présence efface l'arc central. Le chevet devient à trois pans, des fenêtres percent les bas-côtés.

Mais, ce qui surprend aujourd'hui, c'est de découvrir dans des solitudes désolées des chapelles qui feraient l'orgueil de localités importantes. Des édifices comme ceux de N.-D.-du-Folgoët ou de Kernascléden transmettent bien cette foi des petits pays bretons qui a fait des miracles. Mais les miracles n'ont plus cours, et on rencontre malheureusement un grand nombre de chapelles qui laissent une pénible impression d'abandon.

Les clochers

On serait tenté de dire que la Bretagne a l'esprit de clocher... mais ce mauvais jeu de mots masquerait toute la réalité de ces bâtiments qui symbolisaient à la fois la vie religieuse et la vie municipale. Les populations y plaçaient toute leur fierté, et c'était pour elles un châtiment terrible de voir un souverain mécontent les faire abattre. Le type le plus fréquent est le clocher-pignon, plus léger et moins coûteux que le clocher classique. On y accède par des marches extérieures ou par des escaliers logés dans les tourelles qui le flanquent.

Les porches

Dans les églises bretonnes, un porche important s'ouvre sur le côté Sud. Il a souvent servi de lieu de réunion pour les notables de la paroisse qui prenaient place sur les bancs de pierre garnissant les murs. Souvent, une double rangée d'apôtres le décore. On les reconnaît à leurs attributs : saint Pierre tient la clef du paradis ; saint Paul, un livre ou une épée ; saint Jean, un calice ; saint Thomas, une équerre ; saint Jacques le Majeur, un bâton de pèlerin ; saint Matthieu, une hachette ; saint Simon, une scie ; saint André, une croix ; saint Barthélemy, un couteau.

Statues polychromes de la chapelle de Kermaria-an-Iskuit.

S. Sauvignier/MICHELIN

Les chérubins du plafond de l'église de la Roche-Maurice.

Le mobilier religieux

Du 15e au 18e s., une armée de sculpteurs bretons a fourni aux églises chaires, stalles, buffets d'orgue, baptistères, clôtures de chœur, jubés, poutres de gloire, retables, niches à volets, confessionnaux, saints-sépulcres et statues... On ne s'étonnera pas de constater au cours des visites que ces œuvres présentent un caractère plus abouti que les figures des calvaires. Il est en effet beaucoup plus aisé de travailler le chêne, le châtaignier ou l'albâtre que le granit.

Jubés et poutres de gloire

Nombreux dans les églises bretonnes, les jubés sont souvent d'une richesse inouïe qui surprendra plus d'un amateur. Quelques-uns sont sculptés dans le granit, mais la plupart, et c'est une des originalités de la Bretagne, sont en bois. Variée, la décoration diffère sur leurs deux faces, car le jubé sépare le chœur de la partie de l'église réservée aux fidèles et complète les clôtures latérales du chœur. Par ailleurs, il sert à la prédication et à la lecture des prières, qui sont faites du haut de sa galerie supérieure. En général, il est surmonté d'un crucifix, entouré des statues de la Vierge et de saint Jean, qui font face à la foule. La poutre de gloire, ou tref, est à l'origine du jubé. Afin de l'empêcher de fléchir, on fut amené à la soutenir par des supports qui firent place à une clôture plus ou moins ouvragée. Décorée habituellement de scènes de la Passion (elle porte toujours le groupe du Christ entouré de la Vierge et de saint Jean), on la trouve surtout dans les petites églises et les chapelles.

Une curiosité

Parmi les nombreuses statues qui ornent les églises bretonnes et qui sont, soit dit en passant, de véritables portraits et des documents de premier ordre pour l'histoire du costume, le groupe trinitaire de sainte Anne, la Vierge et l'Enfant se retrouve assez souvent en Bretagne. Cette figuration, fréquente en Europe centrale, est relativement rare en France.

Les retables

Nombreuses, surchargées, les œuvres Renaissance se retrouvent dans les fonts baptismaux et les chaires à prêcher, transformés en vrais petits monuments. Mais le cas le plus intéressant est celui des retables. À l'origine, l'autel primitif n'est qu'une table. Petit à petit, il va perdre en simplicité et atteindre des dimensions étonnantes. Du 12e au 14e s., les autels s'ornent d'un gradin peu élevé, le retable est de même longueur que l'autel, puis, la sculpture s'en empare et on voit apparaître des scènes extraites de la Passion. À partir du 15e s., l'autel est envahi de colonnes torses, de frontons et de niches ornées de statues et de panneaux sculptés, qui trouvent leur plein épanouissement au 17e s. Le retable, dont le sujet principal s'est perdu parmi les an-

Sainte-Trinité du 15e s.

Musée Départemental breton, Quimper

Retable de saint Miliau, à Guimiliau.

Petits personnages de l'église gothique de Guengat.

B. Kaufmann/MICHELIN

gelots et les guirlandes, en arrive à occuper la totalité de la chapelle réservée à l'autel. Le paroxysme ornemental est même atteint lorsque, ne faisant qu'un avec les retables des autels voisins, il orne toute la muraille du chevet comme c'est le cas à Ste-Marie-du-Ménez-Hom.

La dévotion au Rosaire, que l'on doit au dominicain breton Alain de La Roche (15e s.), donna lieu, à partir de 1640, à l'érection de maints retables dans lesquels la Vierge est représentée remettant le chapelet à saint Dominique et à sainte Catherine de Sienne.

Arbre de Jessé et Mise au tombeau

Un grand nombre de niches à volets renferment un Arbre de Jessé. Jessé, qui appartenait à la tribu de Juda, eut un fils, David, de qui descend la Vierge Marie. Il est généralement représenté couché. Dans son cœur, ses entrailles ou ses reins plongent les racines de l'arbre dont les rameaux portent, dans l'ordre chronologique, les rois et les prophètes, ancêtres du Christ. La Vierge, au centre, figure la tige qui porte la fleur : Jésus.

La Mise au tombeau, ou saint-sépulcre, groupe généralement sept personnages autour du Christ mort. Si elle est souvent traitée sur les calvaires, elle est rarement présente dans les églises, sauf à Lampaul-Guimiliau et à St-Thégonnec où elles sont remarquables.

Toutefois, les chefs-d'œuvre de la sculpture funéraire sont visibles à Nantes, avec le tombeau de François II, et à Josselin, avec le mausolée d'Olivier de Clisson.

Vitraux

Si les peintures et les fresques sont rares (Kernascléden reste une exception), les verrières sont en revanche assez nombreuses. Souvent inspirées par l'art italien ou flamand, elles se caractérisent toujours par une facture bretonne. La cathédrale de Dol en possède une très belle du 13e s. Les plus beaux exemples datent des 14e, 15e et 16e s. et sortent des ateliers de Rennes, Tréguier, Quimper ; on peut en voir à N.-D.-du-Crann et à St-Fiacre-du-Faouët. Au 20e s., la restauration ou la création de nombreuses églises et chapelles a permis de parer ces édifices de nouveaux vitraux éclatants, souvent non figuratifs.

B. Kaufmann/MICHELIN

Orfèvrerie

Dans ce domaine, les pertes ont été importantes. Certes, la Bretagne recèle encore de très belles pièces dues à des artistes locaux, la plupart morlaisiens, mais elles ont été jalousement mises à l'abri des convoitises. On en verra toutefois à Carantec, à St-Jean-du-Doigt, à St-Gildas-de-Rhuys, à Paimpont, à Locarn.

Langeland/PHOTONONSTOP

Les enclos paroissiaux

Une particularité bretonne

L'enclos paroissial est l'ensemble monumental le plus typique qu'on rencontre dans les bourgs bretons. Il s'ouvre habituellement par une porte triomphale donnant accès à l'église, au calvaire et à l'ossuaire, et permettait à la vie paroissiale de rester étroitement attachée à la communauté des morts puisque l'enclos avait le cimetière pour centre. L'émulation qui existait entre villages voisins explique la richesse des enclos qui ont surgi en basse-Bretagne sous la Renaissance et au 17e s.

Portes triomphales et ossuaires

La porte monumentale ou porte des morts, généralement très décorée, est traitée en arc de triomphe pour symboliser l'entrée du juste dans l'immortalité. Les portes latérales voient leur passage barré par une pierre haute, l'échalier ; cette clôture est symbolique car elle n'empêche pas le franchissement.

Dans les minuscules cimetières bretons d'autrefois, les corps devaient être exhumés pour laisser la place aux nouveaux défunts. On entassait les ossements dans des réduits qu'on élevait contre l'église ou le mur du cimetière. Ces ossuaires sont ensuite devenus des bâtiments isolés, et leur exécution devint plus soignée. Ils ont pris la forme de reliquaires et ont servi de chapelles funéraires.

L'enclos paroissial de Guimiliau.

B. Kaufmann/MICHELIN

Les calvaires

Foncièrement bretons, ces petits monuments de granit groupent autour du Christ en croix des épisodes de la Passion. Bon

Détail du Chemin de croix en habits du 16e s. (calvaire de Guimiliau).

nombre d'entre eux furent érigés pour conjurer la peste de 1598 ou en action de grâces après sa disparition. Ils servaient à l'instruction religieuse : tout en prêchant, le prêtre désignait les scènes qu'il racontait. Le plus ancien des calvaires existants est celui de Tronoën (fin 15e s.), les plus célèbres sont ceux de Guimiliau (200 personnages), Plougastel-Daoulas (180 personnages) et Pleyben. Si la sculpture est généralement fruste et naïve, c'est qu'il s'agit essentiellement d'un art de tailleurs de pierre villageois, mais quel sens admirable de l'observation avaient ces artistes anonymes ! L'expression de la vie y est souvent saisissante.
Les calvaires ont eu pour prédécesseurs immédiats les croix de chemin. Il y en eut des dizaines de mille, beaucoup ont été détruites.

B. Kaufmann/MICHELIN

La pietà du calvaire de N.-D.-de-Tronoën.

Les sculpteurs de calvaires choisissaient les scènes au gré de leur inspiration, sans les grouper de façon chronologique. Certaines se reconnaissent au premier coup d'œil, d'autres, plus ou moins abîmées, sont traitées plus sommairement.
Une histoire les séduisit, puisqu'elle figure sur plusieurs calvaires (Plougastel-Daoulas, Guimiliau), celle de Catell-Gollet (Catherine perdue). Catherine, jeune servante, a dissimulé en confession ses écarts de conduite. Glissant plus avant sur la mauvaise pente, elle dérobe une hostie consacrée pour la donner au diable, qui a pris les apparences de son amoureux. Bien sûr, la coupable est condamnée aux flammes éternelles...

Forteresses et châteaux

Le granit breton est un matériau sévère qui ne vieillit pas. N'étaient les lignes générales et le mode de construction qui permettent de les différencier, il ne serait guère possible de donner un âge aux monuments. Si l'on excepte les forteresses, placées pour la plupart en sentinelle sur les marches bretonnes par crainte des rois de France, ou sur les côtes, pour prévenir les incursions des envahisseurs anglais, on trouve peu de châteaux importants. Cette répartition traduit parfaitement le caractère de la population dont tous les efforts artistiques furent dédiés à la religion.
À St-Malo ou à Guérande, on voit encore la totalité de la ceinture de pierre qui enserrait ces villes. Des fragments de remparts se rencontrent dans des localités telles que Vannes, Concarneau et Port-Louis. Parmi les plus importantes forteresses, celles de Fougères et de Vitré sont particulièrement bien conservées. Dinan et Combourg ont leurs châteaux forts encore debout, Suscinio et Tonquédec offrent des ruines imposantes. La sentinelle avancée du fort La Latte occupe un site magnifique. Et si les édifices mi-forteresses mi-palais, tels Kerjean, Josselin ou le château des ducs de Bretagne à Nantes n'abondent pas, c'est que la noblesse bretonne était pauvre. On le voit, encore une fois, la diversité est au rendez-vous, une diversité qui ne tient pas même compte des incalculables manoirs-fermes des gentilshommes campagnards qui, sans renoncer à leur rang, n'hésitaient pas à cultiver leurs terres comme des paysans.

Y. Tierny/MICHELIN

Fougères, une forteresse... très souvent prise !

Port du Guilvinec.

S. Sauvignier/MICHELIN

S. Sauvignier/MICHELIN

Villes et sites

Les Abers★★

Vallées fluviales
Les abers, où pénètre le flot marin, se distinguent des estuaires : en amont, ils ont été creusés par une petite rivière, et non par un fleuve côtier ; en aval, leur sillon est moins profond, leurs pentes moins raides. On n'y trouve pas de ports importants en tête d'estuaire comme Morlaix ou Dinan, car leur cours d'eau n'est pas assez puissant pour frayer un chenal dans l'embouchure.

La côte Nord-Ouest du Finistère, basse et rocheuse, offre le spectacle magnifique d'un littoral particulièrement sauvage, encore intact, souvent rude, entaillé par les abers. Les amateurs de longues plages mondaines n'ont rien à faire par ici. En revanche, les amoureux de panoramas romantiques, de sentiers côtiers solitaires ou d'odeur de goémon brûlé y seront comme chez eux.

La situation
Carte Michelin Local 308 C/E 2/4 – Finistère (29). Ce bout du monde est accessible par les D 13, D 26 et D 5 en venant de Brest.

Le nom
Entaillée par des vallées fluviales appelées « abers », cette région qui porte le nom de « côte des Légendes » s'étend de la pointe de St-Mathieu à Brignogan-Plages.

Les gens
Ils connaissent la vie dure de ce finistère. L'énorme ancre de l'*Amoco Cadiz*, à Portsall, vient leur rappeler la violence des éléments de la côte.

circuit

LA « CÔTE DES LÉGENDES »
195 km – compter une journée.

Au départ de Brest, ce circuit sort des sentiers battus et renoue avec une nature encore intacte.

Quitter Brest au Nord par la D 788 vers Roscoff.

Gouesnou
De style gothique et Renaissance, l'**église** (17e s.) présente un chevet polygonal surmonté de trois frontons élancés. À l'Ouest, en contrebas de l'église, une fontaine Renaissance, dotée d'un autel, est ornée de la statue de saint Gouesnou. *Visite guidée (1h) juil.-août : mar., merc. et jeu. 14h-18h - gratuit.*

Prendre la direction de Lannilis (D 13) et, dans Bourg-Blanc, tourner à droite (D 38).

carnet pratique

Se loger
⊖ Chambre d'hôte Saint-Alphonse – *Rte de Plouguernau, St-Alphonse - 29870 Lannilis - ☎ 02 98 04 14 13 - guitecreach@yahoo.fr - ⊭ - 3 ch. et 2 gîtes 30/42 € ☕.* Les chambres sont aménagées dans une dépendance attenante à la maison des propriétaires. Variées en confort et en taille, elles sont pratiques et dotées de meubles de famille ou chinés ici et là. Les hôtes vous reçoivent chez eux à l'heure du petit-déjeuner. Jardin arboré et fleuri.

Se restaurer
⊖ Crêperie à la ferme Manoir de Trouzilit – *Rte de Ploudalmézeau - 29870 Tréglonou - D 28 de Lannilis à Ploudalmézeau - ☎ 02 98 04 01 20 - www.manoir-trouzilit.com - fermé lun.-jeu. hors sais ; ouv. tlj juil.-août - 4,30/11,70 € - 5 ch. 30/45 € ☕.* L'adresse mérite le détour pour son emplacement : la crêperie est aménagée dans un grand manoir veillant sur un domaine de 30 ha (centre équestre, nombreuses activités de loisirs, gîtes). Salle à manger réchauffée par deux imposantes cheminée et beau choix de galettes (150 variétés).

⊖⊖ Ferme de Keringar – *Lochrist - 29217 Le Conquet - 2 km au S du Conquet - ☎ 02 98 89 09 59 - www.keringar.com - réserv. conseillée - 18 € - 8 ch. 55 € ☕.* Ce domaine de 4 ha est le lieu idéal pour un séjour en famille. Ses chambres sont spacieuses et décorées avec goût, la cuisine exalte les produits du terroir et de la pêche locale, et la ferme pédagogique fait le bonheur des enfants. Tout cela, à 500 m de la plage !

⊖⊖⊖ Relais du Vieux Port – *1 quai du Drellac'h - 29217 Le Conquet - ☎ 02 98 89 15 91 - fermé 4 janv.-4 fév. - 26 € - 7 ch. 42/60 € - ☕ 7,50 €.* Côté restaurant : crêpes, poissons, coquillages et fruits de mer (sur réservation) servis dans un décor d'inspiration marine mariant la pierre et le bois. Côté hôtel : réveil assuré par les mouettes, dans cinq chambres portant le nom d'îles bretonnes et jouissant de la vue sur le port.

Chapelle St-Jaoua

Au centre d'un vaste enclos ombragé, cette chapelle (début 16e s.) abrite le tombeau avec gisant de saint Jaoua.

Plouvien

Dans l'**église paroissiale**, tombeau (1555) en granit de Kersanton : le gisant est soutenu par seize religieux figés dans des attitudes de prière, de lecture ou de méditation. ☎ *02 98 40 91 16 - tlj sf dim. 9h-17h.*

Quitter Plouvien à l'Est par la route de Lesneven.

St-Jean-Balanant

La **chapelle** du 15e s. était une fondation des chevaliers de St-Jean-de-Jérusalem dépendant de la commanderie de la Feuillée, dans les monts d'Arrée. ☎ *02 98 40 91 16 - sur demande à la mairie.*

Continuer en direction de Lesneven et au quatrième carrefour, tourner à droite vers Locmaria.

À VOIR
Au tympan de l'église de St-Jean-Balanant, le bas-relief représente le baptême du Christ ; à droite de la chapelle, une fontaine et ses bancs.

Chapelle de Locmaria

Précédée d'une **croix**★ à deux traverses ornée de personnages, cette chapelle des 16e et 17e s. possède un clocher-porche carré.

Par Le Drennec, gagner Le Folgoët.

Le Folgoët★★ *(voir ce nom)*

Prendre vers Lannilis et à Croas-Kerzu, tourner à droite vers Plouguerneau (D 32).

Le Grouanec

L'**église** est éclairée par des vitraux de Max Ingrand. À 100 m, à gauche, on peut voir la fontaine « de la guérison » avec N.-D.-de-la-Clarté.

Plouguerneau

L'**église** renferme, à gauche en entrant, près du baptistère, une intéressante collection de statuettes en bois du 17e s. appelées « les petits saints ». Autrefois promenées en procession, ces statuettes résultent d'un vœu fait par les habitants qui avaient échappé à la peste.

Par la D 32, prendre la direction de St-Michel.

À la sortie du village sur la droite, un petit **écomusée de Plouguerneau et du Pays pagan** explique les techniques du métier à travers les âges. ☎ *02 98 37 13 35 - www.club-internet.fr/perso/bezhin - ♿ - du 9 avr. au 9 Mai et du 1er juil. au 28 sept. : tlj. sf mar. 14h30-18h ; juin : sam. 14h30-18h (dim. et j. fériés 18h30), possibilité de visite guidée (1h) - fermé oct.-mai. - 2,50 € (enf. 2 €).*

Prendre au Nord la D 32.

RICHE GOÉMON
Toute cette côte basse et rocheuse, semée d'îlots, recèle en abondance du goémon de diverses variétés. Les laminaires sont destinées à la production d'alginates et de mannitol, les fucus et les algues d'épaves servent à la fabrication de poudres pour la nourriture du bétail, le reste est vendu comme engrais.

Ruines d'Iliz-Koz

☎ *02 98 04 71 84 - de mi-juin à mi-sept. : tlj sf lun. (sf si fériés) 14h30-18h30 ; de mi-sept. à mi-juin : dim. et j. fériés 14h30-17h - 2,50 € (-10 ans gratuit).*

Des fouilles ont mis au jour les ruines de l'église, du cimetière et du presbytère de l'ancienne paroisse de Tremenac'h. Ensablé au début du 18e s., cet ensemble est un témoin exceptionnel de l'art funéraire en Bretagne à la fin du Moyen Âge. Un itinéraire jalonné permet de découvrir les éléments les plus significatifs du site. Les motifs ornementaux des tombes rappellent la qualité du disparu (chevalier, clerc ou roturier).
Tout près, belle **plage** de sable fin dans les rochers.

Phare de l'île Vierge

☎ *02 98 37 13 35 - www.club-internet.fr/perso/bezhin - visite guidée (30mn) sur demande au ☎ 02 98 04 70 93 - juil.-août : 10h30-17h00, dim. et j. fériés 10h30-17h30 ; avr.-juin et sept. : suivant les marées - 2,50 € (enf. 2 €).*

C'est le plus haut de France (82,50 m). Du sommet *(397 marches)*, on découvre un vaste **panorama**★ sur la côte finistérienne.

Revenir à Plouguerneau et prendre la direction de Lannilis (D 13).

À 2 km, l'ancien tracé de la route forme un belvédère (petit calvaire) et offre une belle **vue**★ sur l'Aber-Wrac'h.

Dans Lannilis, tourner à droite.

G. Targat/MICHELIN

Construit de 1897 à 1902, le phare de l'île Vierge a une portée moyenne de 52 km.

LOISIRS-DÉTENTE

Bateau à vision sous-marine – *L'Aquafaune - gare maritime - 29217 Le Conquet -* ☎ *02 98 89 14 13 - www.vedette-aquafaune.com - fév.-oct. - 23 € (enf. 2-14 €).*

Station de voile de l'Aber-Wrac'h – *Au port de Landéda - 29214 Landéda -* ☎ *02 98 04 90 64.* Découvrez la région des abers depuis le large grâce à ce centre de voile : balade sportive ou promenade familiale en navigant, avec ou sans moniteur, à bord de catamarans, dériveurs, petits bateaux de croisière ou kayaks de mer.

L'Aber-Wrac'h

Avec son important centre de voile, c'est un port de plaisance très fréquenté. Une école d'apprentissage maritime, dont le bâtiment surplombe le bourg, anime ce lieu de séjour balnéaire. La route en corniche longe la baie des Anges (ruines du couvent de N.-D.-des-Anges).

Prendre à droite vers les dunes de Ste-Marguerite, puis encore à droite vers le fort Cézon.

De la plate-forme aménagée en bout de route, **vue** sur l'estuaire et, perchées sur une île, les ruines du fort Cézon qui en commandait l'entrée, ainsi que le phare de l'île Vierge.

Faire demi-tour et, à la sortie de Poulloc, tourner à droite vers les dunes.

Dunes de Ste-Marguerite

Des sentiers pédestres permettent de découvrir de belles vues. Sur les dunes sèche le goémon qui, après deux ou trois jours d'exposition au soleil, est expédié vers les usines de traitement.

Gagner la chapelle de Brouënnou où l'on tourne à gauche vers le passage St-Pabu. Par Landéda, rejoindre Lannilis et emprunter la D 28 vers Ploudalmézeau.

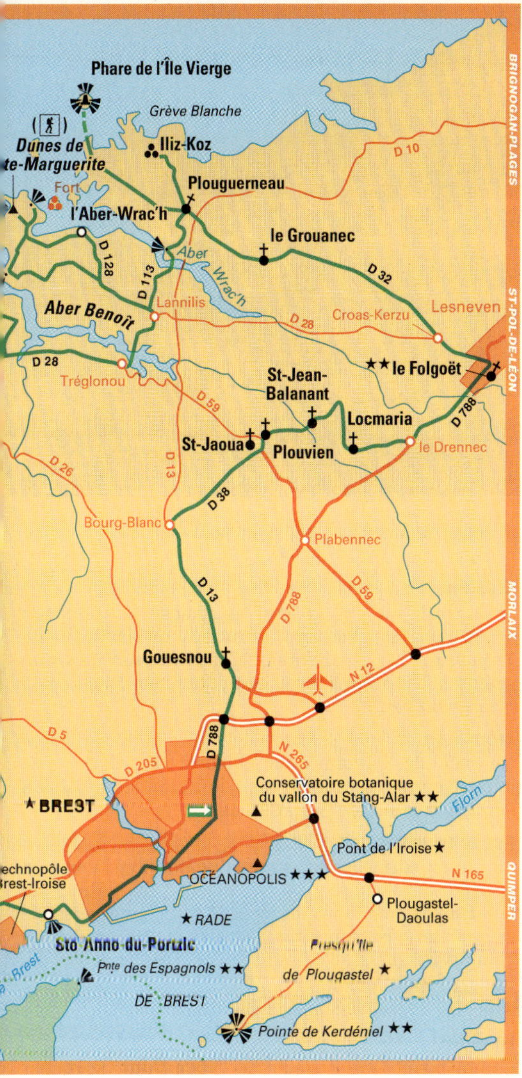

Aber Benoît

Après avoir franchi cet aber, la route le longe pendant quelques kilomètres et permet d'en apprécier la belle situation.

À 5 km de Tréglonou, tourner à droite vers St-Pabu que l'on traverse et suivre le fléchage du camping pour gagner les dunes de Corn-ar-Gazel.

Dunes de Corn-ar-Gazel

Elles offrent une belle **vue** sur la presqu'île de Ste-Marguerite, l'Aber-Benoît et son chapelet d'îlots.

PROMENADES

Des chemins escaladent les dunes de Corn-ar-Gazel et conduisent aux immenses plages de sable blanc, comme celle des Trois-Moutons et sa base de chars à voile.

Faire demi-tour et suivre à droite la route qui serpente dans les dunes et offre de belles échappées sur la côte.

Lampaul-Ploudalmézeau

L'**église** de ce modeste village est un témoin de la Renaissance en Bretagne : voyez le porche Nord, un magnifique **clocher-porche**★ coiffé d'un dôme surmonté de trois lanternons.

Portsall

Ce petit port est établi dans une anse très fermée. Au large, sur une chaîne d'écueils – les roches de Portsall –, le pétrolier *Amoco Cadiz* vint s'échouer en 1978. Sur le môle, l'une de ses deux énormes ancres (20 t.) perpétue

Le Finistère Nord préserve des petits coins de paradis : ici, l'aber Benoît.

le souvenir du naufrage, dont la conclusion juridique n'est intervenue qu'en 1992.

Kersaint

À la sortie du village, sur la gauche en direction d'Argenton, se dressent les ruines du **château de Trémazan** (13e s.). Attention ! Ces ruines sont très dangereuses. Un belvédère permet cependant d'admirer la majesté du lieu.

Trémazan

Du parc de stationnement, au-delà du village, une immense **vue**★ se dégage sur l'île Verte, les roches de Portsall, le phare de Corn Carhai.

Route touristique★

Tracée en corniche, elle permet de découvrir une côte frangée de rochers d'où se détache la **pointe de Landunvez**, en dents de scie. La route traverse de petites stations balnéaires : Argenton, **Porspoder** où aurait débarqué au 6e s. saint Budoc, évêque de Dol-de-Bretagne, puis Melon.

À l'entrée de Lanildut, tourner à droite.

Entre deux mers

C'est au niveau de l'aber Ildut qu'est fixée la séparation théorique entre la Manche et l'Atlantique. Toutefois, en raison de la différence des fonds, les marins situent cette limite plus au Sud, à la pointe de Corsen *(ci-contre)*.

Lanildut

Commandant l'étroit goulet de l'**aber Ildut**, le **rocher du Crapaud** offre de belles vues sur le port et l'aber, accessibles aux bateaux quelle que soit la marée. La rive Nord est boisée, au Sud s'étendent dunes et plages.

Lanildut est le premier port goémonier d'Europe. Dans le quartier de Rumorvan, belles **maisons** (17e et 18e s.) de capitaines.

La route longe l'aber jusqu'à Brélès où la D 27, puis la D 268 à gauche, mènent à Kergroadès.

Dans les abers, ici à l'aber Ildut, la vie est rythmée par les marées.

Château de Kergroadès

☎ 02 98 32 43 93 - visite guidée (1h) du 10 juil. au 27 août : 10h-12h, 14h-18h, dim. et j. fériés 14h-18h ; reste de l'année : visite sur rendez-vous - 3,5 € (-10 ans gratuit).

Cette demeure de granit, construite au début du 17e s. par François III de Kergroadès, écuyer d'Henri IV, a l'allure d'une forteresse moyenâgeuse mâtinée d'influence Renaissance. Sa cour d'honneur, fermée par une galerie crénelée, est entourée par un sévère corps de logis flanqué de deux tours rondes.

Revenir à Brélès et, par la D 28, rejoindre Plouarzel. Traverser le bourg en direction de Saint-Renan, et environ 1 km après la sortie, tourner à droite vers le menhir de Kerloas.

À DOS D'ÂNE

Dans le **parc de Kergroadez**, où croissent rhododendrons, hortensias et camélias, des promenades à dos d'âne (certains jours) sont organisées pour les enfants. Pendant l'été, des visites nocturnes illuminées aux chandelles vous sont également proposées dans le parc et dans le château.

Menhir de Kerloas★

Du haut de ses 9,5 m et de ses quelque 5 000 ans d'âge, le plus haut menhir de France encore debout fait forte impression. Surnommé « Le Bossu » *(An Tor)* à cause de ses deux bosses, il a naturellement inspiré bien des légendes. Une curieuse tradition du 19e s. attirait les jeunes époux qui venaient nus se frotter sur ses bosses : le mari pour avoir des héritiers mâles, la femme pour avoir autorité dans la maison.

Revenir à Plouarzel et prendre la VC 4 vers Trézien.

Impossible de manquer, au passage, le **parc éolien** aménagé en 2000 ; il est composé de cinq grandes éoliennes de 60 m de haut avec d'impressionnants rotors de 47 m de diamètre. Panneau explicatif sur place.

Continuer vers Trézien qu'il faut traverser.

Phare de Trézien

Haut de 37 m, il a une portée moyenne de 35 km.

Continuer en direction de la grève de Porsmoguer. Dans un groupe de maisons, tourner à droite.

La route longe la station du **Cross Corsen**, centre de surveillance de la navigation maritime, avant d'atteindre une maison en ruine sur la falaise.

SURVEILLANCE

Le **Cross Corsen** est installé sur la pointe du même nom. Il a pour mission le sauvetage en mer, la surveillance de la navigation, la diffusion d'informations concernant la sécurité des navires et la surveillance des pollutions en mer.

Pointe de Corsen

Cette falaise, haute de 50 m, est le point situé le plus à l'Ouest de la France continentale. **Vue** intéressante sur la côte et les îles.

Par la grève de Porsmoguer, gagner Ploumoguer où l'on prend vers Le Conquet. À 5 km, tourner à droite vers la pointe de Kermorvan.

Pointe de Kermorvan

En son centre, elle se réduit à un isthme d'où l'on découvre une jolie **vue★** : à droite, la belle plage des Blancs Sablons ; à gauche, le site du Conquet. La passerelle du Groaë permet aux piétons de gagner la pointe ; à son extrémité, à gauche de l'entrée du phare, le chaos rocheux forme un remarquable belvédère.

Le Conquet

Dans un joli site, ce petit port de pêche est un point d'embarquement pour les îles d'Ouessant *(voir ce nom)* et de Molène.

La corniche du Port, les chemins piétonniers qui bordent le littoral et la pointe de Kermorvan sont des promenades agréables qui offrent de belles vues sur le port, le chenal du Four et, au large, l'archipel d'Ouessant et les nombreux phares qui le signalent.

G. Targat/MICHELIN

Quand ils ne sont pas en mer, les bateaux de pêche offrent un beau spectacle dans le port.

Monts d'Arrée★★

Frontière naturelle entre la Cornouaille et le Léon, les monts d'Arrée sont les plus élevées des « montagnes bretonnes », bien que leur point culminant ne dépasse pas 400 m. Arides, couvertes de landes, souvent humides, ces crêtes de quartzite et ces vallées sauvages sont aujourd'hui protégées par le Parc naturel régional d'Armorique.

La situation

Carte Michelin Local 308 G/I 3/4 - Finistère (29). Dans le prolongement de la presqu'île de Crozon, les monts d'Arrée s'étirent jusqu'à Huelgoat et le roc Trévezel. La D 14 puis la D 21 traversent les monts d'Est en Ouest.

AJONCS ET BRUYÈRES

Par endroits, la chaîne des monts d'Arrée est boisée, surtout à l'Est, mais pas un arbre sur les sommets ! La lande est parsemée d'escarpements rocheux, d'ajoncs éclatant de jaune au printemps, et de bruyères dont les fleurs violettes s'épanouissent en septembre.

Le nom

A-t-on affaire à la racine pré-indo-européenne *arr* qui signifie « pierre », « rocher » ? Bien d'autres lieux en France (jusqu'en Corse) en témoignent...

découvrir

PARC NATUREL RÉGIONAL D'ARMORIQUE

Inauguré en 1969, il englobe 39 communes sur une superficie de 172 000 ha (112 000 ha d'espace terrestre, 60 000 ha d'espace maritime. On distingue 4 zones : les monts d'Arrée, la presqu'île de Crozon, l'Aulne maritime et les îles de la mer d'Iroise.

Son objectif est de sauvegarder les paysages, la flore, la faune ; de créer des activités propres à développer l'économie locale ; de préserver les aspects de la civilisation rurale.

Logo du Parc naturel régional d'Armorique.

De très nombreux lieux d'expositions sont ouverts au public à travers un réseau de 20 équipements : Ferme des artisans à Brasparts, écomusée des Monts d'Arrée à St-Rivoal et Commana, musée des Phares et Balises et Maisons de Niou à Ouessant, musée de l'École rurale à Trégarvan, Maison des minéraux à Crozon, Maison de la rivière à Sizun, musée du Loup au Cloître-St-Thégonnec... *Pour tous renseignements, contacter le siège du Parc au Faou - ☎ 02 98 81 90 09 - www.parc-naturel-armorique.fr*

circuit

À TRAVERS LA MONTAGNE PELÉE

122 km – compter une journée.

Quitter Huelgoat au Sud en direction de Pleyben.

Ici, la lande s'étend parfois à perte de vue. En fin de journée, ce paysage solitaire se teinte d'ocre.

R. Mattès/MICHELIN

St-Herbot★

L'**église**★, de style gothique flamboyant, apparaît dans un cirque boisé. Au porche du flanc droit est accolé un petit ossuaire Renaissance. À l'intérieur, le **chœur** est entouré d'une belle **clôture**★★ en chêne sculpté, surmontée d'une Crucifixion. À voir aussi : les quinze stalles, richement décorées et adossées à la clôture *(relevez les sièges)*.

Une belle croix-calvaire de 1575, en granit de Kersanton, s'élève au milieu de la place attenante.

Par la D 14, on rejoint le site de Roc'h Begheor.

Insolite !

Les deux tables de pierre, adossées à la clôture du chœur, étaient destinées à recevoir les touffes de crin prises à la queue des bovins et offertes par les paysans pendant le pardon, afin d'obtenir la protection de saint Herbot, patron des bêtes à cornes.

Roc'h Begheor

Un sentier parmi les ajoncs *(1/4h à pied)* mène au sommet, qui culmine à 277 m : beau point de **vue**★ sur les monts d'Arrée et les Montagnes Noires.

Lannédern

Petit **enclos** paroissial dont la croix à personnages présente, sur la traverse inférieure, saint Edern chevauchant un cerf. Dans l'**église**, on peut voir le tombeau du saint (14e s.) et six bas-reliefs polychromes (17e s.) retraçant sa vie. *Pdt les offices.*

Continuer vers Pleyben et, à 1,5 km, tourner à droite.

Brasparts

Planté au sommet d'une colline, ce bourg possède un intéressant **enclos** paroissial du 16e s. À l'intérieur de l'**église**, splendide **Vierge de pitié**★ du 16e s.

Depuis Brasparts, suivez les sentiers de randonnée balisés du Méné (11 km) et de Gorre (16 km).

La Pietà du calvaire de Brasparts.

Pleyben★★ *(voir ce nom)*

Châteaulin

Située sur une boucle de l'Aulne, dans la vallée verdoyante et encaissée où coule la rivière canalisée, cette ville est le rendez-vous des pêcheurs en eau douce. En effet, la marée n'atteint pas Châteaulin : elle vient mourir en aval, à Port-Launay où mouillent de nombreux bateaux de plaisance.

Observatoire aquatique – ☎ *02 98 86 30 68 - www.smatah.fr - 10h-17h - fermé déc.-fév., dim. en juil.-août, w.-end reste de l'année, j. fériés - gratuit.*

Ce centre de découverte permet de se familiariser avec les principales espèces qui fréquentent les fleuves côtiers du Finistère, comme le saumon atlantique. En été, des randonnées sont organisées dans les monts d'Arrée.

La pêche au saumon

Châteaulin est le centre de la pêche au saumon, qui a toujours figuré dans les armes de la ville. Moins nombreux que naguère, ces poissons remontent la rivière pour frayer. Ils tentent l'escalade de petites chutes d'eau formées par le déversoir des écluses. C'est au-dessous des écluses, particulièrement en mars et avril, que s'installent les pêcheurs : sur une distance de 100 m, ils pratiquent la pêche au lancer, à la mouche, à la cuiller ou au devon (un poisson artificiel muni d'hameçons).

Chapelle Notre-Dame – *Accès par la rue Graveran et une rue à gauche, face au cimetière.* ☎ *02 98 86 10 05 - visite guidée sur demande à la mairie en été.*

L'ancienne chapelle du château apparaît dans un enclos, près de maisons du 17e s. L'arc triomphal franchi, on découvre une croix-calvaire (15e s.) présentant une curieuse scène du Jugement dernier. Remaniée aux 17e et 18e s. et restaurée, la chapelle conserve des vestiges du 13e s. (colonnes, chapiteaux), ainsi que des retables du 17e s.

Emprunter la rive droite de l'Aulne.

Au fil de l'Aulne

Notre-Dame-de-Rumengol - ☎ 02 98 20 06 58 (association) - cette ancienne gabare, voilier traditionnel classé Monument Historique, vous propose : des sorties découverte (avr.-sept.) ; la remontée de l'Aulne ; des croisières en mer d'Iroise (Molène, Sein et Ouessant) ; la participation aux grands événements maritimes (Brest, Douarnenez, Paimpol).

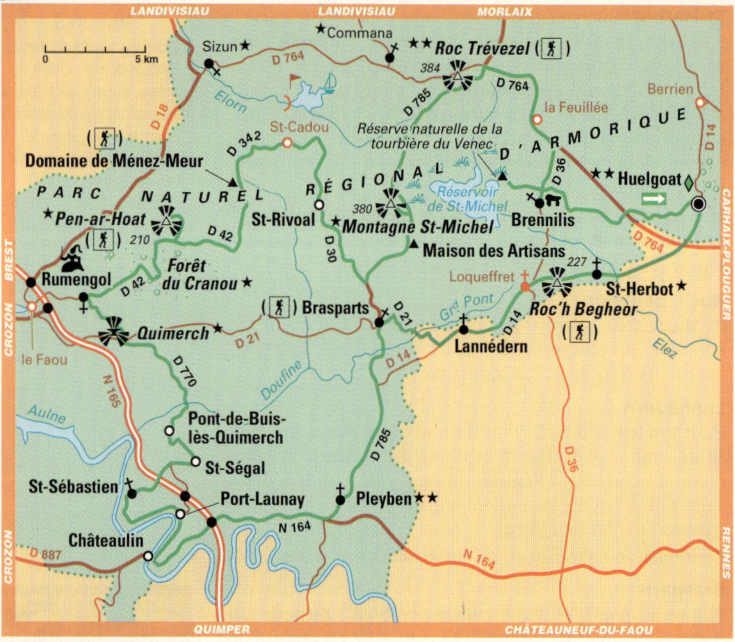

COURSE DE VÉLO

Châteaulin organise fin août « les Boucles de l'Aulne », qui attirent les vedettes internationales du sport cycliste.

Port-Launay est le port de Châteaulin, sur l'Aulne. Son long quai permet d'agréables promenades.

Laisser sur la droite la route de Brest et continuer le long de l'Aulne, passer sous le viaduc ferroviaire, à un rond-point prendre à droite et 100 m plus loin à gauche.

Chapelle St-Sébastien

De l'**enclos** du 16e s. subsistent la porte triomphale, supportant saint Sébastien, et un beau calvaire à personnages où l'on reconnaît le saint transpercé de flèches. À l'intérieur, magnifiques **retables**★ (17e s.) dans le chœur et le transept ; à gauche, des panneaux retracent l'histoire de Lorette : petite ville italienne de la région des Marches où, de Nazareth, la maison de Marie aurait été transportée par des anges au 13e s. ☎ *02 98 73 17 03 - avr.-oct. : 8h-19h - possibilité de visite hors période sur demande à la mairie.*

Suivre la petite route qui enjambe la voie ferrée et la voie express Quimper-Brest.

St-Ségal

Propriété du Parc naturel régional d'Armorique, le **musée des Champs** témoigne de la profonde mutation de l'agriculture en basse Bretagne depuis les années 1950, qui virent l'irruption de la mécanisation, de l'eau courante et du téléphone dans les villages les plus isolés : tracteurs, collection d'outils agricoles. *Se renseigner auprès de la Maison du Parc,* ☎ *02 98 81 90v08.*

À CONTEMPLER

Depuis la table d'orientation de Quimerch, la **vue**★ s'étend du Ménez-Hom jusqu'à la forêt du Cranou, la rade de Brest et la presqu'île de Plougastel.

Pont-de-Buis-lès-Quimerch

◀ À la sortie de la localité, en contrebas de la route à gauche, se trouve une importante poudrerie qui a trois siècles d'existence.

Par la D 770, rejoindre Quimerch, puis Rumengol.

JOURS DE PARDONS

Rumengol prend tout son intérêt les jours des pardons. On y vient de toute la Bretagne. Ils sont consacrés à N.-D.-de-Tout-Remède. Le plus célèbre est celui du dimanche de la Trinité. Un autre pardon a lieu le 15 août.

Rumengol

Au 5e s., le roi Gradlon construisit ici une chapelle – au lendemain de la disparition de la ville d'Ys, selon la légende. L'**église** date du 16e s., comme en témoignent son porche Sud et sa magnifique façade en granit de Kersanton, mais elle a subi de notables transformations aux 17e et 18e s. Les deux **retables**★ et leurs autels datent de 1686. Au milieu du bourg, au-delà du chevet de l'église, on aperçoit la fontaine miraculeuse de 1792, objet de dévotion lors des pardons.

Forêt du Cranou*

La D 42, route sinueuse, traverse cette forêt domaniale, qui s'étend sur plus de 600 ha. Elle présente de belles futaies de chênes et de hêtres, ainsi que des sous-bois d'ifs et de houx. Aires de pique-nique aménagées.

À la sortie de la forêt du Cranou, tourner à droite vers St-Rivoal ; à l'entrée de Kerancuru, prendre à gauche pour gagner Pen-ar-Hoat-ar-Gorré. Dans ce hameau aux vieilles maisons de schiste, tourner à gauche vers Hanvec et, immédiatement de nouveau, à gauche sur une petite route goudronnée en montée.

Pen-ar-Hoat*

3/4h à pied AR. Emprunter le chemin qui longe la ferme et appuyer à gauche en s'orientant sur la ligne des hauteurs ; après être passée entre de petits murs, la montée finit dans les ajoncs. À 210 m d'altitude, le **panorama** se développe sur les montagnes couvertes de landes : au Nord, des collines bordant l'Elorn, à l'Est les hauteurs proches de l'Arrée, au Sud la forêt du Cranou et au loin les Montagnes Noires et le Ménez-Hom, à l'Ouest la rade de Brest.

Revenir à Kerancuru où l'on tourne à gauche sur la D 42, puis à 3,5 km encore à gauche sur la D 342 en direction de Sizun (voir ce nom).

Domaine de Ménez-Meur

02 98 68 81 71 - www.parc-naturel-armorique.fr - juil.-août : 10h-19h ; mai-juin et sept. : 10h-18h ; mars-avr. et oct.-nov. : merc., dim., j. fériés et vac. scol. (ttes zones) 13h30-17h30 ; 30 déc.-28 fév. : 13h-17h (vac. scol. zone A) - 3,30 €.

Ce domaine s'étend sur 420 ha dans un site vallonné. Un sentier de découverte *(1h1/2 environ)* serpente parmi les vastes enclos où vivent des espèces sauvages (loups, sangliers, daims, cerfs, aurochs...) et des animaux domestiques appartenant à des races menacées de disparition (vaches « pie noire » ou « nantaise », petits moutons d'Ouessant, porcs blancs de l'Ouest...). La **Maison du cheval breton** présente des expositions sur la place de cet animal dans la vie rurale bretonne.

Par la D 342, puis la D 130 jusqu'à St-Cadou, gagner St-Rivoal.

St-Rivoal

À la sortie du village, sur la route du Faou, à gauche en contrebas, on découvre la **maison Cornec**, une fermette de 1702. Elle constitue l'un des éléments, disséminés dans le Parc d'Armorique, d'un musée en plein air consacré aux différents styles de la construction bretonne. Cette petite maison de schiste, avec son bel escalier extérieur couvert, se compose d'une vaste

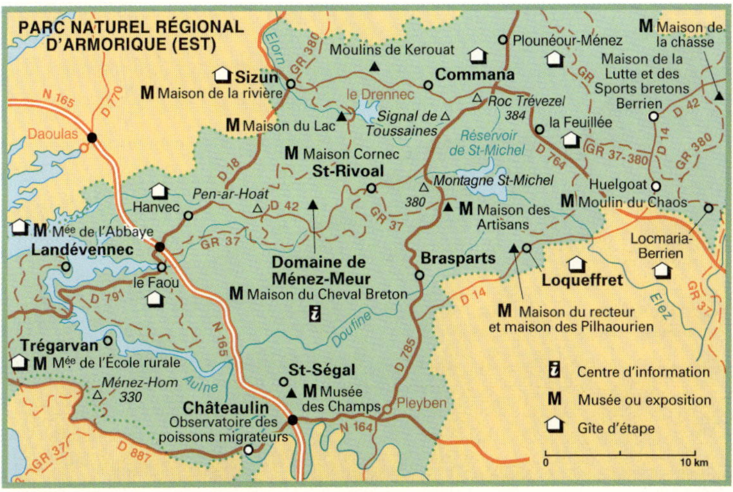

R. Corbel/MICHELIN

Orchidée sauvage protégée du marais de Yeun Elez.

pièce qui abritait d'un côté la famille, autour de la grande cheminée, et de l'autre les animaux domestiques. ☎ *02 98 81 40 99 - juil.-août : 11h-19h ; juin : 14h-18h ; 1re quinz. de sept. : tlj sf sam. 14h-18h - tarif non communiqué.*

Prendre la D 30 vers Brasparts.

La route se déroule dans un paysage de collines, de vallées verdoyantes et boisées dont la fraîcheur contraste avec l'aridité des sommets rocheux et couverts de landes.

À 5,5 km, tourner à gauche sur la D 785 vers Morlaix.

Maison des artisans

Avr.-déc. : 10h-19h ; janv.-mars : w.-end et j. fériés 13h-19h. Fermé 1er janv., 25 déc.

Propriété du Parc régional, elle est installée dans la ferme St-Michel et présente les créations de plus de deux cents artisans bretons.

Poursuivre sur la D 785 en direction de Morlaix. Prendre un chemin qui s'ouvre à gauche de la route.

Un lieu sinistre

L'hiver, sous la brume, le Yeun Elez est si lugubre que la légende bretonne y situa le **Youdig**, gouffre formant l'entrée de l'enfer.

Montagne St-Michel*

Au sommet (alt. 380 m) se dresse une petite chapelle dont le faîte atteint 391 m d'altitude : **panorama** sur les monts d'Arrée et les Montagnes Noires. Au pied de la montagne s'étend, vers l'Est, un vaste marais tourbeux appelé le **Yeun Elez**. Au-delà, le lac créé par le barrage de St-Michel fait partie de la centrale thermique (gaz) des monts d'Arrée, à Brennilis. À droite du lac, sur la pointe rocheuse, un alignement mégalithique est appelé la « noce de pierre ».

La D 785 offre de belles vues sur le relief et la cuvette de Brennilis, tout en longeant le Signal de Toussaines *(Tuchenn Gador)*.

Roc Trévezel**

Cet escarpement rocheux (384 m) fait saillie sur la crête et occupe une situation pittoresque, dans un décor de véritables montagnes.

Prendre le sentier (1/2h à pied AR) qui s'amorce à côté du panneau indicateur. Se diriger vers la gauche ; traverser ensuite une petite lande en appuyant à droite et gagner la pointe rocheuse la plus éloignée. Ici, le **panorama**** est immense. Vers le Nord, le plateau du Léon apparaît ; par temps clair, on distingue la flèche du Kreisker de St-Pol-de-Léon et à l'Est la baie de Lannion. À l'Ouest, on voit le fond de la rade de Brest ; vers le Sud, la montagne St-Michel et, au-delà, la ligne de forêts des Montagnes Noires.

Avec le roc Trévezel, nous touchons à la cime de la Bretagne.

S. Sauvignier/MICHELIN

À hauteur du pylône de Roc-Tredudon, tourner à droite vers Huelgoat et, à 6 km, encore à droite vers Brennilis.

Brennilis

Ce bourg possède une **église** du 15e s. coiffée d'un fin clocher ajouré. *Sem. 8h30-12h, 13h30-16h30. Sur demande préalable à la mairie, ☎ 02 98 99 61 07.*

Réserve naturelle de la tourbière du Venec – *☎ 02 98 79 71 98 - sortie nature (3h) à la découverte de la tourbière du Venec et de la rivière aux Castors - juil.-août : mar.-jeu. et sam. 15h - les visites se font au dép. de la Maison de la réserve et des castors, sur la place - 4 € (-12 ans gratuit). Se munir de bottes et de vêtements appropriés à des sorties tous terrains et tous temps.*

Créée en 1993, sur 47 ha, elle protège une zone essentiellement humide avec une tourbière à sphaignes (mousse des marais).

Revenir à l'entrée de Brennilis et prendre à droite. À 100 m, à droite, un sentier fléché mène à une **allée couverte**, en partie enfouie sous un tumulus.

Continuer sur cette petite route qui ramène à Huelgoat.

Petit détour

À Commana, les moulins de Kerouat ont été restaurés. Ils abritent l'**écomusée des Monts-d'Arrée**, consacré à la vie rurale d'autrefois. *Voir le chapitre « Enclos paroissiaux ».*

Auray★

Il faut grimper sur les hauteurs du Loch qui accueillaient le château ducal jusqu'en 1560 pour saisir l'importance stratégique d'Auray, au fond du superbe golfe du Morbihan. Fière de son riche patrimoine qui lui vaut le titre de « Ville d'art et d'histoire », elle séduit de nombreux visiteurs grâce à l'atmosphère de son charmant petit port, très animé en soirée, et du vieux quartier St-Goustan.

carnet pratique

Visite

Ville d'art – Visites-découvertes pédestres (1h30) animées par une guide-conférencière - *juil.-août – Se renseigner à l'Office de tourisme – ☎ 02 97 24 09 75.*

Se loger

⊖ **Le Cadoudal** – *9 pl. Notre-Dame - ☎ 02 97 24 14 65 - fermé vac. de fév. - P - 13 ch. 35/52 € - ☕ 6 €.* Voici un hôtel sans prétention, mais d'excellente tenue et d'un accueil fort sympathique. Chambres simples équipées d'un double vitrage efficace et agréable salle des petits-déjeuners réchauffée d'une cheminée. Restauration rapide, servie en terrasse aux beaux jours.

Se restaurer

⊖ **Crêperie La Belle Bio** – ⓔ4} - *4 r. Philippe-Vannier - ☎ 02 97 24 26 75 - fermé lun. soir - 10/15 €.* L'enseigne de cette maison du 17e s. annonce la couleur : la majorité des produits utilisés ici sont issus de l'agriculture biologique. Commandez d'abord une simple galette, sans garniture, pour savourer pleinement le goût du sarrasin réhaussé par celui du beurre. Plaisantes salles à manger rustiques. Terrasse couverte. Service décontracté mais souriant.

⊖ **Crêperie La Frégate** – *11 r. du Petit Port (au port de St-Goustan) - ☎ 02 97 50 71 95 - fermé janv.-mars, vend. midi et mar. - ⊠ - 10,50 €.* Après avoir jeté l'ancre au vieux port, il faut gravir une ruelle en pente pour rejoindre cette maison à colombages et vous remplir la cale de crêpes. Les chineurs feront de plus escale chez le brocanteur voisin, en quête de quelque trouvaille.

⊖⊖ **L'Auberge** – *56 rte de Vannes - 56400 Ste-Anne-d'Auray - ☎ 02 97 57 61 55 - auberge-jl-larvoir@wanadoo.fr - fermé 14 fév.-2 mars, 8 nov.-1er déc., merc., lun. et mar. sf le soir en juil.-août - 20/67 € - 6 ch. 40/55 € - ☕ 7 €.* Derrière sa façade fleurie, cette auberge de village sert une généreuse cuisine actuelle inspirée du terroir dans une belle salle à manger fleurie et garnie de meubles bretons. Elle propose en plus quelques chambres douillettes et bien tenues.

⊖⊖ **Closerie de Kerdrain** – *20 r. Louis-Billet - ☎ 02 97 56 61 27 - fermé 8-31 mars, 29 nov.-16 déc. et lun. - 22/80 €.* Cette maison de maître nichée dans un jardin est fort appréciée de la clientèle locale. Il faut dire que sa terrasse d'été et ses confortables sallles à manger sont agréables et font sûrement beaucoup pour son succès. Cuisine au goût du jour.

QUE RAPPORTER

Au Régal Breton – *17 r. du Belzic - ☎ 02 97 24 22 75 - tlj sf merc. 9h-12h30, 14h-19h.* Après avoir fait ses premières armes chez Jean-Paul Hévin, Sylvain Tallon a repris en 2002 cette pâtisserie bien connue des Alréens puisqu'elle existe depuis les années 1970. Avec talent, il continue à réaliser les produits phares qui ont fait la réputation de la maison (far, quatre-quarts, gâteau breton, kouign amann).

La situation

Carte Michelin 308 N9 – Morbihan (56). Bâtie sur les rives du Loch, entre Vannes et Lorient, la ville d'Auray appartient déjà au golfe du Morbihan.

20 r. du Lait, 56400 Auray, ☎ 02 97 24 09 75. www.auray-tourisme.com

Le nom

Il dérive peut-être de *Bro Erec'h*, le « pays d'Erec » auquel appartient Auray.

Les gens

10 911 Alriens ou Alréens. Le plus illustre d'entre eux est Georges Cadoudal, chef de la Chouannerie bretonne *(voir ci-dessous).*

comprendre

« Cette journée n'est pas vôtre, Messire Bertrand. Une autre fois, vous serez plus heureux. » C'est ainsi que le chef anglais demanda à Du Guesclin sa reddition.

La bataille d'Auray – En 1364, la ville devint célèbre dans l'histoire bretonne, lors de la bataille livrée sous ses murs qui mit fin à la guerre de Succession. Les troupes de Charles de Blois, secondé par **Du Guesclin**, fidèle au roi de France, occupent une mauvaise position dans une plaine marécageuse, au Nord d'Auray. Cousin et rival de Charles, Jean de Montfort est allié aux Anglais, commandés par Chandos ; ils bénéficient d'une situation dominante. Contre l'avis de Du Guesclin, Charles attaque et tombe sur le champ de bataille. Toutes les armes du connétable sont rompues : il se défend en assommant ses adversaires à coups de gantelets de fer mais est finalement contraint à se rendre.

Georges Cadoudal – Fils d'un cultivateur des environs d'Auray, Cadoudal a 22 ans quand éclate la **Chouannerie**, en 1793. Il s'y jette à corps perdu. Les Vendéens vaincus, il continue la lutte dans le Morbihan. Emprisonné à Brest, il s'évade, reprend sa guérilla et participe à l'affaire de Quiberon, dont il sort indemne. En 1796, il fait sa soumission à Hoche et repart en campagne trois ans plus tard. Bonaparte offre inutilement au rebelle la grâce et le grade de général. La lutte se termine en 1804 : à Paris, Cadoudal tente d'enlever le Premier consul ; il est arrêté, condamné à mort et guillotiné.

se promener

LOISIRS

Le golfe du Morbihan en bateau – Cette agréable excursion permet de remonter la rivière d'**Auray★** jusqu'au Bono et de faire le tour du golfe qu'il est impossible de découvrir aussi merveilleusement lorsqu'on en fait le tour en voiture. *De mi-juin à mi-sept. : dép. du port d'Auray - s'adresser à Navix - ☎ 08 25 13 21 00.*

Église St-Gildas★

Cet édifice du 17e s. possède un porche Renaissance et un très beau **retable★** en pierre et marbre (1664) attribué à Olivier Martinet. On remarque les boiseries du 18e s. dans les chapelles latérales, ainsi qu'un élégant buffet d'orgue (1761) réalisé par Waltrin, originaire d'Auray.

Chapelle du Saint-Esprit

☎ 02 97 24 09 75 - ouverture lors des expositions temporaires de Pâques à fin sept. : tlj sf dim. 10h30-12h30, 15h30-18h30 - gratuit.

Construite par l'ordre du Saint-Esprit aux 13e et 14e s. cette chapelle de plan rectangulaire faisait partie de l'importante maison hospitalière d'Auray. Elle bénéficie d'une campagne de restauration.

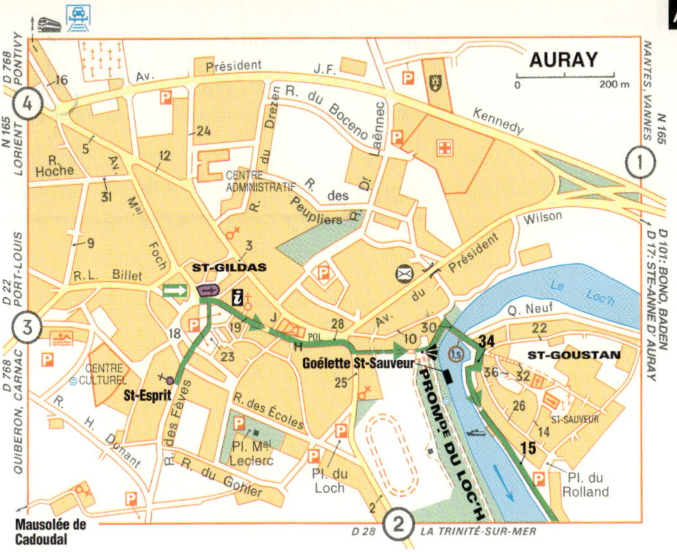

- Abbé-Martin (R.) 2
- Barré (R. J.-M) 3
- Briand (R. Aristide) 5
- Cadoudal (R. G.) 9
- Château (R. du) 10
- Clemenceau (R. Georges) 12
- Église-St-Goustan (R. de l') 14
- Franklin (Quai B.) 15
- Gaulle (Av. du Gén.-de) 16
- Joffre (Pl. du Maréchal) 18
- Lait (R. du) 19
- Neuve (R.) 22
- Notre-Dame (Pl.) 23
- Penher (R. du) 24
- Père-Éternel (R. du) 25
- Petit-Port (R. du) 26
- République (Pl. de la) 28
- St-Goustan (Pont de) 30
- St-Julien (R.) 31
- St-René (R.) 32
- St-Sauveur (Pl.) 34
- St-Sauveur (R.) 36

Promenade du Loch*

En descendant vers le port par la rampe, on profite d'une très jolie **vue** sur le port, le quartier St-Goustan et la rivière d'Auray que franchit un vieux pont de pierre. Minutieusement reconstituée à partir d'une coque ancienne, la **goélette St-Sauveur** présente la vie portuaire de St-Goustan au 19e s. à travers des dioramas sonorisés, de nombreuses maquettes. Une exposition d'outils de charpentiers de marine permet d'évoquer les techniques de construction. *☎ 02 97 56 63 38 - juil.-août : 10h30-12h30, 14h30-19h30 et 21h-23h ; reste de l'année : w.-end, j. fériés et vac. scol. 10h30-12h30, 14h30-19h30 - gratuit.*

Près du pont à arches en éperon sur le Loch, remarquer le pavillon d'En-bas, belle demeure du 16e s.

Quartier St-Goustan*

De belles maisons du 15e s. subsistent sur la place St-Sauveur et dans les ruelles montantes, parfois entrecoupées de larges marches. Les pavés bombés datent de l'époque où St-Goustan était le troisième port breton. C'est dans la maison située au n° 8 sur le quai Benjamin-Franklin que logea l'illustre Américain, comme le rappelle une plaque commémorative.

FRANKLIN À AURAY

En 1776, pendant la guerre de l'Indépendance américaine, Franklin fut chargé de négocier un traité avec la France. Il débarqua à Auray, des vents contraires ayant empêché son navire, le *Reprisal*, de remonter jusqu'à Nantes.

G. Targat/MICHELIN

Très important au 16e s., le port de St-Goustan est aujourd'hui un lieu de promenade où il fait bon s'installer en terrasse.

Mausolée de Cadoudal

Accès en voiture depuis la place du Loch, par la rue du Verger en suivant la direction du Reclus. Il s'élève face à la maison familiale du général. C'est un petit édifice rond coiffé d'un dôme.

circuit

LE PAYS ALRÉEN

23 km – environ 3h.

Quitter Auray par l'avenue du Gén.-de-Gaulle.

Chartreuse d'Auray

☎ 02 97 24 27 02 - du 10 avr. au 8 Mai et du 3 juil. au 27 août : 14h-17h - fermé mar. et reste de l'année hors vac. scol. - gratuit.

Sur le champ de bataille où il triompha de Charles de Blois, Jean de Montfort, devenu le duc Jean IV, fit élever une chapelle et une collégiale transformée en chartreuse de 1482 à 1790. La chapelle funéraire (début 19e s.) renferme les restes d'émigrés et de chouans fusillés après le débarquement de Quiberon, en 1795 : au centre, le mausolée en marbre blanc porte 953 noms.

Champ des Martyrs

Une chapelle en forme de temple grec, édifiée en 1828 selon les vœux de la duchesse d'Angoulême, s'élève à l'emplacement où furent exécutés les émigrés et les chouans.

Suivre la D 120 vers Ste-Anne-d'Auray.

La route longe le marais de Kerzo, à droite, où se déroula la bataille d'Auray, le 29 septembre 1364.

À 500 m, prendre à gauche la direction de St-Degan.

St-Degan

Dans le hameau dominant la vallée encaissée du Loch, l'**écomusée** met en valeur un ensemble de bâtiments de fermes des 17e et 18e s. comportant maisons d'habitation, cour, cave, four à pain... Les intérieurs ont été reconstitués avec du mobilier et des objets usuels de la région au début du 20e s. Autour, verger conservatoire et plusieurs sentiers de randonnée. *☎ 02 97 57 66 00 - juil.-août : 10h-19h, possibilité de visite guidée (1h15) ; fév.-juin, sept.-oct. et vac. de Noël (sf 24-25, 31 déc. et 1er janv.) : 14h-17h30 - fermé 1er et 11 Nov. - 4,50 € (enf. 2,30 €).*

Gagner Brech (exposition de peinture dans la chapelle des Fleurs) *et tourner à droite.*

UN LIEU DE PÈLERINAGE

Ste-Anne-d'Auray est le pèlerinage breton par excellence. Le 7 mars a lieu le premier pardon. De Pâques au Rosaire (le 1er dimanche d'octobre) se déroulent des pèlerinages paroissiaux, notamment le mercredi et le dimanche. Le pardon de Sainte-Anne, le 26 juillet, est le plus suivi avec ceux du 15 août et du Rosaire.

Ste-Anne-d'Auray★

En 1623, sainte Anne apparaît à un laboureur, Yves Nicolazic, et lui demande de relever une chapelle qui lui avait été autrefois consacrée, sur le terrain qu'occupe un de ses champs. Le 7 mars 1625, Yves déterre, à l'endroit indiqué, une ancienne statue de sainte Anne.

Basilique – Une première église fut élevée dès 1625. Elle a été remplacée à la fin du 19e s. par cette basilique, de style Renaissance.

Trésor de la basilique et galerie des statues★ – Situé dans le cloître, il comporte des objets ayant trait au culte de sainte Anne. On y voit notamment une relique de la sainte, offerte par Anne d'Autriche en remerciement pour la naissance de Louis XIV, des pièces d'orfèvrerie, le manteau de l'ancienne statue et, dans une vitrine centrale, des ornements donnés par la reine. De nombreux **ex-voto** expriment la reconnaissance à sainte Anne, du bijou précieux aux simples chaussons d'enfant. Une galerie d'art breton renferme des statues anciennes du 15e au 19e s. *☎ 02 97 57 68 80 - ♿ - (uniquement la galerie) 10h30-12h, 15h-18h - fermé lun. (sf juil.-août) - 1 €.*

Scala Sancta – Lors des pardons, les pèlerins montent à genoux le double escalier de cette ancienne porte d'entrée du parvis.

Fontaine miraculeuse – Formée d'une piscine et d'une colonne ornée de vasques, elle est coiffée de la statue de sainte Anne.

G. Targat/MICHELIN

Bannière de pardon : ici, la Vierge Marie est à l'honneur.

Monument aux morts – Il fut élevé grâce à une souscription faite dans toute la Bretagne à la mémoire des 154 000 soldats et marins bretons morts pendant la Première Guerre mondiale. Il est devenu le Mémorial des victimes de guerre du 20e s. De l'autre côté de la route, un cimetière militaire franco-belge rassemble les restes de 1 338 soldats.

Historial de sainte Anne – *☎ 02 97 57 64 05 - www.musee-de-cire.com - ♿ - 9h-19h - possibilité de visite guidée (1h) sur demande - 4 € (6-14 ans 1,50 €).*
Des personnages de cire évoquent la vie de Yves Nicolazic et l'histoire du pèlerinage. Une scène réalisée par le musée Grévin, rappelle la venue du pape Jean-Paul II en 1996.

Musée du Costume breton – *À droite de l'enceinte du monument aux morts. ☎ 02 97 57 68 80 - pour périodes et horaires, se renseigner - 1 € (-12 ans gratuit).*
C'est l'occasion d'apprécier une belle collection de poupées, habillées en costumes bretons, et deux bateaux miniatures offerts en ex-voto.

Maison de Nicolazic – *☎ 02 97 57 68 80 - 9h-17h - gratuit.*
Sainte Anne y apparut au paysan (oratoire et meubles anciens du pays d'Auray du 17e s.).

Monument du comte de Chambord – *En direction de Brech, sur la gauche à environ 500 m du bourg.* Ce monument fut érigé en 1891. Chaque année, pour la Saint-Michel, partisans et amis venaient en pèlerinage à Ste-Anne. Les représentations de Bayard, Du Guesclin, sainte Geneviève et sainte Jeanne d'Arc encadrent la statue du petit-fils de Charles X.

Le comte de Chambord
Henri de Bourbon, duc de Bordeaux et comte de Chambord (1820-1883), devint, après la mort de Charles X, le prétendant légitimiste au trône de France, sous le nom de Henri V. Au début de la IIIe République, il faillit renverser le régime.

Rejoindre Pluneret par la D 17 au Sud.

Pluneret

Dans le cimetière, en bordure de l'allée centrale, à droite, se trouvent les sépultures de Sophie Rostopchine, comtesse de Ségur, l'auteur bien connu de livres pour la jeunesse, et de son fils, Mgr Louis Gaston de Ségur.

Continuer sur la D 101 en direction du Bono et, à 2 km, tourner à gauche vers Ste-Avoye.

Ste-Avoye

Au milieu de ce charmant village, se dresse une **chapelle** Renaissance qui comporte une belle **charpente★** en carène de bateau renversée. On admire aussi son **jubé★**, en chêne sculpté et peint. *En travaux de restauration, ne se visite pas pour le moment.*

Le décor du jubé
Côté nef, il représente les Apôtres. Côté chœur, les Vertus sont entourées de saint Fiacre et saint Laurent à gauche, et à droite, de saint Yves entre le riche et le pauvre.

Reprendre vers Ste-Anne-d'Auray et tourner à gauche pour regagner Auray.

La Baule

La Baule, qui s'enorgueillit du titre de « plus belle plage d'Europe », étend au Sud de la Bretagne sa longue plage de sable parfaitement arrondie. Sports nautiques, tennis, casino et golf font de cette station l'une des plus courues de la côte atlantique.

La situation

Carte Michelin Local 316 B4 - Loire-Atlantique (44). Entre Pornichet et Le Pouliguen, la station est enserrée par l'océan et les marais salants de Guérande. À l'Est, La Baule-les-Pins a gardé un caractère un peu plus traditionnel.
8 pl. de la Victoire, 44504 La Baule, ☎ 02 40 24 34 44. www.labaule.tm.fr

Le nom

Il vient du mot « bol », donné jadis aux petites dunes que le vent formait avant qu'on ne transformât le lieu en station balnéaire, en 1879.

Les gens

15 831 Baulois, dont Marc Pajot, vainqueur de la Route du rhum en 1982.

carnet pratique

Se loger

Hôtel La Closerie – *173 av. de Lattre-de-Tassigny - ☎ 02 51 75 17 00 - info@hotel-la-closerie.com - fermé janv.-mars - 14 ch. 46/75 € - ☕ 7,50 €.* Pavillon fleuri situé sur la route du Croisic, dans un secteur plutôt résidentiel à 200 m de la plage. Fréquenté par une clientèle d'habitués qui apprécient son ambiance familiale et son cadre frais, c'est une petite halte sympathique.

Les Dunes – *277 av. de Lattre-de-Tassigny - ☎ 02 51 75 07 10 - info@hotel-des-dunes.com - P - 33 ch. 51/68 € - ☕ 6,50 €.* Chambres fonctionnelles bien tenues, plus calmes sur l'arrière. Accueil familial et prix doux rendent l'adresse attrayante pour un séjour dans cette station balnéaire prisée.

Le St-Christophe – *Pl. Notre-Dame - ☎ 02 40 62 40 00 - info@st-christophe.com - P - 42 ch. 65/99 € - ☕ 10 € - restaurant 28/38 €.* Quatre jolies villas 1900 dans un quartier résidentiel. Couleurs vives, tableaux et baies vitrées composent le décor du restaurant. Tentures, meubles anciens et bibelots rares créent une ambiance feutrée et raffinée dans les chambres. Prix attractifs hors saison.

St-Pierre – *124 av. de Lattre-de-Tassigny - ☎ 02 40 24 05 41 - contact@hotel-saint.pierre.com - 19 ch. 65/85 € - ☕ 7,50 €.* Jolie maison habillée de colombages peints en bleu. Chambres récemment refaites et bien tenues. Petit déjeuner servi sous une véranda lumineuse. Accueil aimable.

Hôtel Marini – *22 av. Georges-Clemenceau - ☎ 02 40 60 23 29 - interhotelmarini@wanadoo.fr - P - 33 ch. 68/98 € - ☕ 8 € - restaurant 21 €.* Sis dans un immeuble à colombages, près de la gare, cet hôtel a été aménagé avec soin par ses propriétaires qui lui ont peu à peu donné une âme. Ses chambres sont proprettes et sa petite piscine intérieure constitue un plus. Le restaurant est réservé aux résidents.

Villa Flornoy – *7 av. Flornoy (près de l'hôtel de ville) - 44380 Pornichet - ☎ 02 40 11 60 00 - hotflornoy@aol.com - fermé de vac. de Toussaint aux vac. de fév. - 30 ch. 82/108 € - ☕ 8 €.* Dans un quartier résidentiel, villégiature balnéaire des années 1920 aménagée dans un esprit « cottage » : tons pastel, mobilier de style, porcelaine anglaise. Les chambres personnalisées, la salle à manger feutrée et le coquet jardin constituent ses principaux atouts.

Se restaurer

La Croisette – *31 pl. du Mar.-Leclerc - ☎ 02 40 60 73 00 - la-croisette@lacroisette.fr - 13,60/26,60 €.* L'illusion cannoise est presque parfaite dans ce restaurant à l'ambiance méditerranéenne, agrémenté de belles boiseries et de meubles « bateau ». Sur la carte, poissons, huîtres, salades, grillades, pâtes et pizzas ; bar et glacier l'après-midi. Belle terrasse.

La Ferme du Grand Clos – *52 av. de Lattre-de-Tassigny - ☎ 02 40 60 03 30 - ycrem@wanadoo.fr - fermé de mi-nov. à mi-déc., mar. et merc. hors sais. - 18/35 €.* Nichée avec sa terrasse au fond d'un jardin ombragé et fleuri, cette ferme plus que centenaire abrite une salle rustique ouverte sur les fourneaux où cuisent les galettes.

Les Halles – *194 av. du Mar.-de-Lattre-de-Tassigny - ☎ 02 40 60 23 02 - fermé de fin sept. à Pâques et jeu. sf juil.-août - 25 €.* Après avoir flâné sur le marché baulois, attablez-vous dans ce bar marin pour y déguster quelques huîtres ou un plateau de fruits de mer arrosé d'un muscadet bien frais. En été, la terrasse installée au calme derrière la maison a beaucoup de succès.

Le Garde Côte – *1 prom. du Port - 44510 Le Pouliguen - ☎ 02 40 42 31 20 - www.garde-cote.com - 29 €.* Emplacement unique à l'extrémité de la jetée du port, jouissant d'une vue imprenable sur la baie de La Baule. Architecture originale imitant les deux ponts arrière d'un paquebot et belle terrasse panoramique. Poissons et fruits de mer figurent en bonne place sur la carte.

En soirée

Bar de l'Hermitage Barrière – *5 espl. Lucien-Barrière - ☎ 02 40 11 46 46 - www.hermitage-barriere.com - avr.-juin, sept.-oct. : 10h-0h ; juil.-août : 9h-1h - fermé 2 janv.-23 mars et 12 nov.-21 déc.* Ce bar d'hôtel mire paisiblement son standing dans les eaux émeraude d'une piscine. Chaque jour en été, un musicien fait entendre les notes bleues de quelques standards jazzy.

Le Bar'ouf – *3 allée des Houx - ☎ 02 40 60 71 17 - lebarouf@yahoo.fr - vac. scol. : tlj 19h-4h ; hors vac. scol. : jeu.-dim. 22h-4h.* Ce bar branché, au décor sobre et moderne, a été créé en partie par l'acteur Gérard Lanvin. L'adresse diffuse tous style de musiques et accueille une clientèle éclectique, jeune et décontractée... Certains soirs, l'ambiance y est très festive.

Casino de La Baule – *Espl. Lucien-Barrière - ☎ 02 40 11 48 28 - dim.-jeu. 10h-3h, vend., sam. 10h-4h.* Ce casino comprend 200 machines à sous, une salle de jeux traditionnels, deux bars, une brasserie et une discothèque.

Casino de Pornichet – *93 bd des Océanides - 44380 Pornichet - ☎ 02 40 61 05 48 - tlj 10h-5h.* Face à la plage de Pornichet, ce bâtiment de style Art déco abrite une vaste salle rénovée en 2001 pour mieux accueillir ses 175 machines à sous et ses grands jeux (roulette et black jack).

Que rapporter

Confiserie Manuel – *2-4 av. du Gén.-de-Gaulle - ☎ 02 40 60 20 66 - de déb. fév. à juin, de sept. à mi-nov. : vend.-merc. 9h30-12h30, 14h30-19h30 ; juil.-août : tlj 8h30-13h, 14h30-0h30 - fermé du 12 nov. à déb. fév.* Institution locale fondée en 1938, ce confiseur propose la célèbre « niniche » qu'il décline en 21 parfums. Ne manquez pas le spectacle de la préparation de ces sucettes molles, tous les matins de 10 à 12h. Autres gourmandises à savourer : gaufres, chocolats, caramels au sel de Guérande, glaces et bonbons.

Sports & Loisirs

Louer un vélo – *3 pl. de la Victoire (en face de l'Office de tourisme) - ☎ 02 40 60 07 06.*

Relais Thalasso – *28 bd de l'Océan - ☎ 02 40 11 33 11 - www.thalasso-labaule.com - lun. et jeu. 10h30-13h, 16h15-20h ; mar. et ven. 10h30-13h, 16h15-21h ; mer. 10h30-14h, 16h15-21h ; sam. 10h15-13h, 14h30-19h ; dim. 9h-13h, 15h-19h - fermé 1re quinz. de déc.* Ses trois arcades ouvrent sur cinq niveaux de soins qui complètent depuis 1992 l'ancienne piscine Pajot. Rentabilisé au maximum, l'espace comprend un bassin, un hammam, un sauna et des cabines, sans oublier la salle de repos. Un passform ou des formules week-end permettent de découvrir hydromassage, douches, soins beauté et algothérapie.

Centre Thalgo La Baule – *Av. Marie-Louise - ☎ 02 40 11 99 99 - www.lucienbarriere.com - centre : tlj sf dim. apr.-midi 8h30-12h45, 14h30-20h - fermé janv. et 25 déc.* Vous entrez dans 3 000 m^2 d'un univers feutré, luxueux et confortable associant le verre, le bois blond et le marbre. Vous profiterez des bienfaits des soins de thalassothérapie (soins marins, massages, relaxation, soins de beauté). Forfaits de 6 jours, 3 jours ou à la journée.

Centre équestre – *5 Av. des Rosières - ☎ 02 40 60 39 29 - www.centre-equestre-la-baule.com - eté : 8h-20h ; hiver : 9h30-19h30.* À 200 m de la « plus belle plage d'Europe », grand centre équestre proposant de nombreuses activités à cheval et à poney. Enfants à partir de 4 ans.

Aquabaule – *5 av. Honoré-de-Balzac - ☎ 02 40 11 09 00 - aquabaule@wanadoo.fr - ouv. tlj horaires variables selon calendrier scol. - fermé 1 sem. en mars et 1 sem. en sept. - adulte 5,30 € (enf. 4,20 €).* Complexe voué aux loisirs aquatiques : piscines extérieure et intérieure, bassin ludique, espace « récréa-tonic » avec rivière à contre-courant, impressionnant toboggan couvert, hammam, saunas, jacuzzis, cours de natation (collectifs et individuels) et aquagym, bébés nageurs.

Club Holywind – *24 av. d'Ouessant - ☎ 02 40 60 51 96 - 9h30-19h30 ; de mi-nov. à mi.-mars : sur RV.* Ce centre nautique organise des stages de voile et loue scooters des mers, catamarans, planches à voile, chars à voile et kayaks.

Golf International Barrière-La Baule – *Domaine de St-Denac - 44500 St-André-des-Eaux - ☎ 02 40 60 46 18 - www.lucienbarriere.com - tlj sf mar. 8h-19h.* Dans un parc de 220 ha, à deux pas de l'océan, ce golf réputé dispose de trois beaux parcours : le parcours Lucien Barrière (18 trous), le parcours Diane Barrière (18 trous) et le parcours François André (9 trous). De grandes compétitions s'y déroulent régulièrement.

se promener

Front de mer★

Protégée des vents par les pointes de Penchâteau à l'Ouest et de Chémoulin à l'Est, cette promenade bordée d'immeubles modernes s'étire sur près de 7 km entre Le Pouliguen et Pornichet. Malheureusement, les villas du début du 20e s., qui faisaient l'âme de la station, n'ont pas résisté aux appétits des promoteurs.

L'ancien bourg d'**Escoublac** est enseveli sous les dunes qui furent fixées dès 1840 par 400 ha de pins maritimes.

La Baule-les-Pins

La Baule est prolongée, à l'Est, par cette station, née en 1930 au milieu des bois. L'allée Cavalière mène à la forêt d'Escoublac. Près de la place des Palmiers, le **parc des Dryades★**, tracé à l'anglaise, est riche en arbres d'essences variées et présente de beaux parterres fleuris.

La Baule et les stations voisines forment en été une longue chaîne de plages envahies par les baigneurs, sur près de 9 km.

Morand-Grahame/HOA-QUI

alentours

Pornichet⌂

Village de paludiers, Pornichet devient, dès 1860, une station à la mode. Des éditeurs parisiens la fréquentent, parmi eux Camille Flammarion. Le Vieux-Pornichet, actif toute l'année, se distingue de Pornichet-les-Pins, au Nord-Ouest, dont les belles villas disséminées dans la verdure s'animent lors de la saison estivale. Tracé dans des marais asséchés, l'hippodrome de la Côte d'Amour accueille quelques courses en été. Le **boulevard des Océanides** borde la plage et mène au port de plaisance en eau profonde qui peut accueillir plus de mille bateaux.

Le Pouliguen⌂

R. Dechamps/MICHELIN

Le port de plaisance et de pêche du Pouliguen.

À l'Ouest de La Baule dont il est séparé par un étier – canal qui amène de l'eau de mer dans les marais salants –, ce port aux rues étroites est devenu à la mode en 1854, lancé par des littérateurs tels Louis Veuillot et Jules Sandeau. Une plage abritée et un bois de 6 ha font du Pouliguen une station bien agréable.

Chapelle Ste-Anne-et-St-Julien – *Pl. Mgr-Freppel. ☎ 02 40 42 18 94/28 43 - visite guidée sur demande juil.-août : merc. 10h30.*

Près d'un calvaire rustique, cette chapelle gothique abrite une **statue de sainte Anne** (16e s.). Le vitrail du chœur représente saint Julien. Au revers de la façade, de part et d'autre du porche, on verra deux intéressants **bas-reliefs** : le Couronnement de la Vierge et l'Adoration des Rois mages.

La Côte sauvage*

Longée par une route et des sentiers de promenade, elle présente, depuis la **pointe de Penchâteau**, des à-pics rocheux s'ouvrant sur des baies sablonneuses et de nombreuses **grottes**. Celles-ci sont accessibles à marée basse, en particulier celle des Korrigans, les petits lutins des légendes bretonnes. La Bretagne géographique débute ici...

Bécherel

Cette ancienne place forte, qui a gardé de vieilles maisons en granit, compte parmi les « cités de caractère » bretonnes. C'est la plus haute ville d'Ille-et-Vilaine : du jardin du Thabor, la vue s'étend vers Dol, Dinan et Combourg. Bécherel, qui filait jadis le plus beau lin de Bretagne, est devenue depuis quelques années la « cité du livre ».

A. Le Bot/PHOTONONSTOP

Le marché aux livres de Bécherel se tient le 1er dimanche de chaque mois : il attire 40 000 visiteurs par an !

La situation

Carte Michelin Local 309 K5 – Ille-et-Vilaine (35). Entre Rennes et Dinan, en plein Argoat, par les D 27 et 68, ou depuis l'autoroute par la D 220 ou la D 20.

ℹ 9 pl. A.-Jehanin, 35190 Bécherel, ☎ 02 99 66 75 23.

Le nom

De *bec*, pointe en gaulois, et *erel*, sommet en vieux breton. Le bourg est en effet bâti sur une colline, à 176 m d'altitude.

Les gens

660 Bécherelais. En 1989, suivant l'exemple des villages gallois de Hay-on-Wye et belge de Redu, Bécherel est devenue la première « cité du livre » en France. On y compte plus de quinze librairies, et autant de métiers d'artisanat liés au livre.

alentours

Château de Caradeuc

1 km à l'Ouest. ☎ 02 99 66 77 76 - ♿ - juil.-août : 12h-18h ; de Pâques à fin juin et sept.-oct. : w.-end et j. fériés 14h-18h - 5 € (-15 ans gratuit).

L'ancienne demeure du célèbre procureur général Louis René, marquis de Caradeuc de La Chalotais (1701-1785) est entourée d'un beau **parc★** peuplé de monuments et de statues inspirés de l'histoire et de la mythologie.

Château de Hac

8 km au Nord par la D 68, puis à gauche par la D 26, et encore à gauche par la D 39 avant de longer Le Quiou. ☎ 02 96 83 43 06 - visite guidée (45mn) août-sept. : tlj sf vend. et sam. 13h-19h- 3,05 € (enf. 1,52 €).

Résidence seigneuriale du 14e s., ce manoir n'a guère été remanié depuis. Beau mobilier gothique et Renaissance, en particulier, une intéressante collection de coffres, pour la plupart bretons.

Église des Iffs★

7 km au Sud-Est par la D 27. ☎ 02 99 45 83 85 - possibilité de visite guidée sur demande auprès de Mme Arbey - la clé est disponible au café (sf lun.).

Elle garde neuf belles **verrières★** inspirées des écoles hollandaise et italienne (16e s.) : scènes de la Passion *(chœur)*, enfance du Christ *(chapelle à gauche)*, histoire de Suzanne *(chapelle à droite)*.

Château de Montmuran★

À 800 m au Nord des Iffs. ☎ 02 99 45 88 88 - www.montmuran.com - visite guidée (45mn) juin-sept. : tlj sf sam. 14h-18h - fermé reste de l'année - 4 €.

La façade du corps de logis a été remaniée au 18e s. Elle s'inscrit dans une architecture datant du Moyen Âge : deux grosses tours rondes à mâchicoulis du 12e s. et un châtelet du 14e s. Un pont-levis enjambe les douves, précédant l'entrée défendue par une herse. Au revers du châtelet, un escalier mène à la chapelle où Du Guesclin aurait été armé chevalier en 1354, après un combat livré aux Anglais. Il y épousa Jeanne de Laval en secondes noces.

Tinténiac

8 km au Nord Est de Bécherel, par la D 20. Sur les bords du canal, dans un bâtiment en bois, le **musée de l'Outil et des Métiers** fait revivre le travail du forgeron, du tonnelier, du charron, et du sabotier, parmi bien d'autres. *☎ 02 99 23 09 30 - ♿ - de déb. juil. à mi-sept. : tlj sf lun. 10h-12h, 15h-18h, dim. et j. fériés 15h-18h - 2 €.*

Hédé

5 km au Sud de Tinténiac. Au lieu dit la Magdeleine. Passer le pont sur le canal, tourner immédiatement à gauche. Le canal attire beaucoup avec le jeu des **Onze Écluses** et l'ancien chemin de halage qui est aujourd'hui un lieu de promenade très agréable.

Pour en savoir plus sur l'histoire de ce canal commencé en 1804, une petite visite s'impose à la **Maison du canal** aménagée sur le site, dans une ancienne maison éclusière. *☎ 02 99 45 48 90 - ♿ - juil.-août : 10h30-12h30, 13h30-18h ; mai-juin et sept.-oct. : tlj sf mar. 14h-18h ; nov.-avr. : dim. et merc. 14h-17h (dernière entrée 45mn av. fermeture) - fermé 2e quinz. de déc. et 1er Mai - 2,50 € (-12 ans 1,70 €).*

LIRE LA NUIT

La « Nuit du livre » – Le 2e sam. du mois d'août, une grande fête de nuit autour du livre anime les rues de Bécherel - *☎ 02 99 66 77 50.*

SŒUR ANNE...

Quelque 84 marches mènent au sommet des tours de Montmuran. Un vaste panorama s'y déploie sur Hédé et Dinan.

CANAL D'ILLE-ET-RANCE

À Hédé, onze écluses, trois en amont du pont, huit en aval, ont été installées sur le canal d'Ille-et-Rance, appelé aussi Manche-Océan. Elles permettent de franchir une dénivellation de 27 m.

Belle-Île★★★

Son nom est déjà une invitation prometteuse... Sur place, on cherche les superlatifs. Des vallons entaillent de hauts rochers, pour aboutir à des plages ou des ports. Des champs alternent avec les ajoncs, les maisons blanchies à la chaux sont entourées de grasses prairies. Telle est la plus grande des îles bretonnes, offerte aux amoureux des promenades et des randonnées équestres.

La situation

Carte Michelin Local 308 L10/11 – Morbihan (56). Belle-Île est un plateau schisteux culminant à 63 m, long de 17 km et large de 5 à 10 km.

Quai Bonnelle, 56360 Le Palais, ☎ 02 97 31 81 93.

Le nom

Vers 1050, on l'appelait déjà *Bella Insula*, version latine de son nom actuel.

Les gens

4 489 Bellilois. Nicolas Fouquet (1615-1680) en fut, et Sarah Bernhardt aima y séjourner.

comprendre

Le marquis de Belle-Isle– En 1658, la famille de Gondi vend l'île à **Nicolas Fouquet**. Le surintendant des Finances de Louis XIV complète les fortifications et fait placer 50 canons. Ses immenses richesses lui permettent même d'avoir une flotte personnelle, dont le navire-amiral est le *Grand Écureuil*.

Un écureuil peu économe

Les armes du surintendant comportent un écureuil, dont l'appellation ancienne était « fouquet », et une devise : *Quo non ascendet*, c'est-à-dire « Jusqu'où ne montera-t-il pas ? ».

Cette politique audacieuse, s'ajoutant à la jalousie de Colbert et aux blessures d'orgueil infligées à Louis XIV lors des fêtes fastueuses données à Vaux-le-Vicomte, conduit Fouquet à sa perte. En 1661, tandis que la Cour est en déplacement à Nantes, d'Artagnan l'arrête à la sortie du château et le conduit à Vincennes.

Un rocher fortifié – Belle-Île a été maintes fois attaquée par les Anglais et les Hollandais : en effet, c'est la seule île entre la Manche et la Méditerranée qui possède de l'eau douce en abondance. Prise deux fois par les Anglais, en 1572 puis en 1761, elle reste occupée jusqu'au traité de Paris (1763) qui la rend à la France.

carnet pratique

Accès à l'île

Dép. quotidien de Quiberon vers Le Palais (5 à 12 rotations par j., suivant la période) - dép. de mi-juil. à fin août de Lorient (1 AR/j. 1h) - *Société Morbihannaise de Navigation - ☎ 0 820 056 000 (0,12 €/mn). www.smn-navigation.fr*

Transports

Le meilleur moyen de découvrir l'île est le vélo, le VTC pour être précis, quand il n'y a pas trop de vent. De nombreux loueurs vous attendent au Palais (compter 10 à 12 €). Il est également possible de louer des scooters, des voitures ou de choisir des excursions organisées. Un guide des randonnées pédestres et cyclistes est proposé par l'Office de tourisme.

G. Targat/MICHELIN

Prêts à embarquer ? Le bateau vous attend.

Se loger

L'Apothicairerie – *À la grotte de l'Apothicairerie - 56360 Apothicairerie (Grotte de l') - 3 km à l'O de Sauzon par D 30 - ☎ 02 97 31 62 62 - www.hotelapothicairerie.com - fermé de déb. janv. à fin mars et 15 nov.-20 déc. - 38 ch. 34/109 € - ☕ 9,60 € - restaurant 28/40 €.* Cet hôtel moderne qui ne brille pas par ses qualités esthétiques est admirablement situé sur la falaise de la roche percée. Ses chambres claires vous permettront de goûter au calme remarquable des lieux.

Chambre d'hôte Hostellerie La Touline – *R. du Port-Vihan - 56360 Sauzon - ☎ 02 97 31 69 69 - www.hostellerielatouline.com - fermé de mi-nov. à mars - 5 ch. 85/95 € - ☕ 10,50 €.* Escale agréable dans cette maison de pêcheur qui abrite derrière sa façade rose des chambres coquettes joliment nommées (Bretagne, Capitaine, Zanzibar...) et décorées de meubles anciens et bibelots. La véranda donne sur l'intime jardin de curé. Solarium et jacuzzi.

La Désirade – *Rte de Port-Goulphar : 2 km - 56360 Bangor - ☎ 02 97 31 70 70 - hotel-la-desirade@libertysurf.fr - fermé 7 janv.-31 mars et 1er oct.-26 déc. - P - 26 ch. 123 € - ☕ 11,60 €.* Les chambres, aménagées dans trois des quatre maisons roses aux volets bleus entourant la piscine, sont assez grandes, confortables et joliment décorées. Vous apprécierez le menu du jour composé au gré du marché dans une salle à manger rustique ou sur la belle terrasse.

Se restaurer

Crêperie Chez Renée – *21 r. Sarah-Bernhardt - 56360 Bangor - ☎ 02 97 31 52 87 - fermé janv., en sem. d'oct. à Pâques sf vac. scol. - 12/15 €.* Cette ancienne ferme isolée au milieu des champs ressemble à une maison de poupée avec ses deux salles très colorées et sa charmante petite terrasse arborée. Pensez à réserver, car les crêpes ont bonne réputation, et cela depuis les débuts de Renée... il y a plus de 20 ans !

Le Perroquet Vert – *Rte de Bangor - 56360 Le Palais - ☎ 02 97 31 32 50 - fermé de déc. à mi- janv., lun. sf vac. scol. et dim. - 16/23 €.* Belles tartes salées, salades, plat du jour et desserts frais : vous devriez vous régaler dans cette maison aux couleurs vives disposant d'une petite salle à manger genre bistrot, d'une terrasse pour l'été et d'un espace jeux pour les enfants. Vente à emporter.

Roz Avel – *56360 Sauzon - ☎ 02 97 31 61 48 - fermé 31 déc.-1er mars et merc. - réserv. obligatoire - 25/32 €.* Derrière l'église, maison de pays ancienne garnie de meubles bretons, charmante avec sa terrasse dressée dès les premiers rayons de soleil et fort appréciée des îliens qui aiment bien également s'attabler dans sa petite salle. Savoureuse cuisine de la mer.

Que rapporter

Pâtisserie-confiserie Pétrel – *Pl. de l'Hôtel-de-Ville - 56360 Le Palais - ☎ 02 97 31 85 12 - juil.-août : 8h-20h ; sept.-juin : tlj sf merc. 8h30-19h - fermé de déb. à fin mars et de déb. à fin oct.* Faites une petite escale gourmande chez ce pâtissier-confiseur qui réalise, entre autres, sablés de la citadelle, caramels et rochers de Belle-Île-en-Mer.

Les Niniches - La Maison d'Armorine – *9 r. de la Citadelle - 56360 Le Palais - ☎ 02 97 31 42 33 - juil.-août : tlj sf dim. 9h-13h, 14h30-23h ; avr.-oct. : tlj sf dim. 10h-12h30, 15h-19h - fermé de mi-nov. à déb. fév.* Depuis trois générations (1946), ce confiseur réalise des caramels (Salidou) et des sucettes (les *niniches*).

Le Grenier de Manon – *8 pl. de l'Hôtel-de-Ville - 56360 Le Palais - ☎ 06 83 15 14 24 ou 02 97 31 75 43 - avr.-sept. : 10h-13h, 16h-19h30 ; oct.-mars sur demande préalable - fermé 1er oct.-1er avr.* Archéologue passionnée par les métiers d'art, Annick Lorec s'est transformée en une dentellière aux doigts de fée pour perpétuer une tradition sur le point de disparaître. Elle réalise sous vos yeux des nappes, des dessus-de-lit, du linge de maison, des rideaux sur mesure et décore des chapeaux avec des coquillages, perles, paillettes et broderies... Pour celles et ceux que le crochet démange, stages de rideaux bellislois et fiches techniques à disposition.

La Poterie de Korledan – *Village de Kerlédan - 56360 Sauzon - ☎ 02 97 31 67 41 - été : 10h-13h, 16h-20h ; hiver : horaires variables.* Ce potier traditionnel expose et vend ses créations (céladon et rouge de Chine sur grès et porcelaine) directement dans son atelier.

Sports & Loisirs

Thalasso Belle-Île – *Port Goulphar - 56360 Bangor - ☎ 02 97 31 80 15 - castel-thalasso.com - tlj sf dim. apr.-midi 8h45-12h30, 14h-18h45 - fermé 13 nov.-15 fév.* Ce petit centre de thalassothérapie profite d'un très bel environnement naturel au fond de l'anse de Goulphar. Cures de remises de forme, nombreux soins et massages proposés à la demi-journée, à la journée ou sur plusieurs jours.

Centre Équestre – *56360 Sauzon - ☎ 02 97 31 52 28.*

La Ferme du Poney Bleu – *Anter - 56360 Sauzon - ☎ 02 97 31 64 32 - 10h30-18h30.* Ce centre équestre organise des stages, des promenades et même, pour les accros de la nature et du cheval, des randonnées de deux ou trois jours (hors saison).

Le golfe du Morbihan, Houat et Hœdic – *☎ 02 97 31 59 37.* À bord du catamaran La Sterne, découvrez le golfe du Morbihan et les îles d'Houat et de Hœdic.

Aéro-club – *Aérodrome Bangor - 56360 Bangor - ☎ 02 97 31 83 09 - juil.-août : 10h-19h ; sept.-juin : 14h30-18h30.* L'aéro-club de Belle-Île-en-Mer organise des cours de pilotage et des baptêmes de l'air : l'occasion de saisir un point de vue unique sur l'île.

G. Guégan/MICHELIN

Le charme du port de Palais, à moins d'une heure du continent.

Elle conserve encore un système défensif fort développé : la citadelle de Palais fortifiée par **Vauban**, et plusieurs redoutes jalonnent la côte.

Bretons et Canadiens – En 1766, 78 familles canadiennes s'établissent dans l'île. Ces descendants de colons français résidaient en **Acadie** depuis le début du 17e s. Mais en 1713, après que les Anglais eurent pris possession de cette province, les Acadiens furent contraints à la déportation : c'est le Grand Dérangement de 1755. Installés par Louis XV à Belle-Île, ils y introduisent notamment la pomme de terre.

visiter

LE PALAIS

Depuis le bateau, on découvre une jolie vue sur les bassins du port de la « petite capitale » que les Bellilois nomment tout simplement « Palais ».

Citadelle Vauban★

☎ 02 97 31 84 17 - *www.citadellevauban.com - juil.-août : 9h-19h ; avr.-juin et sept.-oct. : 9h30-18h ; nov.-mars : 9h30-12h, 14h-17h, possibilité de visite guidée (1h) - fermé 1er janv. et 25 déc. - 6,10 € (enf. 3,05 €).*

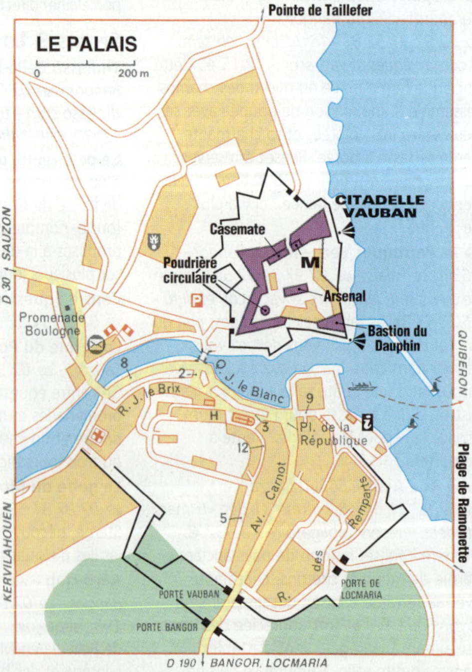

Citadelle (R. de la) 2
Église (R. de l') 3
Ferry (Av. Jules) 5
Gambetta (Quai) 8
Simon (R. J.) 9
Verdun (R. de) 12

La passerelle de l'écluse et la porte du Bourg franchies, on chemine dans le **grand fossé** taillé à même le roc jusqu'à la porte du Donjon. *Un circuit fléché permet de découvrir l'ensemble des ouvrages.*

Construite en 1549, la citadelle fut agrandie par les ducs de Gondi de Retz, puis par Fouquet. Sa double enceinte, ses puissants bastions, ses dehors portent la marque de Vauban, qui séjourna ici en 1683, en 1687 puis en 1689. Assiégée à la fin de la guerre de Sept Ans, elle tomba entre les mains des Anglais qui l'occupèrent jusqu'au traité de Paris (1763). Délaissée par l'armée, elle fut vendue en 1960 à des propriétaires privés.

Le **Musée historique**, installé dans les casemates Louis-Philippe voûtées « en feuilles d'érable », expose des documents sur l'histoire de l'île et ses hôtes illustres. À voir aussi : la **poudrière circulaire**, à l'étrange acoustique ; le grand **arsenal** qui accueille des expositions ; les **magasins** ; la **casemate** où se trouve la salle des cartes ; les cachots. Des **bastions** de la Mer et du Dauphin, **points de vue★** remarquables sur Le Palais, le port et la côte Nord, ainsi que sur les îles d'Houat et de Hœdic.

Ses cachots ont servi

La citadelle fut la prison de douze complices de la Voisin, compromises dans la sinistre affaire des Poisons (1679), ainsi que du fils de l'homme politique haïtien Placide Toussaint-Louverture.

circuits

LA CÔTE SAUVAGE★★★ [1]

Circuit de 49 km - environ 3h1/2.

Quitter Le Palais par le quai Gambetta, la promenade Boulogne où l'on tourne à droite vers la citadelle. En bordure de la côte, prendre à gauche puis à droite.

Pointe de Taillefer

Des abords du sémaphore, belle **vue** sur la rade du Palais et la pointe de Kerdonis à droite ; au large, les îles de Hœdic et d'Houat ; en face, la presqu'île de Quiberon.

Faire demi-tour et gagner Sauzon. On peut s'avancer jusqu'à **Port-Fouquet**, dont la plage est bien abritée.

Sauzon★

Ce petit port qu'animent les voiliers occupe un joli **site★** sur le versant gauche de l'estuaire de la rivière de Sauzon.

Depuis le port, une agréable promenade *(1h1/2 à pied AR)* permet de faire le tour de la **pointe du Cardinal** et offre des vues sur l'entrée du port, la pointe de Taillefer à droite, et à gauche, la pointe des Poulains.

Pointe des Poulains★★

1/2h à pied AR. Du parking, on découvre à gauche le fort Sarah-Bernhardt, près duquel la célèbre tragédienne avait sa propriété. Par la cale, on descend sur le tombolo de sable qui rattache à l'île la pointe des Poulains : complètement isolée par la mer aux grandes marées, elle est surmontée d'un phare. De la pointe même, vaste **panorama★**.

Collection Viollet

Sarah Bernhardt

C'est en 1894, à 50 ans, qu'elle découvrit l'île. Depuis Paris, il fallait alors plus de douze heures de train et quelques heures de traversée pour retrouver la paix et la tranquillité. « J'y puise sous son ciel vivifiant et reposant de nouvelles forces artistiques », déclarait-elle.

Stêr-Vraz et Stêr-Ouen★

Ces profonds abers échancrent la côte, au pied de la **réserve ornithologique** de la pointe du Vieux-Château. Dans la lande de Kerlédan se dressent les **menhirs Jean et Jeanne** : ces deux jeunes fiancés auraient été punis d'avoir voulu se rencontrer avant le jour du mariage.

Port-Donnant★★

Le site est superbe : la plage de sable, où déferlent des rouleaux, est encadrée de hautes falaises. Attention, la force de la mer et les courants y rendent les bains très risqués.

Grand Phare

Inauguré en 1836, ce phare haut de 52 m atteint une portée de près de 48 km. Du balcon, magnifique **panorama★★** sur l'île, les îlots voisins et toute la côte continentale. *Du 10 juil. au 15 sept. : 10h30-12h, 14h-17h30.*

Port Goulphar★

Après le manoir de Goulphar, une route en forte descente *(1/4h à pied AR)* mène au port de Goulphar, échancrure

G. Targat/MICHELIN

Un paysage quasi mythique de Belle-Île, Port Coton et ses Aiguilles.

spectaculaire au pied de belles falaises. Un ensemble d'îlots en marque l'entrée. C'est du rebord de la falaise, que l'on a la meilleure **vue★** sur ce chaos rocheux.

Aiguilles de Port Coton★★

Port Coton est ainsi appelé parce que la mer y bouillonne et se gonfle comme un gros paquet d'ouate. À l'extrémité de la route surgissent les Aiguilles qui offrent certainement un des plus beaux spectacles de la côte.

Bangor

Ce village est encadré par les sites les plus sauvages de l'île. Il tire son nom de l'abbaye de Bangor (Irlande du Nord) qui fut l'une des plus célèbres de l'Occident chrétien et d'où sont venus les premiers moines celtiques installés sur l'île au 6e s.

Dans un site rocheux s'étend la plage de **Port-Kérel**, l'une des mieux orientées, fréquentée dès le printemps.

Regagner Le Palais.

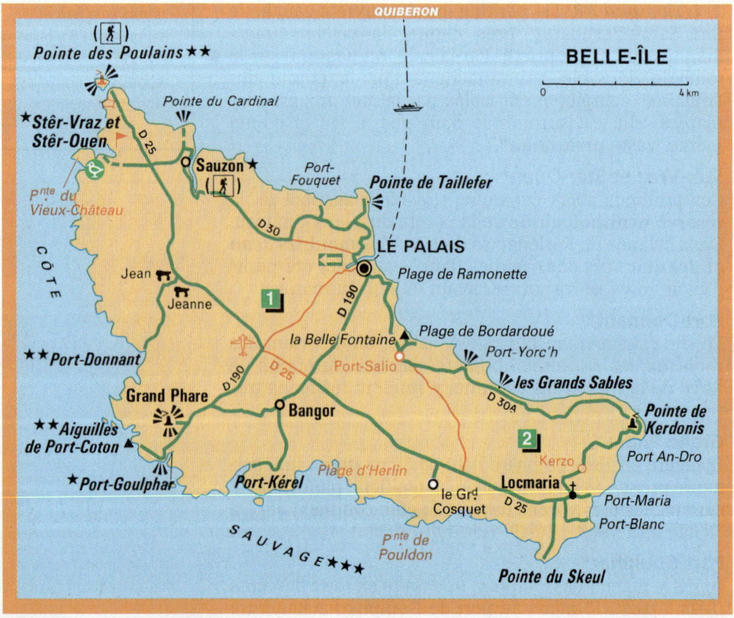

POINTE DE KERDONIS★ 2

Circuit de 33 km – environ 2h.

Quitter Le Palais par l'avenue Carnot et la rue Villaumez à gauche.

La **plage de Ramonette** est celle du Palais, adossée à la pointe du même nom.

À l'entrée de Port Salio, tourner à gauche puis, 250 m plus loin, de nouveau à gauche. On atteint **La Belle Fontaine** : créée sur ordre de Vauban, cette retenue d'eau était destinée à alimenter en eau douce les navires de haut rang.

Faire demi-tour et prendre à gauche.

La **plage de Bordardoué**, bien abritée, est l'une des plus agréables de l'île.

Faire demi-tour et prendre deux fois à gauche.

La route descend vers **Port Yorc'h**, fermé par la pointe du Bugul à droite et la pointe du Gros Rocher à gauche, prolongée par un îlot supportant un ancien fort. De Port Yorc'h à la pointe de Kerdonis, le parcours offre de remarquables **vues★★** sur l'île d'Houat et la rade du Palais.

Les Grands Sables★

La plus vaste plage de Belle-Île (1 800 m de long) conserve d'importants vestiges des fortifications élevées en 1747. Elle fut en effet témoin, aux 17e et 18e s., de nombreuses tentatives de débarquement de la part des Anglais et des Hollandais.

Pointe de Kerdonis

Au Sud se trouve le phare du même nom, qui signale aux navires le passage entre Hœdic et Belle-Île. À proximité, c'est à **Port-An-Dro**, plage de sable au débouché d'un vallon, que les Anglais prirent pied en 1761.

Locmaria

Autrefois, on abordait cette paroisse *« les pouces en dedans »* pour conjurer le mauvais sort, car elle avait la réputation de cacher des sorcières.

Une route en descente, à droite de l'église, mène à **Port-Maria**, profonde échancrure rocheuse qui offre à marée basse une belle plage de sable fin.

Un peu plus au Sud, **Port-Blanc** est une petite anse dominée par les falaises de la pointe d'Arzic.

Pointe du Skeul

Route non revêtue après le hameau du Skeul. Site sauvage aux rochers déchiquetés, dressés en hémicycle.

Revenir à la D 25 et regagner Le Palais en faisant un petit détour par le village acadien du Grand-Cosquet.

LES PLAGES

La côte Nord possède les plus grandes et les plus belles : Bordardoué, les Grands Sables. Sur la côte Ouest, celle de Port-Donnant est superbe mais dangereuse. La côte Sud est jalonnée de plages aux eaux plus chaudes : Port-Goulphar, Port-Kérel, Herlin, etc. Sur la côte Est, la seule plage est celle de Port-An-Dro.

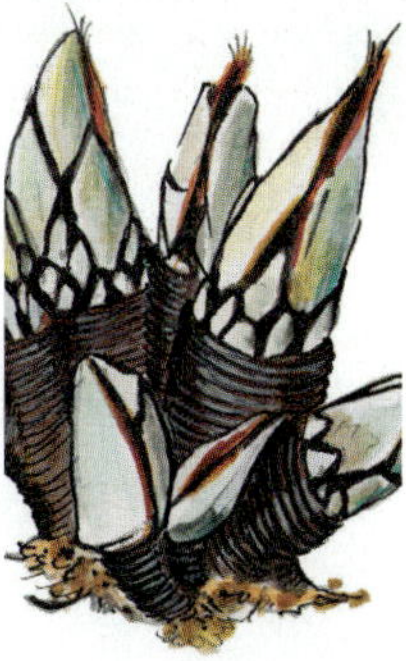

R. Corbel/MICHELIN

L'ÎLE AUX POUCES-PIEDS

Ces crustacés font penser à des pouces humains et se fixent à la base des falaises abruptes. Leur pêche n'est autorisée que deux jours par semaine, et interdite en juillet et août. Les pêcheurs doivent se transformer en véritables alpinistes.

Belle-Isle-en-Terre

Comme l'indique le nom de ce vieux bourg, nous sommes ici au plus près de la Bretagne intérieure, belle région de forêts, de collines et de ravins, propice à la promenade, à la pêche et à la pratique du canoë-kayak.

La situation

Carte Michelin Local 309 B3 – Côtes-d'Armor (22). À 18 km à l'Ouest de Guingamp, au croisement de la N 12 et de la D 33.

15 Crech Uguen, 22810 Belle-Isle-en-Terre, ☎ 02 96 43 01 71.

Le nom

Par opposition à Belle-Île-en-Mer, et avec la même étymologie, quoique en plein milieu des terres.

Les gens

1 099 Bellilois. La folle vie d'aventure de Marie-Louise Manach, l'une de ses filles, mériterait d'être contée. Veuve de Sir Robert Mond, roi du nickel, elle fit ► construire en 1939 l'extravagant château que l'on voit dans le bourg.

LADY MOND

Le mausolée de Marie-Louise Manach se trouve dans le cimetière de la chapelle de Locmaria, dotée d'un beau jubé du 16e s. *(à 1 km au Nord).*

S. Sauvignier/MICHELIN

Dans l'église de Loc-Envel, il faut lever la tête pour admirer les spectaculaires clefs pendantes de la voûte.

alentours

Ménez-Bré★

9 km au Nord-Est. Emprunter la D 712, route de Guingamp. 2,5 km après Louargat, prendre à gauche le chemin en forte montée (18 %). Sur ce sommet isolé (alt. 302 m), la chapelle St-Hervé offre un beau **panorama★** sur le plateau du Trégorrois : au Nord, le plateau s'abaisse lentement vers la mer ; au Sud, on aperçoit les collines et les vallées de la Cornouaille ; au Sud-Ouest se détachent les monts d'Arrée.

Loc-Envel

4 km au Sud. Prendre la D 33 en direction de Callac et peu après, tourner à droite dans une route sinueuse. De style gothique flamboyant, l'**église** de Loc-Envel s'élève sur un tertre dominant le village. À droite du clocher-porche, remarquez les trois petites ouvertures en arc de cercle par lesquelles les lépreux pouvaient assister aux offices. En entrant, on est frappé par le magnifique **jubé★** flamboyant et la riche ornementation de la **voûte★** lambrissée : sablières et entraits sculptés, blochets d'angle polychromes figurant les évangélistes.

Gurunhuel

9 km au Sud-Est par la D 22. Son beau calvaire du 16e s. est constitué de trois colonnes : le Christ en croix flanqué des deux larrons, dont l'âme figurée par un petit personnage est recueillie par un ange (bon larron) et un démon (mauvais larron).

Bénodet

Sur la « côte de Plaisance », idéalement située à l'entrée de l'estuaire de l'Odet, cette station balnéaire réunit tous les plaisirs d'un séjour estival : petit port, plages de sable blond, sports de plein air, voile, un casino, et même depuis peu un festival du film.

La situation

Carte Michelin Local 308 G7 – Finistère (29). Au Sud de Quimper, entre Pont-l'Abbé et Concarneau, Bénodet se niche face à l'anse du même nom.

29 av. de la Mer, 29950 Bénodet, ☎ 02 98 57 00 14.

R. Corbel/MICHELIN

Éric Tabarly.

Le nom

Le mot breton *ben* signifie « pointe », et nous sommes bien à l'embouchure de l'Odet.

Les gens

2 750 Bénodetois. Le plus connu reste **Éric Tabarly** qui habitait une longère donnant sur la rivière. Né à Nantes en 1931, il est décédé en mer le 13 juin 1998, laissant le souvenir d'un marin à la fois passionné et tranquille, au

S. Sauvignier/MICHELIN

En dehors de la période d'affluence estivale, la plage de Bénodet est un agréable lieu de promenade.

carnet pratique

Se loger

⊜⊜⊜ Le Ste-Marine – *19 r. du Bac, Ste-Marine - 29120 Combrit - 5 km à l'O de Bénodet par pont de Cornouaille - ☎ 02 98 56 34 79 - hotelsaintemarine.com - fermé 4 sem. à partir du 15 nov. - 11 ch. 70/85 € - ☕ 9 € - restaurant 16,50/47 €.* Une situation idyllique sur le port éponyme, une décoration dédiée à la mer (murs peints au pochoir par une artiste peintre, mobilier blanc ou acajou, lambris clairs), des chambres offrant une vue imprenable sur Bénodet et l'Odet, et une cuisine iodée : vous avez trouvé la perle rare !

Se restaurer

⊜ Crêperie La Misaine – *Quai Jacques-de-Thézac - 29120 Combrit - 5 km à l'O de Bénodet par pont de Cornouaille - ☎ 02 98 51 90 45 - fermé oct.-mars sf vend-dim. et vac. scol. - 8/14 €.* Cette petite maison de pierres bâtie à mi-chemin de la chapelle et du port de Sainte-Marine offre une des meilleures vues sur l'estuaire de l'Odet et la station balnéaire de Bénodet. Les crêpes et la petite terrasse sont très appréciées.

En soirée

Bon à savoir – Station balnéaire bien paisible n'offrant pas d'attractions particulières. À noter, le centre nautique UCPA, le bar «L'alhambra» et sa terrasse face à la mer, et ses différentes vedettes pour découvrir la vallée de l'Odet et l'Archipel des Glénans.

Brasserie Tri Martolod – *ZA de Keranguyon - ☎ 02 98 66 20 22 - vente sur place : tlj sf dim. 9h-12h, 14h-18h et sam. en été - fermé j. fériés.* Fût, bouteille ou cruchon : ces jeunes brasseurs bretons déclinent tous les contenants pour leur bière douce et légère (non filtrée, non pasteurisée et préparée en fermentation basse). Le bâtiment de la zone d'activité abrite une petite boutique où vous pourrez en faire provision. Possibilité de visiter la brasserie.

Casino de Bénodet – *Corniche de la Plage - ☎ 02 98 66 27 27 - casino_benodet@accor-casinos.com - tlj sf lun. 10h-3h, sam. 10h-4h.* Nouveau décor pour ce casino qui compte 85 machines à sous, une salle de jeux traditionnels, un restaurant et un bar « lounge » ouverts tous les jours jusqu'à 3 h du matin.

Que rapporter

Biscuiterie François Garrec – *Rte de Fouesnant - ☎ 02 98 57 17 17 - www.garrec.com - visite : tlj sf w.-end 9h-12h, 13h30-16h. Boutique : tlj sf dim. 9h-18h ; été : 9h-19h30.* La préparation des crêpes et l'élaboration des gâteaux bretons n'auront plus de secrets pour vous après votre passage dans cette belle biscuiterie moderne, installée sur la route de Fouesnant. Toute la chaîne de fabrication artisanale se déroule sous vos yeux jusqu'au magasin où l'on retrouve les spécialités maison et d'autres produits bretons.

Sports & Loisirs

Relais Thalasso – *Corniche de la Plage - ☎ 0 820 90 32 29 - www.thalasso-benodet.com - lun.-jeu. 9h-13h, 14h-20h ; vend. 9h-13h, 14h-21h, sam. 9h-13h, 14h-18h30, dim. 10h-13h, 15h-18h30 - fermé 1er janv. et 10-25 déc.* Discrètement établi face à la plage, à côté du casino, ce centre flambant neuf propose des soins à la carte, des pass et une formule week-end qui vous permettront de découvrir le bain bouillonnant ou l'enveloppement d'algues. Piscine et espace hydromarin accessibles au public.

Les Vedettes de l'Odet – *2 av. de l'Odet - ☎ 02 98 57 00 58 - www.vedettes-odet.com - avr.-sept. : croisières commentées (2h30) à bord des « vedettes de l'Odet » (jusqu'à 10 croisières par j.) - possibilité d'escale à Quimper selon la marée - croisière-déjeuner tlj sf lun.*

Vedettes Picot – *☎ 06 81 66 78 67 - Bac Piéton Bénodet Ste Marine « Le Picot » - cale St-Thomas - juil.-août : 10h-12h30, 13h50-19h15, w.-end 13h50-19h15 - 3 € (enf. 1 €).*

Régates – *☎ 02 98 57 26 09.* Le Yacht Club de l'Odet organise des régates, dont celle des « Pieds gelés » à la fin du mois de déc. et celle de l'Obelix Trophy, le w.-end du 1er mai.

palmarès impressionnant. Entre autres : transat en solitaire Plymouth-Newport (1964, 1976) ; course Sydney-Hobart (1967) ; transpacifique en solitaire Los Angeles-Tokyo (1969) ; record de la traversée de l'Atlantique (1980) ; transat Le Havre-Carthagène (1997) avec Yves Parlier. Capitaine de vaisseau, Éric Tabarly était le « père » de cinq *Pen Duick*, dont le nom signifie « mésange à tête noire » en breton.

découvrir

L'ODET

Remontée de l'Odet en bateau★★

Durée : 1h1/2 au départ de Bénodet (voir Descente de l'Odet à Quimper).

Point de vue sur l'Odet

Par l'av. de Kercréven. Belle vue sur la rivière et le port de plaisance.

Pont de Cornouaille

1 km au Nord-Ouest par la D 44. Cet ouvrage long de 610 m offre une belle **vue★** sur le port, Ste-Marine et l'estuaire, ainsi que sur l'amont de la rivière.

circuit

DE BÉNODET À CONCARNEAU PAR LA CÔTE

40 km – environ 3h. Quitter Bénodet à l'Est par la D 44 vers Fouesnant et, à 2 km, tourner à droite.

Le vaste plan d'eau du **Letty**, abrité par une dune, est un terrain idéal pour les écoles de voile. *Revenir à la route de Fouesnant.*

Le Perguet

Sur la droite de la chapelle Ste-Brigitte, construite au 12e s. et remaniée au 16e s., un escalier de pierre sur le toit permet d'accéder au clocher ajouré.

À 2,5 km, un embranchement, à droite, mène à la pointe de Mousterlin (voir Fouesnant-les-Glénan). Faire demi-tour. À 2 km, prendre à droite et, à 4,5 km, encore à droite.

Beg-Meil et Fouesnant *((voir Fouesnant-les-Glénan⩍⩍)*

La route dévoile de jolies **vues★**, en particulier à marée haute. Elle longe la plage de sable fin de Kerleven, au fond de la baie de la Forêt. Après une forte descente (15 %), elle suit l'anse du Saint-Laurent, franchit celle de Saint-Jean et rejoint Concarneau.

Blain

Ancien carrefour de voies romaines, Blain joue un rôle commercial important entre Nantes, Redon et l'Anjou. Le canal de Nantes à Brest sépare le bourg du château, dont la première construction remonte à 1104.

La situation

Carte Michelin Local 316 F3 – Loire-Atlantique (44). Situé entre la forêt du Gâvre et la petite forêt de la Groulais, à proximité du canal de Nantes à Brest, Blain est accessible par la N 171 qui fait le lien entre les voies express N 137-E 3 et N 165-E 60.

2 pl. Jean-Guihard, 44130 Blain, ☎ 02 40 87 15 11.

Le nom

Il viendrait du patronyme gaulois *Blanus*, seul vestige de l'importance du bourg à l'époque gallo-romaine.

Les gens

7 733 Blinois. Le général Henri, duc de Rohan, y naquit en 1579. Sa lutte contre Louis XIII, en tant que chef du parti protestant, fut fatale au château.

A. de Valroger/MICHELIN

La puissante forteresse de Blain conserve quelques beaux vestiges

visiter

Musée de la Fève et de la Crèche

☎ 02 40 79 98 51 - tlj sf lun. 14h-18h, sam. 17h30, dim. 14h30-18h - fermé 1er janv., 1er et 8 Mai, 14 Juil., 15 août, 1er et 11 Nov., 25 déc. - 3 € (enf. 1 €).

Installé dans l'ancien présidial des ducs de Rohan, ce musée fait revivre le passé du pays blinois, avec la reconstitution de l'épicerie, le bureau de tabac, la saboterie, etc. Deux salles sont consacrées aux traditions populaires du temps de Noël.

Château de la Groulais

Sortie de Blain direction Saint-Nazaire. Cette forteresse d'Olivier de Clisson passa aux Rohan de 1407 à 1802, mais fut rasée en partie sur l'ordre de Richelieu en 1628. La **tour du Pont-Levis** (14e s.), au toit en poivrière, domine

des douves sèches et abrite le musée. ☎ *02 40 79 07 81 - du 19 Mai à mi-oct. : tlj sf lun. 10h-12h, 14h30-18h30 - 3 € (-15 ans gratuit).*
Le **logis du Roi** (15e s.) impressionne par sa longue façade Renaissance ornée de hautes lucarnes à pinacles. Il accueille aujourd'hui des réceptions.

circuit

FORÊT DU GÂVRE*

Circuit de 13 km au Nord-Ouest par la D 15, route de Guéméné-Penfao.

La route traverse les futaies où les chênes, hêtres et pins s'étendent sur plus de 4 400 ha. Elle rejoint le carrefour de la Belle Étoile, aux dix allées rayonnantes.

Tourner à droite vers Le Gâvre ; à la Maillardais, prendre à gauche.

Chapelle de la Magdeleine

Cette modeste chapelle du 12e s. faisait partie d'une léproserie. Elle possède une gracieuse **Vierge** polychrome du 15e s., N.-D.-de-Grâce.

Revenir à la Maillardais et continuer vers Le Gâvre.

Le Gâvre

Dans une demeure du 17e s., le **musée Benoist** présente une exposition sur la forêt du Gâvre : les essences qui la composent, des animaux naturalisés... Sous les combles que coiffe une belle charpente en châtaignier, de vieux métiers sont évoqués : tonnelier, scieur de long, rémouleur... ☎ *02 40 51 25 14 - 9 avr.-27 nov. : tlj sf lun. 14h30-18h30, possibilité de visite guidée (1h30 à 2h) - 3 € (enf. 1 €).*

Regagner Blain par la route directe.

VIEUX SABOTS
Non loin de l'école, une loge de sabotier évoque la vie d'artisans qui travaillaient et habitaient dans leur atelier.

Île de Bréhat**

La Bretagne a son paradis, cette petite île aux rochers roses, tellement agréable à parcourir à pied ou à vélo puisque les automobiles y sont interdites. En été, ces attraits valent à Bréhat un afflux touristique parfois trop important. Mieux vaut le printemps pour visiter celle que l'on nomme aussi « l'île aux fleurs »...

La situation

Carte Michelin Local 309 D1 – Côtes-d'Armor (22). Longue de 3,5 km et large de 1,5 km, Bréhat est située face à la pointe de l'Arcouest. Elle est constituée de deux îles, réunies au 18e s. par un pont dû à Vauban. Très découpée, la côte est entourée de 86 îlots et récifs. Bréhat est plus souriante dans le Sud, plus sauvage dans le Nord.
Le Bourg, 22870 Île-de-Bréhat, ☎ *02 96 20 04 15.*

CARTE POSTALE
Ici, le climat est doux : 6° C de moyenne en hiver. On y trouve des figuiers, des eucalyptus, des murets fleuris de mimosas, des jardins aux énormes massifs d'agapanthes ou d'hortensias. Sans oublier quelques vaches dans les prés, et des moutons dans la lande...

Le nom

Bréhat devrait son nom (*Breiz Coat* : « Bretagne des Bois ») à un moine irlandais qui débarqua à l'île Lavrec, toute proche, en 470.

Les gens

421 Bréhatins. Naguère, les comédiens Madeleine Renaud et Jean-Louis Barrault venaient se reposer ici.

comprendre

Des moulins en guise de gibet – Face à l'île Lavrec, un château fort fut édifié au Moyen Âge, puis détruit en 1409 par les Anglais. À cette occasion, ceux-ci pendirent des Bréhatins aux ailes du moulin de Crec'h ar Pot, dans l'île Nord. Pendant les guerres de Religion, en 1591, le

Tableau de rêve à l'île de Bréhat où le temps semble s'être arrêté.

moulin de Crec'h Tarek, dans l'île Sud, servit également de gibet. Peu de temps après, en 1598, Henri IV fit raser le château. Les corsaires furent nombreux jusqu'au 19e s. Pendant la dernière guerre, Bréhat fut occupée par les Allemands jusqu'au 4 août 1944. Les phares du Paon et du Rosédo furent dynamités par l'occupant à la Libération.

carnet pratique

Se loger et se restaurer

La Vieille Auberge – *Au bourg - 22870 Île-de-Bréhat - ☎ 02 96 20 00 24 - vieille-auberge.brehat@wanadoo.fr - fermé nov.-Pâques - 14 ch. 84/96 € - ☕ 8,50 € - restaurant 16/42 €.* Une ravissante maison ancienne aux belles pierres apparentes abrite ce plaisant hôtel-restaurant tenu par une famille bréhatine. Avec un peu de chance, en vous attablant dans sa charmante cour fleurie, vous goûterez aux doux rayons du soleil d'ici...

Hôtel Bellevue – *Port-Clos - 22870 Île-de-Bréhat - ☎ 02 96 20 00 05 - hotelbellevue.brehat@wanadoo.fr - fermé 5 janv.-6 fév. et 18 nov.-13 déc. - 17 ch. 94/110 € - ☕ 9 € - restaurant 22,70/33,40 €.* La façade ancienne de l'hôtel dissimule des chambres récentes et pimpantes. Profitez de la vue sur le port en vous installant en terrasse ou dans la véranda de la salle à manger. Une adresse sympathique, prisée des îliens. Location de vélos sur place.

se promener

Accès

Embarcadère à la pointe de l'Arcouest – *Liaison régulière (10mn, dép. pointe de l'Arcouest). Tour de l'île : toute l'année (15 pers. minimum). Excursion pour la journée, mai-sept. : dép. de Binic, St-Quay-Portrieux, Erquy, Pléneuf-Val-André ; remontée de la rivière du Trieux (4h) jusqu'au château de la Roche-Jagu : dép. de la pointe de l'Arcouest - vedettes de Bréhat - ☎ 02 96 55/73 47.*

Sur l'île

C'est dans l'anse de **Port-Clos** qu'accostent les vedettes.

Bois de la Citadelle

Planté de résineux, il domine la falaise. De l'abri du canot de sauvetage, en contrebas, belle **vue**★ sur le chenal du Kerpont, avec son impressionnant chaos à marée basse, et sur l'île Béniguet.

Le Bourg

Le village s'ordonne autour d'une placette ronde, bordée de platanes. Église des 12e et 18e s. au curieux clocher.

À pied ou à vélo

Dès le débarcadère ou dans le bourg, possibilité de louer des vélos dont certains sont équipés de sièges pour enfants. En saison, la bicyclette est décommandée tant les chemins sont encombrés. Ajoutons que de nombreux sentiers sont interdits aux cyclistes et qu'il est aisé de parcourir à pied cette île de 3,5 km de long.

Chapelle St-Michel

39 marches mènent à cette chapelle bâtie sur un tertre rocheux de 26 m d'où l'on domine toute l'île. Depuis cet amer, vaste **panorama★** sur l'île Sud, le chenal du Kerpont et l'île Béniguet, l'étang de Birlot et son moulin à marée, la baie de la Corderie et l'île Nord. À l'Ouest, on distingue au large le sillon de Talbert.

Un joli coin
La grève du Guerzido, avec ses plages de galets roses : ce sont le Petit et le Grand Guerzido.

Croix de Maudez

Érigée en 1788, face à la mer, en pleine lande, elle évoque le souvenir du moine Maudez qui vint fonder un monastère sur une île voisine, en 570. La **vue★** est belle sur l'île Béniguet au Sud, l'île Maudez au Nord et les récifs.

La Corderie

Fermée par le pont ar Prat, appelé aussi pont Vauban, cette immense baie, bordée de belles villas, sépare les deux îles.

Les phares de l'île Nord

Construit en pleine terre, le phare du **Rosédo** date de 1862. À la pointe extrême de l'île, le phare du **Paon★** a été reconstruit en 1949, en porphyre rouge. De la plate-forme dallée, on domine une côte déchiquetée, la plus sauvage de l'île.

EXCURSIONS EN BATEAU

Tour de l'île★★

S'adresser aux vedettes de Bréhat, voir ci-dessus. Cette intéressante promenade permet d'apprécier la variété des côtes, la beauté des rochers et des falaises du Nord, le charme plus méditerranéen du rivage oriental, la couleur changeante des flots parfois très bleus.

G. Targat/MICHELIN

Entre ciel et mer, le phare du Paon offre un panorama exceptionnel sur la Manche.

Estuaire du Trieux★

Sur le continent, face à l'île, ☎ 02 96 55 79 50 - mai-sept. : remontée du Trieux - 17 € (enf. 12 €).

La rivière du Trieux offre des rives tantôt abruptes, rocheuses et boisées, tantôt basses et cultivées. On admire le joli site de Lézardrieux et son pont suspendu. La promenade mène ensuite au pied du château de la Roche-Jagu *(voir Tréguier)* que l'on atteint par un sentier assez escarpé en sous-bois.

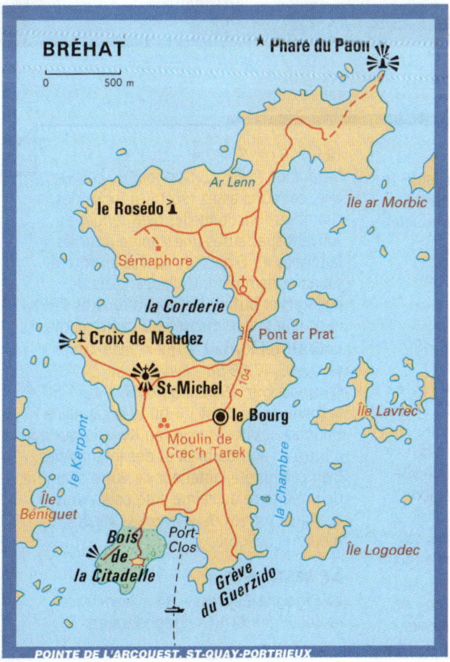

Brest★

La majestueuse rade de Brest en dit long sur le mariage de la ville avec la mer : son port, consacré à la marine pendant des siècles, accueille aussi des ferries et des paquebots de croisière. Il abrite Océanopolis, un complexe qui présente les milieux naturels de toutes les mers du globe. Et il accueille, tous les quatre ans, un rassemblement de navires anciens qui passionne les amateurs de voile. De quoi oublier la géométrie des rues de Brest, totalement reconstruite après la dernière guerre...

Matière grise
Ville universitaire, Brest est aussi la capitale de l'océanographie. Ses instituts attirent 60 % des chercheurs de cette discipline : si Océanopolis est né à Brest, ce n'est pas par hasard !

La situation

Carte Michelin Local 308 E4 - Finistère (29). Idéalement située face à sa rade, véritable mer intérieure dont la profondeur n'est jamais inférieure à 10 mètres, Brest n'a que faire de sa réputation de ville pluvieuse, car elle jouit d'une lumière hors du commun.
1 pl. de la Liberté, 29200 Brest, ☎ 02 98 44 24 96.

Le nom

Étymologiquement, Brest signifie « colline » ; il est vrai que la ville est posée sur un plateau en pente douce.

Les gens

Depuis 1974, la communauté urbaine réunit Brest à 8 communes voisines, soit 221 600 Brestois.

Les rassemblements de vieux gréements attirent toujours les foules.

carnet pratique

Transports

Bus – Le ticket à l'unité *(1,10 €)*, valable 1h, s'achète auprès du conducteur ; le ticket journée *(3 €)* s'achète auprès du conducteur ou au point d'accueil Bibus - *33 av. Clemenceau - ☎ 02 98 80 30 30 - www.bibus.fr*

Se loger

La Châtaigneraie – *Keraveloc - 29490 Guipavas - à l'E de la ville, au-dessus du conservatoire botanique - ☎ 02 98 41 52 68 - http://site.voila.fr/ la.chataigneraie - 4 ch. 42/50 €*. Cette grande demeure des années 1970 perchée sur les hauteurs du Stang-Alar jouit, par beau temps, d'une vue étendue sur la rade de Brest. Ses chambres, spacieuses et de bon confort, profitent de la tranquillité du parc. Salon-bibliothèque, salle de jeux et piscine couverte (chauffée de mai à septembre).

Hôtel Center – *4 bd Léon-Blum - ☎ 02 98 80 78 07 - www.hotelcenter. com - P - 150 ch. 50/80 € - 7 € - restaurant 12/30 €.* Non loin du centre-ville, cet hôtel assez récent propose des chambres fonctionnelles bien tenues et souvent spacieuses (mezzanine pour les « familiales »). Espace de remise en forme, sauna et hammam. Grillades, plats de poissons et buffets de hors-d'œuvres servis dans une salle climatisée au cadre marin.

Hôtel Kyriad – *157 r. Jean-Jaurès - ☎ 02 98 43 58 58 - kyriadbrest @wanadoo.fr - 50 ch. 59/64 € - 7,50 €.* « Tonnerre de Brest ! » hurle le capitaine Haddock... Vite, entrons au Kyriad pour nous mettre à l'abri du bruit et des intempéries. Bien calfeutré à l'intérieur de votre chambre, de préférence au calme côté cour, vous dormirez sur vos deux oreilles. Décor moderne et sobre.

Se restaurer

Cigogne Express – *34 r. Jean-Macé - ☎ 02 98 80 52 17 - cigogneexpress*

@hotmail.com - Ouv. jeu., vend. et sam. - fermé 3 sem. en août - 8/15 €. Ce restaurant, autrefois spécialisé dans la livraison à domicile, a conservé son enseigne d'origine. Aujourd'hui, on s'attable dans une petite salle moderne autour d'assiettes gourmandes - très copieuses - dont la composition change au gré des idées de la cuisinière.

Crêperie Moderne – *34 r. Algésiras - ☎ 02 98 44 44 36 - fermé dim. sf en été - 8/15 €.* Si la longévité est un gage de qualité, cette maison-là décroche la palme ! Fondée en 1922, elle continue de faire courir les Brestois qui la fréquentent avec assiduité, ne se lassant pas d'admirer la dextérité des crêpières sur leurs douze *biligs*.

Amour de Pomme de Terre – *23 r. des Halles-St-Louis - ☎ 02 98 43 48 51 - amourdepommedeterre.com - 8,90/24 €.* Amandine et samba ? Ici, ce sont deux variétés de pomme de terre, qui se déclinent sur toutes les formes dans une petite salle conviviale souvent bondée. Également sur la carte, grillades, recettes savoyardes, périgourdines et bretonnes.

Ma Petite Folie – *Plage du Moulin-Blanc, à côté du Port de plaisance - ☎ 02 98 42 44 42 - fermé 1er-10 janv. et dim. - 20/26,50 €.* Manger à bord d'un langoustier sans avoir le mal de mer ? Inconcevable, sauf sur ce navire mis en cale sèche sur le sable. On y déguste des produits de la mer, bien sûr, à l'intérieur de la coque, ou sur le pont supérieur par beau temps...

Fleur de Sel – *15 bis r. de Lyon - ☎ 02 98 44 38 65 - lafleurdesel@wanadoo.fr - fermé 1er-7 janv., 1er-21 août, sam. midi et dim. - 25/35 €.* Ce restaurant du centre-ville connaît un franc succès. Le cadre, d'inspiration Art déco, est élégant et lumineux, la cuisine traditionnelle, actualisée, et l'équipe souriante et attentive. Bon rapport qualité-prix.

G. Targat/MICHELIN

L'hôtel de ville, place de la Liberté.

En soirée

Aux Quatre vents – *18 quai de la Douane - ☎ 02 98 44 42 84 - 9h-1h, sam. à partir de 10h, dim. à partir de 14h - fermé 1re sem. de sept. et le mat. des j. fériés.* Ce bar-restaurant plein de charme est une véritable institution à Brest. Marins et autochtones s'y rassemblent pour déjeuner ou boire une bière le soir. Petite terrasse face aux grues du port de commerce.

Le Thalassa – *6 r. de Siam - ☎ 02 98 44 13 71 - tlj 10h-1h.* C'est l'un des plus beaux pubs de Brest. Décor marin avec casque de scaphandre et gouvernail. Immense terrasse, avec vue sur le pont mobile de Recouvrance.

Que rapporter

Marchés – Tlj sf le dim., le mat., aux halles St-Martin ; mar. et vend., le mat. aux halles du Pilier Rouge ; dim. mat., aux halles St-Louis.

Sports & Loisirs

Groupe Manche Atlantique de Plongée – *1er Éperon - ☎ 02 98 43 15 11 - www.gmap.fr - ouv. tte l'année.* Groupe Manche-Atlantique de plongée - Port de commerce.

Les Crocodiles de l'Élorn – *Port du Moulin-Blanc - ☎ 02 98 41 73 81 - www.crocos.fr - tlj sf dim. et lun. 9h30-12h, 14h-17h30.*

Station Nautique Rade de Brest – *Centre nautique de Brest - Port du Moulin-Blanc - ☎ 02 98 34 64 64 - www.brest-metropole-tourisme.fr - 8h45-12h15, 13h45-17h30 - fermé 25 déc.-1er janv.*

Compagnie maritime Penn Ar Bed – *Port de Commerce 1er Éperon - CS 92928 - ☎ 02 98 80 80 80 - www.pennarbed.fr - 3 dép. fixes : 8h30 à Brest, 9h45 à Conquet, 9h30 à Audierne-Esquibien. Îles d'Ouessant, de Molène et de Sein. Traversée de la Rade en été : Brest-Camaret - dép. supplémentaires en sais., se renseigner.*

En vieux gréement sur la goélette « La Recouvrance » – Véritable réplique d'un navire militaire du siècle dernier, cette aviso-goélette de 42 mètres de long embarque pour des croisières ou pour des sorties à la journée - *croisière de 2 à 6 j. (dates fixes) avr.-oct. - découverte de différentes* zones maritimes : Brest à La Trinité via les îles de Bretagne sud, en mer d'Iroise, de Brest à Concarneau en 3 j. via les Glénan - ☎ 02 98 33 95 40.

Compagnie des Vedettes armoricaines – *Port de commerce - 1er Éperon - 29000 Brest - ☎ 0 825 135 235 - www.finist-merc.fr - avr.-oct. : traversée vers les îles de Molène et d'Ouessant - départ : Le Conquet, Brest, Camaret et Lanildut (promenades en mer dép. Le Conquet en été) - achat et réservation en ligne.*

Liaisons maritimes et aériennes avec les îles

Avec Ouessant – Liaisons maritimes assurées tous les jours, toute l'année - *30,40 € (4-16 ans 18,20 €) - réservation obligatoire à la Compagnie Penn Ar Bed - ☎ 02 98 80 80 80.*

Avec Molène – Liaisons maritimes assurées tous les jours, toute l'année - *27,20 € (4-16 ans 16,30 €) - réservation obligatoire à la compagnie Penn Ar Bed - ☎ 02 98 80 80 80.*

Avec Sein – *Compagnie maritime Penn Ar Bed - ☎ 02 98 80 80 80 - juil.-août : dim. dép. de Brest 8h ; dép. de Sein 17h - 30,40 € (enf. 18,20 €).*

Liaisons aériennes – *☎ 02 98 84 64 87 - www.finistair.fr - dép. de Brest : 8h30 et 16h45 ; dép. d'Ouessant : 9h et 17h45 - 124 €.*

Calendrier

Les « Jeudis du port » – En juil.-août, tous les jeudis, le port de commerce est le cadre d'animations de rues et de concerts gratuits, de 19h30 à minuit.

Algésiras (R. d')	EY	2	Frégate-la-Belle-Poule (R.)	EZ	17	Marine (Bd de la)	DZ	25
Clemenceau (Av. G.)	EY		Jaurès (R. Jean)	EY		Réveillère (R. Amiral)	EY	33
Colbert (R.)	EY	5	Kérabécam (R. de)	EY	22	Roosevelt (Av. F.)	DZ	34
Foch (Av. Mar.)	EY	14	Liberté (Pl. de la)	EY		Siam (R. de)	EY	
Français Libres (Bd des)	DZ	16	Lyon (R. de)	DEY		11-Martyrs (R. des)	EY	42

Musée des Beaux-Arts ..... EZ M1 — Musée de la Marine ..... DZ M2

comprendre

Les appétits anglais – En 1341, pendant la guerre de Succession, **Monfort** confie Brest à ses alliés anglais. Devenu duc de Bretagne, il tente en vain de chasser les intrus... En 1397, le roi Charles IV obtient une faveur du souverain d'Angleterre, dont il vient d'épouser la fille : Brest est restitué au duc.

Une fête funeste – Le 10 août 1512, la flotte anglaise attaque Brest. En ce jour de la Saint-Laurent, 300 invités dansent sur la *Belle Cordelière*, cadeau d'Anne de Bretagne à son duché. Pris dans le combat contre l'ennemi, le navire prend feu. Et son commandant, **Hervé de Primauguet**, crie à l'équipage et aux invités, pour les exhorter à bien mourir : *« Nous allons fêter saint Laurent qui périt par le feu ! »* Les deux nefs sautent ensemble...

Coiffure de cour

En 1778, pendant la guerre d'Indépendance américaine, la frégate *La Belle Poule* met en fuite l'*Aréthuse* anglaise. La Cour lui fait un succès, et toutes les dames se coiffent « à la belle poule » : elles arborent un petit navire sur l'édifice de leur chevelure.

Le Grand Siècle – Secrétaire d'État à la Marine à partir de 1669, **Colbert** fait de Brest la capitale navale du royaume. Pour s'assurer de bons équipages, il crée l'Inscription maritime, qui subsiste encore, et installe un collège de gardes-marine, des écoles de canonnage, d'hydrographie et de génie. Brest hérite d'une flotte magnifique : les vaisseaux atteignent 5 000 t et portent jusqu'à 120 gros canons. Duquesne améliore l'arsenal, entoure la ville de remparts et organise la défense du goulet. En 1694, Vauban complète ces travaux.

Retour en triomphe – En 1799, un capitaine britannique parie qu'aucune frégate française ne pourra résister à son *Québec*. **Du Couëdic**, qui commande *La Surveillante*, relève le gant et rencontre l'Anglais à hauteur d'Ouessant. Le *Québec* brûle et saute avec son parieur. Quant à Du Couëdic, avec deux balles dans la tête, une dans le ventre et le bras fracassé, il refuse de quitter la dunette : *« Laissez donc, il y a deux heures que je suis mort ! »*. Remorqué à Brest, son navire reçoit un accueil triomphal.

Sous les bombardements – En juin 1940, à l'annonce de l'arrivée des Allemands, la Marine française évacue le port, détruisant ponts et installations. Les forces d'occupation construisent à Laninon un abri bétonné pour les sous-marins, véritable menace pour les Alliés naviguant entre l'Amérique et la Grande-Bretagne. Cette situation vaut à la ville quatre années de bombardements. En septembre 1944, quand les Américains pénètrent dans Brest après quarante-trois jours de siège, la ville n'est plus que ruines.

Coques et voiles – En 1999, le *Charles-de-Gaulle*, premier porte-avions nucléaire français, sort des chantiers navals pour prendre la relève du fameux *Clemenceau*. Mais Brest doit surtout sa réputation au rassemblement de vieux navires, qui attire, tous les quatre ans, une foule considérable.

Tonnerre de Brest !
Cette expression évoque le bruit des canons qui tonnaient autrefois lors de l'évasion d'un bagnard. Ils annoncent aujourd'hui le départ d'une régate.

Le rendez-vous des vieux gréements
Comme les éditions précédentes, « Brest 2004 » a remporté un grand succès. Il y avait de quoi combler les amoureux de la mer et des vieux gréements ! Quelque 2 000 bateaux ont paradé dans la rade, offrant aux visiteurs un spectacle inoubliable : une forêt de mâts et de cordages, une myriade de voiles multicolores, des coques de toutes tailles et de formes variées. Comment rester insensible devant les élégants trois-mâts, dont les plus impressionnantes mâtures semblent se perdre dans le ciel, devant les voiliers historiques comme la vénérable goélette norvégienne *Anna Rogde* qui navigue sur les mers depuis... 1868 ! Une telle fête ne se manque pas, mais il va falloir attendre, pour la prochaine, jusqu'en juillet 2008.

découvrir

Océanopolis***

Accès depuis le centre-ville : suivre la direction du port de plaisance ; en bus : ligne 7. Visite libre, compter au moins une demi-journée. ☎ 02 98 34 40 40 - www.oceanopolis.com - ♿ - avr.-août : 10h-18h ; sept.-mars : tlj sf lun. (sf pdt vac. scol.) 10h-17h, dim. et j. fériés 10h-18h - possibilité de visite guidée (2h) dim. 11h et 13h - fermé 1er-13 janv., 25 déc. - 15 € (enf. 10,50 €).

Vaste bâtiment aux allures de crabe géant, Océanopolis, installé à proximité du port de plaisance, est une superbe vitrine de la vie dans les océans. Il s'est considérablement développé en l'an 2000 : au pavillon tempéré, entièrement rénové, sont venus s'adjoindre un pavillon tropical et un pavillon polaire. Dans ce lieu « vivant », qui abrite 10 000 animaux de 1 000 espèces différentes, des aquariums géants reconstituent, de façon spectaculaire, la diversité propre à chaque milieu naturel. À la beauté de ces décors sous-marins, où une machinerie complexe permet de recréer houles et marées, s'ajoute la richesse de l'information dispensée. Bornes interactives, maquettes, films et animations mettent à la portée de chacun l'histoire des océans, et leur gestion par l'homme.

Pavillon tempéré – Un « engin de plongée » simule la descente vers une base sous-marine, au large des **côtes de Bretagne**. Chaque aquarium présente un milieu caractéristique : fonds de pêche du plateau continental,

Pause
Le self Atlantic Express offre une vue imprenable sur la rade. Le restaurant Vent d'Ouest donne sur le bassin des phoques.

À CALINER
L'étoile de mer et l'oursin sont les pensionnaires d'un **mini-laboratoire**★ : on peut les manipuler, sous l'œil attentif d'un animateur.

vasière des langoustines, paroi rocheuse où se fixent une multitude d'animaux, forêt de laminaires livrées à l'ondulation des algues, tombant rocheux où passent le saint-pierre et la roussette... À ne pas manquer : la chorégraphie des poissons de banc, la beauté de l'aquarium à méduses, et le **bassin des phoques veaux marins** (300 m³). Une salle multimédia permet de comprendre la genèse des vagues et des courants. Un **film en 3D** présente l'écosystème breton sous un jour insolite.

T. Joyeux/Océanopolis

Un instant d'émotion au pavillon tropical... le requin approche.

PROIE OU PRÉDATEUR ?
L'exposition consacrée à ce prédateur fait la chasse aux idées reçues.
Le **requin** est une proie... pour l'homme, car ses ailerons sont très prisés sur le marché asiatique. La traque de l'animal menace même l'existence de certaines espèces !

Pavillon tropical – Dans un décor de palmiers évoquant la Polynésie française, on accède au **bassin des requins** (1 000 m³) où évoluent plusieurs espèces : pointe noire, taureau, requin nourrice, zèbre. Une exposition est consacrée aux atolls. Dans les aquariums, chatoient les poissons de la Grande Barrière de corail, de l'océan Indien et des Caraïbes. Le parcours s'achève dans une **mangrove**★ et dans une forêt tropicale.

Pavillon polaire – Un spectacle multimédia introduit à l'histoire de l'Arctique et de l'Antarctique. Le **bassin des manchots**★ accueille 40 animaux facétieux – royaux, papous et gorfous sauteurs – sur la neige et des falaises. Le **bassin des phoques** (1 000 m³) recrée une banquise où s'ébrouent trois espèces : barbus, annelés, phoques du Groenland. Autre attraction inédite : un aquarium à krill présente ces minuscules crevettes, premier lien de la chaîne alimentaire des océans. La **station de recherche Concordia**, en forme d'igloo géant, explique la formation des glaces et leur intérêt pour comprendre l'histoire du climat. À voir encore : les maquettes (éléphants de mer, orques...) et surtout, le film tourné en Antarctique sur la vie sous-marine dans les glaces.

se promener

LE CENTRE-VILLE *(1h)*

SOUVENIR DU SIAM
Le 18 juin 1686, trois ambassadeurs du roi de Siam débarquèrent à Brest, pour se rendre à la cour de Louis XIV. Ils étaient accompagnés de six mandarins et d'une nombreuse suite. Leur passage éblouit les habitants... La rue qu'ils avaient empruntée fut rebaptisée en leur honneur.

Éloquent témoignage de l'urbanisme d'après-guerre, avec son plan géométrique en damier, il s'ordonne autour de la **rue de Siam** où rien ne subsiste de la ruelle évoquée par Jacques Prévert dans l'un de ses plus célèbres poèmes, *Barbara*. On peut faire un détour jusqu'à l'**église Saint-Louis**, inspirée en 1957 par les conceptions architecturales de Le Corbusier. Son clocher de ciment domine un édifice de pierres brutes, tout en lignes verticales : à l'intérieur, un vitrail de Paul Boni est consacré à Saint Louis.

LA CITÉ MARITIME *(environ 2h)*

Pont de Recouvrance

Inauguré en 1954, c'est le plus important pont-levant d'Europe (87 m de portée). Il enjambe la rivière Penfeld, au-dessus de la partie la plus ancienne de l'arsenal. Il atteint sa position haute en 2mn 30s. En amont du pont, sur la rive Est, se trouve un canon de 380 mm, provenant du cuirassé *Richelieu*.

Cours Dajot

Cette promenade sur les remparts, édifiée en 1769 par des forçats, porte le nom de l'ingénieur qui en établit les plans. La **tour Rose**, édifiée par l'American Battle Monuments, commémore l'accueil des Brestois aux Américains lors de la Grande Guerre. Détruite en 1941, rebâtie à l'identique en 1958, elle bénéficie toujours de l'extra-territorialité.

Vue sur la rade★★ – Depuis la table d'orientation située à l'Est du cours, la vue se déploie de l'embouchure de l'Elorn à la pointe de Portzic. Au premier plan, s'étend le port de commerce. En face, sur la rive Sud de la rade, l'École navale est installée à Lanvéoc. À côté, vers l'Ouest, l'île Longue abrite la base des sous-marins nucléaires. Encore plus à l'Ouest, on distingue la presqu'île de Crozon, qui s'achève par la pointe des Espagnols. En face, sur la rive de Brest, se trouvent le fort du Portzic et la rade-abri, située en avant du château : délimitée par ses digues, elle sert de mouillage à la flotte de guerre.

QUE D'ATOUTS !
Ouverte sur l'océan par un goulet de 1,5 km, la rade est vaste (150 km^2) et profonde (12 à 20 m sur de grandes étendues). Ceci explique l'importance militaire que Brest conserve depuis deux mille ans.

Port de commerce

À voir du cours Dajot. En 1861, l'embouchure de la Penfeld ne suffisait plus aux marines militaire et marchande. On créa ce port, dont le trafic commercial avoisine aujourd'hui les 2 000 000 t par an. C'est aussi un centre de réparation navale, qui abrite la plus grande forme de radoub du monde (420 m de long, 80 m de large). Elle peut notamment accueillir des plates-formes pétrolières de forage (plus de 500 000 t).

R. Mettès/MICHELIN

Les bâtiments de la Marine nationale semblent vouloir renforcer l'aspect défensif du château.

visiter

Musée des Beaux-Arts★

☎ 02 98 00 87 96 - tlj sf lun. 10h-12h, 14h-18h, dim. 14h-18h - fermé 1er janv., 1er Mai, dim. de Pâques et Pentecôte, 1er et 11 Nov. - 4 € (-18 ans gratuit), gratuit 1er dim. du mois.
Ses collections recèlent un grand nombre de toiles illustrant le courant symboliste, surtout l'école de Pont-Aven. Les tableaux des 17e et 18e s. appartiennent aux écoles italienne, française et hollandaise, dont *Le Port de Brest* (1774) par Van Blarenberghe. À voir encore : les *Deux Perroquets* de Manet, diverses marines et des œuvres orientalistes.

À VOIR
Bord de mer en Bretagne d'Émile Bernard, *Les Blés verts au Pouldu* de Paul Sérusier, *Jour de septembre* de Maurice Denis.

Château

Unique témoin de l'histoire du vieux Brest, il apparaît au 11e s. sur un site déjà fortifié par les Romains. À cette époque, Vauban modernise le système de défense, avec la transformation des terrasses à canons. Le château, qui a été restauré après la dernière guerre, abrite notamment la préfecture maritime.

SUR LES REMPARTS
On accède au musée de la Marine par la tour Madeleine (3e s.-15e s.). Au fil de la visite, on débouche sur le chemin de ronde de la tour Paradis (15e s.) et dans le donjon (14e-17e s.).

Musée national de la Marine★ - ☎ *02 98 22 12 39 - www.musee-marine.fr - de déb. avr. à mi-sept. : 10h-18h30 ; de mi-sept. à fin mars : tlj sf mar. 10h-12h, 14h-18h - fermé 1er Mai - 5 € (-18 ans gratuit).*

Annexe du musée de la Marine à Paris, il présente l'histoire de l'arsenal et l'apogée de la marine à voile au 18e s. : précieux **modèles réduits** de navires, instruments de navigation, tableaux, maquettes... Il évoque aussi le bagne de Brest, construit au 18e s. et qui fut évacué en 1858. Au pied de la terrasse, sont exposés un sous-marin de poche S622 et une embarcation de *boat people*, recueillie en mer de Chine par le navire-école *Jeanne d'Arc*, en 1988. La visite est jalonnée de majestueuses **figures de proue**. Elles furent sculptées par des artisans anonymes, ou par des artistes réputés comme Antoine Coysevox, portraitiste de Louis XIV.

Tour Tanguy

Située face au château, sur l'autre rive de la Penfeld, l'ancienne bastille de Quilbignon (14e s.) domine l'arsenal. Le **musée du Vieux Brest** est consacré à la cité d'autrefois, dont rien ou presque n'a subsisté depuis la dernière guerre : collection d'armoiries, plans de la ville, dioramas, maquettes. ☎ *02 98 00 88 60 - juin-sept. : 10h-12h, 14h-19h ; oct.-mai : merc. et jeu. 14h-17h, w.-end et j. fériés 14h-18h ; vac. scol. zone A : 14h-18h - fermé 1er janv., 1er Mai et 25 déc. - gratuit.*

Jardin des Explorateurs

Sur les bords de la Penfeld, du même côté que la tour Tanguy. Accès par la rue de l'Église.

Traditionnel dans un port qui devait acclimater des plantes exotiques, ce petit jardin tout en longueur rappelle les principales expéditions (Bougainville, Commerson, La Billardière, Raoul) et présente des variétés plus connues sous d'autres latitudes : palmiers, fougères arborescentes, lin de Nouvelle-Zélande, anémone du Japon... La passerelle offre une belle vue sur le château et l'arsenal.

BÉTON ARMÉ

La base sous-marine (65 859 m²) remonte à la Seconde Guerre mondiale, où elle fut construite en cinq cents jours par les Allemands. Malgré 10 impacts de bombes de 6 t au cours du bombardement du 5 août 1944, elle est restée intacte. Dans ses alvéoles, on répare aujourd'hui les navires de faible tonnage.

◀ Base navale et arsenal★

En 1631, Richelieu décide la création du port de Brest. Un demi-siècle plus tard, Colbert développe ses installations sur les rives de la Penfeld, dont l'estuaire encaissé et sinueux protège parfaitement des tempêtes les petits navires de l'époque. Puis, de 1740 à 1790, Choquet de Lindu entreprend la construction d'un véritable arsenal. Et à la fin du 19e s., une digue est érigée, délimitant une vaste rade-abri.

Sur cette longue **jetée**, deux épis permettent l'accostage des grandes unités. Les **bassins** 8 et 9 sont de dimension suffisante (environ 320 m sur 50 m) pour accueillir les plus grands vaisseaux de la flotte française. Le **quai de l'armement** est utilisé pour la maintenance des navires. Le **quai des flottilles** concentre la majeure partie des unités de combat de la flotte de l'Atlantique.

La visite de l'arsenal – *Juil.-août : 14h30-16h, w.-end et j. fériés 14h30-15h15 ; de mi-juin à fin juin : visite guidée 14h30, 15h ; visite libre de déb. sept. à mi-sept. : 14h30, 15h - gratuit - les appareils photos et les animaux sont interdits - visites susceptibles d'être suspendues en raison de l'application du plan Vigipirate. Pièce d'identité exigée pour les ressortissants des états membres de l'Union européenne et de l'Otan (sur demande préalable 3 sem. av. la visite) -* ☎ *02 98 22 06 12.*

On y découvre la base sous-marine construite par les Allemands pendant la dernière guerre et, en fonction des disponibilités à quai, un bâtiment de guerre de la Marine nationale.

G. Targat/MICHELIN

Entre deux missions, les bateaux de guerre du port militaire restent très unis.

Mémorial du Finistère

Allée Bir-Hakeim. Quitter le centre-ville à l'Ouest par le pont de Recouvrance en direction du Conquet ; le fort Montbarey se trouve sur la droite, dès que l'on rejoint la D 789. ☎ *02 98 05 39 46 - ♿ - tlj sf w.-end 9h-12h, 14h-18h, possibilité de visite guidée (1h30) - fermé j. fériés - 4 € (enf. 2,50 €).*

Le fort Montbarey, construit en 1784 sous Louis XVI, porte le nom d'un de ses ministres. Aujourd'hui, il commémore le souvenir du Finistère sous l'Occupation : matériel militaire, exposition sur les évasions vers la Grande-Bretagne, wagon de la déportation, photos de Brest en ruine en 1944... Dans la crypte, se déroule la liste des Finistériens « morts pendant et à cause de la guerre » du 3 septembre 1939 au 19 décembre 1946 (date du retour des volontaires de la lutte contre le Japon).

Conservatoire botanique national du vallon du Stang-Alar★★

À l'Est de la ville par la r. Jean-Jaurès, puis par la rte de Quimper. ☎ 02 98 02 46 00 - jardin avr.-sept. : 9h-20h ; oct.-mars : 9h-18h - ♿ - pavillon d'accueil (expo) merc. et dim. 14h-16h30 - visite guidée des serres (1h, prendre les billets au pavillon d'accueil 14h-16h) de mi-sept. à fin juin (sf vac. de Noël) : dim. et j. fériés 16h30, visite libre de déb. juil. à mi-sept. : tlj sf vend. et sam. 14h-17h30 - 3,50 € (-12 ans 1,75 €), gratuit jardin et pavillon d'accueil.

Ce prestigieux conservatoire botanique se voue aux plantes menacées d'extinction : il assure leur conservation et tente de les réintroduire dans leur milieu naturel. Son **parc paysager** (22 ha) recèle des plantes ornementales courantes : magnifiques magnolias, nombreux camélias. Les **serres** (1 000 m²) se répartissent en divers milieux exotiques : l'étage montagnard tropical, les îles subtropicales, les zones tropicales sèches, et les forêts tropicales humides.

ESPÈCES RARES
Le géranium de Madère, originaire des îles subtropicales, se distingue par sa floraison spectaculaire. Le *Ruizia cordata* s'épanouit comme il peut dans les zones tropicales sèches : il n'en subsiste que deux spécimens sur l'île de la Réunion.

L. Ruellan/CBN Brest

Le Conservatoire botanique, ici la zone d'Asie, est un agréable lieu de détente.

circuits

PRESQU'ÎLE DE PLOUGASTEL

Circuit de 56 km - environ une demi-journée. Quitter Brest à l'Est par la N 165 en direction de Quimper.

On laisse sur la gauche la route menant au **Relecq-Kerhuon**, station située sur la rive droite de l'Elorn.

Les ponts sur l'Elorn

Le **pont Albert-Louppe**, inauguré en 1930 par le président Doumergue, franchit l'estuaire de l'Elorn, qu'il domine de 42 m. Long de 880 m, il compte trois arches de 186 m. À ses extrémités, veillent quatre statues dues au sculpteur Quillivic.

Le **pont de l'Iroise**★, ouvrage des architectes Le Friant et Terzian, s'enorgueillit d'un record du monde : la portée par nappe axiale, avec une travée centrale de 400 m. Contrairement au pont de Normandie, les haubans des deux immenses pylônes sont fixés sur le terre-plein central et non pas sur la chaussée. Inauguré en 1994, ce pont assure la continuité routière entre Brest et Quimper. Il est le premier maillon, côté français, du grand axe de trafic international E 60 qui reliera Brest à la mer Noire (*via* la Suisse, l'Autriche et la Hongrie).

1 km après le pont, tourner à droite vers Plougastel-Daoulas. Suite de l'excursion décrite à Plougastel-Daoulas.

À PIED OU À VÉLO
Le pont Albert-Louppe est interdit aux automobiles depuis l'inauguration du pont de l'Iroise. En revanche, cyclistes et piétons peuvent y profiter de la très belle **vue**★ sur la vallée de l'Elorn, le pont d'Iroise et la rade de Brest.

SE LOGER

⊖⊖ **Hostellerie de la Pointe St-Mathieu –** *29217 La Pointe-de-St-Mathieu - ☎ 02 98 89 00 19 - saintmathieu.hotel.@wanadoo.fr - fermé fév. - 25 ch. 58/150 € - ☕ 9 € - restaurant 25/50 €.* Cet hôtel-restaurant voisin des phares et des ruines de l'abbaye occupe une maison ancienne agrandie d'une aile récente où sont installées les confortables chambres. Attablez-vous dans sa jolie salle à manger voûtée avec cheminée ou, si vous optez pour un repas rapide, dans sa brasserie.

Le phare de la pointe de St-Mathieu est muni d'une installation de feux électriques perfectionnés.

LES ABERS★★ *(voir ce nom)*

Circuit de 195 km – compter une journée.

À LA DÉCOUVERTE DES POINTES

Itinéraire de 56 km – environ 2h.

Quitter Brest à l'Ouest par le pont de Recouvrance pour gagner la route de la Corniche. Continuer tout droit aux Quatre-Pompes. À l'entrée de Cosquer, tourner à gauche.

Ste-Anne-du-Portzic

Au fond de l'anse de Ste-Anne, en bordure de plage, une courte promenade sur le sentier côtier offre de belles vues. Une montée conduit à la pointe du Diable, face au Goulet.

Lové dans ce site extraordinaire, qui domine l'entrée de la rade, le **technopôle Brest-Iroise** rassemble des établissements d'enseignement supérieur, des entreprises et des centres de recherche comme l'Institut français pour l'exploitation de la mer (Ifremer). Autre points forts : les biotechnologies, l'agroalimentaire, les télécommunications et l'informatique.

Gagner la D 789.

La route longe la plage de Trez-Hir (vue sur l'anse de Bertheaume), puis traverse Plougonvelin.

Fort de Bertheaume

☎ 02 98 48 26 41 - juil.-août : 10h-19h ; 3-30 juin : tlj sf lun. 14h-18h ; 23 oct.-2 nov. 14h-18h ; 1er sept.-22 oct. : w.-end et j. fériés 14h-18h - fermé 3 nov.-2 juin - 2 € (-6 ans gratuit).

Fortifié par Vauban, à l'entrée du Goulet de Brest, cet ouvrage défensif est l'occasion d'une promenade sur le sentier côtier.

St-Mathieu★★

St-Mathieu, qui était au 14e s. une ville importante, n'est plus aujourd'hui qu'un village, réputé pour son beau site.

Le phare a une portée est de 55 à 60 km. Une fois gravies les 163 marches, le **panorama**★★ est superbe. De gauche à droite : l'entrée du Goulet de Brest, la presqu'île de Crozon, la pointe du Raz, l'île de Sein, l'île de Beniguet, Molène et Ouessant. Derrière Beniguet, on distingue parfois le phare de la Jument, situé à 30 km. *☎ 02 98 48 30 18 - visite guidée (20mn) juil.-août : 10h-19h (1re sem. de juil. à dernière sem. d'août : 10h-12h, 14h-19h) ; mai-juin et sept.-oct. : w.-end et j. fériés 15h-18h (dernière entrée 20mn av. fermeture) - fermé nov.-avr. - 2 € (-6 ans gratuit).*

Les ruines de l'**abbatiale**★ sont les restes d'un monastère bénédictin fondé au 6e s. et qui, selon la légende, aurait possédé comme relique la tête de saint Matthieu, rapportée d'Égypte par des marins du pays.

Le chœur (13e s.) est flanqué d'un donjon carré. La nef, aux piliers ronds ou octogonaux, est bordée, au Nord, d'un seul bas-côté et, au Sud, de deux bas-côtés (16e s.). En avant de la chapelle N.-D.-des-Grâces, restaurée, remarquez un porche, vestige de l'ancienne église paroissiale.

Pointe de St-Mathieu – *Pour s'y rendre, contourner l'enceinte du phare.* La **colonne**, érigée à la mémoire des marins français morts pendant la Première Guerre mondiale, est l'œuvre du sculpteur Quillivic.

Au retour, à 300 m de Saint-Mathieu vers Plougonvelin, on remarque sur la gauche, près d'une maison, deux **stèles** gauloises surmontées d'une croix et appelées le Gibet des Moines.

Voir « les Abers » pour la suite de l'itinéraire, à savoir la pointe des Renards et Le Conquet que l'on gagne par la corniche. Ensuite, regagner Brest par la D 789.

Brignogan-Plages

Joliment située au fond de l'anse de Pontusval, cette commune, connue pour ses amoncellements de rochers aux formes parfois curieuses, cultive sa vocation de station balnéaire.

La situation

Carte Michelin Local 308 F3 – Finistère (29). Au Nord du Finistère Nord, Brignogan-Plages est à 11 km du Folgoët par la D 770.

7 av. du Gén.-de-Gaulle, 29890 Brignogan-Plages, 02 98 83 41 08.

SABLE FIN
Les baigneurs ont le choix entre les plages du Garo et du Lividic à l'Est, du Crapaud, du Petit Nice, des Chardons Bleus et du Phare à l'Ouest.

Le nom

En 1936, année de la loi instituant les congés payés, Brignogan est devenu Brignogan-Plages.

Les gens

849 habitants. Jadis, la côte était habitée par des paysans-pêcheurs très pauvres. On raconte qu'ils allumaient volontiers des fanaux sur les dunes, afin de tromper les vaisseaux croisant au large. Ces « guetteurs d'épaves » faisaient rapidement disparaître les cargaisons des navires échoués...

se promener

Pointe de Pontusval

D'énormes blocs granitiques se dressent au ras des maisons ou dans les champs. Avec plus de 8 m de haut, le menhir christianisé (surmonté d'une croix) de **Men Marz** compte parmi les plus hauts menhirs de Bretagne.

Chapelle Pol

Cette chapelle du 19e s. forme un charmant ensemble avec le calvaire et la petite tour de guet, construite sur deux rochers.

R. Mattès/MICHELIN

La pointe de Pontusval abrite un petit port où se côtoient pêcheurs et plaisanciers.

alentours

Église de Goulven

7,5 km au Sud-Est. Prendre la direction de la plage du Lividic ; on longe par la côte l'anse de Goulven. Dans Plounéour-Trez, tourner à gauche aussitôt après l'église.

Bâtie aux 15e et 16e s., elle possède un **clocher★** Renaissance qui compte parmi les plus beaux de Bretagne. À l'intérieur, on découvre un monumental bénitier Renaissance, et la tribune d'orgues (16e s.) qui est un ancien jubé transformé. Le maître-autel en granit de Kersanton est précédé d'un petit autel, décoré de six panneaux illustrant les miracles de saint Goulven.

À VOIR
En été, deux belles bannières brodées du 17e s. sont exposées dans le chœur.

Keremma

10,5 km au Sud-Est, route de Plouescat.

Maison des dunes – ☎ *02 98 61 69 69 - juil.-août : 10h30-17h30 ; reste de l'année : tlj sf w.-end 8h30-17h30 - fermé 1er janv., 1er et 8 Mai, 25 déc. - 3,50 € (-15 ans gratuit).*

Implanté sur l'un des plus grands cordons dunaires de Bretagne, ce centre d'interprétation apprend à mieux connaître ce milieu fragile pour mieux le protéger : sentier pédagogique *(accès libre)*, muséographie, animations en saison.

Côte des Bruyères★

Cette section du littoral de la Manche, aux portes du petit Trégor, appartient à la « Ceinture dorée ». L'itinéraire débute par une majestueuse étendue de sable. Il s'élève ensuite vers les pointes escarpées d'une côte très découpée, aux nombreux panoramas.

La situation

Carte Michelin Local 308 I/K 2/3 – Finistère (29) Côtes-d'Armor (22). On y accède à partir de Morlaix et de Lannion, ou par la N 12 (sortie Plouégat-Moysan).

Le nom

Cette côte doit son nom aux jolies plantes à fleurs violettes qui y fleurissent.

Les gens

C'est le domaine des vacances familiales : tous les plaisirs de la mer (plage, pêche à pied, bateau...) se conjuguent avec de jolies balades.

carnet pratique

SE LOGER ET SE RESTAURER

⊖ **Les Panoramas** – *Rte de la Corniche - 22310 Plestin-les-Grèves - 5,5 km au N de Plestin-les-Grèves par D 42 - ☎ 02 96 35 63 76 - fermé Toussaint-Pâques et lun. en oct.-nov. - P - 13 ch. 38,50/58 € - ☕ 6,50 €.* Imposant bâtiment dont la façade colorée domine la plage de St-Efflam, à proximité des sentiers de la côte des Bruyères. Les chambres, rénovées, sont fonctionnelles et sobres. Choisissez-les sans hésitation côté mer afin de jouir du panorama.

⊖⊖⊖⊖ **Grand Hôtel des Bains** – *15 bis r. de l'Église - 29241 Locquirec - ☎ 02 98 67 41 02 - hotel.des.bains @wanadoo.fr - fermé 5-30 janv. - P - 36 ch. 166/286 € - ☕ 12 € - restaurant 34 €.* C'est ici que fut tourné le film de Michel Lang *L'Hôtel de la Plage* en 1978... Dans un jardin au bord de la mer, derrière une façade du début du 20e s., son décor rénové et le luxe discret de ses chambres le classent résolument parmi les étapes de charme. À savourer sans modération !

circuit

DE ST-MICHEL-EN-GRÈVE À LA POINTE DE DIBEN

38 km – environ 4h.

St-Michel-en-Grève

Dédié à l'archange Michel, ce petit centre balnéaire possède une église joliment située au bord de la mer.

Lieue de Grève★

PLAGE DE RÊVE
La Lieue de Grève, longue de 4 km, occupe le fond de la plus grande baie des Côtes-d'Armor. À marée basse, elle se découvre sur près de 2 km. Nombreux sentiers piétonniers aux alentours.

◀ Des ruisseaux, où l'on pêche la truite, rejoignent la mer par des vallons verdoyants. La route, très pittoresque, suit la côte boisée et contourne la masse du Grand Rocher.

Montée au Grand Rocher★ – *3/4h à pied AR. La route à gauche, juste avant le Grand Rocher, permet d'accéder à un parking.* Du belvédère haut de 80 m, très belle **vue★**

sur la Lieue de Grève. À marée haute, et surtout en hiver par vent de Nord-Ouest, le spectacle des rouleaux d'écume qui se succèdent sur la plage et déferlent contre le brise-lames protégeant la chaussée, exprime de façon spectaculaire le fonctionnement du ressac.

St-Efflam

À côté de la chapelle St-Efflam, nichée dans la verdure, coule une fontaine surmontée d'un dôme massif. Sur la plage qui porte son nom, l'ermite Efflam, venu d'Irlande, débarqua en 470 avec ses sept compagnons.

Prendre à gauche vers Plestin.

Plestin-les-Grèves

L'**église** marie les styles gothique et Renaissance ; à l'intérieur, vitraux modernes d'un atelier de Quintin.

Tombeau vénérable
L'église de Plestin abrite le tombeau de l'ermite Efflam, qui s'installa ici, fonda un monastère et y mourut en 512. Son gisant est vêtu en roi (1576).

Revenir à la route côtière.

Corniche de l'Armorique★

Entre St-Efflam et Locquirec, la route suit une côte accidentée. Après la pointe de Plestin, belle vue à marée haute sur l'anse de Locquirec et sa pointe. Le port de Toul-an-Hery se niche à l'embouchure du Douron. À l'Est, on découvre le début de la Côte de Granit rose jusqu'à Trébeurden.

R. Mattès/MICHELIN

Locquirec est un séjour balnéaire familial en même temps qu'un petit port de pêche et de plaisance.

Locquirec

Lancée par l'écrivain Pierre Zaccone au 19e s., la station compte plusieurs plages très agréables. Sa jolie **église★** à clocher Renaissance conserve, au niveau du chœur et du transept, des voûtes lambrissées recouvertes de peintures du 18e s. Au maître-autel, **retable★** du 16e s. en haut relief figurant des scènes de la Passion de facture naïve. *Juil.-août : 13h30-17h30.*

Pointe de Locquirec★ – *1/2h à pied AR.* Cette promenade, qui s'amorce près du chevet de l'église, fait le tour de la pointe : belles vues sur la baie de Lannion.

Après Moulin de la Rive, prendre à droite la route de la corniche qui surplombe la mer.

Table d'orientation de Marc'h Sammet

Érigée sur une avancée rocheuse, elle offre de remarquables **vues★**, à l'Est, sur les plages du Moulin de la Rive et des Sables Blancs, la pointe du Corbeau et ses rochers ; au Nord, sur l'île de Losquet qui se signale par le pylône du Cnet.

Baignade
À l'Ouest de la table d'orientation de Marc'h Sammet, s'étend la plage de Poul Rodou (accès : 800 m plus bas).

Gagner Christ et tourner à droite. Suivre les panneaux directionnels menant à la route touristique. Serpentant sur le plateau, cette route en corniche permet d'apprécier la côte, de la pointe de Trégastel à la pointe de Primel.

À la plage de St-Jean-du-Doigt, prendre à gauche.

St-Jean-du-Doigt★

L'**enclos paroissial** s'ouvre par une porte triomphale du 16e s. À gauche, la haute **fontaine★** Renaissance (socle en pierre et vasques en plomb) est dominée par Dieu le Père bénissant le baptême de son Fils par saint Jean Baptiste.

Y. Auffret

Ce calice Renaissance en vermeil est la plus belle pièce du trésor de St-Jean-du Doigt.

Église★ – Le doigt de saint Jean Baptiste, apporté vers 1420 à la chapelle St-Mériadec qui s'élevait jadis en ce lieu, fit des miracles. Les pèlerins affluèrent... En 1440, on décida l'édification d'une grande église, réalisée en style flamboyant et achevée en 1513. À la base du clocher, adossés aux contreforts, se trouvent deux petits ossuaires ; celui de droite est gothique, l'autre, Renaissance.

Le **trésor**★★ comprend plusieurs reliquaires, des calices, une croix processionnelle en argent doré, un tube en cristal (antérieur au 16e s.) renfermant la première phalange de l'index de saint Jean Baptiste.

Plougasnou

Au centre de cette modeste bourgade, l'**église**, en majeure partie du 16e s., s'ouvre sur la place par un porche Renaissance. À 300 m du bourg, par la rue au chevet de l'église, gagnez l'**oratoire N.-D.-de-Lorette**. Ce monument de granit (1611) présente un toit de pierre ; deux atlantes en gardent l'entrée.

Passer devant le Syndicat d'initiative, et au 3e carrefour, tourner à droite et traverser Ste-Barbe.

Primel-Trégastel★

Sa plage de sable fin profite d'un beau site, près de rochers comparables à ceux de Ploumanac'h et de Trégastel.

Pointe de Primel★

L'extrême pointe est séparée du reste de la presqu'île par une crevasse qui ne peut être franchie qu'à marée basse, et dans le creux de laquelle se trouve une grotte.

1/2h à pied AR. La pointe est un véritable chaos de **rochers** roses. Du mamelon central, le **panorama** s'étend de la baie de St-Pol-de-Léon à la côte de Trébeurden. Au large, on distingue le phare de l'île de Batz et l'île aux Moines (Sept-Îles).

À 1 km, tourner à droite ; la route passe à proximité de viviers. Dans le Diben, pittoresque village de pêcheurs, tourner à droite, direction les Viviers-le Port ; 100 m après, prendre en face vers le port la route qui mène à une digue. Peu avant celle-ci, prendre à gauche le sentier qui mène à la pointe de Diben.

Pointe de Diben

Belle vue sur toute la baie et la pointe de Primel.

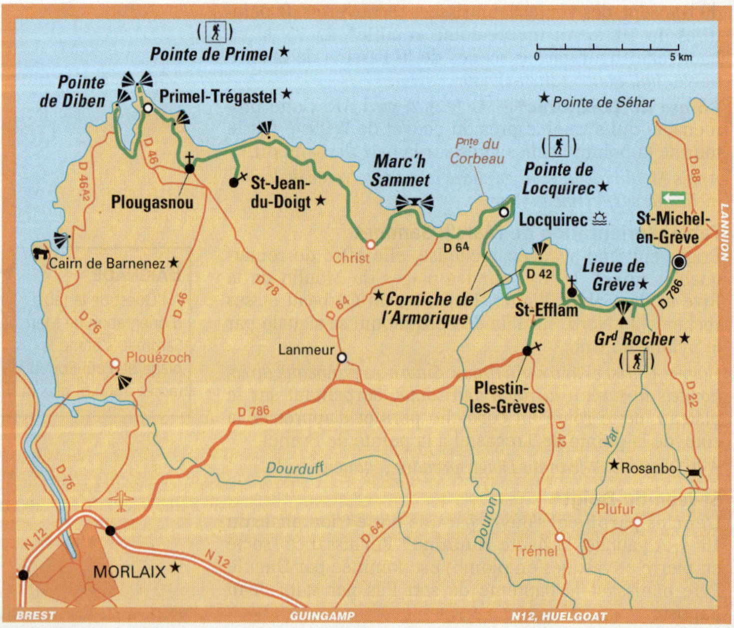

alentours

Château de Rosanbo★

8,5 km au Sud de St-Michel-en-Grève par les D 786 et D 22. ☎ 02 96 35 18 77 - visite guidée (40mn) juil.-août : 11h-18h ; avr.-juin et sept. : 14h-17h ; oct. : w.-end et j. fériés 14h-17h - fermé 2 nov.-31 mars - 7 €.

L'édifice actuel englobe, à l'Ouest, le manoir du 15e s. Agrandi au 17e s. (toits à la Mansart) et au 18e s., il a été restauré au 19e s. Les salles ouvertes au public sont meublées et décorées avec raffinement. Des documents d'archives ont permis la reconstitution des deux pièces les plus authentiques de la demeure : la salle à manger et le salon du 18e s. La **bibliothèque**, qui donne sur une terrasse agrémentée d'un vaste bassin est riche de plus de 8 000 volumes dont la majeure partie date du 17e s. Un magnifique **jardin** à la française œuvre d'Achille Duchêne, paysagiste de renom du 19e s., borde le flanc Nord-Est du château. Remarquez les **charmilles**, longues de près de 2 500 m et les « salles de verdure » (petites clairières dans les bosquets) dont chacune avait sa fonction : manège d'équitation, aire d'entraînement, tennis...

L'origine du nom Rosanbo

Le château s'élève sur les fondations d'un vieux caste du 14e s. dominant la vallée du Bô, d'où son nom breton qui signifie « roche sur le Bô ».

Lanmeur

À 15 km à l'Ouest de St-Michel-en-Grève par la D 786.

Cette petite localité du plateau trégorrois est au cœur d'une zone de cultures maraîchères. Son **église**, reconstruite en 1904, a conservé un clocher et une **crypte**★ d'origine *(accès à gauche du maître-autel, interrupteur électrique en bas de l'escalier à gauche)*. Cette dernière, préromane, remonterait au 8e s. : c'est l'un des plus anciens monuments religieux de Bretagne. Huit piliers massifs, dont deux sont décorés, soutiennent la voûte. Une fontaine jaillit à droite de l'entrée.

Dans l'enclos du cimetière, l'imposante **chapelle de Kernitron** comprend une nef et un transept du 12e s., ainsi qu'un chœur du 15e s. Dans la chapelle face à l'entrée, statue de N.-D.-de-Kernitron (pardon le 15 août) et, à sa droite, au fond d'une petite chapelle, une étonnante statue de sainte Anne accompagnée de Marie.

Objets d'or

Sur le site de Lanmeur, des fouilles ont permis de découvrir deux figurines en or sculpté. Ces pièces rares et très anciennes datent sans doute du 6e s.

Camaret-sur-Mer

Dernier port avant l'océan, sur la pointe de Penhir, Camaret s'abrite derrière une digue naturelle, le « Sillon ». Face au Goulet de Brest, cette tranquille station balnéaire se situe à deux pas d'immenses falaises escarpées, couvertes de bruyères et d'ajoncs où se régalent les amoureux de promenades solitaires.

La situation

Carte Michelin Local 308 D5 – Finistère (29).

Au bout du bout de la Bretagne, Camaret est accessible par Crozon, entre la baie de Douarnenez et la rade de Brest.

15 quai Kléber, 29570 Camaret-sur-Mer, ☎ 02 98 27 93 60.

Le nom

Le site tire son nom de la géologie des lieux et signifie « le port du sillon courbe ».

Les gens

2 668 Camarétois. Né près de Marseille, le poète Paul-Pierre Roux (1861-1940), dit Saint-Pol Roux, s'installa en 1907 au manoir des Boultous, entre Lagatjar et l'océan. Il repose au cimetière de Camaret.

Promenades en bateau

De déb. juil. à mi-sept. : dép. à 9h15. S'adresser à l'Office de tourisme.

Sortie en vieux gréement – *Avr.-oct. : sur la Belle Étoile (dundee langoustier camarétois) - sorties j. ou 1/2 j. et campagne de pêche au thon - ☎ 02 98 27 86 91.*

L'ANCÊTRE DU SOUS-MARIN

En 1801, l'ingénieur américain **Fulton** vient de construire un petit bateau portant cinq hommes d'équipage, capable de naviguer sous l'eau, pendant six heures, Il fait un essai de torpillage dans la baie. Ce sous-marin rudimentaire pouvant plonger six heures projette de fixer au flanc d'une frégate anglaise mouillée dans l'anse un « torpédo » qui contient 100 livres de poudre. Mais lorsque Fulton arrive près du bâtiment, celui-ci appareille... La démonstration est manquée. Il faudra attendre la fin du 19e s. pour que cette audacieuse anticipation entre dans le domaine pratique.

carnet pratique

SE LOGER

⊖ Le Styvel – *2 quai du Styvel - ☎ 02 98 27 92 74 - hotelstyvel@ wanadoo.fr - fermé janv. - 13 ch. 34/50 € - ☐ 7 € - restaurant 15/40 €.* Ce petit hôtel familial né dans les années 1960 offre sur deux étages un univers frais et chaleureux. Les chambres, aux teintes pastel et au mobilier ancien, ouvrent presque toutes sur le port et la tour de Vauban. Le restaurant, joliment décoré, propose une carte traditionnelle.

SE RESTAURER

⊖⊖ De France – *19 quai Gustave-Toudouze - ☎ 02 98 27 93 06 - hotel.thalassa@wanadoo.fr - fermé 4 nov.-31 mars - 17/39 €.* Les chambres, assez simples mais bien tenues et insonorisées, bénéficient du bon air marin ; celles sur l'arrière sont plus petites. Le restaurant, réparti sur deux étages, vous invite à déguster ses spécialités de fruits de mer avec le port en toile de fond.

Ancien port de relâche, Camaret est le dernier refuge avant l'océan en cas de gros temps.

G. Couraud/MICHELIN

se promener

FÊTE RELIGIEUSE
Le pardon de N.-D.-de-Rocamadour a lieu le 1er dim. de sept. Il est suivi de la bénédiction de la mer.

Chapelle N.-D.-de-Rocamadour

Ce sanctuaire du 17e s. doit son origine aux pèlerinages de Rocamadour en Quercy, pratiqués dès le 11e s., dont les fidèles, venus par mer des pays nordiques, faisaient escale à Camaret.

Château Vauban

Construit à la fin du 17e s. par l'illustre ingénieur sur la pointe du Sillon, il se compose d'une puissante **tour** flanquée de murailles.

Alignements de Lagatjar

Le nom de ce bel ensemble mégalithique (143 menhirs relevés au début du 20e s.) signifie « œil de la poule ». S'agissait-il d'un observatoire astronomique ? Qui sait...

Cancale★

Qui ne connaît les huîtres plates de ce centre ostréicole réputé ? Comme l'a longtemps vanté le bandeau de son cachet postal, ce port de pêche possède panoramas, plages et parcs à huîtres, autant dire tout ce que recherche l'estivant en quête de vacances réussies.

La situation

Carte Michelin Local 309 K2 – Ille-et-Vilaine (35). Pour bien apprécier le **site★**, il faut arriver à Cancale par la route touristique, en sens unique, qui s'embranche à droite sur la D 76, à 2,5 km après le carrefour des Portes-Rouges.

44 r. du Port, 35260 Cancale, ☏ 02 99 89 63 72. www.ville-cancale.fr

Les gens

5 203 Cancalais, mais combien de ces Cancalaises, femmes de marins aux « yeux rêveurs », dont l'indépendance et la force de caractère ont longtemps fait la renommée de la ville ?

G. Targat/MICHELIN

Le délice des gourmets !

Le bateau

La **bisquine cancalaise** se distingue sans difficulté de la bisquine de Granville, grâce à sa coque noire et non blanche. Ce bateau, d'une longueur de 18 m environ et à très grande voilure, servait à draguer les huîtres et participait à quelques compétitions. La rivalité entre Cancale et Granville a donné lieu, au 19e s., à des régates passionnées dans la baie du Mont-St-Michel.

La fameuse huître de Cancale

De nos jours, on ne pratique plus à Cancale que l'« élevage » de jeunes huîtres venues d'Auray, une maladie mystérieuse ayant, vers 1920, décimé les bancs de la baie qui fournissaient à profusion le naissain. Maintenant, on s'efforce de le recréer localement : il se développe dans des parcs de pleine mer, donnant une huître plate appelée belon. Son goût typé est dû à la richesse en plancton de la baie du Mont-St-Michel. La côte est ici quadrillée par les parcs ostréicoles : quelque 360 ha de découpages géométriques, qui participent au paysage.

carnet pratique

Se loger

Hôtel la Houle – *18 quai Gambetta - ☏ 02 99 89 62 38 - fermé janv. - 12 ch. 44/55 € - ☕ 6 €.* Modeste hôtel bénéficiant d'un bel emplacement face au port et à la baie. Certaines chambres profitent d'ailleurs de la vue ; d'autres, sur l'arrière, sont plus calmes. Toutes proposent des aménagements simples et un mobilier fonctionnel. Une étape à petit prix.

Voilerie – *Le Chemin Neuf - ☏ 02 99 89 88 00 - contact@hotel-lavoilerie.com - fermé 12 nov.-16 déc. et lun. hors sais. et vac. scol. - P - 13 ch. 46/54 € - ☕ 6,30 €.* Légèrement à l'écart du port, aimable petit hôtel disposant de chambres actuelles, un peu exiguës mais de bon confort. Commencez la journée par un petit déjeuner servi dans une salle au décor marin (mobilier en teck).

Les Oyats – *La Gaudichais - 6 km au N de Cancale par D 201 rte de St-Malo par la côte - ☏ 02 99 89 73 61 / 06 60 89 81 54 - http://membres.lycos.fr/lesoyats - fermé 2 sem. en janv. - ⊄ - 4 ch. 43/55 € ☕.* L'atout de cette ancienne ferme restaurée est sans conteste son emplacement à 10 minutes à pied d'une plage de sable fin et des sentiers de randonnées longeant la côte. Chambres claires sagement aménagées. Barbecue à disposition, jeux pour les enfants, location de VTT sur place et trois gîtes.

Chambre d'hôte Le Victor-Hugo – *20 r. Victor-Hugo - ☏ 02 99 89 92 81 - www.le-victor-hugo.com - fermé 12 nov.-mars - ⊄ - 9 ch. 50/60 € - ☕ 6 €.* Nombre d'habitués fréquentent cette ancienne maison de pêcheurs dont ils apprécient le calme et la situation au cœur du pittoresque quartier qui borde le port de la Houle. Chambres au confort simple, pas très grandes, mais bien entretenues.

La Pastourelle – *Les Nielles, D 155 - 35350 St-Méloir-des-Ondes - ☏ 02 99 89 10 09 - www.baie-saintmichel.com/hebergements/pastourelle.php - fermé de fin déc. à déb. janv. - ⊄ - 3 ch. 46/70 € ☕ - repas 25 €.* Cette belle longère tapissée de vigne vierge borde la route côtière de la célèbre baie du Mont-Saint-Michel. Les chambres, petites et insonorisées, offrent un pimpant décor immaculé et de jolies salles de bains. Au rez-de-chaussée, le salon et la salle à manger marient avec bonheur poutres anciennes et vieilles pierres. Ravissant jardinet.

Hôtel Pointe du Grouin – *À la pointe du Grouin - ☎ 02 99 89 60 55 - hotel-pointe-du-grouin@wanadoo.fr - fermé 16 nov.-31 mars - P - 16 ch. 78/98 € - ☕ 8 € - restaurant 19,50/61 €.* Le site de ce petit hôtel douillet est véritablement exceptionnel : ses fenêtres ouvrent sur un fantastique paysage côtier s'étendant par beau temps jusqu'au Mont-St-Michel. Très fréquentée pendant la journée, la pointe retrouve son calme le soir, et les nuits y sont très tranquilles. Restaurant avec vue.

Se restaurer

Le Marché aux Huîtres – *Au bout du quai Thomas sur le port de Cancale.* « Du producteur au consommateur » : face aux parcs, assis sur le muret au bout du quai, en plein air, vous dégusterez les huîtres toutes fraîches des ostréiculteurs. Ils en assurent l'ouverture de Pâques à septembre, et la vente à emporter toute l'année.

Au Pied d'Cheval – *10 quai Gambetta - ☎ 02 99 89 76 95 - fermé du 15 nov. au dim. av. les Rameaux sf les w.-end et ouv. tlj du dim. des Rameaux. au 14 nov. - 4,80/10,20 €.* Tenue par un conchyliculteur local, cette adresse est entièrement dédiée à la dégustation des huîtres et des fruits de mer élevés dans la baie du Mont-St-Michel. Petites salles à manger rustiques et volontairement simples ; celle de l'étage offre une jolie vue sur la mer.

Crêperie du Port – *1 pl. du Calvaire (sur le port) - ☎ 02 99 89 60 66 - creperie-du-port@wanadoo.fr - fermé 15 nov.-15 déc. et mar. sf vac. scol. - 6,56/12,65 €.* Ambiance marine dans cette crêperie agrémentée de tableaux, d'affiches, de maquettes et d'un plafond décoré d'une fresque. Tout le monde apprécie sa terrasse installée en toutes saisons face au port.

Crêperie La Cancalaise – *3 r. Vallée-Porçon, (près de l'église) - ☎ 02 99 89 71 22 - fermé lun. en juil.-août et vac. scol. - 15 €.* Cette vénérable demeure bretonne jouit d'une excellente réputation. L'accueil y est sympathique, le cadre rustique plaisant, et crêpes et galettes, copieusement garnies de produits « cent pour cent » terroir, sont tout simplement savoureuses.

L'Abri Côtier – *28 quai Gambetta - ☎ 02 99 89 99 28 - 15,50/32 €.* Cette typique maison bretonne bénéficie d'une situation intéressante sur le port. Sobre intérieur décoré dans un esprit marin et véranda offrant un panorama de carte postale. La cuisine puise avec bonheur dans les richesses de la mer.

Surcouf – *7 quai Gambetta - ☎ 02 99 89 61 75 - fermé 3 janv.-4 fév., 22 nov.-17 déc., merc. sf du 10 juil. au 22 août et jeu. - 18/60 €.* Ici, les gourmands se régaleront sans se ruiner ! Servis sur la terrasse en caillebotis ou dans la pimpante salle à manger, les menus composés autour de produits de la région et de la pêche du jour sont d'un excellent rapport qualité-prix...

Coquillage – *Rest. de l'hôtel de Bricourt-Richeux - 6,5 km au S de Cancale dir. Mont-St-Michel par D 76, D 155 et rte secondaire - ☎ 02 99 89 25 25 - info@maisons-de-bricourt.com - fermé dim. soir d'oct. à avr., vend. midi, du 15 déc. à avr., mar. midi, jeu midi et lun. - 28/50 €.* Cette superbe villa des années 1920 nichée dans un grand jardin dominant la baie du Mont-St-Michel abrite un restaurant de caractère : vieux parquets, belles boiseries, tableaux marins et splendide panorama sur la baie. Divine terrasse d'été sous les pins. Goûteuse cuisine de la mer.

Faire une pause

Grain de Vanille – *12 pl. de la Victoire - ☎ 02 23 15 12 70 - ouv. du jeu. au lun. 10h-12h30, 14h30-18h30 - fermé de mi-janv. à mi-fév., 1 sem. fin nov. et mar. en juil.-août.* Galettes cancalaises, *kouign amanns* et autres gourmandises vous attendent derrière la discrète façade colorée de cette charmante pâtisserie-salon de thé créée par le renommé chef Olivier Rœllinger. Tables installées au coin du feu en hiver ou en terrasse l'été.

Sports & Loisirs

École de voile – *Port-Mer - ☎ 02 99 89 90 22 - http://perso.wanadoo.fr/ecoledevoileportmer/ - tlj mars-nov.* Optimist, catamaran KL 13.5, hobie cat 16 max ou planche à voile Formula : une équipe jeune et dynamique vous initiera à tous ces supports depuis la plage de Port-Mer. Location possible de ces matériels et de bateaux à moteur ; point passion plage.

se promener

Port de la Houle★

Les allées et venues des tombereaux chargés d'huîtres, les marchands, le retour des bateaux de pêche à marée haute contribuent à donner au port une animation particulière. Il est bordé par un quartier pittoresque adossé à la falaise, aux ruelles étroites, où vivaient les marins-pêcheurs. Un chemin, le Vaubaudet ou Val du Baudet, le reliait au bourg de Cancale, le quartier haut où habitaient les « terriens » et les commerçants.

Sentier des douaniers★

Cet ancien chemin de ronde s'embranche dans le bas de la rue du Port, après quelques marches. Dès le **monument aux morts**, on profite d'une vue étendue sur la baie du Mont-Saint-Michel et le mont Dol. Un peu

CANCALE

Bricourt (Pl.)	Y	3
Calvaire (Pl. du)	Z	4
Du-Guesclin (R.)	Y	8
Duguay-Trouin (Quai)	Z	9
Duquesne (R.)	Y	10
Fenêtre (Jetée de la)	Z	12
Gallais (R.)	Y	13
Gambetta (Quai)	Z	14
Hock (R. du)	Z	16
Jacques-Cartier (Quai)	Z	17
Juin (R. du Mar.)	Z	18
Kennedy (Quai)	Z	19
Leclerc (R. Gén.)	YZ	20
Mennais (R. de la)	Y	22
Port (R. du)	Z	
République (Pl. de la)	Z	23
Rimains (R. des)	Y	24
Roulette (R. de la)	Z	25
Stade (R. du)	Y	27
Surcouf (R.)	Y	28
Thomas (Quai)	Z	30

La Ferme Marine	Z	M1
Maison de Jeanne Jugan	Y	E
Musée de l'Huître et du Coquillage	Z	F
Musée des Arts et Traditions populaires	Y	M2
Musée des Bois sculptés	Z	M3

plus loin, la **pointe du Hock** révèle une jolie **vue★** sur le rocher de Cancale ; à droite et en contrebas, au pied de la falaise, s'étendent les parcs à huîtres. De part et d'autre de la pointe du Hock, le sentier surplombe les grèves. En suivant la côte jusqu'à Port-Mer, vue splendide sur la pointe de la Chaîne, face au rocher de Cancale. Le sentier *(7 km depuis Cancale)* rejoint la pointe du Grouin *(voir ci-dessous)*.

Église St-Méen

☎ 02 99 89 63 72 - visite sur demande à l'Office de tourisme, en été : tlj ; reste de l'année : tlj sf dim. (h. d'ouverture de l'Office de tourisme) - fermé pdt les fêtes de fin d'année.

Dans la tour de l'église St-Méen, 189 marches mènent à la plate-forme supérieure, munie d'une table d'orientation : superbe **vue★** sur la baie du Mont-St-Michel, Granville et, par temps clair, sur les îles Chausey.

visiter

La Ferme marine. Musée de l'Huître et du Coquillage

☎ 02 99 89 69 99 - visite guidée (1h) de mi-juin à mi-sept. : 11h, 15h et 17h ; de mi-fév. à mi-juin et de mi-sept. à fin oct. : tlj sf w.-end et j. fériés 15h - 6,10 € (enf. 3,10 €).

Au cœur d'une entreprise ostréicole, ce musée explique l'évolution des techniques de culture de l'huître, ainsi que le métier de l'ostréiculteur à travers les âges. Belle collection de coquillages (plus de 1 500), venus du monde entier).

Musée des Arts et Traditions populaires

☎ 02 99 89 71 26 - ♿ - juil.-août : 10h-12h, 14h-18h30, lun. 14h30-18h30 ; juin et sept. : vend., w.-end et lun. 14h30-18h30 - fermé nov.-mai - 3,50 € (10 à 16 ans 1,75 €).

Installé dans l'ancienne église St-Méen (1714), il est consacré aux arts et traditions du pays cancalais : pêche, ostréiculture, agriculture (pomme de terre), vie des Cancalaises, coiffes et costumes, mobilier. Il évoque aussi la vie de Jeanne Jugan *(voir ci-dessous)* et présente l'École de navigation des Rimains, que la cité abrite depuis plus d'un siècle.

Maison de Jeanne Jugan

☎ 02 99 89 62 73 - se renseigner au presbytère - gratuit.

La fondatrice de la congrégation des Petites Sœurs des Pauvres (1792-1879) est née dans cette maison (*voir St-Malo : rubrique St-Servan-sur-Mer*).

EMBARQUER SUR UNE BISQUINE

Les bisquines, ces magnifiques voiliers traditionnels, furent en service jusqu'au milieu du 20e s. On peut aujourd'hui embarquer à bord de *La Cancalaise* - *☎ 02 99 89 77 87 - www.lacancalaise.com*

Le paysage découpé de la pointe du Grouin avec en face l'île des Landes.

alentours

Repaire d'oiseaux
L'île des Landes, située en face de la pointe du Grouin, constitue une réserve ornithologique et botanique, où nichent tadornes de Belon, cormorans huppés, grands cormorans, goélands...

Pointe du Grouin★★

4,5 km au Nord par la D 201. Quitter Cancale par la rue du Stade. Laisser la voiture sur l'aire de stationnement et suivre, à droite du sémaphore, un sentier qui conduit directement à la pointe.

La pointe est souvent très ventée. Le **panorama** s'étend du cap Fréhel à Granville, en passant par la baie du Mont-St-Michel. Au large, on distingue les îles Chausey. Un sentier permet d'aller, à marée basse, explorer une grotte creusée dans la falaise (hauteur 10 m, profondeur 30 m).

Carhaix-Plouguer

Carhaix a planté sa flèche en pleine Armorique, entre les monts d'Arrée et les Montagnes Noires, dans une région d'élevage. Ville carrefour, la capitale du Poher a résisté au dépeuplement en créant un festival des Vieilles Charrues très couru.

Courage et modestie
Né en 1743, La Tour d'Auvergne se distingue par son goût des armes et de la langue bretonne. Pendant la Révolution, les plus hauts grades sont proposés à ce capitaine en second de 46 ans, mais il les refuse pour rester au milieu de ses soldats. À 54 ans, en pleine retraite, il part comme simple soldat. Nouvelles actions d'éclat ! Bonaparte lui offre un siège au Corps législatif, mais il ne peut vaincre la modestie du Breton.

La situation

Carte Michelin local 308 J5 – Finistère (29). À l'intérieur du département, la ville est située au carrefour de la N 164 et des D 769, 764 et 787.

R. Brizeux, 29270 Carhaix-Plouguer, ☎ 02 98 93 04 42. www.ville-carhaix.com

Le nom

Kaer signifie « ville » ; *Ahès* désignerait les Osismes, une tribu celte.

Les gens

7 648 Carhaisiens. Tous les ans, le samedi précédant le 27 juin, Carhaix célèbre la fête Théophile-Malo Corret, plus connu sous le nom de **La Tour d'Auvergne**. Ce brillant militaire refuse les promotions et n'accepte qu'un sabre d'honneur et le titre de « Premier grenadier de la République » avant d'être tué en 1800 pendant la campagne du Rhin, à Oberhausen.

se promener

Église St-Trémeur

Reconstruite au 19e s., elle conserve une imposante tour-porche du 16e s. Le tympan du portail est orné de la statue de saint Trémeur, dont la légende remonte au 6e s.

Maison du Sénéchal

Au n° 6 de la rue Brizeux. ☎ 02 98 93 04 42 - juil.-août : 9h-12h30, 13h30-19h, dim. et j. fériés 10h-13h ; sept.-juin : tlj sf dim. et j. fériés 10h-12h, 14h-18h ; reste de l'année : tlj sf lun., jeu., w.-end et j. fériés 10h-12h, 14h-17h30 - gratuit.

carnet pratique

Se loger

Chambre d'hôte Le Manoir de Kergaurant – *Rte de Goariva, Kergaurant - 02 98 93 78 86 - - 4 ch. 37/52,50 €* . Un magnifique parc arboré entoure cette belle demeure typiquement bretonne. Chambres spacieuses dotées de meubles anciens ; deux seulement possèdent une salle de bains (n'hésitez pas à demander lors de la réservation). Accueil à la fois simple et aimable.

Se restaurer

La Ronde des Mets – *5 pl. de la Mairie - 02 98 93 01 50 - fermé 2 sem. déb. mars, 1 sem. de fin juil. à déb. août et 2 sem. entre sept. et oct. - 11,50/37 €.* La devanture en bois couleur bordeaux donne à ce restaurant un petit air rétro. Vous y dégusterez une goûteuse cuisine traditionnelle, confortablement attablé au milieu de tableaux peints par des artistes locaux.

Que rapporter

Saveurs - Christine Briand – *37 r. Brizeux - 02 98 93 23 97 - briandch@wanadoo.fr - tlj sf dim. et lun. 10h-12h30, 13h30-19h30.* Cette épicerie du centre-ville est minuscule mais regorge de produits régionaux ou issus des quatre coins de France : sardines, galettes, caramels au beurre salé, foies gras, eaux-de-vie, thés parfumés, etc. L'on y trouve également de la vaisselle et un choix de théières plus originales les unes que les autres... Impossible de repartir les mains vides de cette appétissante caverne d'Ali Baba !

Calendrier

Chaque été, le 3e w.-end de juil., le Festival des vieilles charrues attire les stars de la scène internationale et de jeunes découvertes. Tout cela sur trois jours, devant un large public - 0 820 890 066 - *www.vieillescharrues.asso.fr*

J.-M. Roignant/ANDIA

Les agoraphobes sont prévenus : le festival des Vieilles Charrues attire chaque été une grande foule.

Une belle façade du 16e s. : le rez-de-chaussée en granit sculpté, les étages en encorbellement, le tout habillé d'ardoise et décoré de statuettes. Le Syndicat d'initiative y est installé ; petit **musée** d'ethnographie locale au 1er étage.

circuit

PLATEAU DU HUELGOAT

Circuit de 80 km – environ 4h.

Quitter Carhaix par les rues Oberhausen et des Abattoirs en direction de Plounévézel (D 54). À Croissant-Marie-Jaffré, tourner à droite puis, 3 km après avoir laissé Lesquern sur la gauche, prendre à nouveau à droite, dans un virage, un chemin non revêtu.

Chapelle St-Gildas

Un parcours en sous-bois y conduit. Clocher carré à flèche de pierre et grotesques au chevet (16e s.).

Belle vue

À la droite de la chapelle, se trouve le signal St-Gildas qui culmine à 238 m : vue sur les monts d'Arrée.

Revenir à la route initiale et tourner à droite. Prendre à gauche vers Plourac'h.

Église de Plourac'h

Ce sanctuaire Renaissance en forme de T a été élevé en grande partie aux 15e et 16e s. Le **porche** gothique abrite les statues des apôtres, surmontées de dais très ouvragés. Trois gâbles armoriés surmontent une belle porte Renaissance et les deux fenêtres qui l'encadrent.

À l'intérieur, parmi les nombreuses statues, remarquez celles de saint Guénolé, saint Nicodème en docteur de la loi, et une Descente de croix dont la Vierge est vêtue de la cape de deuil du pays.

Avis aux chasseurs
Callac est la « capitale » de l'épagneul breton, chien d'arrêt très efficace.

Callac

Cette ville possède une station de haras devant laquelle est érigée la statue de bronze de l'étalon Naous. Né en 1935, ce formidable reproducteur fut l'étalon le plus réputé de Bretagne. Durant treize ans de bons et loyaux services, ce cheval de trait breton a donné naissance à quelque huit cents descendants directs.

Emprunter la route de Guingamp et, à 2 km, tourner à droite.

Bulat-Pestivien

H. Gyssels/PHOTONONSTOP

À Pestivien, à 1 km au Nord de Bulat, le calvaire de 1550 conserve une émouvante Mise au tombeau.

Ce village conserve quelques manoirs (17e et 18e s.) dont on remarquera la qualité du matériau de construction et une belle **église★** aux porches remarquables. Sa tour Renaissance, la première de cette période en Bretagne, a été surmontée d'une flèche au 19e s. La sacristie monumentale est ornée d'une frise macabre ; un curieux lutrin représente un paysan en costume vannetais. La belle table de 1583, à dessins géométriques, longue de 5 m, recevait les offrandes lors du **pardon**. Celui-ci a toujours lieu le dimanche qui suit le 8 septembre.

Descendre vers Burthulet par la route de Rostrenen.

Chapelle de Burthulet

Ce modeste édifice du 16e s. à clocher-mur apparaît dans un site mélancolique : nul doute que « le diable y soit mort de froid » ainsi que l'assure la légende.

Gagner Ty-Bourg où l'on tourne à droite.

St-Servais

Le romancier Anatole Le Braz y naquit (1859-1926). Imposante église du 16e s.

Prendre en face de l'église vers St-Nicodème. À 2 km, tourner à droite.

Gorges du Corong★

1h à pied AR. Du rond-point aménagé en fin de route part le sentier menant aux gorges. Il longe la rivière et s'enfonce dans la forêt de Duault. Bientôt, la rivière disparaît sous un amas de rochers pour rejaillir en cascades.

Revenir sur ses pas et prendre deux fois à droite en direction de Locarn.

Les roues à carillon
Quelques rares églises conservent ce très curieux objet rituel, souvent appelé « roue de fortune ». Pour les Celtes, la roue était un symbole religieux, probablement lié au culte solaire. Plus tard, il fut annexé au culte chrétien. On peut encore voir ces roues dans les églises de Saint-Nicolas-du-Pélem, Locarn, Lanniscat, Confort-en-Meilars et Kérien.

Église de Locarn

Elle possède une remarquable verrière du 16e s., une **roue à carillon** et cinq panneaux d'un retable flamand de la même époque représentant des épisodes de la vie du Christ. ☎ *02 96 36 66 11 - de mi-juin à mi-sept. : 14h-19h ; reste de l'année : tlj sf dim. et lun. 14h-17h30 - clef disponible à la Maison du patrimoine.*

Le **trésor★** comprend un buste et un bras reliquaires de saint Hernin exécutés au 15e s., une croix de procession de la fin du 16e s. et un calice du 17e s., le tout en vermeil.

Par Trébrivan, regagner Carhaix-Plouguer.

Carnac★

Les alignements de mégalithes ont fait de Carnac le symbole de la préhistoire, à l'égal de Stonehenge en Grande-Bretagne. Depuis la fin du 18e s. où se sont vulgarisés les termes de « dolmen » et de « menhir », aucun site n'a fait naître autant de théories et de controverses... Outre ses milliers de pierres levées, Carnac compte un musée de la Préhistoire, premier au monde pour sa collection d'objets de la période mégalithique.

La situation

Carte Michelin Local 308 M9 – Morbihan (56). Connu mais pas grand, Carnac est à deux pas de La Trinité-sur-Mer, juste à côté de la presqu'île de Quiberon.
74 av. des Druides, 56340 Carnac, ☏ 02 97 52 13 52. www.carnac.fr

Le nom

Du celte *karn*, « pierre » ou « rocher », qui a donné cairn.

Les gens

4 444 Carnacois, assez fiers de leurs ancêtres du néolithique qui réussirent à dresser quelques pierres de belle taille.

J. Malburet/MICHELIN

Les alignements de Carnac ou entre 500 000 et 1 000 000 de journées d'efforts pour les élever !

carnet pratique

Se loger

Ty Me Mamm – *Quelvezin - 5 km au N de Carnac par D 768 et C 202 rte de Quelvezin - ☏ 02 97 52 45 87 - tymemam@wanadoo.fr - 4 ch. 37/50 €.* Hospitalité et spontanéité sont la devise de cette ferme de 1900 dotée d'un grand jardin bordé d'un étang. Les chambres, qui portent chacune le nom d'une des plages de Carnac, conjuguent avec succès rustique et contemporain. Réfrigérateur et micro-ondes à disposition.

L'Alcyone – *Imp. de Beaumer - ☏ 02 97 52 78 11 - 5 ch. 59/62 €.* Cette longère de 1870 joliment restaurée vous invite au farniente : transats dans le grand jardin face à la campagne, moelleux canapés au salon et calme ambiant. Chambres agréables avec murs blancs, parquet et tissus choisis. Au petit-déjeuner, vous vous régalerez de confitures et de viennoiseries maison.

Armoric – *53 av. de la Poste - ☏ 02 97 52 13 47 - armoric.carnac@wanadoo.fr - 25 ch. 77/111 € - 8,50 € - restaurant 18,30/37,50 €.* Les chambres de cet hôtel des années 1960 sont sobrement décorées ; celles des derniers étages offrent une vue dégagée. Paisible jardin arboré. Salle à manger simple, égayée par des tons bleu et blanc ; terrasse d'été.

Se restaurer

Auberge le Râtelier – *4 chemin du Douet - ☏ 02 97 52 05 04 - bouvart@infonie.fr - fermé 6 janv.-6 fév., mar. et merc. hors sais. - 17/40 € - 8 ch. 46/55 € - 7 €.* L'authentique façade en granit où grimpe la vigne vierge abrite une chaleureuse salle à manger rustique. Cuisine régionale faisant la part belle au poisson. Chambres à la fois simples et « cosy ».

La Côte – *Aux alignements de Kermario - 2 km rte d'Auray -*

☎ 02 97 52 02 80 - lacote@tele2.fr - *fermé 6 janv.- 12 fév., 15-19 mars, 4-8 oct., 1er-8 déc., sam. midi, dim. soir de sept. à juin, mar. midi en juil.-août et lun. - 22/85 €.* Étape gourmande à ne pas « brûler » après la visite des mégalithes de Kermario, dans cette ancienne ferme dont la petite véranda est grande ouverte sur le jardin aux beaux jours. La cuisine du jeune chef est résolument originale.

Sports & Loisirs

Carnac Thalassothérapie – *Av. de l'Atlantique - ☎ 02 97 52 53 54 - www.thalasso-carnac.com - 8h30-18h - fermé 2e et 3e sem. en janv. et 25 déc.* Ambiance feutrée, bâtiments rénovés chaque année : ce centre assure un environnement de qualité pour une détente parfaite, que vous pourrez goûter le temps d'un week-end. À raison de quatre soins par jour, vous découvrirez ainsi l'hydrothérapie et l'algothérapie tout en profitant de la plage, à deux pas de là. Piscine ouverte au public.

Parachutisme ascensionnel – *Parasailing (hôtel Les Rochers) - ☎ 02 97 52 10 09.*

SADT Casino de Carnac – *41 av. des Salines - ☎ 02 97 52 64 64 - casino_carnac@accor-casinos.fr - tlj 20h-3h.* Établi en bord de saline, cet établissement construit en 2002 sur le modèle des greniers à sel traditionnels abrite des machines à sous, des jeux de table (boule, roulette, black jack et stud poker), un restaurant et un bar.

découvrir

LES MÉGALITHES★★

Au Nord de Carnac, une promenade fait découvrir l'essentiel des monuments mégalithiques de la région : alignements, dolmens, tumulus. Ils sont aujourd'hui protégés par des clôtures.

Mesures de sauvegarde
Le piétinement des innombrables visiteurs a fini par constituer un réel danger pour la conservation des mégalithes. Les alignements de Carnac ont donc été clôturés par les pouvoirs publics, le temps que la végétation stabilise le sol et empêche ainsi le déchaussement des menhirs.

En face des alignements du Menec, la **Maison des mégalithes** organise des visites guidées des alignements. *☎ 02 97 52 29 81 - juil.-août : visites-conférences (1 à 2h) connaissance et parcours des mégalithes - 4 € (enf. 3 €), visites-randonnées (3h) - 6 € (enf. 5,50 €) ; ttes vac. scol. : visites-conférence (1h) - 4 € (enf. 3 €).*

Alignements du Menec★★

Datés approximativement du néolithique moyen (3000 avant J.-C.), ces alignements s'étendent sur une longueur de 1 160 m et une largeur de 100 m. Ils comptent 1 099 menhirs disposés sur 11 files ; le plus élevé mesure 4 m de haut. Leur orientation est Sud-Ouest/Nord-Est. Un **cromlech** (hémicycle) se trouve à chacune des extrémités : l'un comprend 70 menhirs, l'autre 25 seulement (très abîmé).

Alignements de Kermario★★

Ici, 1 029 menhirs sont disposés en 10 lignes parallèles sur 1 120 m de long et 100 m de large. Ils sont sensiblement contemporains de ceux du Menec, et de même superficie. De la passerelle latérale, on observe la progression de la taille des menhirs d'Est en Ouest. Un dolmen à couloir est situé au Sud-Ouest. Plus loin, les alignements passent sur les restes d'un **tumulus** de 35 m de long, sur le plateau du Manio.

Le géant du Manio
À proximité du plateau du Manio, un menhir de 3 m de haut porte à sa base 5 serpents gravés. 5 haches polies avaient été enterrées à son pied...

Alignements de Kerlescan★

Poursuivre vers l'Est sur la D 196.

Dans ce champ de 355 m sur 139 m, 555 menhirs sont rangés sur 13 lignes convergentes. Un **cromlech** de 39 menhirs les précède.

Chapelle St-Michel★

La chapelle Saint-Michel est décorée de belles fresques (1961) d'Alice Pasquo. Le tumulus comporte aussi un petit calvaire (16e s.) et une table d'orientation. La **vue**★ s'étend sur la région des mégalithes, la côte et les îles.

Le tumulus Saint-Michel
Long de 125 m, large de 60 et haut de 12 m, ce tumulus remonte au néolithique ancien (4500 avant J.-C.). Il renferme deux chambres funéraires et une vingtaine de coffres de pierre. Les objets trouvés dans les sépultures sont exposés au musée de Préhistoire de Carnac et au musée d'Archéologie de Vannes. Des galeries intérieures ont été explorées au début du 20e s. ; leur très mauvais état les rend inaccessibles.

Dolmens de Mané-Kerioned

Ensemble de trois dolmens dont le premier présente huit supports gravés de divers symboles stylisés : haches, spirales, écussons...

Tumulus de Kercado

Ce cairn, très ancien (4670 avant J.-C.) est vraisemblablement contemporain de celui de Barnenez. Il mesure 30 m de diamètre et 3,50 m de hauteur, et recouvre un beau dolmen. À son sommet, se dresse un menhir. Remarquez les sculptures sur la table et quatre supports. Pendant la Révolution, il aurait servi de cachette à des chouans. *9h-19h. Tarif libre.*

visiter

Musée de Préhistoire J.-Miln-Z.-Le-Rouzic**

☎ 02 97 52 22 04 - www.museedecarnac.com - ♿ - de mi-juin à mi-sept. : 10h-12h30, 13h30-19h ; reste de l'année 10h-12h30, 13h30-18h (dernière entrée 1h av. fermeture) - fermé merc. matin, janv., 1er Mai et 25 déc. - 5 € (enf. 2,50 €).

Créé en 1881 par l'Écossais James Miln et enrichi par le Carnacois Zacharie Le Rouzic, le musée rassemble d'exceptionnelles collections allant du paléolithique inférieur au début du Moyen Âge. Parcours ludique et didactique pour les enfants.

La visite se déroule selon un ordre chronologique : le paléolithique inférieur (600 000 avant J.-C.), les paléolithiques moyen et supérieur (de 300 000 à 12 000 avant J.-C.), le mésolithique (de 12 000 à 5 000 avant J.-C.). Ensuite, des vitrines expliquent l'architecture mégalithique (néolithique, de 5 000 à 2 000 avant J.-C.) : à chaque site correspond une présentation du mobilier funéraire (parures, haches polies, pendeloques, poteries, etc.). D'autres vitrines présentent la vie quotidienne au néolithique, période où l'homme devient agriculteur et éleveur.

Le premier étage est consacré à l'âge du bronze (haches à douille, bijoux en or) et à la période romaine (maquette d'une villa, statuettes de Vénus). Des panneaux évoquent le Moyen Âge breton et les méthodes de fouilles des agriculteurs.

Église*

Elle date du 17e s. À l'intérieur, de curieuses **peintures** du 18e s. recouvrant les voûtes en bois illustrent la vie de saint Cornély, du Christ, de saint Jean Baptiste et de la Vierge. La table de communion, la chaire, la grille du chœur sont de remarquables œuvres du 18e s., en fer forgé. À gauche, à l'entrée du chœur, buste reliquaire de saint Cornély en bois doré du 18e s. Le trésor de l'église conserve calices, ostensoir, chasubles, croix, etc.

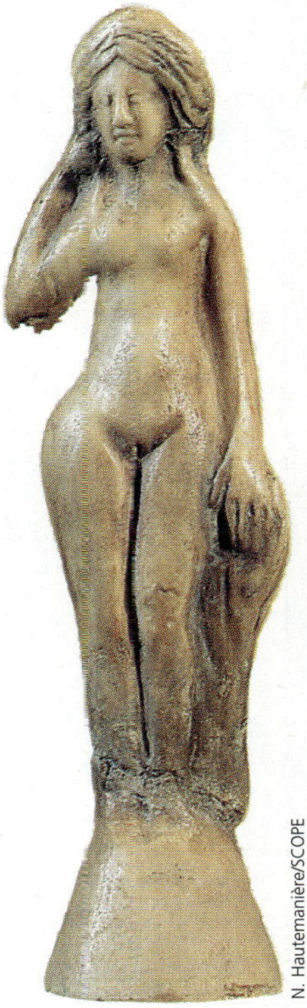

N. Hautemanière/SCOPE

Vénus gallo-romaine (1er s.).

L'église de Carnac est dédiée à **saint Cornély**, protecteur des bêtes à cornes, qui figure sur la façade entre deux bœufs.

alentours

Carnac-Plage

Plus récente que le bourg, la station de Carnac-Plage s'est développée à l'abri de la presqu'île de Quiberon, sur une grève en pente douce. Elle compte plusieurs **plages** : la Grande Plage, au Sud (2 km de long) ; Légenès, Ty Bihan et St-Colomban à l'Ouest ; Beaumer et Men-Du à l'Est.

À VOS PLANCHES !
La plage de St-Colomban réunit les véliplanchistes durant toute l'année.

Autres mégalithes*

Au Nord-Ouest, par la D 781 vers Lorient.

Dolmens de Rondossec – *À gauche, à la sortie de Plouharnel.* Ce sont trois chambres enfouies dans le sol.

Menhirs du Vieux-Moulin – *Après le passage à niveau.* Ils sont plantés dans un champ à droite de la route.

Alignements de Ste-Barbe – *À proximité de la route à gauche en prenant la direction du camping le Kersily.* Au nombre de quatre, plantés en bordure d'un champ.

Dolmen de Crucuno – *Route à droite.* Il se dresse au cœur du hameau de Crucuno, adossé à une ferme. Seule la chambre subsiste, la lourde table repose sur onze supports.

Dolmen de Mané-Croc'h – *À 500 m au-delà de Crucuno, sur la gauche.* Type même du dolmen à chambres latérales.

Alignements de Kerzerho – *À droite de la route, à l'entrée d'Erdeven.* Environ 1 130 menhirs les composent et sont disposés en 10 lignes.

Plouharnel

Bénéficiant d'une position stratégique dans la baie de Quiberon ce bourg a conservé quelques anciennes maisons et une attachante chapelle du 16e s., **N.-D. des Fleurs**. On peut y voir un bel *Arbre de Jessé* en albâtre (15e s.). Un sentier utilisé pendant les pardons descend à la fontaine de la chapelle (16e s.). *Juil.-août : 10h30-12h, 17h30-19h, w.-end 17h30-19h ; mai-juin et sept.-oct. : merc. et dim. 15h30-17h.*

Un blockhaus abrite le **musée de la Chouannerie** (grands dioramas, armes, habits, guillotine). Il revient sur ce mouvement dont l'un des héros fut Georges Cadoudal. *☎ 02 97 52 31 31 - www.musee-vendee-chouannerie.com - ♿ - de Pâques à mi-juin : 14h-18h ; de mi-juin à fin sept. : 10h-12h, 14h-17h30, lun. et w.-end 14h-17h30 - 5 € (12-16 ans 2,50 €, -12 ans gratuit).*

À la sortie de Plouharnel se détachent les imposantes silhouettes de deux abbayes. Sur la route d'Auray, l'**abbaye Ste-Anne-de-Kergonan**, fondée par Solesmes en 1897, accueille des moines bénédictins qui partagent leur temps entre la prière et la décoration de céramique *(boutique). ☎ 02 97 52 30 75 - se renseigner.*

Non loin de là, sur la route de Carnac, l'**abbaye St-Michel-de-Kergonan** (1898) est une fondation de la même congrégation pour les moniales. L'important édifice en granit comprend une église très sobre. Au-delà du magasin (livres, produits réalisés par les sœurs), une galerie abrite une exposition consacrée au monachisme bénédictin. *☎ 02 97 52 32 14 - visite libre de l'abbaye - exposition : 9h30-10h, 11h15-12h15, 14h30-17h, 17h30-18h30, dim. 9h30-10h, 11h15-12h30, 14h30-16h, 16h30-18h30.*

Châteaubriant

Au centre d'une région boisée et parsemée d'étangs, cette ancienne ville fortifiée se situe aux marches de la Bretagne et de l'Anjou. Capitale du pays de la Mée, Châteaubriant est une ville touristique en plein essor qui a su valoriser son passé historique et culturel.

La situation

Carte Michelin Local 316 H1 – Loire-Atlantique (44). Au Nord du département, on arrive à Châteaubriant par la D 178 et la D 31 au départ de Nantes.

ℹ 22 r. de Couëré, 44110 Châteaubriant, ☎ 02 40 28 20 90.

Le nom

Castellum Brientii au 11e s., ce qui désignait le « château du seigneur de Brient ».

Les gens

12 065 Castelbriantais. Le romancier Paul Guimard est né en 1921 non loin de la ville, à St-Mars-la-Jaille.

visiter

Château★

☎ 02 40 28 20 20 - www.culture.cg44.fr - visite guidée de mi-juin à mi-sept. : 10h-12h15, 14h-18h30 ; reste de l'année : 14h-17h - visite libre des extérieurs - fermé mar., 25 déc.-1er janv., 1er Mai, 1er nov. - 3 € (-10 ans gratuit, 10-18 ans 1,80 €).

Le château comprend une partie féodale et une partie Renaissance, due à Jean de Laval, comte de Châteaubriant, dont l'épouse fut un temps la favorite de François Ier. Du château féodal, il subsiste un important **donjon**, rattaché au châtelet d'entrée et à la chapelle par des murailles auxquelles s'adossent les deux ailes du Grand Logis. En face s'élève le **palais seigneurial** dont

Bon appétit !

Centre d'un pays d'élevage de viande bovine, Châteaubriant est le deuxième marché aux gros bovins de France ; c'est dire l'attachement des éleveurs à la qualité de leur production.

La technique de cuisson du châteaubriant aurait été mise au point par **Montmirail**, cuisinier de François-René de Chateaubriand, à moins que ce ne soit par **Magny**, cuisinier d'un restaurant parisien qui recevait au 19e s. les célébrités littéraires. Quoi qu'il en soit le châteaubriant est une pièce de bœuf d'un poids de 300 à 400 g prise dans le filet ; la cuisson est primordiale, car la viande doit être saisie à l'extérieur, et saignante, juste chaude, à l'intérieur ! Traditionnellement, cette viande savoureuse est servie avec des pommes dauphine et une sauce béarnaise.

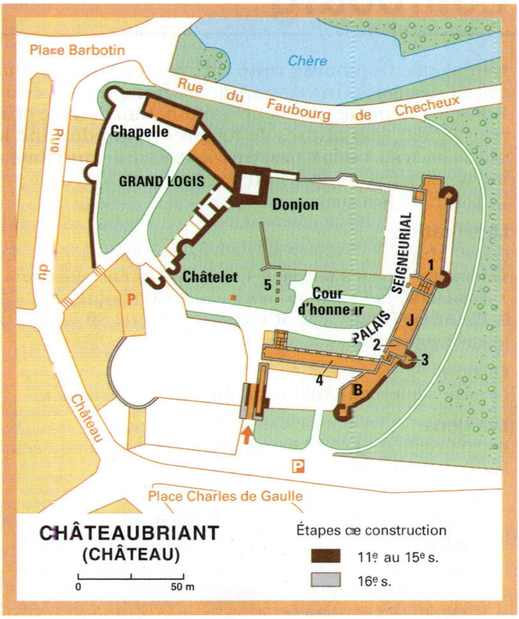

Vue d'ensemble
On peut faire le tour du château en flânant sur l'esplanade et dans les jardins qui descendent jusqu'à la Chère, où il fait bon pique-niquer.

les trois ailes sont reliées par d'élégants pavillons Renaissance. Au cours de la visite, on emprunte l'escalier central **(1)** menant à un balcon d'où l'on jouit d'une belle vue sur la cour d'honneur, le donjon, les toits de la ville. On accède ensuite à la chambre de Françoise de Foix **(2)** avec sa monumentale cheminée en bois sculpté (début 17e s.). L'oratoire **(3)** renferme la pierre tombale de Françoise de Foix, gravée d'une épitaphe de Clément Marot. Le tribunal d'instance **(J)** occupe une partie du palais seigneurial et la bibliothèque municipale, l'aile méridionale **(B)**. De la colonnade qui encadrait la cour d'honneur, il reste la galerie couverte **(4)** aboutissant à un pavillon d'escalier et un tronçon **(5)** fermant la cour d'honneur.

Église de St-Jean-de-Béré

Le chœur et la croisée du transept remontent à la fin du 11e s., la nef est du 12e s. À droite du « Chapitreau » (16e s.) se trouve le petit « autel du Bon Dieu de Pitié » où était célébrée la messe au temps de la peste noire (1347-1351). À l'intérieur, sur le maître-autel : très riche retable (1665).

La Sablière

Aux portes de la ville, sur la route de Pouancé, à la carrière des Fusillés, le **monument du Souvenir** rappelle que 27 otages ont été tués par les Allemands, le 22 octobre 1941. Ils furent passés par les armes en représailles de l'attentat qui tua, le 20 octobre 1941, le feld-commandant de la place de Nantes. D'autres otages tombèrent à Nantes, ainsi qu'au mont Valérien, à l'Ouest de Paris.

Au pied du monument du Souvenir, 185 alvéoles renferment de la terre venue de tous les hauts lieux de la Résistance.

alentours

Abbaye de Melleray

21 km au Sud par la D 178 puis à gauche dans la D 18 à partir de La Meilleraye-de-Bretagne (vers Riaillé).

Fondée en 1142 près d'un étang magnifique, cette abbaye cistercienne comporte des bâtiments du 18e s. L'**église N.-D.-de-Melleray** (1183) a retrouvé sa rigueur cistercienne et des vitraux en grisaille. Dans le chœur à chevet plat, **Vierge** en bois polychrome du 17e s.

Combourg★

L'image de Combourg reste intimement liée au plus grand des écrivains romantiques français. En effet, François René de Chateaubriand habita dans le château féodal, aux allures de forteresse, qui domine le vieux bourg. À deux pas, un vaste étang contribue à la vue charmante que l'on découvre en arrivant par la route de Rennes.

La situation

Carte Michelin Local 309 L4 – Ille-et-Vilaine (35). En venant de Rennes par la N 137, il faut prendre à droite, après Hédé, la D 795 qui mène vers Combourg.

Pl. Albert-Parent, 35270 Combourg, ☎ 02 99 73 13 93. www.combourg.org

Le nom

On sait seulement qu'il vient du latin *Comburnium.*

Les gens

4 850 Combourgeois. Chateaubriand ne pouvait qu'éclipser toute autre célébrité locale.

SE LOGER ET SE RESTAURER

Hôtel du Château – *Pl. Chateaubriand - ☎ 02 99 73 00 38 - hotelduchateau@wanadoo.fr - fermé 21-29 mars, 18 déc.-18 janv., dim. soir sf du 14 juil. au 20 août, sam. midi et lun. midi - P - 36 ch. 52/108 € - ☕ 10 € - restaurant 19/53 €.* Cette belle demeure ancienne et ses deux annexes postées au pied du château vous accueillent dans un cadre soigné. Ses chambres, agréables et personnalisées, ouvrent sur la forteresse, le jardin ou le lac. De là, vous pourrez partir à la découverte de la Haute-Bretagne.

CHATEAUBRIAND À COMBOURG

Construit au 11e s., agrandi aux 14e et 15e s., restauré au 19e s., le château appartint à la famille Du Guesclin, puis au comte de Chateaubriand, père de François René. Dans ses *Mémoires d'outre-tombe*, le grand écrivain a évoqué les souvenirs des deux années de jeunesse passées à Combourg. D'humeur taciturne, le comte de Chateaubriand vivait très retiré, se promenant des heures durant sans que personne n'ose ouvrir la bouche. Malade, la comtesse ne s'occupait de ses enfants que de très loin. François René et sa sœur Lucile étaient livrés à eux-mêmes, dans l'ennui comme dans le rêve. Autour d'un château désert au point d'en être lugubre, bois et lande portaient à la tristesse. La tour du Chat, où François René avait sa chambre, était hantée : un ancien seigneur des lieux y revenait la nuit sous la forme d'un chat noir que l'enfant guettait anxieusement. Le vol des chouettes et le vent ébranlant portes et couloirs faisaient frissonner l'enfant. Là s'est nourrie l'âme de celui qui allait ouvrir la voie au romantisme français.

visiter

Château★

☎ 02 99 73 22 95 - www.combourg.net - visite guidée (45mn) juil.-août : 11h-17h30, parc 10h-18h ; avr.-juin et sept. : 14h-17h30, parc 10h-12h30, 14h-18h (dernière entrée 17h30) ; oct. : 14h-17h, parc 10h-12h, 14h-17h - fermé sam. (sf juil.-août), nov.-mars - 5 € château et parc (enf. 2 €).

Puissante forteresse aux épaisses murailles flanquée de quatre tours massives coiffées en poivrière, le château a été restauré grâce aux conseils de Viollet-le-Duc. L'intérieur, largement réaménagé en 1876, recèle notamment des souvenirs de l'illustre écrivain. Dans la tour du Chat, se trouve l'austère chambre de son enfance. Très belle vue sur la localité, le lac et le **parc** depuis le chemin de ronde crénelé.

R. Mattès/MICHELIN

Ici grandit Chateaubriand, tout imprégné par l'atmosphère éminemment romantique des lieux.

alentours

Lanhélin

8 km au Nord-Ouest par la D 73. À Lanhélin, suivre la signalisation Parc de loisirs.

Cobac Parc – ☎ *02 99 73 80 16 - www.cobac.fr du 18 juin au 11 sept. : 10h-18h30 ; 23 avr.-17 juin : merc., w.-end et j. fériés 10h30-18h - 13 € (- 3 ans gratuit).*

☺ Ce parc (10 ha de verdure) réunit toutes les attractions auxquelles ne résistent pas les enfants : jeux couverts, espace aquatique chauffé avec des toboggans géants et une pataugeoire, carrousel 1900, petit train, manèges, parc d'oiseaux, île aux champignons géants, poneys et ânes... Un musée expose plus de 200 animaux naturalisés de la région. Aire de pique-nique, quads pour adultes, relais bébé et restaurant.

Antrain

21 km à l'Est par les D 796 et D 313. Perchée sur un promontoire, Antrain est une ville-marché dont les petites rues en pente conservent des demeures des 16e et 17e s. L'**église St-André** (en grande partie 12e s.) est repérable à son imposant clocher du 17e s. coiffé d'un dôme avec lanternon. Sur le portail en plein cintre, les chapiteaux et tailloirs sont décorés d'oves et de dents de scie.

Château de Bonne-Fontaine

1,5 km au Sud d'Antrain : quitter Antrain par les rues du Gén.-Lavigne et de Bonne-Fontaine. ☎ 02 99 98 31 13 - ♿ - avr.-oct. : 10h-18h - 3 €.

Élevé en 1547 sous forme de manoir fortifié et remanié au 19e s., Bonne-Fontaine s'inscrit dans un vaste parc à l'anglaise. L'élégance des tourelles qui ornent son grand corps de logis, ses hautes fenêtres, ses lucarnes sculptées corrigent la sévérité de ses tours trapues à mâchicoulis coiffées de toits en poivrière.

Bazouges-la-Pérouse

8 km à l'Ouest-Sud-Ouest d'Antrain par la D 313 qui coupe la D 155.

Peintres, sculpteurs, photographes céramistes... nombreux sont les artistes qui fréquentent cet agréable village. Expositions dans différentes galeries, surtout en saison

Château de la Ballue – ☎ *02 99 97 47 86 - www.laballue-garden.com - ♿ - du 13 juil. au 25 août : 13h-17h30 ; du 1er Mai au 12 juil. et du 26 août au 30 sept. : vend., w.-end et j. fériés 13h-17h30, possibilité de visite guidée (1h) - 8 € (enf. 4 €).*

Aux yeux de certains écrivains romantiques, ce beau bâtiment de schiste et granit symbolisait la Chouannerie, d'où les visites de Musset, Balzac et Hugo. Il est célèbre pour son **jardin★** d'inspiration maniériste. Chambres d'hôte.

PORT MINIATURE DE VILLECARTIER

☺ *Dans la forêt de Villecartier, accès fléché à partir de la D 155 - juil.-août : 11h-19h ; avr.-juin et sept. : w.-end et j. fériés 14h-19h - 4 € (-10 ans 3 €) – ☎ 02 99 48 55 49 ou 02 99 98 37 24.*

Devenez capitaine d'un jour et embarquez sur un ferry, un vapeur du Mississipi ou sur un chalutier de la petite flotte de bateaux miniatures.

DRÔLES DE BOSQUETS

Le jardin du château de la Ballue réserve des surprises au visiteur : « **bosquet-attrape** » élaboré sur le principe du jeu d'eau, « **bosquet de musique** » formé de cyprès très serrés, temple de Diane, labyrinthe...

Concarneau★

Grand port de pêche, Concarneau est le premier de France pour le poisson frais, le thon pêché dans les eaux africaines et dans l'océan Indien. On y vient pour le spectacle de sa vie maritime et ses plages, mais aussi pour sa « ville close », enserrée dans des remparts de granit édifiés au Moyen Âge.

La situation

Carte Michelin Local 308 H7 – Finistère (29). Au Sud-Est de Quimper par la D 783, Concarneau occupe un site abrité, face à Beg-Meil.
Quai d'Aiguillon, 29900 Concarneau, ☎ 02 98 97 01 44. www.ville-concarneau.fr

Le nom

Konk-Kerné signifie « abri de Cornouaille ».

Les gens

19 453 Concarnois. Jadis, le prince Ioussoupov, l'un des assassins de Raspoutine, habitait le château de Keriolet.

Calendrier

La fête des filets bleus – Instaurée en 1905 pour venir en aide aux familles des marins, cette fête centenaire est devenue une manifestation incontournable de l'été en Bretagne avec de joyeux groupes costumés, des spectacles de danses et de musiques traditionnelles - *2e quinzaine d'août.*

découvrir

LA VILLE CLOSE★★

Visite : 2h

Ses ruelles occupent un îlot de forme irrégulière, long de 350 m et large de 100 m, relié à la terre par deux petits ponts que sépare un ouvrage fortifié. D'épais remparts, élevés au 14e s., reconstruits au 16e s. et complétés par Vauban au 17e s., en font le tour.

carnet pratique

Se loger

Le Manoir de Coat Canton – *Grand Bois - 29140 Rosporden - 13 km au NE de Concarneau par D 783 rte de Pont-l'Abbé et D 70 à droite rte de Rosporden - ☎ 02 98 66 31 24 - ⊠ - 4 ch. 40/45 €* . Le manoir, dont la construction s'est échelonnée du 13e au 17e s., héberge seulement la réception. Les chambres ont été aménagées dans une ancienne longère restaurée ; chacune affiche un style propre : médiéval, breton ou anglais.

Ker Moor – *Plage des Sables-Blancs - ☎ 02 98 97 02 96 - kermoor@lespiedsdansleau.com - P - 12 ch. 80/145 € - 15 €.* « Les pieds dans l'eau », villa 1900 cachant derrière sa discrète façade un décor résolument maritime avec lambris peints en blanc, gravures et photos à thème nautique et maquettes de bateaux. Toutes ses chambres ouvrent sur la mer ; trois ont une terrasse.

Se restaurer

La Porte au Vin – *9 pl. St-Guénolé (ville close) - ☎ 02 98 97 38 11 - ouv. d'avr. à fin vac. de Toussaint et vac. de Noël - 10/33 €.* Dans la ville close, maison ancienne jouxtant la porte qui permettait autrefois la livraison du vin. Ses menus à prix doux sont servis dans un décor authentique de pierres, poutres, grandes cheminées, photos d'antan et tableaux régionaux.

Chez Armande – *15 bis av. du Dr-Nicolas - ☎ 02 98 97 00 76 - fermé 10-25 fév., 26 août-3 sept., 16 déc.-7 janv., mar. sf juil.-août et merc. - 19,50/34,90 €.* Une halte bien sympathique face à la ville close, où vous pourrez vous régaler d'une cuisine bien tournée dans le chaleureux décor d'une salle à manger de style breton, avec petit bar à l'entrée, chaises paillées et joli plafond.

Maison du Kouign Amann.

S. Sauvignier/MICHELIN

Sports & loisirs

Plages – Le boulevard Katherine-Wylie, tracé en corniche, longe la plage du Miné et offre de belles vues sur la baie, puis le boulevard Alfred-Guillou donne sur la plage de Cornouaille. Plus loin se trouve la plage des Sables Blancs.

Promenades en mer – En sais., 2 compagnies desservent les îles de Glénan : les vedettes Glenn - ☎ *02 98 97 10 31 ; les vedettes de l'Odet -* ☎ *02 98 50 72 12.*

Que rapporter

Rue Vauban – Avec ses pavés et ses petites maisons anciennes, la rue principale de la Ville Close paraît vivre hors du temps, mais en saison, restaurants, terrasses de café et magasins de souvenirs l'envahissent. Au milieu de la foule et de l'animation, vous y trouverez toujours de quoi vous sustenter et ramener quelques spécialités bien bretonnes depuis les biscuits et conserves jusqu'au cidre !

La Maison du Kouign Amann – *18 pl. St-Guénolé, ville-close -* ☎ *02 98 60 58 35 - www.kouignamann.com - juil.-août : 9h-23h30 ; avr.-sept. : 9h-19h.* Au cœur de la ville close, la famille Chazé prépare sous vos yeux le véritable kouign amann au beurre frais de baratte (laboratoire au fond du magasin), et autres spécialités bretonnes (far aux pruneaux, gâteaux aux pommes). Des glaces maison complètent le savoir-faire familial.

Conserverie Courtin – *3 quai du Moros -* ☎ *02 98 97 01 80 - www.courtin.fr - tlj sf dim. 9h-12h30, 14h-19h30 ; sam. 9h30-12h30, 15h-19h.* Véritable institution sur le port, cette conserverie centenaire est l une des dernières à subsister encore. Réputée pour ses confits de Saint-Jacques, elle prépare aussi de façon artisanale soupes, sauces, rillettes, mousses, bisque et cotriade estampillée « La Concarnoise ». Visite commentée et dégustation gratuite.

Conserverie Gonidec - Les Mouettes d'Arvor – *Z.A. de Keramporiel -* ☎ *02 98 97 07 09 - www.gonidec.com - juil.-août : 10h-19h30 ; le reste de l'année : tlj sf w.-end 9h-12h, 13h30-18h - fermé j. fériés.* En saison, sa petite boutique ouverte dans la Ville Close propose toute la gamme des « Mouettes d'Arvor » : sardines, thon blanc germon, maquereaux, anchois, soupes et crèmes à toaster. Le reste de l'année, les habitués se fournissent directement au magasin de l'usine installée à l'entrée de Concarneau, usine que l'on peut visiter en été ou sur rendez-vous (Simon Alain, 02 98 50 56 55).

La Maison du Sabot – *10 r. Vauban -* ☎ *02 98 50 70 54 - avr.-sept. : tlj sf dim. en déb. de sais. 10h-12h30, 14h-18h30.* Il est rare aujourd'hui de trouver les produits d'un véritable galochier ! Ne manquez pas cette petite échoppe installée en saison face au musée de la Pêche, dans la Ville Close. Ses murs sont tapissés de sandales ou de sabots au dessus de cuir, spécialité de cet artisan.

H. Le Gac/MICHELIN

L'entrée de la ville close : un des endroits les plus connus de la région.

Musée de la Pêche★

♿ *Juil.-août : 9h30-20h ; le reste de l'année : 10h-12h, 14h-18h. Fermé 3 dernières sem. janv. 6€ (enf. : 4€).* ☎ *02 98 97 10 20.* Situé dans l'ancien arsenal, il présente clairement l'évolution de la pêche depuis les méthodes ancestrales jusqu'aux techniques les plus contemporaines. Une incroyable collection de maquettes et de reconstitutions ainsi que quelques anciens petits bateaux évoquent les pêches traditionnelles ou modernes (baleine, morue, thon, sardine, hareng). On découvre aussi le *Commandant Garreau*, canot de sauvetage de 1894.

Musée à flot

Depuis la tour du Major, on rejoint la partie extérieure du musée de la Pêche. À bord de l'*Hémérica*, un chalutier désarmé en 1981, on peut se faire une idée du métier difficile des marins.

Accès aux fortifications

Suivre les plaques indicatrices. Pour la 1re partie de la visite, monter les marches à gauche immédiatement après le port et prendre le chemin de ronde. ☎ *02 98 50 39 17 ou 02 98 60 76 06 - pour un accès libre : tte l'année (hors vac.*

CONCARNEAU

Ville close :
circulation réglementée l'été

Bougainville (Bd) .... C 3
Croix (Quai de la) .... C 5
Dr-P.-Nicolas (Av. du) .... C 6
Dumont-d'Urville (R.) .... C 7
Gare (Av. de la) .... C 8
Gaulle (Pl. Gén.-de) .... C 9
Guéguin (Av. Pierre) .... C 10
Jaurès (Pl. Jean) .... C 12
Morvan (R. Gén.) .... C 20
Vauban (R.) .... C 29

Musée de la Pêche M1

scol.) tlj sf w.-end - gratuit - se renseigner pour horaires ; pour l'autre accès : de mi-juin à mi-sept. : 9h-19h30 - 0,80 € (enf. 0,40 €).

Par les meurtrières, vue sur l'arrière-port, sa flotte de pêche et la tour neuve.

Pour la 2e partie de la visite, revenir au point de départ (redescendre les marches).

Après avoir contourné l'esplanade du Petit-Château donnant sur le port de plaisance, on domine la passe qui relie les deux ports.

Rentrer plus avant dans la ville par la porte du Passage. Poursuivre tout droit et à gauche par la rue St-Guénolé.

De la place St-Guénolé, une courte ruelle à droite conduit à la **porte aux Vins**, ouverte dans les remparts ; en la franchissant, on aura une vue sur les chalutiers amarrés dans le port et sur la criée.

La rue Vauban ramène à la sortie de la ville close.

LES PORTS

Dans le **port de pêche**, la plupart des bateaux sont amarrés le long du quai Carnot, où l'on verra chalutiers et cargos.

L'embarcadère pour les excursions se trouve à hauteur du **port de plaisance**. À gauche du quai de la Croix, s'élève le laboratoire maritime du Muséum national d'histoire naturelle et du Collège de France, dont on peut visiter le **marinarium**. Une occasion de présenter sa mission, l'incroyable biodiversité du monde marin, surtout sur le littoral, et la difficulté de gérer cet incroyable trésor. Observation du plancton, quelques aquariums et films. ☎ *02 98 50 81 64 - www.mnhn.fr/mnhn/conc - ♿ - juil.-août : 10h-19h ; avr.-juin et sept. : 10h-12h, 14h-18h ; fév.-mars et oct.-déc. : 14h-18h, animations (1h) pendant vac. scol. - fermé janv., 25 déc. - 5 € (6-14 ans 3 €).*

On dépasse l'ancien marché aux poissons où se tenait la criée, puis la chapelle N.-D.-de-Bon-Secours (15e s.) et un petit phare. On longe ensuite le **port de la Croix** *(boulevard Bougainville)* que protège une jetée. Jolie vue en arrière sur la pointe du Cabellou et, en avant, sur la pointe de Beg-Meil. On aperçoit, au large, les îles de Glénan.

RETOUR DE PÊCHE

Avec un peu de chance, on peut assister au déchargement des crustacés et des poissons vers 22h sous les néons. La vente a lieu vers 7h du matin, mais la criée est désormais automatisée : elle ne résonne plus des litanies du crieur...

alentours

Beuzec-Conq

1,5 km au Nord. Par la rue Jules-Simon, traverser la D 783. Dans la rue de Stang, passer la grille d'entrée sur la gauche.

Le **manoir de Keriolet** (15e s.) fut transformé au 19e s. en un extraordinaire château d'inspiration médiévale par la richissime princesse russe Zenaïde Narischkine. *☎ 02 98 97 36 50 - ♿ - visite guidée (1h) juin-sept. : 10h30-13h, 14h-18h, sam. 10h30-13h - 5 € (7-15 ans 3 €).*

Rosporden

13 km au Nord-Est par la D 70. Cette petite ville, au bord d'un étang formé par l'Aven, possède plusieurs conserveries. Son **église** des 14e et 15e s., remaniée au 17e s., possède un beau **clocher★** carré. Quatre clochetons et quatre fenêtres à remplage enserrent la flèche octogonale. *☎ 02 98 59 21 65 - juil.-août : 10h-12h, 15h-18h - en cas de fermeture, possibilité de récupérer la clef au presbytère.*

À LA VÔTRE !
Rosporden est réputé pour son hydromel, qu'on appelle le chouchen en breton. Cette boisson alcoolisée, obtenue par fermentation du miel dans de l'eau, était déjà appréciée dans l'Antiquité.

circuit

LA CÔTE VERS PONT-AVEN

45 km – environ 2h. Quitter Concarneau par le quai Carnot vers Lorient ; à 3 km prendre à droite.

Pointe du Cabellou★

Contourner la pointe par la droite. Belle **vue★** sur Concarneau et la ville close. Parmi les villas et les pins, la route longe la côte rocheuse et offre des vues sur la baie de la Forêt et les îles de Glénan.

Revenir à la route nationale et prendre vers Quimperlé. À Pont-Minaouët, tourner à droite, et à Kermao encore à droite.

On traverse **Pouldohan** (belle plage et importante école de voile) et Pendruc.

B. Kaufmann/MICHELIN

EN PARTANT
La route passe par le pont du Moros qui offre une très jolie **vue d'ensemble★** de Concarneau, de son port de pêche et de la baie ; sous le pont se trouve la petite île aux canards.

Pointe de la Jument

1/4h à pied AR. On appréciera le site rocheux et la vue sur le Cabellou, la baie de la Forêt et Beg-Meil ; en face, la côte de Loctudy.

Gagner la pointe de Trévignon par Lambell où l'on tourne à droite, vers Lanénos et Ruat.

Pointe de Trévignon

Elle porte à son extrémité un ancien fort. Un minuscule port de pêche et le bateau de sauvetage s'abritent sur la face Ouest. Belle **vue★** à droite sur la baie de la Forêt et Beg-Meil, l'anse de Bénodet, à gauche sur les îles de Glénan et, plus près de la côte, l'île Verte et l'île Raguenès.

Suivre la route en bordure de la plage de Kersidan. Prendre à gauche vers Kercanic.

Kercanic

Ce hameau présente des fermettes typiques, couvertes de chaume.

Faire demi-tour pour tourner à gauche. On traverse le charmant village de **Kerascoët** pour gagner Port-Manech. À Trémorvezen, tourner à droite après la chapelle. *La suite de l'excursion est décrite en sens inverse au départ de Pont-Aven.*

A. Scotet/MICHELIN

Chaumière à Kercanic. Ce hameau conserve, avec le village de Kerascouët, quelques belles fermettes bretonnes.

La Cornouaille★★

Royaume puis duché de Bretagne au Moyen Âge, la Cornouaille s'étendait très loin, au Nord et à l'Ouest de Quimper. La région que l'on découvre ici est celle du littoral, jusqu'à la pointe du Raz : outre ses nombreux ports, sa côte rocheuse et ses larges baies, elle recèle une campagne aux horizons tranquilles, couverte de hameaux aux maisons blanches.

La situation

Carte Michelin Local 308 F/H 5/7 – Finistère (29). La Cornouaille actuelle s'étend de la pointe du Raz à l'Ellé, de la pointe de Penmarch aux Montagnes Noires, avec Quimper comme ville principale. La Cornouaille historique s'étendait jusqu'à Landerneau, les abords de Morlaix et Quimperlé.

Le nom

Décidément les Britanniques sont meilleurs que les Bretons ! Non seulement leur Bretagne est « Grande », mais leur Cornouaille (*Cornwall* en anglais) s'écrit au pluriel.

Les gens

Les pêcheurs de Guilvinec, d'Audierne et de Douarnenez rapportent la sardine, la langouste et l'araignée. Quant à la Cornouaille intérieure, c'est un pays d'agriculteurs (pommes de terre et primeurs).

circuits

VERS LES POINTES★★ 1

Itinéraire de 158 km – compter une journée.

Quimper★★ *(voir ce nom)*

Quitter Quimper au Nord-Ouest par les rues de Locronan et de la Providence, puis la D 63. On remonte l'agreste vallée du Steir, aux pentes boisées, et on traverse une région vallonnée.

Plogonnec

L'**église** du 16e s., remaniée au 18e s. possède un beau clocher Renaissance et des vitraux du 16e s. figurant saint Edern et saint Théleau chevauchant chacun un cerf *(bas-côté gauche)*, la Transfiguration, la Passion et le Jugement dernier *(chœur)*.

Locronan★★ *(voir ce nom)*

La route de Douarnenez, laissant à gauche la forêt de Nevet, se dirige vers la mer. À **Kerlaz,** un clocher ajouré coiffe l'église des 16e et 17e s.

Presque aussi grandiose que la pointe du Raz, la pointe du Van et ses falaises sont constamment battues par les vents.

B. Kaufmann/MICHELIN

Se loger

Hôtel La Baie des Trépassés – *29770 La Baie-des-Trépassés - 3 km de la pointe du Raz par D 784 - ☎ 02 98 70 61 34 - hoteldelabaie@aol.com - fermé 15 nov. au 8 fév. et lun. sf vac. scol. - P - 27 ch. 32/63 € - ☕ 7,50 € - restaurant 19,50/53 €.* C'est l'emplacement de l'hôtel qui vaut le détour : bâti sur la plage à 3 km de la pointe du Raz, il offre une vue unique sur la baie des Trépassés, la pointe elle-même et, dans son prolongement, l'île de Sein. Chambres anciennes mais propres, bar-glacier, restaurant.

An Tiez Bihan Chambre d'hôte – *À Kerhuret - 29770 Plogoff - 2,5 km sur la D 784 en direction de la Pointe du Raz - ☎ 02 98 70 34 85 - ⊭ - 5 ch. 35/40 € ☕ - repas 18 €.* Cette ancienne ferme rénovée a conservé son plaisant style régional. Côté hébergement, plusieurs maisonnettes (jolies chambres simplement meublées) et un gîte. Côté table, restaurant installé dans la bâtisse principale où l'on régale de produits de la mer. La maison possède un atelier de fumage du poisson (vente à emporter).

Chambre d'hôte Kerantum – *Kerantum - 29790 Mahalon - à 2,5 km au SO de Douarnenez par D 765 dir. d'Audierne - ☎ 02 98 74 51 93 - gitesetchambres.kerantum@wanadoo.fr - ⊭ - 3 ch. et 4 gîtes 38/44 € ☕.* Cette ancienne ferme isolée en pleine campagne est progressivement transformée en lieu d'hébergement : gîtes dans les dépendances et chambres d'hôte (très simples mais spacieuses) dans la maison principale. Cuisine équipée à disposition et agréable jardin.

Chambre d'hôte Ferme de Kerguidy-Izella – *29770 Plogoff - ☎ 02 98 70 35 60 - jean-noel.le-bars@wanadoo.fr - ⊭ - 6 ch. 40 € ☕ - repas 15 €.* Les chambres simples et rustiques (dont une pour handicapés) occupent les anciennes dépendances de cette jolie ferme du 19e s. Produits régionaux servis à la table d'hôte dans une salle dotée de meubles typiquement bretons. Accueil sympathique du propriétaire qui saura vous conter l'histoire de sa maison et de son village...

Hôtel Sterenn – *Rte du phare-d'Eckmühl - 29760 Penmarc'h - ☎ 02 98 58 60 36 - contactsterenn@free.fr - fermé 1er sept.-22 oct. et 4 nov.-14 mai - P - 16 ch. 68/89 € - ☕ 10 € - restaurant 18/53 €.* Grande bâtisse récente coiffée d'un toit d'ardoise, offrant une superbe échappée vers le large et la pointe de Penmarc'h. Alentour, la nature préservée de la Côte sauvage. Chambres sobres et nettes. Au restaurant, assiettes de fruits de mer et recettes du pays bigouden.

Se restaurer

L'Épi d'Or – *6 quai Jean-Jaurès - 29770 Audierne - ☎ 02 98 70 29 41 - fermé 12 nov.-20 déc. - 8/15 €.* Cette ancienne réserve à chaussures abrite aujourd'hui une sympathique crêperie. Cadre simple et convivial, avec par ce mur en pierre de pays, fausses poutres et tables en bois. Goûteuses préparations à base de produits frais.

La Pêcherie – *15 r. Pasteur - 29770 Audierne - ☎ 02 98 75 04 25 - fermé 3 sem. en janv., 1 sem. en juin, 1 sem. en déc., dim. soir et lun. sf j. fériés - 15/25 €.* « Ni viandes, ni frites, ni congelés » : telle est la devise de ce gentil petit bistrot un peu en retrait du port. Sa pêche du jour, ses légumes du jardin et son ambiance conviviale le rendent incontournable. Pour un repas ou un simple plat, vous y serez toujours bien accueilli.

Que rapporter

Conserverie Kerbriant – *Pen-Ar-Yeun - 29790 Beuzec-Cap-Sizun - ☎ 02 98 70 52 44 - www.kerbriant.com - 8h30-12h, 14h-18h - fermé 2 sem. entre 25 déc. et mi-janv.* Soupe de poisson traditionnelle, bisque de homard, sauces cuisinées, filets de maquereaux, sardines... : vous pourrez assister à l'élaboration de toutes ces spécialités ou simplement les acheter dans cette petite conserverie artisanale. L'accueil y est convivial et la visite très pédagogique.

Biscuiterie de la Pointe-du-Raz – *29770 Plogoff - ☎ 02 98 70 37 48 - www.biscuiteriedelapointeduraz.com - 9h-19h, w.-end 10h-12h, 14h-18h - fermé dim. d'oct. à avr.* Une bonne odeur de biscuit et de beurre flotte dans cette boutique accolée à son laboratoire, d'où arrivent directement galettes feuilletées, palets dorés et madeleines moelleuses. À l'occasion, il est possible de visiter l'usine et de déguster ces délicieuses spécialités typiquement bretonnes.

Sports & Loisirs

Club Nautique de la Baie d'Audierne – *Plage de Ste-Évette - 29770 Esquibien - ☎ 02 98 70 21 69 - www.voile-capsizun.com - été : 9h-19h - fermé 17 déc.-17 fév. - stages de 99 à 150 € la sem.* Optimist, catamaran, 420, Laser, habitable First class 8 et planche à voile : toutes les joies des sports nautiques dans la baie d'Audierne.

Plonger au Cap-Sizun - Club des plongeurs du cap Sizun – *Port de Plaisance Ste-Évette - 29770 Esquibien - ☎ 02 98 70 24 10 - ouv. tte l'année - fermé de déb. nov. à mi-mars.* Il organise des baptêmes et des stages (fournir un certificat médical de non-contre-indication à la plongée).

Planche à voile – *Plage de Ste-Évette - 29770 Esquibien - ☎ 02 98 70 21 69 - www.voile-capsizun.com – tlj sf dim. 9h-19h - fermé janv.* Le club nautique de la baie d'Audierne est actif toute l'année.

Douarnenez★ *(voir ce nom)*

Quitter Douarnenez par Tréboul et gagner Poullan-sur-Mer où l'on tourne à gauche, puis deux fois à droite.

Chapelle N.-D.-de-Kérinec

Dans un site boisé, cette chapelle (13e et 15e s.) présente un élégant chevet plat. Son fin clocher à flèche est la réplique fidèle de celui du 17e s., abattu par la foudre en 1958. Sous les frondaisons, remarquez la chaire ronde dont le pupitre de pierre est soutenu par un personnage ; une croix-calvaire se dresse au centre de la chaire.

La parole aux enfants !
Jadis, dans l'église de N.-D.-de-Confort, on faisait tourner la roue à clochettes en implorant la Vierge, pour donner le don de la parole aux enfants lents à parler.

Église N.-D.-de-Confort

Le chœur de cet édifice (16e s.) avec clocher à galeries (1736) possède de beaux **vitraux** (16e s.), dont un Arbre de Jessé, réalisés par un artiste quimpérois. Au-dessus de la dernière arcade de la nef, à gauche, est suspendue une roue à carillon garnie de douze clochettes.

À la sortie de Confort vers Pont-Croix, tourner à droite, puis à gauche (D 307) en direction de Beuzec-Cap-Sizun et, une nouvelle fois, à droite.

Pointe du Millier★

Ce site aride porte un petit phare. De la pointe *(1/4h à pied AR)*, une **vue★** magnifique s'offre sur la baie de Douarnenez et le cap de la Chèvre.

À la sortie de Beuzec-Cap-Sizun, prendre à droite.

Pointe de Beuzec★

Du rond-point aménagé en parking, **vue★** sur l'entrée de la baie de Douarnenez, la presqu'île de Crozon et, par temps clair, la pointe de St-Mathieu, au Nord-Ouest.

Réserve du Cap Sizun★

02 98 70 13 53 - juil.-août : 10h-18h ; avr.-juin : 10h-12h, 14h-18h, possibilité de visite guidée (2h) - 2 € (-12 ans gratuit).

Ce site magnifique et sauvage, qui domine la mer de 70 m, abrite des milliers d'oiseaux de mer se rassemblant en colonies : guillemots de Troïl, cormorans huppés, goélands argentés, bruns et marins, les plus rares, mouettes tridactyles, pétrels fulmars, grands corbeaux et craves à bec rouge. Il est conseillé de visiter le site pendant la période de reproduction, au printemps. La nidification débute en mars et s'achève à la mi-juillet pour la plupart des oiseaux. Les adultes et les jeunes de l'année quittent peu à peu la réserve, jusqu'à la fin du mois d'août.

M. Guillou/MICHELIN

Le goéland argenté niche en colonies, le long des côtes et des estuaires

Pointe de Brézellec★

Laisser la voiture près de l'enclos des phares et balises. De la plate-forme rocheuse, **vue★** magnifique sur la côte découpée dont les falaises escarpées se développent sur une longueur exceptionnelle en Bretagne : au loin, la pointe de St-Mathieu ; en face, la presqu'île de Crozon, à gauche, la pointe du Van et le phare de Tévennec.

Faire demi-tour et prendre à droite vers la pointe du Van.

G. Targat/MICHELIN

Malgré son nom, la baie des Trépassés n'a rien d'inquiétant. On pense qu'elle était le lieu d'embarquement des dépouilles des druides vers l'île de Sein, où ils étaient inhumés.

Pointe du Van★★

À gauche du chemin s'élève la **chapelle St-They** (15e s.). Suivez, en restant toujours à gauche, la piste mal tracée qui contourne le cap *(1h à pied AR)*. Belle **vue**★★ sur la pointe de Castelmeur derrière laquelle se profile la pointe de Brézellec ; en face, le cap de la Chèvre, la pointe de Penhir et les « Tas de Pois », la pointe de St-Mathieu ; au large de la pointe du Raz, l'île de Sein et le phare de la Vieille. Les touristes que la descente tenterait devront se montrer prudents. Le paysage devient plus sévère : murs de pierres sèches, lande rase, aucun arbre n'égaye l'extrémité du cap.

Faire demi-tour et prendre immédiatement à droite la petite route qui épouse les contours de la côte et mène à la baie des Trépassés.

Baie des Trépassés – Plutôt qu'une allusion aux corps des naufragés amenés par les courants, le nom de la baie proviendrait d'une déformation de *boe an aon* (baie du ruisseau) en *boe an anaon* (baie des âmes en peine). En effet, la baie servit d'estuaire au ruisseau qui débouche maintenant dans les marais voisins.

Pointe du Raz★★★ *(voir ce nom)*

Prendre la direction d'Audierne et, à 10 km, tourner à droite vers St-Tugen.

St-Tugen★

La nef et l'imposante tour carrée de la **chapelle** de St-Tugen sont de style gothique flamboyant (16e s.), le transept et le chevet de style Renaissance (17e s.). Au flanc droit, le beau porche abrite six statues d'apôtres en granit de Kersanton et trois statues du 16e s. : le Christ, la Vierge et sainte Anne. À l'intérieur, remarquez un curieux catafalque-cercueil flanqué aux extrémités des statues d'Adam et Ève.

Audierne★

Ce port de pêche et de plaisance est situé sur l'estuaire du Goyen, dans un joli **site**★, au pied d'une colline boisée.

Aquashow★ – *Rte du Goyen, en direction de Douarnenez. ☎ 02 98 70 03 03 - www.aquarium.fr - ♿ - avr.-sept. : 10h-19h ; oct.-mars (vac. scol.) : 14h-17h - possibilité de visite guidée (2h30 à 3h) - 10,50 € (enf. 7,50 €).*

Dans ce beau bâtiment de 5 000 m², donnant sur la rivière, 20 bassins accueillent la **faune aquatique bretonne** (130 espèces). Le cours du Goyen sert de fil conducteur à la présentation du biotope, du simple ruisseau d'eau douce jusqu'à la mer. Certains animaux sont de taille impressionnante : congres de 2 m, homards de 6 kg, araignée japonaise de 1,50 m... Dans le **bassin tactile**, on peut effleurer les raies. Une exposition (photos, objets...) rend hommage à l'aventure en mer de Gérard d'Aboville, et à la conserverie du Capitaine Cook. À voir encore : un spectacle en 3D sur le monde des requins, et la reconstitution d'une épave du 17e s. où s'accrochent mollusques et crustacés.

Pont-Croix★

Cette petite ville ancienne s'étage sur la rive droite du Goyen. De pittoresques ruelles pavées, bordées de vieilles maisons, descendent jusqu'au pont sur la rivière ; empruntez de préférence la Petite et la Grande-Rue-Chère.

Collégiale N.-D.-de-Roscudon★ – Sur le flanc droit de N.-D.-de-Roscudon s'ouvre un élégant porche (fin 14e s.), coiffé de trois hauts gâbles finement ouvragés. La nef d'apparence romane remonte au début du 13e s. Le chœur a été agrandi en 1290, le transept aménagé en 1450 pour supporter le magnifique **clocher**★. Sa flèche haute de 67 m a servi de modèle pour celles de

M. Guillou/MICHELIN

Le vanneau huppé (30 cm) habite les pâturages ou les prés humides où il niche à même le sol.

La ville d'Ys

Suivant la légende, la cité du roi Gradlon qui fut engloutie par la mer se serait située dans la petite vallée de la baie, occupée aujourd hui par des marais. Certains la localisent plutôt en baie de Douarnenez.

Vols de rapaces

Le complexe comprend aussi une volière, on l'on assiste, sur des gradins, aux saisissantes prouesses des oiseaux pour attraper le poisson : plongeons de cormorans, piqué de faucons à 250 km/h.

A. de Valroger/MICHELIN

Crique de la baie d'Audierne.

la cathédrale de Quimper. L'intérieur présente un beau mobilier, dont une **Cène** du 17e s. en bois sculpté en haut relief. Belle **verrière** (vers 1540) dans la chapelle du Rosaire, à droite du chœur.

Gagnez Plouhinec, où naquit en 1879 le sculpteur Quillivic, puis à Ty-Pic, prenez la route à droite.

Pors-Poulhan

Ce minuscule port est abrité par une jetée. Avant Plozévet, une belle **vue★** se dégage sur la baie d'Audierne et le phare d'Eckmühl, à l'extrémité de la pointe de Penmarch.

Plozévet

L'église gothique possède un porche du 15e s. Tout près, un menhir agrémenté d'une sculpture de Quillivic a été érigé en souvenir des morts de la guerre de 1914-1918.

Poursuivre l'itinéraire sur 1 km vers le Nord.

Chapelle de la Trinité

À la nef élevée au 14e s. fut adjoint au 16e s. le reste de l'édifice. À l'extérieur, deux murs du croisillon Sud présentent une charmante décoration Louis XII. À l'intérieur, chapiteaux à décor floral.

PRESQU'ÎLE DE PENMARCH★ 2

Itinéraire de 100 km – compter une demi-journée.

L'itinéraire se déroule en pays bigouden, que le costume de ses femmes, et surtout leur coiffe originale, a popularisé. C'est le pays du *Cheval d'orgueil*, le beau roman de Pierre Jakez Hélias : une terre au climat doux mais venteux, où les « pallues » sableuses de la baie d'Audierne semblent nier les rochers découpés qui la séparent de l'agréable coulée de l'Odet.

LA VIANDE DE CARÊME

Jusqu'à la fin du 16e s., la presqu île de Penmarch fut l'une des plus riches régions de Bretagne. La pêche à la « viande de carême » (la morue) faisait la fortune de ses 15 000 habitants. La morue a depuis déserté les côtes, bien avant les montants compensatoires…

Plozévet *(voir ci-dessus)*

Quitter Plozévet, au Sud, vers Penhors.

Penhors

Pour gagner la chapelle, prendre la direction de la plage. Le 1er dimanche de septembre a lieu le grand **pardon** de N.-D.-de-Penhors, l'un des plus importants de Cornouaille.

Maison de l'Amiral – ♿ *Juil.-août : 10h30-19h30 ; mai-juin et sept. : tlj sf lun. 14h-19h ; reste de l'année dim et j. fériés 14h-19h. 4,85 € (5-15 ans : 2,55 €).* ☎ 02 98 51 52 52. Une petite halte pédagogique dans l'exploration de la côte. On peut y découvrir une belle collection de quelque 2 500 coquillages, mais aussi une présentation d'environ 200 oiseaux de mer. Films.

Continuer vers Plovan.

Plovan

La plage est belle, mais attention aux courants ! L'**église** (16e s.) présente un clocher ajouré flanqué d'une tourelle. Près de l'église, calvaire du 16e s.

Chapelle de Languidou

Proche de l'étang de Kergalan, cette chapelle (13e et 15e s.) que l'on appelle aussi chapelle de St-Guy n'est plus qu'une ruine de granit. On admire encore sa magnifique rosace.

Par Tréogat, rejoindre Plonéour-Lanvern. De là, bifurquer à gauche vers Languivoa.

Chapelle de Languivoa

☏ 02 98 82 66 00 - juil.-août et Journée du patrimoine : 14h30-18h ; reste de l'année : possibilité de visite guidée sur demande. Cette chapelle (14e et 17e s.) a été entièrement restaurée. Le clocher-porche, découronné sous Louis XIV, domine la nef et l'entrée de style classique, avec ses colonnes doriques encastrées. Pardon le 15 août.

Dans Plonéour-Lanvern, prendre la route de Plomeur et à 2 km, tourner à droite.

Calvaire et chapelle N.-D.-de-Tronoën★★

☏ 02 98 87 02 80 - juin-sept. : 10h-12h, 14h-18h, dim. 14h-18h ; de fin mars à fin mai : 14h-18h - possibilité de visite guidée (10 juil.-20 août) 10h30-12h30, 15h-19h.

Le calvaire et la chapelle se dressent en bordure de la baie d'Audierne, dans un paysage sauvage de dunes.

Calvaire★★ – (1450-1460). L'Enfance et la Passion du Christ se déroulent sur deux frises, à travers cent personnages doués d'une vie intense, et d'une originalité remarquable. Un examen attentif permet d'apprécier les détails, malgré les épreuves du temps. Les sujets sont traités en ronde-bosse ou en haut relief, dans un granit grossier de Scaër, assez friable et propice au développement du lichen. Trois scènes, sur la partie Nord, sont en granit de Kersanton : la Visitation, la Nativité et les Rois mages en costumes du 15e s. Le Christ et les larrons sont également sculptés dans un granit dur.

Chapelle – Bâtie au 15e s., elle présente un fin clocher ajouré, encadré de tourelles. Les portes s'ouvrent sur la façade Sud agréablement décorée, face au calvaire.

Poursuivre la route en tournant deux fois à droite.

SPORTS & LOISIRS

Surfer à la Torche - École de surf de Bretagne « Beg an Torchen » – *La Torche - 29120 Plomeur - ☏ 02 98 58 53 80 - www.ecole-surf-bretagne.com - ouv. Pâques-sept.*

Pointe de la Torche

Ce paradis de « la glisse » rassemble les adeptes du surf et du funboard ; l'école de surf de Bretagne y est installée. Attention, les deux plages sont extrêmement dangereuses. Au sommet, tumulus avec important dolmen.

La pointe de la Torche, rendez-vous des accros de la vague.

G. Tarqat/MICHELIN

Plage de Pors-Carn

Cette vaste plage de sable fin, où aboutit le câble assurant la liaison téléphonique France-États-Unis, s'étend au fond de l'anse de la Torche.

St-Guénolé

Musée préhistorique finistérien★ – *À l'entrée de St-Guénolé.* ☎ *02 98 58 60 35 - ♿ - juin-sept. : tlj sf mar. 10h-12h, 14h-18h ; oct.-mai : tlj sf lun. et mar. 10h-12h, 14h-18h - 3 € (enf. 2 €).*

Une série de mégalithes et de stèles gauloises (dites *lec'hs*) entoure le bâtiment. À signaler : une reconstitution de nécropole de l'âge du fer, des poteries gauloises à décors celtiques, une stèle gauloise gravée de spirales, des haches polies en pierres rares, des pointes de flèches, des armes en bronze, des coffres à rainures. Le musée abrite les antiquités préhistoriques du Finistère, hormis la riche série exposée au musée des Antiquités nationales de St-Germain-en-Laye.

À CONTEMPLER
Derriere le port de Saint-Guénolé, on rêve sans fin devant les fameux rochers sur lesquels déferle la mer.

Chapelle N.-D.-de-la-Joie

Cette chapelle (15e s.) se dresse face à la mer, avec son calvaire du 16e s. orné d'une Pietà. Un **pardon** s'y déroule le 15 août.

Phare d'Eckmühl★

☎ *06 07 21 37 34 - juil.-août : 10h30-18h ; mars-juin et sept.-oct. : 10h30-12h30, 14h-19h - 2 € (enf. 1 €), 4 € visite avec musée (ancien phare).*

Il fut construit en 1897 grâce à un don de la fille du maréchal Davout, prince d'Eckmühl. Les 307 marches du phare mènent au balcon : **panorama★★** sur la baie d'Audierne, qui se termine par la pointe du Raz et le phare de l'île de Sein, et la côte de Concarneau, de Beg-Meil, l'archipel de Glénan.

À gauche du phare, on atteint l'extrême pointe où se trouvent l'ancien phare – qui sert maintenant d'amer –, une chapelle fortifiée et le sémaphore. On peut y voir le *Papa Poydenot*, canot de sauvetage construit en 1900.

S. Sauvignier/MICHELIN

Le phare d'Eckmühl (65 m de haut) se dresse à l'extrémité de la pointe de Penmarch. Il atteint une puissance de 2 millions de candelas et a une portée moyenne de 54 km.

Kérity

Ce petit port de pêche se tourne de plus en plus vers la plaisance. L'église Ste-Thumette (1675) possède une élégante façade ornée de gâbles et flanquée d'une tourelle.

Penmarch★

La commune de Penmarch englobe plusieurs villages : St-Guenolé, Kérity, Tréoultré, St-Pierre.

Église St-Nonna★ – ☎ *02 98 58 60 16 - visite sur demande auprès de M. Jean Le Berre - 149 r. François-Merrien - 29760 Penmarch.*

Elle date du 16e s. et est de style gothique flamboyant. Au chevet et sur les contreforts, de chaque côté du portail, sont sculptées en bas ou haut relief des barques et des caravelles : elles rappellent que la construction de l'édifice est due aux dons des armateurs. Regardez dans le collatéral Sud, le tableau du *Vœu de Louis XIII*.

Par la route côtière, gagner Guilvinec.

À Penmarch, la réhabilitation des dunes a été entreprise sur la belle plage du Steir, qu'avoisine un camping.

Guilvinec

Troisième port de pêche en France, mais au premier rang pour la pêche artisanale, Guilvinec offre le spectacle très vivant de ses quais, avec ses quelque 130 bateaux d'où l'on débarque la lotte, la raie, la langoustine, le merlu et la seiche... Il forme avec **Lechiagat**, où les bateaux de plaisance sont nombreux, un ensemble bien abrité par ses jetées.

Haliotika – ☎ *02 98 58 28 38 - www.leguilvinec.com - ♿ - juil.-août : 14h30-19h, w.-end et j. fériés 15h-18h30 ; du 21 mars à fin sept. : 14h30-19h, w.-end et j. fériés 15h-18h30 - fermé oct.-fév. (sf vac. scol.) - 6,20 € (enf. 3,60 €).*

Installé sur les quais, ce centre d'interprétation se consacre au monde de la pêche en mer. Maquettes et projections évoquent la vie à bord, le cheminement du poisson du filet à l'assiette, l'environnement économique du métier. Exposition ludique sur la gestion des ressources.

AVEC LES PÊCHEURS
Pour partir toute une journée sur un chalutier, il faut être un lève-tôt et avoir le pied marin ; *dép. entre 4h et 5h, retour vers 17h (sur demande préalable 2 j. av., 2 pers. maximum par bateau). 30€ par pers.* Vous pouvez assister à la vente du poisson à partir de 16h30 pour les côtiers - les visites de criée *(tlj sf w.-end 16h45-18h)* sont accompagnées d'un guide du centre Haliotika, centre de découverte et d'interprétation de la pêche en mer - *mars-oct. 14h30-19h, dim. 15h-18h30 -* ☎ *03 98 58 28 38.*

On y organise aussi la **visite du port** : chantiers de construction navale, réparation des filets, atelier de mareyage... En saison, des **ateliers** de découverte sont proposés aux enfants, ainsi que des ateliers de cuisine où l'on apprend à concocter des recettes à base de végétaux marins !

Entre Guilvinec et Lesconil, la **plage de Treffiagat** est agrémentée d'un parcours santé de 2 km.

Lesconil

Dans ce petit port très animé, qui dépend du Guilvinec, la flottille pratique la pêche au chalut. Elle rentre chaque soir vers 17h30 : un pittoresque retour à ne pas manquer.

Par Palue-du-Cosquer et Lodonnec, gagner Loctudy.

Loctudy et manoir de Kerazan★ *(voir Pont-l'Abbé)*

Pont-l'Abbé *(voir ce nom)*

Quitter Pont-l'Abbé par la rue du Pont-Neuf et regagner Quimper.

Le Croisic★

Ce port de pêche est situé sur une presqu'île, face au golfe intérieur du Grand Traict qui alimente les marais salants de Guérande. Celle qui fut l'une des premières stations balnéaires reçoit toujours de nombreux estivants, attirés par ses charmantes plages.

La situation

Carte Michelin Local 316 A4 – Loire-Atlantique (44).

Au-delà de La Baule, presque en face de Guérande, Le Croisic est accessible par une seule route, la N 171.

Pl. du 18 juin-1940, 44490 Le Croisic, ☎ 02 40 23 00 70.

Le nom

Tout simplement « la petite croix » en breton.

Les gens

4 278 Croisicais. Le peintre et graveur Jean Émile Laboureur (1877-1943) y séjournait souvent.

PROMENADES EN MER

Juin-sept. : excursions et promenades en mer vers les îlots voisins de Houat et Hœdic - *s'adresser à l'Office de tourisme.*

carnet pratique

SE LOGER

⊖⊖ Hôtel Les Embruns – *Rte du Croisic-St-Nudec - 44740 Batz-sur-Mer - ☎ 02 40 23 83 33 - fermé 1er-15 mars et 11 nov.-1er fév. - P - 15 ch. et 5 studios 46/55 € - ☕ 6,50 €.* Isolé de la route côtière par quelques maisons d'habitation, cet hôtel familial n'est qu'à 100 mètres de la plage Valentin. Coquette salle des petits déjeuners au décor marin. Les chambres et les studios, équipés de cuisinettes, viennent de bénéficier d'une rénovation.

⊖⊖⊖ Hôtel Les Nids – *15 r. Pasteur, à Port-Lin - ☎ 02 40 23 00 63 - hotel.lesnids@worldonline.fr - fermé 4 nov.-31 mars - 22 ch. 70/84 € - ☕ 9 € - restaurant 19/36 €.* Vous serez bien accueilli dans ce petit hôtel familial modernisé sis dans un jardin fleuri. Les chambres, de taille moyenne, sont douillettes et colorées. Petits-déjeuners servis au bord de la piscine couverte.

SE RESTAURER

⊖⊖ Le Lénigo – *11 quai Lénigo - ☎ 02 40 23 00 31 - fermé vac. de fév., nov., lun. et mar. du 30 juil. au 31 août - 19/35 €.* Un restaurant qui fleure bon les embruns, avec sa carte de poissons et ses murs lambrissés agrémentés de cordages et de pièces d'embarcations. Aux beaux jours, sa terrasse offre une jolie vue sur le port et la presqu'île de Penbron.

PLAGES

La plage de **Port-Lin**, face au large, est située à 800 m du centre de l'agglomération ; celle de **St-Goustan**, sur la rade, à 1 km.

se promener

Le port

Il s'étend du mont Esprit au mont Lénigo deux buttes artificielles formées par le dépôt de lest des navires d'antan. Sur plus de 1 km, les quais sont bordés de maisons du 17e s. La plupart sont ornées de balcons de fer forgé, illustrant la réussite des anciens négociants. La jetée du Tréhic (850 m de long) à l'Ouest clôture l'espace portuaire.

MOT D'ESPRIT
Le mont Esprit, butte de 30 m de haut, a été formé de 1814 à 1816 par le lest des navires venant charger le sel de Guérande. Il doit son nom à une déformation de « lest pris ».

Hôtel d'Aiguillon

La mairie occupe ce bel hôtel du 17e s. où fit halte le d'Artagnan de Dumas !

Église N.-D.-de-Pitié

Cette curieuse église (15e et 16e s.) domine le port de sa **tour lanterne** du 17e s., haute de 56 m. L'intérieur présente une nef courte à chevet plat éclairé d'une baie flamboyante. Au trumeau du portail, statue de N.-D.-des-Vents.

Maisons anciennes

Pour découvrir ces belles demeures à encorbellement et à pans de bois, il faut parcourir les rues proches de N.-D.-de-Pitié. Remarquez rue de l'Église les nos 25, 20 et 28, place du Pilori le no 4, et rue St-Christophe les nos 33 et 35.

Mont Lénigo

Ce dépôt de lest, planté d'arbres en 1761, offre une **vue**★ sur la rade et la jetée du Tréhic. En face, s'étire la digue de Pen Bron (1724) et son Centre marin. Une promenade ombragée descend vers l'esplanade : un monument rappelle que 22 vaisseaux français furent sauvés, lors de la bataille de la Hougue en 1692, par le barreur Hervé Rielle qui les dirigea vers St-Malo.

visiter

Océarium★

☎ *02 40 23 02 44 - www.ocearium-croisic.fr - ♿ - juin-août : 10h-19h ; fév.-mai, de déb. sept. à mi-nov. et vac. de Noël : 10h-12h, 14h-18h ; 14 nov.-17 déc. : 14h-18h - fermé janv. - 11 € (enf. 8 €).*

☺ Sa structure en forme d'étoile abrite les merveilles des fonds océaniques, plus inattendus et colorés que l'on ne croit. Eaux chaudes tropicales et Pacifique Nord sont également évoqués. L'espace « île Vancouver » aborde quelques aspects de la culture amérindienne. Une amusante colonie de manchots est nourrie à 11h, 15h et 17h. À ne pas manquer : la nurserie, le tunnel de 11 m de long qui traverse un aquarium de 300 000 l, et le bassin de contact où l'on peut toucher étoiles de mer et coquillages... ou serrer la pince d'un crabe.
Très attendus, les requins d'Australie paradent désormais avec les raies dans un immense bassin de 1 million de litres.

Océarium du Croisic

À l'Océarium, les poissons des eaux tropicales séduisent toujours par leurs couleurs vives.

circuit

LA CÔTE SAUVAGE★

Circuit de 26 km – environ 2h – voir schéma p. 217.

Quitter Le Croisic par la D 45, route de corniche.

Après le Centre héliomarin des frères de St-Jean-de-Dieu, l'itinéraire longe des plages, telle St-Goustan et sa saline où l'on élève des anguilles. La Côte sauvage aux rochers aux noms évocateurs (l'Ours, le Grand Autel) s'amorce à la **pointe du Croisic**. La route la longe jusqu'au Pouliguen où la vue se développe sur Pornichet, l'estuaire de la Loire et la côte jusqu'à la pointe St-Gildas.

LAMES DE FOND
Le sentier des douaniers longe la Côte sauvage à hauteur de Batz. Attention, cette côte est splendide, mais dangereuse. De nombreuses lames de fond y déferlent, et ne pardonnent que très rarement.

Batz-sur-Mer

Entre marais salants et océan, surgit la haute tour-clocher de Batz. La côte rocheuse est entrecoupée de plages de sable : Valentin, la Govelle (funboard) et St-Michel, une petite grève où, les jours de tempête, l'on observe le spectacle des lames qui se brisent sur la digue.

Église St-Guénolé★ – *Mai-sept. : 9h30-12h30, 14h-18h30 ; avr. : 14h-18h - 1,50 € (enf. 0,75 €).*

Elle fut reconstruite aux 15e et 16e s. Sa **tour** sévère (1677) est surmontée d'un clocheton cantonné de pinacles. L'**intérieur** surprend par la déviation du chœur, la masse des piliers soutenant des arcs gothiques, la voûte en carène ; remarquables **clefs de voûte** dans le bas-côté gauche. En montant à la **tour** *(60 m, 182 marches)*, on profite d'un très vaste **panorama★★** sur le littoral, de la pointe St-Gildas au Sud de la Loire jusqu'à la presqu'île de Rhuys au Nord et, au large, sur Belle-Île et Noirmoutier.

Chapelle N.-D.-du-Mûrier★ – Belles ruines gothiques aux arches pures. Selon la légende, Jean de Rieux de Ranrouët l'aurait élevée au 15e s., à la suite d'un vœu fait lors d'une tempête : un mûrier enflammé l'aurait guidé vers la côte.

R. Dechamps/MICHELIN

« La Porteresse », sculpture en bronze de Jean Fréour, signale le musée des Marais salants.

Musée des Marais salants – ☎ *02 40 23 82 79 - ♿ - juil.-sept. : 10h-12h30, 14h30-19h (18h30 sept.) ; janv.-mai et oct.-déc. : w.-end et vac. scol. 10h-12h, 14h-18h ; juin : w.-end 10h-12h, 14h30-18h30 ; oct.-nov. : tlj sf w.-end 10h-12h, 14h-17h (se renseigner) - fermé 15 nov.-20 déc., 1er janv., 1er Mai, 1er et 11 Nov. - 4 € (6-12 ans 2 €).*

Une exposition richement documentée retrace l'histoire des marais salants et la vie des paludiers. Le 19e s. est particulièrement à l'honneur avec les remarquables meubles rouges guérandais, des objets usuels et des costumes populaires, mais aussi une importante collection de peintures et de faïences (19e-20e s.).

Grand blockhaus – *Entre Batz et Le Pouliguen.* ☎ *02 40 23 88 29 - de déb. avr. à mi-nov. : 10h-19h ; vac. scol. fév. : 10h-18h - 5,50 € (5-12 ans 4 €).*

Ce bunker de 300 m² fut l'un des plus grands du mur de l'Atlantique. Durant la dernière guerre, il était camouflé en villa pour éviter les attaques aériennes. Il abrite aujourd'hui le **musée de la Poche de Saint-Nazaire**, dernière région libérée d'Europe en 1945. L'ambiance d'un blockhaus y est reconstituée : chambrées, PC radio, armurerie, salle des machines, salle vidéo...

Le Pouliguen *(voir ce nom)*

On rejoint Le Croisic par la D 45.

Presqu'île de Crozon★★★

La croix de la presqu'île étend ses deux bras face au grand large. Nulle part ailleurs, si ce n'est à la pointe du Raz, la côte et la mer n'atteignent à plus de sévère beauté. On y contemple l'à-pic vertigineux des falaises, la coloration des rochers et la violence des lames qui se brisent sur les récifs.

Plaisir des yeux

La presqu'île dévoile d'extraordinaires panoramas : au Nord, de l'autre côté du Goulet, sur les découpures de la rade de Brest ; au Sud, depuis le cap de la Chèvre, sur la baie de Douarnenez. Entre les deux, se profilent les pointes déchiquetées de Penhir et de Dinan.

La situation

Carte Michelin Local 308 E5 – Finistère (29). À l'Ouest du Parc régional d'Armorique, la presqu'île est accessible par les D 791 et D 887.

Bd de Pralognan-la-Vanoise, 29160 Crozon, ☎ *02 98 27 07 92. www.crozon.com*

Le nom

En 1162, Crozon est signalée sous la forme *Crahaudon*, composée de *cravo* (lieu pierreux en celtique) et de *dunon* (colline fortifiée en gaulois).

Les gens

Louis Jouvet (1887-1951) était Crozonnais de naissance.

carnet pratique

SE LOGER

⊜⊜ **Hostellerie de la Mer** – *29160 Le Fret - 5,5 km au N de Crozon par D 155 et D 55 - ☎ 02 98 27 61 90 - hostellerie.de.la.mer @wanadoo.fr - fermé 3 janv.-4 fév. - 25 ch. 50/65 € - ☕ 8,50 € - restaurant 21/75 €.* Ce petit hôtel à la façade discrète est idéalement situé sur le charmant port du Fret au cœur du Parc naturel régional d'Armorique. Sans prétention, il vous permettra néanmoins de profiter du cadre magnifique de la presqu'île de Crozon. Chambres plutôt simples. Cuisine de la mer.

SE RESTAURER

⊜⊜ **Ferme-auberge du Seillou** – *Au Seillou - 29590 Rosnœn - 20 km à l'E de Crozon par D 791 - ☎ 02 98 81 92 21 - www.gites-finistere.com - fermé 3 sem. de fin sept. à déb. oct. - réserv. obligatoire - 15/20 € - 6 ch. 40/46 € ☕.* Vieilles pierres et bons produits de la ferme (viandes, cidre artisanal et spécialité de *kig-ha-farz*) entretiennent l'image de marque de cette maison nichée au milieu d'une exploitation agricole. Pimpantes chambres mansardées. Circuit pédestre à proximité.

QUE RAPPORTER

Écomusée de l'Abeille – *Ferme Apicole de Térénez - à 8 km du Faou vers la presqu'île de Crozon - 29590 Rosnœn - ☎ 02 98 81 06 90 - www.ferme-apicole-de-terenez.com - 10h-19h.* Installé au bord d'une grève parmi des bosquets, un jeune couple d'apiculteurs vous présentera son métier dans un bâtiment de pierre aménagé en boutique. Vous pourrez y voir du matériel professionnel et déguster du miel, du pain d'épice, de l'hydromel et des bonbons maison. Sont aussi récoltés du pollen, de la gelée royale et de la cire.

circuits

LES POINTES★★★ 1

Circuit au départ de Crozon – 45 km – environ 2h1/2.

Crozon

En été surtout, le marché, sur la place, est le rendez-vous des habitants et des touristes. L'**église**, moderne, renferme un **retable★** polychrome (1602). Il représente d'une manière naïve le martyre des 10 000 soldats nouvellement convertis, qui furent crucifiés au mont Ararat, en Arménie, sous le règne de l'empereur Hadrien (117-138).

Quitter Crozon à l'Ouest par la D 8 en direction de Camaret.

Camaret-sur-Mer *(voir ce nom)*

Un isthme bordé par la plage de Pen-Hat mène à la **pointe du Toulinguet**, coiffée d'un sémaphore de la Marine nationale, et d'où la vue porte au Sud.

Revenir à l'entrée de Camaret et prendre à droite.

Pointe de Penhir★★★

Un monument à la gloire des Bretons des Forces françaises libres a été érigé sur la falaise, à 150 m de la route. C'est la plus belle des quatre pointes de la presqu'île de

Les Tas de Pois de la pointe de Penhir : un site magnifique où l'on vient rêver.

R. Mattès/MICHELIN

Amateur d'escalade
Un sentier descend à gauche de la plate-forme. À mi-hauteur de la falaise, on domine une petite anse. Prenez le sentier, sur la gauche, qui s'élève vers une anfractuosité couverte d'un rocher, au-delà de laquelle il débouche dans la **Chambre Verte**, au terre-plein gazonné. De là, vue très originale sur les Tas de Pois et la pointe de Penhir.

Crozon, avec son à-pic de 70 m et son **panorama** : en contrebas, les trois formidables rochers isolés sont appelés les **Tas de Pois** ; à gauche, la pointe de Dinan, à droite, la pointe de St-Mathieu et celle du Toulinguet avec son petit phare ; en arrière, le Ménez-Hom ; par temps clair, on distingue la pointe du Raz et l'île de Sein à gauche, l'île d'Ouessant à droite.

Reprendre la route de Camaret ; à 1 500 m, une rue à droite vers Crozon permet d'éviter le bourg. Prendre ensuite vers Roscanvel une ancienne route stratégique.

La route franchit l'enceinte qui fermait la presqu'île de Roscanvel, en avant de Quélern ; ces fortifications datent de Vauban et du Second Empire. On remarque bientôt le contraste qui oppose les deux versants de la presqu'île : à l'Ouest, face au large, ce ne sont que landes et végétation rase, tandis qu'à l'Est apparaissent les arbres et les prairies.

Pointe des Espagnols★★

Un fort éphémère
Au printemps 1594, une garnison d'Espagnols alliés de la Ligue entreprit la construction d'un fort pour contrôler le trafic maritime dans la rade de Brest. Mais, six mois après leur arrivée, les troupes d'Henri IV les passèrent tous par les armes.

Panorama sur le goulet dominé par le port et la ville de Brest, l'estuaire de l'Elorn, le pont Albert-Louppe, le pont de l'Iroise, la presqu'île de Plougastel, qui termine la pointe de l'Armorique, et sur le fond de la rade.

Roscanvel

Dans l'église, beaux vitraux sombres d'Auguste Labouret et Chemin de croix en terre cuite de Claude Gruher. Remarquez les curieuses clôtures de jardin faites de haies de fuchsias.

La route qui borde le fond de la rade offre de jolies vues sur l'île Longue, base de sous-marins nucléaires *(accès interdit)* et sur les deux îles de Trébéron et des Morts. On sort de l'enceinte de la presqu'île de Roscanvel, en traversant de nouveau les fortifications ruinées. *500 m au-delà de St-Fiacre, prendre à gauche.*

Le Fret

Ce petit port est relié à Brest par des services de bateaux. *Suivez ensuite la digue qui borde l'anse du Fret. À une bifurcation, laisser à gauche la route de Lanvéoc menant aux installations de l'École navale et tourner à droite pour regagner Crozon.*

On profite d'une dernière vue sur la rade de Brest.

VERS LA POINTE DE DINAN★★ 2

6 km – environ 2h. Quitter Crozon à l'Ouest par la D 308.

Des landes arasées par le vent succèdent à des pinèdes.

Pointe de Dinan★★

R. Mattès/MICHELIN

Par beau temps, la presqu'île offre des décors vraiment paradisiaques.

Laisser la voiture au parking et emprunter le chemin à gauche pendant environ 500 m. Du bord de la falaise, beau **panorama** : à gauche, le cap de la Chèvre, la côte de la Cornouaille et la pointe du Raz ; à droite, la pointe de Penhir et les Tas de Pois. En longeant la falaise par la droite, on découvre le **« château » de Dinan**, énorme masse rocheuse reliée à la pointe par une arche naturelle. En empruntant le sentier qui passe sur l'arche naturelle, on peut parcourir ce rocher ruiniforme *(1/2h à pied AR en terrain rocailleux, se munir de chaussures non glissantes)*.

VERS LE CAP DE LA CHÈVRE★ 3

11 km – environ 2h. Quitter Crozon au Sud-Ouest par la D 887 en direction de Morgat.

Morgat

Sur le port
À Morgat, les amateurs de pêche sportive en mer ont la possibilité de pratiquer différentes pêches auxquelles se prête la faune locale.

Sa grande plage est encadrée, au Sud par une pointe couverte de pins, Beg-ar-Gador, au Nord par un éperon rocheux qui la sépare de la plage du Portzic.

Grandes grottes★ – *Visite guidée (40mn) avr.-sept. : dép. tte la journée selon les marées - 9 € (enf. 7 € - 4 ans 2 €). Port de Morgat : Vedettes Rosmeur Croisières - ☎ 02 98 27 10 71 ou Sirènes - ☎ 02 98 26 20 10.*

La grotte Ste-Marine et la Chambre du Diable, percée d'une cheminée, sont situées au-delà de Beg-ar-Gador, les autres étant à l'opposé de la baie. La plus belle est la grotte de l'Autel (80 m de profondeur, 15 m de haut).

Petites grottes – Elles sont accessibles à pied à marée basse, au pied de l'éperon qui sépare les plages de Morgat et du Portzic.

La route traverse un paysage de landes rabougries, soumises aux vents du large. De petits hameaux semblent s'abriter dans les replis de terrain. 500 m après **Brégoulou**, laissez la voiture sur le parc de stationnement : jolie vue sur les Tas de Pois et la pointe du Raz.

Plage de la Palud

Cette plage offre de belles vues sur cette côte rocheuse. Elle est splendide, mais les bains y sont interdits à cause de fortes lames.

St-Hernot

Dans l'ancienne école, la **Maison des minéraux** expose plus de 500 pièces qui témoignent des richesses géologiques de la presqu'île. On y découvre l'histoire géologique de cette partie du Massif armoricain. ☎ *02 98 27 19 73 - http://maisondesmineraux.free.fr - ♿ - de déb. juil. à mi-sept. : 10h-19h ; mai-juin : tlj sf sam. 10h-12h, 14h-17h ; de mi-sept. à fin avr. : tlj sf sam. 14h-17h - fermé le dim. en janv. - 4 € (enf. 2,50 €).*

Cap de la Chèvre★

De l'ancien poste d'observation allemand, on a une jolie vue sur le large et les pointes avancées du Finistère : de droite à gauche, la pointe de Penhir et les Tas de Pois, l'île de Sein, le cap Sizun et ses « finistères », la pointe du Van et la pointe du Raz qui limitent au Sud la baie de Douarnenez.

> Au cap de la Chèvre, un monument, représente une aile d'avion plantée dans le sol. Il est dédié au personnel navigant de l'Aéronautique navale, décédé ou disparu lors d'un service aérien dans l'Atlantique et les régions nordiques.

Daoulas★

Joliment situé sur la rivière du même nom, ce bourg profite du merveilleux site de la rade de Brest. La présence d'une abbaye lui assura son développement. De ce passé, Daoulas conserve de nombreux témoignages artistiques, dont les maisons des 15e et 17e s. qui subsistent dans la rue de l'Église.

A. de Valroger/MICHELIN

Dans le beau cloître de l'abbaye, remarquez la vasque monolithe, ornée de têtes, dont la datation reste inconnue.

La situation

Carte Michelin Local 308 F4 – Finistère (29). L'estuaire de la rivière Daoulas forme l'une des nombreuses découpures de la rade de Brest.

Le nom

Daoulas est l'équivalent breton du prénom celtique Douglas.

Les gens

1 794 Daoulasiens. De l'an 500, date approximative de la fondation de l'abbaye, jusqu'au 10e s., les moines eurent un rôle prépondérant dans l'histoire de Daoulas. Après le passage dévastateur des Vikings, les chanoines de l'ordre de Saint-Augustin rebâtirent l'abbaye au 12e s. assurant à ces lieux une grande prospérité jusqu'à la Révolution.

visiter

LE PORCHE

Son architecture et sa décoration, constituée de nombreuses statues et d'une remarquable vigne sculptée où foisonnent personnages et petits animaux, mêlent les styles gothique et Renaissance.

Enclos paroissial

À gauche, se trouvent les anciens bâtiments abbatiaux. En face, légèrement à droite, un **porche★** du 16e s. tient lieu de clocher et ouvre sur le cimetière. Ancienne abbatiale, l'**église** a gardé de l'époque de sa construction (12e s.), le portail Ouest, la nef et le bas-côté gauche.

Ancienne abbaye★

Domaine départemental depuis 1984, l'abbaye est devenue un Centre culturel international d'expositions et de rencontres des civilisations. *☎ 02 98 25 84 39 - www.abbaye-daoulas.com - ♿ - juil.-août : 14h-19h ; avr.-juin et de début sept. à mi-nov. : 10h-18h (dernière entrée 1h av. fermeture), possibilité de visite guidée (1h) - fermé 1er janv. et 25 déc. - 6 € (+10 ans 3 €).*

Son **cloître★** roman, bâti de 1167 à 1173 et dont ne subsistent que trois côtés, est le seul exemple de ce type encore visible en Bretagne. Sa décoration alterne dessins géométriques et motifs de feuillages.

Au-dessus du cloître, un petit détour s'impose dans le **jardin médicinal★** qui s'étage sur deux grandes terrasses : il y a en pour tous les maux et si certaines plantes comme l'œil du Christ ou les larmes de Job ont de bonnes références, d'autres, comme la mandragore, doivent aux sorcières une bien mauvaise réputation. Cette importante sélection, dont les vertus curatives sont plus ou moins connues, compose un agréable tableau.

Un sentier mène à un frais vallon où se trouve une fontaine datant de 1550. En retrait se dresse l'**oratoire N.-D.-des-Fontaines** élevé au 16e s. et enrichi au 19e s. de quelques vestiges de l'abbatiale.

Dinan★★

Dinan possède un petit bijou : sa vieille ville ceinturée de remparts que son imposant château semble toujours vouloir défendre. Égayée d'arbres et de jardins, la cité se dresse sur le bord escarpé d'un plateau qui domine de 75 m la Rance et son petit port de plaisance.

La situation

Carte Michelin Local 309 J4 – Côtes-d'Armor (22). À quelque 30 km au Sud de Saint-Malo, Dinan marque la naissance de l'estuaire de la Rance.

9 r. du Château, 22105 Dinan, ☎ 02 96 87 69 76. www.dinan-tourisme.com

Le nom

L'ancienne *Divonantos* semble provenir du gaulois *divos* (sacré) et *nantos* (vallée).

Les gens

10 907 Dinannais. Bertrand Du Guesclin (vers 1320-1380) est né près de la ville.

Visites

Dinan, qui porte le label Ville d'art et d'histoire, propose différentes visites-découvertes *(1h30)* animées par des guides-conférenciers agréés par le ministère de la Culture et de la Communication - *Juil.-août : 15h ; avr.-juin et sept. : sam. 15h + visite ponctuelle pdt vac. scol. et w.-end - 5 € - renseignements à l'Office de tourisme ou sur le site www.vpah.culture.fr*

G. Targat/MICHELIN

Le petit port de plaisance de Dinan coule des jours tranquilles sur les bords de la Rance.

carnet pratique

Se restaurer

Crêperie Beaumanoir – *4 pl. Duclos - ☎ 02 96 39 33 91 - fermé 1 sem. en. hiver, 1 sem. fin juin, 2 sem. en nov., mar. soir et merc. - 6,86/15,24 €.* Voici une petite adresse on ne peut plus facile à trouver, puisque située juste en face de la mairie. Vous y dégusterez salades, crêpes, galettes et spécialités « maison » (roulés bretons et galichons) dans un cadre rénové aux beaux murs de granit.

Le St-Louis – *9 r. de Léhon - ☎ 02 96 39 89 50 - www.lesaintlouis.com - fermé mar. soir hors sais. et merc. - 8/39,50 €.* Murs en pierres apparentes, sol de terre cuite, cheminée en granit et peintures réalisées par des artistes régionaux président à l'élégant cadre rustique de ce restaurant agencé autour d'un patio verdoyant. Cuisine traditionnelle et copieux buffets de hors-d'œuvre et desserts.

Crêperie des Artisans – *6 r. Petit-Fort - ☎ 02 96 39 44 10 - bonabry@wanadoo.fr - fermé de fin sept. aux Rameaux et lun. - ⊭ - 8,70/15 €.* Gravir cette ruelle pavée reliant le port à la vieille ville vous a ouvert l'appétit ? Arrêtez-vous ici pour déguster crêpes traditionnelles et produits fermiers, et admirer par la même occasion une étonnante collection de percolateurs et de cafetières.

La Marmite – *91 r. de Brest - ☎ 02 96 39 04 42 - fermé sam. soir et dim. - 10/18 € - 5 ch. 38 € - ☕ 6 €.* Cette petite adresse a prodigué ces dernières années de nombreux efforts de rénovation. Le résultat ? Une salle de restaurant chaleureuse et gaie - murs patinés couleur mimosa, boiseries en frêne, poster fleuri - et des chambres personnalisées.

La Courtine – *6 r. de la Croix - ☎ 02 96 39 74 41 - fermé 1er-15 janv., 15-30 nov., merc. soir, sam. midi et dim. ; en été : fermé merc. soir, sam. midi et dim. - réserv. conseillée - 11,50/26,50 €.* Murs en granit et poutres composent le chaleureux cadre de ce restaurant installé dans une pittoresque maison de 1832. Service d'une grande efficacité, cuisine traditionnelle et spécialités de poisson.

Le Bistrot du Viaduc – *R. du Lion-d'Or - ☎ 02 96 85 95 00 - www.lebistrotduviaduc.com - fermé 15 juin-1er juil., 20 déc.-15 janv., sam. midi, dim. soir et lun. - 17,50/38,50 €.* Ce bistrot posté à la sortie du viaduc surplombe Dinan, offrant

Y. Tierny/MICHELIN

Place des Merciers.

une vue panoramique sur les remparts, la ville et le port. Le passage devant les fourneaux vous mettra dans les meilleures dispositions pour apprécier une généreuse cuisine traditionnelle servie dans un cadre rétro de bon ton.

Se loger

⊖ Hôtel restaurant de France – *7 pl. du 11-Novembre - dir. la Gare - ☎ 02 96 39 22 56 - hoteldefrance-dinan.com - fermé 21 déc.-6 janv. - P - 14 ch. 45/48 € - ☕ 6 € - restaurant 10,50/36 €.* Pratique pour ceux qui voyagent en train, établissement ancien dont les chambres, bien insonorisées, ont toutes été rénovées. Salle à manger redécorée et agrémentée d'une véranda et d'un aquarium. La cuisine ne connaît que les produits frais.

⊖ Grandes Tours – *6 r. du Château - ☎ 02 96 85 16 20 - carregi@wanadoo.fr - fermé 15 déc.-15 fév. - 41 ch. 48/69 € - ☕ 5 €.* Victor Hugo et Juliette Drouet, en visite à Dinan, auraient passé la nuit dans cet hôtel situé face aux « grandes tours » de la porte du Guichet et des remparts. Les chambres sont simples, mais lumineuses, et la salle des petits déjeuners colorée.

⊖⊖ Hôtel Challonge – *29 pl. Duguesclin - ☎ 02 96 87 16 30 - lechallonge@wanadoo.fr - 18 ch. 65/79 € - ☕ 7,50 €.* Cet hôtel proche des remparts borde l'ancien champ de foire où se tient un marché animé. Les chambres, confortables, ont un petit air « british », tout comme la brasserie Le Longueville décorée à la façon d'un pub anglais avec ses boiseries foncées et son grand bar.

En soirée

Bon à savoir – Dinan possède des atouts simples mais séduisants. Sa petite rue de la soif (rue de la Cordonnerie) est flanquée de huit bars accolés. Les bars « Au Vieux Port » et « La Licorne » sont de vieilles et belles maisons. La vie artistique de la ville est non moins intéressante avec le théâtre des Jacobins, et la rue Jerzual, rue pittoresque des sculpteurs, ébéniste, et maroquinier...

À la Truye qui file – *14 r. de la Cordonnerie - ☎ 02 96 39 72 29 - 11h-1h, dim. 17h30-1h - fermé de déb. au 15 oct. et lun. en hiver.* Au 15e s., une truie fila la laine avec sa quenouille en place de Grève, numéro considéré à l'époque comme un acte de sorcellerie : la truie et son dresseur furent donc brûlés vif. En hommage « à la truye qui file », une dizaine de bars en France portent aujourd'hui ce nom, dont l'un se trouve à Dinan. Il arrive souvent au patron, dit Nounours, un ancien musicien professionnel, de filer des sons tendres en souvenir de cette « grasse bébête ».

Le Bistrot d'en bas – *20 r. Haute-Voie - quartier Basilique St-Sauveur - ☎ 02 96 85 44 00 - tlj sf lun. 11h-15h, 18h-1h, dim. 18h-1h - fermé 1 sem. en fév. et oct.* Cette maison propose une belle gamme de vins au verre dont - entre autres - de nombreux crus du Languedoc-Roussillon. Tartines de charcuterie, de fromage ou de légumes à déguster dans un joli décor (fresques, boiseries, ardoises, miroirs...) ou sur la terrasse installée côté rue piétonne.

Le Myrian – *3 r. du Port - ☎ 02 96 87 93 36 - tlj sf mar. sf en juil.-août 10h-1h - fermé nov.-janv.* À l'écart des flâneries classiques, ce bar jouit du considérable avantage de se lover au bord de la Rance et de regarder en même temps le viaduc et le vieux pont. C'est l'une des meilleures haltes entre deux promenades. La pizzeria située à côté appartient au même patron.

Le Poche Café – *1 bis r. Haute-Voie - ☎ 02 96 39 98 60 - tlj sf dim. et lun. 10h-19h ; juil.-août : tlj sf dim. 10h-19h, lun. 14h-19h - fermé 1 sem. en fév., 1 sem. en nov. et j. fériés.* Pas aussi miniature que ne le laisse supposer l'enseigne, ce lieu abrite une librairie riche de 9 000 titres au format de poche, une sélection de l'actualité littéraire en première édition, un bar et une galerie d'exposition (peintures et photographies). Soirée à thème un samedi par mois.

Rue de la Cordonnerie – La rue de la Cordonnerie est un lieu idéal pour étancher sa soif. On compte en effet pas moins de 8 bars aux styles bien différents.

Théâtre des Jacobins – *R. de l'Horloge - ☎ 02 96 87 03 11 - culture.com@cc-codi.fr - accueil : mar., merc.- jeu. 10h-12h30, 14h30-18h30, vend.-sam. 14h30-18h30. Billetterie : fermé août et j. fériés - 10 à 33 €.* Valeurs sûres et jeunes talents se succèdent sur les planches de cette scène dont la programmation marie avec bonheur théâtre, concert, danse, art du cirque nouveau, humour et spectacles jeune public. Elle organise aussi le Festival « Les Insolites » (en avril).

Que rapporter

Marché aux puces – À partir du 3e merc. de juin et jusqu'au 3e merc. de sept.

Rue Jerzual – C'est la rue des artistes et des artisans : sculpteur, ébéniste, maroquinier...

Loc Maria - les Gavottes – *Rte de Dinard - ☎ 02 96 87 13 01 - www.locmaria.fr - janv.-juin et sept.-nov. : tlj sf dim. et lun. 10h-12h15, 14h30-18h30 ; juil.-août et déc. : tlj sf dim. et lun. 9h30-12h15, 14h30-19h et dim. en août 14h30-18h30 - fermé j. fériés.* Cette adresse est le point de vente de l'entreprise les Gavottes, célébrissime maison qui concocte les fameuses crêpes dentelles de Dinan, biscuit croustillant roulé très fin, qui se déguste nature ou enrobé de chocolat, et dont la recette fut inventée par Marie-Catherine Cornic en 1886. Autres spécialités : la galette et le palet de Pleyben, le véritable punch, la clopinette cotissoise et le corbelet dinannais.

Sports & Loisirs

Fruits, fleurs, parfums – *Pl. de la Mairie - 22100 Quévert - ☏ 02 96 85 81 80 - tlj.* La place de la Mairie de Quévert est le point de départ de plusieurs randonnées à thèmes : les rosiers, les roches, les arbres fruitiers... Pour les conditions de visite, se renseigner à District Dinan.

Dinan District – *34 r. Bertrand-Robidou – ☏ 02 96 87 14 14 - Randonnées d'avr. à août. Se renseigner en téléphonant à Dinan District.* Chaque été, la communauté de communes de Dinan organise des randonnées qui vous permettront de découvrir la nature environnante : la Rance, le bocage, les forêts, les oiseaux de printemps, etc.

Centre de loisirs équestres de St-Valay – *22100 Taden - ☏ 02 96 87 03 44 - tlj sf lun. 8h30-19h - fermé 2 sem. en déc.* Outre les stages d'équitation, ses moniteurs encadrent des promenades à l'heure, à la journée ou demi-journée, le long de la Rance et vers Lancieux. Des randonnées de plusieurs jours vers le Mont-Saint-Michel sont aussi possibles mais mieux vaut être cavalier chevronné !

S. Sauvignier/MICHELIN

Les savoureuses gavottes.

comprendre

Cantorbéry, l'Anglais félon – En 1357, le duc de Lancastre vient assiéger Dinan, que défendent Bertrand Du Guesclin et son frère Olivier. Devant la supériorité des Anglais, Bertrand demande une trêve de quarante jours, au bout de laquelle la ville se rendra si elle n'est pas secourue. Olivier, sorti sans armes dans la campagne, est fait prisonnier, en violation de la trêve, par le chevalier Cantorbéry qui exige une rançon de 1 000 florins. Bertrand lance un défi en champ clos à l'Anglais. Présidée par Lancastre, la rencontre a lieu à Dinan, sur l'actuelle place du Champ. Cantorbéry vaincu, doit verser à Olivier les 1 000 florins réclamés. Il donne ses armes à Du Guesclin et est banni de l'armée anglaise.

À vaincre avec péril... on triomphe avec gloire !
Ce succès vaut à Du Guesclin l'admiration d'une jolie Dinannaise, Tiphaine Raguenel. L'union de cette jeune fille cultivée avec le fruste guerrier, futur connétable, sera très heureuse.

Les tombeaux de Du Guesclin – Après avoir guerroyé durant plus de vingt ans pour le roi de France, Bertrand Du Guesclin meurt en Auvergne, le 13 juillet 1380, durant le siège de Châteauneuf-de-Randon.
Le connétable avait demandé à être inhumé à Dinan. Le cortège funèbre s'achemine donc vers cette ville... Mais au Puy, le corps est embaumé, les entrailles enterrées dans l'église des Jacobins (actuelle église St-Laurent). L'embaumement étant insuffisant, à Montferrand on fait bouillir les chairs pour les détacher du squelette et les ensevelir dans l'église des Cordeliers (détruite en 1793). Au Mans, un officier royal apporte l'ordre de conduire le corps à St-Denis : le squelette lui est alors remis. Seul le cœur arrive à Dinan, où il est déposé dans l'église des Jacobins – aujourd'hui, il se trouve dans l'église St-Sauveur. Alors que les rois de France n'avaient que trois tombeaux (cœur, entrailles, corps), Du Guesclin eut donc quatre monuments funéraires !

se promener

LA VIEILLE VILLE**

Place Du Guesclin

Cet ancien champ de foire est bordé d'hôtels des 18e et 19e s. La statue équestre du connétable est de Frémiet.

Prendre la rue Ste-Claire jusqu'à la rue de l'Horloge.

Hôtel Kératry

Charmante construction du 16e s., reconnaissable à ces trois piliers de granit.

Pans de bois
Une promenade à pied, dans les rues du vieux Dinan, permet d'admirer un grand nombre de maisons à pans de bois, bâties au Moyen Âge et remarquablement restaurées.

Maison du Gisant

Une restauration de cette maison à porche du 17e s. permit de découvrir le gisant (14e s.) exposé à l'extérieur.

Tour de l'Horloge

Le passage de l'Horloge, derrière la tour, permet de la voir avec du recul. Dans ce beffroi, se trouve l'horloge achetée par la communauté de ville en 1498. Du sommet *(158 marches)* se révèle un vaste **panorama★★** sur la ville et ses principaux monuments, ainsi que sur la campagne environnante. Exposition sur Anne de Bretagne. *☎ 02 96 87 02 26 - juin-sept. : 10h-18h30 ; du 9 avr. au 31 Mai : 14h-18h - 2,70 €.*

Place des Merciers★

Elle est bordée de belles maisons à pignons triangulaires et forme, avec la rue de l'Apport et la place des Cordeliers qui la prolongent, un bel ensemble de maisons à pans de bois typiquement dinannaises des 15e, 16e et 17e s. : maisons à étages en encorbellement, maisons à porches reposant sur des piliers de bois, maisons à vitrines avec leurs hautes fenêtres en avancée.

Jetez un coup d'œil dans les rues avoisinantes de la Cordonnerie et du Petit-Pain, avec leurs maisons à encorbellement. Dans la rue de la Mittrie naquit au n° 10 le chansonnier Théodore Botrel (1868-1925).

Passer devant l'ancien couvent des Cordeliers (voir partie « visiter ») et continuer dans la Grande-Rue.

Église St-Malo

Commencée en 1490 et terminée au 19e s., cette église est de style gothique flamboyant. Voyez le chœur, le chevet et le transept (fin du 15e s.). Les **vitraux** (20e s.) évoquent la vie dans différents quartiers de Dinan : le Jerzual, le Vieux-Pont, la place des Cordeliers.

Reprendre en sens inverse la Grande-Rue prolongée par la rue Lainerie.

M.-O. Bernard/MICHELIN

La rue du Petit-Fort : des charrettes aux cargaisons diverses s'y croisaient autrefois dans un brouhaha permanent.

Rue du Jerzual★

Cette ancienne voie d'accès au port était jadis la rue des bourgeois, des artisans et des marchands. Pavée et en pente raide, elle est bordée de boutiques des 15e et 16e s. qui abritent aujourd'hui tisserands, fileurs de verre et sculpteurs.

Maison du Gouverneur

24 r. du Petit-Fort. Cette belle demeure du 15e s. abrite un **atelier de tissage et de tapisserie** de haute lice.

Possibilité de gagner le port de plaisance sur la Rance en descendant la rue. Au retour, monter sur les remparts par un petit escalier au niveau de la porte de Jerzual. La tour du Gouverneur offre une belle **vue★★** sur la vallée de la Rance.

Remonter la rue Michel, puis la rue du Rempart pour gagner le Jardin anglais.

Jardin anglais

Il offre, depuis la tour Ste-Catherine en particulier, une belle **vue★★** d'ensemble sur la Rance, le port et le viaduc (250 m de long, 40 m de haut) et sur les remparts.

Basilique St-Sauveur

La façade s'ouvre par un porche roman, surmonté d'un pignon gothique flamboyant. La construction de l'édifice s'est étalée du 12e s. *(mur de droite)* au 16e s. Le dôme de la tour a été remplacé par une flèche au 18e s.

À l'intérieur, la dissymétrie de la construction est frappante : la partie droite est romane, tandis que la partie gauche, le chœur et le transept sont flamboyants. Dans l'aile gauche du transept, derrière la pierre tombale du 14e s. englobée dans un tombeau du 19e s., est conservé le **cœur de Du Guesclin**. Les vitraux modernes ont été créés par l'atelier Barillet.

En sortant sur la place St-Sauveur, on peut voir à gauche une maison à piliers où naquit, en 1847, Auguste Pavie, diplomate et explorateur en Indochine.

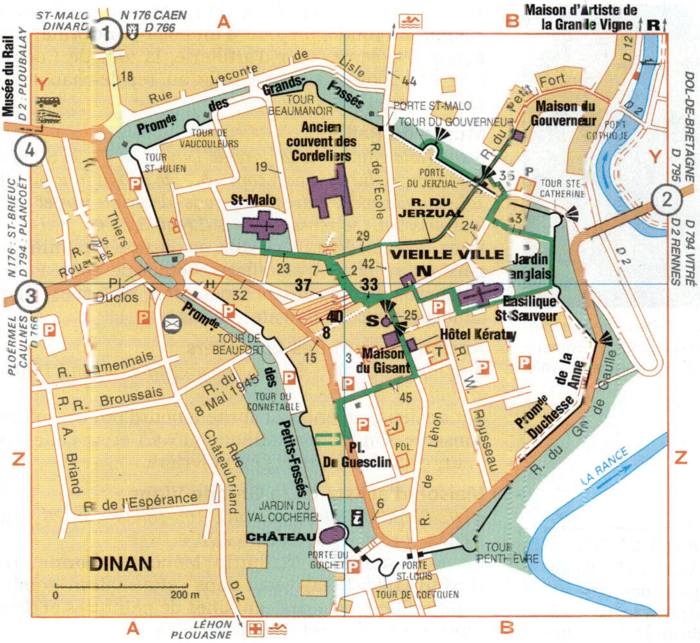

Apport (R. de l')	ABY	2	Garaye (R. Comte de la)	AY	19	Michel (R.)	BY	36
Champ (Pl. du)	ABZ	3	Grande-Rue	AY	23	Mittrie (R. de la)	AZ	37
Château (R. du)	BZ	6	Haute-Voie (R.)	BY	24	Petit-Pain (R. du)	AZ	40
Cordeliers (Pl. des)	AY	7	Horloge (R. de l')	BZ	25	Poissonnerie (R. de la)	BY	42
Cordonnerie (R. de la)	AZ	8	Lainerie (R. de la)	BY	29	Rempart (R. du)	BY	43
Ferronnerie (R. de la)	AZ	15	Marchix (R. du)	AYZ	32	St-Malo (R.)	BY	44
Gambetta (R.)	AY	18	Merciers (Pl. des)	BYZ	33	Ste-Claire (R.)	BZ	45

Ancien hôtel Beaumanoir	BYZ	N	Tour de l'Horloge	BY	S
Maison de la Rance	BY	R			

Ancien hôtel Beaumanoir
Le portail Renaissance, dit du Pélican, commande l'entrée. Dans la cour, observez la décoration des fenêtres et une tourelle du 16e s. abritant un bel escalier.

AUTOUR DES REMPARTS

Promenade de la Duchesse-Anne
Tracée sur les remparts, elle offre une belle **vue**★ sur la Rance, le viaduc et le port.

Promenade des Petits-Fossés
Elle longe extérieurement les remparts (13e-15e s.). À droite, elle est dominée par la masse du château et les tours du Connétable et de Beaufort.

Promenade des Grands-Fossés
Ce magnifique mail est bordé par les tours St-Julien, de Vaucouleurs, Beaumanoir et la porte St-Malo.

Bords de la Rance
1h à pied. Descendre vers la Rance et traverser le pont gothique. Prenez à droite l'ancien chemin de halage qui passe sous le viaduc. Il longe la rivière dans un **site** verdoyant et encaissé où il est agréable de flâner.

À SAVOIR

Remontée ou descente de la Rance jusqu'à Dinan, cité médiévale. En fonction des horaires de marées, le retour peut s'effectuer en bateau, en car ou en train. Des navettes de cars sont mises en place juil.-août - *☎ 0 825 138 120 ou 0 825 138 035 - www.compagniecorsaire.com*

visiter

Château★
☎ 02 96 93 45 20 - juin-sept. : 10h-18h30 ; oct.-mai : 13h30-17h30 - fermé janv. - 4,10 €, gratuit Nuit des musées.

La porte du Guichet, encadrée par deux tours percées d'archères, date du 13e s. Élevé au 14e s., le donjon présente de beaux mâchicoulis. Il abrite un **musée** consacré à l'histoire de Dinan, depuis la préhistoire au début du

A. de Valroger/MICHELIN

Le château de Dinan et son donjon : bel exemple d'architecture médiévale.

20e s., et à l'artisanat local. De la terrasse qui domine le chemin de ronde, on jouit d'un beau **panorama★** sur la région. Ancienne tour d'artillerie, la tour de Coëtquen (15e s.) expose dans une salle au rez-de-chaussée des pierres tumulaires.

Musée du Rail

Dans l'aile gauche de la gare de Dinan. ☎ 02 96 39 81 33 - www.museedurail-dinan.com - ♿ - de déb. juin à mi-sept. : 14h-18h (dernière entrée 17h) ; vac. de printemps et vac. de la Toussaint : se renseigner - 4 € (enf. 3,25 €).

Deux réseaux de trains y sont reconstitués en miniature, ainsi qu'un poste d'aiguillage Vignier de 1889. Pour les amoureux du rail : affiches, pendules, lanternes, plaques de locomotives et de gares, outils...

Ancien couvent des Cordeliers

☎ 02 96 85 89 00 - ♿ - en saison : tlj sf w.-end 10h-18h - gratuit.

Cet ancien couvent, qui abrite aujourd'hui un collège, a conservé son cloître gothique (15e s.) et sa cour d'honneur, avec des tourelles en poivrière.

Maison d'artiste de la Grande Vigne

☎ 02 96 87 90 80 - juil.-août : 10h-18h30 ; du 20 Mai au 30 juin et sept. : 14h-18h30 - 2,70 €.

Élève et amie de Mathurin Méheut, **Yvonne Jean-Haffen** (1895-1993) vécut dans cette maison dominant le port. Elle recèle des centaines de peintures et dessins représentant la Bretagne d'autrefois.

Sorties nature

La Maison de la Rance organise des sorties nature sur les bords de la Rance et dans la forêt de Coëtquen. À pied, à VTC ou en canoë-kayak, les randonnées sont accompagnées par un animateur. *Se renseigner à la Maison pour le programme.*

Maison de la Rance

Quai Talard, sur le Port. ☎ 02 96 87 00 40 - ♿ - juil.-août : 10h-19h ; avr.-juin, sept.-oct. et vac. scol. : tlj sf lun. 14h-18h, dim. et j. fériés 14h-18h - 3,90 € (12-18 ans 3 €).

La Rance n'est pas que ce plan d'eau si prisé des plaisanciers. Cette rivière a un histoire, riche et mouvementée, et des milieux naturels très variés qui sont présentés, de manière interactive, dans ce lieu d'exposition.

alentours

Léhon

2 km au Sud. Ce bourg, niché dans la vallée de la Rance, conserve le **prieuré de St-Magloire**, construit au 12e s. *Visite 3/4h.*

Abbatiale – *☎ 02 96 87 40 40 - juil.-août : 10h-12h, 14h-18h, possibilité de visite guidée 16h - 4 € - vac. scol. : se renseigner à l'Office du tourisme de Dinan.*

Reconstruite au 13e s. et restaurée à la fin du 19e s. La nef, aux voûtes bombées et nervurées à la façon angevine, abrite les pierres tombales des Beaumanoir et un bénitier (13e s.) sur le rebord duquel les moissonneurs, soucieux d'une bonne récolte, venaient aiguiser les faucilles.

Décor de film

Dans les combles de l'ancien couvent, on découvre une belle charpente en forme de carène renversée, et de curieux box qui ont été réalisés pour le tournage d'un feuilleton télévisé, *Les Compagnons du Nouveau Monde.*

◀ **Bâtiments conventuels** – Un petit **musée lapidaire** expose des chapiteaux de l'ancien cloître roman. Le **réfectoire**, la plus ancienne salle de l'abbaye (13e s.), a été joliment restauré. On y remarque la chaire du lecteur avec son escalier et sa tribune et la façade gothique ajourée. Le **dortoir** abrite quelques éléments du trésor dont un reliquaire contenant les reliques de saint Magloire. *☎ 02 96 87 40 40 - juil.-août. : 10h-12h, 14h30-18h30 - 3 € (enf. 2 €).*

Jardins – Les fouilles ont mis au jour un canal couvert reliant l'abbaye à la Rance qui coule plus bas.

Forêt de Coëtquen

10 km à l'Est. Accès par la D 68 au Sud, ou la VC 3 à partir de St-Hélen. Cette forêt de 557 ha, composée essentiellement de feuillus, est un lieu de promenade très agréable. Plusieurs sentiers sont balisés et des sorties sont organisées par la Maison de la Rance à Dinan *(voir plus haut).*

Corseul

11 km à l'Ouest. Quitter Dinan en direction de St-Brieuc, puis prendre à droite la route de Plancoët (D 794).

Déjà connue des Celtes et des Gaulois, la capitale des Coriosolites fut romanisée, comme l'ensemble de l'Armorique. Elle conserve de nombreux vestiges, notamment dans le jardin des Antiques (colonnes, chapiteaux). Dans le **musée de la Société archéologique de Corseul**, au 2ᵉ étage de la mairie, on découvre des fossiles de la mer des Faluns, des pierres taillées et polies, des urnes funéraires, des peintures murales romaines, et des objets gallo-romains. *☎ 02 96 82 73 14 (répondeur) - tlj sf dim. 9h-12h, 14h-17h, sam. 9h-12h - fermé j. fériés - 2 € (enf. 1 €).*

Plus remarquable encore, le **temple du Haut-Bécherel**, dit temple de Mars *(1,5 km en direction de Dinan et une route à droite en montée)*. Cette tour polygonale gallo-romaine, construite en petit appareil, daterait de l'époque de l'empereur Auguste (63 avant J.-C.-14 après J.-C.).

Château de la Bourbansais★

14 km au Sud-Est. Dans un vaste domaine, cet imposant édifice (fin du 16ᵉ s., agrandi au 18ᵉ s.) fut embelli durant trois générations par les Huart, conseillers au parlement de Bretagne.

Parc zoologique et jardin – *☎ 02 99 69 40 07 - www.labourbansais.com - ♿ - avr.-sept. : 10h-19h ; oct.-mars : 14h-18h, possibilité de visite guidée (50mn) - 14 € (enf. 10 €).*

Ce parc abrite des espèces animales des cinq continents (cervidés, fauves, oiseaux, singes).

Gagnez le château, dont le corps de logis est flanqué de tourelles et de pavillons aux toits à double pente caractéristiques du 18ᵉ s.

Intérieur du château – *☎ 02 99 69 40 07 - www.labourbansais.com - ♿ - visite guidée (50mn) avr.-sept. : 11h15, 13h15, 14h30, 15h30, 17h40 ; oct.-mars et vac. scol. : w.-end 15h30, 16h30 - 4 € (enf. 2 €).*

Le rez-de-chaussée présente une décoration et un mobilier du 18ᵉ s., des tapisseries d'Aubusson du 17ᵉ s. et une belle collection de porcelaines de la Compagnie des Indes. Dans le péristyle (19ᵉ s.), documents et objets évoquent le passé de cette demeure.

Domaine de la Bourbansais

La grande vénerie du château, forte de plus de 70 chiens.

Dinard☼☼☼

Lovée dans un site magnifique à l'embouchure de la Rance, Dinard fut « lancée » vers 1850 par un riche Américain, et devint la rivale de l'anglaise Brighton. Station balnéaire mondaine, Dinard est la première du genre en France à avoir sauvegardé son patrimoine architectural de la fin du 19ᵉ s. en faisant classer 407 villas et immeubles.

La situation

Carte Michelin Local 309 J3 – Ille-et-Vilaine (35). Sur la rive gauche de l'estuaire de la Rance, Dinard fait face à Saint-Malo.

ℹ 2 bd Féart, 35802 Dinard, ☎ 02 99 46 94 12. www.ville-dinard.fr

Le nom

Étymologiquement, Dinard proviendrait du gaulois *dunum*, colline et du breton *arzh*, ours. Mais l'ours de la colline a depuis bien longtemps laissé place aux vacanciers.

Les gens

10 430 Dinardais. L'impératrice Eugénie y aurait volontiers séjourné, mais suite à une dispute avec Napoléon III, elle n'habita jamais la villa construite pour elle.

RENDEZ-VOUS

La promenade du Clair-de-Lune – *Juil.-sept.* Elle est le cadre d'animations musicales (son et lumière).

Marché – *Pl. Crolard - mar., jeu. et sam. mat. et halles chaque mat.* Ce marché de réputation régionale attire une clientèle fidèle, qui vient parfois de très loin, spécialement le samedi.

Amniarix

Sous ce nom de code digne d'un héros de Goscinny, se cache une discrète mais remarquable résistante. Jeannie Rousseau, puisque tel était son nom avant de devenir Mme de Clarens, était une brillante étudiante lorsque éclate la Seconde Guerre mondiale. Croyant l'éloigner du conflit, son père l'emmène à Dinard où ils sont vite rejoints par les Allemands. Ses connaissances linguistiques – elle parle cinq langues couramment, dont l'allemand – se révèlent très utiles et appréciées du commandement allemand. Après une rencontre avec Georges Lamarque, elle entre dans son groupe de résistance, les « Druides », et devient une source exceptionnelle de renseignements, particulièrement sur les programmes de V1 et V2. Elle permettra ainsi la destruction de l'usine souterraine de Peenemünde. Fait prisonnière deux fois, envoyée dans trois camps de concentration, elle a survécu et offre un bel exemple d'intelligence, de modestie et de courage.

carnet pratique

Se loger

⊖ **Hôtel Les Mouettes** – *64 av. George-V - ☎ 02 99 46 10 64 - www.hotel-les-mouettes.com - 10 ch. 33/39 € - ☕ 5,50 €.* Ce petit hôtel sans prétention est idéal pour qui veut échapper à l'animation du centre-ville tout en restant proche du littoral. Chambres certes un peu petites, mais bien insonorisées, et rénovées dans un esprit marin. Accueil dynamique et souriant.

⊖ **Hôtel Printania** – *5 av. George-V - ☎ 02 99 46 13 07 - www.printaniahotel.com - fermé 20 nov.-20 mars - 57 ch. 55/85 € - ☕ 8,50 € - restaurant 20/33 €.* Ceux qui aiment le folklore vont être servis ! La salle à manger et le salon de cet hôtel avec vue sur la mer sont bretons à souhait : meubles « à gâteau » et tableaux anciens en décorent les moindres recoins... Jusqu'aux serveuses du restaurant arborant un costume régional !

⊖ **Chambre d'hôte Le Clos du Pont Martin** – *Le Pont Martin - 35800 St-Briac-sur-Mer - 2,4 km au SE de St-Briac-sur-Mer par D 603 et D 3 à droite, rte de Ploubalay - ☎ 02 99 88 38 07 - www.briac.com - ⌿ - 3 ch. 55/59 € ☕.* Cette demeure contemporaine nichée dans un parc, à 5 minutes des plages de St-Briac-sur-Mer, vous réserve un accueil douillet. Chambres conjuguant avec bonheur mobilier de style et confort moderne. En hiver, vous prendrez votre petit-déjeuner au coin du feu.

⊖⊖ **Hôtel Améthyste** – *Pl. du Calvaire - ☎ 02 99 46 61 81 - hotel-amethyste@wanadoo.fr - fermé 6 janv.-28 fév. et 21 nov.-19 déc. - 19 ch. 70 € - ☕ 7,50 €.* Pas de vue sur la mer depuis cet hôtel, mais ses prix raisonnables en font une adresse tout à fait recommandable. Ses chambres au confort simple ne sont pas bien grandes mais bien entretenues. Également disponibles, cinq studios loués à la semaine.

Se restaurer

⊖ **L'Appel du Large** – *4 bd Wilson, face à la mer - accès au restaurant par l'entrée du casino - ☎ 02 99 16 30 30 - www.lucienbarriere.com - fermé le mar. de nov. à mars - 12/16 €.* La vaste salle de restaurant, attenante à la salle des machines à sous du casino, offre une belle vue panoramique sur la grande plage de Dinard. Décor d'esprit « croisière », banc d'écailler. La carte de brasserie propose de nombreux plats de viandes, poissons et fruits de mer.

⊖⊖⊖ **Didier Méril** – *6 r. Yves-Verney - ☎ 02 99 46 95 74 - didiermeril@wanadoo.fr - fermé 7-31 janv. et merc. d'oct. à janv. - 27/37 €.* Un vent, marin bien sûr, est venu réveiller ce restaurant autrefois connu des gens d'ici sous une enseigne plus exotique « La Palmeraie ». À table, les produits de la mer sont toujours à l'honneur. Mariage du modernisme et de l'ancien pour le décor.

Faire une pause

L'Amirauté – *1 pointe du Décollé - 35800 St-Lunaire - ☎ 02 99 46 33 38 - juil.-août : 12h-23h ; hors sais. : lun.-mar., vend. 12h-15h, 19h-22h, w.-end 12h-22h - fermé 25 déc. et 1er janv.* Sur la pointe du Décollé, ce bar-crêperie jouit d'une vue panoramique sur la baie de Saint-Malo, la mer et les rochers qui émergent de l'écume... Grande terrasse au calme.

Sports & Loisirs

Bon à savoir – Dinard offre un panel d'activités sportives impressionnant. À noter, son beau club de tennis dans parc, son centre équestre, et son centre nautique...

Thalassa Dinard – *1 av. du Château-Hébert - ☎ 02 99 16 78 10 - www.accorthalassa.com - 9h-13h, 14h-18h - fermé 5-26 déc.* Créée en 1990, cette structure moderne et lumineuse jouit d'un très beau point de vue sur la mer jusqu'aux remparts de Saint-Malo. Outre les cures traditionnelles, vous pourrez y tester les soins découvertes pour un week-end voire une demi-journée.

Dinard Équitation – *20 r. du Val-Porée - ☎ 02 99 46 23 57 - www.equitation.com - accueil : 9h-19h - fermé 1er-15 sept.* Ce centre équestre donne des cours, organise des stages et des randonnées. Compétition internationale de jumping en août.

Écuries de St-Lunaire – *Le Pont - 35800 St-Lunaire - ☎ 02 99 46 06 20 - www.les-ecuries.net – tlj sf dim. 5h-12h, 14h-17h.* Ce centre un peu en retrait de Saint-Lunaire dispense cours et stages d'équitation et organise à l'occasion des promenades d'une heure, de la pointe du Nick à Saint-Lunaire. Maîtrise du trot enlevé exigée...

Wishbone Club Dinard – *Plage de l'Écluse - ☎ 02 99 88 15 20 - mars-déc. : tlj sf dim. - fermé janv.-fév.* Ce club nautique offre plusieurs formules : stages avec encadrement (voile et windsurf), cours particuliers à la carte ou simple location de matériel (planche à voile, catamaran, dériveur, kayak et pédalo).

Yacht Club de St-Lunaire – *Bd de la plage - 35800 St-Lunaire - ☎ 02 99 46 30 04 - y-c-st-lunaire@wanadoo.fr - tlj du 31 mars à nov. - fermé 25 déc. - 10 à 270 €.* Doté d'un parking à bateaux à l'extrémité de la plage, ce centre nautique propose des stages de planche et de voile, sur tout support : optimist, topper et catamaran (15 pied, Hobie cat 16 et HC 16 avec spi). Jardin des mers pour les enfants de 5 à 8 ans.

Promenades en bateau

St-Malo★★★ – Traversée : 10mn *(voir ce nom)*, **Dinan, par la Rance★★** *(voir Vallée de la Rance)*, **Croisières au cap Fréhel★★★** *(voir ce nom)*.

Croisières sur la Rance et vers l'île de Cézembre – Elles permettent la découverte de petites criques et de malouinières accrochées à flanc de coteau, ou de se rendre à l'île de Cézembre et sa vaste plage de sable fin exposée plein Sud. Excursions en mer et sur la Rance. S'adresser à l'Office de tourisme.

Escapades en avion

Services réguliers pour les îles Anglo-Normandes de Jersey et Guernesey ainsi que pour Southampton et Londres. S'adresser à l'aéro-club de la côte d'Émeraude - *☎ 02 99 88 23 42 ou à l'Office de tourisme.*

Morand-Grahame/HOA-QUI

Hors saison, les plages sont rendues aux promeneurs et à l'atmosphère délicieusement surannée de la station.

se promener

Dinard offre un contraste extraordinaire avec St-Malo : en face, une vieille cité resserrée dans ses remparts, une plage familiale, un port de commerce ; ici, un village de pêcheurs devenu une station raffinée aux villas luxueuses, aux jardins et aux parcs splendides.

AU NORD

Pointe du Moulinet★★

Partir de la Grande Plage.

Des **vues** magnifiques s'offrent sur la côte, du cap Fréhel à gauche, à St-Malo à droite, puis sur l'estuaire de la Rance.

Grande Plage ou plage de l'Écluse★

Cette belle plage est bordée par le palais des Arts et du Festival, le casino et de luxueux hôtels. En suivant la promenade qui longe la plage à gauche, on parvient à une terrasse d'où l'on découvre St-Malo.

Au-delà, on se dirige vers la **pointe des Étêtés**, le beau **jardin** en terrasse du **Port-Riou** (vue jusqu'au cap Fréhel) et la **plage de St-Énogat**, située au bas de rochers escarpés.

Visites-découvertes

Dinard, qui porte le label Ville d'art et d'histoire, propose différentes visites-découvertes (1h30) animées par des guides-conférenciers agréés par le ministère de la Culture et de la Communication - *juin-sept. : dép. 14h30 de l'Office de tourisme - 5 €.*

DINARD

Abbé-Langevin (R.)	AY	2
Albert-Ier (Bd)	AB	3
Anciens Combattants (R. des)	AZ	5
Barbine (R. de)	AZ	7
Boutin (Pl. J.)	BY	9
Clemenceau (R. G.)	BY	10
Coppinger (R.)	BY	12
Corbinais (R. de la)	AZ	13
Croix-Guillaume (R.)	AZ	15
Douet-Fourche (R. du)	AZ	17
Dunant (R. H.)	AY	19
Féart (Bd)	BYZ	
Français-Libres (R.)	AZ	22
Gaulle (Pl. du Gén.-de)	BZ	25
Giraud (Av. du Gén.)	BZ	26
Leclerc (R. Mar.)	BYZ	28
Levasseur (R.)	BY	29
Lhotellier (Bd)	AY	31
Libération (Bd de la)	AZ	32
Malouine (R. de la)	BY	34
Mettrie (R. de la)	BZ	35
Pionnière (R. de la)	ABY	38
Prés.-Wilson (Bd)	BY	40
Renan (R. E.)	AY	43
République (Pl. de la)	BY	44
St-Lunaire (R. de)	AY	48
Vallée (R. de la)	BYZ	50
Verney (R. Y.)	BY	52

À L'EST

Contrairement à ce que suggère son nom, cette promenade est à faire de jour, et même le matin pour profiter du soleil...

Promenade du Clair-de-Lune*

Réservée aux piétons, cette digue-promenade suit le bord de l'eau. Outre de beaux parterres fleuris et une remarquable végétation méditerranéenne, on apprécie la beauté des villas et de jolies vues sur l'estuaire de la Rance.

À l'extrémité, la **plage du Prieuré** doit son nom à un prieuré fondé en 1324 à cet emplacement.

Pointe de la Vicomté**

Ce beau domaine loti devient peu à peu l'un des quartiers les plus agréables de Dinard. Au départ de l'avenue Bruzzo, le chemin de ronde *(à faire à pied)* offre de splendides **échappées** sur la rade et l'estuaire de la Rance.

visiter

La villa d'Eugénie
Le musée du Site balnéaire est logé dans la villa construite pour l'épouse de Napoléon III, qui devait inaugurer la saison balnéaire en 1868.

Musée du Site balnéaire

Fermé pour travaux. Expositions temporaires. ☎ 02 98 46 81 05.

Ce musée évoque la vie balnéaire à la fin du 19e s. et au début du 20e s., époque où furent construits des villas somptueuses et de grands hôtels de luxe, réputés pour l'excellence de leur table.

alentours

St-Lunaire

À 4 km par la D 786. Cet élégant centre balnéaire possède deux belles plages : à l'Est, St-Lunaire, la plus animée, regarde St-Malo ; à l'Ouest, Longchamp, la plus vaste, est tournée vers le cap Fréhel.

Pointe du Décollé★★ – Elle est reliée à la terre ferme par un pont naturel qui franchit la profonde crevasse du saut du Chat ; au-delà du pont s'étendent les promenades.

Prendre, à gauche de l'entrée du pavillon du Décollé, le chemin conduisant à la pointe où est érigée une croix en granit. La **vue★★** sur la Côte d'Émeraude, depuis le cap Fréhel jusqu'à la pointe de la Varde, est splendide.

Grotte des Sirènes★ – Le pont franchit la faille par laquelle cette grotte s'ouvre vers la mer, et dont on voit le fond ; à marée haute, les vagues l'assaillent avec puissance.

Vieille église St-Lunaire – *De Pâques à fin sept. 10h-19h.* Dressé parmi les arbres dans un ancien cimetière, l'édifice a conservé sa nef du 11e s. où se trouve le tombeau de saint Lunaire dont le gisant (14e s.) repose sur un sarcophage gallo-romain. Sept autres tombeaux sont visibles dans le transept, parmi lesquels le tombeau richement sculpté d'une dame de Pontual (13e et 14e s.), et celui d'un chevalier et d'une dame (15e s.).

Y. Tierny/MICHELIN

L'école de voile de St-Lunaire ne manque pas de renforts.

Dol-de-Bretagne★

Ancienne cité épiscopale de Bretagne, Dol est situé sur le bord d'une falaise que le flot venait encore battre au 10e s. Idéalement située entre St-Malo et le Mont-St-Michel, la ville propose aux visiteurs de passage un patrimoine architectural de grande qualité.

La situation

Carte Michelin Local 309 L3 – Ille-et-Vilaine (35). Presque à la limite Nord-Est de la Bretagne, Dol se trouve à l'intérieur des terres.

3 Grande-Rue-des-Stuarts, 35120 Dol-de-Bretagne, ☎ 02 99 48 15 37.

Le nom

Il dérive peut-être du mot prélatin *tül* qui désignait une hauteur : ici, une falaise d'une vingtaine de mètres.

Les gens

4 563 Dolois, qui n'ont pas oublié la legende liée à **saint Michel**. Dans son combat avec Satan, l'archange perça un trou dans le roc du mont Dol et y précipita son ennemi. Mais le diable réapparut sur le Mont-St-Michel. Le bond que fit saint Michel pour atteindre le mont nécessitait une vigoureuse détente. La preuve : la trace de son pied s'est imprimée dans le rocher de Dol.

G. Targat/MICHELIN

Vous voici Grande-Rue-des-Stuarts, non loin de l'Office de tourisme.

visiter

Cathédrale St-Samson★★

Ce très vaste édifice de style gothique fut bâti aux 12e et 13e s. puis complété jusqu'au 16e s. Il donne une idée de l'importance qu'avait alors l'évêché de Dol. À l'extérieur, côté Sud, voyez le **grand porche★** (14e s.) et le petit porche (13e s.). Au Nord, la cathédrale offre l'aspect d'une forteresse.

carnet pratique

SE LOGER

Grand Hôtel de la Gare – *21 av. Aristide-Briand - ☎ 02 99 48 00 44 - fermé vac. scol. de fév. et 2e quinz. d' oct. - 13 ch. 27/44 € - ☕ 5,10 €.* L'enseigne est explicite quant à la situation géographique de cet hôtel tout juste rénové, qui fait aussi bar-PMU. Les chambres, pas très grandes mais plaisamment colorées, bénéficient d'une bonne insonorisation ; certaines permettent l'accueil de familles. Très belle salle des petits-déjeuners.

Chambre d'hôte La Croix Gaillot – *35120 Cherrueix - 8 km rte de Cherrueix par D 82 puis dir. Baguer-Pican par D 85 - ☎ 02 99 48 90 44 - - 5 ch. 36/42 € ☕.* À 3 km de la plage de Cherrueix - réputée pour la pratique du char à voile -, ferme céréalière disposant de chambres confortables, au calme, et d'un salon qui s'ouvre en véranda sur le jardin. Deux gîtes et six emplacements de camping sont aussi disponibles.

SE RESTAURER

Auberge de la Cour Verte – *Rte de Rennes - ☎ 02 99 48 41 41 - www.auberge-de-la-cour-verte.com - fermé 15 déc.-7 janv., lun. midi, mar. midi, merc. midi en juil.-août, lun. et mar. de sept. à juin - 8/29 €.* Ce restaurant aménagé dans une ferme de 1640 doit sa réputation à ses viandes grillées. Salle à manger d'une authentique rusticité, animée par le spectacle de la cheminée en pierre devant laquelle officie le patron. La carte propose également des spécialités belges et des crêpes.

Intérieur – Le vaisseau atteint 100 m de long. Dans le chœur, on admire la **verrière**★★ à médaillons du 13e s. qui a été restaurée, les 80 stalles (14e s.) et le trône épiscopal (16e s.) en bois sculpté. Dans le croisillon gauche, on remarque le tombeau de l'évêque Thomas James, gouverneur du château Saint-Ange à Rome, exécuté par les Florentins Antoine et Jean Juste (16e s.). Dans le bas-côté Nord, *Christ aux outrages*.

Une présentation moderne d'un thème ancien.

Cathédraloscope★

☎ 02 99 48 35 30 - ♿ - avr.-nov. : 10h-19h - 7,50 €.

Cette exposition, dans l'ancien palais épiscopal, fait revivre l'histoire des cathédrales à l'aide d'une scénographie très accrocheuse ; on ne peut parler de muséographie puisque aucune collection n'est présentée. Symbolique de l'élévation, techniques et vocabulaire de la construction, maquettes, corps de métiers, vitraux et sculptures sont ici fort bien évoqués comme pour percer l'âme des cathédrales, tout cela dans une atmosphère très dépouillée, d'une modernité très contemplative.

se promener

Maisons anciennes

Au cœur de la cité médiévale, subsistent de belles maisons à colombages, hôtels particuliers et commerces.

Grande-Rue-des-Stuarts – Au n° 17, « les Petits Palets » (11e et 12e s.) présentent une belle arcature romane ; au n° 27, maison de la Guillotière (13e s.) ; au n° 33, demeure de 1617 à belles lucarnes ; au n° 18, le logis de la Croix verte et du donjon est une ancienne auberge des templiers avec cave voûtée (12e s.) ; au n° 32, charmante cour « es Chartier et Hostel es Pledran » (16e s.).

Rue Le-Jamptel – Au n° 31, « la Grisardière » (12e ou 13e s.) ; au n° 27, maison à piliers (15e s.).

Rue Ceinte – Au n° 1, dans la portion de rue jadis de la Poissonnerie, vieille maison de marchand (15e s.) avec étal de granit, de même qu'au n° 4, « la Grabottais » ; au n° 16, manoir du Grand Chantre (1668).

PROMENADE DES DOUVES

Ce jardin public, malheureusement peu entretenu et appelé promenade Jules-Revert, longe la douve des remparts Nord. On peut y voir la grosse tour des Carmes, l'une des 12 tours de défense. De là, belle **vue**★ sur le mont Dol et le « Marais ».

DOL-DE-BRETAGNE

Briand (Av. Aristide) 2
Carmes (R. des) 3
Cathédrale (Pl. de la) 4
Ceinte (Rue) 6
Chateaubriand (P.) 7
Écoles (R. des) 8
Grande-Rue des Stuarts 10
Lejamptel (R.) 12
Mairie (P. de la) 13
Normandie (Bd de) 14
Paris (R. de) 15
Saint-Malo (Rue de) 17
Toullier (Place) 19

alentours

Mont Dol*

Quitter Dol-de-Bretagne en direction de Cancale, 2 km.

Cette éminence granitique, haute de 65 m, domine une vaste plaine, faisant quasiment figure de petite montagne.

Panorama* – On découvre : du haut de la tour, au Nord, les îles Chausey, Cancale et la pointe du Grouin ; au Nord-Est, le Mont-St-Michel, Avranches, Granville ; du calvaire, au Sud, à la lisière du Marais, Dol et sa cathédrale et, à l'arrière-plan, les hauteurs d'Hédé ; enfin à ses pieds, le bocage du Marais de Dol.

À VOIR

Dans la nef de l'église restaurée de Mont-Dol *(au bourg)*, un bel ensemble de fresques des 12e et 14e s. retraçant la vie du Christ.

Petit-Mont-St-Michel

11 km à l'Est par la D 80 (direction St-Broladre) et rte à droite vers St-Marcan. ☎ 02 99 80 22 15 - juil.-août : 10h-19h ; avr.-juin et sept. : w.-end et j. fériés 11h-19h ; vac. scol. : se renseigner - fermé oct.-mars - 4 € (-5 ans gratuit).

Dans un enclos à flanc de colline sont présentés ces monuments de la région au 1/50 : église de Pontorson, Mont-St-Michel, château de Fougères... Jeux pour enfants.

Le Vivier-sur-Mer et Cherrueix *(voir baie du Mont-St-Michel)*

LE MARAIS DE DOL

On appelle ainsi le terrain gagné sur les marais et la mer, dans la baie du Mont-St-Michel. D'aspect assez monotone, il offre, vu du Mont, un curieux paysage qui s'étend sur 15 000 ha, depuis l'embouchure du Couesnon jusqu'au voisinage de Cancale.

Cette ancienne zone marécageuse est constituée du marais blanc, fait de sable vaseux provenant d'un remplissage de dépôts marins, et du marais noir, terre boueuse résultant de la décomposition des végétaux. Voici environ douze mille ans, la mer recouvrait le marais de Dol, puis elle se retira, découvrant une grande partie de la baie. Grâce au travail d'assèchement accompli pendant des siècles, le Marais se présente aujourd'hui comme une plaine de polyculture.

circuit

AU PAYS DE DOL-DE-BRETAGNE

Circuit de 30 km – environ 1h3/4.

Quitter Dol au Sud-Est du plan par la D 795. Laisser la route d'Épiniac à gauche ; 600 m après, tourner à gauche, puis prendre un chemin goudronné, à droite.

Menhir de Champ-Dolent

C'est l'un des plus beaux menhirs de Bretagne (9,50 m de haut, 8,70 m de circonférence). Il provient du filon granitique de Bonnemain situé 5 km au Sud. L'appellation Champ-Dolent – champ de douleur – évoque un combat légendaire qui se serait livré ici.

Faire demi-tour et reprendre la D 795 vers Combourg.

M. Gurfinkel/MICHELIN

Le menhir de Champ-Dolent, un des plus spectaculaires de Bretagne.

Se loger

Ferme de la Haute Lande – *3 km de Dol-de-Bretagne rte de Rennes, puis dir. Épiniac et rte secondaire à gauche - ☎ 02 99 48 07 02 - www.go.to/lahautelande* - ⊠̸ - 4 ch. 36/40 € ☕. Jouissant d'une situation parfaitement isolée, cette ferme en pierre qui poursuit par ailleurs son activité laitière est l'adresse idéale pour se mettre au vert. Vous y dormirez dans des chambres sobres et nettes, desservies par un bel escalier en bois datant du 17e s.

Baguer-Morvan

Le **musée de la Paysannerie** retrace plus d'un siècle de vie paysanne : reconstitution d'intérieurs, présentation de matériel agricole, véhicules hippomobiles, outils d'autrefois, vieilles reproductions de scènes agricoles. Dégustation de cidre en fin de visite. *☎ 02 99 48 04 04 - juil.-août : 10h-19h ; mai-juin et sept. : lun. et jeu. 10h-19h - 4 € (enf. 2 €).*

Epiniac

Dans le bas-côté gauche de l'**église**, l'autel présente une Dormition de la Vierge, haut-relief polychrome du 16e s.

Suivre la D 85 vers le Sud, et tourner à gauche sur la D 285.

Broualan

Au centre du village, près d'un remarquable petit calvaire, se dresse l'église du 15e s., agrandie au 16e s., dont le chevet est orné de contreforts à pinacles et de belles fenêtres flamboyantes. À l'intérieur, on peut voir de nombreux autels de granit et des crédences ouvragées, le tabernacle du maître-autel soutenu par des anges et une Pietà du 16e s., statuette en pierre polychrome.

Par La Boussac, regagner Dol.

Douarnenez★

Au fond de la baie qui a pris son nom, Douarnenez est la « ville aux trois ports ». Celui du Rosmeur accueille tous les deux ans une grande fête maritime. Il recèle des façades colorées qui firent le bonheur d'artistes comme Renoir ou Boudin. Le port-musée, avec sa collection de vieux gréements, évoque l'habileté des charpentiers de marine. Quant au port de plaisance, il se niche à Tréboul, près des plages.

De triste mémoire

Au 16e s., l'île Tristan fut le repaire de **Guy Eder de La Fontenelle**, l'un des terribles chefs de bande qui, durant la Ligue, dévastèrent le pays. En 1598, il mit bas les armes à condition de garder le gouvernement de l'île. Mais il est impliqué en 1602 dans une conspiration ; arrêté, il fut condamné au supplice de la roue à Paris, en place de Grève.

La situation

Carte Michelin Local 308 F6 – Finistère (29). Accessible depuis Quimper, directement par la D 765, ou par les D 39 puis D 7 si l'on veut profiter d'une belle vue sur la baie.

1 r. Docteur-Mével, 29100 Douarnenez, ☎ 02 98 92 13 35. www.douarnenez-tourisme.com

Le nom

Douar an enez veut dire « la terre de l'île » : cette dernière se trouve à l'entrée de l'estuaire de Pouldavid. Elle porte le nom de Tristan, neveu du légendaire roi Marc'h aux oreilles de cheval.

DOUARNENEZ

Anatole-France (R.)	Y	2
Baigneurs (R. des)	Y	5
Barré (R. J.)	YZ	7
Berthelot (R.)	Z	8
Centre (R. du)	Y	10
Croas-Talud (R.)	Z	14
Duguay-Trouin (R.)	YZ	15
Enfer (Pl. de l')	YZ	16
Grand-Port (Quai du)	Y	19
Grand-Port (R. du)	Y	20
Jaurès (R. Jean)	YZ	21
Jean-Bart (R.)	Y	24
Kerivel (R. E.)	YZ	21
Laënnec (R.)	Z	25
Lamennais (R.)	Z	27
Marine (R. de la)	Y	32
Michel (R. L.)	Y	36
Monte-au-Ciel (R.)	Z	37
Péri (Pl. Gabriel)	Y	42
Petit-Port (Quai du)	Y	43
Plomarc'h (R. des)	YZ	44
Stalingrad (Pl.)	Z	56
Vaillant (Pl. Édouard)	Y	59
Victor-Hugo (R.)	Z	60
Voltaire (R.)	Y	62

carnet pratique

VISITES

Visites guidées – L'Office de tourisme organise des visites guidées (1h30 à 2h) : l'épopée de la sardine, l'île Tristan (pdt grandes marées), sur le sentier côtier des Plomarc'h, à Tréboul... *Renseignements et réservations au 02 98 92 13 35.*

SE LOGER

Le Bretagne – *23 r. Duguay-Trouin - ☎ 02 98 92 30 44 - contact@le-bretagne.fr - 23 ch. 34/54 € - 6 € - restaurant 14/19 €.* Hôtel proche du Port-Musée (bateau-feu, langoustier, gabarre, etc.). Certaines chambres sont rajeunies, d'autres disposent d'un décor ancien. Objets agrestes, bibelots en tous genres et nappes à carreaux agrémentent le restaurant.

Chambre d'hôte Manoir de Kervent – *Rte d'Audierne par D 765 puis à droite après les feux suivre fléchage - ☎ 02 98 92 04 90 - mariepaule.lefloch@free.fr - fermé nov.-janv. - - 4 ch. 40/48 €* . En pleine campagne, demeure familiale abritant quatre chambres aux aménagements des plus classiques. Un copieux petit-déjeuner riche de saveurs bretonnes vous sera servi par la maîtresse de maison avant une visite (facultative) de la tonnellerie voisine.

Hôtel Ty Mad – *Près de la chapelle St-Jean - 29100 Tréboul - 3 km au NO de Douarnenez - ☎ 02 98 74 00 53 - hoteltymad@wanadoo.fr - fermé oct.-mars - P - 20 ch. 65/75 € - 7,50 €.* Toute simple, cette villa où vécut Max Jacob s'entoure d'un joli jardin dont vous profiterez dès le matin en y prenant votre petit-déjeuner au soleil, ou plus tard dans la journée lors d'un des barbecues organisés en été. Chambres modernes, charmant restaurant avec véranda.

SE RESTAURER

Crêperie Tudal - Au Goûter Breton – *36 r. Jean-Jaurès - ☎ 02 98 92 02 74 - fermé 2 sem. en juin et dim. - 8/16 €.* Tout le monde en parle... La clientèle s'y presse entre cheminée et fresque murale, attirée par le cadre chaleureux, l'ambiance jeune et bruyante et les originales spécialités de crêpes : aux sardines marinées, à la gelée de chouchen, etc.

QUE RAPPORTER

Jour de marché – *Pl. des Halles.* La place des Halles au cœur de la cité abrite les halles. Tous les matins s'y tient un agréable marché en plein air.

Conserverie la Pointe de Penmarc'h – *15 bd de la France-Libre - ☎ 02 98 11 07 07 - tlj sf w.-end 10h-18h - fermé j. fériés.* Tous les Bretons connaissent ses raviolis de poisson, son foie de lotte et ses filets de thon germon (le plus tendre) coupés et disposés à la main dans les conserves. Vous pourrez vous en procurer directement auprès de cette usine, fraîchement arrivée de Guilvinec où elle était localisée depuis 1920.

SPORTS & LOISIRS

La Bécane – *42 av. de la Gare - ☎ 02 98 74 20 07 - gpottier.multimedia.com - tlj sf merc. hors sais. et dim 9h-12h, 14h-19h sf merc. hors sais. - fermé oct.* Une soixantaine de VTT et de vélo de tourisme en parfait état sont à votre disposition chez ce loueur situé à quelques minutes des plages du Tréboul, dans une impasse donnant sur l'une des principales rues de la commune.

Thalasso Douarnenez – *Tréboul-Plage - ☎ 0 825 00 42 30 - www.thalasso.com - tlj sf dim. 8h30-12h30, 14h-18h - fermé 2 sem. en déc. et 25 déc. - à partir de 72 € la demi-journée.* Ce centre tout neuf propose des cures de plusieurs jours, des forfaits à la demi-journée ou des soins à la carte. Agréable piscine tournée vers la baie.

Promenades en vedettes touristiques – *☎ 02 98 92 83 83 ou 06 85 95 55 49 - Juil.-août : parties de pêche en mer (4h) ; de déb. avr. à mi-sept. : découverte de la baie de Douarnenez avec ses grottes marines, croisières commentées (1h15 et 45mn).*

Voile et planche à voile – *Plage des Sables-Blancs - ☎ 02 98 74 33 33.* École de windsurf - Point Passion Plage

Pour les Petits – *☺ - ☎ 06 81 12 32 53.* En juil. et août, ils peuvent naviguer sur des bateaux miniatures à propulsion électrique : embarcadère du Treiz-Port-Rhu.

Les gens

15 827 Douarnenistes. L'acteur Noël Roquevert (1892-1973) qui a demeuré rue Louis-Pasteur s'appelait Bénévent de son vrai nom.

se promener

Chapelle St-Michel

Construite en 1663, elle abrite 52 panneaux peints de dom Michel Le Nobletz (1577-1652). Ils lui servirent à représenter la religion de façon très visuelle, lors de sa mission d'évangélisation en basse Bretagne. *☎ 02 98 92 13 35 - visite sur demande à l'Office de tourisme - juil.-août : 9h-12h, 14h-18h.*

CÔTÉ MER

Sur la façade de la chapelle Ste-Hélène, trois **bas-reliefs** représentent une barque de pêcheurs, un fou de Bassan et un banc de poissons : elles rappellent sans doute que des marins participèrent au financement de la construction de l'église.

Chapelle Ste-Hélène

Achevée en 1755, cette chapelle comporte des éléments d'un premier sanctuaire de style gothique flamboyant : ainsi, deux vitraux situés au bas de la nef (16e s.). *Prendre la rue Hervé-Julien, en face de la chapelle.*

La gloire de la sardine

Ancien bourg de pêcheurs, Douarnenez se métamorphose à la fin du 19e s. avec l'apparition de la boîte de conserve. Les usines de poisson se multiplient, une main-d'œuvre nombreuse vient des communes voisines – Pouldergat, Le Juch, Poullan-sur-Mer, Kerlaz... – et la population de Douarnenez double en vingt ans. Un millier de chaloupes à poissons approvisionnent quelque 34 conserveries telle Connétable, doyenne mondiale fondée en 1853 sous le nom de Chancerelle. Le port de pêche était encore, il y a peu, le sixième de France en tonnage débarqué. Cette activité a connu de sérieuses difficultés, mais Douarnenez reste la capitale européenne de la conserverie de poissons.

Port du Rosmeur★

La **rue Hervé-Julien** débouche sur une place minuscule, entourée de maisons de pêcheurs dont certaines possèdent des niches à statue. La **rue Anatole-France** descend vers le port, jadis empli de chaloupes sardinières. La **rue du Rosmeur** abritait des conserveries comme le Capitaine Cook, avec sa façade rose, qui a été transformée en immeuble d'habitation.

Port de pêche★

Construit en 1951 sur un terre-plein gagné sur la mer, à l'abri d'un môle de 741 m, il abrite une importante **criée** où l'on se trouve plongé dans l'univers des pêcheurs : débarquement du poisson à partir de 23h et vente dès 6h30. La jetée offre une large une **vue**★ sur la baie, que domine le Ménez-Hom.

Grand angle

Depuis le boulevard Jean-Richepin, une **vue**★ superbe se déploie sur la baie de Douarnenez. La promenade côtoie la plage de Porscad, puis celle des Dames. Sur le boulevard Camille-Réaud, on contemple l'île Tristan, Une passerelle piétonne enjambe l'estuaire de Port-Rhû jusqu'à Tréboul.

◀ *Emprunter le boulevard Jean-Richepin pour rejoindre Port-Rhû : un pont métallique, haut de 24 m, conduit les automobilistes à Tréboul.*

Tréboul

Ce quartier aux venelles ramassées abrite le **port de plaisance**, qui peut accueillir plus de 700 embarcations. Au-delà, on rejoint le cimetière marin, la **plage Saint-Jean**, puis la vaste **plage des Sables-Blancs**, qui occupe un très beau site près de la pointe de Leydé, en face de l'îlot du Coulinec.

visiter

Port-musée★

Pl. de l'Enfer. ☎ 02 98 92 65 20 - www.port-musee.org - travaux de rénovation en 2006 (ouverture du musée à flots : 8 avr., musée à terre : à l'automne) de mi-juin à mi-sept. : 10h-19h ; de Pâques à mi-juin et du 15 sept. à fin déc. : tlj sf lun. 10h-12h30, 14h-18h - 6,20 € (enf. 3,85 €) musée à terre + à flots, 4 € (enf. 2, 50 €) à flots seul, 5 € (enf. 3 €) musée à terre.

Douarnenez n'est pas qu'un port de pêche ; la plaisance s'y développe.

G. Couraud/MICHELIN

Ce lieu original, conservatoire vivant des activités maritimes, est né dans les années 1980, à l'initiative d'une poignée d'hommes passionnés réunis dans l'association Treizour. Des dizaines de bateaux en voie de disparition – pêche, cabotage, plaisance... – furent alors collectés sur les côte de France et d'Europe : autant de témoignages de la culture traditionnelle des gens de mer, vouée à une profonde mutation. Depuis 1993, le port-musée est installé dans l'estuaire de Port-Rhû, où se trouvait jadis le port de commerce.

Musée à terre★ – Les expositions temporaires qui occupent cet espace sont pour l'instant dédiées à la survie en mer ainsi qu'à l'histoire des conserveries, depuis la vie des ouvriers qui y travaillaient jusqu'au conditionnement de la matière première. Une façon de rappeler que cette activité a occupé une grande place dans l'économie locale.

Musée à flot★ – Plusieurs bateaux amarrés dans le bassin se visitent : le langoustier *Notre-Dame de Rocamadour*, la gabare de l'Iroise *Dieu Protège*, la galéasse norvégienne *Anna Rosa*, la barge de la Tamise *Northdown* et le remorqueur à vapeur anglais *St-Denys*.

BEAUTÉ DU GESTE

En été des ateliers, stages et rencontres sont proposés : apprentissage des nœuds marins (matelotage), exploration de la radiocommunication d'un thonier-ligneur (à flot), stage de fabrication de kayak traditionnel ou de pagaie.

SAUCE PIQUANTE

Voici deux mille ans, on pêchait déjà la sardine dans la baie. De Douarnenez à Crozon, des « usines » produisaient des salaisons de poissons ainsi que du *garum* : une sauce relevée, issue de la macération des viscères et du sang des poissons, auxquels on ajoutait du sel et des herbes très odorantes.

alentours

Sentier des Plomarc'h★

À l'Est : 2h1/2 à pied AR. Accès par la rue des Plomarc'h, à l'Est du plan. Ce sentier, à flanc de pente, offre des **vues**★ pittoresques sur Douarnenez. Après les maisonnettes de Plomarc'h Pella, un **site archéologique** comporte les vestiges d'un important bâtiment (34 m de long) où l'on fabriquait des salaisons, à l'époque gallo-romaine (2e s. après J.-C.). Le sentier rejoint ensuite la **plage du Ris**★.

Sur l'île Tristan

Ancrée à 300 m du rivage, cette île (450 m de long, 250 m de large) présente des côtes rocheuses et des falaises, des landes et des vergers où poussent le coing et la prune. On y découvre même un labyrinthe de bambous, planté au début du 20e s. Propriété du Conservatoire du littoral, l'île se visite avec un guide, à marée basse, ou lors des journées « portes ouvertes » organisées deux fois par an. *Renseignements à l'Office de tourisme.*

Sentier des Roches-Blanches★

Circuit de 6 km à l'Ouest : 2h1/2 à pied AR. Accès depuis Tréboul, à l'Ouest du plan. De la plage des Sables-Blancs, prendre à gauche la route des Roches-Blanches. Laisser la voiture sur le parking, juste après le village de vacances. Ce sentier côtier *(balisage rouge)* permet de contempler les falaises qui bordent le Sud de la baie : très belle vue depuis la **pointe de Leydé**★.

On peut revenir à Tréboul par la route, ou continuer sur le sentier qui mène à Poullan-sur-Mer et Beuzec.

Église de Ploaré

Accès par ② du plan, D 5, puis r. Laennec. ☎ 02 98 92 05 17 - visite sur demande au presbytère - juil. : 10h-12h ; reste de l'année : dim. 10h-12h.

Haute de 55 m, sa **tour**★ possède une flèche à crochets, cantonnée de quatre clochetons : deux gothiques et deux Renaissance. À l'intérieur, remarquez le retable sculpté du maître-autel et le groupe de bois peint du 17e s. représentant la Sainte-Trinité.

Dans le **cimetière**, repose René Laennec (1781-1826), auteur de la méthode de l'auscultation en médecine.

Le Juch

À 8 km par ② du plan, D 765. À 6 km, tourner à gauche vers Le Juch (prononcer le Juc).

Sur la route, très jolie **vue** sur la baie de Douarnenez, la presqu'île de Crozon et le Ménez-Hom.

Dans l'**église** des 16e-17e s., le vitrail (16e s.) du chevet représente des scènes de la Passion. Dans le bas-côté gauche, à droite de la porte de la sacristie, la statue de saint Michel terrasse un démon à forme humaine, appelé « Diable du Juch ». Un **pardon** a lieu le 15 août. *En cas de fermeture s'adresser à Mme Pennanéac'h - 4 pl. de l'Église - ☎ 02 98 74 71 38.*

Église de Guengat

14 km par ② du plan, D 765 et la route à gauche, à 11 km.

De style gothique, elle conserve dans le chœur des **vitraux★** du 16e s. où l'on reconnaît la Passion : à gauche, le Jugement dernier ; à droite, la Vierge entre saint Jean Baptiste et saint Michel. À l'entrée du chœur, statue de sainte Barbe. Remarquez la frise sculptée à la voûte : lièvres, renards, sangliers, petits personnages, décor floral. Joli **calvaire** dans le cimetière.

B. Kaufmann/MICHELIN

Saint Pierre muni de sa clef du paradis accueille les élus au cœur du Jugement dernier (Guengat).

Côte d'Émeraude★★★

Cette partie de la côte qui s'étend de la pointe du Grouin au Val-André a reçu un bien joli nom. Et quelle succession de sites majestueux, de villes historiques, de plages célèbres, de stations paisibles ! La Côte d'Émeraude a tout pour plaire...

La situation

Carte Michelin Local 309 F/M 2/3 – Ille-et-Vilaine (35) et Côtes-d'Armor (22). Globalement, la côte est située entre la baie du Mont-St-Michel et celle de St-Brieuc.

Le nom

La couleur de la pierre précieuse, bien sûr, évidente quand on regarde la mer au printemps.

Les gens

Déjà fréquentés par les Anglais dès le milieu du 19e s., les environs de St-Malo étaient appréciés pour les vertus curatives des bains de mer. Ils furent baptisés Côte d'Émeraude par un certain Eugène Herpin, vers 1890, par opposition à la Côte d'Azur.

UNE ROUTE, TROIS ITINÉRAIRES

La route qui longe la Côte d'Émeraude est l'une des plus touristiques de France. Elle ne borde pas la mer sur tout son parcours, mais offre des excursions vers les sites côtiers, dont les vues et les panoramas révèlent le caractère de ce rivage très découpé.

circuits

DE CANCALE À ST-MALO 1

23 km – environ 5h.

Quitter Cancale par ② du plan, à 300 m tourner à droite vers la pointe du Grouin.

Pointe du Grouin★★ *(voir Cancale)*

La route, en corniche jusqu'au Verger, suit la côte, en offrant de belles vues.

carnet pratique

SE LOGER ET SE RESTAURER

Hôtel Les Pins – *22240 Sables-d'Or-les-Pins - ☎ 02 96 41 42 20 - fermé oct.-2 avr. - 22 ch. 46/58 € - ☕ 8 € - restaurant 16,50/34,50 €.* Une grosse maison accueillante dans un jardin planté de pins, bien sûr ! Correctement tenu, cet hôtel garde un esprit « pension de famille » qui sied à son décor simple et accueillant : les chambres sont claires et la salle à manger chaleureuse.

Manoir de la Salle – *R. du Lac - 22240 Sables-d'Or-les-Pins - 1 km au SO par D 34 - ☎ 02 96 72 38 29 - christian.labruyere@manoir-de-la-salle.com - fermé oct.-mars - 🅿 - 14 ch. 48/76 € - ☕ 7 €.* Cette demeure bretonne du 16e s. et ses trois dépendances sont entièrement rénovées. La salle des petits-déjeuners a préservé son cachet d'origine : pierres de taille, belle cheminée et poutres apparentes Les chambres, quant à elles, sont modernes et fonctionnelles.

Manoir St-Michel – *À la Carquois - 22240 Sables-d'Or-les-Pins - 1,5 km à l'E par D 34 - ☎ 02 96 41 48 87 - manoir-st-michel@fournel.de - fermé 28 sept.-2 avr. - 🅿 - 17 ch. 54/107 € - ☕ 7,50 €.* Ancien manoir aux murs de grès rose agrémenté d'un grand jardin en surplomb de la mer et d'un plan d'eau où s'ébattent des canards. Chambres un peu désuètes, mais néanmoins accueillantes. Duplex pour les familles, prix attractifs hors saison.

SPORTS & LOISIRS

Golf de St-Briac-sur-Mer – *54 bd Houle - 35800 St-Briac-sur-Mer - ☎ 02 99 88 32 07 - www.dinardgolf.com.* Ouvert toute l'année, ce parcours de 18 trous est un des plus anciens du continent.

Office du Tourisme Erquy

Chapelle N.-D.-du-Verger

Prendre à droite vers la plage. Cette chapelle est vénérée par les marins de Cancale (pardon le 15 août). Reconstruite au 19e s., elle abrite de nombreuses maquettes de navires : bisquines, sloops, goélettes, trois-mâts.

La Guimorais

La plage des Chevrets s'allonge entre la pointe du Meinga et la presqu'île Bénard.

La route contourne le havre de Rothéneuf, fermé par une passe étroite. Cette étendue d'eau se vide presque complètement à marée basse. Remarquez sur la droite le **château du Lupin**, élégante demeure construite au 17e s. par un riche armateur de St-Malo.

Rothéneuf et le Minihic *(voir St-Malo)*

Paramé *(voir St-Malo)*

St-Malo★★★ *(voir ce nom)*

BELLE VUE

Entre St-Malo et le cap Fréhel, les stations se succèdent, ainsi que les nombreuses plages.

DE DINARD AU CAP FRÉHEL 2

73 km – environ 4h. Quitter Dinard à l'Ouest.

St-Lunaire *(voir Dinard)*

Pointe de la Garde Guérin★

1/4h à pied AR. En franchissant la pointe à sa racine, prenez à droite, au cours de la descente, un chemin qui

Ceux qui critiquent le climat breton en sont pour leurs frais : la côte est bien émeraude.

conduit à la base de la colline, truffée de casemates *(parc de stationnement)*. Atteignez le haut du promontoire : beau **panorama★★** du cap Fréhel à la pointe de la Varde.

La route traverse le Dinard-golf, magnifique terrain de 60 ha.

St-Briac-sur-Mer

Cet aimable séjour balnéaire possède un port de pêche et de plaisance, et plusieurs belles plages. Du « Balcon d'Émeraude », route tracée en corniche, et de la croix des Marins, jolies vues sur la côte *(accès : à partir du Balcon d'Émeraude, par un sentier à gauche avant un pont)*.

En sortant de St-Briac-sur-Mer, on traverse le Frémur sur le nouveau pont de 300 m. Belle vue à droite sur la station et sur un îlot au centre duquel se dresse un château.

Lancieux

Ce village possède une plage très étendue de sable fin, d'où l'on a une belle vue sur l'île Ebihens et les pointes avancées de la côte, St-Jacut-de-la-Mer, St-Cast et le cap Fréhel. À la sortie du village, à gauche de la route, remarquez le moulin restauré du 16e s.

Gagner Ploubalay, prendre la direction de Dinard et à 800 m tourner à gauche sur la D 2.

Château d'eau de Ploubalay

☎ 02 96 27 36 98 - ♿ - se renseigner sur les périodes et les horaires - gratuit.

Sa terrasse circulaire de 54 m de hauteur permet un **tour d'horizon★★** complet sur Ploubalay et le pays de Dinard, la rivière Frémur, St-Jacut, la pointe de St-Cast, le cap Fréhel, St-Malo et, par temps clair, les îles Chausey.

St-Jacut-de-la-Mer

La route suit une presqu'île et passe à St-Jacut. Après avoir longé la plage du Rougeret, on atteint la falaise de la **pointe du Chevet**, appelée « Chef de l'île ». Belle **vue★** en face sur l'île Ebihens et sa tour du 17e s. À gauche, sur la baie de l'Arguenon (bouchots à moules) et St-Cast ; à droite, sur la baie de Lancieux.

> **QUE DE PLAGES !**
> Petit port de pêche, St-Jacut possède 11 plages. Les mieux équipées pour un séjour familial sont la Pissote et le Rougeret.

Le Guildo

Du pont, on aperçoit, sur la rive droite de l'Arguenon, les ruines du château. Ce fut au 15e s. la résidence de Gilles de Bretagne. Insouciant, galant et poète, il menait joyeuse vie, d'où l'expression « courir le guilledou ».

Gilles, soupçonné de machinations par son frère, fut emprisonné. Comme il ne mourait pas assez vite, on l'étouffa. Avant d'expirer, Gilles soumit son frère au jugement de Dieu, et le duc, bourrelé de remords, passa de vie à trépas.

LES PHONOLITHES
Les « Pierres Sonnantes » sont connues depuis la plus haute Antiquité. Ces pierres se présentent sous forme de laves compactes. Lorsqu'on les frappe avec des cailloux de même nature, elles rendent un son quasi métallique. Cette sonorité est due au grain parfaitement homogène des roches.

◀ **Les Pierres Sonnantes** – À hauteur des ruines du château *(à droite, sur l'autre rive)*, on rencontre un amoncellement de rocs connu sous le nom de « Pierres Sonnantes ».

Prendre la direction de St-Cast par la côte.

Pointe de Bay

Une belle route, à droite, mène à une vaste aire de stationnement. La **vue*** s'étend sur l'estuaire de l'Arguenon planté de rangées de bouchots à moules, la presqu'île de St-Jacut et l'île Ebihens.

La route longe l'élégante plage de sable fin de **Pen-Guen**.

St-Cast-le-Guildo *(voir ce nom)*

Au départ de St-Cast, la route décrit un long crochet, pour contourner la baie de la Frênaye, dont elle longe le fond.

Après Trécelin, prendre la D 16^A menant à l'entrée du fort (parc de stationnement).

Fort La Latte** et Cap Fréhel*** *(voir Fréhel)*

DU CAP FRÉHEL AU VAL-ANDRÉ 3

34 km – environ 2h1/2. Longer la côte vers l'Ouest.

La route touristique, qui serpente dans la lande, offre des **vues**** remarquables sur la mer, les falaises et les grèves blondes. Elle traverse un paysage de pinèdes.

Pléhérel-Plage

La plage se trouve sur la droite, après les bois de conifères. Belle vue sur le cap Fréhel.

Sables-d'Or-les-Pins

La station fut créée en 1922, au bord de la grève de Minieu. Avec ses villas, ses hôtels anglo-normands et son cachet très « in », elle connut un succès immédiat, surtout auprès des vedettes de l'époque. La Manche y apparaît à travers les fûts sombres des pins. Son immense **plage*** de sable fin, assurément l'une des plus belles de Bretagne, regarde un ensemble d'îlots, en particulier celui de St-Michel, coiffé d'une chapelle.

À l'entrée d'Erquy, prendre la direction du cap.

PELLE, SEAU ET CHÂTEAU...
Parmi les nombreuses plages, la plus belle est celle de Caroual. Elle se distingue non seulement par sa vue sur la baie et le cap d'Erquy, mais aussi par une configuration qui assure aux enfants une sécurité totale.

Cap d'Erquy*

1/2h à pied AR. Au terminus de la route, la vue s'étend sur la plage de Caroual, la grève des Vallées, la pointe de Pléneuf et l'îlot Verdelet ; au loin, la baie de St-Brieuc, la pointe de l'Arcouest et l'île de Bréhat. Des visites guidées, organisées en juillet et août, permettent une agréable promenade par les sentiers bordés de fougères, à travers les landes rousses aux fleurs dorées ou mauves, et laissent apercevoir les récifs.

Erquy

Au 19e s., certains historiens estimaient qu'Erquy se situait à l'emplacement de l'ancienne *Reginea* gallo-romaine. Bien que probablement faux, les habitants d'Erquy ont gardé leur nom charmant de « Réginéens ». Dans un joli site de falaises, cet actif port de pêche côtière continue à prendre de l'extension.

Remarquez en bordure de la route d'accès au cap, un petit corps de garde, vestige des défenses de Vauban, ainsi qu'un curieux et rarissime « **four à boulets** » (il en existe un autre au fort La Latte) qui permettait aux batteries de canons de tirer à... boulets rouges sur les navires anglais au 17e s.

R. Mattès/MICHELIN

Le port d'Erquy est spécialisé dans la sole, le turbot, le saint-pierre, le grondin, les coquilles Saint-Jacques...

Château de Bienassis

☎ 02 96 72 22 03 - visite guidée (50mn) de mi-juin à mi-sept. 10h30-12h30, 14h-18h30, dim. et j. fériés 14h-18h30 - 4,50 € (enf. 2,80 €).

Le mur crénelé témoigne de l'enceinte du 15e s. Les tours d'angle et les tourelles datent du 17e s. Au rez-de-chaussée, on contemple des porcelaines de Chine, du Japon et de Bayeux et des meubles. La façade sur jardin a conservé deux tours du 15e s.

Par Pléneuf-Val-André, gagner le **Val-André** *(voir ce nom).*

Les Enclos paroissiaux★★★

Caractéristiques de basse Bretagne où ils sont d'une richesse incroyable, les enclos paroissiaux sont une réalisation originale de l'art breton. Très spectaculaires, ils séduisent par l'élégance des portes triomphales et des ossuaires, la profusion de détails des calvaires, la splendeur des retables et des décors polychromes des églises. Ils témoignent de la ferveur religieuse et de la prospérité des ports bretons du 15e au 17e s.

La situation

Carte Michelin Local 308 F/I 3/4 – Finistère (29). Le circuit, qui emprunte seulement la vallée de l'Elorn et les contreforts des monts d'Arrée, permet de découvrir la plupart des enclos les plus représentatifs.

Le nom

Les enclos paroissiaux sont les ensembles monumentaux les plus typiques que l'on rencontre dans les bourgs bretons. Autour de l'église, dans l'espace clos du cimetière, on retrouve généralement un ossuaire, un calvaire à personnages, une sacristie extérieure et, souvent, une porte monumentale dite « triomphale ».

Les gens

Plus ou moins riches, les calvaires mettent en scène les différents personnages de la Passion, avec toutes sortes de variantes selon les lieux.

circuit

130 km au départ de Morlaix en prenant la N 12 vers l'Ouest – compter environ une journée.

St-Thégonnec★★ *(voir ce nom)*

Contourner le chevet de l'église et prendre à gauche.

Il faut prendre le temps de détailler les scènes sculptées des calvaires, comme ici à St-Thégonnec.

S. Sauvignier/MICHELIN

PETIT DÉTOUR
À 8 km au Nord de Landivisiau, **Lambader** possède en sa **chapelle Notre-Dame** (15e s.) un très beau **jubé★** gothique flamboyant (1481), en bois, portant les statues de la Vierge et des Apôtres.

Guimiliau★★ *(voir ce nom)*

Lampaul-Guimiliau★★ *(voir ce nom)*

◀ **Landivisiau**

Église St-Thivisiau – *Tlj sf w.-end et célébrations.*
Cette église moderne, de style gothique, conserve le clocher et le très beau **porche★**, en pierre de Kersanton, d'un édifice du 16e s.

Chapelle Ste-Anne – Ancien ossuaire du 17e s. bâti au centre du cimetière. Sa façade est ornée de six cariatides ; celle qui est située à gauche de la porte d'entrée figure l'*Ankou* (la Mort).

Suivre la direction de Landerneau, puis tourner à droite (D 30), pour passer par l'échangeur de la Croix-des-Maltotiers.

Bodilis

L'**église★** (16e s.) est précédée d'un clocher flamboyant percé à la base de trois ouvertures. Sa toiture en forme de carène renversée, sa corniche richement décorée, ses contreforts ornés de niches lui confèrent une grande élégance. Un beau porche s'ouvre sur le côté droit. L'intérieur frappe par sa riche **décoration★** sculptée : sablières, entraits et têtes de blochets, retables dorés, statues anciennes. Le baldaquin des fonts baptismaux est en granit de Kersanton ; au revers du porche, Mise au tombeau polychrome en haut relief.

Revenir à la route de Landerneau (D 12) et prendre à droite.

Moulin de Brézal

En contrebas d'un étang, le moulin s'orne d'une porte flamboyante. De l'autre côté de la route, se dressent les ruines de la chapelle de Pont-Christ (1533).

À 3,5 km, tourner à gauche vers La Roche-Maurice.

La Roche-Maurice★

Le village, situé à flanc de coteau et dominé par les ruines d'un château, possède un bel **enclos paroissial★**. Trois croix portant le Christ et les larrons en marquent l'entrée.

Église – Du 16e s. Le **porche Sud★** est finement sculpté de grappes de raisin et de statuettes de saints. À l'intérieur, le **jubé★** Renaissance est orné, côté nef, de douze statues en ronde-bosse, neuf apôtres et trois papes ; côté chœur, de figures de saints en bas relief. Derrière le maître-autel, un grand **vitrail★** de 1539 illustre la Passion et la Résurrection du Christ.

R. Mattès/MICHELIN

La Roche-Maurice : l'Ankou.

Ossuaire★ – C'est l'un des plus importants de Bretagne (1640). Au-dessus du bénitier extérieur, l'*Ankou* menace de petits personnages qui représentent différentes classes de la société : un paysan, une femme, un homme de loi, un évêque, saint Yves, un pauvre et un riche. Une inscription laconique l'accompagne : « Je vous tue tous. »

Landerneau *(voir ce nom)*

Quitter Landerneau par le Sud-Est vers Pencran.

Pencran★

Situé sur la rive gauche de l'Elorn, au versant d'une colline boisée, ce bourg possède un enclos paroissial du 16e s. Son nom en breton signifie « tête du bois ».

Porte triomphale – Ornée de trois lanternons, elle fut ajoutée au 17e s.

Calvaire★ – Cette grande croix à deux traverses, qu'encadrent les croix des larrons, s'élève dans le mur de clôture, à droite.

Église – Elle possède un élégant clocher à double balcon, et un **porche★** (1553) dont les voussures sont parées d'anges adorateurs et musiciens. Aux piliers, des statuettes figurent des scènes de l'Ancien Testament ; sous les riches dais sculptés, les statues des Apôtres. Dans le chœur, à gauche du maître-autel, remarquable **Descente de croix** d'influence flamande (1517).

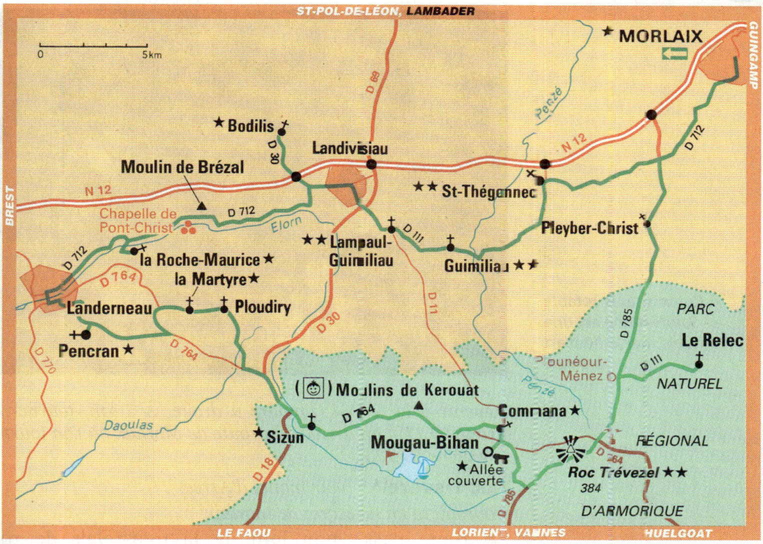

La Martyre★

Cet **enclos paroissial★**, le plus ancien du Léon, s'ouvre par une porte triomphale surmontée d'une balustrade flamboyante et d'un petit calvaire. L'église (14e-16e s.) possède, sur le flanc Sud, un **porche★** historié (vers 1450). Le chœur est éclairé par un bel ensemble de **vitraux★** (16e s.) représentant la Passion, la Crucifixion, et la Résurrection. Intéressantes sablières sculptées.

> **Motifs macabres**
> L'ossuaire de La Martyre (1619) est adossé au porche et au clocher. Il est ornée d'une curieuse cariatide et de motifs évoquant la Mort.

Ploudiry

Ce village, qui fut la plus vaste paroisse du Léon, possède un enclos intéressant. L'ossuaire (1635) présente une façade où la Mort frappe des hommes de toutes catégories sociales. Reconstruite au 19e s., l'église a conservé, au flanc Sud, un **porche★** de 1665.

Par le Traon au Sud, rejoindre la route D 764 vers Sizun.

Sizun★ *(voir ce nom)*

Continuer sur la D 764 vers Carhaix-Plouguer.

Moulins de Kerouat

☎ 02 98 68 87 76 - juil.-août : 11h-19h ; juin : 10h-18h, w.-end 14h-18h ; de mi-mars à fin mai et sept.-oct. : tlj sf sam. 10h-18h, dim. et j. fériés : 14h-18h ; ttes vac. scol. (ttes zones) : tlj sf w.-end et j. fériés 10h-17h - 4,50 € (enf. 2,10 €).

Propriété du Parc naturel régional d'Armorique, un village du 19e s. a été réhabilité sous la forme d'un **écomusée des Monts d'Arrée**. Il retrouve une seconde vie, avec ses deux moulins dont l'un remonte au 16e s., sa maison d'habitation, ses dépendances et son four à pain. On découvre ainsi le fonctionnement d'un moulin à eau, le travail du meunier, son mode de vie, ses objets familiers...

Continuer vers Carhaix-Plouguer, et 1 km après Ty Douar tourner à gauche vers Commana.

Commana★

Le village est bâti sur un mamelon isolé, au pied de la montagne d'Arrée. L'**église★** (16e-17e s.) recèle trois retables intéressants : celui de l'**autel Sainte-Anne★★**, daté de 1682, est le plus remarquable. On peut voir sur un pilier du transept, à droite, un Ecce homo en bois. Les fonts baptismaux sont ornés des statues des Vertus.

Mougau-Bihan

À la sortie de ce hameau, à droite, s'étire une **allée couverte★**, longue de 14 m. Certains supports sont gravés, à l'intérieur, de lances et de poignards.

À Commana, le retable de Sainte-Anne est une véritable merveille d'art baroque.

A. de Valroger/MICHELIN

Revenir à la D 764, prendre à droite. À 1 km, tourner à droite (D 11) ; on arrive à la route de Morlaix où l'on tourne à gauche (D 785).

Roc Trévezel★★ *(voir monts d'Arrée)*

Poursuivre en direction de Morlaix.

La route passe non loin de la tour-relais de roc Trédudon : au cours de la descente, belles **vues** sur le pays de Léon.

À hauteur de Plounéour-Ménez, tourner à droite.

Le Relec

Au creux d'un vallon, subsistent les ruines d'une abbaye cistercienne : bâtiments conventuels, église des 12ᵉ et 13ᵉ s. L'édifice est très simple et sévère, malgré une restauration de la façade au 18ᵉ s. ☎ *02 98 78 05 97 - se renseigner.*

> **CALENDRIER**
> Des concerts ont lieu dans l'abbaye à l'occasion certains dimanches de mai à septembre. Rencontres de musique vocale en septembre.

Faire demi-tour, puis prendre à droite vers Morlaix.

Pleyber-Christ

Dans ce petit enclos paroissial, l'**église**, gothique et Renaissance, est précédée d'une porte triomphale élevée en 1921 et consacrée aux morts de la guerre de 1914-1918. À l'intérieur, belles sablières et remarquables poutres engoulées, ainsi que des stalles anciennes.

Continuer vers Ste-Sève ; à 3,5 km, la D 712 à droite ramène à Morlaix.

Rivière d'Étel

La ria d'Étel, dont les eaux claires sont riches en poissons et coquillages, s'étend sur une quinzaine de kilomètres avant d'atteindre la mer. Mais le pourtour, particulièrement dentelé, en totalise une centaine ! Les échancrures s'y multiplient, et les petites îles abondent, semées de chapelles et de fontaines.

La situation

Carte Michelin Local 308 K/L 8/9 – Morbihan (56). La rivière coupe la côte, quasi rectiligne, qui sépare la presqu'île de Quiberon et Lorient.

🅘 *Pl. des Thoniers, 56410 Étel,* ☎ *02 97 55 23 80.*

Le nom

Il vient d'un mot tombé en désuétude, *ételle*, qui désignait naguère les vagues qui suivent une barre ou un mascaret.

Les gens

Toute allusion à la rivière d'Étel évoque sa dangereuse barre. **Alain Bombard** voulut la braver en 1958, pour tester les qualités de son radeau de survie. Malheureusement, l'expérience fut dramatique, coûtant la vie à neuf sauveteurs.

circuits

Étel

L'océan s'ouvre devant la rivière d'Étel connue pour sa **barre**, qui offre un paysage spectaculaire par mauvais temps. La navigation, difficile, est placée sous une surveillance constante. La vue se porte au large sur l'île de Groix et Belle-Île, et sur la presqu'île de Quiberon. Étel, petit **port de pêche**, occupe la rive gauche. Il arme encore une dizaine de thoniers œuvrant au large des Açores et une petite flottille de chalutiers.

Dangereuse barre
La rivière d'Étel descend rapidement jusqu'à la barre, banc de sables mouvants auquel se heurtent violemment ses flots, et ceux de l'océan. Cette barre rend très malaisée l'entrée des navires dans le goulet, car elle est instable. Même par temps calme, le passage reste redoutable.

Pont-Lorois

Ce court et très joli passage permet d'apercevoir le vaste estuaire qui, d'un côté se dessine en golfe et, de l'autre, s'étrangle en un goulet découpé et sinueux.

Rive Sud

Saint-Cado – Avec ses petites maisons de pêcheurs, le **site★** est charmant. La **chapelle St-Cado** est l'un des rares édifices romans du Morbihan : arcs en plein cintre non ornés, chapiteaux très simples, éclairage réduit. Les sourds venaient y demander la guérison de leur infirmité à saint Cado dont on voit le lit et l'oreiller de pierre.

Pointe du Verdon – Comme ses voisines, cette pointe est occupée par les ostréiculteurs. *Dès le franchissement du petit isthme, prendre à droite pour gagner un terre-plein* : jolie vue sur la zone ostréicole. À marée basse, il est possible de faire le tour de la pointe à pied.

R. Mattes/MICHELIN

Saint-Cado n'est plus vraiment une île car elle est reliée à la terre par une digue.

Rive Nord

Presqu'île de Nestadio – Ce village a conservé ses maisons du 16e s. À l'extrémité de la presqu'île, on distingue la minuscule chapelle St-Guillaume (7,5 m sur 3,7 m).

Pointe de Mané Hellec – *À hauteur d'un petit transformateur, tourner à gauche dans un chemin revêtu.* Une belle vue se développe sur St-Cado et sa chapelle, Pont-Lorois, la rivière d'Étel et la forêt de Locoal-Mendon.

Revenir par Sainte-Hélène.

Le test de la mie de pain
Sainte-Hélène possède une fontaine où les marins d'Étel venaient en pèlerinage avant d'embarquer sur les thoniers. Si la mie de pain jetée dans la fontaine surnageait, le marin reviendrait de sa campagne de pêche.

Merlevenez★ – L'**église★** de ce bourg est l'une des rares églises romanes de Bretagne qui ait conservé intacts ses élégants portails aux archivoltes à chevrons et en dents de scie, ses arcades en tiers-point de la nef, ses chapiteaux historiés et sa coupole sur trompes à la croisée du transept. Vitraux de Grüber figurant la vie de la Vierge.

Le Faouët

Ce bourg est au centre d'une région très pittoresque qui s'étend entre le Ster-Laer et l'Ellé, deux rivières venues des Montagnes Noires. Ses grandes halles du 16e s. dont le toit d'ardoise est couronné d'un clocheton à dôme, accueille un marché animé.

La situation

Carte Michelin Local 308 J6 – Morbihan (56). En pleine Bretagne intérieure, Le Faouët se situe sur la D 769 qui relie Lorient à Carhaix-Plouguer.

1 r. Quimper, 56320 Le Faouët, ☎ 02 97 23 23 23. www.paysroimorvan.com

Le nom

Au cœur de l'Argoat, le hêtre (*faou* en breton) régnait autrefois en maître aux côtés du chêne. Aujourd'hui, seule la toponymie évoque encore ces grandes forêts.

Les gens

2 806 habitants. **Corentin Carré**, enfant du pays, fut le plus jeune « poilu » de France. Engagé à 15 ans en 1915, il mourut adjudant en 1918, dans un combat aérien. Un monument a été érigé en son honneur sur la Grand-Place.

carnet pratique

SPORTS & LOISIRS

Randonnée équestre – *56540 St-Tugdual - ☎ 02 97 39 42 92 - www.attelage.fr/trocœt.* Randonnée à cheval montée attelée.

Parc Aquanature du Stérou – *Le Stérou - 56320 Priziac - ☎ 02 97 34 63 84 - www.parc-aquanature.com - 11h-19h - fermé janv.-fév. - 5 € (enf. 3 €).* Plus de 140 cerfs et daims évoluent en toute liberté sur les 70 ha de bois, d'étangs et de clairières, aménagés par un propriétaire passionné. À pied, à cheval, en calèche ou en 4X4, par la rivière ou les chemins, les perspectives s'enchaînent et la promenade enchante. Restaurant (produits du terroir) ouvert sur réservation et gîte (6 à 8 personnes).

alentours

Chapelle St-Fiacre★

2,5 km au Sud par la D 790. ☎ 02 97 23 23 23 - juil.-août : 9h30-12h30, 14h-19h ; avr.-juin et sept.-oct. : 10h-12h, 14h-18h ; nov.-mars : lun. 13h30-16h15 (14h-17h pdt vac. scol.), w.-end et j. fériés 14h-17h.

La chapelle est un bel édifice du 15e s. La façade offre l'un des plus beaux exemples bretons de clocher-pignon.

À l'intérieur, le **jubé★★** (1480) retient l'attention : côté nef, des statues figurent les scènes de la Tentation d'Adam et Ève, de l'Annonciation et du Calvaire ; d'autres, côté chœur, personnifient le vol (un homme cueillant des fruits sur un arbre), l'ivresse (un homme vomissant un renard), la luxure (un homme et une femme), la paresse (un sonneur breton). À voir également, les beaux **vitraux** du 16e s. : dans le chœur, la Passion, dans le bras droit du transept, vie de saint Jean Baptiste, dans le bras gauche, Arbre de Jessé et vie de saint Fiacre.

H. Le Gac/MICHELIN

Véritable dentelle de bois, le jubé de St-Fiacre est un chef-d'œuvre de l'art flamboyant.

Chapelle Ste-Barbe

3 km au Nord du Faouët. ☎ 02 97 23 23 23 - juil.-août : 9h30-12h30, 14h-19h ; avr.-juin et sept.-oct. : 10h-12h, 14h-18h ; nov.-mars : w.-end, j. fériés et lun. 13h30-16h15 (14h-17h pdt vac. scol.).

Cette chapelle de style flamboyant, bâtie à flanc de coteau, se loge dans une anfractuosité rocheuse. Le **site★** domine d'une centaine de mètres le vallon dans lequel court l'Ellé.

Le monumental escalier (1700) menant à la chapelle est relié par une arche à l'oratoire St-Michel, édifié sur un éperon rocheux. Étant donné sa position et son orientation, la chapelle ne comprend qu'un transept et une petite abside. Des sentiers descendent à la fontaine sacrée, en contrebas de la chapelle. Par un sentier ouvrant sur la droite, on atteint une plate-forme rocheuse : à mi-parking, belle vue sur la vallée de l'Ellé, encaissée et verdoyante.

Tout près de l'oratoire, se trouve la cloche que l'on peut faire sonner pour s'attirer les bénédictions du ciel.

Le Folgoët★★

Ce village situé au Nord de Brest et de Landerneau est réputé pour sa magnifique basilique Notre-Dame et son grand pardon, le plus célèbre du Léon et l'un des plus importants de Bretagne.

La situation

Carte Michelin Local 308 E3 – Finistère (29). À la verticale Nord de Landerneau, Le Folgoët se situe sur la D 788 reliant Brest à St-Pol-de-Léon.

Le nom

Ar Folgoat veut dire « bois du fol » ou bois du fou.

Les gens

3 110 Folgoatiens, et quelques milliers de personnes de plus, début septembre à l'occasion du grand pardon.

LE GRAND PARDON

La veille du 1er dimanche de septembre à partir de 18h, et le jour même, se déroulent les cérémonies religieuses. Le dernier dimanche de juillet, c'est le pardon de la Saint-Christophe, avec la bénédiction des voitures.

visiter

Basilique★★

La basilique a une forme en équerre inhabituelle : du chœur se détache la chapelle de la Croix dont le mur oriental prolonge le chevet plat. Cette chapelle a un beau **porche**★ orné des statues des Apôtres. La fontaine de Salaün, où viennent boire les pèlerins, se trouve contre le mur du chevet, à l'extérieur de l'édifice *(faire le tour de l'église)*. Elle est alimentée par la source située sous l'autel. À l'intérieur, on verra un chef-d'œuvre de l'art breton du 15e s. : le **jubé**★★, admirablement sculpté dans le granit. De belles roses du 19e s. ornent la chapelle de la Croix et l'abside. La statue de N.-D.-du-Folgoët date du 15e s.

À gauche en sortant de la basilique, le manoir du Doyenné (15e s.) forme un bel ensemble avec l'église et l'auberge des pèlerins. Cette dernière abrite un **musée** groupant des statues (15e-17e s.), des archives et un mobilier qui servit à la reine Anne lors de ses deux pèlerinages au Folgoët. ☎ 02 98 21 11 18 - *www.les-amis-du-folgoet.com* - ♿ - *de mi-juin à mi-sept. : 10h-12h30, 14h30-18h30, dim. et j. fériés 14h30-18h30 - 2 €.*

R. Mattès/MICHELIN

La tour Nord★ de la façade de la basilique est l'un des plus beaux clochers de Bretagne.

LA LÉGENDE DU « BOIS DU FOU »

Au milieu du 14e s., un pauvre innocent nommé Salaün vit dans un bois, près d'une source située aux environs de Lesneven. Il ne connaît que quelques mots qu'il murmure sans cesse : « *Itron Gwerc'hez Vari* » (Dame Vierge Marie). Après sa mort, un lys pousse sur sa tombe ; le pistil dessine en lettres d'or « Ave Maria ». En creusant la terre, on s'aperçoit que la plante sort de la bouche de Salaün. On se trouve alors en pleine guerre de Succession. Le prétendant Montfort fait le vœu, s'il triomphe, d'élever à la Vierge une somptueuse chapelle. Après sa victoire d'Auray, il fait bâtir l'édifice : l'autel sera placé au-dessus de la source où buvait le fol. Les travaux sont terminés en 1423.

La chapelle est saccagée à la Révolution. Pour la sauver de la pioche des démolisseurs, douze paysans se cotisent et l'achètent. Rendue au culte à la Restauration, elle a été peu à peu remise en état.

alentours

Lesneven

Au Nord-Est du Folgoët. Fondée au 5e s. par le chef breton Even, Lesneven conserve de vieilles maisons en granit des 17e et 18e s.

Le **musée du Léon**, installé dans l'ancienne chapelle du couvent des Ursulines (début 18e s.), donne un bon aperçu de l'histoire de la région. On y remarque l'ordonnance signée par Louis XIV autorisant l'installation des ursulines. *☎ 02 98 21 17 18 - ♿ - juil.-août : tlj sf mar. 14h-18h - 2,50 € (enf. 1 €).*

Fouesnant-les-Glénan

Célèbre pour son cidre mais également pour sa coiffe, cette vaste station est au centre d'une des régions les plus verdoyantes de Bretagne. De Cap-Coz à la pointe de Mousterlin, d'immenses plages de sable blanc exposées au Sud alternent avec les petites criques, tandis qu'à une heure de bateau, l'archipel de Glénan offre évasion et dépaysement dans un décor paradisiaque.

La situation

Carte Michelin Local 308 G7 – Finistère (29). Tout au fond de la baie de la Forêt qui ouvre sur Concarneau, au Sud de Quimper, Fouesnant est la plus grande station touristique du Finistère. Beg-Meil, Cap-Coz, Mousterlin et les îles de Glénan en sont les joyaux.

49 r. de Kerourgue, 29170 Fouesnant, ☎ 02 98 51 18 88. www.ot-fouesnant.fr

Un cidre AOC

Derrière les plages, un bocage aux chemins creux forme un abri idéal pour les vergers de cerisiers et de pommiers. Ici est produit le meilleur des cidres bretons, reconnu par l'Inao « cidre de Cornouaille ».

Le nom

Il signifie « ruisseau dans la vallée » en breton. La ville se situe en effet dans une contrée verdoyante, à l'embouchure d'une rivière.

Les gens

8 076 Fouesnantais. Lors de la Fête des pommiers, des pardons de Ste-Anne, de St-Guénolé ou de Kerbader, les célèbres coiffes et costumes de Fouesnant sont de sortie !

découvrir

FOUESNANT-LES-GLÉNAN

Fouesnant

Église Saint-Pierre – Construite au 12e s., elle a été remaniée au 18e s. À l'intérieur, les hauts piliers de granit sont ornés de beaux chapiteaux romans. Remarquer, dans le bras gauche du transept, une belle statue polychrome de sainte Anne.

À l'extérieur, remarquer l'émouvante expression de la Fouesnantaise du monument aux morts.

S. Sauvignier/MICHELIN

Le monument aux morts de Fouesnant, par Quillivic, remarquable par l'expression digne et grave de sa paysanne en coiffe du pays.

Cap-Coz

2 km à l'Est-Sud-Est. Ce petit centre balnéaire est bâti sur une langue sablonneuse, entre les falaises de Beg-Meil et le chenal d'accès à Port-la-Forêt. Le sentier côtier qui conduit à la Roche-Percée est une agréable promenade dominant ou traversant des criques aux eaux limpides.

Beg-Meil

5,5 km au Sud. À l'entrée de la baie de la Forêt, face à Concarneau, Beg-Meil (pointe du Moulin) adosse ses

carnet pratique

SE LOGER

L'Orée du Bois – *4 r. Kergoadig - 29170 Fouesnant - ☎ 02 98 56 00 06 - 15 ch. 34/55 € - ☕ 6,30 €.* Vous n'êtes pas en lisière de forêt mais à deux pas de l'église de Fouesnant... Accueil aimable et familial. Les chambres sont quant à elles plutôt simples. Petit déjeuner servi dans une salle au décor marin.

Pointe de Mousterlin – *29170 Fouesnant - 6 km au SO de Fouesnant par D 145 et D 134 - ☎ 02 98 56 04 12 - hopointe@club-internet.fr - fermé 10 janv.-13 fév. - P - 48 ch. 89/100 € - ☕ 8 € - restaurant 20/34 €.* Dans ses trois bâtiments, cet hôtel alterne chambres traditionnelles et modernes, vues sur mer et plage ou sur jardin. À vous de choisir en fonction de vos préférences... et des disponibilités. Une maison sympathique disposant en outre de nombreux équipements de loisirs.

SE RESTAURER

Le Café du Port – *32 Corniche de la Cale, le Vieux Port - 29940 La Forêt-Fouesnant - 3 km au N de Fouesnant par D 44 - ☎ 02 98 56 96 67 - ouv. Pâques-sept. sf merc. et tlj juil.-août - 10/27,50 €.* Ce sympathique restaurant familial a jeté l'ancre il y a 40 ans sur le vieux port. On continue d'y déguster poissons et fruits de mer livrés quotidiennement par les pêcheurs du coin. Décor de style breton à l'intérieur, et agréable terrasse pour les beaux jours.

Pointe du Cap Coz – *Au Cap-Coz - 29170 Fouesnant - 2,5 km au SE de Fouesnant par rte secondaire - ☎ 02 98 56 01 63 - bienvenue@hotel-capcoz.com - fermé 1er janv.-10 fév., dim. soir du 15 sept. au 15 juin et merc. - 21/41 €.* Tout pour plaire, cette maison ! Une langue de sable blanc et la mer pour horizon, une cuisine bien ficelée à base de produits frais, des prix raisonnables, une salle à manger côté port et l'autre face à l'Océan... Quelques chambres simples, au calme.

SPORTS & LOISIRS

Sorties « nature » – Des « sorties nature » accompagnées sont organisées de déb. févr. à déb. nov. avec, de Pâques à fin août, des visites aux Glénan pour découvrir le narcisse en avril. S'adresser à l'Office du tourisme de Fouesnant - *Les Glénan, ☎ 02 98 51 18 88. www.ot-fouesnant.fr*

Sous l'eau – Au départ de Beg-Meil, on peut aller à la découverte des fonds sous-marins de l'archipel des Glénan lors d'une croisière à vision sous-marine (la limpidité de l'eau est extraordinaire) - *renseignements et réservations ☎ 0 825 800 801.*

ACCÈS AUX ÎLES DE GLÉNAN

De Bénodet – Les vedettes de l'Odet - juil.-août : 9h30, 10h, 11h30 et 13h30 ; mai-juin et sept. : 10h et 13h30 ; avr. et oct. : merc. et jeu. 13h30 ; reste de l'année : sur demande - *☎ 02 98 57 00 58.*

De Concarneau – En sais., 2 compagnies desservent les îles de Glénan : les vedettes Glenn - *☎ 02 98 97 10 31* ; les vedettes de l'Odet - *☎ 02 98 50 72 12.*

De Loctudy – En sais., 2 dép. par j. : matin et ap.-midi ; 1 dép. par j. pour la remontée de la rivière Odet - *☎ 02 98 87 53 78 (Office de tourisme).*

De Beg-Meil – S'adresser à l'Office du tourisme de Fouesnant-les-Glénan - *☎ 02 98 51 18 88 - www.ot-fouesnant.fr*

CALENDRIER

Les « Festimusicales » – En été, 18 concerts en plein air sont organisés dans la station - *gratuit.*

plages, côté baie, à de petites anses rocheuses : plage des Oiseaux, plage de la Cale, plage de Kerveltrec. La cale de Beg-Meil accueille des vedettes d'excursion *(voir le carnet pratique)* et quelques petits pêcheurs côtiers, qui vendent directement le produit de leur pêche. À la **pointe de Beg-Meil**, au-delà du sémaphore, un grand menhir d'environ 7 m de hauteur a été couché par les Allemands pendant la dernière guerre.

Pointe de Mousterlin

6,5 km au Sud-Ouest. Vue étendue sur le littoral, de la pointe de Lesconil à droite, à la pointe de Trévignon, à gauche.

Îles de Glénan★

Accès en bateau : avr.-sept., au départ de Beg-Meil, Bénodet, Concarneau ou Loctudy (1h de traversée). L'île St-Nicolas où vous allez débarquer est un site naturel classé et fragile. Une réserve naturelle a été créée pour l'exceptionnel narcisse mais d'autres plantes sont protégées ; la cueillette des fleurs est donc interdite. Respectez le platelage au sol et la délimitation par des ganivelles (palissades en bois).

Cet archipel compte une douzaine d'îles principales, formant un cercle. En son centre, la mer plus calme et peu profonde est appelée « La Chambre » ; par beau temps, l'eau, extrêmement limpide, y prend les teintes émeraude ou turquoise d'un lagon.

Les îles de Glénan, véritable lagon aux eaux transparentes, à seulement 20 km du continent.

Le bateau accoste à l'île **St-Nicolas** qui abrite quelques maisons, le Centre international de plongée, un gîte d'étape, un bar, et un grand vivier à crustacés *(restauration possible, sur réservation)*. Un sentier fait le tour de l'île et offre de belles vues sur la côte. Près de l'éolienne, principale source d'électricité de l'île, des fosses à goémon témoignent de l'activité de production de soude qui débuta au 19e s. Les plages de l'île surprennent par leur blancheur *(penser à la crème solaire, forte réverbération)* qu'elles doivent à la décomposition d'une algue calcaire, le maërl.

Au Nord, la petite **île Brunec** et, au Sud, l'**île du Loch** avec sa cheminée, vestige d'une ancienne usine de traitement du goémon, sont des propriétés privées. Certaines îles sont occupées par le Centre nautique des Glénan, première école de voile d'Europe, de renommée internationale : **Penfret**, avec son phare de même nom, **Cigogne**, avec les vestiges d'un fort du 18e s., **Bananec**, relié à St-Nicolas par un tombolo (banc de sable découvert à marée basse), et **Drenec**. **L'île Giautec** et les îlots inhabités sont autant de réserves protégées où se reproduisent goélands, sternes, pies huîtrières, cormorans.

FLEUR RARE

L'archipel, havre privilégié pour les oiseaux marins, accueille une espèce botanique unique au monde, le **narcisse des Glénan**. Cette plante, découverte en 1803 par un pharmacien de Quimper, a une floraison éphémère (trois semaines) à la mi-avril. Elle forme alors, avec la jacinthe des bois, un magnifique tapis jaune et bleu. Protégée par une réserve naturelle, elle peut se découvrir lors de « sorties nature » en avril *(voir le carnet pratique)*.

S. Sauvignier/MICHELIN

alentours

La Forêt-Fouesnant

3,5 km à l'Est. Station estivale dont les rivages boisés permettent de superbes randonnées. Le bourg possède un petit **enclos paroissial** et un calvaire du 16e s. original, avec ses quatre pilastres d'angle. Dans l'église bâtie en 1538, on remarque un baptistère sculpté (1628) abritant une piscine et une cuve taillées dans le même bloc de pierre. Toute la journée, fond musical de mélodies bretonnes et celtes.

Port-la-Forêt – Ce port de plaisance, construit entre la plage et le bourg, peut accueillir 800 bateaux. Des vedettes mènent aux îles de Glénan ou remontent l'Odet.

Fougères★★

Cette ancienne ville forte domine la vallée sinueuse du Nançon. En contrebas, sur une éminence rocheuse presque entièrement entourée par la rivière, se dresse un magnifique château féodal dont l'enceinte compte parmi les plus considérables d'Europe. À son propos, Lawrence d'Arabie a dit : « Il n'y a pas d'extérieur plus beau, j'en suis certain. »

La situation

Carte Michelin Local 309 O4 – Ille-et-Vilaine (35). Ancienne marche, Fougères se situe à la frontière Est de la Bretagne, non loin de l'A 84 qui relie Avranches à Rennes. *2 r. Nationale, 35300 Fougères, ☎ 02 99 94 12 20. www.ot-fougeres.fr*

Le nom

En 1144, il est attesté que la ville se nommait « Fulgeriis », du latin *filicaria*, c'est-à-dire fougère.

Les gens

21 779 Fougerais. Précurseur de la Chouannerie, le marquis de La Rouërie (1756-1793), dont la vie fut un véritable roman d'aventures, est natif de Fougères.

Sports & Loisirs

Ferme de Chênedet – *- 7 km au NO de Fougères - 35133 Landéan - ☎ 02 99 97 35 46 - www.chenedet-loisirs.com - 9h-18h.* Au cœur de la forêt domaniale de Fougères, ce centre de loisirs regroupe à la fois des activités équestres (cours d'équitation, promenade), et nautiques (location de kayaks et de barques en été) sur le plan d'eau situé juste à côté. Location de VTT toute l'année. Hébergement sur place en 4 gîtes collectifs.

comprendre

À la frontière de la Bretagne et de la France, Fougères a toujours eu une grande importance militaire. Le plus célèbre de ses barons, Raoul II, vit au milieu du 12e s. sous la suzeraineté du duc de Bretagne Conan IV, soumis à Henri II Plantagenêt, roi d'Angleterre et duc de

carnet pratique

Visites

Ville d'art et d'histoire – Fougères, Ville d'art et d'histoire, propose des visites-découvertes *(1h30)* de son patrimoine millénaire animées par des guides-conférenciers agréés par le ministère de la Culture et de la Communication - *de mi-juin à mi-sept. : 15h30 - 4,70 € - Renseignements château de Fougères - ☎ 02 99 99 79 59 - ou www.ot-fougeres.fr*

Il est également possible de découvrir la ville en suivant le **circuit littéraire** ou en empruntant le **petit train touristique**.

Se loger

⊖ Chambre d'hôte Ferme de Mésauboin – *35133 Billé - 10 km rte de Vitré par Billé (D 179) puis rte de St-Georges de Chesne (D 23) - ☎ 02 99 97 61 57 - www.ferme-de-mesauboin.com - fermé 2 sem. en mars et 2 sem. en oct. - 5 ch. 32/40 € - repas 16/22,50 €.* Le calme et la simplicité de cette ferme-manoir du 17e s. devraient combler ceux qui rêvent d'un petit séjour « de tout repos » à la campagne. Ils goûteront les produits du terroir à l'auberge et dormiront dans les douillettes chambres d'hôte, à moins qu'ils ne préfèrent s'installer dans l'un des deux gîtes.

Se restaurer

⊖ Crêperie des Remparts – *102 r. de la Pinterie - ☎ 02 99 94 53 53 - fermé merc. sf vac. scol. et sais. - 7/16 €.* À deux pas du château, l'une des plus vieilles maisons de Fougères abrite cette crêperie aux poutres massives et aux murs décorés d'objets anciens et régionaux. Aux beaux jours, la terrasse est dressée devant le jardin public qui borde les remparts.

⊖⊖ La Haute Sève – *37 bd Jean-Jaurès - ☎ 02 99 94 23 39 - fermé 1er-28 janv., 9-19 fév., 20 juil.-16 août, dim. soir et lun. - 18,90€ déj. - 21,30/50,20 €.* Cette maison à colombages dont la façade s'égaye d'une couleur jaune pâle abrite une salle à manger tout en longueur où l'on expose les tableaux d'un artiste local. Le chef propose une cuisine régionale actualisée et influencée par le marché.

En soirée

Bon à savoir – S'il n'y avait qu'un bar à voir en priorité à Fougères, ce serait «Le Coquelicot». Ce bar-concerts à la réputation régionale est incontournable.

Le Coquelicot – *18 r. de Vitré - ☎ 02 99 99 82 11 - lecoquelicot@caramail.com - tlj sf dim. et lun. 16h-3h - fermé de mi-juil. à mi-août.* Ouvert en 1979, ce petit bar musical accueille tous les jeudis chanteurs, groupes de rock, de jazz ou de blues.

Une fée pour marraine
Au 13e s., le fief passe par mariage à des seigneurs poitevins, les Lusignan. Ils se disent descendants de la fée Mélusine (mère Lusigne) et donnent son nom à la plus belle des tours qu'ils ajoutent à l'enceinte.

Normandie. Le fier Raoul, révolté, forme une ligue avec une partie de la noblesse bretonne et entre en lutte contre Plantagenêt. En 1166, Henri II investit Fougères et démolit le château. Raoul le reconstruit aussitôt ; une partie de son œuvre reste encore debout.

◀ **À l'assaut des tours** – Fougères offre l'exemple, assez rare, d'une forteresse formidable très souvent prise. Y sont entrés : Saint Louis, Du Guesclin, Surienne, capitaine aragonais au service des Anglais, La Trémoille, le duc de Mercœur, les Vendéens... Après la réunion de la Bretagne à la France, des gouverneurs se succèdent à Fougères : dix des tours portent leurs noms. Au 18e s., le château devient propriété privée. La ville l'achète en 1892.

La ville de la chaussure
Dès le 13e s., et pendant trois cents ans, Fougères gagne beaucoup d'argent à fabriquer du drap. Puis le chanvre succède à la laine : la toile à voile fougeraise claque aux vergues de la flotte française, jusqu'au triomphe de la navigation à vapeur. En 1832 commence la fabrication des chaussons de laine. En 1852, on y ajoute la chaussure, cousue à la main. L'année 1870 voit arriver la machine qui coud mécaniquement et, en 1890, une trentaine d'usines produisent en série des chaussures bon marché. Après la guerre de 1914-1918, la centaine de fabriques de la ville subissent les effets de la concurrence étrangère et de la crise mondiale. De nos jours, quelques entreprises sont encore en activité et fabriquent principalement des articles pour dames.

découvrir

LE CHÂTEAU★★

☎ 02 99 99 79 59 - de mi-juin à mi-sept. : 9h-19h ; de déb. avr. à mi-juin et de mi-sept. à fin sept. : 9h30-12h, 14h-18h ; fév.-mars et oct.-déc. : 10h-12h, 14h-17h (dernière entrée 1h av. fermeture) - possibilité de visite guidée tte l'année, dép. ttes les h. - fermé janv. et 25 déc. - tarif, se renseigner.

Son site en contrebas de la ville haute est inhabituel. Un méandre de la rivière, qui baignait une éminence rocheuse en forme de presqu'île très étroite, fournissait un excellent site défensif. L'architecture militaire a tiré parti de cet emplacement en y élevant des remparts et des tours, et en transformant la presqu'île en île, par une courte dérivation du Nançon. Reliée à la ville haute par des remparts, la garnison pouvait participer à sa défense et même s'y replier en cas de chute de la ville, pour jouer son rôle de garde-frontière du duché de Bretagne.

À l'attaque
Les défenseurs de Fougères ont souvent succombé, et les assaillants ont pu se rendre maître de ces hautes murailles, soit par surprise, soit par de longs sièges. Le tour extérieur du château permet de comprendre le point de vue de l'assaillant ; la visite intérieure celui du défenseur.

◀ La forteresse, telle qu'elle subsiste, a beaucoup souffert au cours des siècles. L'enceinte est complète avec ses courtines et ses treize tours. Mais on ne voit plus l'imposant donjon qui, du point le plus élevé du rocher, commandait toutes les défenses : il fut rasé en 1166 par le roi d'Angleterre. Le grand logis, qui occupait une partie de la cour intérieure, a été également réduit à ses substructures au début du 19e s.

Tour extérieur★

Partir de la place Raoul-II, longer les fortifications (dans le sens inverse des aiguilles d'une montre), puis suivre, à gauche, la rue Le Bouteiller.

Au centre du rempart Nord, la **tourelle de Guibé** (14e s.), formait un poste de guet élevé, en encorbellement sur la courtine. En contournant l'éperon que forment à l'Ouest les remparts, on remarque la puissance des défenses réunies en ce point. La poterne du 15e s. s'ouvre aujourd'hui sur le vide, mais se prolongeait autrefois par une double arcade qui franchissait le fossé, pour communiquer avec un ouvrage avancé.

R. Mattès/MICHELIN

Le château, excellent exemple de l'architecture militaire médiévale, occupe un méandre du Nançon.

La **tour du Gobelin** (13e et 14e s.), à gauche, et la **tour Mélusine** (14e s.), à droite, sont rondes. Jadis munies de mâchicoulis et probablement remaniées dans leurs parties hautes, elles ont perdu de leur fière allure.

Deux tours en fer à cheval et trapues, les **tours Surienne et Raoul** (15e s.), marquent la dernière étape de la reconstruction du château. Construites pour servir de plate-forme d'artillerie, elles contiennent des canonnières très puissantes et bien conservées. Le dessin des mâchicoulis montre qu'à cette époque l'art militaire n'excluait pas la décoration.

Face aux deux tours s'élèvent l'église St-Sulpice et le quartier du Marchix.

En suivant toujours l'enceinte, on voit la tour du Cadran (13e s.). Carrée et de dimension réduite, elle est très endommagée. Plus loin, la **porte Notre-Dame** est la seule qui subsiste des quatre portes des boulevards précédant les quatre portes de l'enceinte fortifiée qui entourait la ville elle-même. La tour de gauche, plus élevée et percée d'étroites archères, remonte au 14e s. La tour de droite, pourvue de mâchicoulis très décorés, date du 15e s.

Passer sous la porte et suivre la rue de la Fourchette ; monter à droite dans la rue de la Pinterie.

À 50 m, traverser à droite les jardins aménagés en bordure du chemin de ronde reconstitué : belle vue sur la vallée du Nançon et l'ensemble du château.

Passer sous les ruines d'un joli portail de chapelle pour sortir du jardin et reprendre à gauche la rue de la Pinterie, qui conduit à l'entrée du château.

Intérieur★★

L'entrée, précédée d'un fossé alimenté par une dérivation du Nançon, se fait par la **tour carrée de la Haye-St-Hilaire**.

Le château comprend **trois enceintes** successives. Percée d'archères, l'avancée (13e s.) constituait le premier obstacle. Cette ligne franchie, les assaillants pénétraient dans une petite cour où ils étaient soumis aux tirs convergents des défenseurs postes sur les quatre côtés. Ainsi exposés, les assaillants devaient donc traverser un second fossé avant d'atteindre l'enceinte principale défendue par quatre tours (12e et 15e s.). Ces deux lignes de défense enlevées, c'était la ruée dans la grande cour où s'élevaient le **logis seigneurial** et la **chapelle**. Mais la défense pouvait se ressaisir... Une troisième enceinte, le réduit, était située au point le plus élevé ; elle permettait – avec le donjon, qui existait encore au 12e s. – une longue résistance. Délogée de ces positions, la garnison pouvait encore trouver le salut en fuyant par la poterne.

La visite donne une idée de la puissance d'une telle forteresse. Par la courtine la plus élevée du château, on atteint la tour Mélusine *(75 marches jusqu'au sommet)*.

La tour Mélusine

Elle est considérée comme un chef-d'œuvre de l'architecture militaire de l'époque : 13 m de diamètre extérieur, 3,50 m d'épaisseur de mur et 31 m de hauteur au-dessus du rocher.

La défense au 15e s.

Pour résister aux tirs d'artillerie en usage depuis près d'un siècle et demi, les murs des tours Surienne et Raoul ont 7 m d'épaisseur : à la fin du 15e s., la guerre de siège prend souvent la forme d'un duel d'artillerie à courte portée.

On gagne ensuite les vestiges du donjon, puis la courtine Nord. Au-delà de la tourelle de Guibé, on se rend à la tour de Coigny (13e et 14e s.), dont les 2e et 3e étages ont été transformés en chapelle au 17e s. Le sommet a été défiguré par l'adjonction d'une loggia au 19e s.

LE QUARTIER MÉDIÉVAL

Église St-Sulpice★

Construite en gothique flamboyant du 15e au 18e s., elle présente une grande homogénéité. La flèche d'ardoise très élancée (15e s.) est d'une facture originale. L'intérieur s'enrichit, dans le chœur, de boiseries du 18e s., mais on remarque surtout les **retables★** de granit du 15e s. des chapelles. Celle de gauche ou chapelle Notre-Dame-des-Marais (statue qui aurait été découverte à proximité du château en 1300) abrite le retable dédié à Anne de Bretagne, sa donatrice.

G. Targat/MICHELIN

La place du Marchix et ses maisons à pans de bois.

Quartier du Marchix★

La place du Marchix occupe le site de l'ancien marché au cœur de la vieille ville ; aux nos 13 et 15 s'élèvent deux belles maisons du 16e s.

La rue Foskéraly longe le Nançon offrant une belle vue sur les remparts aménagés en jardin public. On se promènera ensuite dans la rue du Nançon, bordée de maisons du 16e s. ; on remarque d'autres maisons intéressantes à l'angle de la rue de la Providence et de la rue de Lusignan où l'on jettera un coup d'œil. Prenant la rue des Tanneurs, on passe le pont sur le Nançon.

Dans l'église St-Sulpice, le retable d'Anne de Bretagne est un très bel exemple de sculpture sur granit.

se promener

LA VILLE HAUTE

Nombreuses possibilités de stationnement sur la place de la Grande-Douve (zone bleue).

Place Aristide-Briand

L'**hôtel de la Bélinaye** (tribunal d'instance) est la maison natale d'**Armand Taffin de La Rouërie**.

Descendre la rue Nationale.

Rue Nationale★

La plus belle rue de la ville dont les façades de granit (18e s.) sont ornées de balcons en fer forgé.

Beffroi – *Sur la droite en descendant la rue.* Cette tour octogonale (14e et 15e s.) se dresse fièrement au-dessus des remparts. Elle est décorée de gargouilles et surmontée d'une flèche recouverte d'ardoise.

L'Artisan du Temps – Musée de l'Horlogerie – *37 r. Nationale. ☎ 02 99 99 40 98 - ♿ - de mi-juin à fin août : 9h-12h, 14h-19h, dim., lun. et j. fériés 14h-18h30 ; reste de l'année : tlj sf lun., dim. et j. fériés 9h-12h, 14h-19h, possibilité de visite guidée (1h) - fermé dernière sem. d'août et 1re quinz. de janv. - 4,50 € (+ 10 ans 3,70 €).*

Petite exposition pour une grande aventure, la passionnante quête de la mesure du temps. Plus de 200 pièces de collection présentées par un horloger passionné que l'on peut voir à l'ouvrage dans son atelier.

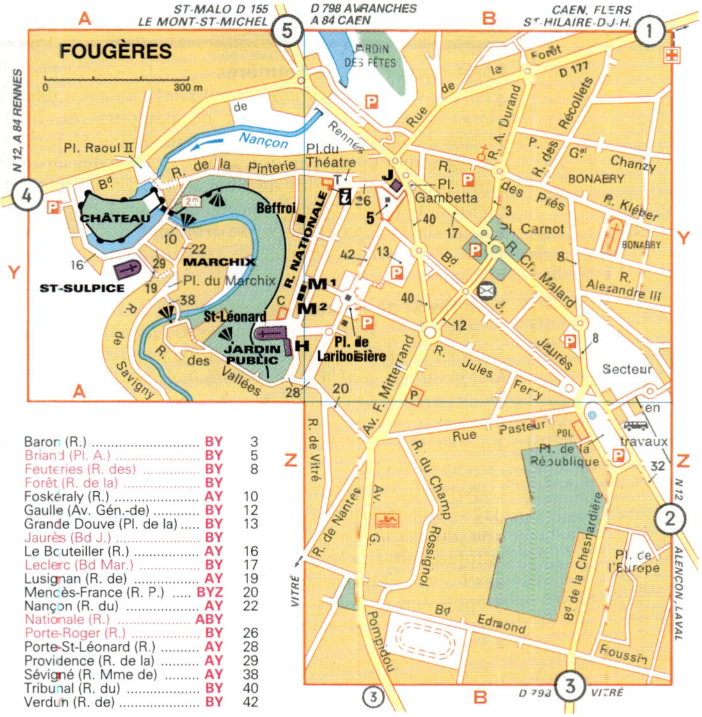

Baron (R.)	BY	3
Briand (Pl. A.)	BY	5
Feuteries (R. des)	BY	8
Forêt (R. de la)	BY	
Foskéraly (R.)	AY	10
Gaulle (Av. Gén.-de)	BY	12
Grande Douve (Pl. de la)	BY	13
Jaurès (Bd J.)	BY	
Le Bouteiller (R.)	AY	16
Leclerc (Bd Mar.)	BY	17
Lusignan (R. de)	AY	19
Mendès-France (R. P.)	BYZ	20
Nançon (R. du)	AY	22
Nationale (R.)	ABY	
Porte-Roger (R.)	BY	26
Porte-St-Léonard (R.)	AY	28
Providence (R. de la)	AY	29
Sévigné (R. Mme de)	AY	38
Tribunal (R. du)	BY	40
Verdun (R. de)	BY	42

Atelier-Musée d'Horlogerie	AY	M1
Hôtel de la Bélinaye (Tribunal d'instance)	BY	J
Hôtel de ville	AY	H
Musée Emmanuel-de-la-Villéon	AY	M2

Musée Emmanuel-de-La-Villéon – *51 r. Nationale. ☎ 02 99 99 19 98 - mai-sept. : 10h-12h30, 14h-18h ; févr.-avr. : tlj sf lun. et mar. 10h-12h, 14h-17h, possibilité de visite guidée (45mn) sur demande - fermé janv. et 25 déc. - gratuit, 4,70 € visite guidée.*
Installé dans une maison du 16e s., il présente, outre une collection des 17e et 18e s., des œuvres d'Emmanuel de La Villéon (1858-1944), peintre impressionniste né à Fougères.

Jardin public★

Fort apprécié d'Honoré de Balzac, qui l'a introduit au cœur de son roman *Les Chouans*, et de Victor Hugo qui y vint avec Juliette Drouet, il est établi en partie en terrasses, sur l'emplacement des anciens remparts de la ville, en partie sur les pentes qui descendent dans la vallée du Nançon. En suivant le mur bas qui prolonge la balustrade jusque vers l'entrée, on a une vue étendue sur la campagne bocagère. De la partie de la terrasse clôturée par la balustrade : **vue★** d'ensemble intéressante sur le château.

Un escalier permet aux marcheurs courageux de rejoindre le château et les bords du Nançon.

Hôtel de ville

Édifice Renaissance. Remarquez la porte en partie murée.

Église St-Léonard

Construite aux 15e et 16e s. avec une façade richement ornée sur le bas-côté Nord, elle est dominée par une tour du 17e s.

À VOIR

Vitraux modernes de Lorin.
Dans la chapelle de la Croix, à gauche en entrant, deux scènes de la vie de saint Benoît du 12e s., et, dans la chapelle des fonts baptismaux, incorporées dans un vitrail, deux parcelles de **vitraux★** du 16e s.

Place de Lariboisière

La statue équestre, œuvre de Louis Derbre, rend hommage au **comte de Lariboisière** (1759-1812). Né à Fougères, ce brillant officier se distingua dans les armées napoléoniennes avant de mourir d'épuisement pendant la terrible retraite de Russie.

alentours

Forêt domaniale de Fougères

3 km au Nord-Est. Quitter Fougères par ① du plan, route de Flers. La promenade permet de parcourir de belles futaies de hêtres. On pourra voir deux dolmens ruinés et un alignement mégalithique appelé Cordon des Druides, situé près du carrefour de Chennedet. En poursuivant en direction de Landéan, à l'orée de la forêt, près du carrefour de la Recouvrance, se trouvent des celliers du 12e s. Aujourd'hui fermés, ils constituaient la cachette des seigneurs de Fougères.

Parc floral de Haute-Bretagne★

Le Châtellier, 10 km au Nord-Ouest. Quitter Fougères au Nord en direction de St-James (D 798) jusqu'à la D 19 qu'il faut prendre à gauche. Suivre le fléchage. ☎ 02 99 95 48 32 - www.parcfloralbretagne.com - ♿ - juil.-août : 10h30-18h ; mars et oct.-nov. : 14h-17h30 ; avr.-juin et sept. 10h-12h, 14h-18h (dernière entrée 1h30 av. fermeture) - fermé du 15 nov. au 28 fév. - 8,50 € (enf. 6-7 €).

Dépaysement garanti au **château de la Folletière** aménagé en parc floral (20 ha). Le parcours proposé relie une douzaine de jardins aux noms évocateurs (cité antique, labyrinthe de Cnossos, vallée des Rois, vallon des Poètes...) qui offrent, selon les saisons, une palette inépuisable d'ambiances, de couleurs et de parfums. Chambres et boutique au château, jardinerie.

Cap Fréhel★★★

Le site du cap est l'un des plus grandioses de la côte bretonne. Ses falaises rouge, gris et noir dominant à pic la mer de 70 m, sont bordées de récifs sur lesquels la houle déferle avec violence. Par temps clair, on distingue même au loin les îles Anglo-Normandes...

La situation

Carte Michelin local 309 I2 – Côtes-d'Armor (22). Entre Saint-Brieuc et Dinard, le cap pointe en plein cœur de la Côte d'Émeraude, au Nord-Ouest de St-Cast-le-Guildo.

Le nom

La commune de Fréhel a été créée en 1973 après fusion des villages de Pléhérel et de Plévenon. Ces deux « Plou » (« village » en celte, d'où Plé-) furent fondés au 5e s. par des Bretons d'outre-Manche nommés respectivement Hérel (nous y voilà presque) et Venon.

Les gens

Une légende raconte que dans les temps anciens, on pouvait gagner les îles Anglo-Normandes à pied. Les scientifiques ont prouvé l'absurdité du récit ; néanmoins, dans la baie de la Frênaye, certains aperçoivent sous les eaux les plus basses une allée dallée !

Se restaurer

La Fauconnière – *À la Pointe - 22240 Fréhel - ☎ 02 96 41 54 20 - fermé oct.-31 mars - 19/30 €.* On accède à pied à ce restaurant construit au bord des falaises, dans un site sauvage exceptionnel offrant une vue magnifique sur la mer et les côtes... Très touristique, il propose un choix de menus traditionnels de bonne tenue, à prix raisonnables.

découvrir

Panorama★★★

☎ 02 96 41 43 06 - juin-sept. : 8h-20h - 2 €/voiture, 10 €/car.
Particulièrement beau en fin d'après-midi, il est immense par temps clair : il s'étend de la pointe du Grouin à l'Est, jusqu'à l'île de Bréhat à l'Ouest ; les îles Anglo-Normandes sont parfois visibles ; à droite du cap, se dresse l'illustre silhouette du fort La Latte.

Tour du cap

Circuit de 1/2h.
À la pointe extrême, surgit le **phare**, construit en 1950. Il comporte 145 marches et abrite une lampe à arc au xénon. La portée du feu varie de 200 m (brouillard très dense) à 120 km (beau temps). À 400 m, une sirène émet, par temps de brume, un groupe de deux sons toutes les minutes. *☎ 02 96 41 40 03 - juil.-août : 14h-18h.*

Site légendaire, réserve ornithologique, le cap domine une mer au bleu teinté d'émeraude.

Y. Tierny/MICHELIN

DEPUIS LA MER
Des vedettes partant de St-Malo et Dinard, permettent de contempler le cap Fréhel par la mer. C'est sous cet aspect qu'il est le plus impressionnant.
Promenade commentée (2h30). « compagnie Corsaire » au dép. de St-Malo et Dinard, aller : découverte de la côte Ouest jusqu'au Fort Lalatte et au cap Fréhel, retour par la mer, escale à St-Cast - ☎ 0 825 138 035 - www. compagniecorsaire.com

On domine les **rochers de la Fauconnière**, peuplés de goélands, cormorans, pétrels, guillemots ; le contraste entre le rouge violacé de la roche – schiste, grès et porphyre – et le bleu vert de la mer est étonnant. Près du restaurant, le sentier en forte pente sur la droite aboutit, à mi-hauteur, à une plate-forme d'où la vue est saisissante sur les rochers ruiniformes.

alentours

Fort La Latte★★

☎ 02 99 30 38 84 - www.castlelalatte.com – 7 juil.-27 août : 10h-19h ; avr.-sept. : 10h-12h30, 14h-18h ; oct.-mars (vac. scol.) : w.-end et j. fériés 14h-18h - possibilité de visite guidée (50mn) - 4,20 € (enf. 2,30 €).

Ce château, construit au 14e s. par les Goyon-Matignon, a été remanié au 17e et restauré au début du 20e s. Il a conservé son aspect féodal et occupe un **site★★** spectaculaire. Un portail marque l'entrée du parc de la Latte. Suivez l'allée qui mène à l'entrée du fort et passez devant un menhir dit « doigt de Gargantua ». Dominant la mer de plus de 60 m, le fort est séparé de la terre ferme par deux crevasses que l'on franchit sur des ponts-levis.

Visite du fort – On découvre les deux enceintes, la cour intérieure autour de laquelle s'ordonnent le corps de garde, le logis du gouverneur, la citerne et la chapelle. Passé l'épais mur pare-boulets, on atteint la tour de l'Échauguette et le curieux four à rougir les boulets, et, par un poste de guetteur, on accède au donjon. Du chemin de ronde, on découvre un **panorama★★** étonnant sur toute la Côte d'Émeraude : l'anse des Sévignés, le cap Fréhel, la baie de la Frênaye, la pointe de St-Cast, l'île Ebihens, St-Briac et St-Lunaire, la pointe du Décollé, St-Malo, Paramé et Rothéneuf, l'île de Cézembre et la pointe du Meinga. Il est également possible d'accéder au sommet de la tour.

Féodal... comme au cinéma, le fort La Latte en impose toujours autant !

La Gacilly★

Cette agréable petite cité de la vallée de l'Aff ne peut manquer de surprendre par son dynamisme. Non contente d'accueillir un des grands noms de la cosmétique, elle est devenue un lieu de rendez-vous privilégié de nombreux artisans et propose des activités ludiques autour de sa rivière.

La situation

Carte Michelin Local 308 – Morbihan (56). Située entre Ploërmel et Redon, La Gacilly est à proximité de la vallée de l'Oust et du canal de Nantes à Brest.

Le Bout du Pont, 56200 La Gacilly, ☎ 02 99 08 21 75.

Les gens

La célébrité locale est Yves Rocher qui y a créé sa société en 1959.

© Ets Y. Rocher

Au Végétarium, le milieu végétal humide des zones tropicales a été reconstitué.

découvrir

L'ARTISANAT

Fileur de verre (sortie du village), dinandier, sculpteur, tourneur sur bois... une trentaine d'artisans travaillent et exposent dans le village. Vous pouvez les retrouver grâce au circuit des Artisans dont le plan est disponible à l'Office de tourisme.

PLANTES ET COSMÉTIQUE

Circuit de découverte Yves Rocher★

☎ 02 99 08 35 84 - ♿ - visite guidée (circuit complet : site industriel + jardin botanique) 13 juin-18 sept. : 10h30-13h, 14h-19h ; visite libre (végétarium +expo photos) 27 mai-12 juin : 10h30-12h30, 13h30-18h30 ; visite libre (végétarium +expo photos) 26 mars-26 mai : tlj sf lun. 14h-18h30 - 6,50 € (-10 ans gratuit).

Végétarium – *Près du pont sur l'Aff.* Omniprésentes, indispensables et pourtant si méconnues, les plantes méritent bien cet espace de découverte qui leur est consacré. Une belle vidéo, des reconstitutions (milieux désertique et tropical), des maquettes et présentations interactives illustrent la vie des plantes et leur utilité pour l'homme.

Jardin botanique – *La Croix des Archers, direction Guer.* La bambouseraie conduit au jardin botanique où plus de 1 000 espèces de plantes sont classées en fonction de leurs utilisations : cosmétique, parfums, condiments, industries, tisanes...

Site industriel – *Les Villes Jeffs, rendez-vous à l'accueil de la Croix des Archers. Privilégier les jours de fonctionnement de l'usine.* Le parcours, en partie audioguidé dans une galerie panoramique, présente les deux unités de production (1991 et 1996) du site.

MAIS AUSSI...
Le bâtiment d'accueil de la Croix des Archers regroupe une boutique, un espace vidéo sur l'entreprise, et une reconstitution du grenier où Yves Rocher a fait ses débuts.

Un lieu pour tous
Une ferme pour enfants et un minigolf complètent ces installations, réalisées et entretenues par les travailleurs handicapés du Centre d'aide par le travail.

alentours

Carentoir

6 km au Nord par la D 773 en direction de Guer.

Dans le parc du manoir Le Bois Brassu, **la ferme du Monde** rassemble 55 espèces d'animaux d'élevage parmi les plus représentatives des différents continents. *☎ 02 99 93 70 70 - www.lafermedumonde.com - ♿ - de mi-mai à mi-sept. : 10h-19h ; du 25 mars à mi-mai et de mi-sept. au 11 Nov. : 10h-18h ; (dernière entrée 1h30 av. fermeture), possibilité de visite guidée (1h30 à 2h en train) - fermé du 11 Nov. au w.-end de Pâques - 8 € (+2,50 € pour le train) (enf. 4,50 € +2 pour le train).*

Basse vallée de l'Oust

Au Sud de La Gacilly. Cette portion de vallée, classée « Grand Site naturel », présente des paysages contrastés de marais, de coteaux escarpés et de cluses. À voir en particulier : l'**Île-aux-Pies**, escarpement rocheux dominant la rivière à Bain-sur-Oust, le site du Pont-d'Oust à Peillac, du Mortier de Glénac, de la cluse de Saint-Congard.

La Grande Brière*

Des canaux et des plantes aquatiques à perte de vue : voici le second marais de France après la Camargue. Également nommé Grande Brière Mottière, il occupe 7 700 des 40 000 ha du Parc régional de Brière, juste au Nord de l'estuaire de la Loire. Ce lieu caché, enserré dans le Parc que se partagent dix-huit communes, est l'occasion de belles promenades en chaland.

La situation

Carte Michelin Local 316 C/D 3/4 – Loire-Atlantique (44). Au Nord de Saint-Nazaire, la Grande Brière impose sa dentelle de marais entre la N 171, la D 774 et la N 165.

Le nom

Il proviendrait du latin *brica*, « la terre » voire « la boue ». C'est vrai que nous sommes en terrain humide !

Les gens

Ici, on est soit pêcheur, soit observateur patient de la faune et de la flore. En tout état de cause, celui qui parcourt la Grande Brière demeure attentif à cette nature fragile.

comprendre

Derrière une digue – La Grande Brière occupe une ancienne cuvette, vallonnée et boisée, qui s'étendait au pied du Sillon de Bretagne. Ses populations néolithiques en furent chassées par une invasion momentanée de la mer. Le marais s'est formé derrière un talus, constitué par les alluvions de la Loire. Dans les plantes aquatiques, transformées en **tourbe**, se trouvent des arbres fossiles, les **mortas**, vieux de 5 000 ans, durs et imputrescibles.

Au quotidien – Par le travail de l'homme, cette lagune se compartimente, s'assèche, se draine. En 1461, le duc de Bretagne François II reconnaît aux Briérons un droit de propriété indivis, confirmé par les édits royaux de François Ier à Louis XVI. Le Briéron exploite la tourbe, le **« noir »** (terreau servant d'engrais). Il cueille les roseaux et les joncs dont il recouvre les chaumières, la bourdaine qu'il tresse en paniers, cultive son jardin. Il récolte aussi les sangsues, harponne les **pimpeneaux**, anguilles au ventre argenté, pose dans les **piardes** (plans d'eau) des **bosselles**, nasses en osier pour capturer brochets, tanches et gardons. Il chasse à l'affût avec ses chiens

carnet pratique

PROMENADE EN CHALAND★★

Pour vous promener, reportez-vous à la carte du parc où sont précisés les embarcadères. En toute saison, la Grande Brière garde son charme : fleurie au printemps, verte en été avec ses berges noires et ses racines de saules apparentes, rousse en automne avec ses vols de canards, argentée en hiver avec ses terres inondées.

Antony Mahé – *Port de la Chaussée-Neuve - 44117 St-André-des-Eaux - ☎ 02 40 91 59 36* - promenade guidée *(45mn) 10h-18h – 7 € (enf. 4 €)* - dans le Parc régional de Brière, Anthony Mahé organise des promenades en barque sur les grands canaux rectilignes et les roselières dorées par le soleil.

SE LOGER

Hôtel le Bretagne – *Pont d'Armes - 44410 Asserac - ☎ 02 40 01 71 03 - fermé 2 sem. en fév. et 2 sem. en nov. - P - 12 ch. 38/45 € - ☕ 5,80 €.* Les marais à une encablure et l'Atlantique à 5 kms : voici l'environnement planté de cette maison néo-bretonne. Les chambres sont assez simples, mais bénéficient toutes d'une récente rénovation qui les rend attrayantes. Petit déjeuner servi sous une véranda tournée vers le jardin.

Chambre d'hôte Ty Gwenn – *25 Île d'Errand - 44550 St-Malo-de-Guersac - 3 km de St-Malo, après l'église dir. Errand - ☎ 02 40 91 15 04 - fermé oct.-mars - 4 ch. 42/54 € ☕ - repas 20 €.* Romantique à souhait, cette jolie chaumière briéronne accueille ses hôtes dans un confort douillet. Poutres, cheminée et tissus choisis composent un décor raffiné. Le charmant jardin et la piscine ajoutent au plaisir d'un séjour... réservé aux seuls non-fumeurs !

SE RESTAURER

Les Calèches Briéronnes – *À Bréca - 44410 St-Lyphard - ☎ 02 40 91 32 24 - fermé de Toussaint-Pâques - 10/16 €.* Vieux chênes et marais entourent cette maison où vous pourrez grignotter une galette, une crêpe, une salade, une grillade ou une glace. Simple salle à manger agrémentée de baies vitrées et de lambris. Agréable terrasse d'été. Accueil souriant.

Auberge de Bréca – *44410 Bréca - ☎ 02 40 91 41 42 - aubergedebreca@wanadoo.fr - fermé 19 déc.-3 janv., mar. soir de nov. à mars, dim. soir et jeu. sf juil.-août - 25,50/60 €.* Au cœur du parc naturel de la Brière, ce restaurant-glacier, aménagé dans un ancien relais de chasse, est le lieu idéal pour étancher une soif née après une longue balade en barque, par exemple.

dans son **chaland**, caché derrière une **bosse** plantée de saules. Il pousse de sa longue perche son **blin**, grande barque plate chargée de vaches ou de moutons qui vont paître sur la **plattière**. Mais son gain reste incertain, et les femmes n'hésitent pas à travailler « aux fleurs ». Au 19e s. et au début du 20e s., deux ateliers de **St-Joachim**, qui emploient près de 140 ouvrières, confectionnent des fleurs d'oranger en cire.

Du marécage au pâturage – Au 20e s., le Briéron se tourne vers les industries métallurgiques de Trignac, les chantiers navals et aéronautiques de St-Nazaire. Des routes relient les anciennes îles, des écluses sont construites. Mais la Grande Brière garde son attrait, et le Briéron, revenu chez lui, pêche et chasse pour son plaisir. Il conduit volontiers le visiteur sur son chaland, à travers les canaux et les piardes miroitantes où poussent les iris jaunes *(mi-mai à mi-juin)* et les nénuphars blancs *(mi-juin à fin juillet)*.

Parc Naturel Régional de la Grande Brière

LE PARC RÉGIONAL DE BRIERE

Créé en 1970, il propose des animations : fêtes traditionnelles, randonnées guidées à pied, à bicyclette ou en canoë-kayak. C'est un site de tout premier ordre pour l'étude et l'observation de l'avifaune.

Maison du Parc - *177 rte de Fédrun - 44720 Saint-Joachim - ☎ 02 40 91 68 68.*

circuit

TOUT AUTOUR DU PARC

83 km au départ de St-Nazaire – compter une demi-journée.

Quitter St-Nazaire par la N 171, vers Nantes, et sortir à Montoir-de-Bretagne pour prendre la D 50.

St-Malo-de-Guersac

Cette île est la plus vaste de la Brière. Du haut de ses 13 m, la **vue** s'étend de Guérande à l'Ouest, au Sillon de Bretagne à l'Est.

Rozé

Maison de l'éclusier – *☎ 02 40 66 85 01 - www.parc-naturel-briere.fr - visite guidée (1h) de déb. juil. au 17 sept. : 10h30-13h, 14h30-18h30 ; avr.-juin. : 14h-18h - fermé reste de l'année - 5 € (enf. 2,50 €).*

Chaloupes à tourbe

Du petit port de Rozé, berceau de la construction navale, partaient les chalands, chargés de tourbe, vers Nantes, Belle-Île, La Rochelle ou Vannes.

◄ Placée sur le canal de Rozé, elle présente la faune et la flore du marais, la formation du marais et son évolution. Tout à côté, on peut voir une reconstitution de la *Théotiste*, chaloupe qui servait au transport de la tourbe.

Réserve Pierre Constant – *Derrière la Maison de l'éclusier, un chemin (environ 800 m) suit un canal et conduit au pavillon d'accueil.* ☎ *02 40 66 85 01 - www.parc-naturel-briere.fr - juin-sept. : 9h-19h ; avr.-mai : 14h-18h - fermé reste de l'année - 5 € (enf. 2,50 €).*

Les promenades en barque, un excellent moyen de découvrir les paysages briérons.

H. Champollion/MICHELIN

Parcours d'observation et petite exposition sur les activités du marais.

Avant St-Joachim, prendre à gauche.

Un peu de patience !
Ce parc (26 ha) est sillonné par un sentier émaillé de postes d'observation où seuls la patience et le silence peuvent être récompensés. Des panneaux permettent d'identifier la faune et la flore.

Île de Fédrun*

Reliée à la route de St-Joachim par deux ponts, c'est la plus attachante de ces îles, entourées de prairies marécageuses. Traversée par une voie médiane, elle est cernée par une rue dessinant ses contours. Au n° 130, la **Maison de la mariée** présente, dans un intérieur briéron, une étonnante collection de parures de mariage ornées de fleurs d'oranger en cire, dont on découvre la fabrication. *☎ 02 40 66 85 01 - de déb juil. au 17 sept. : 10h30-13h, 14h30-18h30 ; avr.-juin : 14h-18h - fermé reste de l'année - 5 € (enf. 2,50 €).*

St-Joachim

Berceau de la fleur d'oranger en cire, le bourg s'allonge sur les îles de **Brécun** (8 m d'altitude) et de **Pendille**, dominé par la haute flèche blanche de son **église** du 19e s.

La route traverse les îles de **Camerun** et de **Camer**, peu habitées.

La Chapelle-des-Marais

Dans l'**église** se trouve une statue de saint Corneille, protecteur des bêtes à cornes *(chapelle à droite du chœur, au-dessus de l'autel).*

Prendre la route d'Herbignac et, à 4 km, tourner à gauche.

Château de Ranrouët

Se garer sur le terre-plein herbeux. ☎ 02 40 88 96 17 - www.herbignac.com/chateau - juil.-août : 10h-19h ; avr.-juin et sept. : tlj sf lun. 14h30-18h30 - fermé 1er Mai - 2,50 € (enf. 1,50 €).

Cette forteresse des 12e et 13e s. fut démantelée en 1618 par Louis XIII, puis brûlée sous la Révolution. Ses ruines imposantes conservent six tours rondes, entourées de larges douves sèches.

À remarquer
Les aménagements du 16e s. destinés à contrer les progrès de l'artillerie (barbacane, enceinte bastionnée). Plusieurs tours sont ornées de besans que la famille avait sur ses armoiries.

Faire demi-tour et prendre à droite vers Pontchâteau. À Mayun, où les vanniers tressent encore la bourdaine, tourner à droite.

Les Fossés-Blancs

De l'embarcadère sur le canal du Nord, on a une belle vue de la Brière. La visite du marais permet de découvrir la flore et la faune, entre canaux et piardes, ces étendues de terre envahies d'eau toute l'année.

St-Lyphard

Un belvédère a été aménagé dans le clocher de l'**église** *(135 marches)*. Un vaste **panorama**** s'étend sur la Brière et de l'estuaire de la Loire à l'embouchure de la Vilaine en passant par Guérande et ses marais salants. *☎ 02 40 91 41 34 - juil.-août : 10h-11h30, 12h05, 13h30-18h30 ; juin et sept. : 10h30-11h30, 12h05, 14h-17h30 ; avr.-mai : tlj sf dim. et j. fériés 10h30-11h30, 12h05, 14h-17h ; oct.-mars : tlj sf lun., dim. et j. fériés 10h30-11h30, 12h05, 14h-17h (visite ttes les 30mn) - 3 € (enf. 2 €).*

Prendre la route de Guérande et, à 7 km de St-Lyphard, tourner à gauche.

Dolmen de Kerbourg*

Près d'un moulin, cette allée couverte (du néolithique moyen) est un ancien cairn dont ne subsiste que le couloir et la chambre funéraire.

Continuer en direction du Brunet.

Kerhinet*

Se garer sur le parking aménagé. Ce charmant hameau rassemble de nombreuses chaumières dont la plupart ont été restaurées par le Parc. On y trouve une auberge

A. de Valroger/MICHELIN

Le hameau de Kerhinet a gardé de belles chaumières.

et divers lieux d'exposition : présentation d'un modeste intérieur briéron (sol en terre battue, meubles, ustensiles de cuisine) et de ses dépendances, **musée du Chaume**. ☎ *02 40 66 85 01 - visite guidée (1h) 1er juil.-17 sept. : 10h30-13h, 14h30-18h30 ; avr.-juin : 14h-18h - fermé reste de l'année - 5 € (enf. 2,50 €).*

Gagner le Brunet, où la route se prolonge jusqu'à **Bréca** : belle vue sur la Brière et le canal de Bréca.

Revenir au Brunet et prendre la D 47.

St-André-des-Eaux

Parc ornithologique de Ker Anas – ☎ *02 40 01 27 48 - ♿ - juil.-août : 10h-20h, possibilité de visite guidée (2h) mar. et jeu. 10h ; avr.- juin, sept. : 14h30-18h30 ; ttes vac. scol. (sf Noël) et mars-oct. : w.-end 14h-18h, - fermé déc.-janv. - 5,80 € (enf. 3,20 €).*

Le parc (3 ha) comporte un parcours de 1 km, qui permet de découvrir une multitude d'oiseaux des différents continents : oies, bernaches, sarcelles, cygnes, canards du monde entier... À l'entrée, on peut se procurer un petit sac de blé pour les nourrir à la main.

Prendre la D 127 vers la Chaussée-Neuve.

La Chaussée-Neuve

De cet ancien port d'où les blins partaient, chargés de tourbe, **vue**★ étendue sur la Brière.

Revenir à St-André-des-Eaux et par la D 47, rentrer à St-Nazaire.

alentours

Pontchâteau

12 km au Nord-Est de St-Joachim par la D 16.

Perchée sur une colline, dans une région peuplée d'anciens moulins à vent, l'église de Pontchâteau domine la petite ville aux maisons étagées sur les rives du Brivet.

Saint Louis-Marie Grignion de Montfort

Ce prédicateur célèbre (1673-1716) fit élever le calvaire en 1709 dans la lande de la Madeleine, sur un Golgotha artificiel ; démoli sur l'ordre de Louis XIV, il fut reconstruit en 1821.

Calvaire de la Madeleine

4 km à l'Ouest. Quitter Pontchâteau par la D 33 en direction d'Herbignac. Se garer sur le parking à gauche de la route, face à la chapelle du pèlerinage.

Partez du temple de Jérusalem, construction mi-forteresse, mi-palais oriental ; une belle allée traverse le parc vers le prétoire de Pilate ou Scala Sancta, dont les cinq hauts-reliefs représentent les premières scènes de la Passion. Après la première station, le chemin de croix se poursuit, à gauche, par de grandes statues peintes en blanc, qui sortent de l'imagerie populaire. Du calvaire, vue sur la Brière, St-Nazaire et Donges.

Fuseau de la Madeleine – *À 800 m du calvaire. Prendre la route à gauche de la statue du Sacré-Cœur, traverser le parc, puis tourner à gauche au premier carrefour.* Ce menhir de 7 m de haut et de 5 m de circonférence se dresse au milieu d'un pré.

Côte de Granit rose★★

Il y a quelque chose de magique tout au long de cette côte. La couleur bien sûr, mais surtout la forme érodée, surprenante, multiple, des rochers de granit qui émergent le long des grèves, des criques et des îlots, composant ce rivage inoubliable.

La situation

Carte Michelin Local 309 A/B2 – Côtes-d'Armor (22). La Côte de Granit rose, qui débute à la pointe de l'Arcouest, donne son nom à la route reliant Perros-Guirec à Trébeurden.

Les gens

En 1887, **Joseph Le Bihan** quitte Paris, où il était maître d'hôtel, pour s'installer à Trestraou (une plage de Perros-Guirec conserve l'appellation du lieu-dit). Il y reçoit bientôt toutes les personnalités de l'époque : hommes politiques, artistes, écrivains... À l'exemple de la Côte d'Émeraude, la Côte de Granit rose devient à la mode.

UN GRANIT HAUT EN COULEUR

Les formes curieuses des énormes rochers de granit rose qui font l'attrait de la corniche bretonne sont dues à l'érosion. Le granit est composé de quartz, de mica et de feldspath. Ce dernier se transforme en kaolin, qui est lessivé par l'eau, et le résidu des grains de quartz donne le sable que les pluies ou les vagues emportent. Peu à peu, la pierre se façonne et présente des aspects surprenants, dont des empilements à l'équilibre hardi, des pierres branlantes. L'érosion a été ici très vigoureuse parce qu'il s'agit de roches à gros grain. Les imaginations locales ont doté de noms les plus typiques ces rochers : chapeau de Napoléon, gnome, sorcière, tête de mort, éléphant, baleine, bélier, cheval, fauteuil, parapluie, sentinelle, tire-bouchon, etc.

circuit

DE PERROS-GUIREC À TRÉBEURDEN

27 km – environ 6h. Quitter Perros-Guirec vers l'Ouest.

Chapelle N.-D.-de-la-Clarté★ et Ploumanach★★ *(voir Perros-Guirec)*

Trégastel-Plage⚍⚍ *(voir ce nom)*

La D 788 passe en bord de mer. Le regard se porte sur une côte étrange, parsemée de nombreux îlots et récifs.

Au hameau de Penvern, après le café du Menhir, prendre à gauche vers Pleumeur-Bodou.

Roses ou beige orangé, les rochers de Ploumanach surprennent toujours ceux et celles qui les découvrent.

R. Mattès/MICHELIN

Le menhir de St-Uzec porte des motifs chrétiens ajoutés au 17e s.

Menhir de St-Uzec★

Ce beau menhir est surmonté d'une croix ; des instruments de la Passion entourent l'effigie d'une femme en prière.

Par la chaussée en contrebas du menhir, gagner la route de Pleumeur-Bodou, tourner à gauche et, 400 m plus loin, prendre encore à gauche.

Pleumeur-Bodou

Ce village est connu pour son impressionnant radôme de 64 m de diamètre auprès duquel s'est ouvert le Parc scientifique du Trégor.

Radôme-musée des Télécoms★ – ☎ *02 96 46 63 80 - www.leradome.com - ♿ - juil.-août : 11h-19h ; mai-juin : 11h-18h ; avr. et sept. : 11h-18h, w.-end 14h-18h ; vac. scol. d'hiver : tlj sf sam. 14h-18h - fermé janv. et 25 déc. - 7 €.*

Inauguré en 1962, le Centre des télécommunications de Pleumeur-Bodou est le lieu historique de la première liaison transatlantique, par le satellite **Telstar**, entre la France et les États-Unis, le 11 juillet 1962. Outre le radôme et le musée, le site est occupé par une quinzaine d'antennes géantes qui communiquent avec les cinq continents.

Installé dans un gigantesque bâtiment en forme d'aile delta, le **musée** retrace un siècle et demi d'inventions, de progrès et de technologies. Sept espaces thématiques présentent cette évolution de plus en plus rapide : navire câblier *Agamemnon*, fusée *Ariane*, écran de l'AFP informant des derniers événements dans le monde, images de Météosat.

Planétarium du Trégor★ – ☎ *02 96 15 80 30/32 - www.planetarium-bretagne.fr - ♿ - séances d'astronomie (50mn) - se renseigner pour les horaires et tarifs pour tte l'année - fermé janv., 24-25 et 31 déc.*

☺ Sous une coupole de 20 m de diamètre, un simulateur émet l'image d'un ciel étoilé. Le spectateur est ensuite transporté en divers points de l'espace et du temps (différents thèmes sont abordés suivant les séances).

Sous le radôme, un spectacle son et lumière retrace l'histoire de l'énorme antenne-cornet de 340 t.

MATIÈRE PREMIÈRE
Le granit bleuté de l'île Grande a servi à des chantiers aussi divers que le viaduc de Morlaix, le boulevard Haussmann à Paris, des bâtiments de Londres ou d'Anvers.

◄ Île Grande

La côte Nord y est violemment exposée à la houle du large, tandis que l'intérieur offre un paysage de landes, bordées de nombreuses grèves à l'Est et au Sud. L'île possède des vestiges mégalithiques, en particulier une allée couverte au Nord-Est du village.

Station ornithologique – ☎ *02 96 91 91 40 - www.lpo.fr - juil.-août : 10h-13h, 14h30-19h, w.-end et j. fériés 14h30-19h ; vac. scol. : 14h-18h ; reste de l'année : w.-end et j. fériés 14h-18h - fermé 1er janv. et 25 déc. - 2,50 € (enf. 1,50 €).*

☺ Centre de soins pour oiseaux marins, elle présente une exposition sur les espèces d'oiseaux de l'archipel des Sept-Îles (guillemots, macareux, pingouins torda...).

À l'étage, la vie des fous de Bassan est retransmise en direct par un système vidéo à faisceau hertzien.

Revenir à la route de corniche qui, à gauche, mène à Trébeurden.

Trébeurden

Cette station balnéaire du Trégor a récemment défrayé la chronique avec son nouveau port de plaisance, d'une taille imposante. Elle recèle plusieurs plages, bien exposées au Sud. Les deux principales sont séparées par la presqu'île rocheuse du Castel : la plage de Pors-Terme est à droite de celle de Trozoul, qui constitue le port. La plage de Tresmeur est beaucoup plus vaste et très fréquentée.

Le Castel★ – *1/2h à pied. Emprunter l'un des sentiers qui part du parking aménagé sur l'isthme séparant les plages de Trozoul et de Tresmeur.* De cet amas rocheux, **vue**★ étendue sur la côte et les îles Milliau, Molène, Grande et Losquet.

Île Milliau★

Accès à pied à marée basse à partir du Castel (voir ci-dessus). Se renseigner sur les heures à l'Office du tourisme de Trébeurden. Gîtes d'étape dans anciennes fermes du 16ᵉ s.

Cette petite île verdoyante de 23 ha surprend par la richesse de sa flore qui ne compte pas moins de 280 espèces botaniques. Belle vue panoramique de son extrémité où s'élève la maison abandonnée dite « d'Aristide Briand ».

Pointe de Bihit★

La route de Porz-Mabo domine la plage de Tresmeur et procure des vues sur les îles. Prendre le chemin sur la droite.

De la table d'orientation, une **vue**★ panoramique dévoile la côte, de l'île de Batz et Roscoff à l'île Grande, en passant par le phare des Triagoz en mer.

La route, qui a effectué un quart de cercle, descend vers **Porz-Mabo**, à la vaste plage de sable fin.

La Dame de l'île Milliau

Pour séduire sa belle mais exigeante maîtresse, un magnat de la presse, Maurice Bunau-Varilla, fit cadeau de « l'île enchanteresse » à Lucie U.-Balès, dite **Mme Jourdan**. Elle se fit construire la maison encore visible au plus haut de l'île et régna sur ce petit royaume de 1911 à 1942. Elle fut la dernière et discrète compagne d'Aristide Briand, de 1920 à 1932.

Île de Groix★

Au large de Lorient, Groix, bien que de dimensions plus modestes, présente le même aspect géologique que Belle-Île. À Groix, les rochers géants masquent des vallons, la Côte sauvage tout en ajoncs et bruyères est découpée de falaises et de criques sablonneuses : un refuge pour les amoureux de la nature...

La situation

Carte Michelin Local 308 K9 – Morbihan (56). À trois quarts d'heure de Lorient en bateau, l'île de Groix (1 476 ha) s'étire sur 8 km de long et 2 à 3 km de large.

Quai de Port-Tudy, 56590 Groix, ☎ 02 97 86 53 08.

Le nom

En breton, *Enez-er-Groach* signifie « l'île de la Sorcière ». Un proverbe dit : « Qui voit Groix voit sa croix. » Une allusion aux terribles tempêtes dont les générations de pêcheurs gardent le souvenir.

Les gens

2 275 Groisillons. Pays natal de Jean-Pierre Calloc'h, poète de langue celtique connu sous le nom de **Bleimor**, et tué à la guerre en 1917.

Port-Tudy n'est plus vraiment un port de pêche ; il reçoit de nombreux bateaux de plaisance, les navettes entre l'île et Lorient ainsi que des bateaux-taxis.

circuit

Compter une journée.

Port-Tudy

De 1870 à 1940, Groix fut le premier port français d'armement au thon. Aujourd'hui, l'ancien port thonier n'accueille plus guère de chalutiers.

Installé dans une ancienne conserverie, l'**écomusée de l'île de Groix** présente une intéressante exposition sur la géographie, l'histoire et l'ethnographie de l'île. *☎ 02 97 86 84 60 - www.groix.fr - juil.-août : 9h30-12h30, 15h-19h ; mai-juin et sept. : 10h-12h, 14h-17h ; avr. et oct.-nov. : tlj sf lun. 10h-12h30, 14h-17h ; déc.-mars : merc. et w.-end 10h-12h30, 14h-17h - 4,30 € (enf. 2 €), gratuit le dim. nov.-mars.*

St-Tudy (le bourg)

Bourg principal de l'île, il groupe ses maisons basses aux toits d'ardoise autour de l'église, dont le clocher est surmonté d'un thon de bronze, servant de girouette.

À **Port-Mélite**, la vue se développe de la barre d'Étel à la pointe du Talut.

Deux belles plages

L'une s'étale dans la crique rocheuse de Port-Mélite. La plus vaste de l'île est la plage des Grands Sables, unique plage convexe d'Europe, avec sa forme d'éperon qui s'avance dans la mer.

Locmaria

Ce village aux rues tortueuses, face au grand large, possède un petit port de pêche et de plaisance.

carnet pratique

ACCÈS À L'ÎLE
Dép. quotidien de Lorient (45mn, 4 à 8 rotations/j selon la période). *Société Morbihannaise de Navigation (Lorient), ☎ 0 820 056 000 (0,12 €/mn) - www.smn-navigation.fr*

SE LOGER
⊖ **Hôtel Marine –** *7 r. du Gén.-de-Gaulle, au Bourg - 56590 Groix (Ile de) - ☎ 02 97 86 80 05 - hotel.dela.marine@wanadoo.fr - fermé janv., dim. soir et lun. hors sais. sf vac. scol. - 22 ch. 36/86 € - ☕ 8,50 € - restaurant 16/25 €.* Quel délice ! Ce petit hôtel-restaurant a bien des atouts avec son bar où règne une plaisante atmosphère insulaire, sa jolie terrasse ensoleillée, son charmant jardin, ses chambres coquettes ou plus simples mais bien tenues, et sa cuisine soignée.

⊖ **Chambre d'hôte La Grek –** *3 pl. du Leurhé, au Bourg - 56590 Groix (Ile de) - ☎ 02 97 86 89 85 - www.groix.com - fermé janv. - ⊠ - 4 ch. 35/50 € ☕.* Cette demeure de style Art déco, jadis propriété d'un armateur de thoniers, doit son enseigne au surnom donné aux Groisillons. Ses chambres, confortables et élégantes, sont dotées d'immenses salles de bains. Agréables salons garnis de meubles anciens et grand jardin clos.

⊖⊖ **L'Escale –** *5 quai de Port-Tudy, à Port-Tudy - 56590 Groix (Ile de) - ☎ 02 97 86 80 04 - josepasquier@wanadoo.fr - 7 ch. 45/60 € - ☕ 7 €.* L'adresse est incontournable, et pour cause ! Ce petit hôtel est situé juste en face du débarcadère de Port-Tudy. Ses chambres, baptisées chacune du nom d'une île bretonne, donnent toutes sur le port et l'Océan. Petits déjeuners servis dans un joli cadre coloré.

⊖⊖ **La Jetée –** *1 quai Port-Tudy, à Port-Tudy - 56590 Groix (Ile de) - ☎ 02 97 86 80 82 - fermé 5 janv.-15 mars - 8 ch. 53/79 € - ☕ 7 €.* Une aubaine pour les amoureux de la Bretagne ! Sur l'avant, la jetée et les bateaux au mouillage. Sur l'arrière, les criques de sable fin grisées d'embruns. Les chambres, petites mais coquettes, se partagent les deux vues. Attenant, un pub irlandais où se font les dégustations d'huîtres.

SE RESTAURER
⊖ **Chez Paule –** *6 r. de Port-Mélite - 56590 Groix (Ile de) - ☎ 02 97 86 89 72 - fermé de fin sept. aux vac. de printemps - ⊠ - réserv. conseillée en été - 6,10/11,43 €.* Paule, c'est la gentille patronne qui, depuis plus de 20 ans, vous accueille dans cette authentique crêperie bretonne. Décor rustique avec cheminée. Pour l'anecdote, les lattes constituant le plateau des tables proviennent du plancher de la chambre de la maison du gouverneur de Concarneau au temps de Du Guesclin.

Pointe des Chats

C'est la partie la plus basse de l'île, avec ses rochers qui tombent en pente douce vers la mer. Belle vue sur la côte Sud. Dans la **réserve minéralogique**, on peut observer des grenats, des aiguilles de glaucophane bleue, de l'épidote vert, mais le prélèvement est rigoureusement interdit.

Trou de l'Enfer★

Profonde échancrure taillée dans la falaise, où la mer s'engouffre avec violence. Dans ce site sauvage, aride, belle **vue** sur la pointe St-Nicolas et la côte rocheuse.

À CONTEMPLER
Au-delà du Trou de l'Enfer, les falaises qui encadrent la vaste ria aux eaux claires de Port-St-Nicolas.

Pen-Men

Cette pointe rocheuse, à l'Ouest de l'île et à droite du phare de même nom, est peuplée de milliers d'oiseaux. Belles vues sur la côte morbihannaise, de la pointe du

Talut à Port-Manech. La zone, protégée, constitue la **réserve naturelle** François Le Bail.

Pointe de Biléric

Proche du sémaphore de Beg-Melen *(accès interdit)*, elle accueille une **réserve naturelle** pour mouettes tridactyles.

Port-Melin

On accède à pied, et par une descente rapide, à cette petite crique. Statue élevée à la mémoire de Jean-Pierre Calloc'h.

Port-Lay

Dans un très beau **site★**, ce havre sûr accueillait les premiers thoniers de l'île.

Presqu'île de Guérande★

À deux pas de l'agitation estivale de La Baule, Guérande offre la calme image d'une petite ville médiévale fortifiée. Le pays guérandais a joué un rôle capital dans l'histoire de la région, mais la presqu'île doit aujourd'hui sa notoriété à son sel produit dans ses marais, où stationnent une multitude d'oiseaux migrateurs.

S. Sauvignier/MICHELIN

Le mobilier des paludiers se reconnaît à cette étonnante couleur dite « sang-de-bœuf ».

La situation

Carte Michelin Local 316 B4 – Loire-Atlantique (44). Agréablement placé sur un sillon qui domine son marais, Guérande n'est distant que de 6 km de La Baule. *1 pl. du Marché-au-Bois, 44350 Guérande, 02 40 24 96 71. www.ot-guerande.fr*

Le nom

Les mots bretons *gwen* et *ran* donnent « blanc » et « pays, parcelle ». Toutefois, le « blanc » de cette étymologie ne ferait pas référence au sel, mais plutôt à l'aspect sacré du site.

Les gens

Sur la presqu'île, le paludier travaille aux marais salants. Un terme préféré ici à celui de saunier, employé ailleurs.

comprendre

À L'ÉPOQUE ROMAINE
Entre l'île rocheuse de Batz et le coteau de Guérande se serait étendu, à l'époque romaine, un vaste golfe marin. Pour certains auteurs, c'est là qu'aurait eu lieu, au Ier s. avant J.-C. la bataille navale où fut détruite la flotte vénète, et dont César aurait suivi les péripéties.

L'ancien golfe – Les apports des courants ont relié l'île de Batz au continent, créant la langue de sable qui porte La Baule et Le Pouliguen. À l'Ouest, la flèche sableuse de Pen-Bron n'a pu rejoindre tout à fait l'île. Face au Croisic, un passage permet donc à la mer de pénétrer, à marée haute, dans le **Grand** et **le Petit Traict** : vestiges de l'ancien golfe, ils forment des réservoirs naturels pour l'alimentation des marais salants en eau de mer. Cette vaste étendue est propre à l'élevage des huîtres et des moules, et on peut y pêcher des palourdes et des bigorneaux.

Les marais salants – Ils s'étendent sur 2 000 ha, répartis en deux bassins, et forment un immense quadrillage délimité par des fossés. La mer irrigue le marais par un canal, ou **étier**, au rythme quotidien des marées. Tous les 15 jours, en période de saunaison, le paludier, grâce à une trappe, admet l'eau dans un réservoir de décantation, la **vasière**. Sous l'effet d'une légère dénivellation, l'eau circule sur une faible épaisseur dans la saline, en traversant une suite de bassins aménagés

SE LOGER

Camping L'Étang – *44350 Guérande - 5 km de Guérande par rte de St-Lyphard puis 3 km par D 48 à droite et rte à gauche - ☎ 02 40 61 93 51 - camping-etang@wanadoo.fr - ouv. 15 mai-15 sept. - réserv. conseillée - 109 empl. 17 € - restauration.* Comme le laisse supposer le nom du camping, vous êtes tout près d'un étang, mais c'est dans la piscine qu'il vous faudra plonger si la baignade vous tente. En plus des emplacements classiques, mobile homes et bungalows toilés sont à louer.

Les Voyageurs – *Pl. du 8-Mai-1945, (face à la porte Vannetaise) - 44350 Guérande - ☎ 02 40 24 90 13 - fermé 23 déc.-21 janv. - 12 ch. 45,50/58,50 € - 6,20 € - restaurant 13/31,50 €.* La pimpante petite maison où est aménagé cet hôtel se dresse extra-muros, face à la porte Vannetaise. Chambres tendance rétro, bien meublées, et restaurant rustique de quatre salles, dont une ouverte sur la terrasse.

Chambre d'hôte Les Rochasses – *58 r. de Bellevue - 44420 La Turballe - ☎ 02 40 23 31 29 - www.pays-blanc.com/chambres-rochasses - - 5 ch. 52/62 €.* Vous apprécierez le parc, la piscine couverte, le confort indéniable des chambres et l'accueil chaleureux de la propriétaire de cette grande villa récente. Le petit déjeuner servi dans la véranda ouverte sur le jardin est un moment délicieux...

Manoir des Quatre Saisons – *744 bd de Lauvergnac - 44420 La Turballe - 1,5 km de La Turballe par D 333 - ☎ 02 40 11 76 16 - www.manoir-des-quatre-saisons.com - - 5 ch. 58/84 €.* Dans son grand jardin fleuri, cette longère bretonne a belle allure avec ses pierres apparentes et ses ardoises à l'ancienne. Crépis et boiseries colorés décorent les chambres. La dépendance a moins de caractère. Une piscine pour les beaux jours.

S. Sauvignier/MICHELIN

SE RESTAURER

Ar Blaz Mad – *23 av. René-Coty - 44350 Guérande - ☎ 02 40 15 63 70 - fermé vac. de fév., dim. et lun. sf sais. et vac. scol. - 6,50/12 €.* « Au bon goût » : cette épicerie fine cache une coquette petite salle à manger où l'on s'attarde avec plaisir pour grignoter des tartines aux garnitures variées et pour savourer les pâtisseries familiales. Joli jardin en été.

Les Remparts – *Bd du Nord - 44350 Guérande - ☎ 02 40 24 90 69 - lesremparts-guerande@tele2.fr - fermé 29 nov.-3 janv., 13-19 fév., 2-27 juin, dim. soir, sam. soir et lun. sf j. fériés - 22/35 € - 8 ch. 49 € - 6 €.* Face aux remparts de Guérande, maison familiale toute simple dont la façade typique abrite une salle à manger sobrement actuelle. Recettes traditionnelles et poissons assaisonnés au sel de Guérande. Petites chambres simples.

Le Vieux Logis – *Pl. Psalette - 44350 Guérande - ☎ 02 40 62 09 73 - fermé 12 nov. au 16 déc., mar. soir et merc. sf juil.-août et j. fériés - 22/28 €.* Prévôté de Guérande, étude notariale et enfin restaurant : cette belle maison en pierre située intra-muros a conservé son cadre du 17e s. Aux beaux jours, plaisante terrasse verdoyante et ombragée. Spécialités de grillades cuites au feu de bois.

QUE RAPPORTER

Marché – *44350 Guérande* - Le marché se tient le merc. et le sam. mat. dans les halles et sur la place St-Aubin.

SPORTS & LOISIRS

La Champagne – *44350 St-Molf - ☎ 02 40 61 95 20 – http://centreequestrechamp.com - ouv. tlj 9h-12h30, 14h-22h - 19 €.* Cet important centre équestre, chargé du tracé du CEIO de la Baule en 2003, organise des sorties sur la plage, des nocturnes en Brière, des balades sur les bords de la Vilaine ou des randonnées à la demande.

Ferme de Ker Robert – *17 rte de Ker-Robert, la Madeleine - 6 km à l'E de Guérande par D 51 et à droite - 44350 Guérande - ☎ 02 40 61 91 91 - www.fermeequestre-kerrobert.com - été : tlj 15h-19h.* Cette petite structure saisonnière propose des randonnées entre 1h30 et 3h (débutants acceptés) ou encore à la journée. Tour du marais de Brière possible

dans l'argile : **cobiers**, **fares**, **adernes**. Sous l'action du soleil et du vent, l'eau s'échauffe, s'évapore et devient saumure (augmentation de sa teneur en sel). Dans les **œillets**, bassins de 70 m² où elle parvient finalement, le sel se cristallise.

La récolte est ensuite roulée jusqu'au **trénet**, petite plate-forme aménagée sur le talus, pour former le **mulon**, tas important sur le bord de la saline, avant d'être stockée dans le magasin à sel en septembre.

FLEUR DE SEL

De juin à septembre, le paludier récolte deux sortes de sel : la fleur de sel, sel de surface (3 à 5 kg par jour et par œillet) et le gros sel ou sel gris, déposé au fond remonté avec un grand râteau plat, le lasse, sur la ladure (40 à 70 kg par jour et par œillet).

Les marais salants et leur spectaculaire mosaïque d'étiers, de vasières, cobiers, adernes, salines et œillets.

En dehors de la période de saunaison, les paludiers entretiennent les marais.

Une lutte difficile – Les salines furent très prospères jusqu'à la Révolution : en effet, le sel circulait dans toute la Bretagne sans être soumis à la gabelle ; les marchands pouvaient l'échanger dans les provinces voisines contre des céréales. La contrebande des « **faux sauniers** » s'exerçait souvent, malgré la menace des galères.

Aujourd'hui, on exploite environ 7 000 œillets, qui produisent en moyenne 10 000 t de gros sel par an. Le sel guérandais est d'une très haute qualité nutritive, du fait de sa richesse en oligoéléments.

Falaises et dunes – Les falaises et les rochers de la Côte sauvage, entre la pointe de Penchâteau et Le Croisic, offrent un contraste saisissant avec les marais et l'immense plage de La Baule. En 1527, un vent violent répandit sur le village d'**Escoublac** le sable qui s'était accumulé à l'estuaire de la Loire. Après cette tempête de plusieurs jours, l'apport des sables continua. Au 18e s., les derniers habitants quittèrent les lieux définitivement... Le village dut être reconstruit plusieurs kilomètres en arrière. Les pins qui furent plantés pour fixer les dunes ont formé le bois d'Amour de La Baule. Le littoral, devenu accueillant, prit au milieu du 19e s. le nom de « **Côte d'Amour** ».

GUÉRANDE

Bizienne (Fg)	2
Bouton d'Or (R. du)	3
Brière (Av. de la)	4
Capucins (R. des)	5
Marché-au-Bois (Pl.)	8
Peupliers (R. des)	12
Pourieux (Bd Émile)	13
Psalette (Pl. de la)	14
St-Armel (Fg)	16
St-Aubin (Pl.)	17
St-Michel (Fg)	19
St-Michel (R.)	
Ste-Anne (Fg)	21
Saulniers (R. des)	24
Sœurs-Grises (R. des)	25
Tricot (R. du)	27
Vannetaise (R.)	29
Vieux-Marché (Pl. du)	31

Musée de la Poupée	M1
Porte St-Michel (Château-Musée)	M2

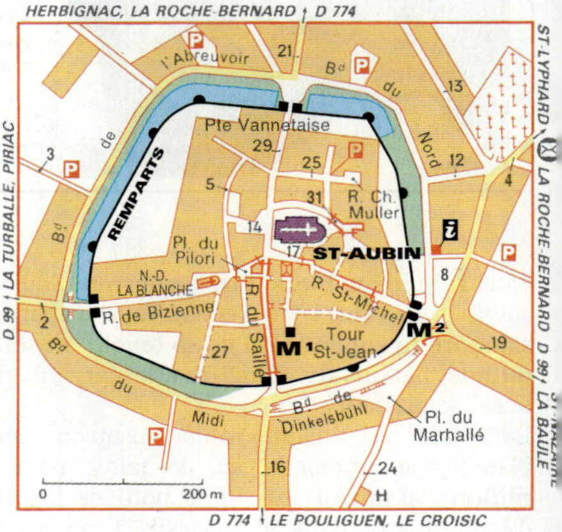

découvrir

GUÉRANDE★

Cette petite localité, qui domine la région des marais salants, est entièrement ceinturée de remparts, baignés en partie par des douves. D'importants travaux de restauration des murailles offrent aux visiteurs une vision nouvelle de la ville, des marais salants et de l'océan. Le charme de cette cité médiévale incite à la flânerie à travers ses vieilles rues.

Musée du Pays de Guérande - Porte St-Michel

☎ 02 28 55 05 05 - avr.-sept. : 10h-12h30, 14h30-19h ; oct. : 10h-12h, 14h-18h - fermé lun. mat. - 3,50 € (enf. 2 €).

Cette ancienne et imposante demeure des gouverneurs (15e s.) abrite un musée régional dont les étages sont reliés par un escalier à vis. Remarquez le mobilier (ciré pour le briéron, peint au sang-de-bœuf pour le paludier), la faïence du Croisic, une partie du jubé de la collégiale, ainsi qu'une importante collection de costumes de bourgeois, de paludiers et de métayers. Le plan en relief d'un marais salant en fait comprendre l'installation et l'exploitation.

Promenade autour des remparts

Construits aux 14e et 15e s., ils ne comportent aucune brèche. Flanqués de six tours, ils s'ouvrent par quatre portes fortifiées. Au 18e s., le duc d'Aiguillon, gouverneur de Bretagne, fit combler les fossés, dont les sections Nord et Ouest sont encore en eau, et aménager la promenade circulaire *(à suivre en voiture ou à pied)*. On pourra se balader sur le **chemin de ronde**, depuis la porte St-Michel jusqu'au-delà de la tour St-Jean.

Collégiale St-Aubin★

Élevée du 12e au 16e s., elle présente une belle façade Ouest de granit, agrémentée de fins clochetons et pinacles à crochets. L'**intérieur** est imposant. Les colonnes romanes de la nef supportant des arcs gothiques ont des **chapiteaux** à sujets grotesques ou à décor floral. Le chœur profond, du 15e s., à collatéraux s'ouvrant sur quatre chapelles du 16e s., est éclairé par une superbe **verrière** du 18e s. représentant l'Assomption et le Couronnement de la Vierge. Sur la gauche, un petit vitrail du 14e s. en fer de lance illustre des scènes de la vie de saint Pierre. Sur la droite, la chapelle, curieusement dénommée **crypte**, recèle un sarcophage du 6e s. découvert sous le chœur, un gisant et une pierre tombale du 16e s.

S. Sauvignier/MICHELIN

Une rareté, la chaire extérieure de St-Aubin, encastrée dans un contrefort de la façade Ouest (15e s.).

Musée de la Poupée

23 r. de Saillé. ☎ 02 40 15 69 13 - ♿ - mai-oct. et vac. scol. : 10h30-12h30, 14h30-18h30 ; nov.-avr. : tlj sf lun. 14h-18h30 - fermé 1er janv., 5 janv.-5 fév. et 25 déc. - 3,50 € (enf. 2 €).

Il regroupe des centaines de poupées anciennes, de porcelaine ou de bois, dans un décor suranné : meubles miniatures, dînettes en faïence, minuscules accessoires...

circuit

ENTRE MER ET BRIÈRE

Circuit de 62 km au départ de Guérande – 1/2 journée.

Guérande★ *(voir ci-dessus)*

Prendre la direction de La Turballe, puis Piriac.

Du coteau de Guérande, que suit la route, belle **vue★** sur les marais salants et la rade du Croisic. En fin de journée, les effets de lumière sur les marais sont étonnants.

Trescalan

L'**église**, épaulée de contreforts, présente de belles colonnes à chapiteaux et abrite dans le bas-côté droit une statue de sainte Brigitte, parée d'un tissu argenté.

Quelques plages

De petites plages familiales s'animent autour de Piriac et à Lerat. La Turballe possède, au Sud de la localité, une longue plage de sable fin, plein Ouest.

Terre de Sel

À Pradel, sur la D 92 entre La Turballe et Saillé. ☎ *02 40 62 08 80 - www.seldeguerande.com* - « Terre de Sel » propose des visites guidées des marais salants, par des paludiers et des animateurs nature.

Piriac-sur-Mer

Petit port de pêche et centre balnéaire. Sur la place de l'église, bel ensemble de maisons du 17e s.

Un sentier mène à la **pointe du Castelli★** en empruntant la crête de la falaise : à droite, on distingue l'île Dumet et la côte basse de la presqu'île de Rhuys ; à gauche, la rade et la presqu'île du Croisic, avec les clochers du Croisic et de Batz.

La Turballe

Très animé, ce port artificiel abrite des bateaux de plaisance et de pêche (anchois).

Belle vue sur la côte à partir de **Lerat**.

Saillé

Construite sur une île au milieu des marais salants, c'est la capitale du sel. Dans une ancienne chapelle, la **Maison des paludiers** présente, avec des moyens audiovisuels et des maquettes, la vie et le travail de ces hommes. ☎ *02 40 62 21 96 - ♿ - visite guidée écomusée (1h), fév.-oct. : 10h-12h, 14h-17h (18h, 18h30 selon saison, se renseigner) ; nov.-janv. : w.-end 14h-17h - 4 € - visite guidée d'une saline (1h30), juin-août : tlj sf j. de pluie 17h - 5,60 €.*

Le Croisic★ *(voir ce nom)*

La Côte sauvage★ et Batz-sur-Mer *(voir Le Croisic)*

De la route qui longe la Côte sauvage, une belle vue se dégage sur le rivage, au Sud de la Loire, jusqu'à la pointe de St-Gildas et au phare de la Banche.

Le Pouliguen *(voir La Baule)*

Emprunter la D 99E vers Guérande et tourner à droite.

Château de Careil

☎ *02 40 60 22 99 - www.careil.com - visite guidée (45mn) juin-août : 11h, 15h-18h (ttes les h. ; juil.-août : visite aux chandelles lun. et merc. 21h30, visite-jeu mar. jeu. et sam. 17h ; reste de l'année, possibilité de visite sur demande - 5 € visite aux chandelles ; 8 € visite ; 6 € jeu (enf. 4 € visite aux chandelles ; 6 € visite ; 5 € jeu).*

Cette place forte du 14e s., remaniée aux 15e et 16e s. et toujours habitée, présente deux ailes : une façade Renaissance aux gracieuses lucarnes à coquille ; un bâtiment plus rustique dont les mansardes sont ornées de frontons armoriés. La salle des gardes et le grand salon possèdent de belles poutres. Par un escalier à vis, on accède à la salle qu'occupaient les soldats. Dans la chambre du capitaine, la cheminée porte la croix de Malte.

La Guerche-de-Bretagne

Cette ancienne baronnie, qui eut Du Guesclin pour seigneur, se situe à la frontière de la Bretagne et du Maine, une belle région d'agriculture, également terre de légendes.

La situation

Carte Michelin Local 309 O7 – Ille-et-Vilaine (35). Entre Châteaubriant et Vitré, sur la D 178, La Guerche se situe au Nord de la forêt du même nom.

5 r. Du-Guesclin, 35130 La Guerche-de-Bretagne, ☎ 02 99 96 30 78.

Le nom

Il dérive du francique *werki*, « fortification » (comme 50 hameaux ou lieux-dits de l'Ouest), et serait même représentatif d'un point de défense franc contre les Bretons !

Les gens

4 095 Guerchais. Robert d'Arbrissel, fondateur de la célèbre abbaye de Fontevraud, est né tout près, à Arbrissel.

se promener

Collégiale

De l'époque de sa fondation (1206) ne subsistent que le chœur, son abside et la tour romane. La nef et le collatéral Sud ont été reconstruits au 16e s. Le bas-côté Nord et le clocher à galeries hautes datent de la fin du 19e s. On remarquera les sablières ornant la voûte en bois de la nef et, au fond de l'abside, un vitrail représentant l'Assomption.

À VOIR
Les stalles du 16e s. ornées d'amusantes miséricordes gothiques. Leurs boiseries sont plus récentes, comme en témoigne leur décoration de style Henri II.

Maisons anciennes

Une quinzaine de maisons à porches et à pans de bois (16e-17e s.) se dressent place du Général-de-Gaulle, et près de l'église, rue du Cheval-Blanc et rue de Nantes.

circuit

AU PAYS DES LÉGENDES

Circuit de 43 km – environ 2h1/2. Quitter La Guerche à l'Ouest par la D 463, route de Rennes. À Visseiche, prendre à gauche.

On atteint une branche de l'étang de Marcillé, formé au confluent des vallées de la Seiche et de l'Ardenne, ce qui explique sa forme en accolade.

La Roche-aux-Fées. Si aucune tempête n'a jamais pu renverser cette puissante masse de pierres, c'est bien grâce aux pouvoirs magiques des lieux.

G. Targat/MICHELIN

À la sortie de Marcillé-Robert, prendre à gauche vers Retiers ; on longe la seconde branche du lac. Tourner à droite 800 m plus loin en direction du Theil, puis encore à droite, à 3 km. À 800 m à droite de la route se trouve la Roche-aux-Fées.

MAGIQUE
Des recherches ont montré que les pierres de la Roche-aux-Fées ont été déplacées sur près de 4 km. Selon une légende locale, des fées les transportèrent jadis en les plaçant dans leur tablier !

La Roche-aux-Fées★

◀ C'est l'un des beaux monuments mégalithiques de Bretagne, vraisemblablement construit au néolithique moyen (4e millénaire) à partir de schiste rouge. Cette tombe à couloir est composée de 42 pierres, dont une demi-douzaine de 40 à 45 t chacune. Elle comprend une entrée monumentale en portique, suivie d'un couloir bas conduisant à une vaste chambre compartimentée (14 m de long, 4 de large et 2 de hauteur).

Faire demi-tour, gagner Le Theil et prendre à gauche vers Ste-Colombe.

De la route, vue sur le **lac des Mottes**, charmant plan d'eau artificiel entouré d'arbres superbes.

En vue de Ste-Colombe, tourner à gauche.

Retiers

Dans cette coquette localité, l'église abrite cinq tableaux et trois retables des 17e et 18e s. en bois sculpté.

Regagner La Guerche par Arbrissel et Rannée.

Lac de Guerlédan★★

Au cœur de la région très pittoresque de l'Argoat, le lac de Guerlédan étend ses rives sinueuses et boisées. Ce magnifique plan d'eau est formé par la retenue des eaux du Blavet. C'est l'un des plus beaux sites de la Bretagne intérieure, où l'on pratique la pêche, la voile et le motonautisme.

La situation

Carte Michelin Local 309 D5 – Côtes-d'Armor (22) et Morbihan (56). Au bord de la forêt de Quénécan, le lac s'ouvre juste à l'Ouest de Mur-de-Bretagne, au Sud de la route de Rostrenen.

1 pl. de l'Église, 22530 Mur-de-Bretagne, ☎ 02 96 28 51 41.

Le nom

Gwern signifie « aulne » en breton. La région était bien humide avant que le lac artificiel n'envahisse les lieux.

Les gens

Aux 18e et 19e s., l'extraction de l'ardoise était l'une des activités importantes de la région. Une partie des carrières est aujourd'hui au-dessous du niveau du lac, serpent d'eau de 12 km qui, depuis les années 1920, recouvre la vallée des ardoisiers.

carnet pratique

SE RESTAURER

Le Beau Rivage – *Au Lac - lieu dit Beau-Rivage - 22530 Caurel - 2 km au SO de Caurel - ☎ 02 96 28 52 15 - fermé 2-24 fév., 6-22 oct., lun. et mar. - 17/55 € - 8 ch. 41/53 € - 8 €.* Cette maison récente ouvre les larges baies de sa salle à manger sur le lac ; terrasse panoramique. Outre la très jolie vue, vous pourrez y goûter une cuisine classique. Chambres sobrement décorées.

SPORTS & LOISIRS

Ski Club de Guerlédan – *Beau Rivage - 22530 Caurel - ☎ 02 96 26 02 18 - rgizard.lsm@wanadoo.fr.* Ski Club de Guerlédan. À Beau-Rivage, en saison.

Baignade – *22570 Gouarec - ☎ 02 96 24 86 15.* Que ce soit à Beau-Rivage ou à l'anse de Sordan, la baignade n'est pas surveillée. À Gouarec, une piscine avec solarium (l'Aquadélis) est ouverte toute l'année.

Pédalos – *22530 Mur-de-Bretagne.* Des bases de pédalos se trouvent à Beau-Rivage, à l'anse de Sordan et au rond-point du Lac à Mur-de-Bretagne.

G. Targat/MICHELIN

Le lac de Guerlédan est le cadre idéal du tourisme « vert ». Loin des plages du littoral, il permet lui aussi de pratiquer le ski nautique ou la baignade.

circuit

TOUR DU LAC

Circuit de 44 km – environ 3h1/2.

Mur-de-Bretagne

Au Nord du bourg, dans un très joli cadre de verdure qui inspira Corot, s'élève la **chapelle Ste-Suzanne**, avec son élégant clocher-porche (1760) et, à l'intérieur, un remarquable **plafond peint★**.

Dans le bourg, qui compte parmi les plus animés de la Bretagne intérieure, une route mène au **rond-point du Lac** d'où la **vue★** sur le lac est superbe.

Prendre la D 35 au Sud-Ouest. Après avoir franchi les deux ponts enjambant le canal et le Blavet, tourner à droite.

G. Targat/MICHELIN

La discrète chapelle de Ste-Suzanne recèle un remarquable décor du 18e s.

St-Aignan

Dans l'**église** (12e s.), à gauche du chœur, on voit une très belle représentation en bois sculpté de l'Arbre de Jessé, et à droite, de même facture, une Trinité entourée des évangélistes.

À la sortie du village, sur la gauche, l'**Électrothèque** évoque la construction du barrage de Guerlédan, ainsi que l'historique de l'électricité. Le visiteur a la possibilité de faire fonctionner certains appareils. ☎ *02 97 27 51 39 - de mi-juin à mi-sept. : 10h-12h30, 14h30-18h, dim. et j. fériés 14h30-18h ; reste de l'année sur réserv., possibilité de visite guidée (1h15) - 3,10 € (enf. 1,55 €).*

Barrage de Guerlédan

Un rond-point belvédère domine ce barrage haut de 45 m, long de 206 m à la crête et épais de 33 m à la base. Sa retenue de 55 millions de m³ se développe sur 12 km dans les gorges du Blavet.

Faire demi-tour, puis tourner à droite. À l'entrée de la forêt de Quénécan, prendre à droite.

EN FORÊT

Située sur un plateau très accidenté dominant la vallée, la forêt de Quénécan s'étend sur 2 500 ha. De belles futaies de hêtres et d'épicéas entourent l'étang du Fourneau et Les Forges-des-Salles.

Anse de Sordan

Agréable crique dans un joli site où s'abritent de nombreux bateaux de plaisance.

Les Forges-des-Salles

☎ *02 96 24 90 12 - www.lesforgesdessalles.com - ♿ - juil.-août : 14h-18h ; de Pâques à la Toussaint et sept.-oct : w.-end et j. fériés 14h-18h, possibilité de visite guidée (1h) - 5 € (enf. 3 €).*

Niché au fond d'un vallon boisé, le hameau des Forges est un ancien site sidérurgique des 18e et 19e s. témoignant d'un passé industriel révolu. Depuis la cessation de l'exploitation du minerai de fer en 1880, cet ensemble de constructions n'a pas été modifié.

À VISITER

Certains logements ont été réaménagés selon leur fonction d'origine : l'école, le bureau de paye, la cantine, la chapelle, une petite forge et la menuiserie.

À l'Est du château, berceau des Rohan, s'étend un jardin d'agrément en terrasses, le **Thabor** : très belle vue sur les cours d'eau de la vallée.

Poursuivre en direction de Ste-Brigitte.

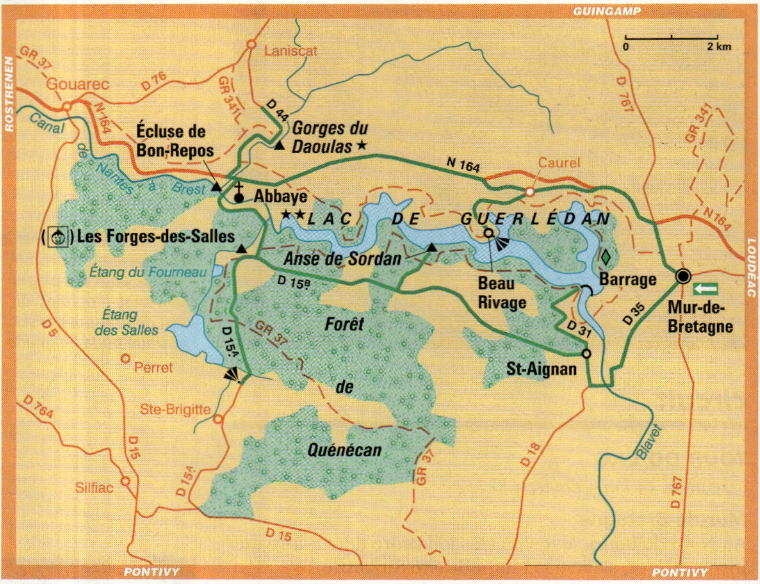

Ce petit détour permet de profiter de belles échappées sur l'étang du Fourneau.

Par Les Forges-des-Salles, regagner le grand carrefour et prendre à gauche. Laisser la voiture au parc de stationnement avant le pont, à gauche.

Écluse de Bon-Repos

Située sur le Blavet, elle forme un charmant tableau, avec le vieux pont à corbeaux, l'ancienne maison de l'éclusier et le déversoir.

Franchir le pont et, sur la droite, emprunter l'ancien chemin de halage.

Abbaye de Bon-Repos

☎ 02 96 24 82 20 - de mi-juin à mi-sept. : 11h-19h ; de déb. mars à mi-juin et de mi-sept. à fin oct. : 14h-18h - possibilité de visite guidée, toute l'année, sur réserv. - 3 €.

Pillée et ruinée sous la Révolution, cette abbaye cistercienne fondée au 12e s. tomba en désuétude complète. Elle a été sauvée de justesse par une équipe d'artisans et de bénévoles passionnés qui s'attachent à lui rendre sa beauté et sa grandeur passée. La visite permet de découvrir les bâtiments conventuels et la vaste église.

Gagner la N 164, tourner à gauche vers Gouarec et, sitôt franchi le pont, prendre à droite vers les gorges du Daoulas.

Animations

L'association des compagnons de l'abbaye de Bon-Repos œuvre activement au renouveau de ce site historique. Les campagnes de restauration s'accompagnent d'une programmation culturelle de qualité et d'un important spectacle son et lumière en août - *☎ 02 96 24 82 20.*

Gorges du Daoulas★

Les eaux rapides du Daoulas coulent dans une vallée étroite et sinueuse, aux versants tapissés d'ajoncs, de genêts et de bruyères. C'est une véritable cluse, sciée par la rivière dans une bande de schiste et de quartzite pour rejoindre le Blavet – devenu le canal de Nantes à Brest. Les bancs de roches sont redressés presque verticalement ; quelques-uns se terminent en de curieuses aiguilles, en lames tranchantes.

À 2 km, faire demi-tour dans un chemin précédant deux maisons au lieu dit Toulrodez. Sur la N 164 vers Loudéac, parcourir 5 km et prendre à droite.

Après une descente dans un boqueteau de pins, on apprécie la **vue★** qui s'ouvre sur le lac de Guerlédan.

Beau-Rivage

Ce village, qui possède une plage, est un petit havre pour la plaisance et le ski nautique.

Gagner Caurel, tourner à droite vers Loudéac. À 3,5 km, prendre à droite pour rejoindre Mur-de-Bretagne.

Guimiliau★★

Ce village doit sa célébrité à son remarquable enclos paroissial qui compte parmi les plus riches du Finistère et au mobilier magnifiquement décoré de son église.

La situation

Carte Michelin Local 308 H4 – Finistère (29).
Juste au Sud de la N 12, entre Morlaix et Landivisiau, Guimiliau est proche d'autres localités connues pour leur enclos, comme St-Thégonnec.

Le nom

Gwik donne « bourg » ; Miliau est le saint patron local.

Les gens

814 Guimiliens. Au 6ᵉ s., Miliau, prince de Cornouaille, fut décapité par son frère. Depuis, on reconnaît ses représentations au fait qu'il porte le sceptre et l'épée dont il fut victime... et parfois même sa tête.

SE LOGER

Ty-Dreux – *29410 Loc-Eguiner-St-Thégonnec - 3,5 km au SE de Guimiliau par D 111 rte de Plouneour-Menez - ☎ 02 98 78 08 21 - gites-peche-saint-thegonnec.com - ⊠ - 5 ch. et 3 gîtes 36/56 € - repas 19 €.* En pleine campagne, ferme laitière dont l'enseigne signifie « la maison du tisserand », en hommage au passé du lieu. Vous dormirez dans des chambres rénovées, dont une familiale (4 personnes), et prendrez vos petits déjeuners devant une jolie cheminée du 18ᵉ s. Également, trois gîtes ruraux.

découvrir

ENCLOS PAROISSIAL★★

Calvaire★★

Il date de 1581-1588 et comprend plus de 200 personnages. Sous une grande croix portant la Vierge, saint Jean, saint Pierre et saint Yves, on remarque 17 scènes de la Passion, très expressives, et un motif illustrant l'histoire de **Catell-Gollet – Catherine la perdue –**, au-dessus de la Cène. Aux extrémités des contreforts, les évangélistes.

LA FRISE DU CALVAIRE
Les personnages de la frise sont d'une facture naïve. Particulièrement nombreux, ils composent, sans ordre chronologique, les épisodes de la vie de Jésus.

Église★

Juil.-août : visite guidée (guides SPREV) 10h-13h, 15h-18h. Été : visite libre 8h30-19h ; hiver : 8h30-18h. ☎ 02 98 24 60 51.
Cet édifice du 16ᵉ s. a été reconstruit dans les styles gothique flamboyant et Renaissance au début du 17ᵉ s.

Porche méridional★★ – Les voussures constituent une intéressante imagerie de la Bible et de l'Évangile. L'intérieur du porche offre un bel exemple de décoration, fréquente en Bretagne : au-dessous des statues des Apôtres, la frise est décorée de rosaces, de tresses et de scènes de l'Ancien Testament. On peut voir du côté gauche, près de la date 1606, la *Création de la Femme*.

UN PRINCE BRETON
Au-dessus du fronton surmontant le porche, statue de saint Miliau, patron du lieu.

G. Boutin/EXPLORER

Chef-d'œuvre de granit, l'enclos de Guimiliau est l'un des plus importants de l'Argoat.

Intérieur – À gauche de l'entrée, se trouve un magnifique **baptistère★★** baroque, en chêne sculpté (1675). À la **tribune d'orgue**, trois **bas-reliefs★** du 17e s. : face au baptistère, le *Triomphe d'Alexandre* ; du côté de la nef, *David jouant de la harpe* et *Sainte Cécile à l'orgue*. Le chœur, dont le vitrail central date de 1599, est fermé d'une balustrade du 17e s. On trouve de droite à gauche : le **retable de saint Joseph**, avec saint Yves, patron des avocats, entre le riche et le pauvre, et saint Hervé, accompagné de son loup ; le **retable de saint Miliau** ; le **retable du Rosaire** aux quinze mystères en médaillon, surmonté d'une Trinité.

À VOIR
La chaire★ (1677) est ornée, aux angles, des statues de quatre sibylles.

Chapelle funéraire

De style Renaissance, elle date de 1648. Remarquez la chaire extérieure pratiquée dans l'une des fenêtres.

Guingamp

Au carrefour de l'Armor et de l'Argoat, Guingamp est une des rares villes bretonnes proches de la côte à ne pas se nicher au fond d'une ria. Commerçante et industrielle, elle s'est fortement développée au cours de ces dernières décennies.

La situation

Carte Michelin Local 309 D3 – Côtes-d'Armor (22). Entre Morlaix et Saint-Brieuc, Guingamp est un carrefour routier alimentant tout le Nord du département.
Pl. du Champ-au-Roy, 22200 Guingamp, ☎ 02 96 43 73 89.

Le nom

Guingamp vient du breton *guen gamp*, autrement dit « camp blanc » dans le sens de « camp favorable ». Cette appellation évoque l'emplacement privilégié de la ville, cuvette que les vents marins favorisent d'une douceur clémente.

G. Targat/MICHELIN

La basilique N.-D.-de-Bon-Secours étonne par l'association de styles très différents.

Les gens

8 008 Guingampais. L'En Avant, l'équipe de football de Guingamp, a été finaliste de la Coupe de France en 1997.

se promener

Basilique N.-D.-de-Bon-Secours★

Édifice gothique du 14e s. (vestiges romans à la croisée). Au 16e s., sa tour Sud s'effondre et le côté droit de sa nef est abattu. Pour la reconstruction, la ville interroge plusieurs architectes. Un vieux maître présente un projet gothique ; le jeune Le Moal soumet des plans où prévaut le style Renaissance, encore peu connu en Bretagne à cette époque. Contre toute attente, il remporte la palme. L'église est donc gothique du côté gauche, Renaissance du côté droit.
À l'intérieur, le grand nombre de piliers surprend. Dans la partie haute de la nef, le triforium présente une arcature trilobée avec balustrade à quadrilobes ; dans la partie basse, la décoration Renaissance est du plus bel effet.

LA VIERGE NOIRE
En juillet, un grand pardon, dédié à la Vierge noire, patronne de la basilique, rassemble des milliers de pèlerins. La procession se déroule la nuit, aux flambeaux. Après la procession, des feux de joie sont allumés sur la place du Centre, en présence de l'évêque qui préside la cérémonie.

Place du Centre

Populaire fontaine Renaissance dite la « **Plomée** », en raison de ses deux vasques en plomb surmontant une vasque en granit, et maisons anciennes à colombages aux nos 31, 33, 35, 39, 48 et à l'angle des rues St-Yves et du Cosquer.

Hôtel de ville

☎ 02 96 40 64 40 - www.guingamp.fr - tlj sf dim. 8h30-12h, 13h30-17h30, sam. 8h30-12h - fermé j. fériés - gratuit.

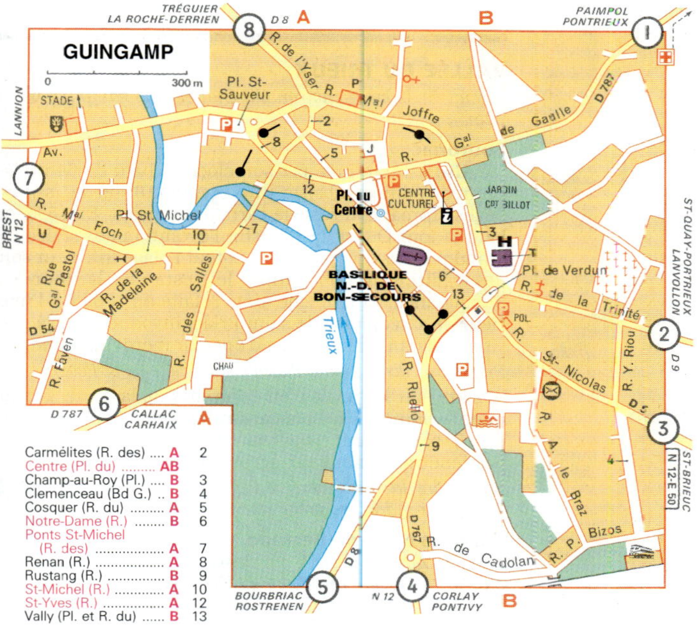

Carmélites (R. des)	A	2
Centre (Pl. du)	AB	
Champ-au-Roy (Pl.)	B	3
Clemenceau (Bd G.)	B	4
Cosquer (R. du)	A	5
Notre-Dame (R.)	B	6
Ponts St-Michel (R. des)	A	7
Renan (R.)	A	8
Rustang (R.)	B	9
St-Michel (R.)	A	10
St-Yves (R.)	A	12
Vally (Pl. et R. du)	B	13

Cet ancien hôtel-Dieu (1699) fut autrefois le monastère des Augustines. On voit le cloître, l'escalier monumental et la belle chapelle de style italien (1709) qui, en saison, abrite des expositions. On peut y voir des toiles de **Paul Sérusier** et de l'école de Pont-Aven.

Remparts

Sur la place du Vally, sont visibles les vestiges du château fort élevé par Jean de Beuves entre 1438 et 1442. Des parties des fortifications qui enserraient la ville subsistent non loin de la rue du Maréchal-Joffre et de la place St-Sauveur.

Se loger

⊖⊖ Hôtel de l'Arrivée – *19 bd Clemenceau, Guingamp - ☎ 02 96 40 04 57 - hoteldelarrivee.guingamp@wanadoc.fr - P - 27 ch. 44/71 € - ☕ 6,50 €.* L'enseigne évoque la proximité de la gare ferroviaire. À l'arrivée ou au départ de Guingamp, cet hôtel s'avère pratique avec ses chambres sans ampleur mais bien rénovées.

alentours

Grâces

3,5 km à l'Ouest. Quitter Guingamp par la D 54, à l'Ouest du plan. À 2 km, tourner à droite. Au centre du village s'élève l'importante église **Notre-Dame**. À l'origine, ce fut une chapelle de pèlerinage, probablement fondée par la reine Anne. Élevée au 16e s., elle fut légèrement modifiée au 17e s. et restaurée au 19e s. Au Sud, les quatre pignons de son unique bas-côté lui donnent un profil en dents de scie. À l'intérieur, remarquez les entraits de la nef et les magnifiques **sablières★** (poutres horizontales) sculptées. ☎ *02 96 40 21 21 - visite libre, en cas de fermeture s'adresser à la mairie.*

Les sablières

La satire de l'ivrognerie est le thème principal des sablières. On y voit aussi des scènes de chasse, des monstres et une émouvante Sainte Face encadrée d'angelots.

Châtelaudren

14 km à l'Est par la N 12. Au fond de la vallée du Leff – aux truites renommées –, cette cité recèle de charmantes maisons, autour de l'église St-Malgoire. Le plan d'eau, aménagé sur les anciennes fortifications, se prête au camping et à la pêche.

Chapelle N.-D.-du-Tertre★ – *À pied par la venelle Notre-Dame, ou en voiture à partir de la place des Sapeurs-Pompiers, par les rues Aribart et Notre-Dame.* Perchée sur une butte, la chapelle (début du 14e s. agrandie aux 16e et 17e s.) n'est pas de style homogène. Au maître-autel, beau **retable★** en bois doré (1650).

Le décor du chœur

Dans la chapelle N.-D.-du-Tertre, **96 panneaux★** du 15e s. décorent la voûte du chœur. Ils constituent un ensemble rare en France, évoquant l'Ancien et le Nouveau Testament.

circuit

VALLÉE DU TRIEUX

Circuit de 39 km – environ 2h. Quitter Guingamp par ⑤ du plan.

Bourbriac

L'**église** est dominée par son clocher, haut de 64 m. Du premier édifice subsiste une crypte (10e ou 11e s.). De l'église romane, il reste le carré du transept. En 1535, on bâtit la tour Ouest, qui illustre l'évolution des styles : le grand porche voûté d'ogives et tout l'étage inférieur sont de tradition flamboyante, le reste de la tour est Renaissance. Et la flèche a été refaite en 1869 ! À l'intérieur, le sarcophage de saint Briac, invoqué pour la guérison des épileptiques, est d'époque mérovingienne.

Prendre la direction de Plésidy, puis celle de St-Péver.

À 2 km, sur la gauche, en contrebas de la route, remarquez le **manoir de Toul-an-Gollet**, charmante demeure du 15e s. en granit. Une tourelle coiffée en poivrière et des fenêtres à meneaux agrémentent la façade.

Reprendre la route vers St-Péver et, avant le pont sur le Trieux, prendre une petite route à droite.

Chapelle N.-D.-de-Restudo

☎ 02 96 21 42 48 - visite sur demande et clef disponible à la mairie - 1 rte de Lanrodec - 22720 St-Péver, aux h. d'ouverture de la mairie (lun., mar., jeu. et vend.).

Cet édifice des 14e et 15e s. a conservé dans la nef et le chœur, séparés par un imposant arc ogival, des traces de fresques du 14e s. On reconnaît la Cène et des scènes de chevalerie. Un **pardon** a lieu le 30 juin, en l'honneur de saint Éloi.

Faire demi-tour et reprendre la D 767 vers Guingamp, dans la vallée du Trieux. À 2 km, tourner à droite vers Avaugour.

Chapelle d'Avaugour

Visite : ☎ 02 96 21 42 48 - visite sur demande et clef disponible à la mairie - 1 rte de Lanrodec - 22720 St-Péver, aux h. d'ouverture de la mairie (lun., mar., jeu. et vend

Elle s'élève dans un joli site et abrite un beau sacraire (meuble) en bois sculpté du 16e s.

Rentrer à Guingamp par la D 767.

Îles d'Houat et de Hœdic

Ces îles de l'archipel du Ponant, de taille modeste, se situent non loin du golfe du Morbihan. Séparées par le passage des Sœurs, elles sont bordées de nombreuses plages. Hœdic est entrecoupée de pointes rocheuses, Houat est frangée de falaises, mais elles partagent la même quiétude, et le charme de leurs petites maisons, blanchies à la chaux et largement fleuries.

La situation

Carte Michelin Local 308 N10 – Morbihan (56). Les deux îles se trouvent entre la presqu'île de Rhuys, qui ferme le golfe du Morbihan, et Belle-Île. On y accède par services réguliers depuis Quiberon ou même de La Turballe.

Le nom

Houat signifie « le canard » (5 km sur 1,3 km) tandis que Hœdic, plus petite, est « le caneton » (2,5 km sur 1 km).

Les gens

Résistant au vent, ces quelques insulaires vivent du tourisme et de la pêche, surtout celle des crustacés.

B. Régent/PHOTONONSTOP

Houat se présente comme une table granitique, bordée de falaises.

carnet pratique

Accès aux îles

Depuis Quiberon – Dép. quotidien de Quiberon (30mn, 1 à 6 rotations/j selon la période) - *société Morbihannaise de Navigation - ☎ 0 820 056 000 (0,12 €/mn) - www.smn-navigation.fr*

Se loger et se restaurer

⊖⊜⊜ **Hôtel de la Sirène –** *56170 Île-d'Houat - ☎ 02 97 30 66 73 - fermé nov.-mars - 20 ch. 100/120 € - ☕ 10 € - restaurant 20/31 €.* Au centre du bourg, hôtel à la façade avenante, réservant un accueil aimable. Chambres récentes, pratiques et insonorisées, et salle à manger agrandie en été d'une terrasse. Menus proposant recettes traditionnelles et produits de la mer.

Les plages

De nombreuses plages se nichent dans les petites criques d'Houat : à l'Ouest, Treac'h er Venigued, la plus belle ; à l'Est, Treac'h er Goured.

se promener

HOUAT

390 Houatais. Sa position, à l'entrée de la baie de Quiberon, en a fait une île très convoitée : elle a été occupée trois fois par les Anglais aux 17e et 18e s.

Les plages

De nombreuses plages se nichent dans les petites criques d'Houat : à l'Ouest, Treac'h er Venigued, la plus belle ; à l'Est, Treac'h er Goured.

Le bourg

Du port où s'abrite la flottille de pêche, une courte montée mène au bourg. Des maisons blanchies à la chaux bordent les rues et ruelles sinueuses, conduisant à deux placettes. Tout semble ici conçu pour résister au vent.

Contourner l'église et suivre le sentier qui longe le cimetière. On débouche sur un petit belvédère offrant une très belle **vue★** sur le port et la presqu'île de Rhuys.

HOEDIC

140 Hoedicais. L'île granitique présente de nombreuses plages, deux lagunes à l'Est du bourg, tandis que dans la lande croissent les œillets sauvages, des figuiers, des tamaris et quelques cyprès.

Jolie balade

🚶 Des sentiers tracés en bordure de mer permettent de faire le tour de l'île. Belles vues sur le continent, l'île d'Houat, Belle-Île et les nombreux récifs qui précèdent le grand large.

Le bourg

Toutes tournées au Sud, les maisons s'alignent par trois ou quatre, formant des amorces de rues. Près de l'ancien sémaphore se dresse l'**église** *(voir les ex-voto)*. Elle est dédiée à saint Goustan, venu de Cornouailles, et qui se retira ici quelques années.

Ancien fort

Construit en 1859 et en partie enfoui dans les dunes, il se voit depuis la route qui conduit au port de la Croix.

Huelgoat★★

Sports & Loisirs
Ti Ar Gouren – *Le Poullic - 4 km d'Huelgoat - 29690 Berrien - ☎ 02 98 99 03 80.* Cette Maison de la lutte et des sports bretons promeut par des stages, des classes de découverte et des camps de vacances, l'intérêt pour le gouren (lutte bretonne) et les jeux traditionnels d'adresse. Renseignements au centre par téléphone.

Forêt, lac, eaux vives, chaos de rochers se combinent à Huelgoat pour former l'un des plus beaux sites de la Bretagne intérieure, protégé par la création du Parc naturel régional d'Armorique.

La situation

Carte Michelin Local 308 I4 – Finistère (29).
Au cœur d'une région boisée, à l'Est des monts d'Arrée, Huelgoat se situe à une trentaine de kilomètres au Sud de Morlaix.
Moulin du Chaos, 29690 Huelgoat, ☎ 02 98 99 72 32.

Le nom

Le breton *Uhel-Coat* se traduit par « le bois du haut ».

Les gens

1 687 Huelgoatains. Le site est fréquenté par les pêcheurs qui viennent appâter les carpes et les perches du lac, et par les randonneurs : Huelgoat est le point de départ d'excursions très agréables.

S. Sauvignier/MICHELIN

L'univers mystérieux de la forêt de Huelgoat et de ses énormes blocs de granit est l'occasion de belles randonnées pédestres.

se promener

Le bourg

L'**église** du 16e s., au clocher moderne, se dresse en bordure de la grande place, au cœur de la cité. À l'intérieur, sablières (poutres horizontales) sculptées et, à gauche du chœur, groupe de saint Yves, patron de la paroisse, entre le pauvre et le riche.

carnet pratique

Se loger

La Ferme de Porz Kloz – *Trédudon-le-Moine - 29690 Berrien - 11 km au NO de Huelgoat par D 14 rte de Berrien et D 42 à gauche - ☎ 02 98 99 61 65 - http://monsite.wanadoo.fr/porzkloz - fermé 15 nov.-Pâques sf w.-end - réserv. obligatoire - 7 ch. 39/100 € - 7 €.* Le temps semble s'être arrêté dans cet ensemble de fermes du 17e s., jadis dépendances de l'abbaye de Relec. Ses chambres, garnies de meubles de famille, sont particulièrement douillettes. La salle abritant la réception expose des photos de sonneurs bretons au 19e s.

Chambre d'hôte Callec – *Au bourg - 29690 Berrien - ☎ 02 98 99 01 17 - - 5 ch. 45 €.* Nombreux bibelots, bouquets de fleurs séchées, belles armoires anciennes et autres meubles bretons composent le décor insolite et charmant de cette maison régionale. Salle de bains privée pour une seule des cinq chambres. De ravissants jardinets invitent à la détente.

Se restaurer

Crêperie Krampouez Breizh – *Pl. Aristide-Briand - ☎ 02 98 99 80 10 - fermé 2 sem. en mars et 2 sem. en oct. - 8/16 €.* Poussez la porte de cette crêperie pour découvrir une salle plutôt chaleureuse avec ses meubles anciens, ses poutres et son imposante cheminée. Galettes traditionnelles et originales recettes maison telles l'An Huelgoat (escargots et beurre d'ail) ou la Méli-Mélo (pommes et saucisses).

Les Rochers★★

1h1/2 à pied. Dans la rue de Berrien, au bout du lac. Suivre le sentier fléché.

Chaos du Moulin – Le sentier s'enfonce immédiatement parmi un amoncellement de blocs granitiques dominant le lit de la rivière d'Argent, venue du lac de Huelgoat.

Grotte du Diable – *On y accède par une échelle de fer.* Sous les rochers... le bruit la rivière.

Roche Tremblante – *Sur la rive gauche de la rivière.* En s'adossant en un point très précis de cet énorme bloc de 100 t, on le fait osciller sur son arête de base !

En montant par le « sentier des Amoureux », il est possible de gagner la grotte d'Artus et la mare aux Sangliers (voir explications ci-après dans la « Promenade du Clair-Ruisseau »).

Allée Violette – Longeant la rive gauche de la rivière d'Argent qui serpente sous bois, cette allée termine agréablement la promenade dans les rochers.

Au Pont-Rouge, on peut poursuivre en forêt (voir ci-dessous) ou regagner le centre de Huelgoat : tourner à droite dans la route venant de Carhaix, puis suivre la rue du Docteur-Jacq.

La forêt★

D'une superficie de plus de 1 000 ha, la forêt de Huelgoat est accrochée au pied du versant Sud de la chaîne des monts d'Arrée. Ses collines sont séparées par des vallées souvent profondes, qui recèlent des sites étranges et pittoresques, riches en contes et légendes. *(Fléchage et parcs de stationnement permettent de découvrir les sites.)*

Promenade du Fer-à-Cheval et le gouffre – *1/2h à pied. Après le Pont-Rouge, à droite, suivre la promenade du Fer-à-Cheval.* Flânerie dominant la rivière d'Argent. *Puis reprendre à droite la route de Carhaix pendant 300 m.* Un escalier de 39 marches mène au gouffre. La rivière d'Argent se perd dans une excavation profonde pour ne reparaître que 150 m plus loin. On peut gagner un belvédère *(1/4h AR – accès difficile et manque de protection)* dominant le chaos du gouffre. Cette promenade peut se poursuivre le long de la rivière – on passe près de la mare aux Fées – et se combiner avec la promenade du Canal. *Suivre le fléchage « La Mine », tourner à droite, au pont, sur la route non revêtue. À l'ancienne mine, monter par un sentier s'embranchant sur la droite jusqu'au collecteur de l'usine électrique. Une petite passerelle franchit le canal.*

À VOIR

Dominant Huelgoat, la chapelle Renaissance **N.-D.-des-Cieux** (clocher du 18e s.) conserve de curieux bas-reliefs peints figurant des scènes de la vie de la Vierge et de la Passion. Un **pardon** a lieu le 1er dimanche d'août.

TRACES D'ANIMAUX

Pour connaître celles du chevreuil, du sanglier, de la bécasse ou du blaireau, rendez-vous à la **Maison de la faune sauvage**. Propriété du Parc naturel régional d'Armorique, elle est installée dans l'ancienne gare de Scrignac et présente plus de 70 espèces naturalisées. *À 13 km au Nord-Est de Huelgoat par la D 14, puis la D 42.* ☎ 02 98 78 25 00 - ♿ - se renseigner.

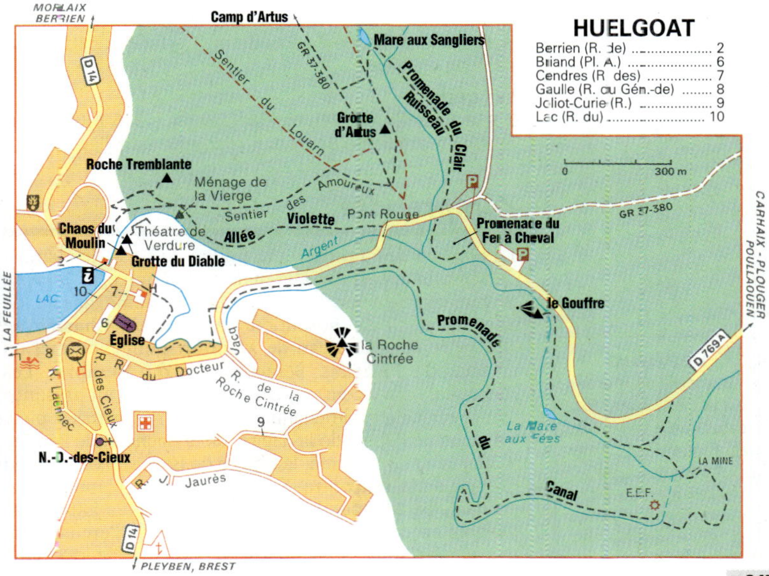

Mines de plomb
C'est pour l'exploitation des mines de plomb argentifère, déjà connues des Romains, qu'un lac de barrage et deux canaux ont été aménagés au 19e s. Les eaux étaient utilisées pour le lavage du minerai et comme force motrice d'un concasseur.

Promenade du Canal – *3h à pied AR, au départ de la rue du Docteur-Jacq* Elle emprunte la berge du canal supérieur. Du canal, il est possible de gagner le gouffre ; la description de cette fin de parcours est donnée en sens inverse ci-dessus.

Promenade du Clair-Ruisseau – *1h1/2 AR. Au parc de stationnement situé après le Pont-Rouge, prendre l'allée du Clair-Ruisseau.* Elle offre des vues sur le lit du ruisseau, encombré de rochers et d'arbres enchevêtrés. À gauche, un escalier *(25 marches)* descend à la **mare aux Sangliers**, petit bassin limpide dans un joli site de rochers où l'on croit reconnaître des têtes de sangliers, d'où le nom. Un ponceau rustique permet de franchir le ruisseau et de gagner l'allée de la Mare, que l'on prend à gauche. Après l'impressionnant escalier *(218 marches)* qui peut conduire plus rapidement au **camp d'Artus**, on découvre, sur la droite, en contre-haut, l'entrée de la **grotte d'Artus**. *Poursuivre par le chemin en montée qui, en 800 m, mène au camp.* Des rochers en marquent l'entrée, qui était commandée par une motte artificielle. C'est un important exemple d'oppidum gaulois limité par deux enceintes. Malgré l'envahissement de la végétation, il est possible de faire le tour du camp par un sentier *(1 km environ)* qui suit la seconde enceinte elliptique, la seule qui soit assez bien conservée.

Josselin★★

Dans le Porhoët, « pays à travers bois » à la frontière du pays gallo et du pays bretonnant, Josselin apparaît dans un site pittoresque. Ses maisons médiévales aux toits d'ardoise s'étagent sur le flanc du coteau, et le château des Rohan se reflète dans la rivière.

La situation

Carte Michelin Local 308 P7 – Morbihan (56). Josselin se trouve au Nord des landes de Lanvaux qui précèdent le golfe du Morbihan. Elle est desservie par la N 24, reliant Rennes à Lorient.

Pl. de la Congrégation, 56120 Josselin, ☎ 02 97 22 36 43. www.paysdejosselin-tourisme.com

Le nom

Josselin était le fils de Guethenoc, qui fit construire le château en 1008.

Les gens

2 419 Josselinais. Olivier de Clisson (1336-1407) et sa femme Marguerite de Rohan reposent dans l'église.

comprendre

En souvenir
Le combat des Trente eut lieu le 27 mars 1351, dans la lande de Mi-Voie, entre Josselin et Ploërmel. À 5 km de Josselin, au lieu dit la Pyramide, une colonne de granit en indique l'emplacement.

Le combat des Trente – Au milieu du 14e s., le château de Josselin appartient à la maison de France, et Jean de Beaumanoir en est le capitaine. En pleine guerre de Succession, Josselin soutient la cause de **Charles de Blois** ; le parti de Jean de Montfort tient Ploërmel où commande l'Anglais Bemborough, dit **Bembro**. Les deux chefs arrangent un combat qui mettra en présence trente chevaliers de chaque camp : on se battra à pied, en usant de l'épée, de la dague, de la hache et de l'épieu. Après avoir communié, la troupe de Beaumanoir se rend au lieu de la rencontre. Le camp adverse compte vingt Anglais, six Allemands et quatre Bretons. La journée se déroule en corps à corps acharnés jusqu'à l'épuisement des combattants. Josselin est vainqueur : le capitaine

SE LOGER

Chambre d'hôte La Carrière – *8 r. de la Carrière - ☎ 02 97 22 22 62 - albignon@club-internet.fr - fermé Toussaint-Pâques - ⊭ - 3 ch. 74 € ☕.* Cette grande maison aux allures bourgeoises constitue un excellent pied-à-terre pour découvrir la vallée de l'Oust. Chambres coquettes, donnant sur le parc. Les meubles anciens et les superbes boiseries du 18e s. habillant le hall méritent le coup d'œil.

Hôtel du Roi Arthur – *56800 Ploërmel - 14 km à l'E de Josselin par N 24 et D 8 - ☎ 02 97 73 64 64 - info@hotelroiarthur.com - fermé 7-22 fév. - P - 46 ch. 82/127 € - ☕ 13 € - restaurant 28/45 €.* Un hôtel moderne installé entre lac et golf, dans un cadre verdoyant planté d'arbres variés. Ses chambres de bonne taille sont bien équipées. Une piscine intérieure et un fitness pour les accros de la forme. Des duplex pour les familles et les séjours.

SE RESTAURER

La Marine – *8 r. du Canal - ☎ 02 97 22 21 98 - fermé 2 sem. en fév., lun. et mar. soir - 10,20/17 €.* Cette adresse vaut par sa situation au bord de l'Oust – belle terrasse d'été – et au voisinage du château. Jolie décoration marine dans les trois petites salles à manger articulées autour d'un âtre central. Bon choix de crêpes dont deux spécialités maison : la St-Jouan et la Favorite.

Le Cobh – *10 r. des Forges - 56800 Ploërmel - 13 km au SE de Josselin par N 24 voie express rte de Rennes - ☎ 02 97 74 00 49 - www.hotel-lecobh.com - fermé dim. soir et merc. - 13/35 €.* Cet ancien relais de poste portant le nom d'une ville irlandaise est reconnaissable à sa façade jaune vif. Ambiance feutrée et chaleureuse et plaisant intérieur contemporain inspiré par les légendes celtes et la culture bretonne. Cuisine traditionnelle et excellent accueil.

SPORTS & LOISIRS

Bon à savoir – L'Office du tourisme du pays de Josselin propose une pochette de 30 circuits de randonnée (à pied, à cheval et à vélo). *5 €. ☎ 02 97 22 36 43.*

Lac au Duc – *☎ 02 97 74 14 51.* Ce lac de 250 ha offre des possibilités de pêche et de baignades ; sa base nautique permet de pratiquer du ski nautique et de la voile.

anglais est tué avec huit de ses hommes, les autres sont faits prisonniers. Au cours de la lutte, le chef breton, blessé, demande à boire : « Bois ton sang, Beaumanoir la soif te passera ! » répliqua Geoffroy du Bouays, l'un de ses rudes compagnons.

Le connétable de Clisson – Olivier de Clisson a eu une enfance tragique. Il a 7 ans quand son père, accusé de trahir le parti français dans la guerre de Succession, est décapité sur ordre du roi Philippe VI Sa mère, **Jeanne de Belleville**, se transforme en furie. Elle court à Nantes avec ses enfants et, devant la tête sanglante de leur père clouée au rempart, leur fait jurer de le venger. Elle se met ensuite en campagne avec 400 hommes : la troupe passe au fil de l'épée les garnisons de six châteaux favorables à la cause française. Elle arme un vaisseau et coule tous les navires du parti adverse qu'elle rencontre. À cette école, Olivier devient un redoutable homme de guerre : sa carrière, d'abord chez les Anglais puis dans l'armée de Charles V, est particulièrement brillante. Compagnon d'armes de Du Guesclin, il lui succède comme connétable de France, et achète le château de Josselin en 1370. Tout-puissant sous Charles VI, il est banni quand le roi devient fou et meurt, en 1407, à Josselin.

G. Targat/MICHELIN

Au bord de l'Oust, le château de Josselin surprend par l'à-pic de ses murailles.

> **Château de famille**
> Après Olivier de Clisson, le château, démantelé et reconstruit, devient une place forte très importante. Il passe alors dans la famille de Rohan – aujourd'hui, de Rohan-Chabot – qui le possède encore.

Le temps des Rohan – En 1488, pour punir Jean II de Rohan d'avoir pris le parti du roi de France, le duc de Bretagne François II s'empare de Josselin et le fait démanteler. Quand sa fille Anne devient reine de France, elle accorde réparation à **Jean II**. Autorisé à reconstruire, il réalise un chef-d'œuvre digne de l'orgueilleuse devise de sa famille : « Roi ne puis, prince ne daigne, Rohan suis. »
En 1629, le général-duc **Henri de Rohan** est le chef des huguenots, ennemis jurés de Richelieu qui fait démolir le donjon et cinq des neuf tours de Josselin. Croisant le duc dans l'antichambre du roi, il lui annonce non sans ironie : « Je viens, Monsieur le duc, de jeter une bonne boule dans votre jeu de quilles. »

visiter

Château★★

☏ 02 97 22 36 45 - ♿ - de mi-juil. à fin août : visite guidée (45mn) 10h-18h ; de déb. juin à mi-juil. et sept. : 14h-18h ; avr.-mai et oct. : w.-end, j. fériés et vac. scol. 14h-18h - 7 € (enf. 4,80 €).
Du côté de l'Oust, l'édifice a l'allure d'une forteresse, avec des tours et des mâchicoulis. Les fenêtres et les lucarnes qui dominent les murailles appartiennent au palais élevé par Jean II au 16e s.
Le château est bâti sur une terrasse de plan irrégulier. Des murailles ne subsistent que les bases, sauf sur la face que l'on voit depuis le pont Ste-Croix. La « tour-prison », isolée, marquait l'angle Nord-Est de l'enceinte.
Donnant sur le parc qui occupe l'ancienne cour, la ravissante **façade★★** du corps de logis forme un contraste extraordinaire avec l'appareil fortifié de la face extérieure.
Seul le rez-de-chaussée, restauré au 19e s., se visite. La salle à manger conserve une statue équestre d'Olivier de Clisson, œuvre de Frémiet. Après l'antichambre, véritable galerie de portraits de la famille de Rohan, le grand salon au riche mobilier possède une belle cheminée finement sculptée où se lit la devise actuelle des Rohan : « A plus », devise qui signifierait « sans plus, sans supérieur... » La bibliothèque renferme plus de 3 000 volumes et quelques portraits.

> **Belles lucarnes**
> Nulle part, en Bretagne, on n'a poussé plus loin l'art de sculpter ce dur matériau qu'est le granit : accolades, fleurons, pinacles, gâbles, couronnes, feuilles frisées décorent à profusion hautes lucarnes et balustrades *(voir illustration p. 95)*.

Musée des Poupées – *☏ 02 97 22 36 45 - de mi-juil. à fin août : 10h-18h ; de déb. juin à mi-juil. et sept. : 14h-18h ; avr.-mai et oct. : w.-end, j. fériés et vac. scol. 14h-18h - 6,20 € (7-14 ans 4,40 €).*
☺ Installé dans les anciennes écuries du château, il expose environ 600 poupées de la collection Rohan (du 17e s. au 20e s.) avec leurs accessoires, costumes et meubles miniatures. Expositions temporaires en été.

JOSSELIN

Beaumanoir	A	2
Chapelle (R. de la)	A	3
Clisson (R. O. de)	B	4
Coteaux (R. des)	A	5
Devins (R. des)	A	6
Douves-du-Lion-d'Or (R.)	A	7
Douves-du-Noyer (R. des)	B	8
Duchesse-Anne (Pl.)	B	9
Fontaine (R. de la)	B	10
Gaulle (R. Gén.-de)	A	11
Le-Berd (R. Georges)	B	12
Libération (Pl. de)	B	13
Notre-Dame (Pl.)	B	14
Rohan (Cours J.-de)	B	17
Rohan (Pl. A.-de)	B	16
St-Jacques (R.)	B	18
St-Martin (R.)	A	22
St-Michel (R.)	B	23
St-Nicolas (R. et Pl.)	B	24
Ste-Croix (Pont)	A	27
Ste-Croix (R.)	A	28
Texier (R. Alphonse)	A	29
Trente (R. des)	B	30
Vierges (R. des)	B	32

se promener

Basilique N.-D.-du-Roncier*

Possibilité de visite guidée en juil.-août sur demande à l'Office de tourisme. Gratuit.

Le vocable N.-D.-du-Roncier repose sur une tradition : vers l'an 800, un paysan coupe les ronces de son champ et découvre une statue de la Vierge, d'où le nom de la basilique. Fondée au 11e s. à l'emplacement d'un oratoire en branchages, elle apparaît, dans son ensemble, de style gothique flamboyant. À l'extérieur, remarquez les gargouilles qui ornent les trois faces de l'édifice ainsi que la Vierge en pierre du portail d'entrée.

À l'intérieur, dans la chapelle de droite, on verra le **mausolée*** de marbre d'Olivier de Clisson et de sa femme Marguerite de Rohan (15e s.).

Miracle
Le grand pardon de l'église était naguère appelé « pardon des aboyeuses » parce qu'en 1728 trois enfants furent guéris de cette forme d'épilepsie.

Montée au clocher – *Accès place A.-de-Rohan. ☎ 02 97 22 24 17 - visite sur demande à la mairie (le j. même) juil.-août : tlj sf w.-end et j. fériés 9h-17h ; avr.-juin : tlj sf dim. 9h-12h, 14h-17h, sam. 9h-12h ; sept. : tlj sf w.-end et j. fériés 9h-12h, 14h-17h - gratuit.*

La vue plonge sur la façade Nord-Est et la cour intérieure du château, et s'étend sur la campagne environnante.

Maisons anciennes

On peut en voir autour de la basilique, rue des Vierges et place Notre-Dame, mais les plus belles se trouvent rue des Trente : au n° 7, la maison « Lovys Piechel » est une demeure fort pittoresque (1624) qui abrite l'Office de tourisme. Voir aussi la maison contiguë, de 1663.

G. Targat/MICHELIN

Rue O.-de-Clisson, ce couple serait celui des premiers propriétaires de cette ancienne demeure.

Fontaine N.-D.-du-Roncier

C'est toujours un but de pèlerinage. Elle date de 1675.

Chapelle Ste-Croix

Elle est bâtie à flanc de colline et conserve une nef du 11e s. Le quartier Ste-Croix est pittoresque, avec ses rues étroites et ses vieilles maisons.

alentours

Guéhenno*

10 km au Sud-Ouest par la N 24, puis la D 778.

Au cœur d'un paysage vallonné, Guéhenno est traversé par la Laie et le Sedon. De belles maisons en pierre de taille des 16e et 17e s. ont conservé un décor riche et soigné.

Calvaire* – Dressé dans le cimetière près de l'église, il date de 1550. Toute sa valeur réside dans la parfaite ordonnance de sa composition. L'entrée du petit ossuaire est protégée par deux statues de gardes en faction.

Le coq de la Passion
Une colonne, sculptée des instruments de la Passion, précède le calvaire ; elle est surmontée d'un coq (allusion au reniement de saint Pierre).

Lizio

10 km au Sud par la D 4, puis la D 174 à droite.

Écomusée des Vieux Métiers – *Visite libre ou guidée : ☎ 02 97 74 93 01 - ♿ - avr.-sept. : 10h-12h, 14h-19h ; oct., fév.-mars et vac. scol. d'hiver : 14h-18h ; reste de l'année : sur demande préalable, possibilité de visite guidée (1h30) - fermé w.-end mat. - 5,50 € (enf. 4 €).*

Plus de 60 métiers disparus sont évoqués sur 2 000 m² : reconstitution de boutiques, intérieurs de fermes, ateliers d'artisans, profusion d'outils et d'objets anciens... Également des expositions temporaires et des animations.

Insectarium – *R. du Stade. ☎ 02 97 74 99 12 - ♿ - 10h-12h30, 13h30-18h30 ; vac. scol. (oct.-mars) 13h30-18h30 - 5,50 € (-4 ans gratuit).*

Une trentaine de terrariums hébergent des dizaines d'espèces d'insectes : mille-pattes, cétoines imitant les brindilles, phasmes, papillons de nuit, mais aussi criquets, scorpions et mygales... Deux films vidéo, et un microscope pour l'observation d'insectes.

J. Guillard/SCOPE

À VOIR
Les magnifiques **verrières★** des 16e et 17e s. ont été restaurées : dans le bas-côté, l'Arbre de Jessé, et dans le transept gauche, la vie de saint Armel. Les vitraux modernes, de Jacques Bony, ont remplacé les verrières détruites en 1944.

Univers du Poète ferrailleur – *Direction le Roc-St-André. ☎ 02 97 74 97 94 - ♿ - de déb. juil. à mi-sept. : 10h30-12h30, 14h-19h ; avr.-juin et de mi-sept à fin oct. : dim. et j. fériés 14h-18h - 5,50 € (enf. 4,50 €).*
Surprenant, amusant, dépaysant... entrez dans le monde fantastique de cet inventeur à l'imagination débridée qui donne de la vie, du mouvement, à une soixantaine de bien curieuses sculptures.

Ploërmel

13 km à l'Est par la N 24.
Cette petite ville fut une résidence des ducs de Bretagne. *Visites guidées à l'Office de tourisme, 5 r. du Val, ☎ 02 97 74 02 70.*

Église St-Armel★ – Saint Armel est le fondateur de la ville (6e s.). On le représente vainqueur d'un dragon qu'il mène en laisse avec son étole. L'église date du 16e s. Le **portail★** Nord, de style gothique flamboyant et Renaissance, comprend deux portes géminées au décor finement sculpté : enfance du Christ, Vertus piétinant les Vices, scènes burlesques.

◀ Dans la chapelle, à gauche du chœur, statues funéraires en marbre blanc des ducs Jean II et Jean III de Bretagne (14e s.). Dans le croisillon droit, derrière le tombeau de Philippe de Montauban et de sa femme, beau gisant en marbre blanc du 14e s. Les voûtes en bois sont ornées de sablières très intéressantes (éclairage).

Maisons anciennes – Au n° 7 de la rue Beaumanoir se trouve la **maison des Marmousets** (16e s.), ornée de sculptures sur bois. La maison des ducs de Bretagne (16e s.) est située en face. Autres maisons anciennes rue des Francs-Bourgeois.

LE CIRCUIT DES HORTENSIAS
Sur les berges du lac au Duc, ce sentier de 3 km chemine dans un arboretum, planté de 2 000 hortensias. Issus de 220 variétés différentes, ils fleurissent de mai à octobre.
Chemin balisé à partir du parking de l'hôtel du Roi Arthur (4h de balade). Accès gratuit.

Maison mère des frères de Ploërmel – La communauté des Frères de l'Instruction chrétienne de Ploërmel fut fondée en 1819 par l'abbé Jean-Marie de La Mennais (1780-1860), frère aîné de Félicité, l'écrivain bien connu qui signa Lamennais à partir de 1835.

Pénétrer dans la cour par la place Jean-Marie-de-La-Mennais.

Horloge astronomique – Placée dans un kiosque vitré, cette horloge (1855) fut exécutée par frère Bernardin pour instruire les futurs enseignants des écoles de la côte. La précision de cette horloge astronomique, toujours en fonctionnement, a été chiffrée en 1978 de l'ordre du dix millième de temps de rotation de chacune des planètes du système solaire.

Musée du Père Jean-Marie de La Mennais – *☎ 02 97 74 06 67 - ♿ - 9h-18h - possibilité de visite guidée - gratuit.*
Logé dans les bâtiments de la communauté, il est précédé d'une exposition sur les frères de Ploërmel.

Lac au Duc – *2 km au Nord de Ploërmel par le bd du Maréchal-Foch.* Ce lac (250 ha) est équipé d'une plage artificielle et d'une base pour la baignade, la pêche et la pratique du ski nautique.

La Trinité-Porhoët

15,5 km au Nord par la D 793. Cette localité qui doit son nom au croisement de trois voies romaines était le fief des puissants seigneurs du Porhoët, comtes de Bretagne.

Église de la Sainte-Trinité – L'édifice, plutôt massif, a été construit pour un prieuré (1050) par les moines de St-Jacut. On est surpris, à l'intérieur, par la déclivité du sol qui monte vers le chœur où l'on peut admirer, sur le retable, un spectaculaire **Arbre de Jessé★** (17e s.).

G. Targat/MICHELIN

La « maison de la Truie qui file » nous conte peut-être quelque fable moyenâgeuse (voir le « carnet pratique » de Dinan).

Malestroit

25 km au Sud-Est par la D 4 que prolonge la D 764. Proche des landes de Lanvaux, cette coquette cité, baignée par l'Oust canalisée, conserve d'intéressantes demeures gothiques et Renaissance. Malestroit fut au Moyen Âge l'une des neuf baronnies de Bretagne.

Maisons anciennes – Ces demeures, à pans de bois ou en pierre, se groupent principalement près de l'église St-Gilles. Place du Bouffay, une façade présente des sujets sculptés humoristiques, une autre a gardé son pélican de bois. Parcourez aussi la rue au Froment, la rue aux Anglais, la rue des Ponts et la rue du Gén.-de-Gaulle.

Église St-Gilles – Au portail Sud de cette église des 12e et 16e s., on remarque les attributs des quatre évangélistes : le lion de saint Marc est monté par le jeune homme de saint Matthieu, le bœuf de saint Luc repose sur un socle orné de l'aigle de saint Jean. L'après-midi vers 15h (heure solaire), l'ombre du bœuf et celle de l'aigle dessinent sur la muraille le profil de Voltaire !

St-Marcel

Musée de la Résistance bretonne★ – *3 km à l'Ouest de Malestroit par la D 321.* ☎ *02 97 75 16 90 - ♿ - de mi-juin à mi-sept. : 10h-19h ; de mi-sept. à mi-juin : tlj sf mar. 10h-12h, 14h-18h, visite guidée du parc (20mn) - fermé 1er janv., 24, 25 et 31 déc - 6,30 € (enf. 4,80 €).*

Audiovisuels, panneaux explicatifs, armes, photos et uniformes font revivre la Résistance à l'occupation allemande sur le plan régional. La reconstitution d'une rue avec épicerie-bazar, d'une pompe à essence, d'un restaurant, et des évocations des restrictions, du marché noir et de la collaboration complètent ces évocations. Dans le parc, reconstitution d'un chantier de construction du mur de l'Atlantique, d'un garage sous l'Occupation, d'un camp de l'armée américaine.

MÉMORIAL

En sortant du musée de la Résistance, à environ 1 km, à gauche, s'élève **un monument** commémorant la bataille du 18 juin 1944 entre maquisards, SAS (plus de 200 commandos de la France libre furent parachutés après le Débarquement) et soldats allemands.

Domaine de Kerguéhennec★

À l'écart des sentiers battus, ce domaine classé entoure un magnifique château du 18e s. Propriété du département du Morbihan depuis 1972, il abrite un centre d'art contemporain : des sculpteurs du monde entier y ont semé des œuvres en pleine nature, ponctuation insolite d'une balade pleine de charme.

La situation

Carte Michelin Local 308 O7 – Morbihan (56). De Locminé, prendre la direction de Bignan, puis la D 123 vers le domaine ; parking à l'entrée.

Le nom

L'étymologie du nom *Ker-guehennec* signifie approximativement « lieu du combat » (de *ker*, « habitation, hameau » et *guehennec*, « combattant »).

Les gens

Les artistes et le public entrent en contact grâce aux œuvres permanentes exposées dans le parc ou aux œuvres plus éphémères : concerts, représentations théâtrales et ballets organisés pendant l'été.

CONSEIL

Pour parcourir les dédales du parc, et vous familiariser avec les œuvres qui s'y trouvent disséminées, demandez un plan du domaine au château ou au Café du Parc qui le jouxte.

I. Silliau/Centre d'art contemporain de Kerguéhennec

Richard Long, « Un cercle en Bretagne », ou la confrontation entre le site et ce laboratoire de la création contemporaine.

ALLÉES EN FLEURS
Le parc de 195 ha a été dessiné par les frères Bühler, en 1872. En mai, les nombreuses variétés de rhododendrons bordant les allées en font un lieu enchanteur.

découvrir

De l'art contemporain dans un écrin classique

☎ 02 97 60 44 44 - ♿ - www.art-kerguehennec.com - de mi-juin à mi-sept. : 10h-19h ; reste de l'année : 10h-18h, possibilité de visite guidée (1h30 à 3h) - fermé de mi-déc. à mi-janv. lun. (sf lun. de Pâques et de Pentecôte) et j. fériés - gratuit.

Parc de sculptures – Une trentaine d'œuvres sont dispersées dans ce parc, l'un des rares de ce type en France. Certaines ont été réalisées spécialement dans le cadre des résidences d'artistes. On découvre, entre autres : Giuseppe Penone, François Morellet, Tony Cragg, Michelangelo Pistoletto, Richard Long ou Jean-Pierre Raynaud dont les *1 000 Pots bétonnés* (1986) questionnent les visiteurs sur le statut de l'œuvre.

Château et dépendances – Cette belle demeure construite au début du 18e s. par Olivier Delourme, un architecte de la région, s'ordonne avec ses communs symétriques autour d'une vaste cour d'honneur. Expositions temporaires et séminaires.

À REMARQUER
La chapelle **N.-D.-du-Plasker** du 16e s. *(à gauche du chevet de l'église moderne)* présente une riche décoration flamboyante. *Tlj sf mer. et dim. ap.-midi. ☎ 02 97 60 00 25.*

alentours

Locminé

8 km à l'Ouest par les D 123 et D 1. Locminé, « lieu des moines », doit son nom à une abbaye. Fondée au 6e s., elle possédait deux églises jumelées, l'église St-Sauveur du 16e s. et la chapelle St-Colomban. Seules leurs façades subsistent ; en 1975, une église moderne a été construite en retrait, en remplacement des nefs. *☎ 02 97 60 00 25 - tlj sf dim. apr.-midi.*

Kernascléden★★

Ce village, au cœur du pays Pourlet, possède une remarquable église, fondation de la famille de Rohan.

La situation

Carte Michelin Local 308 L6 – Morbihan (56). À la verticale Nord de Lorient, Kernascléden se situe tout près de la charmante D 110 qui longe la forêt de Pont-Calleck.

Le nom

Ker signifie « ville », « village » ou « maison ». La suite fait peut-être allusion au nom du seigneur des lieux ?

Les gens

355 Kernascléens. Bien que l'église ait été consacrée en 1453, au moins trente ans avant la chapelle de St-Fiacre *(voir Le Faouët)*, la légende rapporte qu'elles ont été bâties par les mêmes ouvriers, les anges transportant les compagnons et leurs outils d'un chantier à l'autre.

SE LOGER ET SE RESTAURER
Le Bretagne – *R. Joseph-Peres - 56160 Guéméné-sur-Scorff - 12 km au NE de Kernascléden par D 782 - ☎ 02 97 51 20 08 - hotellebretagne@wanadoo.fr - fermé 1er-15 sept., 20 déc.-10 janv. et sam. hors sais. - P - 19 ch. 37/45 € - 6 € - restaurant 10/28 €.* Au pays de l'andouille... Elle est préparée de multiples façons dans cette maison située au centre du village et abritant pas moins de trois salles à manger. Pour dormir, choisissez une chambre dans l'aile arrière, plus confortable, calme et récente.

découvrir

Église★★

☎ 02 97 51 61 02 - visite sur demande auprès de M. Lavolé Bénoni.

Sur le flanc droit s'ouvrent deux porches. Le **porche★** de gauche, le plus vaste, est orné des statues des douze apôtres. À l'intérieur, les voûtes et les murailles surmontant les arcades sont décorées de **fresques★★** (15e s.) représentant des épisodes de la vie de la Vierge et du Christ. Les plus belles sont le Mariage et l'Annonciation *(côté gauche du chœur)* et les Funérailles de la Vierge *(côté droit)*. Au-dessus de l'arc triomphal *(côté chœur)* : la Résurrection du Christ. Dans le bras gauche du transept : huit anges musiciens. Sur les murailles du croisillon droit, fragments d'une danse macabre et d'une représentation de l'Enfer *(face à l'autel)*, œuvre originale par la variété des supplices imaginés.

M.-H. Carcanague/MICHELIN

La voûte légère de l'église de Kernascléden est magnifiquement décorée de fresques du 15e s.

alentours

Château de Pont-Calleck

4 km au Sud. Prendre la D 782 en direction du Faouët et, à Kerchopine, tourner à gauche.

La route longe l'institution N.-D.-de-Joie, installée dans le **château de Pont-Calleck** *(seul le parc est ouvert)* reconstruit en 1880 et transformé en foyer d'enfants. *Du 1er sept. au 24 juil. : 9h-19h. Gratuit.*

Poursuivre vers Plouay.

On entre dans la belle **forêt de Pont-Calleck**. Une petite route à gauche en forte descente mène à un barrage d'où l'on jouit d'une vue très agréable sur le joli site du château en bordure de l'étang. Revenez à la route de Plouay pour prolonger la promenade en forêt ; un parcours pittoresque s'offre alors dans l'étroite vallée du Scorff.

Ploërdut

11 km au Nord. Prendre la D 782 en direction de Guémené-sur-Scorff et, à Lignol, tourner à gauche.

Paroisse primitive celtique fondée à la fin du 6e s., Ploërdut est le village de saint Ildut, comme Lanildut en Finistère. Située en plein cœur de la Bretagne intérieure, quasiment à la source du Scorff, la commune est intéressante par la richesse architecturale de ses manoirs et fermes traditionnelles des 16e et 17e s.

À VOIR

L'église de Ploërdut, maintes fois remaniée entre le 13e s. et le 17e s., conserve une très belle nef et des bas-côtés romans. Ses lourds **chapiteaux★** carrés sont ornés de motifs géométriques.

Lamballe

Bâtie au penchant d'une colline que couronne la collégiale Notre-Dame, Lamballe est l'ancienne capitale du duché de Penthièvre. C'est une cité pittoresque, un peu à l'écart du tourisme malgré sa proximité avec la Côte d'Émeraude.

La situation

Carte Michelin Local 309 G4 – Côtes-d'Armor (22). À 20 km à l'Est de Saint-Brieuc par la N 12.

Pl. du Martray, 22400 Lamballe, ☎ 02 96 31 05 38.

Le nom

En breton, *lan* signifie « ermitage », probablement associé ici à une dérivation du prénom Pal ou Pol, saint qui évangélisa la région au 6e s.

Les gens

10 563 Lamballais. Le peintre **Mathurin Méheut**, dont l'œuvre constitue un témoignage incomparable de la vie quotidienne en Bretagne, y naquit.

La princesse de Lamballe

En 1767, le prince de Lamballe (c'est le titre qui a été donné à l'héritier du duché de Penthièvre) mène à 20 ans une vie si dissolue que son père, dans l'espoir de l'amender, le marie à une gentille princesse piémontaise de 17 ans. L'héritier ne se range pas et meurt, épuisé, trois mois après.

En 1770, Marie-Antoinette épouse le futur Louis XVI. Elle prend en amitié la jeune veuve. Quand éclate la tragédie révolutionnaire, la princesse de Lamballe reste courageusement auprès de la reine. Elle la précède d'un an dans la mort : lors des massacres de septembre 1792, des émeutiers hystériques lui coupent la tête et la promènent au bout d'une pique.

carnet pratique

Se loger et se restaurer

☺☺ Hôtel du Lion d'Or – *3 r. du Lion-d'Or - ☎ 02 96 31 20 36 – liondorhotel@wanadoo.fr – fermé 23 déc.-7 janv. - 17 ch. 46/49 € - ☕ 7 €.* Cet hôtel entièrement rénové se trouve dans une rue calme du centre-ville. Chambres bien tenues, lumineuses et égayées de tissus fleuris. Formule buffet au petit-déjeuner.

☺☺ La Tour des Arc' hants – *2 r. du Dr-Lavergne - ☎ 02 96 31 01 37 - latourdargent@wanadoo.fr - 16 ch. 52/65 € - ☕ 7,50 € - restaurant 17/40 €.* Tout près du centre historique de la cité, un hôtel à la façade ancienne agrémentée de colombages. Ses chambres, réparties dans deux bâtiments, sont néo-rustiques et régulièrement revues. Cuisine traditionnelle servie dans deux salles à manger, l'une ornée d'œuvres d'artistes locaux, l'autre d'une imposante cheminée.

Sports & Loisirs

La Poterie Équitation – *Manoir des Portes - ☎ 02 96 31 92 92 - lapoterie-equitation@wanadoo.fr - tlj sf lun. 9h-12h, 14h-20h.* Ce centre équestre propose des stages pour adultes et enfants : initiation, préparation à la compétition, promenade, poney club à partir de 3 ans et montoir à cheval pour handicapés. Possibilité d'hébergement.

se promener

Collégiale Notre-Dame

☎ 02 96 31 92 06 - juil.-août : tlj sf sam. 10h-12h30, 14h30-19h. De style gothique, elle présente des parties romanes. À l'intérieur, on verra un intéressant jubé en bois sculpté, de style gothique flamboyant. Sur le flanc droit de la collégiale, une terrasse a été construite au 19e s. Elle offre une jolie vue sur la ville et la vallée du Gouessant. À gauche de la collégiale, une très belle promenade ombragée a été aménagée à l'emplacement du château.

Place du Martray

Cette petite place triangulaire est bordée de maisons anciennes à pans de bois ; parmi celles-ci, la **maison du Bourreau** *(voir rubrique « visiter »)*, du 15e s.

Église St-Martin

Ancien prieuré de l'abbaye de Marmoutier, cet édifice (15e-18e s.) comporte sur le flanc droit un porche original des 11e et 12e s., surmonté d'un auvent de bois datant de 1519. Beau clocher dont la flèche est du 18e s.

S. Sauvignier/MICHELIN

La maison du Bourreau devrait son nom à un photographe désireux de mieux distribuer une carte postale qui se vendait mal !

visiter

Musée du Pays de Lamballe

Au rez-de-chaussée de la maison du Bourreau. ☎ 02 96 31 05 38 - juil.-août : 10h-18h ; reste de l'année : 10h-12h30 - fermé dim. et j. fériés - 2 € (enf. 1 €).

Ce musée des Arts et Traditions populaires expose poteries de Lamballe, gravures, coiffes et pièces de costumes de la région.

LAMBALLE

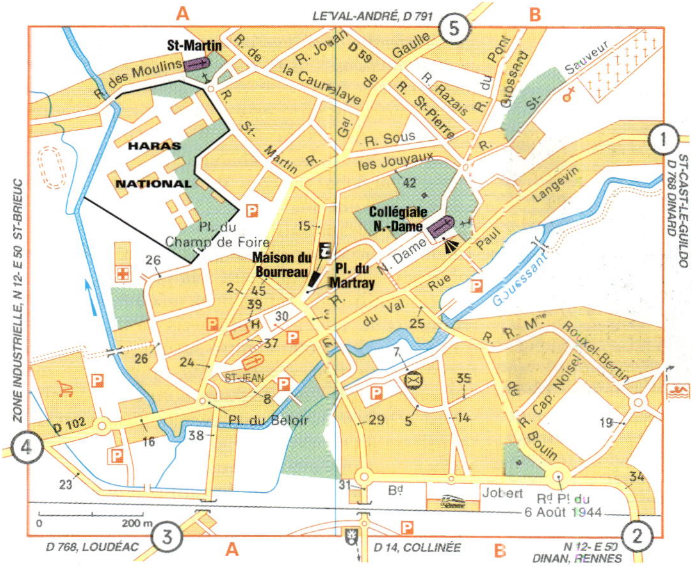

Musée Mathurin-Méheut

Au 1er étage de la maison du Bourreau. ☎ 02 96 31 19 99 - juin-sept. : 10h-12h, 14h30-18h ; avr. : 10h-12h, 14h30-17h ; mai et oct.-déc : merc., vend. et sam. 14h30-17h - fermé janv.-mars, dim. et j. fériés - 3 € (enf. 1 €), gratuit Printemps des musées.
Exposition thématique des œuvres de Mathurin Méheut (1882-1958).

Haras national*

☎ 02 96 50 06 98 - ♿ - visite guidée (1h) de mi-juin à mi-sept. : 10h30-17h30 ; de mi-sept. à mi-juin : merc., w.-end et j. fériés (sf 1er Mai) 14h45 et 16h ; vac. scol. (sf Noël) : 14h45 et 16h - spectacles de mi-juil. à fin août : jeu. ; grande fête du cheval « 1 000 sabots » dernier dim. de sept. sur le parc équestre à proximité.
Ce haras fondé en 1825 héberge une soixantaine d'étalons (races de trait ou de sang). De début mars à la mi-juillet, ces étalons sont répartis dans les stations de monte des Côtes-d'Armor et du Nord-Finistère. Un concours hippique a lieu en août, à l'issue duquel est présenté un **carrousel** des attelages. Au cours de la visite, on découvre les écuries et leurs hôtes, la forge, la remise des voitures hippomobiles, la sellerie d'honneur, le manège, la cour d'honneur.

S. Sauvignier/MICHELIN

Parmi les pensionnaires du haras de Lamballe, le postier breton ne manque pas de prestance.

alentours

Château de la Hunaudaye★

À 15 km à l'Est de Lamballe, par la D 28 en direction de Pléven et la D 28^E à droite. ☎ 02 96 34 82 10 - visite guidée (1h) de mi-juin à mi-sept. : 10h30-18h30 ; de déb. avr. à mi-juin et de mi-sept. à fin oct. : dim. et j. fériés 14h30-18h ; vac. de printemps et de la Toussaint : tlj sf sam. 14h30-18h - 3,80 € (juil.-août) - 3 € - avr.-oct. : spectacles, expositions et conférences.

Cette ancienne forteresse s'élève dans un cadre boisé, à l'orée des forêts de St-Aubin et de la Hunaudaye. Construit en 1220, le château fut agrandi au 14e s. et embelli au début du 17e s. Il fut démantelé puis incendié sous la Révolution.

Imposantes et sévères, les ruines du château de la Hunaudaye reflètent encore la puissance des grands seigneurs de Tournemine qui l'édifièrent.

Son plan dessine un pentagone irrégulier dont chaque angle est occupé par une tour. Deux d'entre elles, les plus petites, appartiennent à la première construction ; les trois autres furent édifiées aux 14e et 15e s. Un pont remplaçant l'ancien pont-levis donne accès à une grande porte en plein cintre surmontée d'un blason.

Après les vestiges des cuisines, on gagne la **tour de la Glacière** (15e s.) qui doit son nom à son orientation au Nord. Un escalier à vis permet d'admirer l'élégante construction et les cheminées. Le **logis seigneurial** (15e-16e s.) était un imposant manoir, orné d'un magnifique escalier Renaissance. Le **donjon seigneurial** (15e s.) est desservi par un escalier à vis de 73 marches. Remarquez les cheminées monumentales et les canonnières percées dans les murs pour assurer la défense.

St-Esprit-des-Bois-en-Plédéliac

Après Plédéliac, à 11 km à l'Est par les D 28, D 52^A, D 52 et D 55.

La **Ferme d'antan** offre l'occasion de visiter une exploitation, ses dépendances et son outillage. La pièce commune d'habitation a conservé le mobilier traditionnel breton. Un film illustre la vie quotidienne paysanne au début du 20e s. *☎ 02 96 34 80 77 - www.ferme-dantan22.com - juin-août : 10h-18h, lun., dim. et j. fériés 14h-18h ; avr.-mai et vac. de Pâques : tlj sf lun. et sam. 14h-18h ; sept. : tlj sf lun. 14h-18h (dernière entrée 1h30 av. fermeture), possibilité de visite guidée (1h30) - fermé 1er janv. et 25 déc - 4,50 € (enf. 2,50 €).*

BASE NAUTIQUE

La base nautique accueille de nombreuses activités sportives : catamaran, aviron, canoë, pédalo, VTT, équitation, tennis... *☎ 02 96 31 65 58 - 22270 Jugon-les-Lacs - centre-nautique-jugon@wanadoo.fr - été: 9h-19h (hiver : 17h) - fermé en fév. et 25 déc.*

Jugon-les-Lacs

À 16 km au Sud-Est par la N 12, puis la N 176 en direction de Dinan.

Le bourg s'adosse à la digue qui retient les eaux de la Rosette et de la Rieule, formant le grand lac de Jugon. L'église, en partie reconstruite au 19e s., conserve un porche du 12e s. ainsi que la porte du bras droit du transept à sculptures stylisées. Dans la rue du château, l'ancien **hôtel Sevoy** (1634) est bâti sur le roc.

Lampaul-Guimiliau★★

Facilement reconnaissable à la flèche tronquée de son clocher, cette commune a le bonheur de posséder un enclos paroissial complet. Si le calvaire n'est pas aussi spectaculaire que d'autres du voisinage, l'église étonne, séduit par l'incroyable richesse de sa décoration et du mobilier qui forment un ensemble très harmonieux.

La situation

Carte Michelin Local 308 G4 – Finistère (29). À 4 km au Sud-Est de Landivisiau, sur la D 11.

Le nom

Lan signale un territoire consacré à un saint, ici un monastère consacré à saint Paul (Pol) ; Guimiliau vient de *gwik*, bourg, associé à Miliau, le saint patron du village.

Les gens

1 990 Lampaulais et saint Pol-Aurélien, premier évêque du Léon, qui trône sur le pignon de l'église.

découvrir

ENCLOS PAROISSIAL★

Récemment restauré, il recèle une **porte triomphale** en plein cintre, surmontée de trois croix (1669). L'ancien ossuaire appelé **chapelle funéraire** (1667) est accolé à l'arc et possède des contreforts couronnés de lanternons. À l'intérieur, on peut voir l'autel de la Trinité, les statues de saint Roch, de saint Sébastien, de saint Pol et de son dragon. Plus ancien, le **calvaire** date du début du 16e s.

Église★★

L'abside, avec la sacristie ajoutée en 1679, forment un bel ensemble où se mêlent les styles gothique et classique. Sur le flanc droit, statues des douze apôtres.

Intérieur – En entrant dans l'église on remarque les entraits sculptés (restaurés), mais aussi et surtout la très belle **poutre de gloire★** du 16e s. qui traverse la nef ; elle porte un crucifix, entre les statues de la Vierge et de saint Jean. Les faces sont ornées de sculptures : côté nef, épisodes de la Passion ; côté chœur, notez la présence surprenante de douze sibylles (prêtresses d'Apollon qui auraient annoncé la venue d'un Sauveur) séparées par le groupe de l'Annonciation.

Au bas du bas-côté droit, observez le **baptistère★** (1651), et, plus haut, à droite du retable de saint Laurent (il tient le gril de son martyre), un curieux **bénitier** (17e s.) représentant deux diables se débattant dans l'eau bénite !

Mais ce qui frappe le plus dans l'église est certainement la présence de six **retables** dont les plus importants et les plus riches sont placés de chaque côté du chœur. Il faut prendre un peu de temps pour détailler les scènes de ces véritables livres illustrés.

À droite, l'**autel de Saint Jean Baptiste★** est décoré de bas-reliefs dont le plus intéressant, à gauche, représente la Chute des anges : une scène inspirée de Rubens. À gauche du chœur, l'**autel de la Passion★★** est orné d'un retable de fabrication flamande où l'on voit, dans les huit compartiments, des personnages en haut relief d'un réalisme saisissant de vie. Deux panneaux encadrent l'autel. Ils évoquent, à gauche la Nativité de la Vierge – scène rare en Bretagne – et à droite, le Martyre de saint Miliau : ce roi de Cornouaille eut la tête tranchée par son frère, jaloux du trône.

R. Mattès/MICHELIN

L'église est dominée par une tour-clocher du 16e s. dont la flèche a été tronquée par la foudre en 1809.

BANNIÈRES DU PARDON
Placées à l'abri d'une vitrine, les bannières sont exhibées lors du pardon de Lampaul, en mai, et du pardon de Sainte-Anne, en juillet. Remarquez la bannière de velours du 17e s., brodée au fil d'argent.

Dans le bas-côté gauche, remarquable **Pietà** du 16e s. dont les six personnages sont taillés dans un seul bloc de bois. Le buffet d'orgue est du 17e s. À voir aussi : la touchante **Mise au tombeau★** (1676) en tuffeau polychrome, due à un sculpteur de la Marine, Anthoine (Antoine de Chavagnac). Remarquez particulièrement l'expression du Christ.

Maison du patrimoine

☎ 02 98 68 76 67 - de mi-juin à mi-sept. : tlj sf sam. 10h-13h, 14h30-18h, dim. 10h-12h30, possibilité de visite guidée de l'enclos paroissial (1h), hors période sur RV - gratuit.

Face à l'enclos, cette vieille demeure bretonne comporte un petit musée : mannequins en costumes du pays, meubles anciens. En haute saison, expositions de sculptures et de photos.

Chapelle Sainte-Anne

Environ 3 km au Sud. ☎ 02 98 68 76 67 - visite guidée (1h) sur demande à la mairie ou Mme Mingam ☎ 02 98 68 75 48 - le soir et le w.-end.

Cette petite chapelle (17e s.) est dédiée à sainte Anne qui y a pas moins de trois représentations bien différentes. Elle accueille aussi un rare Christ en robe rouge sur la croix.

Landerneau

Située aux portes du Léon et de la Cornouaille, Landerneau, ancienne capitale du Léon, est une petite ville portuaire de l'estuaire de l'Elorn, rivière riche en saumons et en truites, et un centre animé de marchés.

La situation

Carte Michelin Local 308 F4 – Finistère (29). À mi-chemin entre Brest et Landivisiau, sur la D 712 qui longe l'Elorn. **i** *Pont-de-Rohan, 29800 Landerneau, ☎ 02 98 85 13 09. www.pays-landerneau-daoulas.fr*

CHARIVARI
Une expression bien connue fait référence à la ville : « Cela fera du bruit dans Landerneau. » À l'origine, elle évoquait peut-être le charivari que les habitants faisaient aux veuves qui se remariaient.

Le nom

En breton, *lan* signale un territoire consacré à un saint : nous sommes ici sur la terre de saint Ernoc ou Ternoc.

Les gens

14 281 Landernéens. Édouard Leclerc a installé son premier magasin à Landerneau, en 1949, dans un hangar et une petite chapelle désaffectée, près de l'église St-Houardon.

SE RESTAURER
Restaurant de la Mairie – *9 r. de La Tour-d'Auvergne - ☎ 02 98 85 01 83 - www.restaurantdelamairie.com - fermé mar. soir - 8/30 €.* Ce restaurant jouit d'une excellente réputation. Les raisons de son succès ? Ses deux salles à manger coquettement fleuries (celle sise à l'étage offre une jolie vue sur l'Élorn), ses plats traditionnels et sa belle carte des vins. À noter : pouponnière à disposition.

se promener

Pont de Rohan★

Le pont de Rohan (1510) est l'un des derniers ponts habités d'Europe. Il accueille notamment l'Office de tourisme. Si l'on se place devant l'hôtel de ville *(un peu en amont sur la rive droite)*, on apprécie l'aspect pittoresque du pont, avec ses maisons à encorbellement aux façades recouvertes d'ardoise.

Maisons anciennes

Située à l'angle du pont de Rohan et du quai de Cornouaille, la maison dite des Rohan (1639) comporte un cadran solaire. D'autres demeures anciennes se blottissent sur la rive droite de l'Elorn. Dans le prolongement du pont, gagnez la place du Général-de-Gaulle *(pl. du Marché)* : au n° 9, la maison dite de la Duchesse Anne (1664) comporte une tourelle. À voir encore, en poursuivant dans la même direction : le n° 4 de la rue de la Fontaine-Blanche, et le n° 5 de la rue du Commerce *(première à gauche sur la partie pié-*

tonne de la rue de la Fontaine-Blanche), une maison de 1667 avec tourelle et lucarnes ouvragées.

Église St-Houardon

Construit en pierre de Kersanton, le porche servit de modèle aux bâtisseurs des enclos paroissiaux de la vallée de l'Elorn.

Gagner la rive gauche.

Église St-Thomas-de-Cantorbéry

Cet édifice du 16e s. possède un clocher-porche de 1607 à trois balcons superposés. En face de l'église a été construite en 1635 une **chapelle-ossuaire**, qui dépendait du sanctuaire. ☎ *02 98 85 13 09 - 10 juil.-20 août : 10h-12h, 15h-17h ; visite guidée sur RV reste de l'année : se renseigner à l'Office de tourisme ou au presbytère.*

Landévennec★

Petite station estivale entourée d'eau et de bois, Landévennec est campée sur une jolie presqu'île, à l'embouchure de l'Aulne. Ici, tout respire la douceur : n'y voit-on pas une végétation méditerranéenne et des camélias y fleurir jusqu'au cœur de l'hiver ?

La situation

Carte Michelin Local 308 F5 – Finistère (29). On y accède par la D 791 qui relie Le Faou à Crozon, puis jusqu'au terme de la D 60. Une forte descente mène à la localité. *Mairie, 29560 Landévennec,* ☎ *02 98 27 72 65.*

UN BEAU SITE

À Hôpital-Camfrout (près de Daoulas), prenez la route en descente. Du belvédère aménagé sur la droite, belle **vue**★ sur le village, le méandre de l'Aulne avec l'île de Térénez et le cimetière des bateaux de guerre, la presqu'île de Landévennec et la rivière du Faou.

Le nom

Il est le reflet des lieux et de leur histoire : nous sommes sur le *lan* (monastère) de *Wenn* (abréviation de Guénolé).

Les gens

371 Landévenneciens. Venu au 5e s. du pays de Galles comme beaucoup de saints bretons Guénolé fonde l'abbaye de Landévennec. Son culte se répand dès le début du Moyen Âge, dans toute la Bretagne et au-delà. Il est invoqué pour le salut des marins et contre la stérilité.

visiter

Église Notre-Dame

Elle renferme d'intéressantes statues et des **tableaux**★ classés du 17e s.

Nouvelle abbaye bénédictine St-Guénolé

Prendre à droite, à mi-pente, une allée bordée d'arbres et suivre la signalisation.

Très sobre, l'église renferme une statue de saint Guénolé en bois polychrome (15e s.). L'autel est constitué d'un bloc monolithe en granit rose. On peut assister aux offices.

Ruines de l'ancienne abbaye

Entrée 200 m plus bas à droite, au centre du bourg. ☎ *02 98 27 35 90 - de déb. juil. à mi-sept. : 10h-19h ; mai-juin : tlj sf sam. 10h-18h, vac. scol. ttes zones : tlj sf sam. 14h-18h ; de mi-sept. à fin sept. : 10h-18h, w.-end et j. fériés 14h-18h ; oct.-avr. et vac. scol. : dim. et j. fériés 14h-18h - fermé 25 déc.-1er janv. - 4 € (enf. 3 €).*

Fondée à la fin du 5e s. par saint Guénolé, et maintes fois remaniée, l'abbaye disparaît à la Révolution. Les ruines de l'église romane permettent d'en découvrir le plan : nef de six travées avec bas-côtés, transept et chœur à déambulatoire sur lequel s'ouvraient trois chapelles rayonnantes. À l'entrée du bras droit du transept, un monument carré serait le tombeau du roi Gradlon.

Un **musée** de conception très moderne expose les objets exhumés lors des fouilles, dont un sarcophage en bois antérieur au 10e s., ainsi que des maquettes situant les différentes étapes de construction de l'abbaye.

A. de Valroger/MICHELIN

Sainte Anne et la Vierge (15e s.) veillent sur l'église Notre-Dame.

alentours

Pont de Térénez

Lancé sur l'Aulne, cet élégant ouvrage a une travée centrale de 272 m. La vue est fort belle sur la vallée.

Le Faou

À VOIR
La rue principale du Faou est bordée de belles maisons anciennes en granit dont les étages sont en encorbellement, et les façades, recouvertes d'ardoise.

Le bourg, autrefois riche cité portuaire, occupe, à l'origine de l'estuaire du Faou, un **site★** qui prend beaucoup de caractère à marée haute. L'**église** du 16e s., qui se dresse en bordure de la rivière, présente un élégant clocher à dôme du 17e s., un double transept et un chevet à pans coupés.

Lannion★

Cité spécialisée dans les télécommunications et la téléphonie, Lannion conserve un élégant cachet de « vieille Bretagne » avec un vieux quartier, aujourd'hui largement débordé par le récent développement de la commune, que baigne le Léguer.

La situation

Carte Michelin Local 309 B2 – Côtes-d'Armor (22). À 3 km au Nord de la ville a été installé le Cnet, Centre national d'études des télécommunications.
Quai de l'Aiguillon, 22300 Lannion, ☎ 02 96 46 41 00. www.ot-lannion.fr

Le nom

Lan (ou *lann*), hérité de la langue celtique, signifie « sanctuaire » ou « église » : Ici, celle de saint Yon.

Les gens

18 368 Lannionnais. Pays natal de l'écrivain **Charles Le Goffic** (1863-1932), auteur de *L'Âme bretonne*.

carnet pratique

Visite

En juil.-août, l'Office de tourisme organise des visites guidées, avec notamment des journées « Terroir et patrimoine ».

Se loger

Chambre d'hôte Manoir du Launay – *Chemin de Ker-Ar-Faout - par D 21 rte de Pleumeur-Bodou - ☎ 02 96 47 21 24 - www.manoirdulaunay.com - réserv. obligatoire hors sais. - 5 ch. 70,50/105 €.* L'origine de ce superbe petit manoir remonte au 17e s. Il a été entièrement reconstruit après la Seconde Guerre mondiale avec ses matériaux d'origine. L'intérieur, très bien rénové, offre un cadre des plus agréables : beaux meubles chinés, cheminées préservées, chambres personnalisées par de jolies couleurs et de multiples détails, salles de bains contemporaines. Une adresse pétrie de charme !

Se restaurer

Crêperie La Sarrazine – *13 r. Jeanne-d'Arc - ☎ 02 96 37 06 48 - fermé 26 mai- 2 juin, 17 nov.-1er déc., lun. hors sais. et dim. - 10/17 €.* Les habitués affectionnent l'atmosphère familiale de ce petit restaurant qui sert des crêpes traditionnelles dans sa salle à manger aux murs de pierres apparentes ou, à la belle saison, dans le jardin situé derrière la maison.

Le Tire-Bouchon – *8 r. Keriavily - ☎ 02 96 37 10 43 - fermé lun. midi, sam. midi et dim. - 10/30 €.* Une adresse qui se targue de ne proposer « ni frites, ni ketchup »... Vous y dégusterez une goûteuse cuisine traditionnelle et les spécialités maison que sont le bar breton, les ormeaux frais ou la poêlée de St-Jacques. Décor chaleureux, miniterrasse-trottoir, service charmant et ambiance conviviale.

Sports & Loisirs

Golf de St-Samson – *Rte de Kérénoc - 22560 Pleumeur-Bodou - ☎ 02 96 23 87 34 - golfhotelstsamson@hotmail.com - 7h30-20h.* À 9 km de Lannion, agréable parcours de 18 trous aménagé sur 57 ha de lande et de pins.

Kayak - Base Nautique – *R. St-Christophe - ☎ 02 96 37 43 90 - www.ville-lannion.fr - tlj sf w.-end 9h-17h30 ; été ouv. tlj ; sur réserv. en hors sais. - fermé j. fériés.* Des stages en mer (en baie de Lannion) ou en rivière (sur le Léguer) sont organisés en juil.-août. Rafting et nage en eau vive.

Calendrier

Lannion s'anime chaque été avec le Festival d'orgue et de musique en Trégor, les Estivales photographiques, et les Tardives (festival de contes, musiques et danses). Marché régional tous les jeudis.

LANNION

Rue	Zone	N°
Aiguillon (Quai d')	Z	2
Augustins (R. des)	Z	3
Buzulzo (R. de)	Z	4
Chapeliers (R. des)	Y	6
Cie-Roger-de-Barbé (R.)	Y	7
Coudraie (R. de la)	Y	8
Du Guesclin (R.)	Z	9
Frères-Lagadec (R. des)	Z	12
Keriavily (R. de)	Z	14
Kermaria (R. et Pont)	Z	16
Leclerc (Pl. Gén.)	Y	17
Le-Dantec (R.F.)	Y	18
Le-Taillandier (R. E.)	Z	20
Mairie (R. de la)	Y	21
Palais-de-Justice (Allée du)	Z	24
Pont-Blanc (R. Geoffroy-de)	Z	25
Pors an Prat (R. de)	Y	26
Roud Ar Roc'h (R. de)	Z	28
St-Malo (R. de)	Z	29
St-Nicolas (R.)	Z	30
Trinité (R. de la)	Y	32

se promener

Maisons anciennes★

À colombages, à encorbellement ou recouvertes d'ardoise, les façades des maisons des 15e et 16e s. sont remarquables. On les découvre principalement place du Gén.-Leclerc *(nos 23, 29, 31, 33)*, rue des Chapeliers *(nos 1 à 9)*, rue Geoffroy-de-Pont-Blanc *(nos 1 et 3)* et rue Cie-Roger-de-Barbé *(nos 1 et 7)*. À l'angle de cette dernière rue, à gauche, une croix de granit a été scellée dans le mur à l'endroit où s'illustra le chevalier de Pont-Blanc, défenseur héroïque de la ville lors de la guerre de Succession.

Église de Brélévenez★

Escalier dit « de la Trinité » de 140 marches.

Édifiée sur la colline par les templiers au 12e s., elle fut remaniée à l'époque gothique. Avant d'entrer dans l'église, il faut voir la curieuse **abside romane** aux colonnes rondes engagées ornées de chapiteaux sculptés et décorée de modillons.

Le clocher à flèche de granit est du 15e s. Sa terrasse offre une jolie vue sur la ville et la vallée. Sous le chœur, une crypte romane remaniée au 18e s. abrite une superbe **Mise au tombeau★**. Les personnages, sculptés en pierre polychrome, sont représentés grandeur nature (18e s.).

G. Targat/MICHELIN

Joli contraste de matières et de formes place du Gén.-Leclerc.

circuits

CHAPELLES ET CHÂTEAUX 1

Circuit de 50 km – environ 3h.

Quitter Lannion par ④ du plan, route de Plouaret. 1,5 km après Ploubezre, à un embranchement où se dressent cinq croix de granit, prendre à gauche et, à 1,2 km, encore à gauche.

Chapelle de Kerfons★

☎ 02 96 47 15 51 - visite guidée juil.-août : 10h30-19h ; de mi-juin à mi-sept. : tlj sf mar. 10h30-18h30.

Entourée de châtaigniers, elle fut bâtie aux 15e et 16e s. Une corniche à modillons court sur le flanc droit, un clocheton décoré d'atlantes coiffe le pignon du bras droit du transept. Elle renferme un très beau **jubé★** en bois, sculpté à la fin du 15e s.

Faire demi-tour, puis prendre à gauche la D 31B.

La route descend bientôt en lacet dans la vallée du Léguer. Sitôt franchie la rivière aux eaux rapides et bruyantes, les ruines du château se dressent sur la gauche.

Château de Tonquédec★

☎ 02 96 54 60 70 - juil.-août : 10h-20h ; avr.-juin et sept. : 15h-19h ; oct. : w.-end 14h-18h - possibilité de visite guidée (30mn) - tarif non communiqué.

Élevé au début du 13e s., il a été démantelé sur ordre de Jean IV en 1395. Reconstruit au début du 15e s., il fut à nouveau démantelé sur ordre de Richelieu en 1622.

On pénètre dans une première cour fortifiée, puis, par une poterne, dans la deuxième cour. Un escalier de pierre *(70 marches)* conduit à la plate-forme du donjon aux murs de près de 4 m d'épaisseur : la vue permet de découvrir le plan du château et révèle la nature du pays trégorrois, vaste plateau horizontal coupé de profondes vallées en pente raide, pratiquement inhabitées.

Bordas/PHOTONONSTOP

Les murs du château de Tonquédec atteignent par endroits 4 m d'épaisseur !

Faire demi-tour et revenir à la D 11, prendre à gauche la route de Plouaret où l'on tourne encore à gauche. À 1 km, prendre de nouveau à gauche.

Château de Kergrist

☎ 02 96 38 91 44 - visite guidée de l'intérieur (30mn) juil.-sept. : 14h et 17h ; avr.-juin, oct. et vac. de la Toussaint : tlj sf lun. (sf vac. scol. et fêtes) 17h ; jardins juil.-sept. : 11h-18h30 ; avr.-juin, oct. et vac. de la Toussaint : 14h-18h - 5 € (jardin), 10 € (visite guidée +jardin).

Un de ses principaux attraits réside dans la variété de ses façades. Gothique au Nord, avec ses lucarnes à hauts gâbles flamboyants, le corps de logis a été bâti aux 14e et 15e s. Il présente à l'opposé une façade du 18e s., tandis que les ailes en retour, qui lui sont antérieures, sont classiques sur les jardins. Ces derniers, tracés à la française, s'allongent jusqu'à la terrasse qui surplombe un

parc anglais et les bois. Salon de thé, expositions d'artistes et d'artisans.

Revenir à la route de Plouaret où l'on tourne à gauche. À 2,2 km, prendre à gauche.

Chapelle des Sept-Saints

☎ 02 96 38 90 08 - visite sur demande auprès de M. Roger Bonniec

On y vénère les Sept Dormants d'Éphèse, culte venu d'Asie Mineure : selon la légende, sept jeunes chrétiens, emmurés vivants dans une caverne au 3e s., se sont réveillés au bout de deux siècles. Chaque année, un pèlerinage islamo-chrétien se déroule dans cette chapelle bretonne.

Sur un dolmen
Noyée dans la verdure, la chapelle des Sept-Saints (18e s.) est en partie édifiée sur un imposant dolmen. On accède à la crypte située sous le dolmen, de l'extérieur, par une petite porte pratiquée dans le bras droit du transept.

Par Pluzunet et Barderou, gagner la route de Lannion où l'on tourne à gauche. Dépasser Caouënnec et continuer vers Lannion. Dans Buhulien, prendre à gauche la direction de Ploubezre, 100 m après la ferme de Pont-Keriel, tourner à gauche dans un chemin non revêtu qui s'enfonce dans le bois.

Château de Coatfrec

Il reste de belles ruines de cette imposante demeure du 16e s.

Gagner Ploubezre où l'on tourne à droite pour revenir à Lannion.

PAYSAGES MARITIMES 2

Circuit de 32 km – environ 2h. Quitter Lannion par le quai du Maréchal-Foch.

Loguivy-lès-Lannion

Ce faubourg de Lannion s'étage à flanc de colline dans un cadre agréable. L'**église**, nichée dans un théâtre de verdure sur les bords du Léguer, date du 15e s. Un curieux escalier extérieur mène au clocher-mur construit en 1570. *S'adresser au presbytère. ☎ 02 96 46 75 95 sur demande au presbytère.*

Dans le cimetière, sous des ifs plusieurs fois centenaires, une **fontaine** en granit est datée de 1577.

Biniou et bombarde
Dans la chapelle de Loguivy-lès-Lannion, à droite du chœur, remarquez le **retable** de l'Adoration des mages en bois sculpté, du 17e s. Des bergers en costumes bretons jouent du biniou et de la bombarde.

Au-delà de Ploulec'h, la D 88 s'élève en direction du Yaudet.

Le Yaudet

Dans un site superbe de hautes falaises, ce hameau fut un siège épiscopal aux premiers siècles de notre ère. Il fut détruit par les Danois, vers 848, et il possède encore des vestiges de murs romains et une **chapelle** intéressante. *Mars-oct. : 9h30-18h30 ; reste de l'année : w.-end 9h30-18h30.*

À voir
Le maître-autel de l'**église du Yaudet**, pour la curieuse scène de la Trinité au-dessus du maître-autel : la Vierge est couchée avec l'Enfant Jésus à ses côtés, Dieu le Père est assis dans l'alcôve, au pied du lit, en haut, apparaît la colombe du Saint-Esprit.

Du parking, le sentier du Corps de Garde mène à une plate-forme d'où l'on a une jolie **vue** sur le Léguer.

Revenir au centre du Yaudet et tourner à droite. Dans Christ, prendre à droite vers Locquémeau.

Locquémeau

Le bourg domine la plage et le port de pêche. On y accède par la route en corniche qui s'embranche à gauche, à l'entrée de la localité. Une école de voile et la récolte du goémon animent les lieux.

Pointe de Séhar★ – *Laisser la voiture près du port de Locquémeau et gagner la pointe.* **Vue★** à l'Ouest, jusqu'à la pointe de Primel et, à l'Est, jusqu'à Trébeurden.

Trédrez

Saint Yves fut recteur de Trédrez de 1284 à 1292. Les environs sont riches en calvaires, manoirs et en fontaines. L'**église Notre-Dame**, achevée en 1500, comporte un clocher-mur caractéristique de la région. Remarquez les fonts baptismaux en granit du 14e s. dont le baldaquin (1540) polychrome est un beau travail de sculpture sur bois. *☎ 02 96 35 74 52 - visite guidée sur demande à la mairie juil.-août : 10h-12h, 17h-19h.*

Quitter Trédrez en direction de Kerbiriou et suivre la route qui mène à la pointe de Beg-ar-Forn.

On découvre, peu avant le parking, une belle vue sur la baie et la Lieue de Grève.

Faire demi-tour, et au 2e carrefour, tourner à droite vers St-Michel-en-Grève.

St-Michel-en-Grève *(voir côte des Bruyères)*

À la sortie de St-Michel-en-Grève, en direction de Lannion, prendre à droite.

Ploumilliau

L'**église** du 17e s. possède, dans le bras droit du transept, treize **panneaux** en bois sculpté polychrome retraçant des épisodes de la vie du Christ. Sur le mur, face à la porte de la sacristie, on découvre une curieuse représentation de l'*Ankou* (la Mort) que l'on retrouve si fréquemment dans les légendes bretonnes. ☎ *02 96 35 45 09 - juil.-août - se renseigner à la mairie.*

Rejoindre la route Morlaix-Lannion au Nord et tourner à droite pour rentrer à Lannion.

Locmariaquer★★

Ce village commande l'entrée du golfe du Morbihan et conserve d'importants monuments mégalithiques. Il est aussi le point de départ des croisières autour du golfe du Morbihan.

SE LOGER

Hôtel Les Trois Fontaines – *Rte d'Auray - ☎ 02 97 57 42 70 - contact@hotel-troisfontaines.com - fermé 16 nov.-19 mars - P - 18 ch. 78/120 € - 10 €.* Avec sa façade avenante précédée d'un joli jardin, cet hôtel de construction récente est la bonne étape du coin. Ses chambres sont spacieuses et leur mobilier « bateau » en bois leur donne une petite touche marine, que l'on retrouve dans le salon.

La situation

Carte Michelin Local 308 N9 – Morbihan (56). Au Sud d'Auray, Locmariaquer commande, avec Port-Navalo, l'entrée du golfe du Morbihan.

Pl. de la Mairie, 56740 Locmariaquer, ☎ 02 97 57 33 05.

Le nom

Le breton *loc* vient du latin *locus*, lieu : en breton, il prend une couleur religieuse et signifie « lieu saint », ici consacré à Marie.

Les gens

1 404 Locmariaquérois. Les hommes du néolithique ont laissé quelques gravures sur leurs mégalithes, livrant un peu de leurs croyances : ainsi, la déesse mère (sous forme d'écusson) et une figure en forme de crosse, symbole de pouvoir et de puissance. Dans tous les cas, de grands ancêtres ou des divinités tutélaires veillent sur ces lieux.

découvrir

Ensemble mégalithique de Locmariaquer★★

À hauteur du cimetière, prendre le chemin signalisé jusqu'au parking. ☎ 02 97 57 37 59 - ♿ - 1er juil.-4 sept. : 10h-19h ; mai-juin : 10h-18h ; 5 sept.-30 avr. : 10h-12h30, 14h-17h15 (dernière entrée 45mn av. fermeture) - possibilité de visite guidée (45mn) - fermé 1er janv., 1er Mai et 25 déc. - 4,60 € (-18 ans gratuit), gratuit 1er dim. du mois (oct.-mai).

Cet ensemble, qui fait l'objet d'un programme de sauvegarde et de mise en valeur des sites mégalithiques, présente un groupe de trois monuments importants.

MYSTÈRE

Le Grand Menhir est en orthogneiss, une roche qu'on ne trouve aujourd'hui qu'à 12 km de là ! Une hache gravée sur l'une de ses faces renforce son caractère symbolique.

Grand Menhir brisé – Appelé *Men-er-Hroeg* (la « pierre de la sorcière »), ce monolithe, aujourd'hui brisé en quatre morceaux, atteignait 20 m et pesait 280 t. Au néolithique ancien (vers 4500 avant J.-C.), il faisait partie d'un sanctuaire très important, pivot d'un alignement de 50 m. Pour une raison inconnue, il fut renversé avec les autres menhirs du site quelque trois cents ans plus tard.

À VOIR

Sur la dalle de chevet de la Table des Marchands : une belle idole en « écusson », probablement la déesse-mère avec une pseudo-chevelure ; un double registre de crosses symétriques. La gazelle est un graffiti moderne.

Table des Marchands – Daté du néolithique moyen (3900 avant J.-C.), ce monument a été restauré et a retrouvé son cairn. Un couloir de 7 m conduit à la chambre funéraire. La dalle du plafond est une partie d'un grand menhir dont on retrouve deux autres morceaux dans le tumulus d'Er-Grah *(voir ci-dessous)* et dans le cairn de l'île de Gavrinis, à 4 km de là. Cette dalle est ornée d'une grande hache, d'une crosse et d'un fragment de taureau.

Tumulus d'Er-Grah – Situé au Nord de l'ensemble, monument très allongé dont on estime la longueur d'origine à plus de 170 m.

Dolmen de Mané-Lud*

Ce dolmen se trouve à l'entrée de Locmariaquer, sur la droite. À l'intérieur de la chambre, les pierres debout sont sculptées.

Dolmen de Mané-Rethual*

Au cœur du village, à droite de l'ancienne mairie, prendre une allée qui se faufile entre des maisons et traverse des jardins.

Il se compose d'une longue allée couverte menant à une vaste chambre qui présente des supports sculptés.

G. Targat/MICHELIN

Tombe fermée recouverte de terre, le tumulus de Locmariaquer possède une entrée couronnée d'un linteau imposant.

circuit

LES MÉGALITHES

Circuit de 5 km. Sur la place Évariste-Frick, prendre la rue Wilson.

À la sortie du village, sur la droite, s'embranche une route menant au hameau de **Kerlud**. Face à la dernière maison se trouve le **dolmen de Kerlud**, en partie enfoui.

Revenir à la grande route et prendre à droite ; en bordure de plage, encore à droite.

Dolmen des Pierres-Plates*

Un menhir marque l'entrée de ce dolmen. Deux chambres sont reliées par une longue allée coudée ; de remarquables gravures ornent les supports.

LARGE VUE

Du terre-plein situé près du dolmen des Pierres-Plates, belle vue sur la pointe de Port-Navalo et la pointe du Grand-Mont, l'île d'Houat, en arrière Belle-Île, et la presqu'île de Quiberon.

Faire demi-tour et suivre la grève pour gagner la pointe de Kerpenhir.

Pointe de Kerpenhir*

S'avancer au-delà du blockhaus.

Vue* sur le goulet du golfe. À la pointe, la statue de granit de N.-D.-de-Kerdro protége les marins (*kerdro* signifie « bon retour »).

Tumulus de Mané-er-Hroech*

Au lieu dit Kerpenhir, emprunter une allée, à gauche de la route, qui s'élève vers le tumulus.

Un escalier de 23 marches permet d'accéder à une chambre funéraire et de découvrir les pierres sèches composant le tumulus.

Locronan★★

Jadis prospère grâce à l'industrie de la toile à voile, Locronan l'est encore aujourd'hui, grâce au tourisme : elle a conservé sa belle place centrale, ses maisons Renaissance de granit, son vieux puits et sa vaste église. La « montagne de Locronan », qui domine la ville, offre un spectacle original les jours de pardons, qu'on appelle ici « troménies ».

La situation

Carte Michelin Local 308 F6 – Finistère (29). À l'Est de Douarnenez et au Nord-Ouest de Quimper, Locronan se situe à l'intersection des D 7 et D 63. Parking payant à l'extérieur du bourg.

Pl. de la Mairie, 29180 Locronan, ☎ 02 98 91 70 14. www.locronan.org

Le nom

Loc Ronan signifie « le lieu de Ronan » (jadis Renan).

Les gens

799 Locronanais. Saint Ronan est un ermite irlandais venu en Cornouaille vers le 5e s. La crosse qui figure sur les représentations du saint lui fut utile pour faire un croc-en-jambe au diable !

se promener

À VOIR
Dans la chapelle du Pénity, la *Descente de croix* (16e s.) en pierre polychrome, à six personnages. Le soubassement est orné de deux beaux **bas-reliefs★**. Ils représentent les apparitions de Jésus ressuscité à Marie-Madeleine et aux disciples d'Emmaüs.

Place★★

Cadre de plusieurs films historiques *(Tess d'Uberville, Chouans...)*, elle incarne la ville, classée Monument historique en 1936. D'élégantes demeures bordent les rues avoisinantes (Lann, Moal, St-Maurice).

Église St-Ronan et chapelle du Pénity★★ – Ces deux édifices accolés communiquent. L'église (15e s.) frappe par sa voûte en pierre. La décoration de la **chaire★** (1707) retrace la vie de saint Ronan. Le beau **vitrail★** (15e s.) dans l'abside évoque des scènes de la Passion.

La chapelle (16e s.) abrite la dalle funéraire de saint Ronan – le gisant, du début du même siècle, est l'une des premières œuvres en granit de Kersanton.

Pour avoir une bonne vue du chevet plat de l'église, avancez-vous dans le cimetière.

Chapelle N.-D.-de-Bonne-Nouvelle

À 300 m, par la rue Moal qui part de la place et descend à flanc de coteau. ☎ *02 98 91 84 40 - en saison : 9h-19h ; hors*

La célèbre place de Locronan. Ses maisons étaient autrefois habitées par des tisserands et des négociants.

G. Targat/MICHELIN

carnet pratique

SE LOGER

Le Prieuré – *11 r. du Prieuré - ☎ 02 98 91 70 89 - leprieure1@aol.com - fermé 1er janv.-14 mars et 25 oct.-19 déc. - P - 15 ch. 53/66,50 € - ☕ 8 € - restaurant 17/34 €.* En visite touristique dans la petite cité ? Ce discret hôtel-restaurant familial propose des chambres rénovées sur l'avant et plus rustiques sur l'arrière. Cuisine traditionnelle et fruits de mer servis dans une salle à manger où dialoguent la poutre, la pierre et le mobilier breton.

Manoir de Moëllien – *29550 Plonévez-Porzay - 3 km au NO de Locronan par C 10 - ☎ 02 98 92 50 40 - manmoel@aol.com - fermé de déb. janv. à fin mars - P - 18 ch. 68/124 € - ☕ 10 €.* Cette demeure du 17e s. isolée en pleine campagne vous hébergera dans ses dépendances. Ses chambres coquettes ouvrent leurs portes-fenêtres sur la nature et jouissent d'un calme remarquable. Seul le restaurant, agrémenté d'une cheminée, est dans le manoir.

SE RESTAURER

Crêperie Breiz Izel – *Pl. de l'Église - ☎ 02 98 91 82 23 - ouv. tous les dim., tlj en période vac. scol. sf merc. - ⊭ - 7,60/12,20 €.* On ne visite pas ce bourg idéalement préservé au pas de course. . N'hésitez pas à faire étape dans cet ancien hôtel particulier du Comptoir de la Compagnie des Indes : vous apprécierez sa vieille cheminée, sa belle salle à manger et ses crêpes à prix sages.

saison : sur demande auprès de Mme Louboutin – 20 bis r. Moal - 29180 Locronan.
Avec le calvaire et la fontaine (1698), cette chapelle du 16e s. compose une paysage typiquement breton.

visiter

Musée

Rte de Châteaulin. ☎ 02 98 91 70 14 - juil.-août : 10h-13h, 14h-19h, dim. et j. fériés 14h-18h ; le reste de l'année : tlj sf w.-end et j. fériés 10h-12h, 14h-18h - fermé de déb. oct. à mi-avr. - 2 €.
Faïences de Quimper, grès, costumes du pays locronais, évocation des troménies, des anciens métiers, peintures et gravures contemporaines se rapportant à Locronan.

R. Mattès/MICHELIN

Les grande troménies rencontrent toujours un vif succès.

LES TROMÉNIES

À Locronan, les pardons se nomment « troménies ». Lors de la **petite troménie**, la procession se rend au sommet de la montagne, reprenant la promenade que, selon la tradition, saint Ronan faisait tous les matins à jeun et pieds nus. La **grande troménie★★** a lieu tous les six ans (prochaine en 2007), les 2e et 3e dimanches de juillet. Les pèlerins, portant les bannières, font le tour de la montagne (12 km), en s'arrêtant à douze stations. Aux reposoirs, chaque paroisse expose ses saints et ses reliques. Ce circuit s'effectue aux limites de l'ancien prieuré bénédictin qui avait été construit à l'emplacement de la forêt sacrée, le « Nemeton », servant de temple naturel. Fondé au 11e s., c'était un lieu d'asile. De là viendrait le nom du pardon : Tro Minihy ou « tour de l'asile », francisé en « troménie ».

alentours

Montagne de Locronan★

2 km à l'Est. Du sommet (289 m) couronné par une **chapelle** qu'ornent des vitraux de Bazaine, beau **panorama★** sur la baie de Douarnenez ; à gauche, on distingue Douarnenez et la pointe du Leydé ; à droite, le cap de la Chèvre, la presqu'île de Crozon, le Ménez-Hom et les monts d'Arrée. *La chapelle est fermée en dehors des Troménies.*

Ste-Anne-la-Palud

8 km au Nord-Ouest. Quitter Locronan par la D 63 en direction de Crozon. À la sortie de Plonévez-Porzay, prendre à gauche. La **chapelle**, bâtie au 19e s. abrite une statue vénérée de sainte Anne, exécutée en 1548 en granit peint. *De Pâques à la Toussaint : 9h-19h ; reste de l'année : dim. 9h-19h.*

PARDONS

Celui de la montagne de Locronan, l'un des plus beaux et des plus pittoresques de Bretagne (*2e dim. de juil.*), attire une grande foule.
Lors du pardon de Ste-Anne-la-Palud, une grande procession aux flambeaux débute le sam. à 21h ; elle parcourt la dune au-dessus de la chapelle. Dim. et mar. : messe solennelle à 10h30, louange vespérale et grande procession sur la dune à 15h.

Manoir de l'Automobile à Lohéac★★

Installée dans l'ancien manoir de La Courneuve, cette collection réunit plus de 230 voitures de tous types, de tous âges et de toutes nationalités, mais plus particulièrement des modèles grand tourisme et sport.

La situation

Carte Michelin Local 309 K7 – Ille-et-Vilaine (35). Lohéac se situe sur la D 177 reliant Rennes à Redon. Le musée se trouve sur la D 50 en direction de Lieuron.

Le nom

Comme Loudéac dans les Côtes-d'Armor, il dériverait du nom latin *Laudius*, c'est-à-dire Louis.

Les gens

Ici se retrouvent les amateurs, voire les passionnés, de voitures anciennes.

visiter

Ancien manoir

☎ 02 99 34 02 32 - ♿ - juil.-août : 10h-19h ; reste de l'année : tlj sf lun. 10h-13h, 14h-19h - 8,50 € (10-16 ans 7 €).

Il réunit les « ancêtres » du début du siècle, puis une succession impressionnante d'Alpine. Plus loin, c'est la famille quasi complète des Lamborghini, auxquelles s'ajoutent des Maserati, Ferrari, Porsche, Rolls-Royce, Renault, Citroën, Peugeot, Volkswagen. La visite se poursuit par la **chapelle des moteurs** (présentation originale de moteurs anciens) où un garage et une station-service d'autrefois sont reconstitués. Le premier étage, peuplé de « belles étrangères », se termine par un mur d'enseignes lumineuses où figurent les grandes marques liées à l'automobile. Maquettes, dioramas minutieux et plus de 3 000 modèles réduits de toutes marques et de toutes formules sont également au rendez-vous.

Enfin, l'**espace hippomobile** présente une cinquantaine d'attelages : berline de voyage ou berline de gala, dog-cart, omnibus, coupé... Une salle de projection complète la visite : films sur l'automobile.

Manoir de l'Automobile

Toutes les formes, toutes les époques, pour tous les goûts, pour tous les rêves.

Lorient

Ville « nouvelle » du 18e s., Lorient a été reconstruite après les bombardements intensifs de la Seconde Guerre mondiale. Deuxième port de pêche en France après Boulogne, cette cité est aussi un port de plaisance, de passagers et de commerce. Et chaque année, la ville réaffirme son identité grâce à son Festival interceltique, de grande renommée.

La situation

Carte Michelin Local 308 K8 – Morbihan (56). Au confluent du Scorff et du Blavet, le port de Lorient est protégé de l'océan par ses deux sentinelles : Larmor-Plage et Port-Louis.

ℹ Quai de Rohan, 56100 Lorient, ☎ 02 97 21 07 84. www.lorient.com

FOSSE AUX MÂTS

Lorsqu'on arrive à Lorient en venant de Lanester, on longe le Scorff. À marée basse, on aperçoit un champ de pieux noirâtres : les probables vestiges de la fosse aux mâts, inaugurée en 1826. Le bois destiné à la construction navale était enfoui dans la vase afin d'être protégé de la pourriture.

Le nom

La ville est fondée en 1666 par Colbert, à la suite de la création de la Compagnie des Indes orientales. Point d'embarquement pour l'Orient, elle doit aussi son nom à un navire baptisé *Soleil d'Orient*, sorti des chantiers navals de Port-Louis.

Les gens

L'agglomération compte 116 174 Lorientais, sans compter le bagad de Lann-Bihoué, chanté par Alain Souchon.

SE LOGER

⊖ **Résidence Loisirs de Kerguélen** – *56260 Larmor-Plage - ☎ 02 97 33 77 78 - residence@kerguelen-nautisme.com - fermé 22 déc.-10 janv. -* P *- 38 ch. 26,50/42,80 € - ☕ 4,50 € - restaurant 10,30 €.* Cette résidence conviendra à ceux qui recherchent une ambiance jeune et sportive, un confort simple et des petits prix. Atout majeur de l'adresse : la proximité immédiate de la plage et des activités nautiques. Restauration sans prétention.

⊖ **Chambre d'hôte Les Camélias** – *9 r. des Roseaux - 56260 Larmor-Plage - ☎ 02 97 65 50 67 - fermé 23 sept.-5 oct. - ⊠ - 5 ch. 40/47 € ☕.* Un jardin fleuri et arboré entoure cette jolie maison située à deux pas du centre de Larmor-Plage. Les chambres, avec salle de bain indépendante, sont parfaitement tenues. Les nombreux meubles et bibelots anciens confèrent un cachet bourgeois au salon et à la salle à manger.

⊖ **Chambre d'hôte Libeurtheu** – *23 r. de l'anse de Stole, à Lomener - 56270 Ploemeur - ☎ 02 97 82 86 22 ou 06 82 65 18 76 - ⊠ - 3 ch. 40/44 € ☕.* Maison de style néo-breton située entre l'anse de Stole et le marais de Pen-Palud. De vieux meubles régionaux chinés et restaurés agrémentent le salon et la salle des petits-déjeuners. Les chambres, sans ampleur mais confortables, portent des noms évocateurs : coquillage, bateau et phare.

⊖⊖ **Le Rex-Hôtel** – *28 cours de Chazelles - ☎ 02 97 64 25 60 - www.rex-hotel-lorient.com - fermé 23 déc.-9 janv. - 23 ch. 44/80 € - ☕ 7 €.* Cet hôtel situé le long d'une large avenue bordée de platanes s'améliore régulièrement. La majorité des chambres bénéficie d'une rénovation totale : literie neuve, mobilier fonctionnel et accès Internet. Plaisant salon, agréable salle des petits-déjeuners et original comptoir d'accueil en forme de proue de bateau.

⊖⊖⊖ **Central Hôtel** – *1 r. Cambry - ☎ 02 97 21 16 52 - 21 ch. 70 € - ☕ 8 €.* Cet établissement construit dans les années 1950 porte bien son nom : il se situe juste en face de l'agréable parc Jules Ferry, en pleine ville. Ses chambres profitent d'une rénovation réussie : couleurs gaies, matériaux neufs et bonne insonorisation.

⊖⊖⊖⊖ **Château de Locguénolé** – *56700 Hennebont - 4 km au S d'Hennebont rte de Port-Louis par D 781 - ☎ 02 97 76 76 76 - contact@chateau-de-locguenole.com - fermé 4 janv.-12 fév. -* P *- 18 ch. 185/285 € - ☕ 23 € - restaurant 49/94 €.* La vie de château commence une fois le seuil de cette belle demeure franchie : dans un ravissant parc au bord d'une rivière, vous goûterez aux joies d'un séjour de rêve. Les chambres sont spacieuses et bien aménagées, la table réputée et le cadre exceptionnel.

SE RESTAURER

⊖ **Tea For Two** – *23 r. Paul-Bert - ☎ 02 97 64 27 70 - fermé dernière sem. de janv., 1er-15 mai et 1er-15 août - 9,50/16 €.* Seul ou à plusieurs, vous aimerez l'atmosphère sereine et les couleurs chaudes de ce ravissant salon de thé où pâtisseries maison, assiettes gourmandes, brunchs et thés ont déjà acquis une solide réputation.

⊖ **Le Grenadin** – *7 r. Paul-Guieysse - ☎ 02 97 64 30 01 - fermé 1ère sem. de janv., 3 sem. en juil., dim. soir, merc. soir et lun. - 12/50 €.* Ce petit restaurant traditionnel proche de la gare doit sa réputation à la qualité de ses produits, essentiellement de la mer, toujours d'une grande fraîcheur. Décor repensé dans un esprit contemporain.

⊖⊖ **Jardin Gourmand** – *46 r. Jules-Simon - ☎ 02 97 64 17 24 - fermé vac. de fév., 22 août-15 sept., dim. et lun. - 21/36 €.* Petite maison à façade de pierre, jouant la carte de la cuisine du marché, fraîche et savoureuse. Servie en été sur l'agréable terrasse-jardin, elle se savoure en hiver dans une salle à manger contemporaine à l'atmosphère conviviale.

⊖⊖ **Crêperie du Gaillec** – *Hameau de Gaillec - 56270 Ploemeur - 8 km à l'O de Lorient rte de Ploemeur et D 163 dir. Queven - ☎ 02 97 83 00 26 – fermé 1 sem. en juin et 3 dernières sem. de sept. - 14,10/15 €.* L'accès à cette ancienne ferme n'est pas des plus aisés, mais une fois à table, vous savourerez ses crêpes à la farine biologique et les bons produits des artisans locaux avec d'autant plus de plaisir... Aux beaux jours, déjeuners sous la pergola.

Port de plaisance.

G. Targat/MICHELIN

EN SOIRÉE

Place Jules-Ferry – C'est autour de cette place que s'organise la vie nocturne lorientaise. Tous les genres sont représentés, des jeunes branchés (à la Villa Vanny) aux moins jeunes (à l'Admiral Benbow). On trouve également un café-théâtre, un pub, un bar australien et ceux discothèques...

Tavarn Ar Roue Morvan – *1 pl. Polig Monjarret - ☎ 02 97 21 61 57 - tavarn-morvan@wanadoo.fr - tlj sf dim. 11h-1h - fermé j. fériés.* Enseigne en breton et menu bilingue, cette taverne affirme en toute simplicité son origine bretonne. « Nous sommes Bretons, nous parlons donc breton » explique la patronne. Concerts de musique... bretonne 2 à 3 fois par mois.

Villa Margaret – *Port de Plaisance de Kernevel - 56260 Larmor-Plage - ☎ 02 97 33 63 19 – ouv. 9h-1h - fermé de mi-janv. à déb. fév.* Dans ce paisible bistrot, établi dans une splendide demeure

de la fin du 18e s., les jeunes de Larmor-Plage viennent se mêler aux vétérans.
En été, on profite, sur des rythmes jazzy, d'une terrasse ombrée sur jardin qui regarde le port de Kernevel.

Que rapporter

Biscuiterie la Lorientaise – *Rd-pt de Kernours - 56700 Kervignac - ☎ 02 97 76 02 09 - tlj sf dim. 8h-12h, 13h30-18h30, sam. 9h-12h, 14h-18h30 - fermé j. fériés.* Installée de l'autre côté de l'estuaire, sur un rond-point, sa boutique lumineuse et moderne ouvre sur un laboratoire où galettes, quatre-quarts, madeleines et gâteaux bretons sont confectionnés artisanalement. Possibilité de déguster les produits.

Ferme d'Autruches de la Saudraye – *La Haye - 56520 Guidel - ☎ 02 97 65 04 54 - www.autruches.fr - visite : mai -oct 10h-20h. Boutique : tte l'année 10h-13h, 15h-20h - adulte 3,50 € (enf. 2,50 €).* La visite d'une heure vous mène des couveuses jusqu'aux enclos de ces oiseaux exotiques, dont vous pouvez acheter la viande et les produits dérivés (œufs, plumes, cuir et maroquinerie).

Moulin Lorient Marée – *Port de Pêche - ☎ 02 97 37 30 00 - marée@moulinlorient.fr – tlj sf dim. 8h-12h, sam. 8h-11h30.* Dans le port de pêche de Keroman, lieu de vente des poissons à la criée, c'est le seul magasin qui propose aux particuliers des produits frais tirés de la mer (possibilité de passer commande pour les crustacés).

La Cour des Métiers d'Art – *8 r. Prince-de-Polignac - 56620 Pont-Scorff - ☎ 02 97 32 55 74 - www.pont-scorff.com - juil.-août : tlj sf lun. 10h-12h, 14h-18h, dim. 14h30-18h30. Hors sais. : tlj sf lun. et mar. 10h-12h, 14h-18h, dim. 15h-18h - fermé 1er janv., 1er Mai, 1er nov. et 25 déc.* La Cour des Métiers d'Art présente le travail d'artisans d'art de France, avec des expositions à thème. À découvrir également le village qui regroupe 30 artisans d'art (souffleur, verrier, potier, tapissier, décoratrice de porcelaine, ébéniste...).

Sports & Loisirs

Promenades en bateau – Pour la découverte de la rade, de la vallée du Blavet ou d'autres croisières commentées : le Batobus - *☎ 02 97 21 07 84 et le Bateau-Taxi - ☎ 02 97 65 52 52 - www.lorient-tourisme.fr*

Pêche en mer – *☎ 02 97 65 52 52.* Au départ du port de plaisance de Larmor-Plage, partez pêcher une demi-journée ou une journée.

Ar Ganol, la Nin'Arion – *Quai de Pont-Augan - de Rennes dir. Lorient, sortir Gare de Baud et dir. Quistinic - 56440 Languidic - ☎ 02 97 36 93 18 - http://ninarion.cjb.net - fermé 16 oct.-avr.* Ce chaland nantais construit en 1903 embarque aujourd'hui les passagers désireux de découvrir le Blavet. Visite commentée de 2 h : histoire des canaux bretons et passages d'écluses.

Bateau-Taxi – *1 r. Yves-Montand - 56260 Larmor-Plage - ☎ 02 97 65 52 52 - www. bateautaxi-iledegroix.com - sortie avr.-oct. : tlj.* Le capitaine Manu Guérin, un vrai dur de dur, organise différents types d'excursions, de la pêche à la dorade, au lieu ou au bar à la pêche aux requins, plus sportive : « une fois sur deux, on ramène un requin » affirme le marin. Avis aux amateurs...

Kerguelen Équitation – *Village de Kerguélen - 56260 Larmor-Plage - ☎ 02 97 33 60 56 - kerguelen.equitation@wanadoo.fr - 10h-20h - fermé 1 sem. en sept.* En saison, ce vaste centre équestre situé à proximité des plages et du centre nautique propose des stages à la demi-journée, sur chevaux ou shetlands. Possibilité de balades d'une ou deux heures.

Société Hippique Nationale – *35 r. de la Bergerie - 56700 Hennebont - ☎ 02 97 36 16 34 - tlj sf dim. 9h-12h, 14h-19h.* Ce centre implanté dans les locaux du haras national organise à la demande, pour 8 personnes maximum, des promenades dans le parc du domaine, le long du Blavet ou sur la plage.

Centre nautique de Kerguelen – *- Parc Océanique - 56260 Larmor-Plage - ☎ 02 97 33 77 78 - www.kerguelen-nautisme.com - juil.-août : tlj sf w.-end 8h45-12h15, 13h30-18h ; mai-juin et sept. au 11 nov. : 8h45-12h, 13h45-17h30, w.-end fermeture 17h.* Ce gigantesque complexe nautique enseigne la plongée, la planche à voile, le kayak, la croisière et la voile légère (dériveur, catamaran) à différents niveaux (stages découverte, initiation, perfectionnement). Randonnées en kayak et catamaran. Location de matériel.

Le « Festival interceltique » de Lorient est devenu au fil des ans une manifestation très importante qui attire les Celtes d'Irlande et du pays de Galles.

comprendre

La Compagnie des Indes – La première Compagnie des Indes, fondée par Richelieu à Port-Louis, ayant été un échec, **Colbert** reprend le projet en 1664, au Havre. Mais les navires de la Compagnie sont arraisonnés trop facilement dans la Manche par les Anglais : on décide alors de transporter le siège de l'exploitation sur l'Atlantique. Le choix se fixe sur des terres « vagues et vaines », sur la rive droite du Scorff. Très vite, toute l'activité portuaire se tourne vers les Indes et la Chine – les installations élevées à cet endroit prennent alors le nom de « L'Orient ». Seignelay organise un arsenal royal où les plus illustres corsaires viennent faire radouber leur navire.
Au début du 18e s., sous l'impulsion du célèbre financier John Law, les affaires se développent avec l'arrivée des marchandises (porcelaines, tapis, épices, etc.). Soixante ans après sa fondation, la ville compte déjà 18 000 habitants. Mais la perte des Indes cause la ruine de la Compagnie. En 1770, l'État prend possession du port et de ses installations. Puis Napoléon Ier fait de Lorient un port militaire.

DEVISE
L'orgueilleuse devise de la Compagnie est ***Florebo quocumque ferar*** : « Je prospérerai où que j'aille. »

visiter

L'ancien arsenal

Jusqu'en 2000, l'enclos de la Compagnie des Indes abritait l'arsenal de la Marine : ses quatre bassins étaient utilisés pour le carénage des navires de guerre de surface et pouvaient recevoir les plus grosses unités. Délaissé par la Marine, l'enclos est en pleine modernisation. Sur le quai du Péristyle, se crée un pôle « image » où siège la chaîne de télévision Breizh.

Église N.-D.-de-Victoire

Plus connue sous le nom de St-Louis par les Lorientais, elle s'élève sur la place Alsace-Lorraine, qui constitue une réussite de l'urbanisme moderne (1954). Construite en béton armé, l'église recèle un très bel **intérieur★** dont la rotonde est éclairée par de petits vitraux jaunes et blancs.

Enclos du port de Lorient

Entrée par la porte Gabriel. S'adresser à l'Office de tourisme - ☎ 02 97 21 07 84 - www.lorient-tourisme.fr
Cœur historique de Lorient, l'ancien enclos de la Compagnie des Indes abrite l'**hôtel des ventes**, dessiné par Gabriel en 1740, reconstruit dans le style original.

À VOIR
La **tour de la Découverte** (1737) est flanquée par les moulins de l'Amirauté (1677). Elle servait autrefois de sémaphore et de tour de guet : les plus courageux peuvent grimper ses 225 marches, pour contempler une **vue★** superbe sur la rade. À voir aussi : le réservoir d'eau (1876) de la cour haute.

La « Thalassa »

Quai de Rohan. ☎ 02 97 35 13 00 - www.sellor.com - ♿ - juil.-août : 9h-19h ; sept.-juin : tlj sf lun. mat. (hors vac. scol.) 9h-12h30, 14h-18h, w.-end et j. fériés 14h-18h (dernière visite 1h30 av. fermeture) - fermé 1er janv. et 25 déc. - 6,60 € (enf. 5,10 €).
Après avoir sillonné les mers du globe (près de 38 fois le tour du monde), ce navire océanographique, lancé en 1960 par l'Ifremer, profite d'une retraite bien méritée à Lorient. Le parcours sur les trois ponts présente la vie à bord, les techniques de navigation, la pêche au chalut et la recherche océanographique. La visite continue avec la filière pêche et une exposition temporaire dans le bâtiment d'accueil.

Port de pêche de Keroman

À voir de préférence le matin au moment du retour des pêcheurs (en fonction de la marée).
En partie gagné sur la mer, le port est conçu et aménagé pour les besoins de la pêche industrielle. Il se compose de deux bassins en équerre – le **Grand Bassin** et le **Bassin Long** – et totalise 1 850 m de quais.
Le port de Keroman arme toute l'année et pour toutes sortes de pêches. Il comporte une halle de criée longue de 600 m, une « gare de marée » permettant de charger des camions en partance pour toutes les régions de France, un « service glace » dont la production peut être de 200 t par jour, et un *slipway* composé de 6 voies.

À LA CRIÉE
La vente du poisson se pratique encore selon un rituel que seuls comprennent les initiés. Au petit matin, le spectacle haut en couleur de la criée mérite le détour.

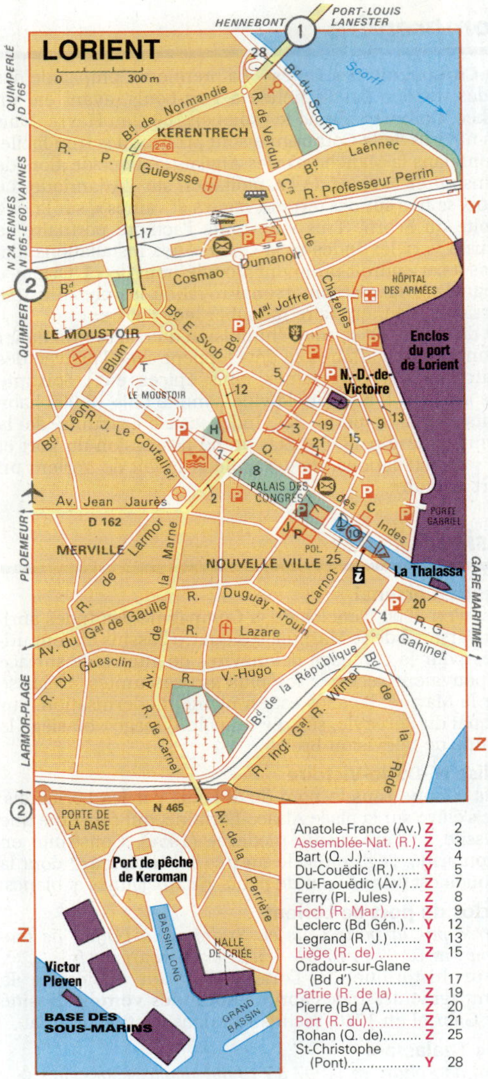

Ancienne base de sous-marins Stosskopf*

Entrée par la porte de Keroman. ☎ 02 97 21 07 84 - www.lorient-tourisme.fr - visite guidée (1h15) été et vac. scol. : 12h30-17h30 ; vac. scol. (hors été) : se renseigner - fermé 1er Mai et 25 déc. - 6 €.

Les trois grands blocs de la base *(on en visite un)* furent construits à une vitesse record. Bâtis en 1941, les deux premiers, longs de 130 m et hauts de 18,50 m, disposaient de treize alvéoles pouvant accueillir des sous-marins. Le troisième bloc que l'on visite (1943), **Keroman 3**, est le plus important avec 170 m de long et 20 m de haut. Contrairement aux deux premiers, il accueillait les sous-marins à flot avec des cales de radoub. Il possède une double toiture, épaisse de 7,50 m en béton armé, avec des poutres antidéflagration.

Au lendemain de la guerre, la Marine prit possession de la base pour y installer la deuxième escadrille des sous-marins de l'Atlantique, dissoute en 1995. La reconversion de la base, rendue à la ville de Lorient, est en cours et accueille le pôle Grand Large, avec le Défi Français, par exemple. Le **port Tabarly** doit y être créé et accueillir 5 Pen-Duick, dont le n° I, cotre aurique que le grand navigateur a toujours chéri.

Cet ouvrage gigantesque porte le nom de l'ingénieur général du génie maritime qui, sous les apparences de la collaboration, participait à la vie de la base et informait les Alliés. Il fut passé par les armes par les Allemands.

« Victor Pleven » – *Fermé à la visite.*
Lancé à Gdansk en 1971, ce fut le plus grand chalutier-usine à pêcher dans les eaux canadiennes de Terre-Neuve (90 m de long). Ce géant des mers était capable de rapporter quelque 1 000 t de poisson congelé.

R. Dechamps/MICHELIN

Le « Victor Pleven », ancien chalutier-usine destiné à la pêche à la morue, est le musée flottant de la Pêche hauturière.

alentours

Larmor-Plage

S'ouvrant sur l'océan, face à Port-Louis, Larmor-Plage possède de belles plages fréquentées par les Lorientais : Toulhars, Port-Maria, Kerguelen, le Nourriguel.

L'**église**, bâtie au 12e s., a été remaniée jusqu'au 17e s. Le porche du 15e s. s'ouvre exceptionnellement au Nord, afin de se protéger des vents dominants. L'intérieur révèle un intéressant mobilier et, à l'autel des Juifs, un retable du 16e s. d'inspiration flamande rassemblant sur les pentes du calvaire une quarantaine de personnages très expressifs.

Hennebont

9 pl. Foch, 56700 Hennebont, ☎ 02 97 36 24 52.
Ancienne ville fortifiée, Hennebont est situé sur les rives escarpées du Blavet, rivière que les pêcheurs apprécient pour ses variétés de poissons.

Basilique N.-D.-de-Paradis – Son énorme **tour-clocher★** (16e s.) est surmontée d'une flèche de 65 m. Un beau porche flamboyant, très élancé et orné de niches, donne accès à la nef, éclairée par des vitraux de Max Ingrand.

Porte Broërec'h et remparts – Vestige des fortifications du 13e s., la porte Broërec'h, restaurée, servait autrefois de prison. *Franchir cette porte et prendre à gauche l'escalier qui donne accès au chemin de ronde.* Ces remparts du 15e s. enserraient la ville close. Des jardins sont aménagés le long des murailles. *☎ 02 97 36 29 18 - juin-sept. : 10h30-12h30, 13h30-18h30 ; mai : w.-end et j. fériés 14h-18h - possibilité de visite guidée sur demande - 4 € (-12 ans gratuit).*

Haras – *☎ 02 97 89 40 30 - visite guidée (1h) juil.-août : 9h-19h, (spectacle équestre en soirée) ; sept.-juin : tlj sf lun. mat. (hors vac. scol.). 9h-12h30, 14h-18h, w.-end et j. fériés 14h-18h (dernière entrée 1h30 av. fermeture) possibilité de présentations d'étalons mar. et jeu. 15h30 - fermé 1er janv. et 25 déc. - 6,60 € (enf. 5,10 €).*
Installé dans une ancienne abbaye, le dépôt d'Hennebont fournit des reproducteurs (chevaux de trait et postier bretons, selle français, trotteur français, anglo-arabe, poney...) aux stations du Sud-Finistère, du Morbihan et de l'Ille-et-Vilaine. Espace de découverte pédagogique sur le monde du cheval et les haras nationaux.

PROMENADE EN CALÈCHE
Les Omnibus de la Dame Blanche – *7 r. du Champ-de-Tir - 56700 Hennebont – ☎ 06 11 92 15 62 - www.attelage56.com.* Visite de la ville d'Hennebont en calèche et du parc privé du Haras national.

C. Simon/ANDIA

Cheval de trait, postier breton, selle français ou trotteur ?

Parc de Kerbihan – *Accès par les rues Nationale et Léo-Lagrange, cette dernière est réservée aux piétons.* Ce parc botanique s'articule le long du ruisseau de St-Gilles et présente des essences répertoriées des cinq continents.

Écomusée industriel de Inzinzac-Lochrist – *☎ 02 97 36 98 21 - juil.-août : 10h-18h30, w.-end 14h-18h30 ; juin : 10h-12h, 14h-18h, w.-end et j. fériés 14h-18h ; sept.-mai : tlj sf sam. 10h-12h, 14h-18h, dim. 14h-18h (dernière entrée 1h30 av. fermeture) - fermé 1er janv., lun. de Pâques et 1er Mai - 4 €.*
Il occupe le site même des anciennes forges d'Hennebont qui, de 1860 à 1966, constituaient l'une des entreprises les plus importantes de Bretagne.

Musée des Métallurgistes des Forges d'Hennebont – Installé sur la rive droite du Blavet, dans l'ancien laboratoire des usines, il fait revivre toute l'histoire du centre sidérurgique de la Bretagne (technologie, vie sociale, mouvement syndical, etc.).
Près du grand barrage, l'ancienne maison du garde des forges d'Hennebont abrite la **Maison de l'eau et de l'hydraulique**, consacrée au Blavet et à sa canalisation.

Pont-Scorff

La **maison des Princes**, belle maison du 16e s., accueille aujourd'hui la mairie. De nombreux artisans sont installés

R. Puillandre/EDIVEL
Un petit bisou, en passant !

sur la commune, particulièrement autour de la Cour des Métiers d'Art *(voir « carnet pratique » de Lorient)*.

Odyssaum – *Au moulin des Princes. ☎ 02 97 32 42 00 - www.sellor.com - ♿ - juil.-août : 9h-19h ; sept.-juin : tlj sf lun. mat. (hors vac. scol. 9h-12h30, 14h-18h, w.-end et j. fériés 14h-18h - fermé 1er janv. et 25 déc - 5,30 € (enf. 4 €).* Le Scorff est encore un havre pour le **saumon sauvage** qui vient s'y reproduire et y mourir, après un ou deux hivers dans l'Atlantique. L'espace de découverte aménagé au moulin est consacré à cette espèce : cycle de vie, évolution des techniques de pêche. Piège à saumons.

Dans Pont-Scorff, prendre la D 6 vers Quéven.

Zoo★ – *☎ 02 97 32 60 86 - ♿ - mai-sept. : 9h30-19h ; oct. et mars : 9h30-18h ; nov.-fév. : 9h30-17h (dernière entrée 1h av. fermeture) - fermé 1er janv., 24 et 25 déc. - 12,80 € (enf. 7,80 €).*

Installé sous bois, sur les rives escarpées du Scave, petit affluent du Scorff, ce zoo spécialisé dans la reproduction des **félins** rassemble plus de 450 animaux du monde entier, dont cinq éléphants d'Asie, un record en France. Des spectacles d'animaux dressés – mal aimés, otaries, oiseaux marins – sont présentés à certaines heures.

Plouay

Pl. du Vieux-Château, 56240 Plouay, ☎ 02 97 33 11 14.

Championnat du monde, départ du Tour de France, Grands Prix... de grandes heures de l'histoire du vélo se sont écrites dans cette ville qui, avec ses animations et son Véloparc, fait tout pour retenir les amoureux de la « petite reine ».

Véloparc – Le domaine de Menehouarne connaît une étonnante reconversion en accueillant autour du château, dans le vaste parc de 50 ha, un **musée du Vélo**, un gîte, et un large choix de circuits (vélo ville ou VTT) pour passer à la pratique. *☎ 02 97 33 15 15 - ♿ - de mi-juil. à mi-août : 11h-18h ; de mi-juin à mi-juil. et de mi-août à mi-sept : 14h-18h ; de déb. avr. à mi-juin et de mi-sept. à fin sept. : w.-end et j. fériés 14h-18h - 4,60 € (-12 ans 3 €).*

Vallée du Blavet *(voir p. 338)*

Loudéac

Au cœur de la Bretagne, dans une région boisée aux rivières poissonneuses, cette petite ville est connue pour ses courses de chevaux. La région de Loudéac a développé un tourisme « vert » : du cyclotourisme à la randonnée, et à la pêche à la mouche.

Randonnées
L'Office de tourisme propose une documentation très complète sur les randonnées dans le pays du Centre Bretagne.

La situation

Carte Michelin Local 309 F5 – Côtes-d'Armor (22). Au Nord-Est de Pontivy, Loudéac se situe sur la D 700 qui conduit à Saint-Brieuc.

1 r. St-Joseph, 22600 Loudéac, ☎ 02 96 28 25 17. www.centrebretagne.com

Le nom

L'origine est le nom propre latin Laudius, qui a donné Louis.

Les gens

9 371 Loudéaciens. La ville a vu naître Jeanne Malivel (1885-1926), peintre actif au sein du groupe *Ar Seiz Breur*.

S. Sauvignier/MICHELIN
Le cheval, une célébrité dans le pays de Loudéac.

découvrir

UNE TRADITION CHEVALINE

Au Moyen Âge, la maison de Rohan possédait ici un haras d'une centaine de têtes. Aujourd'hui, la ville possède le deuxième **hippodrome** de l'Ouest, et la région offre de belles randonnées à cheval. *☎ 02 96 28 08 42 - ♿ - tlj sf w.-end 9h-12h, 14h-17h - possibilité de visite guidée (30mn) - fermé 14 juil.-16 août et j. fériés (sf lun. de Pâques) - gratuit.*

Courses de chevaux – *Elles ont lieu le dim. 15 j. av. Pâques, dim. et lun. Pâques et dim. suivant.*

alentours

Notre-Dame de Querrien

À 11 km à l'Est par la N 164, par la D 14 sur la gauche après la forêt de Loudéac.

Lieu d'une apparition de la Sainte Vierge à une petite bergère au 17e s., le village accueille un pèlerinage annuel.

La Chèze

10 km au Sud-Est par la D 778.

Le **Musée régional** s'adresse aux amoureux des vieux métiers. On y découvre une machine à imprimer (1930) en état de marche. *☎ 02 96 26 63 16 - ♿ - juil.-août : 9h-12h, 14h-18h, dim. 14h-18h ; juin et sept. : tlj sf sam. 9h-12h, 14h-18h, dim. 14h-18h ; sur demande le reste de l'année : tlj sf w.-end 9h-12h, 14h-18h - fermé j. fériés - 3,30 € (-12 ans : 1,70 €)*

POINT INFO
Le musée accueille une antenne de l'Office du tourisme (hébergement, loisirs, culture).

Saint-Thélo

11 km au Nord-Ouest. Cette agréable petite commune a connu une certaine prospérité grâce au travail et au commerce du lin. Cette activité autrefois très répandue dans la région est présentée à la **Maison des toiles** aménagée dans une ancienne maison de négociant (18e s.). *☎ 02 96 56 38 26 - ♿ - juin-sept. : 11h-13h, 14h-19h ; avr.-mai et oct. : tlj sf lun. 14h30-18h30 ; reste de l'année : w.-end et j. fériés 14h30-18h30 - fermé janv. - 3,50 €.*

Ménez-Hom★★★

Sommet des Montagnes Noires dont il prolonge l'extrémité occidentale, le Ménez-Hom est l'un des plus hauts reliefs bretons, avec ses 330 m. Il occupe une position clef à l'entrée de la presqu'île de Crozon, sur laquelle il offre un panorama exceptionnel.

La situation

Carte Michelin Local 308 F5 – Finistère (29). Entre Châteaulin et Crozon, le Ménez-Hom domine la D 887 et la D 83 qui y conduit. On y accède (2 km) par une petite route qui s'embranche sur l'axe reliant Châteaulin à Crozon, 1,5 km après la chapelle Ste-Marie.

Le nom

Menez signifie « montagne », Ménez-Hom veut dire « montagne du lieu ».

Les gens

Les jours de beau temps, des parapentistes forment un ballet coloré autour du mont.

VUE DU CIEL
ULM – *29550 Plomodiern - ☎ 02 98 81 28 47.* Promenade, survol de la côte et baptême de l'air en ULM.
Parapente – *29550 Plomodiern - ☎ 02 98 81 50 27 ou 06 80 32 47 34 - www.vol-libre-menez-hom.com.* Club Celtic du Vol Libre.

découvrir

Panorama★★★

On découvre la baie de Douarnenez, limitée à gauche par la côte de Cornouaille jusqu'à la pointe du Van, et à droite par la côte de la presqu'île de Crozon jusqu'au cap de la Chèvre. Vers la droite, la vue s'étend sur la pointe de St-Mathieu, les Tas de Pois, la pointe de Penhir, Brest et sa rade : en avant de celle-ci, se détachent l'île Longue à gauche, l'île Ronde et la pointe de l'Armorique à droite ; l'estuaire commun de la rivière du Faou et de l'Aulne dont les vallées se séparent vers l'arrière. La vallée de l'Aulne, la plus proche, décrit un beau méandre que franchit le pont suspendu de Térénez. Vers l'arrière : les monts d'Arrée, la montagne St-Michel et sa chapelle, le bassin de Châteaulin, les Montagnes Noires, la montagne de Locronan, Douarnenez et Tréboul.

GRAND ANGLE
Depuis la borne de l'Institut géographique, le tour d'horizon est complet. On peut apercevoir, dans la vallée de la Doufine, le bourg de Pont-de-Buis.

Il est rare que la table d'orientation du Ménez-Hom gèle. Par temps clair, le panorama est immense.

alentours

Chapelle Ste-Marie-du-Ménez-Hom

☎ 02 98 81 51 29 - avr.-sept. : 10h-18h - en cas de fermeture, s'adresser à la mairie.

Dans un petit enclos paroissial bâti en 1739, la chapelle conserve des **retables★**, assez chargés, formant un bel ensemble qui occupe tout le mur Est. Le retable Sud marque, par la souplesse et l'élégance de son exécution, une évolution surprenante de la statuaire bretonne.

Musée de l'École rurale en Bretagne

7 km au Nord de Ste-Marie, à Trégarvan. ☎ 02 98 26 04 72 - juil.-août : 10h30-19h ; de mi-fév. à fin juin et sept. : tlj sf sam. (sf sept.) 14h-18h ; oct.-nov. : tlj sf sam. 14h-17h ; de déb. déc. à mi-fév. : tlj sf w.-end 14h-17h - fermé 1er janv., 1er nov. et 25 déc. - 4 € (enf. 2,30 €).

Créé par le Parc naturel régional d'Armorique, ce musée permet de découvrir une grande salle de classe du début du 20e s. et l'appartement de l'instituteur.

Moncontour

Cette cité bâtie au 11e s. sur un promontoire rocheux ne manque ni d'allure ni de charme. Elle a pourtant perdu une partie de ses remparts en 1626, sur ordre de Richelieu. Les portes pratiquées dans les courtines sont désormais grandes ouvertes et invitent le promeneur à parcourir les pittoresques ruelles qui montent vers l'église.

La situation

Carte Michelin Local 309 G4. Côtes-d'Armor (22). Moncontour est situé à la jonction de deux vallées, entre Lamballe et Loudéac. Le château des Granges, reconstruit au 18e s., se dresse sur une colline, au Nord du bourg.

4 pl. de la Carrière, 22510 Moncontour, ☎ 02 96 73 50 50. www.pays-moncontour.com

Les gens

873 Moncontourais. Acquise aux ligueurs sous le règne d'Henri IV, la ville est reprise par l'armée royale en 1590. C'est dans la cité, de nouveau fidèle au roi, que François de La Noüe, dit **Bras-de-Fer**, meurt le 4 août 1591, après avoir été grièvement blessé lors du siège de Lamballe.

Sur les traces des Chouans

La période révolutionnaire a été particulièrement mouvementée dans le pays de Moncontour, malgré les efforts de Hoche et de Boishardy. Une exposition *(en saison, payante)* à l'Office de tourisme illustre ces heures dramatiques.

visiter

Église St-Mathurin – Édifiée au 16e s., profondément remaniée au 18e s., elle abrite de remarquables **vitraux★** du 16e s. : dans le bas-côté gauche, on découvre des épisodes de la vie de saint Yves, sainte Barbe et saint Jean Baptiste ; dans le bas-côté droit, l'Arbre de Jessé et saint

Mathurin. Derrière le maître-autel en marbre (1768), la verrière, restaurée, évoque des scènes de l'enfance du Christ.

Théâtre du Costume – *13 r. du Dr.-Sagory. ☎ 02 96 73 49 57 - juil.-août : 14h-18h ; reste de l'année : sur demande - 3 € (enf. 1 €).*
Madame Morel, costumière de théâtre passionnée, offre ici une saisissante illustration de l'histoire de France, des chevaliers du Moyen Âge à la mode 1900.

A. de Valroger/MICHELIN

Il est agréable de se promener dans Moncontour qui a conservé d'anciennes et belles maisons.

alentours

Château de la Touche-Trébry

5 km à l'Est. Changement de propriétaire, se renseigner à l'Office de tourisme, ☎ 02 96 73 49 57.
Bien qu'édifié à la fin du 16e s., la Touche-Trébry a l'allure d'un château médiéval protégé par son enceinte. Au fond de la cour se trouve le logis principal à la façade régulière. De chaque côté, en retour d'équerre, s'avancent deux pavillons à combles aigus, auxquels font suite des communs plus bas, se raccordant aux pavillons de l'entrée (celui de droite s'est malheureusement effondré). À l'intérieur, belles cheminées.

Langast

10 km au Sud.

Église Saint-Gal – *☎ 02 96 28 72 87 - en cas de fermeture s'adresser à la mairie.* De récentes découvertes donnent un intérêt nouveau à cet édifice dont l'origine remonterait aux 4e et 5e s. On peut admirer la maçonnerie en arêtes de poisson, de beaux vitraux du 16e s., dont une maîtresse vitre de 1508, mais aussi et surtout de très rares **fresques★** (9e-11e s.), peuplées d'étranges créatures qui suscitent encore bien des interrogations.

Montagnes Noires★★

Soixante kilomètres de grès armoricain et de schiste noirâtre composent avec les monts d'Arrée l'« épine dorsale de la péninsule ». Un superbe but d'excursion, pour ceux qui souhaitent s'écarter un moment du littoral breton.

La situation

Carte Michelin Local 308 I/J5 – Finistère (29) et Morbihan (56). Les Montagnes Noires s'étendent d'Est en Ouest, au Sud de Carhaix-Plouguer. ▶

RELIEF
Un peu moins hautes que les monts d'Arrée (326 m contre 384 m), les Montagnes Noires n'ont pas tout à fait le même caractère : crêtes plus étroites, pentes peu accentuées et landes moins étendues.

Le nom

De grandes forêts de feuillus ont donné leur nom à ces sommets, qui furent mis à nu au cours des temps. Le reboisement a été entrepris, et les sapinières justifient à nouveau leur appellation.

carnet pratique

SE LOGER

⊖ **Relais de Cornouaille** – *Rte de Carhaix - 29119 Châteauneuf-du-Faou - ☎ 02 98 81 75 36 - relaiscornouaille@wanadoo.fr - fermé oct. - P - 29 ch. 39/50 € - ☕ 6,50 € - restaurant 14/34 €.* Installé dans deux maisons de village accolées - l'une récente, l'autre ancienne - cet hôtel a peu à peu modernisé ses chambres, son salon et sa réception. Les menus généreux du restaurant, dont un spécial enfant, attirent une clientèle locale nombreuse.

SE RESTAURER

⊖⊖ **Le Bienvenue** – *84 r. Nicolas-le-Grand - 56110 Roudouallec - 9 km à l'O de Gourin rte de Quimper par D 1 - ☎ 02 97 34 50 01 - lebienvenue@wanadoo.fr - fermé vac. de fév. - 14,50/53 €.* Hortensias et rhododendrons fleurissent les abords de ce restaurant situé sur la traversée du village. Dans une salle sans prétention, mais claire et soignée, vous goûterez une copieuse cuisine mettant en avant les produits de la région.

circuit

UNE VIE MONTAGNARDE BRETONNE

85 km – une demi-journée.

Carhaix-Plouguer *(voir ce nom)*

Quitter Carhaix à l'Ouest en direction de Pleyben (N 164) et poursuivre sur la D 769 vers le Sud.

La route s'engage dans la pittoresque vallée de l'Hyère.

À Port-de-Carhaix, après avoir franchi le canal de Nantes à Brest, tourner à droite.

À environ 1,5 km, remarquez sur la gauche le **calvaire de Kerbreudeur**, l'un des plus anciens de Bretagne (15e s.), dont les sculptures, bien qu'endommagées, sont encore expressives.

St-Hernin

Dans ce lieu où se serait fixé saint Hernin, moine venu d'Irlande, subsiste un enclos paroissial du 16e s. Le calvaire très élancé est fort beau ; on reconnaît saint Michel terrassant le dragon de sa longue épée.

Regagner à Moulin-Neuf la route de Carhaix à Gourin (D 769), et tourner à droite.

On aperçoit ici et là des ardoisières abandonnées.

Chapelle St-Hervé

Le chemin d'accès se détache sur la gauche.

Cet édifice du 16e s. au décor flamboyant et au clocheton ajouré reçoit chaque année le pardon de la Saint-Hervé.

GOURIN, PAYS FERMIER
Gourin fournissait des ardoises. C'est aujourd'hui un centre d'élevage de chevaux, de bovins et de volailles.

Franchir la ligne de faîte avant d'amorcer la descente sur Gourin. Poursuivre vers l'Est.

La Trinité-Langonnet

L'**église*** de style flamboyant possède une remarquable **charpente** (1568) à motifs Renaissance, qui témoigne d'une grande maîtrise artisanale et souligne l'élévation de la nef. Dans le chœur, remarquez les enfeus sculptés et les sablières. *En cas de fermeture, possibilité de récupérer la clef auprès de M. Rety, 3 r. Rozo.*

Revenir à Gourin en passant par Minetoul, et à la sortie de Gourin prendre la D 301 vers le Nord. On se dirige à nouveau vers la crête des Montagnes Noires.

Roc de Toullaëron*

1/2h à pied AR. À 5 km de Gourin, après un virage, laisser la voiture et prendre à droite un chemin rocailleux (pique-nique interdit) qui s'élève dans un taillis de chênes ; à son extrémité, escalader les blocs rocheux.

Depuis ce point culminant (326 m) des Montagnes Noires, on découvre par temps clair un immense **panorama***. Vers l'Ouest, s'étale le bassin de Châteaulin dont le bocage semble une forêt. Vers le Nord, se dessinent les monts d'Arrée. Vers le Sud, on voit le plateau breton s'incliner doucement vers l'Atlantique.

Gagner Spézet et, à la sortie vers Châteauneuf-du-Faou, tourner à gauche.

Chapelle N.-D.-du-Crann*

☎ 02 98 93 80 03 - visite guidée gratuite mai-sept. : 14h-17h30 - reste de l'année : sur demande auprès de M. Émile Philippe - Palaë-Spezet - ☎ 02 98 93 88 89.

Bâtie en 1532, cette chapelle possède une splendide série de **vitraux**** du 16e s. Le programme le plus important (12 panneaux) orne le chœur et illustre la Passion. Dans le bas-côté droit, légende de saint Éloi.

CONVOITISE
On raconte qu'au 19e s., un amateur parisien voulut faire l'acquisition des vitraux de N.-D.-du-Crann. Le curé demeura incorruptible !

Revenir à l'entrée de Spézet où l'on tourne à gauche et à 2 km, encore à gauche. À l'entrée de St-Goazec, tourner à droite.

Écluse de Gwaker

C'est l'une des nombreuses écluses du canal de Nantes à Brest. Belle chute en fin de plan d'eau.

Traverser St-Goazec, puis prendre à droite vers Laz.

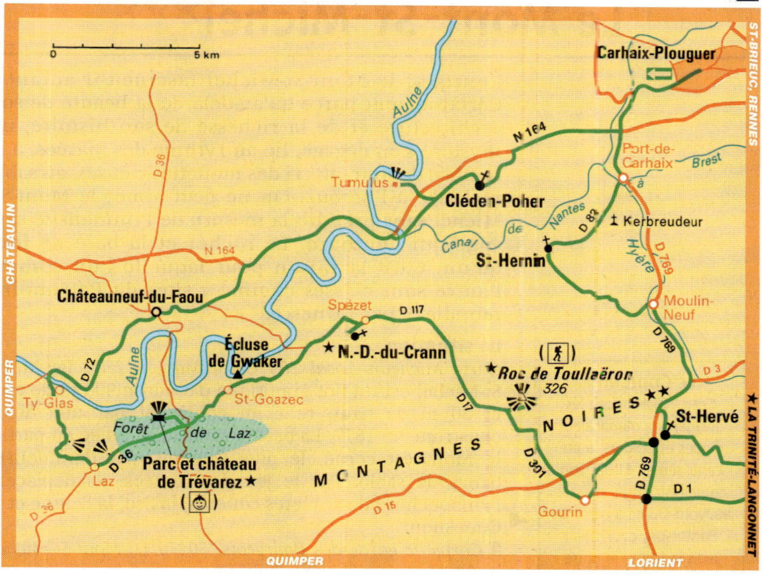

Parc et château de Trévarez★
☎ *02 98 26 82 79 - www.trevarez.com - en travaux, se renseigner pour visiter - juil.-août : 11h-18h30 ; avr.-juin et sept. : 13h-18h ; oct.-mars : merc. w.-end et j. fériés 14h-18h ; vac. scol. tlj 14h-18h - 4,30 € (-11 ans gratuit).*
Ce parc de 85 ha s'ordonne autour d'un château Belle Époque (vers 1900), de style néogothique *(en restauration)*. Des sentiers balisés à travers bois permettent d'agréables promenades au rythme des saisons : camélias (particulièrement en avril), azalées et rhododendrons (en mai), hortensias (en juillet), et fuchsias. Des fontaines, un jardin d'eau et un étang apportent une fraîcheur agréable. La terrasse du château offre une **belle vue** sur la vallée de l'Aulne. À voir : les anciennes écuries réaménagées en lieu de détente et d'expositions.

Dans Laz, tourner à droite vers Ty-Glas, où après avoir admiré les arêtes rocheuses et la vallée de l'Aulne, il faut prendre à droite vers Châteauneuf-du-Faou. La route franchit, puis longe l'Aulne.

Châteauneuf-du-Faou
Au penchant d'une colline qui domine l'Aulne, la ville attire les pêcheurs de saumons et de brochets. Dans l'église, on verra la chapelle des fonts baptismaux décorée en 1919 par **Paul Sérusier** (1864-1927), peintre appartenant au groupe des Nabis. Il a retracé des épisodes de la vie du Christ.

Rejoindre la N 164 qui ramène à Carhaix-Plouguer.

Cléden-Poher
Ce village possède un bel **enclos paroissial★**, bâti pour l'essentiel au 16e s. L'église des 15e et 16e s. renferme d'intéressants retables. Une grande partie de la voûte conserve ses lambris peints en 1750. On remarque aussi la jolie charpente de l'ossuaire transformé en chapelle, un beau calvaire de 1575 et deux sacristies couvertes en carène.

Regagner Carhaix-Plouguer.

DANS LE PARC
Goûter breton et boutiques complètent la visite de ce lieu.

Le Mont-St-Michel★★★

Pourquoi le Mont-St-Michel fascine-t-il autant ? Certainement parce qu'au-delà de la beauté de son architecture et de la richesse de son histoire, un mystère s'en dégage, lié au rythme des marées, à la tombée du jour, au cri des mouettes rieuses, au sable mélangé à l'herbu... On ne peut aimer le Mont-St-Michel sans prendre la mesure de l'immensité sauvage qui l'entoure. Le rocher et la baie ne font qu'un. C'est la raison pour laquelle l'un comme l'autre sont classés comme « sites du Patrimoine mondial » par l'Unesco.

La situation

Carte Michelin Local 303 C8 – Manche (50). Le Mont-St-Michel est un îlot granitique d'environ 900 m de tour et 80 m de haut, relié au continent par une digue construite en 1877. La baie étant déjà comblée en partie, le Mont est cerné, le plus souvent, par d'immenses bancs de sable. Par le jeu des marées, ils déplacent l'embouchure des rivières côtières, la Sée, la Sélune et le Couesnon.

Le Couesnon

Cette rivière, dont les divagations menaçaient digues et polders, a été canalisée en 1863. Son cours historique, orienté au Nord-Ouest à partir de Pontorson, constituait jadis la frontière entre les duchés de Normandie et de Bretagne, ce que déploraient les Bretons : « Le Couesnon a fait folie. Cy est le Mont en Normandie. »

Corps de garde des Bourgeois, 50170 Le Mont-St-Michel, ☎ 02 33 60 14 30. www.mont-saint-michel.net

Le nom

L'archange saint Michel étant apparu trois fois en songe à Aubert, évêque d'Avranches, celui-ci fonda sur le mont Tombe un oratoire. Il fut remplacé par une abbaye carolingienne, au début du 8e s. Pour les milliers de pèlerins qui affluaient ici, la traversée de la baie n'allait pas sans enlisements ou noyades : c'est pourquoi le Mont fut également dénommé St-Michel-au-Péril-de-la-Mer.

Les gens

Les habitants sont les Montois... et ils ne sont que 72. Les pèlerins, qui se rendent au Mont par dizaine de milliers chaque année, étaient jadis appelés les Miquelots.

B. Kaufmann/MICHELIN

comprendre

Les premiers pèlerinages – Peu de temps après la fondation du sanctuaire, les fidèles affluent au Mont, même pendant la guerre de Cent Ans. Les Anglais, alors maîtres de la région, accordent, moyennant finances, des sauf-conduits aux fidèles. On voit ainsi arriver pêle-mêle des nobles, de riches bourgeois, et des gueux qui vivent d'aumônes pendant leur voyage et sont hébergés gratuitement par les moines à l'aumônerie. L'hôtellerie et le commerce des « souvenirs » sont déjà florissants. Les pèlerins achètent des insignes portant l'effigie de saint Michel, et des ampoules de plomb qu'ils remplissent du sable de la grève.

De l'abbaye à la prison – Au 17e s., les mauristes, religieux de St-Maur, sont chargés de réformer le monastère. En matière architecturale, ils font œuvre décevante, se contentant de tailler et de rogner dans les bâtiments. La transformation de l'abbaye en prison ajoute encore aux déprédations. « Bastille » provinciale avant la Révolution, le Mont devient, en 1811, une prison pour les condamnés de droit commun et quelques détenus politiques, comme Barbès, Blanqui, Raspail. En 1874, l'abbaye et les remparts sont confiés au service des Monuments historiques.

AUJOURD'HUI
Depuis 1969, quelques religieux occupent de nouveau l'abbaye et assurent une présence spirituelle permanente.

Les étapes de la construction – Apporter des blocs de granit, parfois des îles Chausey ou de Bretagne, et les hisser à pied d'œuvre ne fut pas une petite affaire. L'arête du sommet étant fort étroite, on dut chercher appui sur les flancs du rocher.

11e-12e s. Une église est bâtie (1017-1144) au sommet du rocher. L'édifice carolingien antérieur est utilisé comme crypte, N.-D.-sous-Terre. Elle soutient la plate-forme où s'élèvent les trois dernières travées de la nef romane.

13e-16e s. Édification de l'abbaye gothique. Sont également construits à cette époque :

– au Nord, les magnifiques bâtiments de la Merveille (1211-1228) affectés aux moines, aux pèlerins, à la réception des hôtes de marque ;

– au Sud, les bâtiments abbatiaux (13e-15e s.) consacrés à l'administration, au logement de l'abbé, à la garnison ;

D'EST EN OUEST
Les bâtiments conventuels sont élevés sur le flanc Ouest du Mont et de part et d'autre de la nef. L'entrée de l'abbaye, elle, est à l'Est.

Le Mont-St-Michel.

Se loger

La Tour Brette – *8 r. Couesnon - 50170 Pontorson - 9 km au S du Mont-St-Michel - ☎ 02 33 60 10 69 - http://perso.wanadoo.fr/latourbrette/ - fermé 14-22 mars, 1er-20 déc. et merc. sf juil.-août - 10 ch. 32/39 € - ☕ 6,50 € - restaurant 10,80/28 €.* Ce petit hôtel central doit son nom à la tour qui jadis protégeait la Normandie des assauts du duché de Bretagne. Chambres pas très grandes mais fraîchement rénovées. Au restaurant, cadre simple et longue carte traditionnelle.

Bretagne – *R. Couesnon - 50170 Pontorson - 4 km au S du Mont-St-Michel par D 976 - ☎ 02 33 60 10 55 - www.lebretagnepontorson.com - fermé 15-30 janv. - 13 ch. 35/64 € - ☕ 7 € - restaurant 11/38 €.* Maison de style régional. Admirez les jolies boiseries du 18e s., la cheminée en marbre gris et le radiateur chauffe-plats (très original !) dans la première petite salle... Bar feutré très « british » et chambres spacieuses agréablement meublées.

Chambre d'hôte Mme Gillet Hélène – *3 Le Val St-Revert - 35610 Roz-sur-Couesnon - 15 km au SO du Mont-St-Michel rte de St-Malo par la côte D 797 - ☎ 02 99 80 27 85 - ⊠ - 3 ch. 30/46 € ☕.* Cette maison familiale (17e s.) dominant la baie offre une belle vue sur le Mont-St-Michel et la campagne environnante. Trois chambres au charme désuet, dont trois s'ouvrent côté mer, et une plus récente, lumineuse, dotée d'une terrasse donnant sur le jardin.

Chambre d'hôte Amaryllis – *Le Bas-Pays - 50170 Beauvoir - 2,5 km au S du Mont-St-Michel dir. Pontorson par D 976 - ☎ 02 33 60 09 42 - ⊠ - 5 ch. 35/46 € - ☕ 4,65 €.* Ce bâtiment en pierre a été rénové dans l'unique but d'y accueillir des chambres d'hôte. Leurs points forts : des salles de bains bien équipées, un entretien irréprochable et une terrasse meublée. Petit « plus » : la possibilité de visiter la ferme voisine.

Chambre d'hôte La Bergerie – *La Poultière - 35610 Roz-sur-Couesnon - 16 km au SO du Mont-St-Michel - rte de St-Malo par la côte D 797 - ☎ 02 99 80 29 68 - www.la-bergerie-mont-saint-michel.com - ⊠ - 5 ch. 43/48 € ☕.* Ces chambres aménagées dans une ancienne bergerie manquent certes un peu de charme, mais sont confortables et bénéficient du calme du petit hameau. L'espace cuisine mis à disposition des hôtes est très apprécié, comme le jardin où broutent des moutons. Un gîte est également proposé.

Les Vieilles Digues – *Rte du Mont-St-Michel - 50170 Beauvoir - 3 km au S du Mont-St-Michel dir Pontorson - ☎ 02 33 58 55 30 - www.bnb-normandy.com - fermé janv. - 7 ch. 45/60 € ☕.* Cette jolie maison en pierre abrite de grandes chambres aménagées avec soin et garnies d'un beau mobilier ; celle avec vue sur le Mont-St-Michel est bien sûr très demandée. Plaisante salle des petits déjeuners agrémentée de colombages. Jardin paysagé.

Se restaurer

La Gourmandise – *21 rte du Mont-St-Michel - 50170 Beauvoir - 4 km au S du Mont-St-Michel - ☎ 02 33 58 42 83 - fermé nov.-janv. et mar. sf juil.-août - 9,15 € - 4 ch. 40 € ☕.* Maison bretonne transformée en crêperie dont la présence anime cette toute petite localité. Décor simple, éclairé par de larges baies vitrées. La longue carte propose essentiellement des crêpes et des galettes.

Auberge de la Baie – *La Rive - 50170 Ardevon - 3 km au SE du Mont-St-Michel dir. Avranches par D 275 - ☎ 02 33 68 26 70 - www.aubergedelabaie.fr - fermé nov., mar. et -merc. sf juil.-août - 10/30 € - 12 ch. 28/40 € ☕ 5 €.* Placé en bordure de départementale, cet hôtel-restaurant est une étape bienvenue pour qui veut échapper, le temps d'un repas, à l'effervescence touristique du Mont-St-Michel. À la carte : plats traditionnels et régionaux (agneau de prés-salés, fruits de mer), et petit choix de galettes.

La Sirène – *☎ 02 33 60 08 60 - fermé 10 janv.-2 fév., 15 nov.-20 déc. et vend. - 16/26 €.* Cette maison du 14e s. au long passé d'auberge abrite désormais une crêperie à laquelle on accède par un escalier en colimaçon. L'aspect des fenêtres, qui ressemblent à des vitraux avec leurs carreaux de verre dépoli sertis d'étain, confirme l'authenticité des lieux.

Pré Salé – *Rest. de l'hôtel Mercure - 2 km au S du Mont-St-Michel par D 976 - ☎ 02 33 60 14 18 - contact@hotelmercure-montsaintmichel.com - fermé 12 nov.-6 fév. - ⊠ - 16,50/44 €.* Bordant le Couesnon à l'amorce de la digue, l'hôtel Mercure vous invite dans sa lumineuse salle à manger récemment rénovée, aux tables bien espacées. Dégustez-y les fameuses viandes des prés-salés de la baie du Mont-St-Michel.

Croix Blanche – *☎ 02 33 60 14 04 - fermé 1er janv.-fév. et 15 nov.-20 déc. - 20/30 €.* Haut bâtiment abritant une salle à manger principale (pierres et poutres apparentes) au 2e étage et une agréable petite terrasse ouverte sur le chemin de ronde du Mont-St-Michel. Nombreux menus. Petites chambres bien meublées ; certaines offrent la vue sur la mer.

La Promenade – *Pl. du Casino - 50610 Jullouville - ☎ 02 33 90 80 20 - www.la-promenade.fr - fermé lun. et mar. - réserv. conseillée - 18/42 €.* On peut difficilement trouver plus belle vue sur la baie du Mont-St-Michel que depuis cet élégant restaurant-salon de thé sis au rez-de-chaussée de l'ancien hôtel du casino (1881). Vaisselle et beaux meubles anciens. La carte privilégie les produits de la mer de la côte normande.

Que rapporter

Brasserie de la Baie – *6 rte de Roche-Torin - 6 km à l'E du Mont-St-Michel - 50220 Courtils - ☎ 02 33 60 37 65 - clesenechal@nomotech.net - de mai à fin sept. : jeu.-dim. 15h30-19h ; hors sais. : sam. apr.-midi, dim. apr.-midi.* Quatre sortes de bières sortent des cuves de cette petite brasserie artisanale implantée à deux pas de la Maison de la Baie. Une blonde bien plaisante, une ambrée de caractère anglo-saxon, une brune hivernale aromatisée à l'hydromel et une blanche estivale bien rafraîchissante. Dégustation et vente sur place.

Sports & Loisirs

VMPS – *6 r. de la Métairie - 50170 Boucey - ☎ 02 33 60 68 00 - www.mont-saint-michel-voyages.com - réservation : 06 86 90 95 01 de 8h à 22h.* Cette agence propose des promenades et traversées de la baie à pied, accompagnées d'un guide passionné de nature, ainsi que des balades en calèche au gré des polders et des herbus. Également, location de vélos.

Chemins de la Baie – *14 pl. des Halles - 50530 Genêts – ☎ 02 33 89 80 88 - chemindelabaie@wanadoo.fr - avr.-oct. : tlj - fermé les w.-end de nov. à mars - de 5,50 à 16,50 €.* Nichée dans une petite impasse fleurie à côté de la mairie, cette association propose des traversées traditionnelles ou commentées ainsi que des randonnées à thème sur le littoral, la faune et le patrimoine.

Didier Lavadoux – *36 Grande-Rue – A 84 au niveau d'Avranches sortie Jullouville Cherbourg - 50530 Genêts - ☎ 02 33 70 84 19 - didier.lavadoux@wanadoo.fr - ouv. avr.-oct. : tlj selon la demande - 9 € (enf. 5€).* 20 ans d'expérience et toujours la même passion ! Ce guide chevronné (indépendant et diplômé d'état) connaît la baie comme personne et vous invite à partager son attachement en organisant des traversées - commentées ou non - du site. Durée des promenades variable (entre 2h et 5h), à choisir selon votre endurance...

La Tanière (centre équestre) – *La Grève - 50170 Moidrey - ☎ 02 33 58 13 53 ou 06 30 50 59 21 - www.randobaie.com - ouv. tlj - à partir de 35 €.* Posté sur la route du Mont-Saint-Michel après l'hippodrome, ce centre équestre s'est presque fait une spécialité des randonnées à cheval dans la baie. À raison de 2 h de promenade, d'une journée entière, d'un week-end ou même d'une semaine, vous aurez l'occasion d'apercevoir ses paysages et l'abbaye d'un autre œil.

Découverte de la baie du Mont-St-Michel en ULM – *Aérodrome du Val St-Père - sortie aérodrome sur l'axe autoroutier Caen-Rennes - 50300 Avranches - ☎ 02 33 48 67 48 - www.ulm-mont-saint-michel.com - 35 à 150 €.* Il est possible de s'offrir des sensations inoubliables en ULM au-dessus de la baie du Mont-St-Michel à partir de l'aérodrome du Val-st-Père : survol global de la baie, vol à l'aplomb du mont (combinable avec un survol de Cancale ou de Granville) ou le « must », qui est un vol au lever du soleil. Pilote instructeur fort de vingt ans d'expérience.

– à l'Est, le châtelet et les défenses avancées (14e s.) qui protègent l'entrée.
Le chœur roman de l'église, qui s'était écroulé, est rebâti (1446-1521) sur une nouvelle crypte. Plus magnifique encore, il est de style gothique flamboyant.

18e-19e s. En 1780, les trois dernières travées de la nef sont démolies, ainsi que la façade romane. En 1897, on édifie le clocher actuel : surmonté d'une belle flèche que termine le *Saint Michel* de Frémiet, il culmine à 157 m.

Grands travaux

Annoncé depuis des années, le grand projet de désensablement du Mont-St-Michel s'engage enfin. Il s'agit d'un projet très complexe dont la priorité est de rendre au Mont son caractère maritime. Dans un premier temps le Couesnon va être doté d'un barrage pour repousser plus efficacement le sable. La digue va être partiellement remplacée par un pont-passerelle, le parking va être éloigné sur la côte et relié au Mont par des navettes silencieuses... Ces grands chantiers vont s'échelonner sur plusieurs années mais sans empêcher l'accès au Mont. Pour plus d'informations, vous pouvez consulter le site www.projetmontsaintmichel.fr

se promener

LE BOURG

Défenses avancées

La porte de l'Avancée est la seule ouverture des remparts. Elle donne accès à une première cour fortifiée. À gauche, le **corps de garde des Bourgeois** (16e s.) est actuellement siège de l'Office de tourisme ; à droite, les « michelettes », bombardes anglaises (machines de guerre lançant des boulets) prises au cours d'une attaque militaire pendant la guerre de Cent Ans. Après une seconde porte et une seconde cour fortifiée, la **porte du Roi** (15e s.) possède encore ses mâchicoulis et sa herse. On l'appelle ainsi parce qu'y était logé le contingent symbolique que le roi entretenait au Mont, pour rappeler ses droits. On débouche enfin dans la Grande-Rue. La jolie maison de l'Arcade, à droite, servait de caserne aux soldats de l'abbé.

G. Targat/MICHELIN

La Grande-Rue est extraordinairement vivante et agitée toute l'année.

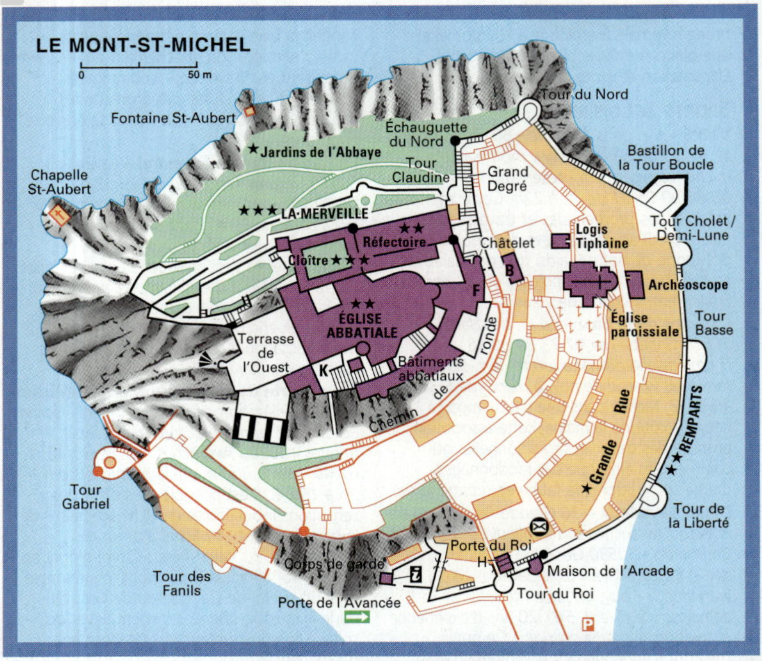

Maison ancienne " la Truie-qui-file "................B
Salle des Gardes ou Porterie.........F
Terrasse " le Saut Gautier "................K

Grande-Rue★

Étroite et en montée, la Grande-Rue est bordée de maisons anciennes (15e-16e s.) dont plusieurs ont gardé leur nom d'antan : le **Logis Saint-Étienne**, le **Vieux Logis**, la **Sirène**, la **Truie-qui-file**. Coupée de marches à son sommet, elle est extrêmement animée, et encombrée pendant la saison estivale : les étalages de marchands de souvenirs l'envahissent, ni plus ni moins d'ailleurs qu'à l'époque des plus fervents pèlerinages, au Moyen Âge.

G. Targat/MICHELIN

La Mère Poulard : le Mont, une omelette sur le feu, et tout est dit.

L'omelette de la Mère Poulard

C'est en 1851 que naît à Nevers Annette Boutiaut. Femme de chambre de son état, elle accompagne la famille d'Édouard Corroyer (1837-1904), élève de Viollet-le-Duc et architecte des Monuments historiques chargé de la restauration de l'abbaye. Elle y rencontre Victor Poulard, l'un des fils du boulanger local. Ils se marient et prennent en gérance l'hôtel-restaurant de *Saint-Michel Tête d'Or*. Vers 1875, la digue n'existe pas encore, touristes et pèlerins accèdent au Mont à pied ou à cheval, selon l'heure où la marée le permet. Annette sait qu'une bonne aubergiste ne doit pas se laisser prendre au dépourvu. Elle a donc toujours des œufs en réserve et, pour faire patienter ses hôtes, elle leur bat une omelette en attendant des plats plus substantiels. Son accueil, ainsi que la qualité des produits qu'elle cuisine, font grandir sa notoriété. Annette Poulard disparaît en 1931 ; et les critiques gastronomiques s'interrogent encore sur le secret de son omelette...

Remparts★★

13e-15e s. La promenade sur le chemin de ronde offre de belles **vues** sur la baie, particulièrement depuis la tour Nord : on distingue le rocher de Tombelaine, sur lequel Philippe Auguste avait fait bâtir des fortifications.

Jardins de l'abbaye★

Cette promenade très reposante permet de découvrir la face Ouest du Mont et la chapelle St-Aubert. *☎ 02 33 89 80 00 - mai-août : 9h-19h (dernière entrée 1h av. fermeture) ; sept.-avr. : 9h30-18h - fermé 1er janv., 1er Mai et 25 déc - 8 € billet combiné avec l'abbaye, 1er dim. du mois (oct.-mars) gratuit.*

Archéoscope

☏ 02 33 89 01 85 - juil.-août : 9h-19h ; fév.-juin, de déb. sept. à mi-nov. et vac. de Noël : 9h-17h30 - 7 € (-10 ans gratuit).

Ce spectacle très grand public met en scène l'histoire du Mont depuis la disparition de la forêt de Scissy et l'apparition de saint Michel Archange à l'évêque Aubert, jusqu'aux différentes étapes de l'édification de l'abbaye.

Église paroissiale St-Pierre

Datant du 11e s., elle a été très remaniée. L'abside enjambe une ruelle menant au cimetière. L'église abrite du mobilier provenant de l'abbaye. Dans la chapelle du bas-côté droit : statue de saint Michel recouverte d'argent ; chapelle à droite de l'autel : statues de la Vierge à l'Enfant (15e s.) et de sainte Anne.

Logis Tiphaine

☏ 02 33 60 23 34 - mêmes conditions de visite que l'Archéoscope - 7 € (enf. 4,50 €).

Du Guesclin, qui fut capitaine du Mont, aurait fait loger ici sa femme Tiphaine Raguenel, jolie Dinannaise cultivée, pendant qu'il allait combattre en Espagne. Le logis a été très restauré au 19e s.

G. Targat/MICHELIN

Dans le cloître, les arcades sont soutenues par de ravissantes colonnettes, disposées en quinconce pour accentuer l'impression de légèreté.

visiter

ABBAYE★★★

☏ 02 33 89 80 00 - www.monum.fr - mai-août : 9h-19h (dernière entrée 1h av. fermeture) ; sept.-avr. : 9h30-18h - fermé 1er janv., 1er Mai et 25 déc. - 8 €, 1er dim. du mois (oct.-mars) gratuit.

La visite s'effectue à travers un dédale de couloirs et d'escaliers, par étage et non par bâtiment ou par époque.

Visites de nuit

En été, on ne se contente pas de visiter l'abbaye en pleine journée. On la découvre plus intimement de nuit, sous l'angle d'éclairages subtils, au son d'un programme de musique original, parfois déroutant. De 19h à 23h30, tlj sf dim. (dernière entrée 1h av. fermeture) - *renseignements au service des visites - ☏ 02 33 89 80 00.*

Défenses avancées

On atteint le Grand Degré, escalier qui conduit à l'abbaye. Une porte pivotante pouvait l'obstruer. En haut et à droite s'ouvre l'entrée des jardins, puis s'amorce l'escalier des remparts.

On passe sous l'arche d'une ancienne porte pour pénétrer dans une cour fortifiée que domine le **châtelet**. Il se compose de deux hautes tours, en forme de bombardes dressées sur leur culasse et reliées par des mâchicoulis. Même dans cet ouvrage militaire, on retrouve le souci d'art du constructeur : la muraille est bâtie en assises alternées de granit rose et gris, d'un heureux effet. De là part un escalier couvert d'une voûte en berceau surbaissé, peu éclairé : ce passage abrupt est appelé l'**escalier du Gouffre**.

Salle des gardes ou Porterie

C'était la plaque tournante de l'abbaye. Les pèlerins indigents étaient dirigés, en passant par la cour de la Merveille, vers l'aumônerie. Les visiteurs de l'abbé et les fidèles se rendant à l'église empruntaient l'escalier abbatial.

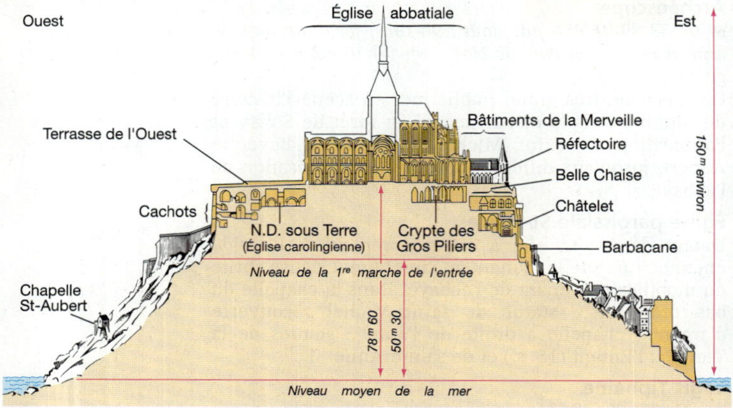

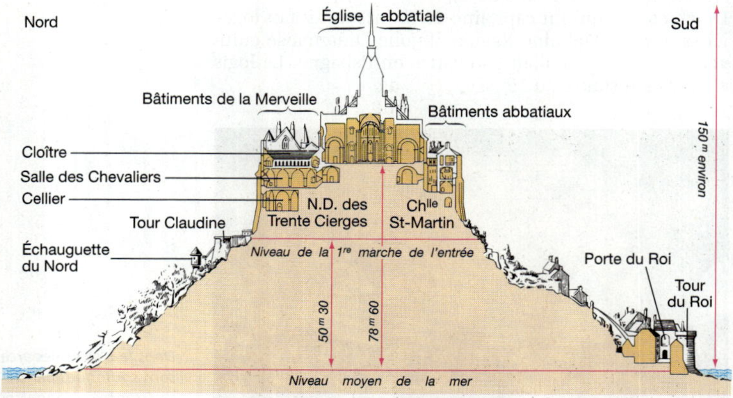

SAINT-MICHEL-MONTJOIE !

À l'un des moments les plus sombres de l'histoire de France, au 15e s., alors qu'Henri V d'Angleterre parvient à se faire couronner roi de France à Paris, correspond le rayonnement le plus intense du Mont-St-Michel. C'est le seul point de la France de l'Ouest et du Nord à ne jamais tomber aux mains de l'envahisseur. Jeanne d'Arc choisira pour cri de ralliement « St-Michel-Montjoie », et Louis XI instituera l'ordre de chevalerie de St-Michel.

Escalier abbatial

◀ Cet imposant escalier se développe entre les bâtiments abbatiaux à gauche, et l'église à droite. Il était défendu par un pont fortifié (15e s.). L'escalier aboutit, devant le portail Sud de l'église, à une terrasse appelée le « **Saut Gautier** », nom d'un prisonnier qui, de là, se serait jeté dans le vide. C'est également de ce point que partent les visites. La plate-forme de l'Ouest est une vaste terrasse créée par l'arasement des trois dernières travées de l'église : la **vue★** s'étend sur la baie du Mont-St-Michel.

Église★★

Le **chevet**, avec ses contreforts, arcs-boutants, clochetons, balustrades, est un chef-d'œuvre de grâce et de légèreté. À l'intérieur, le contraste entre la nef romane, sévère et sombre, et le chœur gothique, élégant et lumineux, est saisissant.

Merveille★★★

Ce nom désigne les superbes bâtiments gothiques qui occupent la face Nord. La partie Est de ces constructions (1211-1218) comprend, de bas en haut, l'aumônerie, la salle des Hôtes et le réfectoire ; dans la partie Ouest (1218-1228) leur correspondent : le cellier, la salle des Chevaliers et le cloître.
Extérieurement, la Merveille a l'aspect puissant d'une forteresse, tout en accusant, par la noblesse et la pureté de ses lignes, sa destination religieuse.
À l'intérieur, on se rend compte de l'évolution accomplie par le style gothique. Depuis les salles basses qui expriment une simplicité presque romane jusqu'au cloître, chef-d'œuvre de finesse et de légèreté et de goût, en passant par l'élégance de la salle des Hôtes, la majesté de la salle des Chevaliers et la luminosité mystérieuse du réfectoire.

Cloître★★★

Il est comme suspendu entre mer et ciel. Les arcades des galeries comportent des **sculptures** remarquablement fouillées, dans un décor de feuillage orné çà et là de formes humaines et d'animaux. On y découvre également des motifs poétiques illustrant l'art sacré. La teinte même des divers matériaux employés ajoute à l'harmonie de l'ensemble.

> **À** droite de l'entrée du cloître, un *lavatorium* (lavabo) évoque la célébration du « lavement des pieds » qui se renouvelait tous les jeudis à l'abbaye.

Réfectoire★★

L'impression est étonnante : il règne une belle lumière diffuse qui, à l'évidence, ne peut provenir des deux baies percées dans le mur du fond ; l'acoustique y est remarquable. En avançant, on découvre l'artifice de l'architecte : pour éclairer la salle sans affaiblir la muraille soumise à la forte pression de la charpente, il a ménagé des **ouvertures** très étroites et très hautes au fond d'embrasures. Une voûte lambrissée coiffe l'ensemble.

A. Wolf/C.N.M.H.S.

L'Archange du Mont-St-Michel.

Ancienne abbaye romane

Ses voûtes d'ogives marquent la transition entre le roman et le gothique. On visite le **promenoir des moines**. Une partie du dortoir subsiste.

Grande roue

Elle rappelle l'époque où l'abbaye faisait office de prison. Mue par cinq ou six prisonniers qui marchaient à l'intérieur, cette roue servait à faire monter provisions et matériaux.

Cryptes

Des trois cryptes qui supportent les croisillons et le chœur de l'église abbatiale, la plus émouvante est **Notre-Dame-sous-Terre** *(accès possible uniquement lors des visites guidées)*. L'édifice carolingien, qui s'élève à l'endroit même où saint Aubert avait officié, est un simple rectangle de 8 m sur 9, divisé en deux petites nefs par deux arcades retombant sur un pilier central. Le lieu est saisissant, tant par le silence absolu qui y règne que par le souvenir des événements survenus il y a plus d'un millénaire.

> **La** plus impressionnante est la **crypte des Gros Piliers★** (15e s.), merveille de force et de grâce, avec ses dix piliers de 5 m de tour, dont le granit provient des îles Chausey.

Salle des Hôtes★

L'abbé y accueillait les rois (Saint Louis, Louis XI, François Ier) et les visiteurs de marque. L'élégante salle (35 m de longueur), aux voûtes gothiques, présente deux nefs séparées par de fines colonnes. Lors des fastueuses réceptions, cette salle était divisée en deux par un grand rideau de tapisseries. Une partie servait de cuisine (deux cheminées) et l'autre de salle à manger (cheminée d'ambiance).

Salle des Chevaliers★

Ce nom fait peut-être allusion à l'ordre militaire de Saint-Michel, qui fut fondé en 1469 par Louis XI, et dont l'abbaye était le siège. Majestueuse et très vaste (26 m sur 18 m), la pièce est divisée en quatre vaisseaux par trois rangs de robustes colonnes.

> **SALLE DE TRAVAIL**
> Chauffée par deux grandes cheminées, la salle des Chevaliers était le *scriptorium* où travaillaient les moines : travaux d'enluminure, copie de manuscrits, lecture et étude des textes religieux ou profanes.

Cellier

Il est divisé en trois par deux lignes de piliers carrés qui soutiennent des voûtes d'arêtes. C'était le magasin d'approvisionnement.

Aumônerie

Cette salle gothique, partagée en deux par une rangée de colonnes, a conservé ses voûtes romanes.

alentours

BAIE DU MONT-SAINT-MICHEL★★

Environ 100 km de côtes bordent cette baie, inscrite depuis 1979 par l'Unesco dans la liste du Patrimoine mondial naturel et culturel. Les îles, les falaises, les plages et les dunes forment une succession de zones riches d'une faune et d'une flore très variées.

Le record de France des marées

L'amplitude des marées dans la baie est considérable, et peut atteindre 14 m de différence entre les niveaux de basse mer et de haute mer. Comme le fond est plat, les bancs de sable se découvrent très loin : jusqu'à 15 km en vive-eau. Le flot monte très rapidement, non pas à l'allure d'un cheval au galop comme on a pu le dire, mais à celle d'un homme marchant d'un bon pas. En outre, les nombreux courants peuvent, en grossissant, créer un phénomène d'encerclement et mettre en danger les imprudents.

Le parcours du littoral réserve des **vues★** étonnantes sur le Mont et ménage d'agréables promenades entre les polders et les herbus.

Le Vivier-sur-Mer

Les kilomètres de piquets que l'on aperçoit dans la baie, ainsi que les curieux bateaux à roues en aluminium ne laissent aucun doute sur l'activité locale : la mytiliculture sur bouchots. Pour en savoir plus sur la moule ou sur les richesses naturelles de la baie, rendez-vous à la **Maison de la baie** qui propose une exposition permanente. *☎ 02 99 48 84 38 - www.maison-baie.com - juil.-août : 9h-12h30, 14h-18h30, dim. 14h-18h30 ; reste de l'année : tlj sf dim. et j. fériés 9h-12h30, 14h-17h30 - possibilité de visite guidée (1h30) - fermé 25 déc.-1er janv. - 2,50 €.*

Il est possible de découvrir la baie et les bouchots grâce à la **Mytili-mobile**. *☎ 02 99 48 84 38 - visite guidée en petit train (2h) - réserv. obligatoire.*

Sorties

☎ 02 99 48 84 38 - la Maison de la baie organise différentes sorties dont les balades-découvertes : visites guidées et commentées de 8 km (4 à 5h) - réserv. obligatoire - prévoir bottes et vêtements chauds en hiver - dans tous les cas avoir coupe-vent, coupe-faim et eau.

Cherrueix

Le vent est très apprécié à Cherrueix même si les moulins alignés en bord de mer ont presque tous perdu leurs ailes. Le spectacle est désormais assuré par les amateurs de char à voile qui profitent des magnifiques étendues de sable.

Une Fête de l'ail *(juillet)* et de nombreux points de vente témoignent de l'intérêt pour cette culture.

Si vous souhaitez suivre nos propositions de visite sur le reste de la baie, reportez-vous au Guide Vert Normandie Cotentin.

Golfe du Morbihan★★

D'une largeur de 20 km, cette petite mer intérieure parsemée de soixante îles ou îlots, est une destination recherchée pour la beauté de ses paysages. La lumière des couchers de soleil s'y fait particulièrement séduisante, surtout à marée basse. Barques de pêche, bateaux de plaisance et barges ostréicoles qui fréquentent Auray et le port de Vannes animent ce golfe, où pointe perpétuellement une voile.

La situation

Carte Michelin Local 308 N/O9 – Morbihan (56). Le golfe est pratiquement plat, témoignant que la côte est beaucoup moins élevée dans le Sud de la Bretagne que dans le Nord.

Le nom

En breton, *Mor-bihan* signifie petite mer, par opposition à *Mor-braz*, la grande mer océane.

Les gens

La beauté des îloises « patriciennes de la mer », célébrée par les poètes bretons, est sans doute à l'origine des galantes appellations des bosquets de l'île aux Moines : bois des Soupirs, bois d'Amour, bois des Regrets.

carnet pratique

Se loger

Auberge du Parc Fétan – *17 r. de Berder - 56870 Larmor-Baden - ☎ 02 97 57 04 38 - www.hotel-parcfetan.com - fermé janv. - P - 20 ch. et 14 appartements 40/95 € - ☐ 7 € - restaurant 23/44 €.* Seule une route peu passante sépare cet hôtel d'une charmante anse dotée d'une petite plage. Les chambres sont toutes rénovées ; la majorité d'entre elles avec vue sur le golf du Morbihan et l'île aux Moines. Sur l'arrière, deux bâtiments indépendants abritent des appartements.

Glann Ar Mor – *27 r. des Fontaines, port-Navalo - 56640 Arzon - dir. Arzon centre, 1 km après le bourg - ☎ 02 97 53 88 30 - www.glannarmor.fr - 8 ch. 49/85 € - ☐ 6,50 € - restaurant 13/30 €.* Gentille maison érigée à quelques mètres du golfe. Restaurant aux accents marins et petites chambres blanches rénovées avec simplicité. Formule pension ou demi-pension en saison.

Crouesty – *Du Croisty (près du port) - 56640 Arzon - ☎ 02 97 53 87 91 - fermé janv. - P - 26 ch. 75/90 € - ☐ 6,90 €.* Cet hôtel récent ancré à deux encablures du port éponyme abrite des petites chambres fonctionnelles. Aux beaux jours, petit-déjeuner en terrasse. Lorsque le temps s'avère moins clément, le salon réchauffé par une cheminée et doté d'un piano est très apprécié.

Se restaurer

Pub resto le Yacht – *Au-dessus de la capitainerie - 56640 Arzon - ☎ 02 97 53 96 08 - fermé de déc. à mi-janv. et lun. hors sais. - 11/22 €.* Rendez-vous des marins et des plaisanciers, cet édifice octogonal ancré sur le port surprend par son originale décoration intérieure - sculptures métalliques, fresques marines - réalisée par des artistes cotés. Carte traditionnelle et produits de la mer au gré du marché.

La Rose des Vents – *5 r. St-Vincent - 56370 Sarzeau - ☎ 02 97 41 93 77 - fermé lun. hors sais. - réserv. conseillée - 11/33 €.* La lourde porte de cette maison de 1730 dissimule un divin jardin où est dressé le couvert en saison. Très bel intérieur rustique avec meubles et boiseries d'époque et petite cheminée. Mets traditionnels et crêpes.

Le Boucanier – *3 r. du Gén.-de-Gaulle (à Port-Navalo) - 56640 Arzon - ☎ 02 97 53 89 22 - fermé 15 déc.-15 janv., mar. et merc. sf en été - 16/38 €.* En activité depuis plus de 25 ans, ce bistrot d'arrière-port vient de se doter d'une nouvelle salle à manger au décor résolument marin (lambris sur les murs et coque de bateau en guise de bar). Grande terrasse couverte. La vue sur l'Océan est comprise dans l'addition.

Le Mur du Roy – *chemin du Mur-du-Roy - 56370 Penvins - 4 km au SE de Sarzeau par D 198 - ☎ 02 97 67 34 08 - le-mur-du-roy@wanadoo.fr - fermé janv., mar. soir, jeu. midi et merc. d'oct. à avr. sf vac. scol. - 32/60 € - 10 ch. 57/76 € - ☐ 10 €.* Vous qui rêvez d'une maison au calme face à l'Océan, celle-ci devrait vous plaire. Le confort est assez simple, mais la terrasse, le jardin et la salle à manger en véranda ont vraiment du charme. Cuisine soignée tournée vers la mer. Quelques chambres sobres.

Que rapporter

Marchés – Au port du Crouesty lun. matin (été). À Arzon mar. mat., à Port-Navalo Pâques-Toussaint vend. mat. À Sarzeau jeu. mat., ainsi qu'une foire le 3e dim. du mois.

La route de l'Huître – Sur les rives du golfe du Morbihan et de la rivière de Penerf, des ostréiculteurs ouvrent leurs portes aux visites guidées pour partager les secrets de ce métier difficile et de la vie de l'huître. En fin de visite, une dégustation est proposée - 3,90 € visite guidée, 4,50 € dégustation - *association L'Ostréane, ☎ 02 97 42 04 66.*

Sports & Loisirs

Miramar Crousty et Thalassothérapie Louison Bobet – *Fort Crouesty - 56640 Arzon - ☎ 02 97 53 90 90 - 9h-17h - fermé 11-26 déc.* Sa silhouette dressée depuis 1992 non loin du port du Crouesty mérite bien son surnom de « paquebot de la forme » ! On y pratique la piscine, les massages et l'hydrothérapie, dans un espace confortable et ouaté. Formules journée (pass'form, pass'détente...) ou week-end. Cure bébé de trois jours.

Base nautique de Varec'h – *56870 Larmor-Baden - ☎ 02 97 57 16 16 - bretagne-kayak.com - 9h30-18h30 - fermé 25 déc.* Accessible à tous. Location avec ou sans moniteur, toute l'année.

Golf de Rhuys-Kerver – *Domaine de Kerver - 56730 St-Gildas-de-Rhuys - ☎ 02 97 45 30 09 - golf.rhuys@wanadoo.fr - hors sais. : 9h30-18h ; sais. : 8h-20h - fermé 25 déc. et 1er janv.* C'est au cri des oiseaux de la réserve ornithologique que vous effectuerez ce 18 trous de 70 ha.

Incessant va-et-vient des visiteurs et des îliens, entre Port-Blanc et l'île aux Moines.

G. Targat/MICHELIN

comprendre

César chez les Vénètes – Au 1er s. avant J.-C., les Vénètes formaient le peuple le plus puissant d'Armor, avec une flotte rendant vaine toute attaque terrestre. Conquérant, César décida de rassembler à l'embouchure de la Loire un grand nombre de galères commandées par son lieutenant **Brutus**. Aux 220 gros voiliers des Gaulois, les Romains opposèrent leurs grandes barques plates, marchant à l'aviron. Le triomphe de Brutus, inespéré, tint à plusieurs causes : une mer calme et sans vent favorisant des galères incapables de résister au mauvais temps et condamnant les voiliers vénètes à l'immobilité, mais aussi ces faux que les Romains avaient attachées à l'extrémité de longues perches, et qui sectionnaient les cordages. Après cette victoire, César occupa le pays vénète : tous les membres du Sénat furent mis à mort et le peuple fut vendu comme esclave.

VRAI OU FAUX ?
Des géologues affirment que le golfe du Morbihan n'existait pas encore lors de la guerre des Gaules, mais on est sûr que le combat se déroula sur la côte Sud-Est de la Bretagne.

découvrir

TOUR DU GOLFE EN BATEAU***

Départ : Locmariaquer, Auray, Le Bono, Larmor-Baden, Vannes ou Port-Navalo. Hors du golfe : depuis Port-Haliguen, sur la presqu'île de Quiberon. Excursion avec escale à l'île d'Arz et à l'île aux Moines : une demi-journée ou une journée. Sans escale : environ 3h.

C'est indiscutablement la meilleure façon de voir le golfe du Morbihan, à moins d'apprécier ses contours en avion. Une quarantaine d'îles sont des propriétés privées, habitées par des amateurs de solitude. Les deux plus grandes, Arz et l'île aux Moines, sont les seules communes du golfe.

ATTENTION AUX COURANTS !
Le golfe est né d'un affaissement relativement récent. La mer s'est largement étalée sur un terrain de 12 000 ha, déjà modelé par l'érosion des cours d'eau : de là proviennent ces découpures et ces estuaires, ces îles et îlots innombrables qui font l'originalité du Morbihan. Le golfe est soumis aux marées : elles pénètrent en bouillonnant dans un étroit et dangereux goulet d'un kilomètre à peine, entre Port-Navalo et Locmariaquer.

Île d'Arz

Passages réguliers toute l'année 8h45-18h45 (15mn de traversée, dép. Vannes-Conleau) - 6 €, juin-sept. 6,30 € (enf. : 3,40 €, juin-sept. 3,80 €). Tour du Golfe + escale avr.-oct. 16 € (enf. 10 €) - ☎ 02 97 50 83 83 ou 06 08 32 81 14.

Habitée par les Îledarais, cette île (5 km) possède plusieurs **dolmens**, situés à la pointe de Pen Liouse. Un sentier côtier fait le tour de l'île, découpée de plages.

J. Hakel/ANDIA

L'entrée du golfe, avec la petite plage de Port-Navalo au premier plan.

Île aux Moines★

Accès en bateau, sans excursion dans le golfe : depuis Port-Blanc, à 11 km de Vannes par la D 101, puis la D 316 à gauche. Sur l'île, location de vélos.

Dép. ttes les 30mn (passage 5mn) juil.-août : 7h-22h ; sept.-juin 7h-19h30 - 3,50 € AR - Izenah Croisières - ☎ 02 97 26 31 45 - www.www.izenah-croisieres.com

Cet ancien fief de monastère est la plus grande (7 km de long) et la plus peuplée des îles du golfe. C'est un lieu de séjour balnéaire tranquille où poussent mimosas, camélias et palmiers, orangers et citronniers. Depuis le port du Lerio, on peut rejoindre le bourg de **Port Miquel**, aux ruelles pittoresques. On découvre, au Nord de l'île, la pointe de Trech (curieux calvaire à paliers) donnant sur la pointe d'Arradon et le golfe ; au Sud, les **dolmens** de Boglieux et Penhap ; à l'Est, la pointe de Brouhel où la vue s'étend sur l'île d'Arz.

circuits

LES BORDS DU GOLFE★

De Vannes à Locmariaquer 1

49 km – environ 3h1/2.

Quitter Vannes (visite : une demi-journée) par la D 101 (Ouest du plan). À 5 km, prendre à gauche vers la pointe d'Arradon. La route contourne Arradon.

Pointe d'Arradon★

Prendre à gauche vers la cale de la Carrière. La **vue★** sur le golfe du Morbihan est très caractéristique : on distingue, de gauche à droite : les îles de Logoden ; au loin, l'île d'Arz ; ensuite, l'île Holavre, rocheuse, et l'île aux Moines. Pour gagner la pointe, empruntez le sentier derrière l'hôtel, longeant les roches.

Faire demi-tour et gagner le Moustoir où l'on tourne à gauche sur la D 316. Au lieu dit **Moulin de Pomper**, remarquez sur la gauche le vieux moulin à marée. La route longe bientôt l'anse de Kerdelan – à gauche, jolie vue sur le golfe, et au fond, l'île aux Moines – puis elle délaisse les marais de Pen-en-Toul, à droite.

Larmor-Baden

Cette charmante station balnéaire abrite un petit port doté d'un club de voile, et un centre ostréicole important. C'est aussi, dans le golfe, l'unique point d'embarquement pour Gavrinis.

Cairn de Gavrinis★★

☎ 02 97 57 19 38 - www.cairn-de-gavrinis.com - visite guidée (50mn) sur demande pour réserv. (la veille) juil.-août : 9h30-12h30, 13h30-19h (juil.-sept. : possibilité de visite guidée « circuit des mégalithes » 2h avec l'autre visite à 17h seult) ; avr. juin et sept. : 9h30-12h30, 13h30-18h30 ; mai : 13h30-18h30, w.-end et j. fériés 9h30-12h30, 13h30-18h30 ; oct.-nov. : tlj sf mar. 13h30-17h - 10 € (8-17 ans 4 €), 13 € (8-17 ans 5 €) visite guidée « circuit des mégalithes ».

Construit au néolithique sur l'île de Gavrinis, voici environ cinq mille ans, ce cairn est l'un des plus intéressants monuments mégalithiques de Bretagne. Constitué de pierres amoncelées sur une petite butte, il atteint 6 m de haut et 50 m de diamètre. Une galerie couverte de 14 m de longueur, formée de 23 supports sur lesquels reposent neuf tables, mène à la chambre funéraire. Cette petite pièce (environ 2,50 m de côté) est recouverte d'une seule pierre de granit, reposant sur des supports ornés de dessins.

Sur l'île, de belles échappées s'offrent à gauche vers la rivière d'Auray.

ER LANIC

Au Sud-Est de Gavrinis, ce petit îlot porte deux *cromlechs*, des cercles de menhirs. Disposés en forme de 8, ils sont à moitié immergés. En effet, depuis l'époque préhistorique, le niveau de la mer a remonté, donnant naissance au golfe. À marée basse, une partie de ces menhirs réapparaît sur l'île *(réserve ornithologique, interdite d'accès).*

Depuis Larmor-Baden, rejoindre Baden par la D 316, puis la D 101 en direction du Bono. Avant de franchir le nouveau pont du Bono, prendre sur la gauche la route qui descend vers Kernours.

Le Bono

À la sortie de **Kernours**, dans un petit bois de pins à droite, un dolmen coudé évoque une allée couverte. Par la route, on peut continuer jusqu'à **Mané-Vehr**, petit port ostréicole où l'on jouit d'un beau point de vue sur la rivière d'Auray. *Remonter vers le Bono.*

Le nouveau pont offre une **vue★** irrésistible sur la rivière du Bono, le port et le village, avec son vieux pont suspendu (1840) et ses bateaux de plaisance. Remarquez les tas de tuiles chaulées qui servent à recueillir le naissain d'huîtres.

Auray★ *(voir ce nom)*

Sortir d'Auray par la D 28. À 8 km, tourner à gauche. On passe à proximité de célèbres monuments mégalithiques.

Locmariaquer★★ *(voir ce nom)*

Presqu'île de Rhuys★ 2

79 km – environ 4h.

Quitter Vannes (visite : une demi-journée) par la N 165 vers Nantes. Après St-Léonard, prendre à droite la D 780.

Cette langue de terre et de sable (10 km de long, 2 km de large en moyenne) ferme au Sud le golfe du Morbihan. Au niveau de Saint-Colombier, l'anse abrite une réserve ornithologique.

Château de Kerlévenan

☎ 02 97 26 46 79 - visite guidée du parc (1h) de déb. juil. à mi-sept. : tlj sf vend. 14h-18h ; reste de l'année : possibilité de visite sur demande auprès de Mme Tascon - 2,30 €.

Ce château (18e s.) de style Louis XVI a été construit en tuffeau provenant de Touraine. Sa façade, aux lignes harmonieuses, rappelle le Petit Trianon à Versailles, avec ses quatre colonnes ioniques couronnées d'une galerie.

Dominant le golfe, le **parc** (30 ha) comporte deux petites « fabriques » à la mode du 18e s. : un pavillon chinois et une chapelle (temple à l'Amour à l'origine).

Sarzeau

Sur la petite place, à droite de l'église, s'élèvent deux belles maisons Renaissance. Sur la côte Sud de la presqu'île, cette station balnéaire étend de longues

PAYS NATAL

Alain René Lesage (1668-1747) est né à Sarzeau. C'est l'auteur, entre autres, de *Gil Blas de Santillanne* et de *Turcaret.*

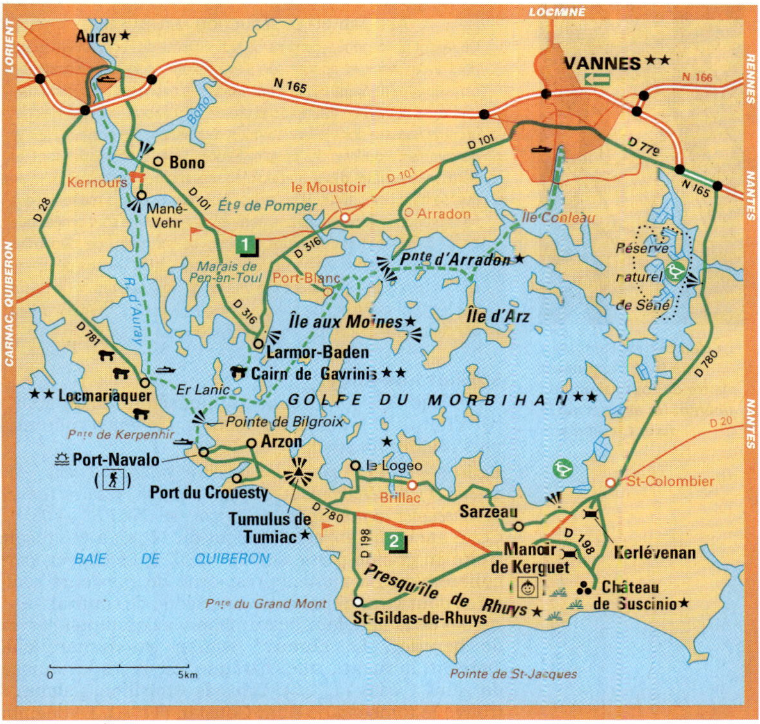

plages : Roaliguen, Kerfontaine pointe de Saint-Jacques. Du côté Nord, en direction de Brillac, **le Logeo** est un joli port ostréicole lové dans l'anse du même nom, face à l'île Govéan.

Prendre la D 780, puis tourner à droite après le hameau du Net.

Tumulus de Tumiac★

1/4h à pied. Se garer au parking et prendre à droite un chemin de terre. Ce tumulus (20 m de haut, 300 m de large) est également appelé « butte de César ». Selon la légende, c'est d'ici que l'empereur aurait suivi la bataille navale remportée par les Romains contre les Vénètes. Beau **panorama★**.

Arzon

Dans l'**église** d'Arzon, deux vitraux rappellent le vœu fait par les marins à sainte Anne, en 1673, durant la guerre de Hollande. Depuis, chaque lundi de Pentecôte, les hommes de mer prennent part à la procession de Ste-Anne d'Auray.

MOULIN À MARÉE

En bas du village de Béninze, à l'Est d'Arzon, le très beau **moulin de Pen-Castel** a bénéficié d'une heureuse restauration.

Port-Navalo

La rade de ce petit port est fermée au Sud par un promontoire portant un phare. C'est aussi une sympathique station balnéaire, avec sa plage aux allures de carte postale, nichée dans une crique.

Port du Crouesty

Ce port de plaisance, d'allure moderne, est un véritable complexe qui abrite un centre de thalassothérapie, et peut accueillir plus de 1 100 bateaux : agréable promenade le long du quai.

Musée des Arts, Métiers et Commerces

Rond-Point du Net à Largueven (sur D 780, près du croisement avec la D 198). ☎ *02 97 53 68 25 - www.musee-arts-metiers.com - ♿ - juil.-août : 10h-12h, 14h-19h, dim. 14h-19h ; sept.-juin : tlj sf lun. 14h-19h - 5 €.*

Il présente plus d'une soixantaine de métiers, dans des boutiques ou des ateliers reconstitués. Classe des années 1930 et expositions thématiques.

SUR LES SENTIERS

Au phare de Port-Navalo débute une belle promenade *(2 km)* jusqu'au tombeau du Petit Mousse, noyé inconnu qui fut retrouvé en 1859 sur les rochers. Elle se poursuit jusqu'au Crouesty. Un autre sentier *(1,5 km)* aboutit au Nord à la pointe de Bilgroix, offrant une très belle **vue★** sur le golfe du Morbihan.

« L'amour est vainqueur de tout, l'amour est maître de tout : seuls s'en libèrent les amants qui le fuient. » Abélard.

ABÉLARD OU LA SÉDUCTION MALHEUREUSE

Ce savant philosophe, chanoine de Notre-Dame de Paris, fut émasculé pour avoir séduit et épousé son élève Héloïse. Il se retira ensuite en cette abbaye de Saint-Gildas pour trouver la paix dans la solitude bretonne. Sa désillusion fut rapide et cruelle : « J'habite, écrit-il à Héloïse, un pays barbare dont la langue m'est inconnue et en horreur ; je n'ai de commerce qu'avec des peuples féroces ; mes promenades sont les bords inaccessibles d'une mer agitée ; mes moines n'ont d'autre règle que de n'en point avoir. Je voudrais que vous vissiez ma maison ; vous ne la prendriez jamais pour une abbaye ; les portes ne sont ornées que de pieds de biches, de loups, d'ours, de sangliers, de dépouilles hideuses de hiboux. J'éprouve, chaque jour, de nouveaux périls ; je crois, à tout moment, voir sur ma tête un glaive suspendu. » Ce ne fut pas le glaive qu'employèrent les moines, mais le poison. Abélard s'en tira par miracle et s'enfuit, en 1132, par un passage secret.

St-Gildas-de-Rhuys

Ce village doit son origine au monastère fondé au 6e s. par saint Gildas. Parmi les abbés qui le gouvernèrent, le plus célèbre fut Abélard, au 12e s.

Église★ – *9h-19h - possibilité de visite guidée juil.-août : tlj sf w.-end et j. de cérémonie 10h30-12h, 16h-18h ; reste de l'année : se renseigner auprès de Muriel Brizai - ☎ 06 61 85 44 06.*
Cette ancienne abbatiale (début du 11e s.) a été reconstruite en grande partie aux 16e et 17e s. Le chevet, particulièrement harmonieux, est orné de plusieurs sculptures dont l'une représente une scène de tournoi.
Au bas de la nef, deux beaux chapiteaux sculptés servent de bénitier. Le **chœur★** roman est remarquable. Derrière le maître-autel baroque, on verra le tombeau de saint Gildas (11e s.). Dans le croisillon gauche, se trouve le tombeau de saint Goustan (11e s.). Le déambulatoire abrite les pierres tombales des enfants de Bretagne (13e et 14e s.) et celles d'abbés et de chevaliers. Le **trésor★** comprend des châsses (14e et 18e s.), des reliquaires (15e s.), un chef de saint Gildas (16e s.) en argent rehaussé d'or, une mitre brodée, etc. *☎ 02 97 45 31 45 - visite guidée juil.-août : tlj sf lun. sam et dim mat. (se renseigner pour les horaires) - fermé le reste de l'année - gratuit.*

Manoir de Kerguet

Ne se visite pas. Ancienne demeure (15e s.) des gouverneurs du château de Suscinio.

Château de Suscinio★

À 3,5 km de Sarzeau par la D 198. ☎ 02 97 41 91 91 - www.patrimoine-morbihan.com - avr.-sept. : 10h-19h ; fév.-mars et oct. : 10h-12h, 14h-18h ; nov.-janv. : 10h-12h, 14h-17h - fermé merc. hors vac. scol. (oct.-mars), 25 et 26 déc., 1er et 2 janv. - 6 € (8-17 ans 2 €).
Résidence préférée des ducs de Bretagne, cet imposant château se dresse près de la mer. Édifié au 13e s. et remanié aux 14e et 15e s., il fut confisqué par François Ier. La couronne de France en disposa ensuite pour ses favoris et favorites. Exploité comme carrière de pierres durant la Révolution, il ne conserve que six tours. Sa longue restauration s'est récemment achevée : après la toiture du logis Ouest et de la tour Neuve, la partie Est a été réhabilitée : la charpente en bois, assemblée de manière traditionnelle, a été couverte d'ardoises extraites des monts d'Arrée.

Visite – Les douves franchies, on pénètre dans la salle des gardes et dans la tour attenante où est présentée l'histoire du château et sa restauration. Aux étages supérieurs, les salles du logis d'entrée, restaurées, abritent un exceptionnel ensemble de **pavements★★** en céramique vernissée (13e et 14e s.) provenant d'une chapelle située hors de l'enceinte et disparue depuis. Au deuxième étage, expositions annuelles. Remarquer l'imposant relief équestre d'Olivier de Clisson par Frémiet. La salle des cérémonies, dans laquelle s'ouvre une chapelle, donne accès à la courtine Nord, ainsi qu'aux terrasses qui offrent un beau **panorama** sur la presqu'île et le proche océan. Sous les combles : présentations des grandes étapes de restauration du site.

À VOIR
Les **pavements** de l'avant-chœur, très bien conservés, séduisent par la variété et la qualité des décors ; ils expriment l'élégance et la créativité de l'art décoratif médiéval.

G. Targat/MICHELIN

Les restaurations des toitures du logis et de la tour Neuve offrent une seconde vie au château de Suscinio.

Baie de Morlaix★★

Cette baie est l'une des plus magnifiques de France, un site enchanteur qu'il faut découvrir lorsque le crépuscule d'été y jette ses dernières lueurs. Tout au fond de l'estuaire, à cheval sur le Léon et le Trégor, se niche Morlaix, ville active qui conserve un beau quartier ancien.

La situation

Carte Michelin Local 308 H2 – Finistère (29). La baie s'ouvre plein Nord à partir de Morlaix, à l'Est jusqu'à Plougasnou, à l'Ouest jusqu'à Roscoff.

Pl. des Otages, 29203 Morlaix, ☎ 02 98 62 14 94.

Le nom

Il dérive peut-être du nom propre latin Maurilus.

Les gens

Au Nord de Morlaix, la commune de Ploujean (rive droite de la baie) est la patrie du poète Tristan Corbière (1845-1875) et de Jean-Loup Chrétien, premier spationaute français (le 24 juin 1982).

S'ILS TE MORDENT, MORDS-LES !
En 1522, les Anglais pillent la ville en l'absence des habitants, mais s'attardent un peu trop dans les celliers... Les Morlaisiens, revenus, leur taillent des croupières. À cette occasion, la ville ajoute à ses armes un lion faisant face à un léopard anglais, avec la devise : « S'ils te mordent, mords-les ! »

visiter

VIEUX MORLAIX★

Viaduc★

Cette impressionnante construction à double étage et quatorze arches mesure 58 m de haut sur 285 m de long.

G. Targat/MICHELIN

À Morlaix, il est quasiment impossible de ne pas apercevoir le viaduc, avec l'église St-Mélaine en contrebas.

carnet pratique

SE LOGER

Hôtel d' Europe – *1 r. d'Aiguillon - 29600 Morlaix - ☎ 02 98 62 11 99 - reservations@hotel-europe-com.fr - fermé vac. de Noël - 56 ch. 63/120 € - ☕ 8 €.* Une bonne adresse, bien située, pour dormir à Morlaix : hôtel de caractère dont le hall et l'escalier sont agrémentés de belles boiseries sculptées du 17e s. Les chambres, rénovées par étapes et équipées d'un mobilier avant tout pratique, sont moins séduisantes, mais tout de même agréables.

Manoir de Lanleya – *Au bourg de Lanleya - 29610 Plouigneau - 5 km au SE de Morlaix par D 712 et D 64 dir. Lanmeur - ☎ 02 98 79 94 15 - www.manoir-lanleya.com - 5 ch. 60,50/76 € ☕.* Vu la remarquable restauration, on a du mal à croire que ce manoir du 16e s. fut sauvé in extremis de la ruine. Les chambres sont de véritables petits bijoux ; la plus réussie adopte le style Louis XV. Le jardin fleuri longé par une rivière est délicieux.

SE RESTAURER

Ar Bilig – *6 r. au Fil - 29600 Morlaix - ☎ 02 98 88 50 51 - fermé dim. sf vac. scol. et lun. sf été - réserv. conseillée - 8,80/11,43 €.* Les habitués ne s'y trompent pas : on ne vient pas ici pour admirer le décor, mais pour faire bombance de crêpes copieusement garnies de produits recueillis quotidiennement dans une ferme voisine. Un régal ! L'établissement est non-fumeurs.

Les Bains Douches – *45 allée du Poan-Ben - 29600 Morlaix - ☎ 02 98 63 83 83 - fermé lun. soir, sam. midi et dim. - 11,50/24,50 €.* Il vous faudra franchir la passerelle enjambant le Jarlot pour accéder à ce restaurant original installé dans les murs des anciens bains municipaux (1904). Intérieur façon bistrot parisien, avec carrelages et verrière réchappés de l'ancienne structure. Plats traditionnels.

La Grange de Coatélan – *- 29640 Plougonven - 12 km au SE de Morlaix par D 9 - ☎ 02 98 72 60 16 - www.lagrangedecoatelan.com - ouv. le soir sf merc. en sais. et du jeu. au dim. hors sais. - - réserv. conseillée le soir - 18 € - 3 ch. 36/60 € ☕.* Cet ensemble du 18e s. composé de trois charmantes maisons de tisserands a beaucoup d'allure. L'auberge, habillée de bois blond et agrémentée d'un bar en forme de coque de bateau, est très conviviale. Les chambres, décorées avec goût, ouvrent sur la campagne.

FAIRE UNE PAUSE

Martin – *29 pl. des Otages - 29600 Morlaix - ☎ 02 98 88 01 65 - tlj sf lun. 9h-12h30, 14h-19h30, dim. 9h-13h, 14h30-19h - fermé j. fériés.* Pâtisserie-salon de thé reconnaissable à sa singulière façade et à ses deux anges datant de 1830. La famille Martin officie avec brio dans les gâteaux depuis quatre générations. Spécialité : la galette bretonne et le russe.

EN SOIRÉE

Bon à savoir – Morlaix est la ville aux établissements centenaires, tels « Le Café de la Terrasse », le « Café de l'Aurore », « La Cabane » et la pâtisserie « Martin ». À noter également, la brasserie « Coreff » (premier fabricant de bières bretonnes), et « La Maison des Vins » dans une belle maison à pondalez du 16e s.

Le Grand Café de la Terrasse – *31 pl. des Otages - 29600 Morlaix - ☎ 02 98 88 20 25 - 7h30-1h.* Née en 1885, cette belle brasserie était fréquentée à l'époque par les nobles, qui y jouaient à la manille, divertis par les chansonniers et les prestidigitateurs. Entre 1907 et 1914, le pointage du tour de France s'y déroula. Les Allemands s'y installèrent pendant la guerre et razzièrent absolument tout, sauf le billard, qui pesait trop lourd. Assoupie jusqu'en 1996, la brasserie a été ressuscitée grâce aux Quenech'du qui l'ont rachetée pour lui redonner sa grandeur d'antan. Une réussite !

Tempo – *Quai de Tréguier, port de plaisance - Sortie voie express, dir. centre-ville Plougasnou - 29600 Morlaix - ☎ 02 98 63 29 11 - tlj sf dim. 7h30-0h, vend. 7h30-1h, sam. 17h-1h - fermé j. fériés.* Coloris vifs et métal composent le décor moderne de ce bar situé face au port de plaisance de Morlaix. Bon choix de vins au verre et de bières régionales, restauration (traditionnelle le soir, plats du jour et grillades à midi). Terrasse d'été. Expositions mensuelles et soirées musicales.

QUE RAPPORTER

Rue Ange-de-Guernisac – *29600 Morlaix.* C'est la rue des arts, des artistes et des artisans où se succèdent peintre, céramiste, sculpteur, couturier, et ébéniste...

Maison des Vins – *Pl. de Viarmes - 29600 Morlaix - ☎ 02 98 88 72 43 – tlj sf dim. et lun. 9h30-12h, 14h-19h - fermé j. fériés.* Cette cave à vins occupe une magnifique maison du 16e s. agrémentée d'un puits de lumière (ou lanterne) qui éclaire la boutique et les vestiges d'une cheminée. Plus de 1 400 crus sélectionnés avec compétence sont à votre disposition.

CALENDRIER

Festival des arts dans la rue – De mi-juil. à mi-août, merc. à partir de 19h30, un périmètre piétonnier est livré aux comédiens et au public pour un vaste théâtre convivial - ☎ 02 98 46 19 46 - www.artdanslarue.com

Église St-Mélaine

Tlj sf dim.

De style gothique flamboyant, elle date de 1489 et possède un porche intéressant au flanc droit.

Rue Ange-de-Guernisac

Elle est bordée de belles maisons à encorbellement, à pans de bois : hôtel du Relais de France, au n° 13, et les demeures des nos 9, 6 et 5. Au passage, jetez un coup d'œil dans les venelles du Créou et au Son.

Grand'Rue★

Réservée aux piétons. Des demeures du 15e s. sont ornées de statuettes de saints et de grotesques ; certaines boutiques basses prennent jour par une large fenêtre, l'étal, en particulier aux nos 8-10.

Maison à pondalez - *9 Grand'Rue. ☎ 02 98 88 68 88 - mêmes conditions de visite que le couvent des Jacobins.*
Complètement restaurée, cette ancienne maison à pondalez est une des rares rescapées de la ville. Les différentes pièces présentent l'organisation de ces maisons et l'évolution de la ville au cours des siècles.

Maison « de la Reine Anne »

☎ 02 98 79 63 85 - juin-août : tlj sf dim. 11h-18h ; 1re quinz. de sept. : tlj sf dim. 11h-17h ; avr.-mai : tlj sf dim. et lun. 11h-17h - possibilité de visite guidée (20mn) - fermé de mi-sept. à fin mars et j. fériés - 1,60 €.
Cette maison de trois étages en encorbellement (16e s.) est certainement le plus bel exemple encore visible de maison à pondalez. La façade est ornée de statues de saints et de grotesques. L'**intérieur★** a gardé son magnifique décor sculpté dont on ne peut manquer d'admirer la patine. On voit une cour close éclairée par des verrières. Dans l'un des angles, un très bel escalier à vis, colonne de 11 m faite d'une seule pièce, dessert les galeries des étages. Le pilier est orné de statues de saints, sculptées dans la masse. Entre le 1er et le 2e étage, remarquez une belle sculpture représentant un acrobate sur un tonneau.
En continuant vers la rue Haute, un escalier sur la droite conduit vers le **square du château** qui offre des belles **vues★** sur la ville et l'aqueduc.

> **ASTUCIEUX**
> La « maison à lanterne », ou « à pondalez » (15e et 16e s.) est une exclusivité morlaisienne. Construite par des nobles qui avaient fait le choix lucratif du commerce du lin, elle s'organise autour du grand espace central qui s'élève sur au moins trois niveaux et qui témoigne de la fortune des propriétaires : vaste cheminée de manoir, escalier à vis en chêne orné d'un poteau d'angle sculpté, galeries ou « ponts d'allée » desservant les étages.

Église St-Mathieu

Tlj sf w.-end 9h-18h.
Reconstruite en 1824, excepté la tour (16e s.), elle renferme, à gauche du maître-autel, une curieuse statue en bois de la **Vierge★**, datant peut-être du 14e s. Fermée, elle représente la Vierge allaitant l'Enfant Jésus ; ouverte, elle abrite une Sainte-Trinité.

La baie de Morlaix, par une belle fin de journée estivale.

Musée de Morlaix – Couvent des Jacobins★
☎ 02 98 88 68 88 - ♿ - juil.-août : 10h-12h, 14h-18h30 ; avr.-mai et sept. : tlj sf mar. 10h-12h, 14h-18h, dim. 14h-18h ; oct.-mars et juin : tlj sf mar. et dim. 10h-12h, 14h-17h - 4,10 € (billet donnant accès à la maison à Pondalez).
Le musée est installé dans l'ancienne église des Jacobins, qui conserve au chevet une très belle **rosace★** du début du 15e s. On y découvre le produit des fouilles archéologiques pratiquées dans la région, ainsi que des évocations du vieux Morlaix et des Morlaisiens célèbres. La vie d'autrefois dans le Léon est illustrée par des objets domestiques et de belles pièces de mobilier dont les lits clos et des coffres à grain. La section peinture présente une intéressante collection du 16e au 19e s. où l'on retrouve Eugène Boudin (grande toile, *Le Grain*), Maximilien Luce (*Le Permissionnaire*), John Peter Russel, un australien amoureux de la Bretagne et de Belle-Île en particulier, et Maurice Denis dont on remarque la thématique très religieuse vers la fin de sa vie.

À VOIR AUSSI
Le musée des Jacobins expose un **canon**, provenant du bateau corsaire *Alcida*. Perdu à l'entrée de la rivière de Morlaix fin 1747, il fut retrouvé au fond de la mer en 1879.

alentours

Plougonven★

12 km au Sud-Est par la D 9, route de Callac.
Situé au pied des monts d'Arrée, ce bourg conserve un **calvaire★★** élevé en 1554. La croix à deux branches porte, en haut, les statues de la Vierge et de saint Jean, au-dessous, deux gardes ; de chaque côté, les croix des larrons. Au pied de la croix principale, Descente de croix. Sur la plate-forme et autour du socle, plusieurs scènes de la vie du Christ. L'**église** (1523) est coiffée d'un élégant clocher à balcon avec tourelle d'escalier ; voyez aussi les gargouilles, véritable bestiaire où se reconnaissent chiens, lions et sangliers.

Manoir de Mézédern – *1 km au Sud par D 9. ☎ 02 98 78 64 90 - www.mezedern.com - visite guidée (1h10) sur demande auprès de M. Meyer juin-sept. : tlj sf lun. 14h-18h - 5 €.*
Cet harmonieux ensemble des 15e et 16e s. est ordonné autour d'une cour intérieure autrefois complètement fermée. Ici, la demeure seigneuriale est située au-dessus de la grande porte cochère et piétonnière, d'où son nom de logis-porche.

Le Cloître-Saint-Thégonnec

13 km au Sud par Plourin-lès-Morlaix, puis la D 111.

Musée du Loup – *1 r. du Calvaire. ☎ 02 98 79 73 45 - ♿ - juil-août : 14h-18h ; de mi-fév. à fin juin et de déb. sept. à mi-déc. : dim. 14h-18h - 3,50 € (enf. 2,20 €).*
Dans l'ancienne école du bourg, le musée évoque les mœurs de cette espèce, la longue lutte des habitants de

CHASSE AU LOUP
La dernière prime allouée pour un loup tué dans les monts d'Arrée fut versée en 1885 à un habitant du Cloître-Saint-Thégonnec.

la région pour s'en débarrasser, et l'importance mythique d'un animal qui disparut de Bretagne au début du 20e s.

Réserve des landes du Cragou – *Juil.-août : sortie nature à la découverte des landes de Cragou (2h) lun. et vend. 15h-17h, dép. du parking face au musée du Loup - 4 € (-12 ans gratuit). Se munir de vêtements appropriés à des sorties tous terrains et tous temps - ☎ 02 98 79 71 98.*
Les busards, dont le busard Saint-Martin, règnent sur ce territoire qui accueille de nombreux oiseaux et plantes rares (orchidées, fougères primitives...).

circuits

DE MORLAIX À TÉRÉNEZ★ 1

19 km au Nord-Est. Quitter Morlaix par ① du plan.

La route longe en corniche la rivière de Morlaix (port de plaisance et port sablier). Passé le pont, on gagne le petit port ostréicole de **Dourduff**, où s'abritent les bateaux des mareyeurs. On découvre ensuite la belle route bordée d'arbres de la vallée du Dourduff.
Le parcours en bord de mer procure de belles **échappées★** sur la baie de Morlaix, le château du Taureau et la presqu'île abritant le cairn de Barnenez

DOLÉRITE OU GRANIT
D'après la couleur des pierres, on distingue deux étapes de construction. Le 1er cairn (4600 avant J.-C.) est en dolérite, roche verte du pays. Le 2e cairn, vers la pente, est plus jeune de deux siècles : ici domine le granit clair, dont le gisement le plus proche se trouve dans l'île Stérec.

Cairn de Barnenez★
☎ 02 98 67 24 73 - 1er juil.-4 sept. : 10h-18h30 ; mai-juin : 10h-12h30, 14h-18h30 ; 5 sept.-30 avr. : tlj sf lun. 10h-12h30, 14h-17h30 (dernière entrée 45mn av. fermeture) - fermé 1er janv., 1er Mai, 1er et 11 Nov., et 25 déc. - 4,60 € (-18 ans gratuit), gratuit 1er dim du mois (oct.-mai).

Sur la presqu'île de Kernéléhen, prolongée par l'îlot de Stérec, cet imposant tumulus à gradins de pierres sèches, appelé **cairn**, domine la baie de Térénez et l'estuaire de la rivière de Morlaix. À la suite de fouilles entreprises de 1955 à 1968, onze chambres funéraires furent découvertes sous des tables de pierre. Leurs entrées sont orientées au Sud, précédées chacune d'un couloir de 7 à 12 m. *Faire demi-tour et tourner à gauche à la sortie de St-Gonven.*

Térénez
Très agréable petit port typiquement breton. Centre de voile.

DE MORLAIX À L'ÎLE CALLOT★★ 2
14 km. Quitter Morlaix par ③ du plan.

La D 73 longe la rive gauche de la rivière de Morlaix. La **vue★** est superbe, particulièrement à marée basse. Elle s'élargit à mesure que l'estuaire s'ouvre sur la baie, parsemée d'écueils et d'îlots.

RESTAURATION
Le Cabestan – *Au port - 29660 Carantec - ☎ 02 98 67 01 87 - lecabestan.carantec@wanadoo.fr - fermé 5 nov.-10 déc., lun. sf juil.-août et mar. - 23/34 €.* Maison du port abritant un restaurant traditionnel et un bar-brasserie tenus par la même famille. Préférez le restaurant : il ne dispose pas, comme son voisin, d'une terrasse, mais ce manque est largement compensé par son cadre rustique et sa table gourmande.

Carantec
Située sur une presqu'île, entre l'estuaire de la Penzé et la rivière de Morlaix, Carantec est un centre balnéaire familial. Les plages les plus importantes sont celles de la grève Blanche et de la grève du Kélenn, la plus étendue. Elles sont agréablement protégées du noroît.

Son église moderne abrite dans l'abside une belle **croix de procession★** (1652) en argent.

Musée maritime – *☎ 02 98 67 00 43 - juil.-août : 10h-12h, 15h-18h ; de mi-avr. à mi-mai et du 18 juin à fin juin : 14h30-18h - fermé jeu. et reste de l'année – 3 €.*
La vie maritime régionale est évoquée ici : ostréiculture, flore et faune de la baie de Morlaix, ramassage du goémon.

« Chaise du Curé » – De cette plate-forme rocheuse, la **vue★** se développe, à gauche, sur la grève de Porspol et la grève Blanche ; en fond, St-Pol-de-Léon et Roscoff ; à droite, la pointe de Pen-al-Lann.

Pointe de Pen-al-Lann
1,5 km à l'Est, plus 1/4h à pied AR. Prendre la rue de Pen-al-Lann et laisser la voiture à un rond-point. Emprunter le sentier en descente qui conduit à travers pins à une éminence rocheuse.

La **vue★★** s'étend sur la côte depuis la pointe de Bloscon, à l'Ouest, jusqu'à celle de Primel, à l'Est. En face, le château de l'île du **Taureau** fut construit en 1542 pour se protéger des attaques des corsaires anglais. Louis XIV, l'estimant trop cher à entretenir, en fit une prison d'État en 1660, après avoir demandé à Vauban de le restaurer.

G. Simeone/PHOTONONSTOP

À l'île Callot, du clocher de la chapelle Notre-Dame, la vue sur la rade est superbe.

Île Callot
Une chaussée submersible, praticable cependant par les autos à mi-marée, relie le port de la grève Blanche à l'île (parc de stationnement à l'entrée). Faites attention à l'heure de la marée si vous ne souhaitez pas dormir sur l'île... 2h suffisent à visiter l'île.

Celle-ci est un excellent lieu de pêche et abrite les deux charmantes **plages** de Park an Iliz et de Park an Aod.

Nantes★★★

Capitale historique des ducs de Bretagne, Nantes est située au confluent de la Sèvre, de l'Erdre et de la Loire qui lui a tout apporté. Grand pôle tertiaire, la métropole de l'Ouest est devenue la sixième ville de France ; elle attire un nombre record de nouveaux citadins, tant il fait bon y vivre. Généreuse en chlorophylle, réputée pour ses festivals, elle déploie ses larges artères où circule un vent maritime. Le château des ducs convie à une flânerie vers le cœur classique, où s'alignent d'altiers bâtiments du 18e et du 19e s.

La situation

Carte Michelin Local 316 G4 – Loire-Atlantique (44). La capitale de la région des Pays de la Loire est un casse-tête pour l'automobiliste ! Garez-vous aux abords du centre et optez pour la marche à pied.

7 r. de Valmy, 44041 Nantes, ☎ 0 892 464 044. www.nantes-tourisme.com

Le nom

Naoned est une bretonnisation : ce nom vient des Namnètes, peuple gaulois qui occupait la région située au Nord de l'estuaire de la Loire, jusqu'à l'actuelle Angers, vers 70 avant J.-C.

Les gens

L'agglomération compte 554 478 Nantais. Le général Cambronne (1770-1842), Jules Verne (1828-1905), Aristide Briand (1862-1932), Éric Tabarly (1931-1998) y sont nés. Jacques Demy (1931-1990) y a vécu enfant.

comprendre

Nantes, capitale de la Bretagne – Gauloise, puis romaine, Nantes est mêlée aux luttes sanglantes qui opposent les rois francs aux comtes et ducs bretons. Mais ce sont les Normands qui lui portent les pires coups. En 937, **Alain Barbe-Torte**, descendant des chefs bretons réfugiés en Angleterre, délivre la Bretagne des pirates. Au Moyen Âge, Nantes lutte pour son titre de capitale contre Rennes. Les Montfort, principalement **François II**, rendent sa suprématie à la ville.

L'édit de Nantes – En 1597, la Bretagne, lasse des troubles engendrés par la Ligue et par les ambitions séparatistes de son gouverneur, Philippe de Lorraine, adresse un appel à **Henri IV** pour qu'il vienne rétablir l'ordre. Devant le château, le roi s'écrie, admiratif : « Ventre Saint-Gris, les ducs de Bretagne n'étaient pas de petits compagnons ! » Durant son séjour, le 13 avril 1598,

Les quais de Nantes, jalonnés de superbes hôtels particuliers, témoignent encore de la prospérité de la ville au 18e s.

A. de Valroger/MICHELIN

Transports

En bus et tramway – 3 lignes de tramway et une soixantaine de lignes d'autobus permettent des déplacements rapides et pratiques *(toute l'année, sauf le 1er Mai)*. Les titres de transport, valables indifféremment dans les bus et les tramways de l'ensemble du réseau, s'achètent (sauf liaison TAN-AIR) aux distributeurs automatiques des différentes stations, chez les dépositaires TAN ainsi qu'aux kiosques information-vente TAN dont le principal est situé à la station Commerce (espace Transport, allée Brancas).

Pour visiter la ville « ticket 24h » *(3,30 €)*, 24h/4 personnes *(4 €)* permet un nombre de voyages illimités pdt 24h apr. compostage - *Info Allô TAN - ☎ 0 810 444 444.*

Visites

Visites guidées thématiques – L'Office du tourisme de Nantes Métropole propose un large choix de visites guidées ou animées dans Nantes et dans ses environs - *sur réserv. au ☎ 0 892 464 044 - www.nantes-tourisme.com*

Se loger

Hôtel Graslin – *1 r. Piron - ☎ 02 40 69 72 91 - resagraslin@ifrance.com - fermé 30 juil.-15 août - 47 ch. 57/70 € - ☕ 7 €.* Situé dans le cœur animé de la ville, cet hôtel bénéficiant d'une bonne insonorisation constitue une étape pratique, aussi bien pour la clientèle d'affaires que pour les touristes. Les chambres sont fonctionnelles ; huit d'entre elles sont plus vastes. Formule buffet au petit déjeuner.

Hôtel La Pérouse – *3 allée Duquesne - ☎ 02 40 89 75 00 - information@hotel-laperouse.fr - 46 ch. 94/142 € - ☕ 10,30 €.* Résolument contemporain, le décor de cet hôtel allie pureté des formes et confort des matières. Avec ses murs blancs passés à l'huile de lin, ses parquets blonds, son mobilier épuré et ses vasques transparentes, il séduira les amateurs de design.

Se restaurer

Crêperie Heb-Ken – *5 r. de Guérande - ☎ 02 40 48 79 03 - fermé 17 juil.-23 août, dim. et j. fériés - 7,62/13,72 €.* Prix très raisonnables pour ces crêpes de qualité servies dans deux salles sans fioriture, décorées de photos du pays bigouden. Une escale sympathique à prévoir au cours de vos flâneries nantaises, entre la place Royale et la rue Crébillon.

Chez l'Huître – *5 r. des Petites-Écuries - ☎ 02 51 82 02 02 - fermé 24-31 déc. et dim. ; ouv. tlj 15 juin-15 sept. - 8/25 €.* Huîtres ou poissons fumés ? Amateurs de saveurs marines, ce minuscule bistrot a tout pour vous plaire : vous y prendrez une grande lampée d'iode en dégustant ses copieux plateaux, sans pour autant casser votre tirelire. Terrasse d'été dans la rue piétonne.

Amour de Pomme de Terre – *4 r. des Halles - ☎ 02 40 47 66 37 - amourpdt-nantes@wanadoo.fr - 9,90/24 €.* L'enseigne annonce la couleur : ici la pomme de terre est reine ! Mais pas n'importe laquelle puisqu'on n'utilise aux fourneaux que la Samba et l'Amandine. En garniture de plats, en salade, en gratin ou en accompagnement de grillades, pierrades, raclettes ou « reblochonades », elles rencontrent toujours le même succès.

Le Bouche à Oreille – *14 r. Jean-Jacques-Rousseau - ☎ 02 40 73 00 25 - fermé 5-25 août, sam. midi, dim. et j. fériés - réserv. obligatoire - 12/30 €.* Nappes vichy, plaques émaillées, queues en tire-bouchon et collections de canotiers de vignerons du Beaujolais cultivent le style des bouchons lyonnais. C'est que les « lyonnaiseries » sont ici à l'honneur : andouillette grillée, saucisson, quenelles de brochet, jarret de porc, et s'arrosent de petits vins de là-bas.

Le Café Cult' – *2 pl. du Change - ☎ 02 40 47 18 49 - www.lecult.com - fermé 2 sem. en août et dim. - 14,50/28 €.* Remontez le temps en admirant la façade de cette maison nantaise du 15e s., puis poussez sa porte pour découvrir son cadre médiéval et s'attabler autour de plats inspirés par l'histoire du lieu, désormais monument classé. L'établissement fait aussi bar.

La Cigale – *4 pl. Graslin - ☎ 02 51 84 94 94 - lacigale@lacigale.com - 15,20/24,80 €.* Avec son décor de céramiques 1900 qui lui a valu d'être classée et de servir de décor à plusieurs films, cette brasserie à l'ambiance animée est un des rendez-vous préférés des Nantais. Un menu du marché au déjeuner, des brunchs le week-end... Un lieu absolument incontournable.

La Cigale, une institution.

H. Le Gac/MICHELIN

L'Atlantide – *Quai Ernest-Renaud - ☎ 02 40 73 23 23 - jygueho@club-intrenet.fr - fermé 20-23 mai, 31 juil.-30 août, sam. midi, dim. et j. fériés - 26/65 €.* Salle à manger contemporaine d'inspiration nipponne, perchée au 4e étage d'un immeuble moderne. Cuisine au goût du jour réputée, que vous dégusterez tout en vous délectant de la vue « plein cadre » sur la Loire et la ville.

En soirée

Bateaux Nantais – *Quai de la Motte-Rouge - ☎ 02 40 14 51 14 - www.bateaux-nantais.fr - tlj 9h-23h.* Découvrez l'Erdre,

« la plus belle des rivières de France » selon François 1er à bord de ces bateaux panoramiques à l'occasion d'un déjeuner ou d'un dîner. La nuit, sous le feu des projecteurs, la promenade revêt un caractère féerique.

La Civelle – *21 quai Marcel-Boissard - ☎ 02 40 75 46 60 -tlj sf w.-end 11h-15h, 19h-0h - fermé j. fériés.* Dans le quartier des Cap-Horniens, bar-restaurant au bord de Loire où les cargos évoluent devant vos yeux et déchargent leurs cargaisons à Cheviré (à côté), le premier port européen de bois exotiques. Le patron a d'ailleurs construit son bar avec des bois tropicaux du monde entier. De la terrasse, le soir, le soleil irise le fleuve et offre la plus belle vue de la Loire.

Le Remorqueur – *Quai Malakoff - bassin St-Félix - ☎ 02 40 20 49 99 - tlj sf dim. et lun. 22h30-5h - fermé août.* Caché au fond d'un remorqueur construit au début du siècle, ce bar de nuit insolite et incontournable est tenu par un personnage atypique, qui a mis des années à le retaper. Animation assurée tous les soir par des musiciens tsiganes.

Angers Nantes Opéra – *Théâtre Graslin - ☎ 02 40 69 77 18 - www.angers-nantes-opera.com - billetterie : tlj sf dim. 13h-18h sur place, 9h30-12h par tél - fermé juil.-août.* Un haut lieu de la vie culturelle à Nantes. Après des travaux de rénovation, ce superbe théâtre de style néoclassique (18e s.) a retrouvé son faste d'antan, mais a gagné en confort et en modernité. Programmation axée sur l'opéra, l'art lyrique et la danse, pour tous les publics.

Pannonica – *9 r. Basse-Porte - ☎ 02 51 72 10 10 - www.pannonica.com - billeterie : tlj sf w.-end et lun. 15h-18h - fermé de mi-juin à mi-sept.* Salle de spectacle consacrée au jazz, au rock et aux musiques nouvelles. Les plus grands jazzmen ont foulé les planches de ce lieu incontournable des nuits nantaises. S'y déroulent également en juin (sur 4-5 jours) les Rencontres internationales de musiques improvisées « All'improvista ».

Théâtre de Poche Graslin – *5 r. Lekain - ☎ 02 40 47 34 44 - theatredepoche @free.fr - tlj sf dim. 10h-12h, 14h-20h30, sam. 15h-20h30 - fermé de mi-juil. à mi-août - 8 à 16 €.* Seul café-théâtre de la ville, sa vocation est essentiellement humoristique.

Le théâtre Graslin.

J. Malburet/MICHELIN

Que rapporter

Marché aux puces – Place Viarme, tous les samedis matin.

Passage Pommeraye – Le cinéma de Jacques Demy (*Lola*, 1961) et la prose d'André Breton hantent ce magnifique passage du 19e s. (construit en 1843) qui déroule ses galeries et ses de nombreuses boutiques de luxe.

Debotté-Gautier – *9 r. de la Fosse - ☎ 02 40 48 23 19 - tlj sf dim. et lun. 9h-19h15.* Magnifique chocolaterie, datant de 1850, et classée monument historique. Gourmands de tous les pays, salivez devant les macarons, les berlingots nantais ou les vieux pavés... La brûlerie d'à côté appartient au même propriétaire.

Domaine des Herbauges – *Les Herbauges - 44830 Bouaye - ☎ 02 40 65 44 92 - www.domaine-des-herbauges.com - tlj sf dim. 9h-12h, 14h-18h30 - fermé j. fériés.* Le muscadet des côtes de Grandlieu sur lie constitue la production phare de ce domaine viticole exploité par la même famille depuis quatre générations. On y pratique la culture raisonnée depuis une dizaine d'années. À découvrir également : gros-plant, grolleau, gamay et chardonnay.

Comptoir du Château – *4 r. Prémion - ☎ 02 40 20 16 22 - www.comptoir-du-château.fr - tlj sf dim. 10h30-13h30, 14h30-19h (dim. pdt les vac. scol. 15h-19h) ; juil.-août : jusqu'à 19h - fermé 3 sem. en janv., en oct. et lun.* Cette boutique est spécialisée dans la fabrication d'armures de combat, épées, dagues, boucliers et autres objets médiévaux, voisinage du château des ducs de Bretagne oblige ! Vous y trouverez également bijoux celtiques, vêtements médiévaux et gothiques, et personnages de la mythologie régionale (fées et korrigans).

Librairie Coiffard – *7 r. de la Fosse - ☎ 02 40 48 16 19 - librairiecoiffard@ wanadoo.fr - tlj sf dim. 10h-19h, lun. 14h-19h - fermé j. fériés.* Si vous cherchez un livre, tous les Nantais vous renverront à cette librairie fondée en 1919 et qui rassemble tous les types d'ouvrages, depuis la littérature générale jusqu'à la photographie en passant par les voyages. Récemment rénovés, ses magasins conservent le cachet de l'ancien mais c'est surtout la qualité de ses libraires qui la rend irremplaçable !

Sports & Loisirs

Les Naudières – *10 km à l'O de Nantes par D 965 dir. Vannes - 44880 Sautron - ☎ 02 40 63 21 05 - ouv. tlj 11h-18h ; 10h-19h en juil.-août - fermé oct.-mars.* Quatrième lieu touristique de Loire-Atlantique par sa fréquentation, ce parc d'attractions comprend une centaine de jeux répartis sur environ 7 ha. Toboggans, ponts, luges d'été ou tonneaux feront la joie des petits et des grands !

Bateaux électriques – *☎ 02 51 81 04 24.* Location, sans permis, de bateaux électriques et silencieux pour découvrir l'Erdre et la Sèvre. Départ de l'île de Versailles, de Sucé-sur-Erdre et de Vertou.

Canoë-kayak – *Canoë-kayak nantais, rte de la Jonelière - ☎ 02 40 29 25 71 - nack.nantes.free.fr - 10h-12h30, 14h-18h.*

Ligue de Golf des Pays de la Loire – *9 r. du Couëdic - ☎ 02 40 08 05 06 - www.ligue-golf-paysdelaloire.asso.fr.*

PROSPÈRES ARMATEURS
À la fin du 18e s., l'opulence de Nantes est éclatante. Premier port négrier de France, la ville développe des chantiers navals et des fabriques de toiles indiennes. Sa flotte compte 2 500 navires. Les gros armateurs, qui forment de véritables dynasties, se font construire les beaux immeubles du quai de la Fosse et de l'ancienne île Feydeau.

il signe l'édit de tolérance qui, en 92 articles, règle la question religieuse – du moins le croit-il.

Sucre et « bois d'ébène » – Du 16e au 18e s., la vente aux Antilles des Noirs achetés sur la côte de Guinée permet l'achat du sucre de canne, qui est raffiné à Nantes : ce commerce, pudiquement dénommé le « bois d'ébène », laisse couramment 200 % de bénéfice. Les philosophes tonnent contre cette traite inhumaine. Mais Voltaire, dont on connaît le sens aigu des affaires, détient une part de 5 000 livres chez un négrier nantais !

LA CACHETTE DE LA DUCHESSE
En 1832, la **duchesse de Berry** parcourt le pays nantais pour rallier les légitimistes à une insurrection contre le roi Louis-Philippe. Réfugiée à Nantes, elle est dénoncée. Les gendarmes s'installent en surveillance dans la maison où elle se cache. Ayant allumé du feu dans une cheminée, ils ont la surprise de voir s'abattre la plaque et sortir la duchesse et trois fidèles, noirs de suie et à demi asphyxiés : ils étaient restés seize heures dans un réduit ménagé dans l'épaisseur du mur.

Les noyades – En octobre 1793, la Convention dépêche **Jean-Baptiste Carrier** à Nantes, pour « purger le corps politique de toutes les mauvaises humeurs qui y circulent ». Les prisons sont déjà remplies de Vendéens, de prêtres, de suspects. Pour faire de la place, Carrier recourt à la noyade : les condamnés sont entassés dans des chalands qu'on saborde en Loire. Avertie, la Convention rappelle son représentant à Paris. Renvoyé devant le tribunal révolutionnaire de Nantes, il est guillotiné en 1794.

UNE VILLE DYNAMIQUE
Aujourd'hui, le tertiaire représente l'essentiel de son activité économique : assurances, informatique, téléphonie... Avec ses douze grandes écoles et son université, Nantes accueille 43 000 étudiants. En dix ans, elle s'est propulsée parmi les villes les plus jeunes de France : plus de 35 % de sa population a moins de 25 ans.

Le temps des industries – L'abolition de la traite en 1815, la fabrication du sucre à partir de la betterave et l'ensablement de la Loire marquent la fin d'une époque. La ville se tourne vers la métallurgie et les fabrications alimentaires : biscuiteries, conserveries... En 1856, elle crée un avant-port à Saint-Nazaire. Au tournant du 20e s., elle creuse un canal latéral à la Loire et ouvre l'estuaire aux cargos de 8,25 m de tirant d'eau. Dans les années 1930 débute le comblement du cours inférieur de l'Erdre et des bras nord de la Loire.

Une nouvelle vitalité – Dans les années 1980, Nantes subit la fermeture des chantiers navals et le déclin de l'industrie agroalimentaire. Mais la « belle endormie » se réveille : création du périphérique et du pont de Chevillé, inauguration du TGV et du tramway qui relie ses vingt et une communes.

se promener

AUTOUR DU CHÂTEAU**

Compter 3h environ.

Place Maréchal-Foch

Ancienne place Louis-XVI, c'est l'un des rares lieux publics, en France, où subsiste une statue du souverain, juchée ici sur une colonne de 28 m. Commandée en 1790, elle fut inaugurée en 1823. Autour, s'élèvent des hôtels du 18e s. bâtis sur des plans de Ceineray (1722-1821).

Porte St-Pierre

Bâtie sur les fondations de l'enceinte gallo-romaine du 3e s., cette porte du 15e s. traverse un élégant logis à tourelle.

À VOIR
L'éclairage nocturne, discret mais précis, de l'enveloppe de la cathédrale.

Cathédrale St-Pierre-et-St-Paul*

Commencé en 1434, achevé en 1891 et restauré après l'incendie de 1972, cet édifice imposant surprend par l'austérité de sa façade : deux tours sans fantaisie encadrent une grande baie flamboyante. Les trois portails, en revanche, présentent des voussures finement sculptées. Une statue de saint Pierre se dresse au milieu du portail central.

A. de Valroger/MICHELIN

Le tombeau de François II et de la duchesse. Les anges qui soutiennent leur tête représentent l'accueil céleste

À l'**intérieur**★★, le tuffeau remplace le granit des cathédrales bretonnes. Moins lourde, cette pierre blanche a permis d'élever des voûtes jusqu'à 37,50 m de hauteur – elles sont plus hautes qu'à Notre-Dame de Paris. Il en résulte un vaisseau de style gothique, aux lignes très pures. On se placera sous la tribune d'orgues pour apprécier les cinq travées : une double haie de lignes verticales fuse jusqu'aux clefs de voûte où elles s'entrecroisent. Les nervures des piliers masquent les pans de mur qui les séparent, et toutes les lignes des arcades ou du triforium qui pourraient rompre l'harmonie de cette perspective.

Faire le tour du vaisseau par la droite.

Dans le croisillon droit, le **tombeau de François II**★★ est l'œuvre maîtresse de la cathédrale et l'une des grandes productions de la Renaissance. Le duc et la duchesse sont couchés sur une dalle de marbre noir fermant le tombeau de marbre blanc. Le lion couché aux pieds du duc est l'emblème de la Puissance ; le lévrier de Marguerite, celui de la Fidélité. Les grandes statues des angles personnifient les vertus cardinales : la Justice (couronne en tête glaive en main) et la Force (casque, armure, arrachant un dragon d'une tour) reviennent au duc ; la Prudence et la Tempérance, à la duchesse. La Prudence, vertu qui s'inspire du passé pour envisager l'avenir, a deux visages : une jeune fille au miroir, et un vieillard. La Tempérance tient un mors rappelant la retenue des passions, et une horloge qui symbolise la mesure. Au-dessous des gisants, douze niches abritent les statuettes des Apôtres, auxquelles s'ajoutent celles de saint François d'Assise et de sainte Marguerite (les patrons du duc et de la duchesse), de Charlemagne et de Saint Louis. Au niveau inférieur, seize pleureuses, statuettes en partie mutilées, symbolisent la douleur du peuple.

Ce magnifique ensemble est éclairé par une **verrière** moderne de Chapuis, haute de 25 m : elle est consacrée aux saints bretons, et particulièrement nantais.

Longer la façade de la cathédrale et franchir le porche à gauche.

La Psalette

Cette ancienne maison (15e s.) du chapitre, dotée d'une tourelle polygonale, forme un tout avec la sacristie. Par le passage voûté à droite, on rejoint le square, où l'on découvre l'autre façade de la Psalette.

Prendre à droite l'impasse St-Laurent, puis à gauche la rue Mathelin-Rodier (nom de l'architecte de la cathédrale et d'une partie du château).

Dans la **maison** du n° 3 fut arrêtée la **duchesse de Berry** *(voir la rubrique « comprendre »).*

Château des ducs de Bretagne★★

4 pl. Marc-Elder. En cours de travaux de restauration, réouverture probable début 2007.

Le château fait l'objet d'un vaste programme de restauration qui doit se terminer en 2006. Le réaménagement

HISTOIRE DE TOMBEAU
Anne de Bretagne fit la commande d'un superbe tombeau à Michel Colombe (1502-1507) pour recevoir les restes de son père, **François II**, et de sa mère, Marguerite de Foix. Le tribunal révolutionnaire ordonna sa démolition, mais l'architecte de la ville réussit à cacher les divers fragments du monument chez des amis.

Dans le croisillon gauche, on découvre le **cénotaphe de Lamoricière**★, exécuté en 1879. Grand soldat d'Afrique, ce général captura Abd el-Kader avant d'être exilé par Napoléon III. Le sculpteur Paul Dubois l'a représenté couché sous un linceul. Quatre statues en bronze symbolisent la Méditation et la Charité, le Courage et la Foi.

UNE COUR FASTUEUSE
De Charles VIII à Louis XIV, maints rois de France séjournent au château. En 1499, Louis XII y épouse Anne de Bretagne. En 1598, Henri IV y a élaboré l'édit de Nantes. À l'époque du duc François II, le train de vie est royal : cinq ministres, dix-sept chambellans, une foule de domestiques. La cour est fastueuse, les mœurs très libres.

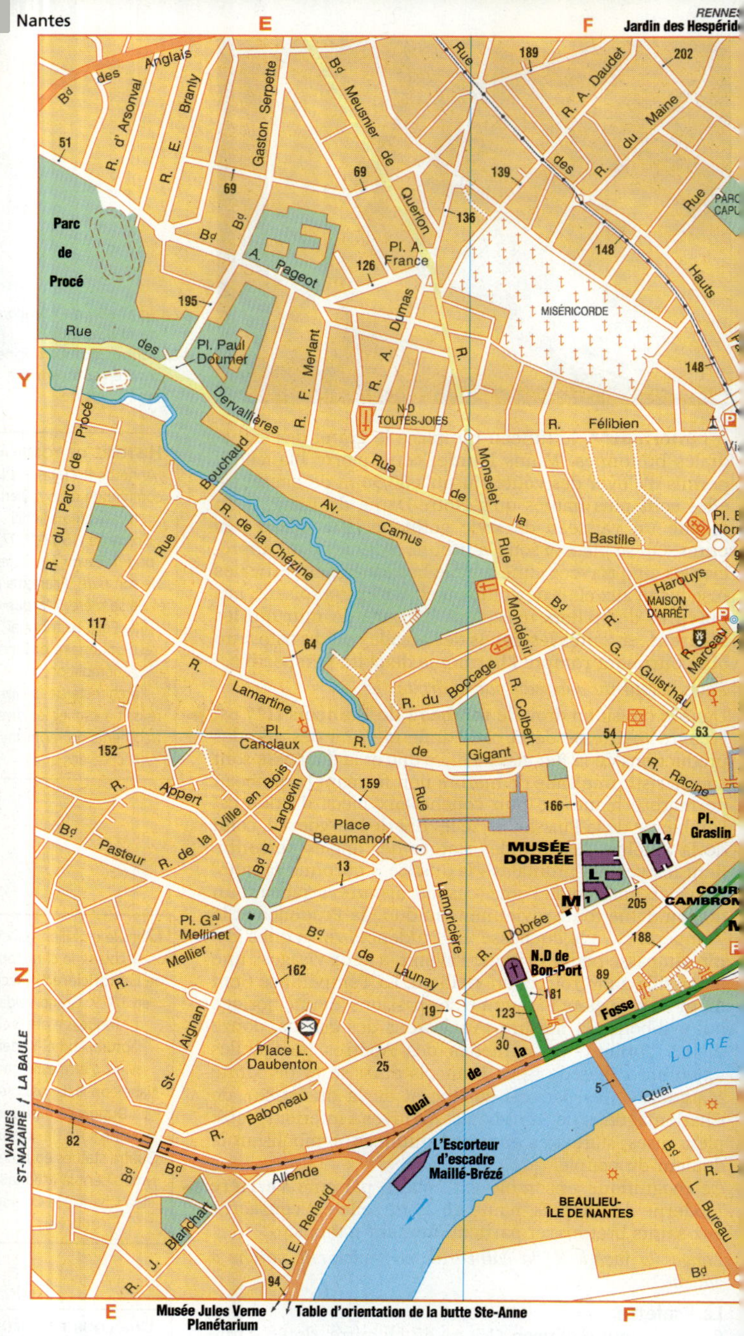

Albert (R. du Roi)	GY	3
Alexandre-Dumas (R.)	EY	
Allende (Bd S.)	EZ	
Anglais (Bd des)	EY	
Anne-de-Bretagne (Pont)	FZ	6
Appert (R.)	EZ	
Arsonval (R. d')	EY	
Audibert (Pont Gén.)	HZ	7
Babin-Chevaye (Bd)	GHZ	
Baboneau (R.)	EZ	
Bâclerie (R. de la)	GY	8
Baco (Allée)	HYZ	
Barbusse (Q. H.)	GY	
Barillerie (R. de la)	GY	9
Bastille (R. de la)	EFY	
Baudry (R. S.)	HY	
Beaumanoir (Pl.)	EZ	
Bel-Air (R. de)	GY	
Bellamy (R. Paul)	GY	
Belleville (R. de)	EZ	13
Blanchart (R. J.)	EZ	
Boccage (R. du)	EFY	
Boileau (R.)	GZ	15
Bonduel (Av. J. C.)	HZ	
Bossuet (R.)	GY	16
Bouchaud (R.)	EY	
Boucherie (R. de la)	GY	18
Bouhier (Pl. R)	EZ	19
Bouille (R. de)	GY	21
Bourse (Pl. de la)	GZ	24
Branly (R. É.)	EY	
Brasserie (R. de la)	EZ	25
Bretagne (Pl. de)	GY	27
Briand (Pont A.)	HZ	28
Brunellière (R. Ch.)	FZ	30
Buat (R. du Gén.)	HY	
Budapest (R. de)	GY	31
Bureau (Bd L.)	FZ	
Calvaire (R. du)	FY	33
Camus (Av.)	EY	
Cassegrain (R. L.)	GY	
Ceineray (Quai)	GY	36
Change (Pl. du)	GY	37
Chanzy (Av.)	HY	
Château (R. du)	GY	40
Chateaubriand (Pl. de)	GY	
Châteaulin (R. de)	GY	
Chézine (R. de la)	EY	
Clemenceau (R. G.)	HY	46
Clisson (Cours Olivier de)	GZ	48
Colbert (R.)	FYZ	
Commerce (Pl. du)	GZ	49
Constant (Bd Clovis)	EY	51
Contrescarpe (R. de la)	GY	52
Copernic (R.)	FZ	54
Coulmiers (R. de)	HY	57
Crébillon (R.)	FGZ	60
Daubenton (Pl. L.)	EZ	
Daudet (R. A.)	FY	
Delorme (Pl.)	FY	63
Dervallières (R. des)	EY	
Desaix (R.)	HY	
Desgrées-du-Lou (R. du Col.)	EY	64
Distillerie (R. de la)	GY	66
Dobrée (R.)	FZ	
Douet Garnier (R. du)	EY	69

N
G
H
Y
Z
NANTES
0
300 m
GARE FLUVIALE
Île de Versailles
Maison de l'Erdre
Jardin japonais
CENTRE CAMBRONNE
POL.
Quai H. Barbusse
R. Pitre-Chevalier
Av. R. F. Farineau
R. Amiral Ronar'ch
R. du Général Buat
Rue Desaix
Turpin
Chanzy
Bonnefoy
Préfet
Joffre
Gambetta
I.U.T.
Gaston
ST-CLÉMENT
BOUTEILLERIE
JARDIN DES PLANTES
MUSÉE DES BEAUX-ARTS
CHAPELLE DE L'ORATOIRE
CATHÉDRALE ST-PIERRE ET ST-PAUL
l'Immaculée
Pte St-Pierre
Pl. Mal Foch
la Psalette
CHÂTEAU
GARE NORD
GARE SUD
Tour LU
Quai de Malakoff
Canal St-Félix
A 11 PARIS, ANGERS
CITÉ DES CONGRÈS
P. de Tbilissi
Av. Carnot
Av. J. C. Bonduel
R. de Rieux
R. Magellan
Q. Magellan
Morice
Madeleine
Pl. de Chateaubriand
Paul Bellamy
Q. de Versailles
Erdre
HÔTEL DU DÉPARTEMENT
Pl. du Pt Morand
Musée de la Poste
TOUR BRETAGNE
R. J. d'Arc
R. de Strasbourg
Ste-Croix
ST-NICOLAS
Pl. Royale
SQ. ELISA MERCŒUR
Allée Baco
ANCNE ÎLE FEYDEAU
ANCNE ÎLE GLORIETTE
FACULTÉ DE MÉDECINE ET DE PHARMACIE
C.H.U. HÔTEL DIEU
Q. de Tourville
Q. Moncousu
Bd Jean Monnet
R. G. Veil
Chée de la Madeleine
Rue des Olivettes
Rue Fouré
Péhant
R. E.
Bras de la Madeleine
Q. André Rhuys
Q. Hoche
Bd Gaston Doumergue
Bd Vincent Gâche
R. L. Blanc
Prairie au Duc
Bd Babin-Chevaye
STE-MADELEINE
CHOLET, POITIERS
PORNIC, LA ROCHE-S-YON
LA ROCHELLE

Mitterrand (Q. François).... FGZ
Moncousu (Quai)................. GZ
Mondésir (R.)........................ FY
Monnet (Bd Jean)................. GZ
Monselet (R. Ch.)............... EFY
Morice (Q. André)............. GHZ
Motte Rouge (Q. de la)....... GY 131
Nations-Unies (Bd des)....... GZ 132
Noire (R.)............................ FY
Normand (Pl. E.)................... FY
Olivettes (R. des)................ HZ
Orléans (R. d')..................... GZ 135
Pageot (Bd A.)...................... EY
Painlevé (R. Paul)................ EY 136
Paix (R. de la)...................... GZ 138
Pasteur (Bd)......................... EZ
Parc de Procé (R. du).......... EY
Péhant (R. E.)....................... HZ
Pelleterie (R. de la)............ EFY 139
Petite-Hollande (Pl.)........... GZ 142
Pilori (Pl. du)....................... GY 144
Pitre-Chevalier (R.)........... GHY
Poitou (R. du)...................... FY 148
Pommeraye (Pas.)............... GZ
Pont-Morand (Pl. du).......... GY
Porte-Neuve (R.)............... FGY 151
Prairie-au-Duc (Bd)........... FGZ
Préfet Bonnefoy (R. du)...... HY
Racine (R.)............................ FZ
Raspail (R.)........................ EYZ 152
Refoulais (R. L. de la).......... HY 153
Reine Margot
(Allée de la)...................... HY 154
Renaud (Q. E.)...................... EZ
République (Pl. de la)......... GZ 156
Rhuys (Q. A.)........................ GZ
Rieux (R. de)......................... HZ
Riom (R. Alfred).................. EZ 159
Rollin (R.)............................. EZ 162
Ronar'ch (R. Amiral)............ HY
Roosevelt (Crs F.)............... GZ 165
Rosière d'Artois (R.)........... FZ 166
Royale (Pl.).......................... GZ
Russeil (R.).......................... FGY
St-Aignan (Bd)..................... EZ
St-André (Cours).................. HY 168
St-Mihiel (Pont).................... GY 172
St-Pierre (Crs)...................... HY 174
St-Pierre (Pl.)....................... GY 175
St-Rogatien (R.)................... HY 177
Ste-Croix (R.)....................... GY 179
Salengro (Pl. R.).................. GY 180
Sanitat (Pl. du)..................... FZ 181
Santeuil (R.)......................... GZ 183
Scribe (R.)............................ FZ 187
Serpette (R. Gaston)............ EY
Sibille (R. M.)....................... FZ 188
Simon (R. Jules)................... EY 189
Strasbourg (R. de)................ GY
Sully (R.)............................. GHY
Talensac (R.)......................... GY 192
Tbilissi (Pont de).................. ZH
Thomas (Bd A.)..................... EY 195
Tourville (Quai de)................ GZ
Turenne (Allée de)................ GZ 198
Turpin (R. Gaston)................ HY
Veil (R. G.)............................ GZ
Verdun (R. de)...................... GY 199
Versailles (Q. de).................. GZ
Viarme (Pl.)........................... FY
Ville-en-Bois (R. de la)......... EZ
Villebois-Mareuil (R.)........... FY 202
Voltaire (R.).......................... FZ 205
Waldeck-Rousseau (Pl.).... GHY 207
50-Otages (Crs des)......... GYZ 208

Ancienne Île Feydeau..... GZ
Cathédrale St-Pierre
et St-Paul...................... HY
Chapelle
de l'Immaculée............ HY
Château des Ducs
de Bretagne.................. HY
Église Notre-Dame-
de-Bon-Port.................. FZ
Église Ste-Croix............. GY
Escorteur d'escadre
Maillé-Brézé................. FZ
Île de Versailles.............. GY
Jardin des Hespérides.... FY
Jardin des Plantes.......... HY
Jardin japonais.............. GY
Maison « de la duchesse
de Berry »..................... HY B
Maison de l'Erdre.......... GY
Manoir de la Touche....... FZ L
Musée archéologique...... FZ M1
Musée des Beaux-Arts... HY
Musée Dobrée................ FZ
Musée de l'imprimerie.... FZ M2
Musée Jules Verne.......... EZ
Musée de la Poste.......... GY
Muséum
d'Histoire naturelle...... FZ M4
Parc de Procé................. EY
Planétarium.................... EZ
Porte St-Pierre............... HY
Psalette.......................... HY
Table d'orientation
de la butte Ste-Anne... EZ
Tour LU.......................... HY

A. de Valroger/MICHELIN

Par son architecture, le château de Nantes rappelle toujours la double fonction qu'il avait jadis : place forte aux lourdes murailles, et palais à l'architecture élégante.

des salles valorisera les collections du château. Centrées sur **l'histoire de Nantes et de sa région**, du Moyen Âge à nos jours, elles seront logées dans le Grand Gouvernement et le Grand Logis. En attendant, le bâtiment du Harnachement accueille des expositions temporaires.

En 1466, le duc de Bretagne, François II, décide de reconstruire le château. Les travaux se poursuivent avec sa fille, Anne. À partir du 18e s., l'administration militaire prend possession de l'édifice, taille, rogne, élève des bâtiments au style sans apprêt. La construction d'un quai au 19e s., puis le comblement du bras de la Loire au 20e s. modifient encore le site.

Forteresse – Avant d'entrer dans la cour, on peut contourner les tours massives, typiques de l'architecture militaire à la fin du 15e s. *(ne se visitent pas)*. La **tour du Pied de Biche** doit son nom à la forme d'une salle basse. La **tour de la Boulangerie** servit de prison : elle est surnommée tour de l'Enfer. La **tour des Jacobins** accueillit également une geôle. Au temps d'Anne de Bretagne, la Loire baignait encore la muraille reliant la **tour du Port** à la **tour de la Rivière**. La **tour du Fer à Cheval** fut également bâtie à cette époque. Le **bastion Saint-Pierre** fut ajouté durant les guerres de Religion (16e s.) par le duc de Mercœur, puis arasé en 1904. La tour des Espagnols **(1)** était utilisée comme entrepôt de munitions, et sauta accidentellement en 1800 *(les bâtiments démolis sont indiqués par un tireté dans le schéma du château)*.

Un pont du 18e s. rejoint l'ancien **pont-levis**.

Bâtiments sur cour – Le **Vieux Donjon (2)** est l'une des quatre tours polygonales qui encadraient le château primitif, construit au 13e s. et 14e s. : il est en partie enclavé dans un pavillon du 18e s. abritant la **Conciergerie (3)**. Le **Grand Logis**, bâti par François II et rehaussé par Anne de Bretagne, est orné de cinq lucarnes gothiques à pinacles ouvragés. C'était le lieu d'habitation des ducs, tout comme le palais ducal : reconstruit après l'incendie de 1670, celui-ci prit le nom de **Grand Gouvernement**, et devint la résidence du gouverneur de Bretagne. La gracieuse **tour de la Couronne d'Or★★** possède de belles loggias à l'italienne. Le **Petit Gouvernement**, de style Renaissance, a été édifié sous François Ier. Le bâtiment militaire du **Harnachement** date de 1784.

Couronne ducale

Le **puits★★**, qui remonte probablement à François II, est surmonté d'une magnifique armature en fer forgé, qui figure la couronne ducale. Autrefois dorée à l'or, elle comporte sept poulies, et sept gargouilles sculptées sur une margelle à sept côtés.

Le Lieu Unique

☎ 02 40 82 15 00 - www.lelieuunique.com - accès à la tour : merc.-w.-end 15h-19h - 2 € (-12 ans gratuit).

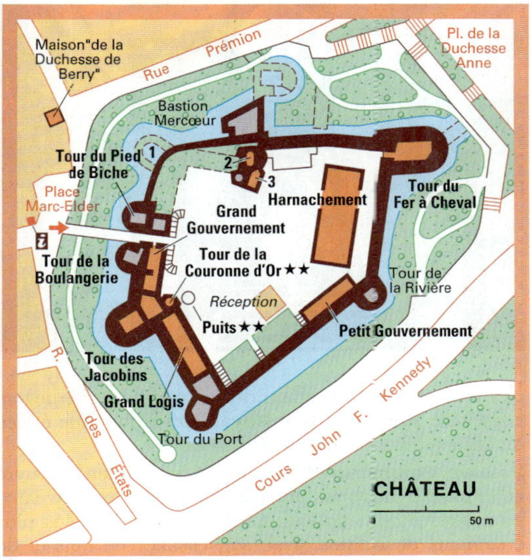

H. Le Gac/MICHELIN

La célèbre tour LU, ou comment joindre l'utile... à l'agréable !

En face du château, de l'autre côté de la voie ferrée, se dresse un curieux clocheton bleu, blanc et rouge : c'est l'ultime vestige de la biscuiterie que Jean Romain Lefèvre, époux de Pauline Isabelle Utile, occupa à partir de 1885. Mariant leurs initiales, ils créèrent l'**usine LU**, où naquit l'année suivante le « Petit Beurre »... Depuis 1986, les machines ont déménagé à La Haie-Fouassière, au Sud de Nantes. En 1999, l'ex-usine réhabilitée sur 8 000 m² par l'architecte Patrick Bouchain a été rebaptisée Lieu Unique. Dans ses murs quasi nus, de béton et de briques, le Centre de recherche pour le développement culturel (CRDC) propose un cocktail tous azimuts : danse, théâtre, arts plastiques, musique... On y vient pour flâner dans la librairie, siroter un verre au bar, ou visiter la fameuse **tour** qui offre un panorama intéressant et propose une rétrospective sur l'ancienne usine.

Emprunter la rue du Château, pour rejoindre la place du Pilori.

Plateau Ste-Croix

Ce quartier recèle des maisons à colombages des 15ᵉ et 16ᵉ s. : **rues de la Juiverie** (*n° 7*), **Ste-Croix** (*n° 7*), de la **Bâclerie** (*nos 8 et 10*), **Bossuet** (*n° 5*), **place du Change**. L'**église Ste-Croix** (17ᵉ s.) surprend par sa façade classique surmontée du beau **beffroi**★ de la ville, couronné d'anges sonnant de la trompette. À l'intérieur, le chœur à voûte nervurée en palmier contraste avec la voûte ronde en berceau de la nef.

UN LABYRINTHE ANIMÉ

Le quartier Ste-Croix est le haut lieu des soirées nantaises. Bars et restaurants s'y succèdent, et les terrasses gagnent le pavé dès les premiers beaux jours.

Pour rejoindre le cœur du Vieux Nantes, prendre le cours Franklin-Roosevelt, puis le cours Olivier-de-Clisson jusqu'à la rue Kervégan.

AU CŒUR DU VIEUX NANTES★

Compter 3h environ.

Ancienne île Feydeau★

Marécageuse, l'île fut lotie au début du 18ᵉ s. selon un strict cahier des charges qui lui a donné toute sa régularité. Ces immeubles d'opulents négociants s'ornent de mascarons – masques de fantaisie – et de balcons galbés. Certains penchent terriblement, témoignant d'une construction difficile. L'île a été rattachée à la ville entre 1926 et 1938, par le comblement des bras de la Loire.

Quartier Graslin★

Receveur général des fermes à la fin du 18ᵉ s., Jean-Jacques Graslin fit réaliser le quartier qui porte son nom. Sur la **place du Commerce**, la Bourse a été construite par

Le passage Pommeraye, véritable institution nantaise. Jacques Demy y tourna Lola *en 1961.*

Crucy de 1811 à 1813 : elle abrite la Fnac et l'Office de tourisme. On atteint la **place Royale**, où la fontaine érigée en 1865 symbolise la ville de Nantes.

Passage Pommeraye★ – Dans la rue Santeuil s'ouvre cette galerie couverte, ouverte en 1843 sur trois niveaux, à l'initiative d'un notaire. C'est l'un des lieux les plus attachants de Nantes, avec son escalier de bois et de métal dont les contremarches sont ornées de souris, ses colonnes cannelées, ses balustrades ajourées et ses statues d'enfants surmontées de torchères.

SAVEZ-VOUS CRÉBILLONNER ?
Oui, si vous remontez ou descendez la rue en flânant, tout en faisant du lèche-vitrine.

Place Graslin – La **rue Crébillon**, étroite et commerçante, mène à cette esplanade où s'élève le grand théâtre (1783) de style corinthien. À l'angle de la brasserie *La Cigale* (intérieur 1900 aux belles mosaïques, classé Monument historique) s'amorce le noble **cours Cambronne**★. Réalisé par Mathurin Crucy, il est bordé sur 180 m de maisons à pilastres, commencées sous Napoléon Ier et terminées sous le Second Empire.

Après l'avoir traversé, tourner deux fois à gauche pour rejoindre la médiathèque - Espace Jacques-Demy et le musée de l'Imprimerie (voir « visiter »). Rejoindre le quai.

UNE ÎLE D'AVANT-GARDE
Face au quai de la Fosse, l'île Beaulieu, rebaptisée **île de Nantes**, est l'objet d'un vaste programme d'urbanisme. La partie Ouest, encadrée par deux bras de la Loire, est progressivement réaménagée. L'architecte Jean Nouvel a réalisé le nouveau **palais de justice**, imposante structure de verre et de béton couvrant quelque 16 000 m².

Aux abords du quai de la Fosse

Plusieurs demeures du 18e s. se succèdent sur le quai. On remarque les nos 17, 54, 70 et au no 86, l'hôtel Durbé dont les communs servaient d'entrepôt à la Compagnie des Indes.

Remonter vers la place Sanitat.

Église N.-D.-de-Bon-Port – *10h-19h (sf pdt office dim. 10h30).*

Également appelé église St-Louis, cet édifice (1846-1858) est coiffé d'un dôme de style byzantin. À l'intérieur, de lourds piliers hexagonaux soutiennent la coupole, couronnée alternativement de vitraux et de fresques.

visiter

Musée des Beaux-Arts★★

10 r. Georges-Clemenceau. ☎ 02 51 17 45 00 - ♿ - tlj sf mar. 10h-18h, jeu. nocturne 20h - fermé 1er Mai, 14 Juil. et 15 août - 3,10 € (-18 ans gratuit), gratuit 1er dim. du mois.

Créé en 1800, le musée s'est installé dans cet édifice de la fin 19e s. Ses importantes collections, enrichies par des pièces en dépôt, couvrent l'histoire de la peinture du 13e s. à nos jours. Autour d'un patio qui diffuse un doux éclairage zénithal, s'ordonnent des galeries où les œuvres sont exposées dans un ordre chronologique. Cafétéria, boutique et intéressantes expositions temporaires.

Écoles anciennes – Voir le *Saint Sébastien* du Pérugin (vers 1448-1523), le *Vielleur*, le *Songe de saint Joseph*, le *Reniement de saint Pierre* de Georges de La Tour (1593-1652), où l'influence du Caravage est sensible dans les couleurs éteintes et les tonalités sourdes, le *Guitariste* de Greuze (1725-1805) et *Arlequin, empereur dans la Lune* de Watteau (1684-1721).

19e s. – Admirer le très beau portrait de Mme de Senones par Ingres, *Kaïd, chef marocain* de Delacroix, et les *Cribleuses de blé* de Courbet, d'une grande modernité. Les œuvres romantiques méritent d'être contemplées, ainsi que l'indolente *Esclave blanche* de Lecomte du Nouy.

Art moderne – Une première série est consacrée à l'impressionnisme et au fauvisme. On remarque *Gondoles à Venise* de Monet, l'école de Pont-Aven avec *le Gaulage des pommes* d'Émile Bernard, *Nu jaune* de Sonia Delaunay et *le Roulis transatlantique* du Nantais Jean Émile Laboureur.

Les œuvres de Wassily Kandinsky – un ensemble sans doute unique dans un musée de province – furent peintes à l'époque où il enseignait au Bauhaus (1922-1933). L'homogénéité de cette collection, dont l'importante *Trame noire* et le lumineux *Événement doux*, est fondée sur la notion de « microcosme ». À voir aussi, *Deux femmes debout* d'un Magnelli à la croisée du futurisme et du cubisme, *Cheval rouge* de Chagall, ainsi qu'un ensemble abstrait de l'école de Paris où se distinguent Manessier, Poliakoff, Hartung et Soulages.

Art contemporain – Les quatre salles, dont l'accrochage est souvent remanié, présentent des réalisations tardives de Dubuffet et Picasso, des œuvres de Martin Barré et François Morellet, originaires de la région, ainsi que des sections consacrées au nouveau réalisme (Tinguely, Raysse, Villeglé, Dufrêne) et au groupe Support-Surface (Viallat, Dezeuze).

A. Guillard/Ville de Nantes-Musée des Beaux-Arts

« Mme de Senones » (1816) de Jean Dominique Ingres, d'une précision presque indiscrète.

Le musée des Beaux-Arts n'oublie pas les écoles étrangères, notamment l'Italie avec Fabro, Paolini, Spalleti, Penone et Boetti, aux côtés de Richter, Rebecca Horn et Joan Mitchell.

Muséum d'histoire naturelle★★

12 r. Voltaire. ☎ 02 40 99 26 20 - www.museum.nantes.fr - ♿ - tlj sf mar. 10h-18h - fermé 1er janv., lun. de Pâques, 1er et 8 Mai, 1er et 11 Nov. et, 25 déc. - 3,10 € (-18 ans gratuit), gratuit 3e dim. du mois.

Ouvert en 1799, le Muséum a été inauguré dans cet ancien hôtel de la Monnaie en 1875. Il abrite d'importantes collections : zoologie générale, faune régionale, ostéologie, paléontologie, préhistoire, sciences de la terre, minéralogie, ethnographie. La section de conchyliologie se distingue par la beauté et la variété des coquillages. Un vivarium présente des reptiles et batraciens de toutes origines.

Musée Dobrée★

Entrées : 18 r. Voltaire ou r. Durand-Gasselein. ☎ 02 40 71 03 50 - www.culture.cg44.fr - tlj sf lun. 13h30-17h30, w.-end 14h30-17h30 - fermé j. fériés - 3 €, gratuit dim.

Cet étonnant palais néoroman abrite les collections réunies par l'armateur Thomas Dobrée : sculptures romanes et gothiques, armes (collection Rochebrune), émaux, ivoires. Au 1er étage : collections chinoises, mobilier (très beau cabinet anversois du 17e s.), céramiques, portraits de la famille Dobrée et de la duchesse de Berry. À l'Ouest du palais, sur une tour carrée, Thomas Dobrée fit inscrire en breton quelques mots exprimant son inquiétude métaphysique : *Ann diancf a rog ac'hanoun*, c'est-à-dire « L'inconnu me dévore ». Cette devise est surmontée d'un dragon, agrippé à un cœur de pierre rouge.

Ch. Hémon/Musée Dobrée, Nantes

Le reliquaire en or rehaussé d'émail du cœur de la duchesse Anne de Bretagne (1514), conservé au musée Dobrée.

Musée archéologique★

Entrées : 18 r. Voltaire ou r. Durand-Gasselein. ☎ 02 40 71 03 50 - www.culture.cg44.fr - tlj sf lun. 13h30-17h30, w.-end 14h30-17h30 - fermé j. fériés - 3 €, gratuit dim.

Les amateurs de pièces anciennes y verront de la céramique grecque et étrusque, ainsi qu'une section égyptologique : sarcophages, vases canopes, statuettes de bronze et de bois, stèles, momies d'animaux, reconstitution d'un tombeau du Moyen Empire. Une section est consacrée à la civilisation régionale, de la préhistoire à l'arrivée des Vikings : armes, outils, vases, bijoux, statuettes, collections néolithiques et de l'âge du bronze provenant de St-Nazaire et de Rezé.

UN NOM BUCOLIQUE

Face au musée Dobrée, se dresse le **manoir de la Touche** *(ouvert lors d'expositions temporaires)*. Il fut construit au début du 15e s. par l'évêque Jean de Malestroit. Jean V, duc de la maison de Montfort, y mourut en 1442. Le terme de « tousche » désigne un petit bois, qui couronnait jadis la colline.

Musée Jules-Verne★

3 r. de l'Hermitage. ☎ 02 40 69 72 52 - tlj sf mar. 10h-12h, 14h-18h, dim. 14h-18h - visite-conférence (1h30) dim. 15h30 - fermé j. fériés - 3 € (enf. gratuit), gratuit 4e dim. du mois.

Une demeure du 19e s. sert de cadre à ce musée où de nombreux souvenirs retracent la vie de l'écrivain nantais : autographes, meubles, objets personnels, portraits, bustes, affiches évoquant ses ouvrages publiés chez Hetzel, jeux et objets divers inspirés par ses livres, planisphère lumineux reproduisant *Les Voyages extraordinaires*.

Près du musée se dresse la **statue de sainte Anne**, bénissant le port.

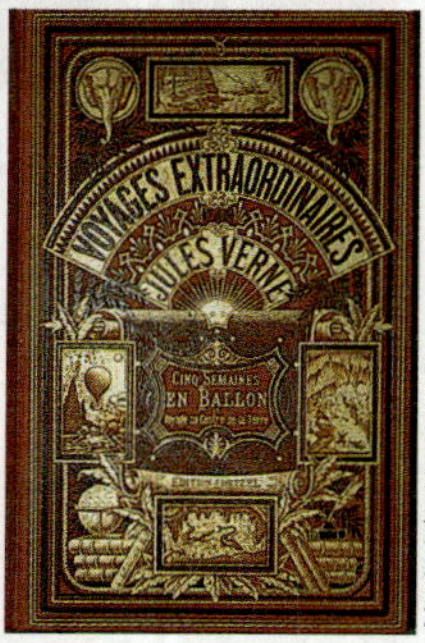

Musée Jules Verne, Nantes

Une édition originale Hetzel de « Cinq semaines en ballon ».

L'enfance d'un visionnaire

Jules Verne passa vingt ans à Nantes, depuis sa naissance en 1828 dans l'île Feydeau jusqu'à son installation à Paris, en 1848. Le spectacle du grand port encombré de navires, les machines à vapeur dans l'usine d'Indret, les récits de voyages entendus chez l'oncle Prudent, ancien armateur, comme l'apprentissage de la lecture avec Mme Sambin, veuve d'un capitaine au long cours, et les naufrages que l'enfant inventait en jouant aux abords des îlots de la Loire : autant de souvenirs qui contribuèrent à fortifier la vocation de Jules Verne à l'heure des *Voyages extraordinaires*. Romancier à l'imagination débordante, mêlant avec un exceptionnel talent le rêve, la science et l'aventure, il fut plébiscité par plus de 25 millions d'adolescents avant d'être universellement reconnu comme un très grand écrivain.

Musée de la Poste

2 bis r. du Prés.-Herriot. Fermé.

De la poste aux chevaux à la messagerie moderne, de nombreux objets sont exposés : costumes de postillon et de facteur, pèse-lettres, appareils à confectionner les carnets de timbres...

Musée de l'Imprimerie

24 quai de la Fosse. ☎ 02 40 73 26 55 - www.musee.imprimerie.free.fr - ♿ - juil.-août : tlj sf w.-end 10h-12h, 14h-17h30 ; mai-juin et sept. : tlj sf dim. 10h-12h, 14h-17h30 ; oct.-avr. : 10h-12h, 14h-17h30, dim. 14h-17h30 - possibilité de visite guidée (1h30 à 2h) sur demande - fermé j. fériés - 5 € (enf. 3,20 €).

Lithographies, enluminures, bois gravés, avec présentation des techniques de composition et d'impression par des professionnels au moyen d'un matériel en parfait état de marche.

Escorteur d'escadre Maillé-Brézé

☎ 02 40 69 56 82 - www.maillebreze.com - visite guidée à bord (1h), bord et machines (1h30) juin-sept. : 14h-18h ; oct.-mai : merc., w.-end, j. fériés et vac. scol. 14h-17h, lun., mar., jeu. et vend. 15h - fermé 1er janv. et 25 déc. - 4,60 € (-12 ans 2,30 €) bord, 7 € (-12 ans 4 €) visite bord et machines.

Ce bâtiment (132,65 m de long, 12,70 m de large) a été mis en service en 1957 et désarmé en 1988. On découvre les pièces d'armement anti-sous-marines et antiaériennes, les systèmes de détection, le poste de commandement, ainsi que plusieurs locaux réservés à l'équipage. Intéressante visite des machines.

Dans le carré des officiers mariniers, évocation de la vie de l'amiral français Jean Armand de Maillé (1619-1646), duc de Brézé.

Vue sur le port

Par le quai E.-Renaud et la rue de l'Hermitage, on accède à la butte Ste-Anne. Depuis cette terrasse, équipée d'une table d'orientation, la **vue★** se déploie sur l'île de Nantes et les anciens chantiers de construction navale.

Planétarium

8 r. des Acadiens. Accès par le quai E.-Renaud et la rue de l'Hermitage. ☎ 02 40 73 99 23 - www.nantes.fr - ♿ - séance (1h) tlj sf sam. 10h30, 14h15 et 15h45, dim. 15h et 16h30 - fermé 1er janv., 1er Mai, 1er nov. et 25 déc. - 5 € (enf. 3 €).

On y propose, grâce à toutes sortes d'effets scéniques, des spectacles permettant de s'initier à l'astronomie : mouvement des planètes, simulation de la voûte céleste, immersion au cœur d'une pluie d'étoiles filantes...

découvrir

PARCS ET JARDINS

Dès le 17e s., la botanique eut une place privilégiée à Nantes, dont la situation portuaire favorisa l'entrée des plantes exotiques, comme le magnolia. Aujourd'hui, la ville recèle 800 ha d'espaces verts, disséminés dans la ville, qui contribuent beaucoup à la « douceur de vivre » nantaise.

Jardin des Plantes★

Entrées : bd de Stalingrad (face à la gare) ou pl. Sophie-Trébuchet.

Ce jardin paysager de 7 ha, entreprit dès 1807, s'agrémente de nombreuses cascades et pièces d'eau. La flore bretonne y côtoie les végétaux d'Amérique, d'Asie et d'Afrique : remarquables camélias, rhododendrons, palmiers et magnolias, dont celui d'Hectot : cet arbre, le plus vieux du jardin, fut planté en 1807, à l'âge de 16 ans. Des serres abritent l'une des plus riches collections de cactées en France. Un buste de Jules Verne rappelle que le romancier est né à Nantes.

A. de Valroger/MICHELIN

Le jardin des Plantes de Nantes ou comment découvrir les merveilles d'une nature choyée.

Île de Versailles

Entrées : quai de Versailles ou quai Henri-Barbusse.

Jadis marécageuse, cette île a été remblayée lors du creusement du canal de Nantes à Brest. Un **jardin japonais** y a été aménagé en 1987, avec ses rocailles et ses cascades : bambous, cyprès chauves, rhododendrons, camélias et cerisiers japonais. La **maison de l'Erdre** présente la flore et la faune de cette rivière qui, jusqu'au 19e s., desservait l'entrée du canal de Bretagne. ☎ *02 40 29 41 11 - www.jardins.nantes.fr - ♿ - de mi-janv. à mi-nov. : 11h30-17h45, w.-end et j. fériés 10h-12h, 15h-17h45 ; de mi-nov. à mi-janv. : 11h30-17h15, w.-end et j. fériés 10h-12h, 14h45-17h15 - fermé mar. - gratuit.*

Parc de Procé

Entrées : bd des Anglais, r. des Dervallières ou bd Clovis-Constant.

Avec ses longues perspectives, ses doux vallonnements, ce parc (12 ha) est un agréable lieu de promenade où il n'est pas interdit de fouler le gazon. Autour d'un manoir datant de 1789, parmi les chênes, s'épanouissent rhododendrons, azalées, fuchsias, dahlias et bruyères.

alentours

Vallée de l'Erdre★

Cette belle rivière ne se découvre pas facilement. Avant tout, un petit détour s'impose à la maison de l'Erdre et à la capitainerie dans l'île de Versailles *(voir ci-avant)*. La route ne suit pas la rivière et le meilleur moyen de la découvrir est de louer un canoë ou de profiter des agréables croisières organisées par les **Bateaux nantais** *(voir le carnet pratique de la ville)*.

À VOIR

Les berges verdoyantes sont jalonnées d'une vingtaine de gentilhommières, anciennes résidences de campagne d'armateurs nantais. Le château de la Gacherie (16e s.) aux fenêtres ouvragées retient plus particulièrement l'attention.

Château de Goulaine

13 km au Sud-Est par la N 249 vers Cholet ; après le pont de Bellevue sur la Loire, prendre la sortie Haute-Goulaine. ☎ *02 40 54 91 42 - http:/chateau.goulaine.online.fr - visite guidée (1h30) de mi-juin à mi-sept. : tlj sf mar. 14h-18h ; de fin mars à mi-juin et de mi-sept. à mi-nov. : w.-end et j. fériés 14h-18h (dernière entrée 1h av. fermeture) - 7 € (-4 ans gratuit, enf. 3,50 €).*

Entouré de vignobles, ce château fut bâti entre 1480 et 1495 par Christophe de Goulaine, gentilhomme de la chambre des rois Louis XII et François Ier. De son passé militaire subsistent une tour à mâchicoulis et un castelet, précédé d'un pont enjambant les douves. Au corps de logis du 15e s., construit en tuffeau dans le style ogival, deux ailes furent ajoutées au début du 17e s.

Intérieur – Un escalier à vis conduit à l'étage qui s'ouvre sur le Grand Salon (cheminée Renaissance), le salon Bleu (plafond à caissons bleu et or) et le salon Gris (panneaux en lambris, scènes de mythologie sur les trumeaux). Une exposition permanente (tableaux, affiches, objets, mobilier) retrace **l'histoire de la biscuiterie LU**, depuis 1880 à nos jours.

Volière à papillons – Accolée au mur d'enceinte du château, une vaste serre plantée de fleurs et d'arbustes tropicaux abrite des papillons exotiques.

Le Jardin des Hespérides

Ferme de la Hautière, à 3 km au Nord de Nantes par le périphérique. Sortie : La Chapelle-sur-Erdre. ☎ 02 40 72 03 83 - www.jardinhesperides.free.fr - ♿ - de déb. mai à mi-oct. : visite guidée (1h30) 16h, dim. et j. fériés 10h30, 15h et 17h - 7,60 € (enf. 4,10 €).

Exploitée depuis 1810 par la même famille, cette ferme fruitière abrite un domaine (1,5 ha) aménagé en huit thèmes : jardin des Fraises, jardin de la Loire Atlantique ; jardin du Monde où poussent des fruits d'origine lointaine, comme la myrtille ou « bleuet du Canada » ; jardin des Fruits nouveaux tel le *loganberry*, issu de la mûre et de la framboise ; jardin des Fruits sauvages telle l'arbouse ; jardin du Néolithique évoquant des cueillettes venues du fond des âges... Le jardin méditerranéen abrite merisier, caroubier et pistachier. Celui des Botanistes montre des espèces situées à la frontière entre fruits et légumes, tel le potiron. Les fruits tropicaux ont trouvé abri et chaleur dans une serre.

DÉGUSTATION
Le verger mythique des Hespérides était gardé par un dragon à cent têtes. Triomphant du monstre, Hercule s'empara des pommes d'or et gagna l'immortalité. Ici, sans livrer de combat, le visiteur est invité à déguster un cocktail de fruits. À la boutique, vente de confitures, sorbets, coulis...

Île d'Ouessant★★

Bout de terre le plus occidental de la Bretagne, Ouessant est le vrai « finistère ». Pour mériter cette île située à la rencontre de l'Atlantique et de la Manche, il faut traverser une mer souvent houleuse. On découvre alors le caractère de cette contrée, protégée depuis 1969 par le Parc naturel régional d'Armorique.

BAROMÈTRE
Le climat de l'île est très doux. En janvier et février, la température moyenne y est la plus élevée de France.

La situation

Carte Michelin Local 308 A4 – Finistère (29). Longue de 7 km, large de 4 km, Ouessant domine la mer de 60 m, en sa partie la plus élevée.

Le nom

Au 4e s. avant J.-C., l'île s'appelait *Ouxisamé*, superlatif du *ux* gaulois, haut, c'est-à-dire la très haute.

Les gens

932 Ouessantins. Les femmes et les retraités de la Marine, nationale ou marchande, constituent l'essentiel de la population dont les activités principales restent l'élevage et la culture vivrière. Bon nombre d'hommes travaillent sur le continent (région brestoise) ou en mer : pêche hauturière, lointaine ou côtière ; plates-formes pétrolières.

PROVERBES
« Qui voit Ouessant voit son sang » dit le proverbe, allusion aux naufrages qui ont fait, dans le passé, la mauvaise réputation de l'île. Ses sœurs bretonnes ne sont guère mieux loties. On dit ainsi : « Qui voit Molène voit sa peine », « Qui voit Groix voit sa croix » ; « Qui voit Sein voit sa fin ». Reste une île, moins difficile d'accès, et plus immédiatement séductrice : « Qui voit Belle-Île voit son île. »

comprendre

Courants et récifs – Dans les annales maritimes, l'île est connue pour les difficultés de navigation qu'offrent ses parages, à cause de la brume fréquente, des innombrables récifs et des courants violents. Les plus connus sont le **Fromrust**, au Nord-Ouest, et le **Fromveur**. Chanté par Henri Queffélec, celui-ci est la ramification du Gulf Stream, au Sud-Est, et c'est l'un des plus rapides d'Europe (13 km/h).

En hiver, le vent règne en maître et pousse, sur les côtes rocheuses et déchiquetées, les flots qui déferlent rageusement. Le brouillard se mêle aux lugubres avertissements des sirènes et aux mugissements du vent. Ces

carnet pratique

Accès à l'île

Au dép. de Brest (ligne régulière) à bord de l'*Enez Eussa* : 8h30 pour Ouessant ou Molène via Le Conquet. Au dép. du Conquet (ligne régulière) : 9h45. Au dép. d'Ouessant : 16h30. Juil.-août : dép. supplémentaire de Brest à bord de l'André Colin 8h, de Camaret 8h40, d'Ouessant tlj sf dim. 18h ; avr.-juin : dép. supplémentaire (se renseigner). *Compagnie maritime Penn Ar Bed - ☎ 02 98 80 80 80.* Accès en avion au dép. de Brest-Guipavas - *☎ 02 98 84 64 87.*

En bateau pour Ouessant.

A. de Valroger/MICHELIN

Se loger

⊜⊜ Roc'h-Ar-Mor – *Au bourg de Lampaul - 29242 Ouessant - ☎ 02 98 48 80 19 - roch.armor@wanadoo.fr - fermé 3 janv.-6 fév. et 22 nov.-13 déc. - 15 ch. 53/83 € - ☕ 8,50 € - restaurant 15/25 €.* En lisière de Lampaul, face à la baie, grande bâtisse rénovée offrant un confort de qualité. La véranda et la majorité des chambres, lumineuses et modernes, regardent la mer.

Se restaurer

⊜ Crêperie Ti A Dreuz – *À Lampaul, bas du bourg - 29242 Ouessant - ☎ 02 98 48 83 01 - ouv. vac. de Noël, vac. de fév. et de Pâques à fin sept., fermé dim. soir en avr., mai et juin et lun. hors vac. scol. - 13 €.* Vieille maison à la façade inclinée, où vous dégusterez des crêpes tout écoutant l'histoire insolite des faïences qui ornent le buffet de la salle à manger blanche et bleue... La seconde salle ouvre sur un jardin fleuri. Établissement non-fumeurs.

tempêtes peuvent se prolonger dix jours. L'été ramène le calme et une atmosphère plus sereine, analogue à celle des côtes de Bretagne.

La foire aux moutons – Dans les enclos fort bien entretenus d'Ouessant, poussent légumes et pommes de terre. Les céréales, cultivées sur de plus grandes parcelles, servent à l'alimentation des volailles et bêtes d'élevage : des moutons, pour l'essentiel. Ils broutent une herbe maigre, mais chargée de sel, qui leur donne une chair aussi appréciée que les prés-salés de la baie du Mont-Saint-Michel. De février, avant les agnelages, à septembre, ils sont attachés deux par deux à un piquet. Le reste de l'année, ils vivent en liberté. Le premier jeudi de février donne lieu à une grande foire où chaque propriétaire vient reconnaître ses bêtes – rassemblées par des rabatteurs – grâce aux entailles pratiquées aux oreilles, et acquitte un droit modeste avant de les emmener.

Enfin, la culture des algues et l'élevage des moules tendent à développer une aquaculture très prometteuse.

Très belle, la mer peut aussi être très dangereuse au large du phare de Créac'h.

Ph. Plisson La Trinité

Le tour de Molène est une agréable promenade que les pêcheurs à pied préfèrent à marée basse.

découvrir

L'excursion en bateau à Ouessant est du plus haut intérêt : elle permet de voir le Goulet de Brest, la pointe de St-Mathieu, le chenal du Four et, à gauche, le fameux écueil des Pierres-Noires, l'île de Beniguet et Molène, le passage du Fromveur.

MOLÈNE

Souvent juste aperçue lors de la traversée vers Ouessant la petite île (0,8 km x 1,2 km) de Molène doit sa réputation à l'habileté et au courage de ses marins. C'est à pied que l'on découvre le village et le sentier côtier ; excepté à côté du port, les plages sont couvertes de gros galets et la baignade est dangereuse à cause des courants. Les musées, très modestes, rappellent le dur travail des goémoniers, le courage des sauveteurs aux temps héroïques des canots à rames, et un drame qui a fortement marqué l'île : le naufrage du paquebot anglais *Drummond Castle* le 16 juin 1896, faisant 29 victimes (musée derrière la mairie).

OUESSANT

L'arrivée à Ouessant se fait dans la baie du Stiff, protégée par une grande jetée en béton.
Des routes au départ de Lampaul mènent aux sites les plus remarquables de l'île. De nombreux chemins et sentiers permettent de la parcourir en tous sens, rejoignant de belles falaises ou d'agréables criques.

Lampaul

La capitale de l'île se distingue par ses maisons anciennes très bien entretenues, aux volets peints en bleu ou vert, couleurs traditionnelles de l'île. Le port exigu, exposé à l'Ouest, est pittoresque. À proximité s'étend la vaste plage de sable de Corz.

Côte sauvage★★★

Quitter Lampaul à l'Ouest par une rue en montée. À 500 m, tourner à droite.

Écomusée de l'île d'Ouessant – ☺ Au hameau de **Niou Uhella**, deux habitations traditionnelles, aménagées par le Parc naturel régional d'Armorique, retracent la vie ouessantine à travers diverses collections (costumes, outils agraires et domestiques, géologie de l'île). *☎ 02 98 48 86 37 - avr.-sept. : 10h30-18h30 ; vac. de fév. : 10h30-17h30 ; vac. de Noël : 10h30-16h ; hors vac. scol. et saison : l'apr.-midi - 3,30 € (enf. 2,10 €).*

INSOLITE
L'une des maisons de l'écomusée comporte un mobilier typique d'Ouessant. Il est fabriqué avec du bois provenant d'épaves et peint en bleu, symbole de la protection de la Vierge

Poursuivre en direction de la côte.

Le moulin de Karaes – C'est le dernier moulin en bois de l'île. Bien campé sur sa base cylindrique en pierre, il servait à moudre grossièrement le seigle avec lequel les Ouessantins confectionnaient leur pain au début du 20e s.

Phare de Créac'h – Dans l'ancienne salle des machines, le **Centre d'interprétation des phares et balises** présente turbine, lentilles, lampes et réflecteurs, et relate la fonction et la vie de gardien. Il retrace l'histoire de ces tours à feu depuis l'Antiquité jusqu'à nos jours – à l'origine, l'éclairage des phares consistait à faire brûler du charbon, du bois ou de l'huile dans un récipient, placé au sommet d'une tour. *☎ 02 98 48 80 70 - avr.-sept. et vac. scol. (ttes zones) : 10h30-18h30 ; reste de l'année : tlj sf lun. 13h30-17h30 - fermé 1er janv. et 25 déc. - 4,10 € (-8 ans gratuit).*

SUR LA MANCHE
Le phare de Créac'h indique, avec le phare britannique de Lands End, l'entrée de la Manche. Le feu est constitué de quatre lampes offrant une puissance lumineuse de 20 millions de candelas et une portée moyenne dépassant 60 km.

Contourner le phare par la droite afin de découvrir la côte.

Extraordinairement déchiquetés et continuellement battus par les flots, les **rochers★★★** offrent un spectacle extraordinaire. Une passerelle située en avant du phare permettait autrefois d'accéder à la pointe du Créac'h, où se trouvait la sirène de brume. Cargos et pétroliers ani-

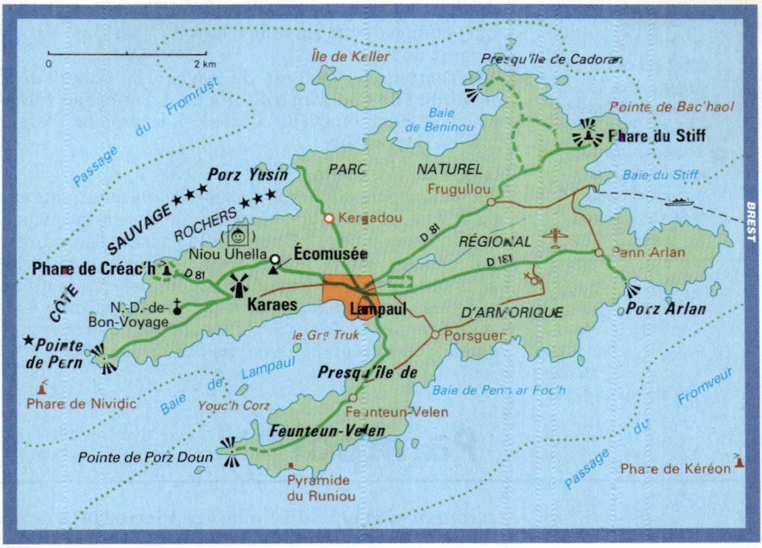

ment l'horizon ; près de trois cents bateaux empruntent chaque jour le « rail d'Ouessant » surveillé nuit et jour par des patrouilleurs de la Marine nationale.

Faire demi-tour, puis prendre à droite vers la pointe de Pern.

Pointe de Pern★ – Extrémité Ouest de l'île, elle se prolonge par des rochers et récifs sur lesquels vient écumer la houle. Au large, le petit **phare de Nividic** fonctionne automatiquement, de même que celui de la Jument, au Sud-Ouest de l'île.

PÈLERINAGE

Sur la pointe de Pern, la chapelle N.-D.-de-Bon-Voyage est également appelée St-Gildas, en souvenir de ce saint venu de Grande-Bretagne au 5e s. Elle a été édifiée à la fin du 19e s. Les gens d'Ouessant y viennent tous les ans, en pèlerinage, le 1er ou le 2e dim. de sept., jour du pardon de l'île.

Crique de Porz Yusin

Quitter Lampaul au Nord par la rue qui passe devant la centrale électrique alimentant l'île. On traverse plusieurs hameaux, aux maisons blanches et volets colorés, entourées de jardinets, avant d'arriver au joli site rocheux de Porz Yusin, un des rares abris de la côte Nord.

Presqu'île de Feunteun-Velen

Dans Lampaul, emprunter la rue qui longe le cimetière. On passe à proximité du petit port de Lampaul. Derrière sa jetée, les barques des pêcheurs trouvent un abri sûr. La route contourne la baie profonde de Lampaul, bordée par les **plages** de Corz et du Prat. En son milieu, se dressent les rochers du Grand Truk et Youc'h Corz. Puis on descend doucement vers la pointe de Porz Doun. Sur la gauche, la pyramide blanche du Runiou sert d'amer pour la navigation.

Pointe de l'extrême Sud de l'île, la **pointe de Porz Doun** est bordée de falaises. Belle **vue** sur Lampaul, la pointe de Pern et le phare de la Jument. Construit de 1904 à 1912, celui-ci culmine à 42 m et abrite une corne de brume.

Phare du Stiff

Quitter Lampaul par la rue qui longe le flanc gauche de l'église. La route atteint doucement le point culminant de l'île, 60 m à la **pointe de Bac'haol**. Le phare, construit par Vauban en 1695, comprend deux tours accolées ; l'une abrite l'escalier à vis *(126 marches)*, l'autre trois petites chambres superposées. Le feu porte à environ 50 km grâce à une lampe de 1 000 W halogène donnant une puissance de 600 000 candelas. Du sommet, un vaste **panorama★★** se développe sur les îles, le continent, du phare de la Vierge à la pointe du Raz. À proximité du

OBSERVER
Une petite colonie de phoques évolue parfois sur la presqu'île de Cadoran. Ouessant est aussi le refuge de nombreux oiseaux : goélands argentés, cormorans huppés, huîtriers pie, macareux, sternes...

phare, se dresse la nouvelle tour radar (140 m de hauteur) équipée pour surveiller la route maritime passant au large de l'île.

◀ Des sentiers permettent de gagner la pointe de la **presqu'île de Cadoran** d'où l'on jouit d'une jolie vue sur la baie de Beninou et sur l'île de Keller, propice à la nidification des oiseaux.

Crique de Porz Arlan

Quitter Lampaul par la rue qui longe le cimetière, puis tourner à gauche. La route laisse sur la droite la chapelle N.-D.-d'Espérance (1863) et, sur la gauche, l'aérodrome. Elle oblique sur la droite pour atteindre Porz Arlan. Dans cette crique charmante, se sont nichés une minuscule plage de sable et un petit port abrité par une jetée. La **vue** est fort belle sur la côte rocheuse, le Fromveur et le phare de Kéréon et, derrière, l'île de Bannec.

Paimpol★

Le roman « Pêcheur d'Islande » de Pierre Loti a donné à cette ville la célébrité littéraire. « La Paimpolaise » du chansonnier Théodore Botrel lui a valu la popularité. La falaise dont parle la chanson s'élève vers la pointe de Guilben, au cœur de l'anse de Paimpol, une baie bien abritée qui séduit les plaisanciers.

La situation

Carte Michelin Local 309 D2 – Côtes-d'Armor (22). Au Nord du département, à 15 km à l'Est de Tréguier, Paimpol est une bonne halte pour ceux qui veulent visiter l'île de Bréhat.

Pl. de la République, 22500 Paimpol, ☎ 02 96 20 83 16. www.paimpol-goelo.com

Le nom

Probablement du breton *pen-poul*, « tête de l'étang ».

Les gens

7 932 Paimpolais. Quant à la *La Paimpolaise*, cette chanson a fait le tour du monde.

La vie a bien changé depuis les « pêcheurs d'Islande » de Pierre Loti : la grande pêche à la morue a fait place à la pêche côtière et à la navigation de plaisance. L'ostréiculture est devenue une des richesses de la région, et Paimpol est connu comme marché de primeurs.

se promener

La ville doit une bonne part de son charme et de son animation au port, où les bateaux de plaisance ont depuis longtemps remplacé les goélettes. Tout proche, le cœur de la cité, réservé aux piétons, invite à la flânerie.

Place du Martray

◀ C'est la plus belle, car elle conserve de belles demeures du 16e s. ; remarquez, à l'angle de la rue de l'Église, la maison à tourelle d'angle, carrée où descendait Loti ; c'est ici qu'il a situé la maison de Gaud, héroïne de son roman.

Le charme du joli port de plaisance de Paimpol.

G. Targat/MICHELIN

carnet pratique

Se loger

Hôtel Berthelot – *1 r. du Port - 22500 Paimpol - ☎ 02 96 20 88 66 - www.paimpol-gœlo.com - 12 ch. 28/42 € - ☕ 4,50 €.* Pour une escale avant de voguer vers les îles, optez pour cet hôtel, certes modeste, mais impeccablement tenu. Quelques chambres avec salle de bains complète ; d'autres seulement pourvues d'un cabinet de toilette. Prix tout doux et accueil charmant.

L'Origano – *7 bis r. du Quai - 22500 Paimpol - ☎ 02 96 22 05 49 - fermé Pâques et oct. - 9 ch. 45/54 € - ☕ 5 €.* La maîtresse des lieux est née dans cette jolie maison bretonne et l'a transformée en hôtel avec beaucoup de goût. Les chambres sont charmantes et toutes différentes (certaines mansardées) ; l'une des plus grandes dispose d'une cheminée et d'un jardin privatif. Expositions de peintures.

Goëlo – *Quai Duguay-Trouin - 22500 Paimpol - ☎ 02 96 20 82 74 - legœlohotel@aol.com - fermé 15-30 nov. - 32 ch 49/65 € - ☕ 5,50 €.* Bâtiment récent ancré sur les quais du port de plaisance. Presque toutes les chambres, petites mais confortables, profitent d'une rénovation (tons chauds, mobilier neuf).

Relais Brenner – *R. St-Julien - 22500 Paimpol - 5 km rte de Tréguier, au pont de Lézardrieux - ☎ 02 96 22 29 95 - fermé nov.-mars - P - 16 ch. 65/105 € - ☕ 10 €.* Ce relais entièrement rénové se niche dans un jardin fleuri près du pont de Trieux. De son salon panoramique, vous aurez une belle vue sur l'estuaire. Ses chambres, spacieuses et confortables, ne manquent pas de caractère.

Se restaurer

Crêperie Morel – *11 pl. du Martray - 22500 Paimpol - ☎ 02 96 20 86 34 - fermé 1 sem. en fév., 1 sem. en juin, nov., mar. soir hors sais. et dim. - 9,20 €.* L'hospitalité chaleureuse des patrons vous donnera envie de revenir dans cette crêperie située à deux pas du port de plaisance. Attrayant cadre rustique avec poutres, boiseries, cheminée et grand comptoir en bois. Aux beaux jours, le couvert est dressé à l'extérieur.

Ferme de Kerroc'h – *14 rte de Bréhat - 22620 Ploubazlanec - 3 km au N de Paimpol par D 789 - ☎ 02 96 55 81 75 - fermé dim. soir au mar. midi de sept. à juin - 18/45 €.* La façade en pierres de pays et la belle toiture ardoisée de cette ferme centenaire attirent le regard. Pittoresque bar en bois invitant à prendre l'apéritif et salles rustiques dont une agencée autour d'une imposante cheminée en granit où rôtissent les viandes. Terrasse d'été en teck.

Marne – *30 r. de la Marne - 22500 Paimpol - ☎ 02 96 20 82 16 - hotel.marne22.restaurant@wanadoo.fr - fermé 15-27 fév., 3-18 oct., dim. soir et lun. - 24/52 € - 11 ch. 56/76 € - ☕ 8,50 €.* Le décor de ce restaurant proche de la gare ne possède pas une grande personnalité, mais les tables bénéficient d'une belle mise en place et, surtout, vous dégusterez ici une cuisine au goût du jour soignée, élaborée uniquement à base de produits frais. Intéressante carte des vins.

Faire une pause

Le Lutin Bleu – *9 r. Romsey - 22500 Paimpol - ☎ 02 96 20 41 43 - tlj sf dim. et lun. hors sais. 9h30-12h15, 14h30-19h30.* La vitrine garnie de friandises multicolores vous incitera sûrement à pousser la porte de cette boutique. Sur les étagères, les confiseries traditionnelles (dragées, pâtes de fruits, chocolats, etc.) côtoient les spécialités locales : caramels au beurre salé ou au sarrasin et chocolat. Petit salon de thé (boissons uniquement).

Que rapporter

Bon à savoir – Ne manquez pas le marché du mardi matin, dans le centre ville : alimentation, produits régionaux, artisanat local... Il y règne un joyeux brouhaha dans une odeur de crêpes et la stridence des binious.

La halle aux poissons présente une belle marée, la primeur revenant aux homards, langoustes, tourteaux, huîtres et moules de pleine mer en provenance des ports de Paimpol, Ploubazlanec et Loguivy. À partir de fin août, l'autre spécialité locale est le « coco de Paimpol », haricots à écosser vendus frais, consistants mais non farineux.

Viviers Dauphin – *3 r. Port-Pors-Even - 3 km au N de Paimpol par D 789, puis dir. du port départemental de Pors-Even - 22620 Ploubazlanec - ☎ 02 96 55 83 44 – tlj sf dim. 8h-12h, 14h-18h ; sam. 8h-12h.* Vente au détail d'huîtres, moules, coquillages et crustacés (homard, langouste).

Établissement Le Mée – *1 chemin Traou-Hoat - 3 km au N de Paimpol par D 789, puis dir. du port départemental de Pors Even - 22620 Ploubazlanec - ☎ 02 96 55 82 38.* Huîtres, moules et crustacés.

Square Théodore-Botrel

Il abrite un clocher isolé (18e s.), vestige de l'ancienne église, et un monument en souvenir du poète chansonnier.

Musée de la Mer

R. de Labenne. ☎ 02 96 22 02 19 - de mi-juin à fin août : 10h30-12h30, 14h-18h30 ; de mi-avr. à mi-juin et 1re quinz. de sept. : 14h-18h - 4,30 € (enf. 2,10 €).

Il évoque les activités maritimes de Paimpol, de la période islandaise à nos jours : maquettes, photos, instruments de navigation...

Labyrinthe végétal

Tracé dans un champ de maïs de 6 ha, ce labyrinthe dessine un parcours dont le thème varie chaque année : le trésor des Templiers, les korrigans... Il est semé d'énigmes, mais aussi d'indices pour les résoudre. Surgissant parmi les épis, des comédiens mettent en scène une partie de l'histoire.

À Plourivo, 2 km au Sud par la D 15. ☎ 02 96 20 44 06 - www.chez.com/tourisma - ♿ - juil.-août : tlj sf lun. 13h30-20h (dernière entrée 18h30) - 6 € (enf. 4,50 €).

alentours

Tour de Kerroc'h

À 2 km au Nord, en direction de la pointe de l'Arcouest. Elle se dresse dans un joli site boisé. De la première plate-forme, belle **vue**★ sur la baie de Paimpol.

Ploubazlanec

1 km au Nord de la tour de Kerroc'h. Au cimetière, on voit le mur où se succèdent, sur des plaques, les noms des hommes perdus en mer, principalement lors des campagnes de pêche en Islande : 117 goélettes et environ 2 000 marins disparurent entre 1852 et 1935.

Pointe de l'Arcouest★★

5 km au Nord. La descente à la cale de l'Arcouest offre des **vues**, remarquables à marée haute, sur la baie et sur Bréhat. Un monument à la mémoire de Frédéric et Irène Joliot-Curie, qui venaient souvent en Arcouest, est érigé à gauche de la route : deux blocs identiques de granit rose, dont les faces se regardant sont polies, se dressent côte à côte. Embarcadère pour l'**île de Bréhat**★★ *(voir ce nom)*.

Loguivy-de-la-Mer

5 km au Nord. Ce port de pêche a gardé son cachet d'antan. À marée basse, les barques s'y échouent encore. Du promontoire, belle vue sur l'embouchure du Trieux et Bréhat.

Pontrieux★

17 km au Sud-Ouest. *Maison de la Tour-Eiffel, 22260 Pontrieux, ☎ 02 96 95 14 03.*

Cette petite ville de fond d'estuaire offre bien de bien agréables surprises. La maison de la **Tour Eiffel** (appellation humoristique), du 16e s., ne passe pas inaperçue avec ses colombages bleus. Mais le trésor de la ville se trouve sur les rives du Trieux où s'alignent une cinquantaine de **lavoirs**★ superbement restaurés et fleuris. Une **promenade en barque** électrique permet de découvrir ce rare patrimoine. *☎ 02 96 95 14 03 - visite commentée (20mn) 14h-18h ; juil.-août : 11h30-18h ; de mi-juin à fin juin et sept. : 11h30-12h30, nocturne merc., vend. et dim. de la tombée de la nuit à minuit - 3 € (enf. 2 €), 3,50 € (visite nocturne).*

La découverte de la ville ne s'arrête pas là. Après avoir flâné dans le centre et découvert ses artisans, une petite halte s'impose au port où vous attendent un club nautique, le petit port de plaisance et le fameux train à vapeur (La Vapeur du Trieux, *voir page suivante*).

A. de Valroger/MICHELIN

Les petites promenades en barque restent le plus sûr et agréable moyen de découvrir les lavoirs de Pontrieux.

circuit

LA CÔTE DU GOËLO★

Circuit de 47 km – environ 4h.

Prendre la D 786 au Sud en direction de St-Quay-Portrieux et, à la sortie de Paimpol, tourner à gauche.

Pointe de Guilben

C'est la falaise chantée par Théodore Botrel. Belle vue sur la côte.

Après Kérity, une rue à gauche mène à l'abbaye de Beauport.

Abbaye de Beauport★

☎ 02 96 55 18 58 - www.abbaye-beauport.com - de mi-juin à mi-sept. : 10h-19h ; de mi-sept. à mi-juin : 10h-12h, 14h-17h (dernière entrée 30mn av. fermeture), possibilité de visite guidée (1h du 18 juin au 30 sept.) - 4,50 € (enf. 1-2 €), 5 € en période d'exposition - fermé 1er janv., 24, 25 et 31 déc.

Cette abbaye, fondée au 13e s. par des chanoines de l'ordre de Prémontré, a constitué un important foyer spirituel et économique dans le diocèse de St-Brieuc.

LOISIRS
La Vapeur du Trieux – - *Av. du Gén.-de-Gaulle - 22500 Paimpol - ☎ 02 96 20 52 06 - www.vapeurdutrieux.com - 26 mai-26 sept., 1 ou 2 dép. par j. (sf certains lun. et mar.) - adulte : 21 € (enf. 10,50 €).* Excursion en train à vapeur de Paimpol à Pontrieux - 4h30 aller-retour. La vieille dame un peu suffocante (elle a près de 80 ans) ahane le long de l'estuaire du Trieux que l'on ne peut découvrir par la route. Une halte dégustation vous est proposée sur l'un des trajets (cidre et crêpes).

De l'église élevée au 13e s., il reste la facade, la nef à ciel ouvert, le bas-côté Nord et le bras gauche du transept. La longue salle capitulaire à abside polygonale est un beau témoignage de l'art gothique anglo-normand, dans la tradition du Mont-St-Michel.
On visite le cloître et le vaste réfectoire (élégante entrée) qui s'ouvre sur la mer, ainsi que la cour basse, le bâtiment au Duc, hôtellerie destinée à l'accueil des pèlerins, le cellier situé sous le réfectoire, et l'aumônerie où les moines recevaient l'impôt sur le sel et les grains.
Le Conservatoire du littoral a établi un programme de sauvegarde et d'animation sur l'ensemble du domaine abbatial, dont il s'est rendu propriétaire.
Regagner la route de St-Quay-Portrieux, tourner à gauche et, après l'étang, tourner encore à gauche dans une route en montée.

À l'abbaye de Beauport, la finesse du décor gothique résiste à l'usure du temps.

Ste-Barbe
À 250 m après la chapelle, laisser la voiture et emprunter un sentier à gauche qui mène à une table d'orientation. On voit l'anse de Paimpol avec ses îles proches, la zone ostréicole, Port-Lazo et le phare de Mez de Goëlo.
Gagner Plouézec où l'on prend à gauche et, dans St-Riom, tourner une nouvelle fois à gauche.

Port-Lazo
Au terminus de la route, vue sur l'anse de Paimpol.
Revenir à St-Riom et prendre à gauche.

Pointe de Bilfot★
De la table d'orientation, la **vue** s'étend de l'île de Bréhat au Nord, au cap Fréhel à l'Est. Entre le petit phare de Mez de Goëlo, tout proche, et celui plus lointain du Paon à Bréhat, la baie est hérissée de rochers.
Faire demi-tour et prendre à gauche la D 54c à l'entrée de Plouézec.

L'OPÉRATION FAHRENHEIT
Sur la pointe de Bilfot, une stèle célèbre le cinquantième anniversaire de l'opération *Fahrenheit* : en novembre 1942, un commando britannique de onze hommes débarqua et attaqua le sémaphore occupé par les Allemands.

Pointe de Minard*

La **vue** s'étend ici sur la baie de St-Brieuc et le cap d'Erquy, l'anse de Paimpol et l'île de Bréhat.

Après un parcours pittoresque en bordure du littoral, on atteint le Questel ; à la sortie de ce hameau, prendre deux fois à gauche. Après un crochet par Pors-Pin, revenir au premier carrefour et obliquer à gauche.

Dans un paysage aride, la route suit le bord de la falaise, puis débouche sur un vaste parking-belvédère : **vue*** sur le site de Bréhec-en-Plouha, la pointe de la Tour, les roches de St-Quay et, en face, du Val-André à Erquy.

Bréhec-en-Plouha

Ce petit port se love au fond d'une anse, fermée par les pointes de la Tour à droite et Berjule à gauche. C'est ici qu'abordèrent, au 5e s., saint Brieuc et les premiers émigrants venus de Grande-Bretagne.

Remonter le verdoyant vallon du ruisseau de Kergolo.

Lanloup

L'église (15e et 16e s.) possède un intéressant porche Sud flanqué de contreforts à niches, avec saint Loup et saint Gilles au fronton. Dans le cimetière, tombe du compositeur Guy Ropartz (1864-1955) dont la famille habite le manoir.

Regagner Paimpol par Plouézec.

Forêt de Paimpont*

La légendaire Brocéliande de l'enchanteur Merlin et de la fée Viviane survit dans cette forêt qui entoure la ville de Paimpont. Les futaies, les landes, les étangs et les ruisseaux, sont propices à des excursions « vertes ».

La situation

Carte Michelin Local 309 I6 – Ille-et-Vilaine (35). À une trentaine de kilomètres à l'Ouest de Rennes, la forêt s'étend entre la N 24 et la D 766.

i *www.broceliande-tourisme.info*

Le nom

La forêt s'appela Brécilien jusqu'à la Révolution (et Brocéliande dans le *Cycle breton*). Paimpont dériverait de *Pen Ponthi* ou « tête de pont ».

Les gens

Les lieux sont ici hantés par quelques grandes figures du cycle arthurien : le chevalier Lancelot, Merlin l'Enchanteur, la fée Viviane...

A. de Valroger/MICHELIN

Indissociable de la forêt de Paimpont, le mythe du Graal est illustré dans l'église de Tréhorenteuc.

circuit

BROCÉLIANDE, TERRE DE LÉGENDES

La forêt de Paimpont est le dernier vestige, à l'Est, des immenses futaies qui couvraient, aux premiers siècles de notre ère, une notable partie de la Bretagne intérieure, sur près de 140 km. Les défrichements opérés de siècle en siècle l'ont réduite à une surface actuelle de 7 067 ha, dont 500 appartiennent à l'État.

Depuis St-Léry, l'itinéraire permet de faire un circuit complet à travers la forêt de Paimpont, en passant par les sites les plus connus. Après l'immense incendie de septembre 1990, la nature a repris le dessus. Si des arbres centenaires ont à jamais disparu, les ajoncs, les bruyères, les genêts et les fougères ont recomposé un paysage nouveau, dont le charme est indéniable.

carnet pratique

Se loger

Le Thy – *8 bd Foch - 56800 Ploërmel - ☎ 02 97 74 05 21 - info@le-thy.com - P - 7 ch. 55/60 € - ☕ 5 €.* Cette adresse atypique abrite un café, un petit cabaret et des chambres originales honorant différents artistes : Van Gogh, Bonnard, Klimt, Hooper, etc.

La Corne de Cerf – *35380 Paimpont - 2 km au S de Paimpont par D 733 et D 71 - ☎ 02 99 07 84 19 - fermé janv. - ⊭ - 3 ch. 42/50 € ☕.* Cette vénérable demeure décorée de peintures, tapisseries et meubles peints respire l'élégance et le bon goût. Ses chambres, lumineuses et printanières, s'ouvrent sur un délicieux jardin arboré et fleuri. Nombreux sentiers de randonnées et activités nautiques à proximité.

Se restaurer

Le Relais de Brocéliande – *5 r. des Forges - 35380 Paimpont - ☎ 02 99 07 84 94 - www.le-relais-de-broceliande.fr - fermé 15 déc.-1er janv. - 9/72 €.* Au cœur de la forêt de Brocéliande, relais de poste de 1833 aménagé en parfait accord avec le site de légende qui l'entoure. Salle à manger assez pittoresque, où cohabitent meubles anciens, aquarium, vivier et gibier empaillé. Chambres douillettes ouvrant sur le parc.

St-Léry

L'**église** (14e s.) présente sur le flanc droit un porche Renaissance, où deux belles portes en anse de panier sont surmontées d'accolades finement sculptées. Des personnages encadrent celle de droite : la Vierge, l'ange de l'Annonciation, saint Michel terrassant le dragon et un damné.

Près de l'église, on remarque une maison du 17e s. ornée de trois belles lucarnes.

Château de Comper

☎ 02 97 22 79 96 - www.centre-arthurien.com - juil.-août et sept. : tlj sf merc. 10h-19h ; avr.-juin et de déb. sept. à mi-oct. : tlj sf mar. et merc. 10h-17h30 - fermé de mi-oct. à fin mars - 5 € (-10 ans gratuit).

Les Montfort, Charette, Rieux, Laval, Coligny, La Trémoille, Rosmadec : autant de grands noms qui furent, un temps, les propriétaires du lieu. Du château deux fois ruiné, au 16e s. et au 18e s., il ne reste que deux courtines, la poterne et une grosse tour. Le corps de logis a été reconstruit au 19e s.

Il faut se perdre dans la forêt, écouter les murmures des ruisseaux pour percer les mystères de Brocéliande.

G. Targat/MICHELIN

Le berceau d'une fée
La fée Viviane serait née à Comper. Elle y aurait élevé Lancelot, le preux chevalier de la Table ronde, dont les aventures ont été contées par Chrétien de Troyes.

◀ Le château est le siège du Centre arthurien qui organise chaque année des expositions et des animations sur le Moyen Âge, l'univers celtique et les légendes arthuriennes.

Tombeau de Merlin

Deux dalles de schiste et un pied de houx pour le signaler, voilà le tombeau de l'Enchanteur.

Fontaine de Jouvence

Ce simple trou d'eau serait une fontaine merveilleuse.

Étang du Pas-du-Houx

Dans un site très agréable, c'est le plus vaste plan d'eau de la forêt (86 ha). Deux châteaux ont été construits sur ses berges en 1912 : Brocéliande et Pas-du-Houx.

Paimpont

Ce bourg, situé en pleine forêt auprès d'un étang bordé de grands arbres, date de la Révolution.

L'**église abbatiale** du 13e s. a été décorée au 17e s. de **boiseries** d'une riche ornementation. Des bustes, des médaillons sculptés, des guirlandes de fleurs et de fruits ont été réalisés avec un talent remarquable.

Essor
Malgré une occupation dès le néolithique Paimpont doit son origine à la fondation au 7e s. d'un monastère. Érigé en abbaye à la fin du 12e s., celui-ci subsista jusqu'à la Révolution.

Le **trésor**, dans la sacristie, présente une statue de sainte ◀ Anne portant la Vierge et l'Enfant Jésus (15e s.), un curieux bras reliquaire de saint Judicaël du 15e s. et surtout un magnifique **Christ** en ivoire du 18e s. ☎ *02 99 07 81 37 - ♿ - juil.-août : 10h-12h30, 14h30-18h30 ; avr.-juin : w.-end 14h30-18h30 - gratuit.*

Les Forges-de-Paimpont

Ce hameau pittoresque, auprès d'un étang, tire son nom des forges qui s'y trouvaient du 16e s. à la fin du 19e s.

Beignon

L'église renferme de beaux vitraux du 16e s. ; dans le chœur, derrière l'autel, on reconnaît le Crucifiement de saint Pierre et, dans le transept gauche, l'Arbre de Jessé.

Château de Trécesson

Accès seulement à la cour intérieure.

Entouré des eaux de son étang, ce château construit en schiste rougeâtre à la fin du 14e s. a conservé son aspect

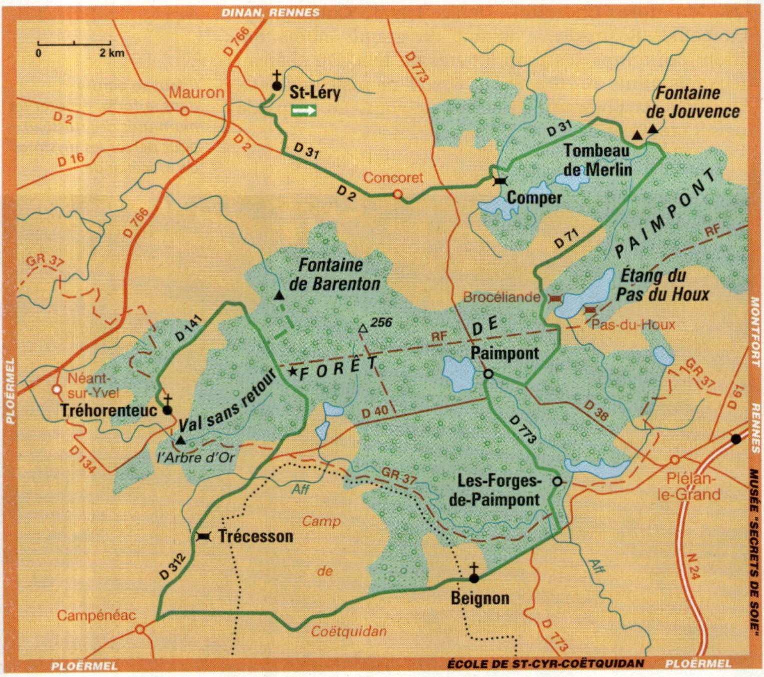

médiéval. Un imposant châtelet flanque de tourelles en encorbellement commande l'entrée.

Fontaine de Barenton

Accès à pied seulement. Elle avait des pouvoirs merveilleux, comme celui de déchaîner des tempêtes lorsqu'on versait de l'eau de la source sur le « perron de Merlin », une pierre toute proche.

Tréhorenteuc

Dans l'**église** (17e s.) et la sacristie, des mosaïques et des tableaux illustrent la légende des chevaliers de la Table ronde. Dans le chœur, vitrail consacré au Saint-Graal. *9h-17h - possibilité de visite guidée sur demande - fermé 25 déc-1er janv. - 2,50 €.*

Val sans retour

C'est l'un des sites les plus légendaires de la forêt de Brocéliande. Empruntez le chemin non revêtu, après le deuxième parking. On atteint le **Miroir aux fées** et le **Rocher des faux amants**. D'après la légende, la fée Morgane, jalouse d'un chevalier, aurait jeté un sort à travers le Val pour empêcher d'en sortir tous ceux qui auraient quelque faute à se reprocher. Seul Lancelot, fidèle à Guenièvre, put mettre fin à l'enchantement.

M. Gurfinkel/MICHELIN

Au Miroir aux fées, le curieux « Arbre d'or », œuvre de Fr. Davin, marque la limite extrême de l'incendie de 1990.

alentours

Canton de Guer-Coëtquidan

À 16 km à l'Est de Ploërmel sur la route D 724.

École de St-Cyr-Coëtquidan – Elle compte l'École spéciale militaire créée en 1802 par Napoléon Bonaparte, communément appelée St-Cyr, l'École militaire interarmes établie en 1961 par le général de Gaulle, et l'École militaire du corps technique et administratif instituée en 1977.

Le **musée du Souvenir★**, à droite de la cour Rivoli, retrace l'histoire des écoles et de la formation des officiers de l'Ancien Régime à nos jours ; il rassemble de nombreux documents, uniformes, décorations, objets personnels et armes. Son mémorial conserve le souvenir des 17 000 officiers morts au champ d'honneur. *Tlj sf lun. et jeu. apr.-midi 10h-12h, 14h-17h, w.-end 10h-12h, 14h-18h - fermé janv. et j. fériés - 5 €, gratuit 1er dim. mois impairs.*

P. Wysocki/EXPLORER

Le camp militaire de Coëtquidan abrite les écoles de formation des officiers de l'armée de terre.

Site mégalithique de Monteneuf

Au Sud de Paimpont, le long de la D 776 entre Guer et Monteneuf. ☎ 02 97 22 04 78 - 3 juil.-28 août : tlj sf lun. 10h-12h30, 14h30-18h ; 28 août-11 sept. et de déb. mai au 2 juil : w.-end et j. fériés 10h-12h30, 14h30-18h, possibilité de visite guidée (1h) 15h et 16h - 3 € (enf. 2,50 €).

Implanté dans la lande, ce **site** mégalithique est en cours de fouilles. Des zones de taille ont été mises au jour.

Deux circuits piétonniers de 7 km permettent de découvrir la Loge Morinais (allée couverte en schiste), les menhirs de Chomet, de Coëplan, des Pierres droites, la Pièce couverte, le Rocher Maheux et les Bordoués (autres allées couvertes). Le long de la D 776, plus de 420 monolithes, abattus vers la fin du 1er millénaire, probablement sur décision de l'autorité religieuse, sont actuellement recensés.

ÉTAT DES LIEUX

Aujourd'hui, une quarantaine de blocs de schiste pourpre sont redressés sur le site de Monteneuf : en particulier un monolithe de 36 t.

Campel

16 km au Sud-Est de Paimpont.

Secrets de Soie – *☎ 02 99 34 93 93 - www.secretsdesoie.fr - ♿ - juil.-août : visite guidée (1h30) 10h-12h, 14h-18h ; avr.-juin et de déb. sept. à mi-oct. : tlj sf sam. 14h-18h - 6 € (enf. 4 €).* La soie fait rêver depuis bien longtemps, depuis près de 5 000 ans si l'on en croit la légende. Interactif et ludique, le musée invite à découvrir cette histoire fabuleuse, à partir à l'aventure avec les marchands sur la route de la soie. Tous ces raffinements ne doivent pas faire oublier le petit prodige qui en est à l'origine : le ver à soie, ou bombyx du mûrier, est présenté sous une lumineuse verrière. Exposition, boutique.

St-Méen-le-Grand

À 20 km au Nord de Paimpont par la D 773 jusqu'à Gaël, puis la D 166.

Au 6e s., saint Méen, moine venu de Grande-Bretagne, fonda en ce lieu une abbaye.

Église – Elle conserve une belle **tour** carrée du 12e s. À l'intérieur, on voit dans le transept droit la statue et le monument funéraire de saint Méen. Récemment découvertes sous l'enduit, des fresques des 13e et 14e s. ont été restaurées.

Musée Louison-Bobet – ☎ *02 99 09 67 86 - ♿ - 14h-17h - fermé mar. (oct.-juin), 1er janv. et 25 déc. - 3 €.*

Le **musée** rappelle la brillante carrière du champion à travers divers livres, documents, objets et souvenirs.

> **CHAMPION**
> Né à St-Méen, **Louison Bobet (1925-1983)** fut ce légendaire coureur cycliste, plusieurs fois vainqueur du Tour de France dans les années 1950. Il fut aussi un précurseur dans le domaine de l'entraînement sportif et de la diététique.

Perros-Guirec

Bâti en amphithéâtre sur la Côte de Granit rose, « Perros » domine le bassin à flot où se trouve le port de pêche et de plaisance. Le sable fin et la douceur de ses deux plages, Trestraou et Trestignel, en font une station balnéaire familiale.

La situation

Carte Michelin Local 309 B2 – Côtes-d'Armor (22). Au Nord du département, Perros-Guirrec est accessible depuis Guingamp par la D 767 puis la D 788 à partir de Lannion.

21 pl. de l'Hôtel-de-Ville, 22700 Perros-Guirec, ☎ 02 96 23 21 15. www.perros-guirec.com

Le nom

De *Pen Ros*, « tête de colline », et Guirec, évangélisateur qui débarqua au 6e s. à Ploumanach.

Les gens

7 614 Perrosiens. Le romancier polonais Henryk Sienkiewicz (1846-1916), auteur de *Quo Vadis ?*, habita le château de Costaérès, face à la plage de Ploumanach.

se promener

Église

Tlj sf w.-end 9h30-12h, 14h30-18h.

Au puissant clocher du 14e s., coiffé en 1669 d'un dôme surmonté d'une flèche, est accolé un porche présentant une fine arcature trilobée. À l'intérieur, on remarque une poutre de gloire, un bénitier en granit (12e s.) décoré de petits personnages, et de nombreuses statues anciennes. Un petit porche en plein cintre s'ouvre sur le flanc droit.

> **À VOIR**
> La **nef romane★**, vestige de la première chapelle élevée en ce lieu. De massives colonnes, cylindriques à gauche, à colonnettes engagées à droite, supportent les chapiteaux historiés ou ornés de motifs géométriques.

Table d'orientation

Vue★ sur la pointe du Château, la plage de Trestrignel, Port-Blanc, Trélevern, Trévou, l'île Tomé, les Sept-Îles et, en contrebas, les rochers.

Pointe du Château

De ce belvédère escarpé se révèle une jolie **vue★** sur le site de Perros-Guirec, les Sept-Îles, l'île Tomé et la côte jusqu'à Port-L'Épine.

Musée de Cire – Chouannerie Bretonne B M   Table d'orientation .... B E

Musée de cire - Chouannerie bretonne

☎ 02 96 91 23 45 - juin-août : 9h30-18h30 ; avr.-mai et sept. : 10h-12h15, 14h-18h - 3 € (enf. 1,50 €).
Il reproduit, grandeur nature, des scènes historiques qui mettent en scènes divers personnages, de La Chalotais à Auguste Renan. Collection de coiffes de basse Bretagne.

alentours

La Clarté

3 km à l'Ouest par ② du plan. La jolie **chapelle N.-D.-de-la-Clarté★**, de granit rose, se trouve à 200 m en retrait du boulevard. Au 16e s., le seigneur de Barac'h, dont le navire se trouvait en danger dans les parages, aurait fait vœu d'élever une chapelle à Notre-Dame à l'endroit de la côte qui sortirait le premier du brouillard. Le portail Sud s'agrémente de sculptures en bas-relief : au linteau, Annonciation et Pietà. La nef, à la belle élévation, comprend trois travées ; choux, rosaces, feuillages sculptés la décorent. Remarquez aussi le bénitier du 15e s. orné de trois têtes de Maures et le chemin de croix de Maurice Denis (1931).
Par la rue du Tertre, qui s'ouvre sur le flanc gauche de la chapelle, gagner le sommet pour profiter de la **vue★**.

Sémaphore★

3,5 km à l'Ouest par ② du plan. Du belvédère aménagé en bordure de la route, la **vue★** s'étend en avant sur les rochers de Ploumanach ; au large sur les Sept-Îles, en arrière sur les plages de Perros-Guirec et sur la côte de Port-Blanc.

Sentier des douaniers★★

1h3/4 jusqu'à Ploumanach, 3h jusqu'à Trégastel. Cette promenade magnifique (l'appareil photo est indispensable) est à faire de préférence le matin et à marée haute dans le sens Est-Ouest, en fin d'après-midi dans l'autre sens.
Peut-être le plus beau sentier de la côte bretonne en dehors des périodes de fortes affluences. À partir de la plage de Trestraou, on suit le bord de la falaise jusqu'à Porz Rolland où l'aspect de la côte change complètement. On serpente parmi d'extraordinaires **rochers** pour atteindre la pointe de Squewel, le phare de Ploumanach (Men-Ruz) et la Maison du littoral.

R. Mattès/MICHELIN

Le sentier des douaniers, une promenade de 5 km au milieu d'un site naturel d'une exceptionnelle beauté.

Se loger

⊜ Hôtel de L'Europe – *22700 Ploumanac'h - 6 km de Perros-Guirec par D 788 - ☎ 02 96 91 40 76 - societe-leurope-perros@wanadoo.fr - fermé 2-13 janv. - P - 23 ch. 48/63 € - ☕ 7,50 €.* Cette maison régionale postée à 30 m du rivage et flanquée d'une aile récente vous permettra de profiter des eaux claires de la petite crique de Ploumanac'h. Ses chambres, modernes, sont simples et fonctionnelles. Prix attractifs hors saison.

⊜ Chambre d'hôte La Ferme de l'Étang – *Le Launay - 22660 Tréleven - 9 km de Perros-Guirec, rte de Paimpol puis D 73 (dir. Tréléven) - ☎ 02 96 91 70 44 - ⊭ - 4 ch. 42/55 € ☕.* Les canards s'ébattent dans l'étang ou se prélassent sur la pelouse devant les hôtes, qui apprécient le charme rustique de cette longère du 19e s., son calme, son vaste salon, sa collection de poupées et ses chambres non-fumeurs.

Se restaurer

⊜ La Bonne Auberge – *Pl. de la Chapelle, la Clarté - ☎ 02 96 91 46 05 - gouriou.m @wanadoo.fr - fermé 11 nov.-10 déc. - 13/31 € - 7 ch. 36 € - ☕ 5,50 €.* Cette vénérable auberge où grimpent le lierre et la glycine se trouve à deux pas de la jolie chapelle de Notre-Dame-de-la-Clarté. Vous y dégusterez poissons et crustacés dans deux petites salles à manger au cadre rustique affirmé. Chambres rénovées.

⊜ La Crémaillère – *Pl. de l'Église - ☎ 02 96 23 22 08 - fermé lun. midi - 13,50/36 €.* Accueillante maison régionale du 19e s. nichée au cœur de la station. Le chef y concocte une cuisine traditionnelle ensoleillée assortie de grillades. Pierres apparentes et mobilier en fer forgé dans la salle à manger également pourvue d'une mezzanine un peu plus feutrée.

⊜⊜ Hôtel restaurant Le Gulf Stream – *26 r. des Sept-Îles - ☎ 02 96 23 21 86 - www.gulf-stream-hotel-bretagne.com - fermé 10 janv.-11 fév., 1 sem. en juin et en oct., lun. midi, merc. et jeu. - réserv. obligatoire - 22/50 € - 11 ch. 45/70 € - ☕ 7,50 €.* Il règne une délicieuse atmosphère 1900 en ce plaisant hôtel tapissé de lierre. La plupart des chambres, simples et récemment rafraîchies, donnent côté mer. Au restaurant, spécialités iodées à savourer en même temps que la vue imprenable sur la baie du Trestraou.

⊜⊜ Les Embruns – *R. du Commerce - 56780 Ile-aux-Moines - ☎ 02 97 26 30 86 - fermé janv., fév., 1er-15 oct. et merc. - 18/25 €.* Habitués et touristes se retrouvent dans ce bar-restaurant sans chichi du bourg. Pêchés dans la journée, les produits de la mer sont ici travaillés le plus simplement du monde pour régaler des convives impatients d'enfourcher de nouveau leurs vélos : d'autres trésors îliens attendent !

En soirée

Casino – *Plage du Trestraou - ☎ 02 96 49 80 80 - tlj 10h-3h, w.-end et juil.-août : 10h-4h.* 98 machines à sous, une boule, une roulette et un black jack (ouverts uniquement le soir) vous attendent dans cet établissement moderne et chaleureux posté face à la plage du Trestraou.

Que rapporter

Marché – Il se tient pl. du Marché, le vend. mat. et à la Clarté, face à la chapelle, le dim. matin.

Sports & Loisirs

Bon à savoir – Réputé pour ses féeriques chaos rocheux de granit rose, Perros-Guirec offre également de belles plages bien abritées. Leur sable fin et la douceur de leurs pentes en font d'excellentes plages pour les enfants.

Gare maritime – Voir Les Sept-Îles dans la rubrique Découvrir.

L'« Argentilez » – *☎ 02 96 49 81 21.* Jadis, ce flambart ramassait du goémon, aujourd'hui il vous promènera le long de la côte de Granit rose, pour une découverte de la voile traditionnelle, sorties j. ou 1/2j.

Centre Nautique – *Plage de Trestraou - ☎ 02 96 49 81 21 - www.perros-guirec.com - 9h-19h - fermé de mi-déc. à mi-janv.* Une équipe dynamique anime ce club implanté au bout de la plage de Trestraou. Cours et location de voile, de planche et de kayak, sorties en mer sur un voilier traditionnel ou sur une goélette. Deux accompagnateurs sont spécialement formés à encadrer les personnes à mobilité réduite. Accueil des enfants à partir de 4 ans.

Perros-Plongée – *1 bd Aristide-Briand - ☎ 02 96 23 22 13 - www.perros-plongee.fr - 9h30-12h30, 14h-19h30, dim. 9h30-12h30 ; sais. : tlj.* Des moniteurs diplômés d'État vous emmènent plonger en bateau.

Surf – *2 r. Mar.-Joffre, le port - ☎ 02 96 23 18 38.* Initiation ou compétition à la plage de Trestraou.

Marché haut en couleur.

G. Guittot/PHOTONONSTOP

Bellevue (Q. de)	2	Fournier (R. A.)	5
Centre (Pl. du)	3	Pointe (R. de la)	6
Centre (R. du)	4	Port (R. du)	7

Ploumanach★★
À hauteur de cette station balnéaire, qui est aussi petit port de pêche, la Côte de Granit rose est particulièrement belle.

Rochers★★ – De Porz Rolland à Porz ar Mor. C'est, en quelque sorte, une réserve où l'on maintient l'originalité du **site rocheux**. Le point le plus intéressant est la pointe de Squewel, constituée d'innombrables rochers séparés par des anses. On découvre des rochers aux formes curieuses où l'on reconnaît la « Tortue », le « Lapin », etc.

Maison du littoral – Elle présente diverses expositions destinées à faire comprendre la formation du granit ainsi que les méthodes d'exploitation de cette pierre, d'hier à aujourd'hui. ☎ *02 96 91 62 77 - ♿ - de mi-juin à mi-sept. : tlj sf dim. 10h-13h, 14h-18h ; reste de l'année et vac. scol. : tlj sf w.-end 14h-17h - fermé des vac. de la Toussaint à janv., 1er Mai et 25 déc. - gratuit.*

Plage – À son extrémité gauche, sur un rocher baigné par la mer à marée haute, s'élève l'oratoire dédié à **saint Guirec**, qui débarqua ici au 6e s. En face, l'île de Costaérès et son château *(privé)*.

Vallée des Traouïero – *Compter une demi-journée. Bonnes chaussures recommandées.* Derrière les moulins à marée qui ferment le port, le petit et le grand Traouïero sont deux vallées sauvages encore hantées de nombreuses légendes. La végétation y est très dense et les sentiers s'aventurent au milieu d'impressionnants rochers de granit.

VERS LE PHARE
Le sentier qui longe la plage et l'hôtel St-Guirec passe entre de superbes **rochers★★** de granit rose : la « Tête de Mort », le « Sabot Renversé », le « Pied ».

CURIEUSE TRADITION !
Sur la plage, la statue de saint Guirec en granit, a remplacé l'effigie primitive en bois, qui avait souffert d'une tradition peu respectueuse : les jeunes filles désirant se marier venaient planter une épingle à chignon dans le nez de l'apôtre. On ne connaît pas précisément les résultats mais la tradition reste vivace comme en témoigne le visage mutilé du pauvre saint Guirec.

découvrir

LES SEPT-ÎLES

Un service de vedettes, partant de la gare maritime de Trestraou, permet de faire le **tour des îles** *:*
De mi-mars à fin sept. : découverte des Sept-Îles, 16 € (enf. 10 €) et excursions animées par la LPO (Ligue pour la Protection des Oiseaux) ; juil.-août : pêche en mer, dép. 8h30. Compagnie « Les 7 îles en vedette », ☎ 02 96 91 10 00.

CONSEIL
Cet archipel a été déclaré **réserve ornithologique** en 1912. Les oiseaux marins sont plus nombreux le matin et le soir, il est donc recommandé de choisir le premier ou le dernier départ.

X. Boëlle/ANDIA

Quand les 20 places réservées aux visiteurs dans le port sont prises, il reste l'anse de St-Guirec et sa plage.

Accès direct aux îles :
☎ *02 96 91 10 00 - juil.-août : 8h30-20h ; avr.-sept. 8h30-18h30 ; hors sais. : 9h-12h, 14h30-16h30.* Quatre compagnies disposent d'une centrale de réservation à la gare maritime, plage de Trestraou. Elles proposent des visites guidées de l'archipel des Sept-Îles, la plus grande réserve naturelle d'oiseaux marins en France (20 000 couples). L'escale à l'île aux Moines, la côte de Granit rose et ses chaos granitiques sont au programme de ces excursions - *fév.-nov. : de 1h15 à 2h30. Excursions vers l'île de Bréhat (dép. de Perros-Guirec avr.-sept. : 2-3 fois/sem.).*

Île Rouzic

Débarquement interdit. Le bateau s'approche de cette île, appelée aussi île aux Oiseaux. Sur la face Nord, de février à septembre, une impressionnante **colonie★** de fous de Bassan : environ 12 000 couples que l'on peut observer depuis la station ornithologique de l'île Grande, grâce à une liaison vidéo télécommandée. On peut voir également des guillemots, des pingouins Torda, des goélands bruns, argentés ou marins, des cormorans huppés, des macareux, des mouettes tridactyles, des huîtriers pie et quelques fulmars. Ils se reproduisent sur l'île en mars et la quittent fin juillet. Autre intérêt : la présence d'une colonie de phoques gris (une dizaine d'individus). Le bateau longe ensuite les **îles de Malban** et de **Bono**.

M. Janvier/MICHELIN

Le macareux moine (30 cm) au bec coloré de rouge et de jaune niche en colonies sur les falaises et les îles herbeuses.

Île aux Moines

L'escale *(1h environ)* permet de découvrir la poudrière, le **phare** (*83 marches*, portée de 40 km) d'où se développe un beau panorama sur l'archipel et la côte, puis le fort, en partie ruiné, construit par Vauban à l'extrême pointe de l'île et, en contrebas, l'ancien monastère avec sa minuscule chapelle. ☎ *02 96 23 92 10 - visite guidée (30mn) sur demande en fonction des h d'arrivée des bateaux juin-sept. - fermé de 12h à 14h - gratuit.*

Au retour, on peut admirer du large l'extraordinaire chaos de rochers granitiques roses de la pointe de Ploumanach.

Pleyben★★

La grande curiosité de cette localité où l'on produit d'excellentes galettes est son magnifique enclos paroissial, élevé du 15e au 17e s.

La situation

Carte Michelin Local 308 H5 – Finistère (29).
Au pied des monts d'Arrée, Pleyben se trouve à 10 km à l'Est de Châteaulin, sur la N 164.

Le nom

La première syllabe vient du latin *plebs* dans le sens de « paroisse ». La seconde viendrait du breton *penn*, « tête ».

Les gens

3 397 Pleybennois. On afflue de loin pour assister au pardon célébré chaque 1er dimanche d'août.

découvrir

ENCLOS PAROISSIAL**

Calvaire**

C'est le plus imposant de Bretagne. Construit en 1555 près du porche latéral de l'église, il fut déplacé en 1738 et prit l'aspect du monument actuel en 1743. Entre-temps, de nouveaux motifs vinrent l'enrichir : la Cène et le Lavement des pieds datent de 1650. L'énorme piédestal aux portes triomphales met en valeur les personnages de la plate-forme, qui se détachent sur le ciel en une très belle ordonnance.

Église*

Ce vaste édifice est dominé par deux clochers dont le plus remarquable est celui de droite. Il s'agit d'une **tour**** Renaissance, couronnée par un dôme à lanternons. L'autre clocher, de style cornouaillais, porte une flèche gothique reliée à la tourelle d'angle par une galerie aérienne. À l'intérieur, la nef présente une **voûte*** lambrissée du 16e s. : ses nervures et sa remarquable **sablière** sont sculptées et peintes de sujets mythologiques ou sacrés. Sont également intéressants : la chaire, le buffet d'orgue, le groupe du Baptême du Christ *(au-dessus des fonts baptismaux)* et de nombreuses statues polychromes.

Chapelle funéraire

☎ 02 98 26 60 11 - visite guidée juil.-août ; reste de l'année : visite libre 9h-19h.

Cet ancien ossuaire du 16e s. abrite des expositions.

B. Kaufmann/MICHELIN

Sur le calvaire, pour suivre les scènes fourmillant de détails de la vie de Jésus.

À VOIR
Au centre du chevet, le vitrail* de la Passion, du 16e s.

Presqu'île de Plougastel*

Entre les rias Elorn et Daoulas, cette presqu'île plante sa dent de terre dans la rade de Brest. Le paysage y est bien plus découpé que dans le proche pays du Léon. À l'écart des grandes routes, c'est encore la campagne traditionnelle : un pays bocager où l'on rencontre peu de maisons, car tout ici paraît se cacher.

La situation

Carte Michelin Local 308 E4 - Finistère (29). On accède à la presqu'île par la N 165.

ℹ 4 pl. du Calvaire, 29470 Plougastel-Daoulas, ☎ 02 98 40 34 98.

Le nom

Le latin *plebs* dans le sens de « paroisse » est ici associé à *castellum*, « château ».

Les gens

Plougastel est la capitale bretonne de la fraise, mais les maraîchers y cultivent aussi des tomates, primeurs et fleurs en serre.

J. Malburet/MICHELIN

Depuis 1870, la fraise a rendu Plougastel célèbre. Malheureusement, la production baisse.

visiter

PLOUGASTEL-DAOULAS

Calvaire**

Construit de 1602 à 1604 après la peste de 1598, il est plus harmonieux que celui de Guimiliau, mais les attitudes de ses 180 personnages semblent plus figées. Encadrant la grande croix à double traverse, les larrons (absents à Guimiliau) portent sur leur gibet un ange ou un démon. Dans le socle massif, un autel est creusé sous un portique, dominé par la haute statue de Jésus.

L'**église**, en granit et béton, est vivement décorée dans les tons bleu, vert, orange, violet. *Juil.-août : 9h-12h, 14h-18h ; sept.-juin : 9h-12h.*

RESTAURATION

Kertanguy – *22 r. du Champ-de-Foire - 29470 Plougastel-Daoulas - 02 98 40 33 48 - fermé 1 sem. en juin ; 1 sem. en oct. ; 1 sem. déb. déc. - 10,20/17, 27 €.* Un accueil chaleureux, une ambiance conviviale et surtout un choix de plus de 100 sortes de crêpes vous attendent dans cette salle à manger au décor typiquement breton. L'une des spécialités de la maison est bien sûr la crêpe aux fraises de Plougastel.

LE « JARDIN DE BREST »

Hors quelques hameaux groupés autour de simples chapelles, tout semble se dissimuler derrière les haies et les talus. Toutefois, de grandes surfaces vitrées abritent légumes et fleurs, En mai et juin, la récolte des fraises suscite une grande animation.

Musée du Patrimoine et de la Fraise

02 98 40 21 18 - www.musee-fraise.org - - juin-août : 10h-12h30, 14h-18h, w.-end 14h-18h (dernière entrée 45mn av. fermeture) ; reste de l'année : 14h-17h30 ; vac. scol. : sam. et 1er et 3e dim. 14h-17h30 - fermé janv. et j. fériés - 4 € (-10 ans gratuit ; 10-18 ans 2,50 €).

Il relate l'histoire, les traditions et l'ethnologie locales. On y évoque plus particulièrement la culture du lin, la culture de la fraise et l'activité maritime liée à l'exportation de ces cultures, ainsi que le dragage de la coquille Saint-Jacques en baie de Brest.

Chapelle St-Jean

4,5 km au Nord-Est. Prendre la D 29 en direction de Landerneau et, après avoir franchi la voie express Brest-Quimper, tourner à gauche, puis à droite.

Cette chapelle (15e et 17e s.) s'élève dans un **site★** charmant, au milieu de la verdure et au bord de l'Elorn.

circuit

LA PRESQU'ÎLE★

Circuit de 35 km – environ 3h.

Quitter Plougastel-Daoulas par la rue à droite de l'église ; l'accès vers Kernisi est fléché.

Panorama de Kernisi★

À l'entrée du hameau de Kernisi, laisser la voiture et gagner le tertre rocheux.

On découvre Brest et son avant-port, une partie de la rade, l'estuaire de l'Elorn et le pont Albert-Louppe.

Faire demi-tour et, au deuxième grand carrefour, prendre à droite vers Langristin.

On dépasse la **chapelle Ste-Christine** (16e s.) et son petit calvaire (1587). Bonne vue sur Brest et la pointe des Espagnols depuis l'**anse du Caro**.

Remonter vers Plougastel-Daoulas et, à 3 km, tourner à droite.

Pointe de Kerdéniel★★

1/4h à pied AR. Laisser la voiture dans le bas de Kerdéniel, gagner le groupe de maisons, tourner à droite, puis emprunter le chemin de gauche (accès fléché). Gagner la plate-forme du blockhaus.

De gauche à droite, la vue se porte sur la pointe Doubidy, la pointe de Lagonna, l'estuaire du Faou, l'embouchure de l'Aulne, le Ménez-Hom, l'île Longue, la côte Nord de la presqu'île de Crozon jusqu'à la pointe des Espagnols, et le Goulet de Brest.

Lauberlach

Dans une belle anse s'abrite ce petit port de pêche, qui est aussi un centre nautique.

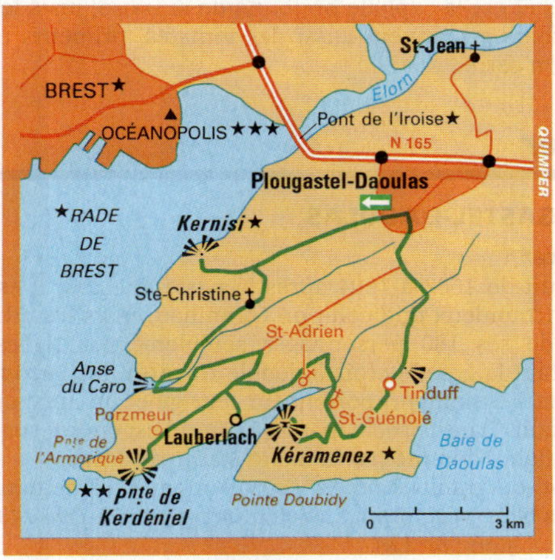

La route à droite mène à St-Adrien et sa chapelle (1549). On tourne ensuite à droite vers St-Guénolé. À Pennaster, on contourne le fond de l'anse de Lauberlach.

Au premier carrefour après St-Guénolé, tourner à droite, dans la montée encore à droite, et immédiatement à gauche dans un chemin caillouteux.

Table d'orientation de Kéramenez★

Le panorama s'étend sur la presqu'île de Plougastel et la partie Sud de la rade de Brest.

Regagner Plougastel par le port de pêche de Tinduff, Lestraouen et Lanriwaz.

Pont-Aven★

Ce bourg niché au bord de l'Aven a séduit les artistes au milieu du 19e s. Ce fut le havre de Paul Gauguin, qui s'y lia avec des peintres comme Émile Bernard et Maurice Denis, attirés par la modicité des auberges et l'exceptionnelle lumière des lieux. Ainsi naquit l'école de Pont-Aven, courte aventure d'une dizaine d'années, de 1886 à 1894, qui fit connaître au monde entier ce discret village, où essaiment aujourd'hui des galeries d'art.

carnet pratique

Se loger

Chambre d'hôte Kermentec – *Kermentec - 1 km rte Quimper puis Chapelle de Trémalo -* ☎ *02 98 06 07 60 - fermé déc.-janv. -* ⊠ *- 3 ch. 45 €* ☕. Nichée sur les hauteurs de Pont-Aven, cette petite maison bretonne couverte de vigne vierge vous propose trois chambres d'hôte (non-fumeurs) spacieuses et confortables. Le calme et la proximité du bourg en font une belle halte champêtre.

Les Ajoncs d'Or – *1 pl. de l'Hôtel-de-Ville -* ☎ *02 98 06 02 06 - ajoncsdor@aol.com - fermé janv., 17-26 oct., dim. soir et lun. hors sais. - 20 ch. 50/70 € -* ☕ *7 € - restaurant 19/39 €.* Cette grande bâtisse du centre-ville s'est offert une cure de jouvence. Les chambres ont pris de belles couleurs printanières, de même que la salle à manger joliment rénovée à l'ancienne. Cuisine inspirée par l'ambiance océane. Excellent accueil.

Auberge Les Grandes Roches – *29910 Trégunc - 9 km à l'O de Pont-Aven par D 783 (rte de Concarneau) puis rte secondaire -* ☎ *02 98 97 62 97 - hrlesgrandesroches@club-internet.fr - fermé 24 déc.-2 fév. - P - 17 ch. 75/130 € -* ☕ *12 € - restaurant 41 €.* Une vraie carte postale, ce superbe ensemble de fermes aménagées en hôtel dans un parc où se dressent dolmen et menhir ! Chambres douillettes du meilleur goût et restaurant au charme ravageur, dans lequel pierre et bois rivalisent de chaleur et de convivialité. Cuisine classique « côtière ».

Se restaurer

Moulin de Rosmadec – *Près du pont (centre-ville) -* ☎ *02 98 06 00 22 - fermé vac. de fév. et 11-29 oct. - réserv. obligatoire - 30/70 € - 4 ch. 80 € -* ☕ *9 €.* Ce moulin-là est très couru, tant pour sa table soignée que pour ses quatre chambres régulièrement prises d'assaut par les touristes ! Il faut dire que tout concourt par ailleurs au charme du lieu : le cadre parfaitement préservé, la qualité de l'accueil... Sans oublier la belle situation au bord de l'Aven.

Que rapporter

Galettes – En boîtes de fer ou sous emballage carton, il y a l'embarras du choix. Le mieux est de rendre visite aux boutiques Traou Mad *(10 pl. Paul-Gauguin)*, de Penven *(1 quai Théodore-Botrel)*, ou de la biscuiterie de l'Aven *(8 r. du Gén.-de-Gaulle)*.

Calendrier

La **Fête des fleurs d'ajonc** fut créée en 1905 par Théodore Botrel. Elle a toujours lieu chaque année, le 1er dimanche d'août. Une occasion d'admirer la coiffe traditionnelle de Pont-Aven, avec ses anses de dentelles d'où jaillissent des rubans de soie aux tons clairs.

Moule et galettes de la Biscuiterie de l'Aven.

Biscuiterie de l'Aven

GAUGUIN À PONT-AVEN
« J'aime la Bretagne. J'y trouve le sauvage, le primitif. Quand mes sabots résonnent sur ce sol de granit, j'entends le ton sourd, mat et puissant que je cherche en peinture. »
Lettre à Schuffenecker, 1888.

La situation

Carte Michelin Local 308 I7 – Finistère (29). Pont-Aven est petit, et très fréquenté en été. Il y a un grand parking un peu au-delà de la poste.

5 pl. de l'Hôtel-de-Ville, 29930 Pont-Aven, ☎ 02 98 06 04 70. www.pontaven.com

Le nom

La charmante rivière Aven, qui prend naissance dans les Montagnes Noires, a donné son nom au bourg.

Les gens

2 960 Pontavenistes. Le poète et chansonnier dinannais **Théodore Botrel** (1868-1925), auteur de *La Paimpolaise*, est enterré au fond du cimetière.

comprendre

Genèse de l'art moderne – Élève et ami de Pissarro, **Paul Gauguin** est encore un impressionniste, désireux d'inventer de nouvelles formes d'expression artistique, lorsqu'il arrive en 1886 à Pont-Aven. Il s'installe à l'auberge de Marie-Jeanne Gloanec, une pension peu chère, connue des artistes. En 1888, sa rencontre avec **Émile Bernard** donne naissance au synthétisme, ou symbolisme pictural : « l'œuvre doit être expressive par elle-même et non par le sujet ». Cette aspiration est consacrée par deux tableaux d'avant-garde : *Les Bretonnes dans la prairie verte* d'Émile Bernard, et *La Vision après le sermon* de Gauguin. En 1889, ce dernier s'installe au Pouldu et décore la salle à manger de l'auberge de Marie Henry, avec Meyer De Haan, Paul Sérusier et Charles Filiger.

Détail du « Christ jaune » (1889) de Paul Gauguin, qui s'est inspiré du Christ en bois de la chapelle de Trémalo.

GIRAUDON

En 1895, Gauguin quitte la Bretagne pour les îles Marquises. Derrière lui, l'**école de Pont-Aven** a rallié une dizaine de peintres de toutes nationalités, tels Maurice Denis, Maxime Maufra, Wladyslaw Slewinski ou Roderic O'Connor. Malgré sa courte existence, ce mouvement annonce l'art moderne.

se promener

Rives de l'Aven

1/2h à pied AR. Prendre à droite du pont la direction du port. On longe l'Aven qui coule parmi les rochers et les vestiges des moulins. La promenade se poursuit pendant environ 800 m, dévoilant le beau plan d'eau formé par la rivière. Le **port**, où transitaient autrefois huîtres, vin, sel et céréales, est aujourd'hui réservé aux plaisanciers.

À REMARQUER
Sur la rive gauche du port, un rocher en forme de soulier géant, d'où son appellation de « soulier de Gargantua ». Dans le square, en bordure du port, la statue de Théodore Botrel et, sur l'autre rive, parmi les frondaisons, la maison qu'il habita.

Promenade Xavier-Grall

Accès par la rue Émile-Bernard. Aménagée le long de l'Aven, cette promenade porte le nom du poète-journaliste Xavier Grall (1930-1981) qui vécut ici pendant plusieurs années. Sur les rives, s'échelonnaient jadis une dizaine de moulins. On découvre les biefs et les vannes qui assuraient la distribution de l'eau, ainsi que les **lavoirs** répartis de chaque côté de la rivière. Plusieurs passerelles enjambent l'Aven qui se faufile entre les chaos du Poche-Menu, amoncellement de rochers de granit.

Bois d'Amour

Depuis la promenade Xavier-Grall, un **sentier★** suit les méandres de l'Aven. Il grimpe vers les hauteurs du bois, où se retrouvaient Gauguin et ses amis *(1h de balade).*

Chapelle de Trémalo★

Accès par la rue Émile-Bernard, puis la D 24 (route de Quimper), à droite. Suivre ensuite la signalisation. Cette chapelle rurale (début 16e s.) était l'un des buts de promenade favoris des peintres de Pont-Aven. Un pan du toit dissymétrique touche presque le sol. Le **Christ en bois** polychrome du 17e s. a inspiré une toile de Gauguin, exprimant une foi simple et rustique.

S. Sauvignier/MICHELIN

Le fameux Christ de la chapelle de Trémalo qui a inspiré le « Christ jaune » de Gauguin (voir page précédente).

visiter

Musée de Pont-Aven★

☎ 02 98 06 14 43 - ♿ - juil.-août : 10h-19h ; reste de l'année : 10h-12h30, 14h-18h - possibilité de visite guidée (1h30) - fermé janv. et 4j. entre chaque expo. temporaire - 4 €.
Consacré à l'école de Pont-Aven, ce musée compte une toile de Gauguin, *Le Sabotier*, ainsi que des dizaines de sculptures et gravures du même artiste. Maurice Denis est présent avec *Feux de la Saint-Jean à Loctudy*, Émile Jourdan avec *La Chapelle de Lanriot*, Gustave Loiseau avec *Vue de Pont-Aven*, mais aussi Paul Sérusier, Charles Filiger, Émile Schuffenecker... Des documents et un montage audiovisuel situent le mouvement de Pont-Aven dans l'environnement de jadis : la Fête des fleurs d'ajoncs, la pension Gloanec où logeaient les peintres... Les expositions temporaires présentent un artiste ou un groupe d'artistes ayant travaillé en Bretagne à la fin du 19e s., ainsi que des peintres contemporains.
À côté du musée, dans l'ancien hôtel Julia, la restauration d'ateliers a permis de renouer avec l'accueil d'artistes à Pont-Aven.

alentours

Nizon

3 km au Nord-Ouest. Quitter Pont-Aven par la D 24, route de Rosporden. La petite **église** (15e et 16e s.) renferme de splendides vitraux, œuvre du maître verrier Guével. Le calvaire qui s'élève sur la place a inspiré *Le Christ Vert* de Gauguin (1889). *Sur demande préalable au presbytère, ☎ 02 98 06 03 14.*

Kerdruc

4 km au Sud. Prendre la direction de Kerdruc, puis tourner à gauche. Un moulin à marée (15e s.) voisine avec l'ancienne maison du meunier, au bord de l'Aven, dans le beau site du **Hénant**.
Ce petit port occupe un joli **site★** sur l'Aven, et conserve quelques maisons à toits de chaume.

Névez

À l'Ouest de Kerdruc. La **chapelle Ste-Barbe** (16e s.) abrite des statues anciennes en bois, ainsi qu'un maître-autel du 17e s. *☎ 02 98 06 87 90 - tlj sf dim. - en cas de fermeture, on peut se procurer la clef à l'Office du tourisme de Névez - fermé 1 sem. en juin.*

Port-Manech

4,5 km au Sud-Est de Névez par la D 77.
La plage se blottit en bordure de l'Aven et du Bélon, qui forment un double estuaire. À l'Ouest, au bord de la mer, le hameau de **Kerascoët** garde un ensemble de maisons au toit de chaume (16e s.).

BALADE CÔTIÈRE
Depuis la plage de Port-Manech, un sentier en corniche mène au port, offrant de belles vues sur la côte et les îles.

Pontivy

Solidement ancré sur les rives du Blavet, Pontivy s'est beaucoup développé sous l'impulsion des Rohan et de Napoléon. Le contraste est frappant entre la vieille ville, aux rues étroites et capricieuses, et la ville géométrique créée sous l'Empire.

Se restaurer

⊜⊜ La Pommeraie – *17 quai du Couvent - ☏ 02 97 25 60 09 - restaurant.lapommeraie@wanadoo.fr - fermé 22 août-sept., 24-30 déc., dim. et lun. - 19€ déj. - 24/55 €.* Non loin de la vieille ville, dans un quartier agréable, restaurant tenu par un jeune couple dont la cuisine, servie dans deux petites salles à manger coquettes, réjouira les amateurs d'appétissantes recettes dans l'air du temps... Une halte sympathique !

Le marché de l'offre

Le lundi, jour de marché, la place du Martray s'anime. C'est ici que se tenait jadis la « foire des gages » au cours de laquelle les jeunes garçons offraient leurs services aux fermiers de la région.

La situation

Carte Michelin Local 308 N6 – Morbihan (56). Carrefour routier important à 52 km au Nord de Vannes, Pontivy bénéficie de sa situation sur le Blavet et le canal de Nantes à Brest.

ℹ 61 r. du Général-de-Gaulle, 56300 Pontivy, ☏ 02 97 25 04 10.

Le nom

L'ancienne capitale des Rohan doit son nom à la fondation d'un monastère (7e s.) par saint Ivy.

Les gens

13 140 Pontivyens. En 1790, la cité prospère de Pontivy se déclare républicaine. Le consul Bonaparte y fait construire une caserne, une mairie, un tribunal, ouvre un lycée et fait canaliser le Blavet. Pendant les guerres de l'Empire, la navigation côtière entre Brest et Nantes est peu sûre, du fait de la présence anglaise sur mer. Napoléon décide alors de créer un canal reliant ces deux villes, pour faire de Pontivy le centre militaire et stratégique de la Bretagne. Dès 1806, les rues tirées au cordeau de la nouvelle agglomération surgissent de terre. « Les cœurs reconnaissants des citoyens » la nomment **Napoléonville**. À la chute de l'Empire, elle redevient Pontivy... puis de nouveau Napoléonville sous le Second Empire.

se promener

Maisons anciennes★ – Pour découvrir ces demeures des 16e et 17e s., il faut flâner rue du Fil, place du Martray, rue du Pont, rue du Docteur-Guépin. À l'angle des rues Lorois et Général-de-Gaulle, remarquez la maison à tourelle (1578) qui serait l'ancien rendez-vous de chasse des Rohan, et, place Anne-de-Bretagne, d'élégantes constructions du 18e s.

Château des Rohan – *☏ 02 97 25 12 93 - de mi-juin à mi-sept. : 10h30-18h30 ; de déb. avr. à mi-juin : 10h-12h, 14h-18h ; fév.-mars et de mi-sept. à fin nov. : tlj sf lun. et mar. 14h-18h - fermé déc.-janv. - tarif non communiqué en saison ; 1,40 € hors sais.*

Il fut élevé au 15e s. par Jean II de Rohan. La façade a conservé deux grosses tours à mâchicoulis, coiffées en poivrière, sur les quatre que comprenait l'enceinte. Le logis seigneurial, remanié au 18e s., s'orne de frontons à redents et d'un bel escalier à double révolution. On visite la salle des gardes, les salles du premier étage, la chambre ducale et la chapelle. Remarquez particulièrement le beau plafond de la chambre ducale et les cheminées armoriées de la tour Ouest du château.

Église N.-D.-de-Joie – *8h-12h, 14h-18h, dim. 8h-12h. ☏ 02 97 25 02 53.*

Cet édifice (16e s.) de style flamboyant abrite la statue de N.-D.-de-Joie. Elle est vénérée depuis 1696, à la suite d'un vœu fait lors d'une épidémie qui décimait la ville.

circuit

LA VALLÉE DU BLAVET DE PONTIVY À HENNEBONT

Circuit de 90 km – environ 4h. Quitter Pontivy par la rue Albert-de-Mun en direction d'Auray et à Talvern-Nénez, tourner à droite.

Anne-de-Bretagne (Pl.)	Y	2
Caïnain (R.)	Z	3
Couvent (Q. du)	Y	4
Dr.-Guépin (R. du)	Y	5
Fil (R. du)	Y	6
Friedland (R.)	Y	8
Gaulle (R. Gén.-de)	Y	9
Jaurès (R. Jean)	Z	10
La Mennais (R. J.-M.-de)	Z	13
Le Goff (R.)	Z	16
Lorois (R.)	Y	17
Marengo (R.)	Z	19
Martray (Pl. du)	Y	20
Nationale (R.)	YZ	
Niémen (Q.)	Y	27
Pont (R. du)	Y	28
Presbourg (Q)	Y	32
Récollets (Q. des)	Y	33
Viollard (Bd)	Z	38

L'art dans les chapelles

Chaque été depuis 1992 (et toute l'année visite sur réserv.), de nombreuses chapelles de la vallée du Blavet et du pays de Pontivy accueillent des expositions d'artistes contemporains renommés tels G. Asse, J.-P. Fincemin, G. Titus-Carmel, C. Viallat, P. Buraglio, mais aussi de nombreux artistes à découvrir. Chaque artiste investit une chapelle - *du 1er w.-end de juil. au 3e w.-end de sept. : tlj sf lun. 14h30-19h - accueil et renseignements à la Maison du chapelain - chapelle St-Nicodème - 56930 Pluméliau - ☎ 02 97 51 97 21 - www.artchapelles.com*

Chapelle St-Nicodème

☎ 02 97 51 80 28 - de Pâques à fin sept. : 9h-19h ; reste de l'année : sur demande à la mairie.

Bâtie au 16e s., elle est précédée d'une tour massive surmontée d'une flèche de granit. Au pied de la tour, une porte Renaissance donne accès à l'escalier du 16e s. qui permettait de monter au sommet. À gauche, une fontaine gothique s'écoule dans trois piscines, situées devant trois niches surmontées de gâbles richement sculptés. Pardon le 1er dimanche d'août.

Au-delà de la chapelle, tourner à droite.

St-Nicolas-des-Eaux

Le petit bourg est construit à flanc de colline. La chapelle située en haut du village et les maisons à toits de chaume qui l'entourent forment un ensemble original.

Site de Castennec★

Ce site celtique devint un oppidum, puis un camp romain fortifié. Une tourelle, à gauche de la route, sert de belvédère sur la vallée du Blavet.

En sortant de Castennec, tourner à gauche.

Bieuzy

À gauche de l'église, remarquez deux belles maisons Renaissance, avec four à pain et vieux puits. Dans l'**église**, on remarque les vitraux du chœur, la charpente et les sablières. *En sem. sur demande préalable à la mairie, ☎ 02 97 39 55 76.* ►

La pierre sonnante

Dans l'église de Bieuzy, à côté de la chaire, cette pierre servait de cloche. Certains y voient un météorite mystérieux.

Le Blavet, à hauteur de St-Nicolas-des-Eaux, ou les vacances paisibles de ceux qui ont choisi le bateau pour visiter la Bretagne.

Dans cette campagne pontivienne, de nombreuses fermes ont conservé leurs élégants puits sculptés des 17ᵉ et 18ᵉ s. que l'on aura plaisir à découvrir au hasard de la route.

Par la Paule, gagner Melrand.

Melrand

En pleine campagne, des fouilles ont mis au jour les vestiges du village de Lann Gouh (« vieille lande ») remontant aux environs de l'an 1000. Le **village de l'An Mil** illustre l'architecture rurale médiévale et la vie quotidienne des habitants, qui vivaient sous le même toit que les animaux. ☎ *02 97 39 57 89 - www.melrand-village-an-mil.info - mai-août : 10h-19h ; sept.-avr. : 11h-17h, w.-end 11h-18h - 3 €.*

Revenir au centre du bourg. Derrière l'église, prendre la D 142, direction St-Barthélemy où l'on tourne à droite vers St-Adrien.

Chapelle St-Adrien

La chapelle du 15ᵉ s. est située en contrebas de la route, entre deux fontaines, celle de droite étant surmontée d'un calvaire. À l'intérieur, un jubé très simple ferme la nef. Il est sculpté côté nef, peint côté chœur.

La route suit la vallée du Blavet dans un très joli site (D 327). Tourner à gauche vers Baud (D 3).

Baud

À une trentaine de kilomètres de la mer, le « pays de Baud » offre de multiples possibilités de promenades à la découverte de la Bretagne profonde. Dans la ville basse, en contrebas de la route de Locminé, la **fontaine de N.-D.-de-la-Clarté** se trouve à l'extrémité du parking.

Cartopole – ☎ *02 97 51 15 14 - www.cartolis.org - de mi-juin à mi-sept. : 9h30-12h30, 14h-18h (juil.-août 19h) ; de mi-sept. à mi-juin : merc., jeu. et sam. 14h-17h30, dim. 14h-18h - 4 € (8-15 ans 2 €).*

Véritable trésor documentaire, cette collection de quelque 30 000 cartes postales illustre le patrimoine et l'évolution de la société bretonne au début du 20ᵉ s. Film, consultation de 3 000 cartes sur place et de l'ensemble du fond sur Internet.

Quitter Baud par la route d'Hennebont. À Coët-Vin, 2 km au Sud-Ouest, tourner à gauche et, 500 m plus loin, laisser la voiture sur un petit parking à droite.

Vénus de Quinipily et son parc – ☎ *02 97 39 04 94 - mai-oct. : 10h-19h ; nov.-avr. : 11h-17h - fermé de mi-déc. à fin janv. - 2,50 €.*

Passé un portail en bois, une allée monte vers la Vénus, placée au-dessus d'une fontaine, dans un parc proche des vestiges restaurés du château de Quinipily. La statue a des origines mal définies : pour certains, c'est une idole romaine, pour d'autres, une Isis égyptienne. Entourée d'un culte presque païen, elle fut plusieurs fois jetée dans le Blavet sur ordre des autorités religieuses. En 1696, le comte de Lannion l'installa à son emplacement actuel.

Revenir vers Baud et prendre la direction de Poul-Fetan.

Haute de 2,20 m, la Vénus de Quinipily porte l'inscription « TIT » sur le front. Une inscription toujours inexpliquée...

Poul-Fetan★

15 km à l'Ouest par la D 3. À Quistinic, prendre la route d'Hennebont. ☎ 02 97 39 51 74 - visite guidée le matin (2h) juil.-août : 10h45-13h, visite libre l'apr.-midi 13h-19h ; juin et sept. : visite guidée (1h15) à 11h, visite libre 14h-18h ; avr.-mai : 14h-18h30 - fermé oct.-mars - 7 €.

Dominant la vallée du Blavet, un charmant hameau du 16e s. a été restauré à partir de vestiges laissés à l'abandon dans les années 1970. On y retrouve l'atmosphère d'un **village breton d'autrefois** : un ensemble de chaumières, la maison du Minour c'est-à-dire « le chef », l'ancien fournil, un écomusée et l'auberge *(possibilité de prendre un repas typiquement breton)*.

Revenir sur ses pas pour prendre à gauche la D 159, puis la route d'Hennebont.

Hennebont *(voir alentours de Lorient)*

ANIMATIONS

Juil.-sept. : l'apr.-midi, des animations redonnent vie à Poul-Fetan : les lavandières font « la buée », le boulanger s'active au fournil, on tourne la bouillie de millet, la fermière baratte son beurre. Un atelier de poterie permet de s'initier à la fabrication et à la cuisson à l'ancienne. Parmi les animaux, remarquez particulièrement une vache bretonne typique, de petite taille : la « pie noire ».

Pont-l'Abbé

La capitale du pays bigouden se loge au fond de l'estuaire de la rivière de Pont-l'Abbé. Très connue pour son costume et sa coiffe, la ville la plus bretonne de toutes, selon Maupassant, demeure spécialisée dans la broderie et la construction navale.

H. Champollion/MICHELIN

UNE COIFFE EN TUBE

Le costume bigouden, très original, n'est plus guère porté par les femmes, mais il arrive au visiteur de croiser une Bigoudène portant cette haute coiffe qui peut atteindre 30 cm de haut.

La situation

Carte Michelin Local 308 F7 – Finistère (29). Deux possibilités pour gagner Pont-l'Abbé : soit depuis Quimper par la D 785, soit depuis Bénodet et son beau pont de Cornouaille par la D 44.

ℹ *10 pl. de la République, 29120 Pont-l'Abbé, ☎ 02 98 82 37 99. www.ot-pontlabbe29.fr*

Le nom

La ville doit son nom au premier port construit par les abbés de Loctudy entre le port et l'étang.

Les gens

7 849 Pont-l'Abbistes. On est certain de voir quelques Bigoudènes à l'occasion de la fête des Brodeuses, le 2e week-end de juillet et lors du pardon le dimanche qui suit le 15 juillet.

carnet pratique

SE LOGER

⊖ **La Chaumière de Kéraluic** – *Kéraluic - 3 km à l'O de Pont-l'Abbé, rte de St-Jean-Trolimon - ☎ 02 98 82 10 22 - www.keraluic.fr - ⊭ - 5 ch. 48/62 € ☕.* Cette ancienne ferme bretonne isolée au milieu d'une prairie est l'adresse idéale pour se mettre au vert. Chambres sobres et confortables aménagées dans une chaumière indépendante. L'hiver, petit déjeuner servi au coin du feu.

⊖⊖ **Hôtel de Bretagne** – *24 pl. de la République - ☎ 02 98 87 17 22 - fermé 15 janv.-5 fév. et dim. soir hors sais. - 18 ch. 48/65 € - ☕ 7,80 € - restaurant 25/45 €.* Pimpante maison en pierre grise située en centre-ville, sur la place du marché. Chambres de différentes tailles, fraîches et meublées simplement, et restaurant rustique aux tables fleuries, servant une sympathique cuisine de la mer. L'été, terrasse dressée dans la cour intérieure.

SE RESTAURER

⊖ **Crêperie Bigoudène** – *33 r. du Gén.-de-Gaulle - ☎ 02 98 87 20 41 - creperie-bigoudene@wanadoo.fr - fermé 2ème quinz. de janv. et 2ème quinz. de nov., dim. et lun. sf vac. scol. - 11/15 €.* En sortant du château qui abrite le Musée bigouden, vous aurez à cœur d'approfondir votre connaissance de la région et de ses traditions : prenez place dans cette crêperie au cadre rustique, vous passerez ainsi des cours théoriques aux travaux pratiques

se promener

Église N.-D.-des-Carmes

Cette ancienne chapelle conventuelle (fin 14e s.) possède quelques curiosités : une belle verrière (15e s.) à rosace de 7,20 m de diamètre ; statues de la Vierge et de saint Jean (16e s.). En sortant, tournez à droite pour voir le chevet plat coiffé d'un curieux clocher à dôme, peu commun en basse Bretagne.

Dans le jardin, sur le flanc gauche de l'église, le **monument aux Bigoudens**, œuvre du sculpteur F. Bazin (1931) se dresse dans un cadre de verdure, en bordure du quai.

S. Sauvignier/MICHELIN

Le château de Pont-l'Abbé est dominé par une élégante tourelle.

Château

Cette forteresse (14e-18e s.) présente un gros donjon ovale et un corps de bâtiment. À l'intérieur, le **Musée bigouden** *(commentaire enregistré dans chaque salle)* occupe les trois étages du donjon *(79 marches)* et présente des souvenirs de la région : lits clos, armoires à clous, coiffes et costumes richement brodés.

☎ 02 98 66 09 03 - juin-sept. : 10h-12h30, 14h-18h30 ; des vac. de printemps à fin mai : tlj sf dim. et j. fériés 10h-12h, 14h-17h - fermé de déb. oct. à mi-avr. - 3,50 €.

Ancienne église de Lambour

En ruine, située sur la rive gauche, elle présente encore une belle façade (16e s.) et des travées de la nef (13e s.).

alentours

Chapelle N.-D.-de-Tréminou

2 km à l'Ouest par la r. Jean-Moulin. ☎ 02 98 82 04 65 - de déb. juil. à mi-sept. et Journée du patrimoine : 14h-18h, visite sur demande (hors période) auprès de Mme Thérèse Signor- rte de la Villeneuve.

Dans un enclos ombragé, cette chapelle des 14e et 16e s., restaurée, possède un clocher chevauchant la nef. Le pardon a lieu le 4e dimanche de septembre.

La révolte des Bonnets rouges

Aux abords de la chapelle N.-D.-de-Tréminou, fut voté en 1675 le Code paysan par les Bonnets rouges, qui se révoltèrent contre la mesure impopulaire de Colbert. Pour financer la guerre de Hollande, il avait levé des impôts sur le papier timbré.

Maison du pays bigouden

2 km au Sud, rte de Loctudy. ☎ 02 98 87 35 63 - juin-sept. : tlj sf dim. 10h-12h, 14h-18h (dernière entrée 30mn av. fermeture) - fermé j. fériés. - 2,50 € (12-18 ans 1,50 €).

Une belle allée de châtaigniers conduit à la cour de la ferme de Kervazégan et ses dépendances. Dans cette maison trapue, aux murs de moellons recouverts de chaux, les deux pièces d'habitation sont meublées de mobilier bigouden. Les dépendances conservent des instruments aratoires, broyeur à pommes, pressoir, etc.

Manoir de Kerazan*

3 km au Sud, rte de Loctudy. ☎ 02 98 87 40 40 - ♿ - de mi-juin à mi-sept : 10h30-19h ; de déb. avr. à mi-juin et de mi-sept. à fin sept. : tlj sf lun. 14h-18h - 5,50 €.

Situé dans un grand parc planté de hautes futaies, le manoir se compose d'un corps de logis reconstruit au 18e s., et d'une aile en retour d'équerre du 16e s. Les salles, abondamment décorées et richement meublées, témoignent du cadre luxueux qu'avaient voulu créer les Astor.

La demeure recèle des boiseries Louis XV, des panneaux peints par Théophile Deyrolle (1844-1923), une bibliothèque telle qu'elle avait été aménagée par le père de Joseph Astor, une collection de peintures et de dessins se rapportant à la Bretagne (du 16e au 20e s.) ainsi que de nombreuses œuvres d'**Alfred Beau** (1829-1907). Ce peintre céramiste s'associa à la faïencerie Porquier de Quimper (d'où le sigle PB) et réalisa un violoncelle en faïence polychrome grandeur nature (sa fabrication exigea une quinzaine d'essais de cuisson).

Loctudy

Les Loctudystes habitent un petit port situé à l'embouchure de la rivière de Pont-l'Abbé : un centre balnéaire tranquille et familial, aux plages abritées. Le **port** de pêche artisanale a été créé en 1847. Des quais, jolie vue sur l'île Chevalier, dans l'estuaire de Pont-l'Abbé, et sur Île-Tudy et sa plage.

L'**église** du début du 12e s. a subi de nombreux remaniements mais son **intérieur**★ a conservé la pureté du style roman : nef, chœur avec déambulatoire et chapelles rayonnantes. Remarquez les sculptures des chapiteaux et des bases des colonnes où petits personnages et animaux côtoient entrelacs, volutes et croix pattées. *Tlj sf w.-end. S'adresser au presbytère.*

Dans le cimetière, à gauche de l'allée menant à l'église, se dresse une **stèle gauloise** de 2 m de haut, surmontée d'une croix.

Promenades en bateau

Descente de l'Odet★★ *(voir Quimper)*

Île-Tudy– *La presqu'île est accessible par le CD 144 ou par la mer, au dép. de Loctudy - plusieurs AR/j. (sf w.-end sept.-juil.) - 2 € AR.*

Ce joli port de pêche est de vocation maritime antérieure à Loctudy. Bâti sur une presqu'île, malgré son nom, il est accessible par bateau depuis Loctudy *(pour passagers et cycles seulement).*

S. Sauvignier/MICHELIN

Retour de pêche à Loctudy

Tous les soirs (sf w.-end) sur le port le débarquement de la pêche (principalement la « demoiselle de Loctudy », c'est-à-dire la langoustine) constitue un spectacle vivant et coloré.

Port-Louis★

Une citadelle et des remparts, voici l'image parfois austère que les cartes postales donnent de Port-Louis. Mais cet ancien petit port de pêche, qui recèle de belles maisons anciennes, a une plage très fréquentée par les Lorientais.

La situation

Carte Michelin Local 308 K8 – Morbihan (56). Face à Lorient, Port-Louis est accessible par la D 781.

1 r. de la Citadelle, 56290 Port-Louis, ☎ 02 97 82 52 93.

Le nom

Jadis dénommée Blavet, la ville a été rebaptisée en l'honneur de Louis XIII.

Les gens

2 808 Port-Louisiens. Louis Napoléon Bonaparte, le futur empereur Napoléon III, fut emprisonné dans sa citadelle.

visiter

Citadelle★★

La construction de cette place forte, commandant l'entrée de la rade de Lorient, fut entreprise en 1590 par don Juan del Aguila, durant l'occupation espagnole. Poursuivie de 1616 à 1622 par le maréchal de Brissac, elle fut achevée en 1637 sur l'ordre de Richelieu. Elle présente un plan rectangulaire bastionné aux angles. Sur les côtés, deux ponts et une demi-lune en protègent l'accès.

Un parcours fléché emprunte le chemin de ronde (on voit des canons dans les bastions tournés vers l'île de Groix) et permet de découvrir les deux cours, la crypte et les différentes installations qui abritent les **musées de la citadelle.** *☎ 02 97 82 56 72 - www.musee-marine.fr - de mi-mai à mi-août : 10h-18h30 ; de déb. avr. à mi-mai : tlj sf mar. 10h-13h, 14h-18h30 ; sept.-mars : tlj sf mar. 13h30-18h - fermé de mi-déc. à fin janv. - 5,50 € (-18 ans gratuit).*

Se loger

La Chaumière de Kervassal – *Lieu-dit Kervassal - 56670 Riantec - 8 km à l'E de Port-Louis par D 781 puis D 33, rte de Merlevenez - ☎ 02 97 33 58 66 - http://prc.wanadoo.fr/chaumiere.kervassall - fermé nov.-fév. - ⊭ - 3 ch 64 € ☕.* Cette chaumière du 17e s. entourée de verdure et de calme absolu est, à l'extérieur comme à l'intérieur, une vraie récompense pour le regard. Les chambres, joliment meublées d'ancien, sont équipées de salles de bains modernes. L'été, exquis petits déjeuners dans le jardin.

Du fort au port
Richelieu installe la première Compagnie des Indes à Port-Louis, sans succès. Quand Colbert fonde la seconde, Lorient est créé pour la recevoir. Dès lors, Port-Louis périclite. Sous Louis-Philippe, la cité revit grâce à la pêche à la sardine. La ville possède deux **ports** de pêche : celui de Locmalo dans l'anse du Gâvres et, face à Lorient, celui de la Pointe qui s'est vu équiper de deux cents postes d'amarrage pour les bateaux de plaisance.

Musée de la Compagnie des Indes★★ – Il retrace de façon intéressante l'histoire de cette prestigieuse compagnie *(voir rappel historique à Lorient)*. La fondation de Lorient, l'essor du 18e s., les équipages, les cargaisons, les comptoirs en Inde, en Afrique et en Chine, des cartes et des meubles illustrent cet important et fructueux négoce des 17e et 18e s. Une salle est consacrée à la marine de la Compagnie des Indes, la flotte notamment, avec des maquettes de vaisseaux comme le *Comte d'Artois* (en coupe) sorti des chantiers de Lorient. Très belle collection de porcelaines chinoises aux décors et couleurs variés : émeraude, imari chinois, bleu de chine...

Trésors d'océans★ – *En face du musée de la Compagnie des Indes*. Quel plongeur n'a jamais rêvé de trouver une épave engloutie, si possible celle d'un galion, d'une jonque ou d'un vaisseau, de retour des Indes avec sa précieuse cargaison. Les archéologues marins font parfois de telles découvertes et vivent ces moments d'émotion que le visiteur est invité à partager au cours de cette belle exposition : maquettes, instruments de navigation, films, et résultats de fouilles dirigées par le célèbre Franck Goddio (donation).

Conservatoire de bateaux – *Dans le même bâtiment que Trésors d'océans*. La pièce principale est un canot de sauvetage à avirons, le *Commandant Philippe de Kerhallet*, qui assura le sauvetage en mer à partir de Roscoff de 1897 à 1939, avec un équipage de 12 hommes.

Pavillon de l'arsenal - Musée de la Marine – Cette grande salle abrite des maquettes de navires de la Compagnie des Indes (corvettes, frégates, bâtiments de commerce et de pêche, croiseurs, torpilleurs, etc.), des portraits de grands marins, ainsi que de nombreux documents et peintures se rapportant à la navigation dans l'océan Atlantique.

Poudrière - Musée des Armes – Elle sert de cadre à un musée où sont réunies des collections d'armes du 17e au 20e s.

Remparts

Bâtis de 1649 à 1653 par le maréchal de la Meilleraye, ces remparts bien conservés enserrent la ville sur deux côtés. Sur la promenade des Pâtis, une porte ménagée dans la muraille donne accès à la plage de sable fin.

Depuis la plage,
la vue s'étend sur la pointe de Gâvres, l'île de Groix, Larmor-Plage.

Maisons anciennes

Un détour vaut la peine dans les rues de la Poste, des Dames, Petite-Rue et du Driasker, où l'on découvre plusieurs demeures intéressantes.

alentours

Riantec

Cette localité se situe le long de la lagune de Gâvres, « petite mer » appréciée par les pêcheurs à pied, à l'affût de palourdes. La **Maison de l'île de Kerner** permet de découvrir le milieu naturel de cette contrée, où se réfugient de nombreux oiseaux migrateurs : carte des espèces, trésors de la vasière, techniques d'élevage de l'huître. Le jardin botanique recèle des plantes du schorre et de la dune. Accès au site en voiture, par le gué. ☎ *02 97 84 51 49 - ♿ - juil.-août : 10h-19h ; avr.-juin et sept. : tlj sf lun. mat. 10h-12h30, 14h-18h, w.-end 14h-18h ; vac. scol. : 10h-12h30, 14h-18h, w.-end 14h-18h ; reste de l'année dim. 14h-18h - fermé 1er janv. et 25 déc. - 3,80 € (enf. 3 €)*

À écouter
Les témoignages des habitants de Riantec, des « gens de mer » qui viennent raconter leur métier de pêcheur, dans un café reconstitué au sein de la Maison de l'île.

Presqu'île de Quiberon★

Cette ancienne île, que les apports d'alluvions ont rattachée à la terre par un isthme étroit – un tombolo –, déploie des dunes de sable où s'accrochent les pins maritimes, un impressionnant chaos rocheux sur la Côte sauvage, ainsi que des plages très ouvertes, réputées pour leur ensoleillement.

La situation

Carte Michelin Local M10 – Morbihan (56). Face à Belle-Île, il n'existe qu'une seule route vers Quiberon : la D 768 qui s'amorce à Auray. Gare aux bouchons en été ! *14 r. de Verdun, 56170 Quiberon,* ☎ *02 97 50 07 84. www.quiberon.com*

Les gens

En 1795, Quiberon est le théâtre du désastre infligé aux royalistes. Cent mille émigrés, les princes en tête, devaient passer en Bretagne, s'unir aux chouans et balayer les « Bleus ». En fait, ils ne sont que dix mille : les princes se sont abstenus. Le débarquement a lieu à partir du 27 juin. Les chouans de Cadoudal sont au rendez-vous. Mais la Convention est alertée : Hoche refoule dans la presqu'île les royalistes qui ne peuvent regagner leurs vaisseaux, en raison d'une forte houle. Faits prisonniers, ils sont fusillés à Quiberon, Auray et Vannes.

DÉTENTE

Thalassa Quiberon – *Pointe de Goulvars - 56170 Quiberon -* ☎ *02 97 50 20 00 - accorthalassa.com - 8h30-12h30, 14h-18h - fermé janv.* Idéalement situé sur la plage du Goviro et entièrement rénové, cet institut vous propose toute une gamme de soins « à la carte » : massages, modelages, esthétique... Un lieu parfait pour se libérer du stress et se ressourcer.

se promener

Quiberon

Située à la pointe de la presqu'île, Quiberon est une station balnéaire recherchée pour sa belle plage de sable fin, bien exposée au Sud, et la proximité de la Côte sauvage.

Port-Maria – Port d'embarquement pour Belle-Île, Houat et Hœdic, ce port de pêche bénéficie d'une animation permanente.

Château Turpault – Ce curieux édifice, qui figure sur tant de cartes postales, fut bâti en 1904 par un filateur de Cholet, Georges Turpault. *(Ne se visite pas.)*

circuits

LA « CÔTE SAUVAGE »★★ 1

18 km – environ 2h. Gagner Port-Maria, puis prendre à droite la route signalée « route côtière ».

Cette côte inhospitalière, aujourd'hui protégée par le Conservatoire du littoral, est une succession de falaises déchiquetées où grottes, crevasses, gouffres alternent avec de petites plages de sable sur lesquelles les vagues se brisent en rouleaux *(attention, baignade interdite à cause des lames de fond).* Des rocs de toutes tailles et de toutes formes créent des couloirs où la mer tourbillonne en mugissant.

POUR LES MARCHEURS

Des stèles de granit jalonnent la route à gauche. Elles marquent l'emplacement de sites qu'il faut découvrir à pied : Port-Pilote, Trou du Souffleur, pointe de Scouro, grotte de Kerniscob, etc.

Beg er Goalennec

En contournant le café Le Vivier, on gagne, sur les rochers, l'extrémité du promontoire d'où l'on jouit d'une jolie vue sur toute la Côte sauvage.

Après le Kroh-Kollé, tourner à gauche.

La route descend vers **Port-Bara**, belle anse piquetée de rochers déchiquetés. Des chemins revêtus mènent à Port-Rhu et Port-Blanc, avec son agréable plage de sable blanc.

Pointe du Percho★

Gagner à pied l'extrémité de la pointe. Belle **vue★** sur la Côte sauvage, sur l'isthme de Penthièvre, son fort et sa plage ; au large, Belle-Île et l'île de Groix. La dernière stèle situe Beg en Aud, avancée extrême de cette côte.

Traverser Portivy et rejoindre St-Pierre-Quiberon.

carnet pratique

Transports

Évitez l'encombrement du trafic automobile sur l'étroite bande de terre qui permet d'atteindre la presqu'île de Quiberon : empruntez le « Tire-Bouchon », petit train estival reliant Auray à Quiberon (28 km, 9 arrêts). *Onze AR quotidiens de fin juin à fin août : 1er dép. d'Auray 8h14, de Quiberon 9h06 ; dernier dép. d'Auray 20h48, de Quiberon 21h40 - 2,80 € le trajet, 5 € AR (-4 ans gratuit), 20 € le carnet de 10 billets.*

STATIONNEMENT

C'est un élément qu'il faut prévoir, surtout pour ceux qui veulent partir pour une journée ou plus vers les îles. La zone du port est payante et le temps limité à 4h. Il faut donc utiliser le grand parking Sémaphore à l'entrée de la ville (payant, navettes régulières), le parking de Kerné *(vers Côte sauvage, navettes gratuites - ☎ 06 86 62 69 18)* ou les loueurs privés proches du port : Sizorn *(36 r. de Port-Maria, ☎ 02 97 50 06 71)*, hôtel de la Mer *(8 quai de Houat – ☎ 02 97 50 09 05)...*

GARE MARITIME

Port-Maria - Société Morbihannaise de Navigation - ☎ 0 820 056 000.
Pour les liaisons et les excursions vers Belle-Île ou les îles d'Houat et d'Hœdic se reporter aux carnets pratiques des îles.

Se restaurer

⊖ **Crêperie-restaurant du Vieux Port** – *42/44 r. Surcouf, à Port-Haliguen - 56170 Quiberon - Entre les 2 bassins au port de plaisance - ☎ 02 97 50 01 56 - crepvxport.nfrance.com - fermé fin vac. de Toussaint-déb. vac. de fév. - 11/15 €.* Située à deux pas du vieux port, cette crêperie-restaurant de fruits de mer compte trois salles au décor rustique, et en saison, une charmante terrasse-jardin. Spécialité maison : la crêpe au CBS (caramel au beurre salé).

⊖ **La Chaumine** – *36 pl. du Manémeur, quartier du Manémeur - 56170 Quiberon - ☎ 02 97 50 17 67 - fermé 10-31 mars, 3 nov.-16 déc., dim. soir et lun. - 13,50€ déj. - 23/46 €.* Bâtisse de style régional située dans un ancien quartier de pêcheurs. On y savoure au coude à coude des plats régionaux et la marée du jour, dans une salle à manger rustique au décor marin.

⊖⊖ **Neptune** – *4 quai de Houat, Port-Maria - 56170 Quiberon - ☎ 02 97 50 09 62 - fermé 10 janv.-10 fév. et lun. hors sais. - 17/29 €.* Difficile de trouver plus belle vue sur le port que celle de ce petit restaurant. En cuisine, le chef prépare une cuisine régionale aux saveurs iodées... Côté chambres, préférez celles de l'arrière, plus calmes.

⊖⊖ **Le Verger de la Mer** – *Bd du Goulvars - 56170 Quiberon - ☎ 02 97 50 29 12 - vergerdelamer@wanadoo.fr - fermé 8 janv.-28 fév., dim. soir de nov. à avr., mar. soir et merc. - 20/35 €.* Discret restaurant doté d'un petit salon où l'on sert l'apéritif. La salle à manger se distingue par un plaisant décor rajeuni et coloré, et des tables joliment dressées. Cuisine personnalisée, notamment déclinée sur deux menus bien composés.

Se loger

⊖⊖ **Le Bretagne** – *37 r. du Gén.-de-Gaulle - 56510 St-Pierre-de-Quiberon - ☎ 02 97 30 91 47 - www.hoteldebretagne.fr.st - fermé vac. de Toussaint à Pâques sf vac. de fév. - P - 20 ch. 48/50 € - ☕ 7 € - restaurant 14,50/26 €.* Hostellerie traditionnelle située au cœur de la station balnéaire et à 50 m de la plage. Chambres sobres, claires et bien entretenues. L'hiver, de belles flambées crépitent dans la cheminée de la salle à manger.

⊖⊖ **Le Relais** – *64 rte du Roch-Priol - 56170 Quiberon - ☎ 02 97 50 10 56 - www.hoteldurelais.fr - fermé 3-20 oct. et 19 déc.-5 janv. - P - 23 ch. 50/60 € - ☕ 6,80 € - restaurant 9/12 €.* Ce relais-là, transmis de père en fils depuis 1967, abrite des chambres fonctionnelles toutes rénovées dans un style actuel ; quelques-unes sont de plain-pied avec le jardin. À table, cuisine traditionnelle et spécialités de poissons et fruits de mer.

⊖⊖⊖ **Roch Priol** – *R. des Sirènes - 56170 Quiberon - ☎ 02 97 50 04 86 - hotelrochpriol@aol.com - fermé 16 nov.-14 fév. - P - 45 ch. 71/89 € - ☕ 7,50 € - restaurant 14,50/32 €.* Les habitués n'en démordent pas : pour eux, cet hôtel-restaurant est la bonne adresse de la presqu'île. Leurs arguments : calme, accueil familial attentionné, prix raisonnables et sympathique atmosphère de pension. Chambres sobrement décorées, mais claires et rajeunies par étapes.

En soirée

Sasqual Casino de Quiberon – *2 bd Cassin - 56170 Quiberon - ☎ 02 97 50 23 57 - tlj 11h-3h.* Décor revu et ambiance parfois fébrile autour de la table de boule et des 70 machines à sous de ce casino, donnant sur la grande plage et Belle-Isle.

Que rapporter

La Belle Iloise – *ZA Plein Ouest - 56170 Quiberon - ☎ 02 97 50 08 77 - contact@labelleiloise.fr - boutique : tlj sauf dim. et j. fériés 9h-12h, 14h30-18h.* Enseigne mythique, cette conserverie fondée en 1932 présente, au travers d'un film et d'une reconstitution d'atelier traditionnel, les différentes étapes de fabrication de ses produits. En fin de visite, dégustation gratuite à la boutique (crèmes à toaster, sauces, soupes, sardines et thons).

Maison Lucas – *19 r. des Confiseurs, Z.A. Plein Ouest - 56170 Quiberon - ☎ 02 97 50 59 50 - www.maisonlucas.com - hors sais. : tlj sf dim. et lun. 9h-12h, 14h-17h45, sam. 9h-12h ; sais. : tlj sf dim. 9h-12h, 14h-17h45, sam. 9h-12h - fermé oct.-mars.* Filetage du saumon, tranchage du flétan, fumage des harengs au bois de hêtre vert, conditionnement des sardines : aucune étape ne vous échappera, grâce aux vitrines ouvertes depuis la boutique sur ces laboratoires établis dans la zone artisanale de Quiberon.

La Quiberonnaise – *30 r. du Port-de-Pêche, Port Maria - 56170 Quiberon - ☎ 02 97 50 12 54 - www.laquiberonnaise.fr - tlj sf dim. 9h-12h, 14h-18h30, sam. 10h-12h, 15h-18h30 - fermé j. fériés sf d'avr. à sept.* Créée en 1921, ses conserves font partie des incontournables de la gastronomie bretonne. Une fois entré dans sa boutique au décor rétro, vous en ressortirez les bras chargés de boîtes de sardines (sa spécialité), de thon, de maquereaux, d'anchois ou de crème à toaster !

Plage à Quiberon.

G. Targat/MICHELIN

La Maison d'Armorine – *Z.A. Plein Ouest - 56170 Quiberon - ☎ 02 97 50 24 24 - maison-armorine.com - tlj sf dim. 9h30-12h30, 14h-19h - fermé j. fériés.* Rien qu'à contempler l'élaboration des fameuses niniches acidulées, créées en 1946 et déclinées maintenant en 50 parfums, vous aurez envie d'acheter toute la boutique de cette fabrique installée à l'entrée de Quiberon. Salidou et palourde vous y attendent aussi

Sports & Loisirs

Le **flysurf** est un flotteur navigant sur l'eau : dirigé par un pilote, il est tracté par un cerf-volant qui évolue uniquement grâce au vent. Pour commencer à planer, il faut un vent de force 8 ! Pour s'initier à cette nouvelle discipline, rien de tel que l'immense plage de Penthièvre, qu'apprécient également les amateurs de planche à voile et de char à voile. Pour effectuer un stage : *École de kite surf et de char à voile. ☎ 02 97 52 39 90.*

St-Pierre-Quiberon

Cette charmante station balnéaire possède deux plages, situées de part et d'autre du petit port d'Orange. En suivant la rue des Menhirs, on découvre sur la droite le bel alignement de St-Pierre, composé de 22 **menhirs**.

Beg-Rohu

Sur cette avancée rocheuse, à Saint-Pierre, l'École nationale de voile est installée depuis 1966. C'est l'un des centres d'entraînement les plus renommés du monde.

VERS LA POINTE DU CONGUEL 2

6 km – environ 1h1/2. Quitter Quiberon par le boulevard Chanard.

Pointe du Conguel

De la pointe, on aperçoit le phare de la Teignouse, qui vit le cuirassé *France* couler en 1922, éventré par une roche.

1/2h à pied AR. Belle vue depuis l'extrémité de la pointe *(table d'orientation)*. À gauche, l'aérodrome communal est équipé d'une piste pour appareils légers. Après le Fort-Neuf, le Centre nautique de l'Éducation nationale, le Cercle de voile et la Société nautique créent une grande activité sur la plage. On dépasse la stèle commémorative de la reddition des émigrés en 1795, sur la droite.

Port-Haliguen

Ce petit port de pêche et de plaisance est animé l'été par des régates.

ISTHME DE PENTHIÈVRE 3

Quitter Quiberon par la D 768 en direction de Saint-Pierre-Quiberon.

Fort de Penthièvre

Reconstruit au 19e s., il commande l'entrée de la presqu'île et sert de centre d'entraînement pour l'armée. Un monument et une crypte rappellent le souvenir des 59 résistants fusillés en 1944.

Penthièvre

Deux belles plages de sable fin (10 km) sont situées de part et d'autre de l'isthme.

Plouharnel

Voir alentours de Carnac.

Quimper★★

Les flèches de la cathédrale Saint-Corentin jaillissent au cœur de Quimper, ancienne capitale de la Cornouaille. Elles protègent d'étroites venelles, bordées de maisons à colombages, et dont les noms évoquent les corporations du Moyen Âge. Il fait bon y flâner sur les bords de l'Odet, à mi-chemin entre la Bretagne intérieure et la mer.

La situation

Carte Michelin Local 308 G7 – Finistère (29). Il est très difficile de trouver une place de stationnement dans le centre-ville. Le mieux est de se garer sur l'un des quatre parkings précisés sur le plan.

7 r. de la Déesse, 29000 Quimper, ☎ 02 98 53 04 05. www.quimper-tourisme.com

Le nom

Quimper vient du breton *kemper* qui désigne un confluent, celui du Steir et de l'Odet. Sous la Révolution, la ville fut appelée Montagne-sur-Odet, en référence aux Montagnards qui siégeaient à la Convention.

Les gens

La préfecture du Finistère constitue, avec six autres communes, une agglomération où vivent 68 000 Quimpérois. Le poète et dessinateur **Max Jacob** (1876-1944) y naquit.

S. Sauvignier/MICHELIN

Laennec, un enfant célèbre de Quimper.

CÉLÉBRITÉS DU 18e SIÈCLE

Le médecin René **Laennec** (1781-1826), inventeur du stéthoscope et fondateur de l'anatomoclinique. **Yves de Kerguelen** (1734-1797), explorateur des mers australes ; un groupe d'îles, appartenant à la France, porte son nom. Et **René Madec** (1738-1784), embarqué comme mousse sur un vaisseau de la Compagnie des Indes, déserte et gagne Pondichéry, sert un rajah puis revient en France, immensément riche. Le roi l'anoblit et lui donne la croix de St-Louis avec un brevet de colonel. C'est *Le Nabab* d'Irène Frain.

Transports

En bus – Le ticket à l'unité *(1 €)* permet un déplacement libre de 45 minutes, une correspondance est autorisée dans les 45 minutes qui suivent l'achat ; le ticket journée *(3 €, sous réserve de modification tarifaire)* s'achète auprès du conducteur ou point accueil QUB *(2 quai de l'Odet) - ☎ 02 98 95 26 27.*

Se loger

La Vallée du Jet – *Lieu-dit Kervren - 29140 St-Yvi - 14 km au SE de Quimper par D 765 rte de Rosporden - ☎ 02 98 94 70 34 - fermé fév. - - 6 ch. 36/44 €.* Cette longère du 19e s. habilement restaurée domine la vallée du Jet. Elle dispose de chambres très calmes, plutôt sympathiques, possédant toutes une terrasse ouverte sur le parc paysager. La basse-cour et les moutons raviront les enfants. Également deux gîtes.

Manoir de Kérhuel – *29720 Plonéour-Lanvern - 12 km au SO de Quimper par D 785 rte de Pont-l'Abbé puis D 156 rte de Plonéour-Lanvern - ☎ 02 98 82 60 57 - http://perso.wanadoo.fr/manoir-kerhuel - fermé déb. janv.-Pâques, 11 nov.-27 déc. - P - 26 ch. 65/95 € - 10 € - restaurant 18/55 €.* Une longue allée bordée d'arbres centenaires mène à ce manoir du 15e s. s'élevant dans un joli parc fleuri. Ravissantes chambres propices au repos. Au restaurant, décor particulièrement soigné et cuisine mariant avec succès les saveurs de la mer et du terroir.

Gradlon – *30 r. de Brest - ☎ 02 98 95 04 39 - hotel-gradlon@wanadoo.fr - fermé 20 déc.-20 janv. - 22 ch. 75/126 € - 10,50 €.* Chambres rajeunies par étapes, donnant pour la plupart sur une jolie courette fleurie, tout comme la véranda où l'on sert les petits-déjeuners. Accueil familial attentionné.

Se restaurer

Crêperie du Guéodet – *6 r. du Guéodet - ☎ 02 98 95 40 38 - fermé dim. et lun. sf vac. scol. - 6,50/14 €.* Minuscule crêperie très fréquentée par les Quimperois qui apprécient ses galettes de farine biologique, son décor égayé de faïences et son atmosphère simple et conviviale. Si c'est complet, faites un tour dans le vieux Quimper avant de retenter votre chance.

Galette œuf-jambon.

S. Sauvignier/MICHELIN

Erwan – *1/3 r. Aristide-Briand - ☎ 02 98 90 14 14 - réserv. conseillée - 8,50/16 €.* Erwan, c'est le prénom du patron de ce sympathique restaurant situé à deux pas de la cathédrale St-Corentin. Côté décor : murs rouge flamboyant et tables peintes en jaune, violet ou vert pistache. Côté cuisine, des petits plats simples puisés dans les cahiers de recettes de nos grands-mères.

Café de l'Épée – *14 r. du Parc - ☎ 02 98 95 28 97 - www.quimper-lepee.com - 9,50/29 €.* Artistes de cinéma ou de théâtre, écrivains et hommes politiques ont fréquenté cette institution quimpéroise. La brasserie propose plusieurs menus de fruits de mer, poissons, choucroutes et viandes.

L'Assiette – *5 bis r. Jean-Jaurès - ☎ 02 98 53 03 65 - fermé 7-26 août, lun. soir, merc. soir et dim. - 12,40€ déj. - 16/19 €.* Madame vous accueille en salle, Monsieur s'affaire derrière les fourneaux et le fils élabore d'appetissantes pâtisseries maison. La salle à manger d'allure mi-bistrot, mi-brasserie a été rafraîchie il y a peu. La cuisine traditionnelle met à l'honneur les poissons et - argument massue - les prix sont raisonnables.

Fleur de Sel – *1 quai Neuf - ☎ 02 98 55 04 71 - fermé 24 déc.-6 janv., sam. midi et dim. - 21/36 €.* Faites une halte gourmande dans cette coquette salle à manger (non-fumeurs) aux murs de briques peints en blanc : l'appétissante carte propose une savoureuse et généreuse cuisine au goût du jour élaborée avec des produits du terroir attentivement sélectionnés ; les plats collent à la saison et les vins collent aux plats !

En soirée

Molly Malone's – *3 r. de Falkirk et pl. St-Mathieu - ☎ 02 98 53 40 42 - www.apremjazz.com - tlj 11h-1h - fermé 25 déc. et 1er janv.* C'est certainement l'un des plus beaux bars de Bretagne : il a été construit par un charpentier de Douarnenez en mémoire de Molly Malone, une Dublinoise du 14e s., qui vendait du poisson le jour et ses charmes la nuit. L'escalier central mène, paraît-il, à sa chambre... La dernière chanson, vers minuit trente, lui est dédiée.

Théâtre de Cornouaille - Scène Nationale de Quimper – *1 esol. François-Mitterrand - ☎ 02 98 55 98 55 - www.theatrequimper.asso.fr - accueil : mar.-sam. 14h-19h - fermé 15 juil.-20 août.* Scène nationale de Quimper, lieu ouvert en 1998 proposant des spectacles de théâtre, de danse et de musique (classique, traditionnelle, jazz, opéra).

Que rapporter

Biscuiterie Quimper-Styvel – *8 r. du Chanoine Moreau - ☎ 02 98 53 10 13 - sais. : 9h-19h ; hors sais. : tlj sf dim. 9h-12h30, 14h-18h.* Tous les produits de

Bretagne se sont donnés rendez-vous dans cette belle boutique de Locmaria où vous retrouverez conserves et faïences mais surtout spécialités maison : gâteau breton, far, kouign amann et crêpes dentelles. Vous assisterez à leur élaboration avant de les déguster tout frais sortis du four.

Manoir du Kinkiz – *75 Chemin du Quinquis, Ergue-Armel - ☎ 02 98 90 20 57 - cidreriemanoirdukinkiz@yahoo.fr - tlj sf dim. 9h30-12h30, 14h-18h30 - fermé j. fériés.* Cette cidrerie familiale existe depuis cinq générations et collectionne les médailles (les deux dernières au Concours Général Agricole 2005). Au programme : visite des vergers, de la cave et dégustation gratuite (jus de pomme, cidre de Fouesnant ou de Cornouaille, pommeau AOC et eaux-de-vie de cidre).

H.B. Henriot – *R. Haute - Locmaria - ☎ 02 98 90 09 36 - www.hb-henriot.com - visites :tlj sf dim. 9h15, 10h15, 11h15, 14h, 14h45, 15h45, 16h15 et sam. en juil.-août. Boutique : hors sais. tlj sf dim. 9h30-18h, sais. 9h30-18h30 - fermé 1er janv., 25 déc. et j. fériés.* Près de 20 000 pièces entièrement réalisées à la main sortent chaque mois de cette faïencerie fondée à la fin du 17e s. Après la visite guidée des ateliers, découvrez la boutique : décors fleuris, sujets contemporains, traditionnels petits bretons et prestigieuses pièces « Vieux Quimper » témoignent d'un savoir-faire inégalé.

Sports & Loisirs

Aquarive – ☺ - *159 bd de Creac'h-Gwen - ☎ 02 98 52 00 15 - aquarive@quimper-fr - tlj sf dim. 10h-20h, vend. 10h-22h ; hors vac. : lun. et jeu. 13h-20h ; mar. et vend. 12h-22h ; merc. 10h-20h, sam. 12h-20h, dim. et j. fériés 9h-19h - fermé 10 j. en mars, 10 j. en sept., 25 déc. et 1er janv.* Complexe nautique avec un bassin à vagues, un toboggan de 60 mètres, des bains bouillonnants, solariums, saunas et hammam...

Canoë-kayak – *Base nautique de Locmaria - r. du Chanoine-Moreau - ☎ 02 98 53 19 99 - http://perso.wanadoo.fr/kayak.quimper/ - juil.-août : 9h-18h ; le reste de l'année dim. sur RV - fermé déc.* Ce club organise des stages d'apprentissage et propose un service de location de kayaks (avec navette gratuite pour le retour). Une bonne idée pour découvrir la superbe vallée de l'Odet, en suivant son cours jusqu'à Bénodet.

Gouelia – *6 r. Jean-Baptiste-Bousquet - ☎ 02 98 65 10 00 - www.gouelia.com - lun.-vend. 9h-18h - fermé j. fériés.* Cette association organise des balades sur sa flotille de vieux gréements : *La Belle Angèle, Le Corentin et le Dalh Mad. Départ de Concarneau.*

Calendrier

Festival de Cornouaille – ☎ *02 98 55 53 53* - Grand rendez-vous de la culture bretonne organisé en juillet, ce festival de musique et de traditions populaires draine sur 9 jours près de 300 000 visiteurs.

Animations estivales – Concerts : musiques et danses de Bretagne, dans les jardins de l'évêché, entre la cathédrale et les remparts. De mi-juin à mi-sept. : jeu. 21h15 - *4 €.*

Les célèbres faïences H.B. Henriot.

S. Sauvignier/MICHELIN

comprendre

LA FAÏENCE DE QUIMPER

Une dynastie de faïenciers – En 1690, **Jean-Baptiste Bousquet**, faïencier venu de St-Zacharie, près de Marseille, s'installe dans le site prédestiné de Locmaria, faubourg de Quimper sur les rives de l'Odet : des potiers y travaillaient déjà à l'époque gallo-romaine. Imprégné du style de Moustiers, il crée la première faïencerie de Quimper. Son fils Pierre, qui lui succède en 1708, s'associe à un faïencier de Nevers, Pierre Belleveaux, puis à Pierre-Clément Caussy, d'origine rouennaise. Tous deux jouent un rôle important pour la faïence de Quimper. Belleveaux l'enrichit de formes, de couleurs – le fameux jaune – et de décors nivernais. Caussy ajoute le rouge de fer, et quelque 300 poncifs (calques) de décors. En 1772, la faïencerie Porquier est fondée par François Éloury. Son directeur, **Alfred Beau** dans les années 1870, est l'auteur des « scènes » et des « légendes bretonnes ». Quant à la faïencerie Dumaine, **Jules Henriot** en prend la tête en 1891.

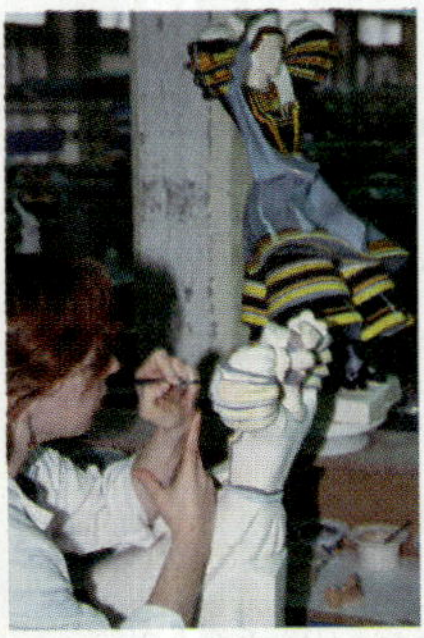

S. Sauvignier/MICHELIN

Chez Henriot, la minutie se fait en musique. Du reste, le sujet danse déjà !

Signatures modernes – Dès 1920, des artistes se succèdent à Quimper et réalisent des pièces uniques. Sculpteur et céramiste, **René Quillivic** (1879-1969) crée ces pièces surprenantes, dont les dessins sont influencés par la gravure sur bois. En 1922, sous la marque Odetta, apparaissent des pièces en grès, aux teintes sombres irisées d'émaux. Parmi les faïenciers, citons Georges Renaud, René Beauclair, Louis Garin, Paul Fouillen et Jacques Nam.
En 1923, le mouvement **Ar Seiz Breur** (« Les Sept Frères », allusion à sept héros bretons) est fondé par René-Yves Creston, Jeanne Malivel et Georges Robin. Il cherche à moderniser l'art populaire breton, en le mariant au style Art déco et au cubisme. Les faïences qu'ils réalisent sont remarquées dans les expositions de l'époque.

découvrir

Cathédrale St-Corentin★★

Juil.-août : 9h30-18h30 ; reste de l'année : 9h30-12h, 13h30-18h30 (hors offices dim.).
L'histoire de ce bel édifice débute au 13e s. avec la construction du chœur. Le transept et la nef sont ajoutés au 15e s. La première flèche brûle au 17e s. Deux flèches de granit la remplacent en 1854-1856, époque où l'on surélève les tours. Superbement restaurée, jusqu'à ses orgues et ses vitraux, la cathédrale a retrouvé la luminosité du style gothique flamboyant.

LE ROI D'YS

La statue équestre de **Gradlon** couronne le portail de la cathédrale. Souverain de légende, il dut fuir la ville d'Ys, submergée par les flots. Gradlon fit de Kemper la nouvelle capitale du comté de Cornouaille. Jusqu'au 18e s., on célébrait une grande fête en son honneur. Un homme montait en croupe derrière le roi, lui présentait un verre, puis, après l'avoir bu à sa place, le jetait. Le spectateur qui pouvait l'attraper avant qu'il ne se brisât touchait cent écus d'or.

Nef – Sur la droite, la rampe d'escalier de la chaire (1679) est ornée de bas-reliefs retraçant la vie de saint Corentin.

Chœur – Il présente une déviation accusée, qui a suscité bien des hypothèses : elle symboliserait la tête penchée du Christ sur la Croix, ou serait due à l'instabilité du sol sur les rives de l'Odet... Plus probablement, les bâtisseurs de la cathédrale y ont intégré la chapelle de la Victoire : ce petit sanctuaire antérieur, décalé sur la gauche, a été rattaché au nouveau chœur.

Chapelles latérales – En faisant le tour de la cathédrale, longue de 92 m, on découvre des œuvres intéressantes, dont quatre **gisants** des 15e s. et 16e s. Première chapelle à gauche : le *Saint Jean-Baptiste* en albâtre est une œuvre anglaise du 15e s. Première chapelle à droite : la *Mise au tombeau* du 18e s. est une réplique de celle de la cathédrale de Bourges.
À gauche du chœur, le décor d'une chapelle relate la légende de **saint Corentin**, premier évêque de Quimper (5e s.). Selon la légende, il se retira en ermite sur les pentes du Ménez-Hom. Pour assurer sa subsistance, il mangeait chaque jour une part du poisson qu'il trouvait dans la fontaine. Le lendemain, le poisson était miraculeusement entier...

Vitraux★★ – Ils garnissent les fenêtres hautes, principalement dans la nef et le transept où ils ont été restaurés au 19e s. On remarque une nette évolution entre les vitraux du chœur et ceux de la nef et du transept, respectivement

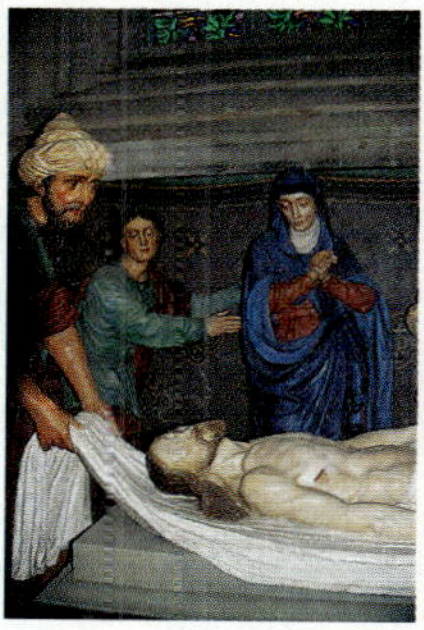
A. de Valroger/MICHELIN

Mise au tombeau dans la cathédrale St-Corentin.

QUIMPER

Astor (R.) .... AYZ 2
Bécharles (Av. de) .... BV 3
Bénodet (Rte de) .... ABX
Beurre (Pl. au) .... BY 4
Boucheries (R. des) .... BY 6
Brest (Rte de) .... BV
Brest (R. de) .... BY
Briand (R. A.) .... BZ
Chapeau-Rouge (R. du) .... AY 9
Concarneau (R. de) .... BX 10
Créac'h Gwen (Bd) .... BX 12
Douarnenez (Rte de) .... AV
Douanenez (R. de) .... AY
Douves (R. des) .... BY
Dupleix (Bd) .... BZ
Ergué-Armel (Bd d') .... BX
Flandres-Dunkerque 1940 (Bd) .... BX
France (Bd de) .... AX
France Libre (Av. de la) .... BV
Fréron (R. Elie) .... BY
Frugy (R. du) .... ABX
Gardiens (Croix des) .... BV
Gare (Av. de la) .... BX 15
Gourmelen (R. E.) .... BY
Guéodet (R. du) .... BY 16
Gutenberg (Bd) .... BX 17
Jacob (Pont Max) .... AZ 18
Jean-Jaurès (R.) .... BZ
Kéréon (R.) .... ABY
Kerguélen (Bd de) .... BZ 23
Le Guennec (Bd) .... AX
Le Hars (R. Th.) .... BZ 24
Libération (Av. de la) .... BX 25
Loch (Rte du) .... BV
Locmaria (Allées) .... AZ 26
Luzel (R.) .... BY 28
Mairie (R. de la) .... BY 29
Massé (Pl. A.) .... BY
Moulin-Vert (R. du) .... AV 30
Odet (Q. de l') .... AZ
Oiseaux (Av. des) .... AX
Palais (R. du) .... AZ
Parc (R. du) .... ABZ 34
Plogonnec (Rte de) .... ABV
Pont-l'Abbé (R. de) .... AX 35
Potiers (Ch. des) .... BX 37
Poulguinan (Bd de) .... AX 38
Président Allende (Bd du) .... BVX
Providence (Rte de la) .... AY
Réguaires (R.) .... BYZ
Résistance-et-du-Gén.-de-Gaulle (Pl. de la) .... AZ 40
Ronarc'h (R. Amiral) .... AZ 42
St-Corentin (Pl.) .... BZ 43
St-François (R.) .... BZ 45
St-Mathieu (R.) .... AZ 47
Ste-Catherine (R.) .... BZ 48
Ste-Thérèse (R.) .... BZ 50
Sallé (R. du) .... BY 52
Steir (Q. du) .... AZ 53
Terre-au-Duc (Pl.) .... AY 54
Thépot (Av. Y) .... BX
Tourbie (Pl. de la) .... BY
Tour-d'Auvergne (Pl. de la) .... AZ
Tour-d'Auvergne (R. de la) .... BX 58
Ty-Nay (Rte de) .... BV 60
4 Chemins (Les) .... BX

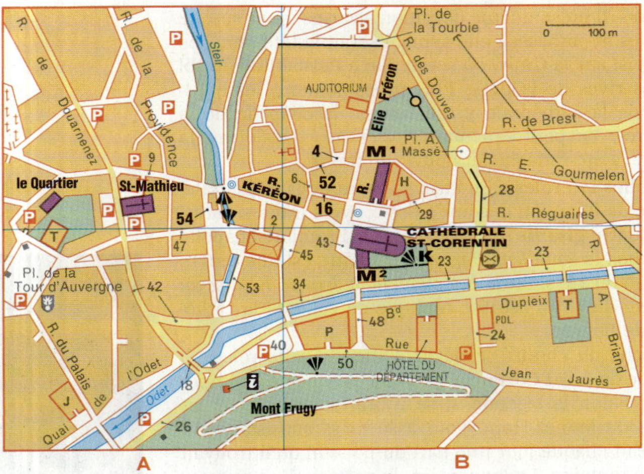

Cathédrale St-Corentin .... BZ
Église de Kerfeunteun .... BV B
Église N.-D.-de-Locmaria .... AX D
Église St-Mathieu .... AY
Faïenceries de Quimper H.-B. Henriot .... AX E
Jardin de l'évêché .... BZ K
Mont Frugy .... ABZ
Musée des Beaux-Arts .... BY M1
Musée départemental breton .... BZ M2
Musée de la faïence .... AX M3
le Quartier .... AY

exécutés au début et à la fin du 15e s. À cette époque, dessin et modelé atteignent une grande maîtrise. Aux couleurs basiques des premiers vitraux – rouge et bleu, gris et jaune d'argent – s'ajoutent des teintes vives et très nuancées : des bruns, des pourpres, des verts ..

L'ART DE LA COULEUR

Les églises romanes étaient entièrement peintes, à l'intérieur comme à l'extérieur. Prolongeant cette tradition, les maîtres d'œuvre du 15e s. parèrent les voûtes d'un flamboiement de couleurs, qui furent malencontreusement effacées au 19e s. selon l'austère parti pris de l'époque. Grâce à une minutieuse restauration, parements et piliers ont retrouvé leur décor polychrome : les nervures sont rehaussées d'ocre jaune et rouge, et soulignent avec élégance la verticalité de la cathédrale.

S. Sauvignier/MICHELIN

Remarquables de sobriété et de finesse, les vitraux de la cathédrale représentent des chanoines, des seigneurs et des châtelaines de Cornouaille : ils figurent à genoux, entourés de leurs saints patrons.

se promener

VIEUX QUIMPER★ *(une demi-journée)*

Ce quartier s'étend face à la cathédrale, entre l'Odet et le Steir. Cet affluent, canalisé et couvert en amont de son confluent, offre une vaste zone piétonne.

Rue Élie-Fréron

Au Nord de la place Saint-Corentin, cette rue abrite l'ancien hôtel Jacquelot de Boisrouvray, situé au no 22 : une demeure du 17e s. avec ses hautes fenêtres encadrées de pans de bois et d'ardoises. À voir aussi : le porche Renaissance du no 20.

Gagnez ensuite la ravissante place au Beurre.

Rue du Sallé

C'était au Moyen Âge, la rue des « lardiers, saucissiers et charcutiers », qui lui ont donné son nom. Au no 10, l'ancienne **demeure des Mahault de Minuellou★** se remarque par la richesse de son décor, avec ses consoles Renaissance.

Par la rue des Boucheries, on peut faire un détour à gauche dans la **rue du Guéodet**, où se trouve la curieuse maison des « Cariatides », également appelée maison des « Têtes ».

DRÔLES DE TÊTES

Rue du Guéodet, des personnages en costume Henri II ornent le rez-de-chaussée de la maison des Têtes (16e s.). Ces Quimpérois s'illustrèrent durant la guerre de la Ligue, dans la bataille contre le maréchal d'Aumont. D'où leur visage réjoui !

Rue Kéréon★

Commerçante et animée, elle offre une charmante perspective sur la cathédrale. La maison du no 9, avec ses trois personnages sculptés, présente un décor polychrome rare à Quimper.

Place Terre-au-Duc

Au Moyen Âge, cette place appartenait au duc de Cornouaille, et non à l'évêque : c'était, en face de la cité épiscopale, le cœur de la ville laïque avec son tribunal, sa prison, et son marché.

Par la **rue Saint-Mathieu**, on peut rejoindre l'église du même nom : reconstruite en 1898, elle a conservé, au centre du chœur, un beau vitrail de la Passion du 16e s.

visiter

Musée des Beaux-Arts★★

40 pl. Saint-Corentin. ☎ 02 98 95 45 20 - www.beauxarts.quimper.fr - ♿ - juil.-août : 10h-19h ; reste de l'année : tlj sf mar. 10h-12h, 14h-18h - possibilité de visite guidée certains sam. tte l'année et tlj en été - fermé dim. mat. nov.-mars, 1er janv., 1er Mai, 1er et 11 Nov., et 25 déc. - 4 €.

Installé dans un palais à l'italienne construit en 1867 face à la cathédrale, ce musée a été créé grâce au legs de Jean-Marie de Silguy. Dons et achats sont venus étoffer le fonds. La façade du 19e s. cache un musée résolument moderne. Son architecture est tout en transparences : un éclairage subtil s'y conjugue avec la lumière naturelle, pour mettre en valeur la peinture du 14e s. à nos jours.

B. Mattès/MICHELIN

La rue Kéréon, la plus belle de la ville, était celle des cordonniers, kereon en breton.

Écoles du Nord – Bel ensemble des 17e s. et 18e s. avec des œuvres de Jordaens, Van Mol, De Grebber, Rubens et son *Martyre de sainte Lucie* (vers 1620).

École italienne – Ensemble plus modeste, malgré la présence de Bartolo di Fredi ainsi que Guido Reni et Solimena.

École française – Belle collection du 18e et du 19e s. comptant des peintures de Boucher, Fragonard, Chassériau, mais surtout la *Vue du château de Pierrefonds* de **Corot**, ainsi que *Vue du port de Quimper* (1857) d'**Eugène Boudin**.

Musée des Beaux-Arts, Quimper

« La Forêt au sol rouge » (1891) par Georges Lacombe.

Peintures d'inspiration bretonne – La trentaine de toiles de l'**école de Pont-Aven** (1886-1984) est l'un des fleurons du musée : *L'Oie* de Paul Gauguin, *Jeune Bretonne à la cruche* de Paul Sérusier, Émile Schuffenecker avec *Côte rocheuse en Bretagne*, *Vue du port de Pont-Aven* de Maxime Maufra, ainsi que des œuvres d'Émile Bernard, Maurice Denis, Charles Filiger, Henry Moret, Georges Lacombe et Félix Vallotton. À voir aussi : la *Fuite du roi Gradlon* de Luminais, le ***Pardon de Kergoat***★ (1891) **de Jules Breton**, la *Noce en Bretagne* de Leleux, et la *Veuve de l'île de Sein* de Renouf.

Peinture et sculpture en Bretagne – Des années 1930 à nos jours avec Gruber, Tal Coat, Bazaine pour la peinture, René Quillivic pour la sculpture.

Salle Max-Jacob – Cet écrivain et peintre (1876-1944) est né et a grandi à Quimper. Sa vie et son œuvre sont évoquées à travers des documents, des souvenirs, des dessins, des gouaches, notamment une série de portraits signés Picasso et Cocteau.

DES TOILES AU MENU
Le peintre malouin, **Jean-Julien Lemordant** trouva son inspiration à Penmarch. Il réalisa ces 22 toiles de 1905 à 1907 pour la salle à manger de l'hôtel de l'Épée, qui fut au début du 20e s. un lieu de rendez-vous de l'intelligentsia quimpéroise. Cet établissement n'est plus aujourd'hui qu'un café, situé au 14 rue du Parc, en bordure de l'Odet.

◀ **Peintures de Jean-Julien Lemordant** – Les toiles réalisées par cet artiste (1882-1968) forment une fresque de 47 m de long : le pardon, le vent, le goémon, le port et le phare en sont les principaux thèmes. Elles furent exposées au Salon d'automne à côté de celles des Fauves.

Musée départemental breton★

1 r. du Roi-Gradlon. ☎ 02 98 95 21 60 - ♿ - juin-sept. : 9h-18h ; oct.-mai : tlj sf dim. mat.et lun. 9h-12h, 14h-17h - fermé 14 Juil. et 15 août - 3,80 €, gratuit dim. (janv.-mai et oct.-déc.).

Consacré à l'histoire et aux arts et traditions populaires du Finistère, il occupe l'ancien palais épiscopal, bâtiment construit du 16e au 19e s. qui jouxte la cathédrale.

ADMIRER
Deux des plus importants **bijoux d'or préhistoriques**★ découverts en France : le collier de Tréglonou et la ceinture torsadée d'Irvillac.

◀ **Archéologie** – Habitat et mode de vie dans une des cités gallo-romaines des Osismes : monnaies, mosaïque monumentale, vases et urnes funéraires, vaisselle d'argent, figurines de Vénus et de déesses-mères, etc.

Art ancien – Vitraux, orfèvrerie et statuaire sacrée : on remarque surtout les mausolées aux gisants (16e et 17e s.) et une vingtaine d'effigies en bois polychrome représentant des saints, notamment bretons.

Costumes – Des vêtements traditionnels (19e et 20e s.) sont exposés en parallèle avec des sculptures et des tableaux : on découvre l'influence exercée par ces modes sur les artistes, comme René Quillivic.

Sculptures de façades – Elles ornaient jadis des maisons des 15e et 16e s.

Mobilier – La présentation met en valeur les meubles du 17e s. aux années 1930 : coffres, armoires de mariage, lit clos...

Musée de la Faïence★

14 r. Jean-Baptiste-Bousquet. ☎ 02 98 90 12 72 - www.quimper-faiences.com - ♿ - de mi-avr. à mi-oct. : tlj sf dim. 10h-18h - possibilité de visite guidée sur demande (1h15) - fermé j. fériés. - 4 € (enf. 2,30 €).

Situé au bord de l'Odet, le musée est installé dans la maison Porquier, construite en 1797. Il retrace, sur trois siècles l'histoire de la faïence à Quimper. Principalement centré sur l'évolution des formes et des couleurs, il permet de mieux appréhender ce métier et ses techniques de fabrication. Le musée illustre le mélange de différents styles : le rouen, avec ses décors essentiellement floraux, ses couleurs variées et denses ; le nevers, avec ses scènes bibliques ou mythologiques, ses camaïeux de bleu, ses deux jaunes, et sa technique du décor au blanc fixe. On remarque pour le 20e s. les motifs complexes de Quillivic et de **Mathurin Méheut**, les lignes épurées de René Beauclair, et les pièces uniques de Giovanni Leonardi.

Faïenceries de Quimper H.B. Henriot

R. Haute. ☎ 02 98 90 09 36 - www.hb-henriot.com - ♿ - visite guidée (35mn) 9h15, 10h15, 11h15, 14h, 14h45, 15h45, 16h15 (sf dim. juil.-août, w.-end reste de l'année) - fermé vac. de Noël et j. fériés - 3 € (enf. 2 €).

Issue de la fusion entre H.B. et Henriot cette maison tricentenaire a été rachetée en 1984 par Paul Janssens, un Américain d'origine hollandaise. Elle reste l'une des seules de France où les faïences sont décorées entièrement à la main, sans transfert ni décalcomanie : paysans bretons en costume traditionnel, oiseaux, coqs, motifs botaniques... Dans les ateliers, on découvre chaque étape de la fabrication, du pain d'argile à la cuisson. Quelques concessions ont été faites à la modernité : la pâte est désormais achetée à l'extérieur, et les fours fonctionnent à l'électricité.

> **SUR LA COLLINE**
> Le mont Frugy s'arrondit à 70 m, au Sud de Quimper. Depuis la place de la Résistance, où se trouve l'Office de tourisme, un chemin *(1/2h à pied AR)* mène au belvédère : belle **vue★** sur la ville.

Église N.-D.-de-Locmaria

En bordure de l'Odet, cet édifice roman conserve, dans le bas-côté gauche, trois pierres tombales des 14e, 15e et 17e s., et sur la poutre de gloire, un *Christ en robe*.

Dans le bas-côté droit, une porte donne dans le jardin de l'ancien prieuré bénédictin (16e et 17e s.). Voyez deux arcs du 12e s. et la galerie du cloître (1669).

Vinter/Musée de la Faïence, Quimper

La scène de pardon, thème traditionnel, figure dans l'inépuisable catalogue de scènes bretonnes.

Les bateaux ancrés : une vue typique de l'Odet.

alentours

DESCENTE DE L'ODET EN BATEAU★★

Avr.-sept. : jusqu'à 5 croisières/j. (2h30) ; croisière-déjeuner tlj sf lun. Possibilité de faire escale à Bénodet, selon h. de marée, ou de prolonger l'excursion jusqu'aux îles Glénan. Renseignements à l'Office du tourisme de Quimper ou aux « Vedettes de l'Odet », ☎ 02 98 57 00 58.

L'Odet prend sa source à 40 km au Nord-Est de Quimper, au cœur des Montagnes Noires. À la sortie de la ville, la rivière s'élargit, puis se faufile dans une superbe vallée, où les bois et les parcs des châteaux forment un décor verdoyant.

Baie de Kérogan★

À l'entrée de la baie, qui offre l'allure d'un lac, le port du **Corniguel** est une touche moderne dans le paysage.

Les Vire-Court★★

Ici, l'Odet décrit des méandres entre de hautes falaises boisées. Plus au Sud, le coude est si brusque qu'une flotte espagnole, remontant l'Odet au début du 17e s. pour s'emparer de Quimper, n'osa s'y risquer. Après avoir fait de l'eau à la fontaine « des Espagnols », comme on l'appelle depuis, la flotte rebroussa chemin. En aval de cette fontaine, sur la rive droite avant **Le Perennou**, on découvre les ruines de bains romains.

ROCHERS DE LÉGENDES
Au débouché des Vire-Court, deux rochers forment le Saut de la Pucelle. La légende rapporte qu'une jeune fille, poursuivie par un brigand, préféra se jeter dans l'Odet que de perdre son honneur... Un autre rocher porte le nom de Chaise de l'Évêque : il aurait été façonné en forme de siège par des anges, à l'usage d'un saint prélat de Quimper qui aimait se recueillir en ce lieu.

circuits

ENTRE JET ET ODET 1

Circuit de 27 km – environ 2h1/2. Quitter Quimper par l'avenue de la Libération ; au premier grand rond-point, tourner à gauche en direction de Brest et au deuxième, à droite vers Coray (D 15). À 700 m, prendre la direction d'Elliant.

La route emprunte la vallée du Jet, l'un des affluents majeurs de l'Odet. Cette rivière le rejoint juste avant son entrée dans Quimper.

Église d'Ergué-Gabéric

Le chœur de cet édifice (16e s.) renferme un vitrail de la Passion (1571) et un groupe de la Trinité du 17e s.

Prendre à droite de l'église vers la chapelle de Kerdévot.

Chapelle de Kerdévot

Niché dans un joli site ombragé, ce sanctuaire remonte au 15e s. À l'intérieur, on remarque une statue en bois polychrome (17e s.) dédiée à N.-D.

À VOIR
Le retable★ flamand (fin 15e s.) retrace en six tableaux des épisodes de la vie de la Vierge.

Prendre la voie longeant la chapelle à gauche, puis encore à gauche vers Quimper. À 3 km, tourner à droite vers le hameau de Lestonan. À la sortie de Quellénec, prendre à droite un chemin en partie revêtu qui conduit en 600 m au parking de Griffonès.

Site du Stangala★

Traverser l'arboretum (chênes rouges d'Amérique, hêtres pourpres...), puis obliquer à gauche pour gagner, à travers bois, deux plates-formes rocheuses d'où l'on jouit d'une **vue** remarquable : l'escarpement domine de 70 m l'Odet, qui sinue entre des versants boisés. En face, vers la droite, le hameau de Tréauzon s'accroche aux pentes. Au loin, à gauche de la tour-relais, on distingue le profil caractéristique de la montagne de Locronan et sa chapelle, au sommet.

Au retour, on peut prendre à gauche un chemin en descente qui mène sur la rive de l'Odet *(1/2h AR).*

Pour regagner Quimper, prendre à droite en quittant le chemin étroit.

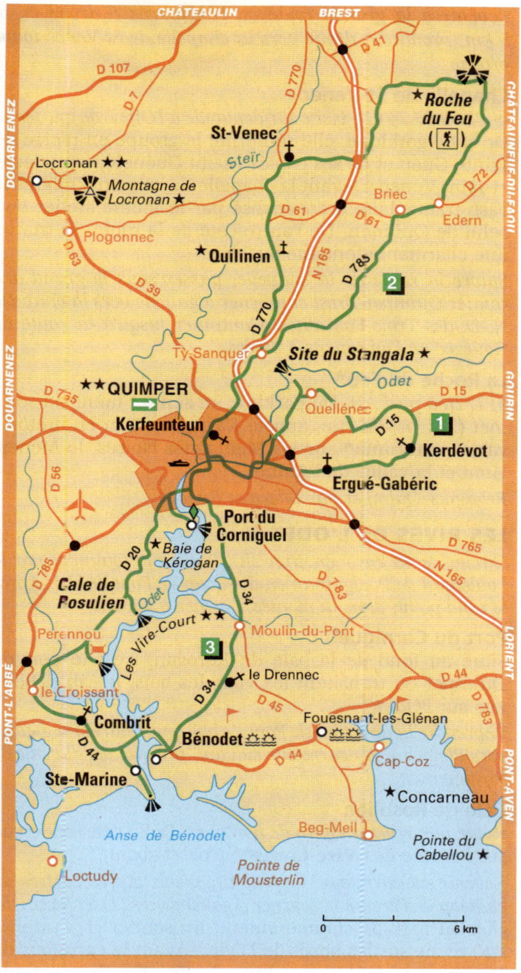

DE CALVAIRE EN CHAPELLE 2

Circuit de 57 km – environ 3h. Quitter Quimper par la rue des Douves (BY). Peu après le cimetière situé à l'entrée de Kerfeunteun, tourner à droite.

Église de Kerfeunteun

☎ *02 98 95 13 89 - visite guidée sur demande à l'accueil de la paroisse de La Trinité (tlj sf w.-end 16h30-18h) mar, merc. et jeu. 9h30-17h30 - en cas de fermeture clef disponible à l'accueil de la paroisse ou auprès de M. Lozachmeur - 9 r. d'Estienne-d'Orves - 29000 Quimper -* ☎ *02 98 95 60 66.*

Son fin clocher carré, à flèche de pierre, date des 16e et 17e s. mais le transept et le chœur ont été refaits. Au maître-autel, un beau vitrail du 16e s. représente un Arbre de Jessé, surmonté d'une Crucifixion.

À 800 m, au rond-point, tourner à droite vers Brest, ensuite à gauche vers Briec (D 770) et, à Ty Sanquer, encore à gauche.

Calvaire de Quilinen★

Isolée par un bouquet d'arbres, la **chapelle N.-D.-de-Quilinen** date de 1550, avec son étonnant calvaire. Sur deux bases triangulaires superposées, à pointes inversées, celui-ci surprend par son élégante rusticité. Les statues s'affinent jusqu'au supplicié, dominant les deux larrons très rapprochés. Au revers de la Croix, apparaît le Christ ressuscité. ☎ *02 98 57 90 44 - visite guidée août-sept. : 10h-19h ; mai-juin : visite libre - en cas de fermeture, récupération de la clef à la mairie.*

Revenir à la grande route où l'on tourne à droite et, à 5 km, prendre à droite vers la chapelle de St-Venec toute proche.

Chapelle de St-Venec

☎ 02 98 57 74 62 - visite sur demande à l'Office de tourisme. De style gothique, elle renferme le groupe en pierre de sainte Guen et de ses triplés : saint Guénolé, saint Jacut et saint Venec. Devant la chapelle, le calvaire (1556) sur base triangulaire a été réalisé par le même atelier que celui de Quilinen. De l'autre côté de la route, se trouve une charmante fontaine du 16e s.

GÉNÉREUSE
Sainte Blanche (sainte Guen ici) possédait trois mamelles, une pour chacun de ses triplés !

Suivre la route de la chapelle, passer sous le grand axe routier Quimper-Brest et tourner à gauche vers la chapelle N.-D.-des-Trois-Fontaines. Continuer jusqu'à la route de Gouézec où l'on tourne à droite.

La Roche du Feu★

1/2h à pied AR. Du parking, un sentier mène au sommet (281 m) du site, appelé Karreg an Tan en breton : vaste **panorama★** sur les Montagnes Noires, le Ménez-Hom et la vallée de l'Aulne.

Regagner Quimper par Edern et Briec.

G. Guégan/MICHELIN

L'émouvant Abri du Marin.

LES RIVES DE L'ODET 3

Circuit de 48 km – environ 2h1/2. Quitter Quimper par le boulevard de Poulguinan en direction de Pont-l'Abbé. Après le rond-point, dans la montée, tourner à gauche.

Port du Corniguel

Situé au fond de la baie de Kérogan, c'est le port de Quimper où transitent les vins, les bois, le sable. Belle vue sur l'Odet.

Reprendre la direction de Pont-l'Abbé, puis tourner à gauche vers Plomelin. Au carrefour suivant, prendre vers la cale de Rosulien.

Cale de Rosulien

Route non revêtue en fin de parcours. De la cale, belle vue sur l'entrée des **Vire-Court★★** *(voir ci-avant).*

Revenir au carrefour, tourner à gauche. Après l'entrée du château de Perennou, tourner à gauche vers l'Odet (accès fléché). Du parc de stationnement, un sentier *(1/4h à pied AR)* mène sur les bords de l'Odet. Avant le carrefour du Croissant, où l'on tourne à gauche vers Combrit, la route franchit l'anse profonde de Combrit, beau site à marée haute.

Combrit

L'**église** est surmontée par un clocher carré à dôme, flanqué de deux tourelles. Petit ossuaire (17e s.) contigu au porche Sud.

Prendre la direction de Bénodet, puis tourner à droite vers Ste-Marine.

Ste-Marine

☎ 06 81 66 78 67 - Bac Piéton Bénodet-Ste-Marine « Le Picot » - cale St-Thomas - juil.-août : 10h-12h30, 13h50-19h15, w.-end 13h50-19h15 - 2 € (enf. 1 €).

Cette petite station balnéaire, sur la rive droite de l'Odet, possède une belle plage de sable fin : vue sur Loctudy et la pointe de Lesconil, l'île aux Moutons et l'archipel de Glénan. Depuis le port de plaisance, belle vue sur Bénodet et l'Odet.

Bénodet *(voir ce nom)*

La route du retour *(D 34)* s'éloigne de la rive gauche de l'Odet et traverse **Le Drennec**. Devant la chapelle, en bordure de la route, charmante fontaine du 16e s. Une niche trilobée surmontée d'un gâble à crochets abrite une Pietà.

Par Moulin-du-Pont, regagner Quimper.

VISITE

Parc Botanique de Cornouaille – *29120 Combrit - ☎ 02 98 56 44 93 - 10h-12h, 14h-19h, juil.-août 10h-19h - fermé 20 sept.-10 oct. et 15 nov.-15 mars.* Ce très beau parc de 4 ha compte parmi les premières collections botaniques de Bretagne et abrite une pépinière où vous pourrez acheter certaines des 3 500 variétés de plantes aperçues au cours de votre visite. L'endroit est féerique, lorsque les 550 types de camélias, les 85 sortes de magnolias ou les 420 espèces de rhododendrons sont en pleine floraison ! À voir également, le jardin aquatique (4 000 m²) et le musée des minéraux.

Quimperlé★

Au Nord de la forêt de Carnoët que longe la Laïta, Quimperlé conserve des quais qui témoignent de l'importance de son ancien port, fréquenté aujourd'hui par les bateaux de plaisance.

La situation

Carte Michelin Local 308 J7 – Finistère (29). Au Nord-Ouest de Lorient par la N 165, Quimperlé est une petite ville qui a gardé des maisons médiévales.

45 pl. St-Michel, 29300 Quimperlé, ☎ 02 98 96 04 32. www.quimperletourisme.com

Le nom

Étymologiquement, « au confluent de la rivière Ellé » (avec l'Isole, elle forme la Laïta qui s'en va vers le large).

Les gens

10 850 Quimperlois. Le peintre Tal Coat (1905-1985) est né à Clohars-Carnoët, à quelques kilomètres de Quimperlé.

se promener

Église Ste-Croix★★

9h-12h. Possibilité de visite guidée, en été, l'ap.-midi. Se renseigner, ☎ 02 98 96 04 32.

On est un peu perdu en arrivant dans cette église dont le plan circulaire s'inspire de celui du Saint-Sépulcre de ►

À VOIR

On aperçoit dans la première crypte (19e s.), une émouvante **mise au tombeau** de 1500 ; vestige de l'église primitive, l'ancienne **crypte★★** possède de remarquables chapiteaux et deux tombeaux du 15e s. à gisants ; dont celui de saint Gurloës que l'on invoquait pour guérir les maux de tête.

carnet pratique

Se loger

⊖ Ty-Horses – *Le Rouho - 56520 Guidel - 7 km au SE de Quimperlé par D 765 rte de Lorient et rte de Locmaria - ☎ 02 97 65 97 37 - ⊭ - 4 ch. 39/50 €.* Cette bucolique demeure contemporaine à toit de chaume comprend deux ailes dont une reservée aux hôtes. Chambres coquettement aménagées dans des couleurs différentes. Petit déjeuner dans la véranda, face aux chevaux à l'exercice.

⊖ La Maison d'Hippolyte – *2 quai Surcouf - ☎ 02 98 39 09 11 - ⊭ - 4 ch. 45/48 €.* Il règne une sympathique atmosphère d'artiste dans cette maison centenaire bordant la Laïta. Il faut dire que son accueillante propriétaire, passionnée d'art, y organise régulièrement des expositions de peintures et de photos. Chambres simples dotées d'un parquet d'époque.

⊖⊖ Château de Kerlarec – *6 km à l'E de Quimperlé par D 765 rte de Lorient et D 22 à gauche rte d'Arzano - ☎ 02 98 71 75 06 - www.chateau-de-kerlarec.com - ⊭ - 6 ch. 68/110 €.* On ne peut rester insensible au charme de ce château de 1830 dressé au milieu d'un parc agrémenté d'un bassin. À l'intérieur, tout exhale le raffinement cher au Second Empire : meubles anciens, objets d'art... La salle Jeanne d'Arc, en particulier, mérite une visite.

Se restaurer

⊖ Crêperie Le Préau – *3 r. des Plages - 29350 Moëlan-sur-Mer - ☎ 02 98 96 50 91 - fermé 10-25 janv., 12-26 nov. et lun. - 8/18 €.* Cette ancienne école voisine de l'église abrite une petite crêperie jaune et bleue. Les cartes de géographie aux murs réveilleront sans doute de vieux souvenirs d'enfance, encore ravivés par l'odeur des crêpes faites sous vos yeux.

⊖⊖ Le Bistro de la Tour – *2 r. Dom-Morice - ☎ 02 98 39 29 58 - bistrodelatour@wanadoo.fr - fermé sam. midi, dim. soir et lun. - 20€ déj. - 28/56 €.* La façade de cette adresse sympathique évoque la vitrine d'un caviste, et pour cause : le patron, président des Sommeliers de Bretagne, y propose dégustation et vente de vins et spiritueux. Côté salles à manger : au rez-de-chaussée un original bric-à-brac chiné en brocante et à l'étage, une atmosphère années 1930, plus feutrée. Carte et menus d'inspiration régionale.

Que rapporter

Huîtrières du Château de Bélon – *Port de Bélon - 29340 Riec-sur-Belon - ☎ 02 98 06 90 58 - www.huitres-belon.com - tlj 10h30-13h30, 15h-18h30.* Affaire familiale fondée en 1864 qui propose une visite de 45 mn (petite maison du port et parcs à huîtres plates et creuses - si les marées le permettent). Dégustation face au Bélon et vente directe de bourriches.

Sports & Loisirs

Ferme équestre de Kersperche – *Lieu dit Kersperche - 29340 Riec-sur-Belon - ☎ 02 98 06 50 22 - tlj sur réserv. - fermé sept. pour l'équitation.* Établi entre Riec et Moëlan, ce centre propose des randonnées (10 personnes max.) et organise aussi des parties de paintball.

Jérusalem. Élevée au 11e s., elle a dû être réédifiée (sauf l'abside et la crypte) en 1862, quand son clocher s'est effondré.

L'**abside**★★ (chœur), avec ses arcatures, ses colonnes, ses chapiteaux, ses fenêtres, est un très bel exemple d'art roman en Bretagne.

On verra, adossé à la façade, le **retable**★ Renaissance en pierre, partie d'un ancien jubé.

En sortant de l'église, avancez-vous dans la rue Ellé qui longe le flanc gauche et offre une jolie vue sur le chevet et le clocher.

Rue Brémond-d'Ars

On y voit les imposantes ruines de l'église St-Colomban, des maisons à colombages et des demeures du 17e s. (*nos 8, 10, 11 et 12*). Au no 15 bis, remarquez le bel escalier du Présidial, ancien tribunal.

G. Targat/MICHELIN

Étroite mais ensoleillée, la rue Dom-Morice a conservé tout son charme.

Rue Dom-Morice★

C'est une ruelle étroite bordée de logis du 16e s. Au no 7, très belle **maison des Archers** de 1470, qui abrite d'intéressantes expositions temporaires. *Juil.-août : tlj sf mar. 10h-12h, 14h30-19h. 1,60€.*

Église N.-D.-de-l'Assomption

☎ 02 98 96 04 32 - juil.-août : 9h-18h - en cas de fermeture pdt l'année scol. clef disponible à l'Office de tourisme

Connu aussi sous le nom de St-Michel, cet édifice des 13e et 15e s. domine la ville. Il est surmonté d'une grosse tour carrée. Passez sous l'arcade, ouverte à droite dans l'un des contreforts de l'église, pour voir le beau porche sculpté de 1450. À l'intérieur, belle voûte en chêne.

alentours

Mellac

Manoir de Kernault – *5 km au Nord-Ouest. ☎ 02 97 84 70 72 - juil.-août : 10h-12h30, 14h-19h ; fév.-déc. et vac. scol. (ttes zones) : tlj sf lun. et mar. 14h-18h - 4 € (15-18 ans 2,50 €).*

Ce beau manoir du 15e s., entouré d'un parc de 30 ha, est remarquable pour son superbe **commun**★ (16e s.) à pans de bois. Devenu centre culturel, il accueille d'intéressantes expositions temporaires et de nombreuses animations.

Roches du Diable★

12 km au Nord-Est, plus d'1/2h à pied AR. Quitter Quimperlé par la D 790 vers Le Faouët et, à 4,5 km, tourner à droite vers Locunolé que l'on traverse.

La descente sur l'Ellé est fort belle. *Franchir le pont et tourner aussitôt à gauche vers Meslan ; à 400 m laisser la voiture à gauche.* Un lacis de sentiers permet d'atteindre le sommet des roches d'où l'on domine, dans un à-pic impressionnant, les eaux torrentueuses de l'Ellé.

QUIMPERLÉ

Bourgneuf (R. du) 3
Brémond-d'Ars (R.) 4
Carnot (Pl.)
Couëdic (R. du) 8
Dom-Morice (R.) 9
Écoles (Pl. des) 10
Gaulle (Pl. Ch.-de) 18
Genot (R.) 19
Jaurès (Pl. Jean) 22
La-Tour-d'Auvergne (R. de) 23
Leuriou (R.) 24
Madame-Moreau (R.) 25
Mellac (R. de)
Moulin-de-la-Ville (Pont du) 29
Paix (R. de la) 32
St-Michel (Pl.)
Salé (Pont) 37
Savary (R.)

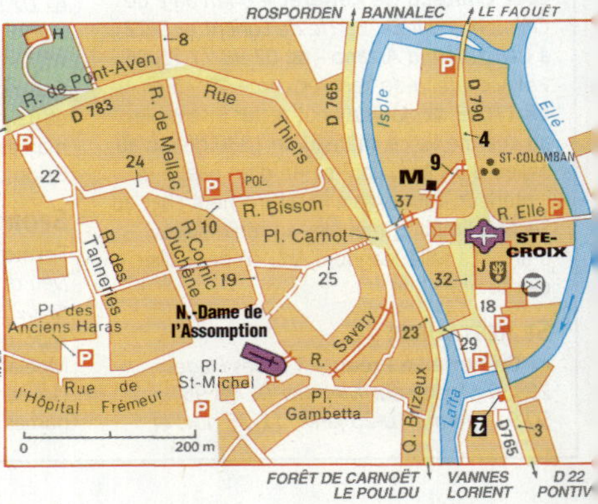

circuits

DOMAINE DE CLOHARS-CARNOËT 1

Circuit de 43 km – environ 2h1/2. Quitter Quimperlé au Sud par le quai Brizeux.

Forêt de Carnoët

Bordée par la Laïta, elle offre de jolis sites et d'agréables promenades *(certains chemins sont réservés aux piétons et aux cavaliers).*

Ouragan
Celui d'octobre 1987 a dévasté près de 120 ha de hêtres et de chênes, sur les 850 ha que possède la forêt domaniale. Sa reconstitution est en cours.

À 500 m après Toulfoën, tourner à gauche vers le rocher Royal.

La route serpente dans la forêt avant d'atteindre la Laïta où l'on peut voir le **rocher Royal**, escarpement rocheux dominant la rivière, et les vestiges du château de Carnoët. Il serait, selon la légende, la demeure du comte de Commore, le « Barbe-Bleue » cornouaillais.

Revenir à la route du Pouldu, tourner à gauche et, à un grand carrefour, encore à gauche.

Enjambant la Laïta, le **pont de St-Maurice** offre une belle **vue**★ sur les abrupts et les ombrages de la rivière.

Faire demi-tour et à 700 m tourner à droite.

St-Maurice

Le **site**★ est agréable et verdoyant : à droite, la Laïta, à gauche, un étang. À proximité, les ruines de l'**abbaye St-Maurice** (12e s.) sont progressivement restaurées. La salle capitulaire, du 13e s., est une des plus anciennes de Bretagne. ☎ *02 98 71 65 51 - de mi-juin à mi-sept. : 11h-19h ; de mi-sept. à fin sept. et de déb. fév. à mi-juin : dim. et j. fériés : 14h-18h ; vac. scol. : tlj sf sam. 14h-18h (dernière entrée 1h av. fermeture) - 4 € (enf. 3 €).*

Le Pouldu

Petit port situé à l'embouchure de la Laïta.

Maison Marie-Henry – *10 r. des grands-Sables.* ☎ *02 98 39 98 51 - visite guidée (45mn, ttes les h) juil.-août : 10h30-11h30, 15h15-18h15 ; juin et sept. : tlj sf lun. et mar. 10h30-11h30, 15h15-18h15 ; avr.-mai et de déb. oct. à mi-nov. : tlj sf lun. mar. et merc. 14h30-16h30 - 4,50 €.*

L'auberge que Gauguin et certains membres de l'école de Pont-Aven ornèrent de peintures et d'images fait l'objet d'une reconstitution : mobilier et objets des années 1890. Des expositions temporaires évoquent ces peintres, leur influence sur les Nabis à Paris, et sur d'autres artistes à l'étranger.

Chapelle N.-D.-de-la-Paix – Elle a été sauvée de la ruine par un déplacement de 26 km. Rebâtie, elle présente des baies à meneaux en forme de flammes ou de lis avec des vitraux de Manessier et Le Moal. Sous la charpente boisée, on remarque une poutre de gloire au Christ en pagne blanc et une Pietà. *Pour visiter, se renseigner auprès de Michelle,* ☎ *02 98 96 91 51 ou Pascal,* ☎ *02 98 06 46 65.*

La chapelle N.-D.-de-la-Paix se trouve près de la plage des Grands Sables, dans un enclos herbeux. Son entrée est marquée par un monument en hommage à Gauguin.

Longer la plage des Grands Sables, puis tourner à gauche vers Doëlan.

Doëlan

Ce petit port commande l'entrée d'un estuaire bien abrité.

Par Clohars-Carnoët, regagner Quimperlé.

À LA DÉCOUVERTE DU BÉLON 2

Circuit de 37 km – environ 1h1/2. Quitter Quimperlé au Sud-Ouest par la D 16 et, à Gare-de-la-Forêt, prendre à droite.

Moëlan-sur-Mer

Plusieurs petits ports. L'**église** recèle quatre beaux confessionnaux (18e s.). ☎ *02 98 39 67 28 - de mi-juin à mi-sept. : 10h-12h, 15h30-19h, possibilité de visite guidée.*

Brigneau

Au Sud-Ouest, minuscule port de pêche où s'abritent des bateaux de plaisance. La route longe la côte ; on voit de-ci de-là quelques maisons à toits de chaume.

À Kergroës, tourner à gauche.

G. Targat/MICHELIN

La sérénité du petit port de pêche de Doëlan.

Kerfany-les-Pins
Sur l'estuaire du Bélon, ce petit séjour balnéaire offre un joli site et une plage de sable fin. Belle vue sur Port-Manech et l'estuaire de l'Aven.

Suivre la route en montée au-delà de la plage et à Lanriot tourner à gauche.

Bélon
Située sur la rive gauche du Bélon, cette localité est connue comme centre ostréicole *(voir carnet pratique)*. À marée basse, remarquez les parcs à huîtres plates sur la rive droite.

Par Moëlan-sur-Mer, regagner Quimperlé.

Quintin

Cette « petite cité de caractère », connue jadis pour ses toiles de lin, conserve une atmosphère typique des villes de Bretagne intérieure. On y apprécie ses vieilles demeures qui s'étagent sur une colline, au pied de laquelle le Gouët forme un beau plan d'eau.

La situation
Carte Michelin Local 309 E4 – Côtes-d'Armor (22). Au carrefour des D 7 et D 790, Quintin se trouve à un peu moins de 20 km au Sud-Ouest de Saint-Brieuc.

6 pl. 1830, 22800 Quintin, ☎ 02 96 74 01 51.

Le nom
Certains avancent qu'il dérive de *Kistinn*, c'est-à-dire « le pays des châtaignes ».

Les gens
2 611 Quintinais. Les tisserands firent la renommée de la ville avec leurs fines toiles servant à la confection des bonnets et des cols ; aux 17e et 18e s., cette industrie s'étendit aux toiles dites « de Bretagne », exportées jusqu'en Amérique. Le déclin vint avec la Révolution.

SE LOGER ET SE RESTAURER

Hôtel du Commerce – *2 r. Rochonen - ☎ 02 96 74 94 67 - hotelducommerce@tele2.fr - fermé 23-30 août, 24 déc.-5 janv., dim. soir, vend. et lun. hors sais. - 13/39 €.* Une restauration habile et soignée a doté cette demeure du 19e s. de tout le confort moderne, en conservant intacte la rusticité du lieu. Chambres personnalisées, portant chacune le nom d'une plante parfumée. Boiseries, cheminée et tons printaniers décorent le restaurant.

visiter

De belles demeures des 16e et 17e s. bordent la place 1830, la rue au Lait *(nos 12 et 13)*, la Grande-Rue *(nos 37 et 43)*. Place du Martray, l'hôtel du Martray, l'hôtel de ville et la maison sise au no 1 sont du 18e s.

Basilique
Reconstruite à l'emplacement de l'ancienne collégiale en 1887, elle conserve, avec les reliques de saint Thurian, un morceau de la ceinture de la Vierge, rapporté de Jérusalem au 13e s. par un seigneur de Quintin (Geoffroy Botrel ou Botherel), ainsi qu'une statue couronnée de N.-D.-de-Délivrance, vénérée spécialement par les femmes qui attendent un enfant. Remarquez les bénitiers faits de coquilles provenant de Java.

Au chevet de la basilique se dresse la Porte-Neuve, du 15e s., vestige des remparts qui ceinturaient la ville.

Château
Accès par la place 1830. ☎ 02 96 74 94 79/04 63 - ♿ - visite guidée (1h) de mi-juin à mi-sept. : 10h30-12h30 (dernière entrée 11h45), 13h30-18h (dernière entrée 17h30) ; reste de l'année : w.-end 14h-17h15 (dernière entrée 30mn av. fermeture) - 5 € (8-14 ans 2,50 €).

Cet édifice se compose d'un vieux château construit au 17e s. et d'un château du 18e s., flanqué d'une aile basse que l'on découvre sitôt la porte d'entrée franchie.

Un **musée** fait revivre l'histoire de la ville et des familles, notamment les Choiseul-Praslin, qui se sont succédé au château. On voit une belle collection d'éventails, des

G. Targat/MICHELIN

Le château, les remparts et la basilique de Quintin surplombent la ville.

assiettes de la Compagnie des Indes décorées à la main, de la vaisselle de Saxe, des toiles de Quintin. Les cuisines renferment un objet rare. Il s'agit d'un fourneau en granit du 18e s., utilisé pour faire cuire doucement les plats en sauce et les potages, d'où son nom : un potager.

alentours

Menhir de Roche-Longue

800 m. Emprunter la route qui s'embranche après le calvaire, puis longe l'étang. En haut de la montée, dans un champ à gauche, se dresse ce menhir de 7,40 m.

Vallée de la Rance★★

Quelle belle destinée pour cette rivière d'obscure naissance qui connaît une fin de parcours prestigieuse entre Dinan, Dinard et Saint-Malo. Elle a connu la force redoutable des grandes marées, vu s'élancer les élégantes goélettes des terre-neuvas, avant d'être canalisée, fermée par l'usine marémotrice en 1966. Son estuaire est aujourd'hui un magnifique plan d'eau dont les rives offrent un patrimoine très varié, riche d'histoire et de légendes, qu'il faut prendre le temps de découvrir.

La situation

Carte Michelin Local 309 J/L 2/6 – Côtes-d'Armor (22) et Ille-et-Vilaine (35). La vallée de la Rance est desservie par la N 137 qui relie Rennes à St-Malo. Trois ponts la traversent entre Dinan et son estuaire.

Les gens

On saluera leur ingéniosité à utiliser la force des marées à travers les siècles pour produire de l'énergie.

Des moulins à l'usine marémotrice

L'utilisation des marées à des fins énergétiques n'est pas nouvelle dans la vallée de la Rance. Déjà au 12e s., des riverains avaient imaginé de construire des bassins de retenue qui, en se vidant, au reflux, actionnaient des moulins à aubes appelés **moulins à marée**. En 1966, innovant dans la technique de production d'électricité, EDF a construit dans la basse vallée de la Rance une usine hydroélectrique actionnée par la marée et utilisant des « groupes bulbes », qui travaillent alternativement dans un sens et dans l'autre, suivant le mouvement des flots. Une digue de 750 m ferme l'estuaire de la Rance, constituant un bassin de retenue de 22 km² de superficie. La route qui relie St-Malo et Dinard la surmonte ; au moyen de ponts-levants, elle traverse l'écluse, longue de 65 m, permettant aux bateaux de franchir la digue.

carnet pratique

Se loger

⊖Chambre d'hôte Les Mouettes – *17 Grande-Rue - 35430 St-Suliac - ☎ 02 99 58 30 41 - ⊠ - 5 ch. 43/48 € - ☕ 5 €.* De bien jolies chambres colorées, avec leur plancher massif et leurs tableaux choisis par la jeune maîtresse de maison, vous attendent dans cette bâtisse du 19e s. Au cœur du village, agrémenté d'un petit jardin, voilà un nid douillet où il fait bon séjourner.

⊖⊖ Manoir de Rigourdaine – *Rte de Langrolay puis rte secondaire : 3 km - 22490 Plouer-sur-Rance - ☎ 02 96 86 89 96 - hotel.rigourdaine@wanadoo.fr - fermé 15 nov.-1er avr. - P - 14 ch. 66/82 € - ☕ 7 €.* En pleine campagne, ancienne ferme dominant l'estuaire de la Rance. Ses bâtiments entièrement rénovés ne manquent pas de charme, et si ses chambres modernes ont moins de caractère, elles vous permettront néanmoins de profiter de la tranquillité qui règne ici.

découvrir

Promenades en bateau★★

5h AR – Escale et visite de Dinan non comprises. Compagnie Corsaire : balade sur la Rance AR de St-Malo à Dinan, pour tous renseignements, s'adresser aux bureaux des vedettes ou aux Offices de tourisme de ces villes : vedettes à St-Malo - ☎ 0 825 138 035 (0,15 €/mn) ; à Dinard - ☎ 0 825 138 130 (0,15 €/mn) ; à Dinan - ☎ 0 825 138 120 (0,15 €/mn). Bateau le Jaman IV, promenade commentée (1h) avr.-oct. : dép. de Dinan vers Léhon - ☎ 02 96 39 28 41 ou 06 07 87 64 90. Croisière gourmande (3h) et croisière commentée (1h30) à bord du Chateaubriand II, embarquement à la gare maritime du barrage de la Rance - ☎ 02 99 46 44 40.

La formation
Ce golfe est dû à l'invasion par la mer d'une vallée encaissée dont il reste les versants escarpés. La Rance proprement dite se réduit à une petite rivière que transforme le va-et-vient de la marée.

Quittant St-Malo, le bateau longe le môle des Noires pour gagner Dinard et y faire une courte escale. Il s'engage dans la Rance, laissant sur la gauche la corniche d'Aleth (St-Servan-sur-Mer), passe à hauteur de la pointe de la Vicomté et du rocher Bizeux, puis emprunte l'écluse du barrage de la Rance. Par une suite de plans d'eau, il remonte la rivière, encaissée entre des versants verdoyants. Après l'écluse du Châtelier, la Rance, se rétrécissant de plus en plus, n'est plus qu'un canal au moment où apparaît Dinan.

Dinan★★ *(voir ce nom)* – La durée de l'escale peut varier d'un quart d'heure à huit heures. Au retour, le sens de l'éclairage et son intensité renouvellent l'aspect des sites.

circuit

LES BORDS DE LA RANCE★

87 km – compter une journée.

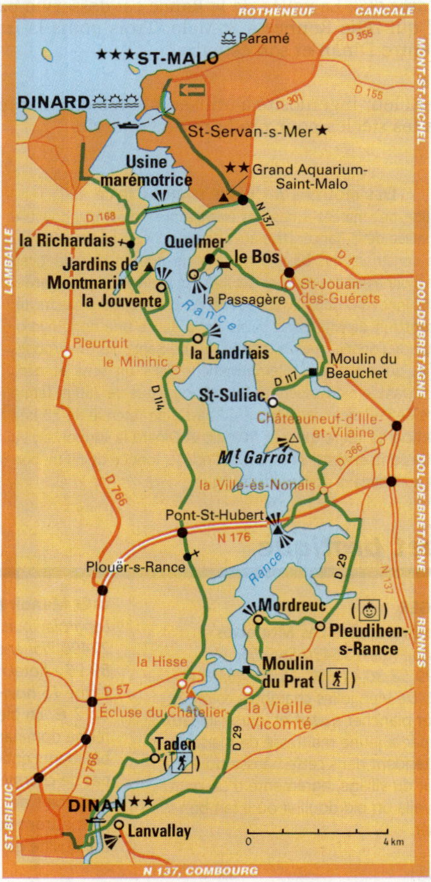

St-Malo★★★ *(voir ce nom)*

Quitter St-Malo par ③ du plan, direction Quelmer. Tourner à droite au niveau de la chapelle du Bos.

Quelmer

La route passe devant un labyrinthe de maïs, devant l'ancienne villa du commandant Charcot *(privé)* et conduit à la cale de **la Passagère**. Cette paisible petite crique a bien mauvaise réputation *(voir encadré)* mais offre une belle vue sur la Rance ; la baignade y est dangereuse à cause de la proximité du barrage. Non loin de là, le cimetière de bateaux compose un tableau empreint de nostalgie.

Reprendre la route en sens inverse, et suivre les hauts murs du château du Bos pour en trouver l'entrée.

Château du Bos

Fermé à la visite.

C'est l'exemple même d'une malouinière du 18e s., c'est-à-dire une maison de campagne de riches armateurs, corsaires ou négociants. Doté d'un jardin à la française, le domaine s'étend sur 10 ha et profite de la vue sur la Rance.

Continuer la route vers St-Jouan-des-Guérets, puis gagner St-Suliac. Sur la droite, remarquer le **moulin du Beauchet**, ancien moulin à marée, ancré sur sa digue.

St-Suliac

Ce charmant village de pêcheur a conservé de nombreuses maisons anciennes de granit que l'on découvre en parcourant ses ruelles tortueuses. Au-dessus se détache la massive silhouette de la tour de l'église (13e-17e s.) accompagnée d'un bel enclos paroissial. La rue qui descend conduit sur les bords de la Rance animés en saison par l'école de voile.

Dans St-Suliac, avant l'église, tourner à gauche en direction du mont Garrot. 1 km plus loin, laisser la voiture près d'une tour de guet crénelée.

Du pied de la tour, vaste **panorama★** sur l'anse de St-Suliac et St-Malo, le pays de Dol, la Rance et le pont St-Hubert.

Mont Garrot

1/4h à pied AR. Un chemin à droite se dirige vers la pointe et passe derrière une ferme. Belles vues sur la Rance.

Gagner La Ville-ès-Nonais et pousser une pointe jusqu'au pont St-Hubert. De ce pont suspendu, très belle vue sur la Rance, la cale de Port-St-Jean et, sur l'autre rive rocheuse, la cale de Port-St-Hubert.

Revenir à la Ville-ès-Nonais où l'on prendra à droite.

Pleudihen-sur-Rance

Les dépendances d'une ferme abritent le **musée de la Pomme et du Cidre**. Le verger est planté de différentes espèces de pommiers aux noms savoureux (doux évêque, chevalier, bénédiction de Ste-Anne). La visite évoque l'origine du fruit, ses différentes espèces, ses maladies, sa récolte et la fabrication du cidre (dégustation) *☎ 02 96 83 20 78 - juil.-août : 10h-19h ; avr.-juin et sept. : tlj sf dim. 14h-19h - 3,50 €.*

Cale de Mordreuc

De ce très joli site, belles vues sur le pont St-Hubert en aval, le promontoire du Chêne vert que couronnent les vestiges d'un château, la vallée encaissée en amont.

Peu après avoir rejoint la D 29 vers Dinan, parking à droite pour le moulin du Prat.

Moulin du Prat

300 m avant l'entrée de la Vicomté-sur-Rance. Aire de stationnement, puis 500 m à pied. ☎ 02 96 83 21 41 - ♿ - juil.-août : 10h-12h, 15h-17h ; mai-juin et sept. : w.-end et j. fériés 14h30-18h ; reste de l'année : dim. et j. fériés 14h30-18h - 3 € (enf. gratuit).

TRAGIQUE

Il y a bien longtemps... il y avait à la Passagère un bac pour traverser la Rance. Le passeur, de nature pourtant fort discrète, sortit un soir de chez lui, croyant voir des inconnus jeter un corps à l'eau. Il ne les retrouva pas mais le lendemain, c'est lui et ses enfants qui furent découverts assassinés. Une seule de ses filles survécut.

PRINCE DE GALLES

Saint Suliac, fils aîné d'un souverain du pays de Galles au 6e s., renonça au trône et vint fonder vers 560 un monastère sur les bords de la Rance. La légende lui attribue de nombreux miracles comme l'apparition de la mer en lieu et place de la « plaine de St-Suliac » pour empêcher les ânes de l'autre rive de venir manger son raisin. On lui doit aussi la destruction d'un serpent maléfique qu'il lança du haut du mont Garrot.

G. Targat/MICHELIN

Des pommes en pagaille, pour tirer un des meilleurs cidres.

Restauré par la commune de la Vicomté-sur-Rance, ce moulin à marée est le seul de la vallée visible en état de fonctionnement. La visite des lieux est complétée par une exposition sur le rôle et l'évolution technique des moulins.

Lanvallay

Au cours de la descente, **vue★** remarquable sur Dinan, ses remparts et ses clochers.

Dinan★★ *(voir ce nom)*

Emprunter la route qui passe sous le viaduc de Dinan et longe le port, et remonter la Rance sur l'autre rive.

Taden

7 KM DE RANDONNÉE
Ce chemin de halage, site très apprécié des pêcheurs, constitue la promenade favorite des Dinannais. Il suit le cours sinueux de la Rance.

Par ce bourg (donjon flanqué d'une tourelle du 14e s.), on atteint le chemin de halage qui reliait Dinan à l'écluse du Châtelier. De nombreux oiseaux aquatiques (foulques, mouettes rieuses, goélands argentés...) sont visibles.

Regagner la route de Dinard. À la sortie de la Hisse, tourner à droite avant le passage à niveau.

Gagner **Plouër-sur-Rance** dont l'église du 18e s. présente, à l'intérieur, deux pierres tumulaires sculptées.

Après Le Minihic, prendre à droite, puis, à 250 m, encore à droite.

La Landriais

CALE SÈCHE
La cale sèche de la Landriais, encore visible dans le chantier naval, a accueilli le *Pourquoi Pas* de Charcot. C'est elle qui a aujourd'hui besoin de réparations.

Du parking part la promenade des Hures *(chemin de ronde des douaniers, à faire à pied)* qui longe sur 2 km la rive de la Rance et offre de beaux points de vue.

Au retour, à 1 200 m, reprendre à droite et, à 1 km, tourner encore à droite.

Cale de la Jouvente

Face à la Passagère. Belle vue sur la Rance et l'île Chevret.

Jardins de Montmarin

500 m à droite de la D 114. ☏ 02 99 88 58 79 - www.domaine-du-montmarin - de mi-juin à mi-sept. : 14h-19h ; de déb. avr. à mi-juin : 14h-18h, dim. 14h-19h ; de mi-sept. à fin oct. : 14h-19h - fermé sam. et j. fériés - 5,60 € (enf. 3,60 €).

Décor de rêve pour cette élégante malouinière du 18e s., la seule de cette rive, dont les jardins descendent en terrasses jusqu'à la Rance. Les parterres à la française, mais aussi le dédale de chemins du parc offrent de séduisantes **perspectives★**. Pépinière.

La Richardais

Église – Les murs de la nef portent une fresque de Xavier de Langlais (1955) figurant le **chemin de croix** ; dans le transept, la fresque représente l'arrivée sur les côtes bretonnes de saint Lunaire et de saint Malo. Belle voûte de bois en carène renversée ; cinq vitraux sont de Max Ingrand.

On ne peut manquer, dans l'église de la Richardais, le très expressif chemin de croix de Xavier de Langlais.

A. de Valroger/MICHELIN

Atelier Manoli – *17 r. du Suet. À la sortie de La Richardais en direction de Dinard. ☎ 02 99 88 55 53 - www.manoli.org - juil.-août : 10h30-12h, 15h-19h ; avr.-juin et sept.-oct. : w-end et j. fériés 15h-19h - 4 € (-12 ans gratuit).*

Du sculpteur Pierre Manoli (1927-2001), on connaît surtout la *Grande Voile* de la gare Montparnasse ou le mobilier liturgique de la cathédrale de Quimper. Mais ici c'est toute une œuvre, toute une vie que son épouse propose de découvrir en présentant ses créations (environ 400) dans l'atelier et le jardin. Les principaux thèmes sont la figure humaine, les assemblages et un riche bestiaire, avec une recherche perpétuelle de mouvement, d'une grâce très aérienne.

À la sortie de La Richardais, **vue** sur l'usine marémotrice et l'estuaire de la Rance.

Gagner Dinard.

Usine marémotrice de la Rance

☎ 02 99 16 37 14 - juil.-août : 10h-18h, dim. 10h-13h, 14h-18h ; avr.-juin et sept. : 10h-12h30, 13h30-18h ; vac. de fév., de la Toussaint et de Noël (ttes zones) : tlj sf lun. et mar. 10h-12h30, 13h30-18h - fermé reste de l'année - gratuit.

C'est dans le vaste tunnel de 390 m de long, construit dans le cœur même de la digue, que se trouve la **centrale** du type « bulbe », qui produit 600 millions de kWh par an. ▶

> Le groupe « bulbe » est un ensemble turbine-alternateur monobloc. 24 exemplaires équipent cet ouvrage d'une puissance totale de 240 000 kW.

Parcourir à pied la digue jusqu'à la plate-forme aménagée.

De ce belvédère, la **vue★** porte sur l'estuaire de la Rance. Située entre l'usine et la rive droite, la digue prend appui sur l'îlot de Chalibert. Elle comprend à son extrémité Est six vannes qui permettent d'accélérer le vidage et le remplissage du bassin, régularisant ainsi le débit de l'eau utilisable.

Regagner St-Malo par l'itinéraire direct qui emprunte la crête du barrage.

Pointe du Raz★★★

À l'extrémité Ouest de la Cornouaille, la pointe du Raz occupe un site d'exception, qui attire de nombreux visiteurs en été. Cet éperon rocheux s'enfonce dans le terrible raz de Sein ; il est maintenant classé « Grand Site national ». Ce titre devrait assurer sa sauvegarde.

La situation

Carte Michelin Local 308 C6 – Finistère (29). Pour se garer, le parking payant (1 000 places) est obligatoire. De là, il faut compter 15 minutes de marche, par des sentiers balisés, pour parvenir à la pointe. Une navette gratuite est à la disposition des visiteurs qui ont de la difficulté à se déplacer.

> **Conseil**
> Si vous cherchez une adresse où dormir ou vous restaurer, consultez le carnet pratique du chapitre Cornouaille. Vous y trouverez notamment l'établissement « La Baie des Trépassés » (hôtel, bar-glacier et restaurant).

Le nom

Un raz est un courant violent ou un passage resserré par un courant maritime rapide. Selon l'adage, « nul n'a passé sans peur ou sans douleur » celui de Sein.

Les gens

L'enthousiasme des touristes est sans bornes. Preuve en est : la carte postale de la pointe du Raz est la plus vendue en Bretagne.

découvrir

LE SITE

Parking obligatoire à 800 m - 5 €/voiture - à la Maison du site - avr.-juin, sept. et vac scol. : 10h30-18h ; juil.-août : 9h30-19h30 ; reste de l'année : dim. apr.-midi - projection multivision gratuite, visite guidée « découverte du site » - 4 €/pers. - animation 6-12 ans « le sentier des lutins » -

Face à la pointe du Raz, l'océan... et des rêves d'horizons lointains.

8 €/enf. avec livret de découverte remis - expositions - navettes gratuites (fonctionnant au gaz naturel) à la disposition des visiteurs : avr.-juin, sept. et vac. scol. : 10h45-18h10 ; juil.-août : 9h45-19h30 - réserv. conseillée - ☎ 02 98 70 67 18 - www.pointeduraz.com

Les travaux de réhabilitation et de reconquête naturelle du site se sont achevés par l'ouverture d'un vaste espace d'accueil : la Porte du cap Sizun (Maison de la pointe du Raz et du cap Sizun, salle d'exposition, restaurants, boutiques...).

Près de la statue de N.-D.-des-Naufragés, le **panorama★★** sur le large permet de distinguer l'île de Sein, au-delà de laquelle on aperçoit par temps clair le phare d'Ar Men ; au Nord-Ouest, on aperçoit, sur un îlot, le phare de Tévennec. Le sentier suit le bord de gouffres vertigineux *(câble de sécurité)*.

Sensations fortes
L'**Enfer de Plogoff** est un long éperon étroit, déchiqueté par les lames, qui domine les flots de plus de 70 m. Il se prolonge en mer par une chaîne de récifs dont le dernier porte le phare de la Vieille. Le site est particulièrement impressionnant lorsque la mer est déchaînée.

Redon

La ville est située au contact de trois départements – Ille-et-Vilaine, Loire-Atlantique et Morbihan – et de deux régions, Bretagne et Pays de la Loire. C'est aussi un carrefour de voies navigables, et un centre de tourisme fluvial avec son port de plaisance qui relie la Vilaine et le canal de Nantes à Brest.

La situation

Carte Michelin Local 309 J9 – Ille-et-Vilaine (35). À éviter à l'heure de pointe ! Surtout si l'on arrive de Nantes ou de La Roche-Bernard.

Pl. de la République, 35600 Redon, ☎ 02 99 71 06 04. www.redon.fr

Le nom

La Vilaine, qui baigne la ville, départageait les Celtes et les Redones (rive droite) des Namnetes (rive gauche).

Les gens

9 499 Redonnais. On se souvient de la série télévisée *Belphégor*, mais peut-être pas de son auteur, Arthur Bernède (1871-1937), né rue du Port.

se promener

Église St-Sauveur

Cette ancienne abbatiale fondée en 832 fut un grand centre de pèlerinage jusqu'au 17e s., ce qui explique les dimensions imposantes de l'édifice. En 1622, Richelieu en est l'abbé commendataire. Depuis l'incendie de 1780,

À voir
Les massifs piliers sculptés de la croisée du transept qui soutiennent une voûte octogonale en pierre. La nuit, un bel éclairage met en valeur la tour, haute de près de 28 m.

carnet pratique

Se restaurer

⊖ Le Gaudence – *2 r. de Redon - 56350 Allaire - 9 km à l'O de Redon par D 775 rte de Vannes - ☎ 02 99 71 93 64 - fermé dim. soir et ven. - 10/30 € - 14 ch. 31/36 €.* Une adresse utile sur la route de Vannes. La façade n'offre aucun attrait particulier mais la salle de restaurant, tout juste refaite, est agréable et fort bien agencée. Cuisine traditionnelle. Chambres sobres et confortables.

⊖⊖ La Bogue – *3 r. des États - 35600 Redon - ☎ 02 99 71 12 95 - labogue@wanadoo.fr - fermé dim. soir et jeu. - 16/54 €.* Face aux halles, cette maison des 16ᵉ et 17ᵉ s. abrite un chaleureux intérieur rustique. Cuisine traditionnelle ; à l'automne et en hiver, spécialités à base de marrons.

⊖⊖ Le Moulin de Via – *35600 Redon - 3 km rte de la Gacilly par D 177 et D 873 - ☎ 02 99 71 05 16 - fermé 5 au 21 janv., 17 au 21 mars, mar. soir, dim. soir et lun. - 21/60 €.* Un ancien moulin dans un parc arboré. En été, la terrasse prend le pas sur le jardin, et c'est dans cet écrin de verdure que vous découvrirez une cuisine traditionnelle parfois inspirée par les produits du terroir.

Que rapporter

Olivier-Perrichet – *6 Grande-Rue - 35600 Redon - ☎ 02 99 71 01 98 - tlj sf mar. 7h-19h, dim. 7h-13h, 15h-18h30, j. fériés jusqu'à 12h30 - fermé 2 sem. vac. de fév. et mi-août-déb. sept.* Ce pâtissier prépare de délicieuses spécialités maison : bonbon de châtaigne, délice aux marrons et, en hiver, des marrons glacés. La nouvelle création d'Olivier Perrichet, le cake fondant aux marrons, a déjà de nombreux adeptes.

Grande-Rue – *35600 Redon.* Principale artère commerçante et piétonne de la ville.

Calendrier

Foire – La plus importante, « la Teillouse », se tient le 4ᵉ sam. d'oct. : cette foire aux marrons est l'occasion d'un grand rassemblement populaire.

elle est séparée de son clocher gothique (14ᵉ s.). Une belle **tour★** romane à arcades, en grès et granit, coiffe le transept (à voir depuis la cour du **cloître** qu'occupe le collège St-Sauveur). L'**intérieur** surprend par sa nef basse et obscure (11ᵉ s.), à voûte de bois, séparée des bas-côtés par des piliers plats.

Vieille ville

En se promenant, on voit de belles maisons des 15ᵉ s. au 18ᵉ s., témoignages d'une architecture variée et du rôle historique tenu par Redon. Une fois franchi le pont fleuri qui enjambe le canal, on gagne la **rue du Port** où trois maisons à encorbellement font face à l'hôtel Carmoy *(nº 6)* qui date de la fin du 17ᵉ s.

Dans la **rue du Jeu-de-Paume**, l'ancienne caserne des douaniers *(nº 10)* dresse son austère façade à 4 étages, ainsi qu'un mur peint représentant des marchands de cochons et de poissons en costumes anciens. En revenant rue du Port, on découvre au nº 40 d'anciens

Riches demeures

Jetez un coup d'œil aux maisons d'armateurs (17ᵉ et 18ᵉ s.) du quai Duguay-Trouin, en particulier aux nᵒˢ 15 et 5. Les nᵒˢ 7 et 6 appartenaient à la Compagnie des Indes.

REDON

Bonne-Nouvelle (Bd)	Y	2
Bretagne (Pl. de)	Y	3
Desmars (R. Joseph)	Y	5
Douves (Pont des)	Z	6
Douves (R. des)	YZ	
Duchesse-Anne (Pl.)	Y	7
Duguay-Trouin (Quai)	Z	8
Duguesclin (R.)	YZ	9
Enfer (R. d')	Z	13
États (R. des)	Y	14
Foch (R. du Mar.)	Y	16
Gare (Av. de la)	Y	17
Gascon (Av. E.)	Y	19
Grande-Rue	Z	23
Jeanne-d'Arc (R.)	Z	25
Jeu-de-Paume (R. du)	Z	26
Liberté (Bd de la)	Y	30
Notre-Dame (R.)	Y	32
Parlement (Pl. du)	Y	33
Plessis (R. du)	Z	34
Port (R. du)	Z	36
Richelieu (R.)	Y	39
St-Nicolas (Pont)	Z	43
Victor-Hugo (R.)	Y	50

Clocher	Y	D

greniers à sel. L'hôtel Richelieu qui se dresse au n° 3 de la **rue du Plessis**. Revenez au point de départ par les **quais Duguay-Trouin et St-Jacques**, où se dressent encore quelques vestiges de remparts, et par la rue Richelieu.

alentours

Rieux

7 km au Sud par ③ du plan et la D 114. À l'entrée du bourg, à gauche dans un virage, une route mène à un parc de stationnement d'où l'on jouit d'une belle vue sur la vallée de la Vilaine et Redon. Sur le promontoire boisé subsistent les vestiges du château.

St-Just

19 km. Quitter Redon au Nord par le boulevard de la Liberté et la D 177 vers Rennes. St-Just est sur la gauche.

De nombreuses promenades s'effectuent depuis ce bourg. Un sentier balisé mène dans la **lande de Cojoux**, où l'on découvre un mégalithe. L'étang de Val est un site d'escalade.

La région de Saint-Just est riche en vestiges préhistoriques : alignements, tumulus, allées couvertes. Une campagne de fouilles a permis de nombreuses découvertes : poteries, haches, lames de silex... Elle a permis de dater les mégalithes, qui remontent aux environs de 3500 avant J.-C.

Massérac

15 km à l'Est par la D 775. Tourner à gauche vers Avessac. Au confluent de la Vilaine et du Don, cette commune est riche en zones humides, qui couvrent plus de la moitié (800 ha) de son territoire.

Rennes★★

La capitale régionale de la Bretagne, agrémentée de ruelles médiévales et de façades classiques, a su mettre en valeur son patrimoine. Ses deux places royales, qui expriment l'élégante solennité du 18e s., forment le cœur battant de la ville. En même temps, Rennes poursuit sa mue, offrant le visage d'une ville universitaire tournée vers les technologies de pointe.

La situation

Carte Michelin Local 309 L6 – Ille-et-Vilaine (35). Un conseil : évitez de chercher à vous garer dans le centre. Les parkings sont nombreux et la ville est traversée par le métro VAL depuis 2002.

11 r. St-Yves, 35000 Rennes, ☎ 02 99 67 11 11. www.tourisme-rennes.com

Le nom

Rennes vient de Riedones, tribu gauloise qui peuplait cette partie de l'Armorique au 2e s. avant J.-C.

Les gens

Une agglomération de 365 000 Rennais, dont une génération fertile en chanteurs, du groupe Niagara à Étienne Daho.

CALENDRIER

« Transmusicales » de Rennes – Trois jours de musique et de fête - *1re sem. de déc. - ☎ 02 99 31 12 10.*

Tombées de la Nuit – Ce festival d'été réunit spectacles de rue, pièces de théâtre, concerts, opéras, reprises ou créations contemporaines, au cœur historique de la capitale bretonne - *1re sem. de juil. - ☎ 02 99 32 56 56.*

comprendre

Les débuts de Du Guesclin (14e s.) – Né près de Dinan, Bertrand Du Guesclin est l'aîné de dix enfants. À une époque où, pour un chevalier, la beauté physique s'avère essentielle, il est d'une laideur marquante. Force, adresse et ruse compensent mal ses manières de rustre.

carnet pratique

Transports

Bus, métro – La ville de Rennes est desservie par un métro, le Val, qui la traverse du Nord-Ouest (J.-F. Kennedy) au Sud-Est (La Poterie, parc relais pour voitures). Il est également possible d'utiliser les nombreuses lignes de bus qui sillonnent la ville. Ces transports en commun sont gérés par la STAR qui propose plusieurs titres de transport dont le ticket Unité *(1,10 €, 1h)* et le ticket Journée *(3 €)*. Informations et vente à Infostar - *12 r. du Pré-Botté - ☎ 02 99 79 37 37 - www.star.fr*

Visites guidées

Rennes, qui porte le label Ville d'art et d'histoire, propose des visites-découvertes (1h30 à 2h) animées par des guides-conférenciers agréés par le ministère de la Culture et de la Communication. *Juil.-août : 15h (mar. et jeu. 21h), visite à thème 11h ; reste de l'année : sam. ou dim. 15h - 6,10 € - renseignements à l'Office de tourisme, service « Rennes Métrople d'art et d'histoire ».*

Se loger

⊖ Le Victoria – *35 av. Jean-Janvier - ☎ 02 99 31 69 11 - www.hotel-levictoria.com - 40 ch. 39/60 € - ☕ 7 € - restaurant 9/21 €.* Une cure de jouvence est venue réveiller cet hôtel situé à proximité de la gare. Ses petites chambres sobres et fraîches en font une étape convenable. Côté restaurant, ambiance brasserie et fresque évoquant un voyage de la reine Victoria.

⊖⊖ Arvor Hotel – *31 av. Louis-Barthou - ☎ 02 99 30 36 47 - arvorhotel.com - fermé 24 déc.-5 janv. - 16 ch. 41,50/51 € - ☕ 5,50 € - restaurant 9,20/18 €.* Proche de la gare, cet établissement fraîchement ravalé constitue un pied-à-terre pratique pour découvrir la ville à pied. Ses chambres, réparties sur deux étages, sont propres et fonctionnelles. Son petit bar, de style anglais, est sympathique.

⊖⊖ Hôtel de Nemours – *5 r. de Nemours - ☎ 02 99 78 26 26 - www.hotelnemours.com - 29 ch. 52/65 € - ☕ 7,50 €.* Sis dans une rue fréquentée à proximité du métro République, cet hôtel central est heureusement bien insonorisé. Ses chambres, rafraîchies, sont desservies par un minuscule ascenseur. Jolie salle des petits-déjeuners à la décoration épurée.

⊖⊖ Garden Hôtel – *3 r. Duhamel - ☎ 02 99 65 45 06 - gardenhotel@wanadoo.fr - 25 ch. 54,50/60 € - ☕ 7,50 €* Les chambres de cet hôtel familial portent toutes le nom d'une fleur ; certaines ouvrent leurs fenêtres sur un patio où vous pourrez prendre votre petit-déjeuner aux beaux jours. Le confort, assez simple, est compensé par quelques discrètes touches de personnalisation.

Se restaurer

⊖ Café Breton – *14 r. Nantaise - ☎ 02 99 30 74 95 - fermé 12 j. en hiver, 3 sem. en août, sam. soir, lun. soir et dim. - 7,50/25 €.* Cette ancienne épicerie est devenue un incontournable de la cité bretonne. La recette du succès : suggestions du marché présentées à l'ardoise, collections de cafetières et de bols, vieux mobilier de bistrot, service décontracté et ambiance conviviale.

⊖ Crêperie des Portes Mordelaises – *6 r. des Portes-Mordelaises - ☎ 02 99 30 57 40 - ⊠ - 10/15 €.* Face à l'une des anciennes entrées de la ville et à la maison d'Anne de Bretagne, vous dégusterez galettes et crêpes traditionnelles (aux farines « bio » et bretonnes) auprès de la cheminée, dans un cadre simple et familial. Terrasse d'été. Accords de vins avec chaque galette.

⊖ Brasserie Le Piccadilly – *Pl. de la Mairie - ☎ 02 99 78 17 17 - 12/35 €.* Cette institution rennaise fondée en 1832 accueille ses clients de midi à minuit sur les banquettes capitonnées de sa belle salle habillée de boiseries. Agréable terrasse adossée au théâtre. Carte brasserie et brunchs.

⊖ Thé au Fourneau – *6 r. Capit.-Alfred-Dreyfus - ☎ 02 99 78 25 36 - fermé 1er-15 août et dim. - 13/17 €.* Salé ou sucré ? Tartes, salades, thés ou petits déjeuners ? Vous composerez en toute liberté votre escale gourmande dans cette maison du 17e s. très bien située à quelques pas des musées de Bretagne et des Beaux-Arts.

⊖ Le Gourmandin – *4 pl. de Bretagne - ☎ 02 99 30 42 01 - fermé 21 fév.-1er mars, 2-24 août, sam. midi, lun. midi et dim. - réserv. conseillée - 14,80/27,50 €.* Rennais et Rennaises se bousculent dans les deux salles à manger de ce petit restaurant. Succès dû de toute évidence à sa cuisine soignée, bien tournée et peu onéreuse, et à la convivialité du lieu, entretenue par les tables serrées.

⊖⊖ Le Four à Ban – *4 r. St-Mélaine - ☎ 02 99 38 72 85 - fouraban@wanadoo.fr - fermé 18-26 fév., 14 juil.-6 août, sam. midi et dim. - 18€ déj. - 25/46 €.* Ce restaurant sis dans une maison du 17e s. offre un étonnant décor mêlant poutres, cheminée ancienne, et éléments résolument contemporains. Sa cuisine actuelle soignée et ses menus très attractifs lui valent un franc succès.

H. Le Gac/MICHELIN

Marché aux Lices.

A. de Valroger/MICHELIN

Détail d'une maison rue St-Guillaume.

En soirée

L'Amaryllis – *12 carrefour Jouaust - ☏ 02 99 31 58 32 - lun.-sam. 12h-3h.* Un des bars incontournables de Rennes. Cheminée l'hiver. Concert de jazz, de swing, ou musique irlandaise, le vendredi. Billard anglais à l'étage.

La Lanterne – *13 quai Lamennais - ☏ 02 99 79 61 40 - tlj sf dim. 8h-1h, sam. 10h-1h - fermé j. fériés.* Ce café dispose de plusieurs cordes à son arc pour vous séduire : brasserie midi et soir (grand choix de bières), bar à cocktails en soirée, et ambiance musicale chaleureuse (rock celtique, blues, vieux tubes).

Le Chatham – *5 r. de Montfort - ☏ 02 99 79 55 48 - lechatham@wanadoo.fr - tlj sf dim. 18h-3h - fermé j. fériés.* Un des plus beaux pubs de la ville. Maquettes de bateaux, roue de gouvernail, instruments de navigation, lanterne en cuivre, amphore, tout invite ici au grand large. Ambiance chaleureuse et néanmoins bon chic bon genre. Musique irlandaise, latino et jazz.

Le Zing – *3-5 pl. des Lices - ☏ 02 99 79 64 60 - 14h-2h - fermé 1er janv.* Bar branché situé au cœur de la vie nocturne rennaise (la place et la petite rue piétonne Saint-Michel comptent pas moins de 25 cafés). Belle terrasse au calme et au soleil. Décor très stylisé à la gloire des aviateurs.

Conservatoire National de Région de Rennes – *26 r. Hoche - ☏ 02 23 62 22 51 - cnr@ville-rennes.fr - 9h - fermé vac. scol.*

Le Dejazey – *54 r. de St-Malo - ☏ 02 99 38 70 72 - lun.-sam. 18h-3h - fermé dim.* Pour les amoureux de jazz, de rythm and blues et de musiques latino. Concert de salsa, et autres musiques du monde, le mercredi, jeudi ou (et) vendredi.

Le Triangle – *Bd de Yougoslavie - ☏ 02 99 22 27 27 - www.letriangle.org - tlj sf dim. 14h-20h, merc. 9h-20h, sam. 10h-17h - fermé mi-juil. à mi-août.*

Péniche-Spectacle l'Arbre d'Eau – *Quai St-Cyr - ☏ 02 99 59 35 38.*

Théâtre de l'ADEC - Maison du Théâtre Amateur – *45 r. Papu - ☏ 02 99 33 20 01 - adec-mta@club-internet.fr - bibliothèque : 14h-18h ; théâtre : 9h-17h - fermé août et j. fériés.* Cette salle propose uniquement des spectacles de troupes de théâtre amateur. Au 16 rue Papu, une bibliothèque abrite un fonds importants de textes de théâtre (nombreux auteurs contemporains).

Théâtre national de Bretagne – *1 r. St-Hélier - ☏ 02 99 31 12 31 - tnb@theatre-national-bretagne.fr - tlj sf dim. et lun. 13h-19h - fermé 13 juil.-22 août.* Créé en 1990, sa programmation comprend principalement du théâtre et de la danse.

Opéra de Rennes – *Pl. de la Mairie - ☏ 02 99 78 48 78 - www.opera-rennes.fr - location : tlj sf dim. et lun. 12h-19h - fermé 14 juil.-6 sept.*

Que rapporter

Le marché – Samedi matin, place des Lices : un des plus grands de France.

Sports & Loisirs

Piscine St-Georges – *R. Gambetta - ☏ 02 99 28 55 93 - mar. sam. 9h-13h, 15h-19h.* Cette piscine de centre-ville en mosaïque et en faïence bleues et blanches arbore un intérieur Art déco au charme désuet (1926). Bassin de 33 m entouré de cabines évoquant l'intérieur d'un paquebot.

Étang d'Apigné – *Base de loisirs - ☏ 02 99 31 68 95.* Cette base de loisirs située en périphérie (direction Vannes) offre une plage surveillée, un espace réservé au modélisme et un lieu de pratique pour le club nautique de Rennes.

Vélo à la carte – *Parc de la Vilaine - ☏ 02 99 79 65 88 - ouv. tlj.* Depuis l'an 2000, on peut circuler gratuitement en vélo dans Rennes, contre caution et présentation d'une carte d'identité. Durée max. : 7 h. Point de prise en charge : quai Duguay-Trouin.

Sa famille, honteuse, le tient à l'écart. Cependant, son courage et son bon sens lui valent très jeune l'admiration de ses compagnons.

En 1337, un tournoi rassemble à Rennes la noblesse du pays. Alors âgé de 17 ans, Du Guesclin s'y rend en costume paysan, monté sur un cheval de labour. Ce mince équipage ne lui permet pas de prendre part aux joutes. Son désespoir est tel qu'un de ses cousins lui prête son armure et son destrier. Bertrand abat nombre d'adversaires. Son père le reconnaît et s'écrie fièrement : « Beau fils, je ne vous traiterai plus vilainement. »

Le rattachement à la France (1532) – En 1489, quand François II meurt, son héritière **Anne de Bretagne** n'a que 12 ans, ce qui n'empêche pas les prétendants

A. de Valroger/MICHELIN

Les places de la vieille ville offrent d'agréables terrasses. Ici, la place Sainte-Anne.

d'affluer. Son choix se porte sur Maximilien d'Autriche, futur empereur, et le mariage religieux a lieu en 1490, par procuration. Mais le roi **Charles VIII**, qu'un mariage blanc lie à Marguerite d'Autriche, fille de Maximilien, sollicite pour lui-même la main de la duchesse. Éconduit, il vient l'assiéger dans Rennes, en 1491. La population, qui souffre de la disette, presse la souveraine de consentir à l'épouser. Elle se résigne et rencontre Charles VIII. Les fiançailles sont célébrées à Rennes, et les noces, au château royal de Langeais, le 6 décembre 1491. Cette liaison est un premier rapprochement de la Bretagne avec la France, mais le rattachement définitif ne sera ratifié que sous François Ier, en 1532.

Raison d'État et sentiments

Anne de Bretagne est petite, maigre, boite légèrement, mais elle a de la vivacité et de la grâce. Charles VIII est assez mal bâti, plutôt lent d'esprit, avec de fortes lèvres toujours entrouvertes, mais il a le goût du faste. Contre toute attente, une tendre inclination se développe entre les jeunes gens.

Le grand incendie de 1720 – Au 18e s., la ville a encore son aspect moyenâgeux : ruelles étroites, maisons en torchis et en bois. Le 23 décembre 1720 au soir, un menuisier ivre enflamme, avec sa lampe à huile, un tas de copeaux. La maison flambe et le feu se propage : 900 maisons à pans de bois disparaissent. La ville est reconstruite sur les plans de **Jacques Gabriel** : elle reçoit de belles rues rectilignes, bordées de maisons de granit à l'élégance sévère.

La fronde de la basoche – En 1762, le **duc d'Aiguillon**, gouverneur de Bretagne, entre en conflit avec le parlement de Rennes à propos des jésuites. Les robins, plutôt jansénistes, sont les adversaires de la Société de Jésus, très puissante dans la province : à la demande du procureur général **La Chalotais**, ils votent la dissolution de l'ordre. Aiguillon, qui défend les jésuites, tente alors

Copropriété

Après l'incendie de 1720, pour que les constructions neuves trouvent plus vite des occupants, on les divise en appartements, vendus séparément. C'est la naissance de la copropriété.

H. Le Gac/MICHELIN

Calme et sérénité sur les bords du canal Saint-Martin.

d'obtenir un revirement du parlement mais il essuie un refus. Louis XV mande les conseillers à Versailles, fait arrêter La Chalotais et l'expédie à Saintes. De retour à Rennes, les conseillers du parlement de Bretagne démissionnent par refus d'enregistrer des impôts nouveaux. Le parlement de Paris soutient celui de Rennes. Le roi hésite à pousser plus avant les choses, Aiguillon se retire (1768). La Révolution est en marche.

se promener

LE VIEUX RENNES**

FLÂNERIE
La vieille ville de Rennes conserve de nombreuses maisons des 15e et 16e s. aux étages en encorbellement, et des hôtels aristocratiques aux façades sculptées.

C'est la partie de la ville qui a échappé au grand incendie de 1720.

Basilique St-Sauveur

Elle a été édifiée aux 17e et 18e s. À l'intérieur, beau **baldaquin** en bois doré et **buffet d'orgue** du 17e s. À droite en entrant, chapelle dédiée à N.-D.-des-Miracles qui sauva Rennes lors du siège de la ville par les Anglais, en 1357. Nombreux ex-voto.

Maisons anciennes

Rue St-Sauveur, au n° 6, maison canoniale du 16e s. **Rue St-Guillaume**, au n° 3, la maison dite de Du Guesclin, la plus belle de style médiéval, sert de cadre au café Ti Koz. La **rue de la Psalette** a conservé ses maisons anciennes. **Rue du Chapitre**, au n° 22, maison de style Renaissance ; au n° 8, hôtel de Brie (17e s.) ; au n° 6, l'hôtel de Blossac (18e s.) possède un très bel escalier monumental en granit à décor de marbre et rampe en fer forgé. **Rue St-Yves**, aux nos 6 et 8, maisons du 16e s. **Rue des Dames**, au n° 10, hôtel Freslon de La Freslonnière.

G. Targat/MICHELIN

La nef et l'abside de la cathédrale St-Pierre.

Cathédrale St-Pierre

Elle fut achevée en 1844, après cinquante-sept ans de travaux. Le précédent édifice s'était effondré en 1762, à l'exception des deux tours, de style classique, qui encadrent la façade. À l'**intérieur***, on admire le **retable**** en bois sculpté et doré qui se trouve dans la chapelle précédant le croisillon droit. Par ses dimensions et son exécution, cette œuvre flamande du 16e s. est l'une des plus importantes du genre. Les scènes représentent la vie de la Vierge.

LES CLEFS DES CŒURS
En 1598, aux portes Mordelaises, on présenta à Henri IV les clefs de la ville, en argent doré. Pour ce genre de cérémonie, le Béarnais avait une formule rituelle dont l'effet était sûr : « Ces clefs sont belles, mais j'aime encore mieux les clefs des cœurs des habitants. »

Portes Mordelaises

Vestige de l'enceinte du 15e s., elles servaient d'entrée principale à la ville. Les ducs de Bretagne y passaient pour se faire couronner à la cathédrale. En juillet 1997, un pont-levis, construit sur le modèle de celui du château de Montmuran, a été remis en place.

Place des Lices

Sur cette place se déroulaient joutes et tournois. Au n° 34 : l'hôtel de Molant (17e s.) est coiffé d'un toit à la Mansart. À l'intérieur, un luxueux escalier en chêne, dont la cage est décorée au plafond d'un ciel et de boiseries en trompe-l'œil.

Rue St-Michel

Elle est bordée de vieilles maisons à pans de bois. Jadis elle faisait partie des faubourgs de Rennes, et elle a conservé de cette époque ses auberges et tavernes.

Place Ste-Anne

Les maisons colorées à pans de bois sont de tradition gothique et Renaissance : celle du maire Leperdit est au n° 19. Elles entourent une église néogothique du 19e s. et jouxtent le couvent des Jacobins *(rue d'Échange)* où eurent lieu les fiançailles d'Anne de Bretagne avec le roi de France.

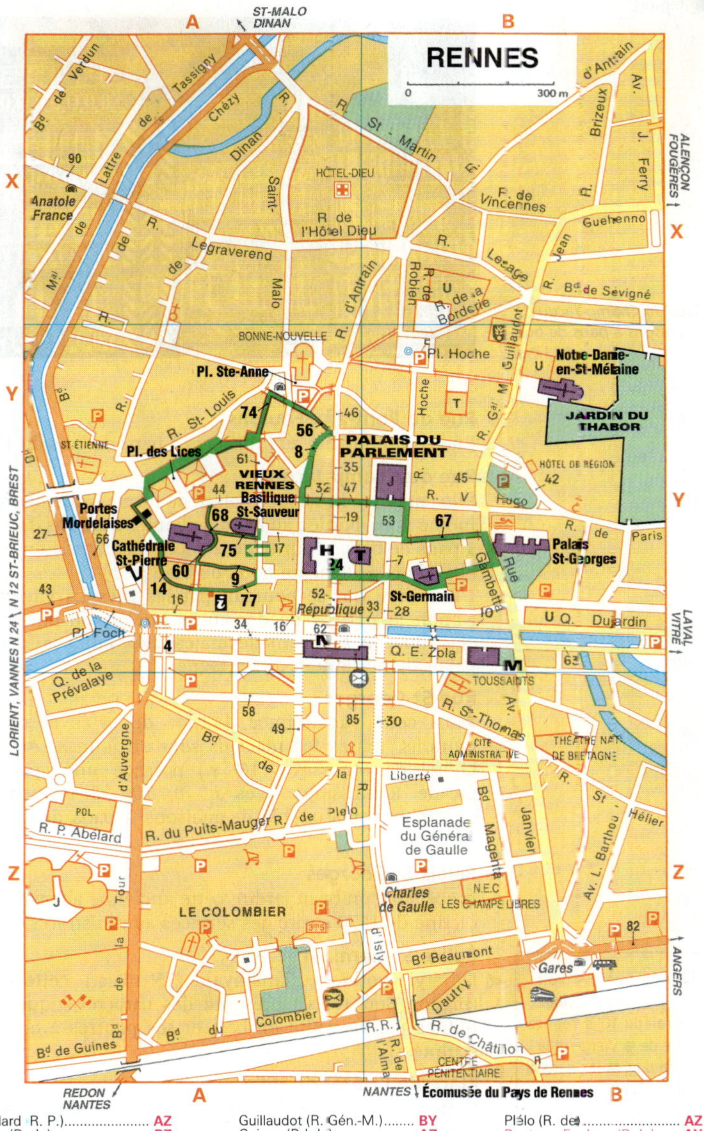

Abélard (R. P.) AZ
Alma (R. de) BZ
Antrain (R. d') ABXY
Auvergne (Bd de la Tour d') AZ
Barthou (Av. L.) BZ
Beaumont (Bd) BZ
Borderie (R. de la) BXY
Bretagne (Pl. de) AY 4
Brizieux (R.) BX
Cavell (R. Édith) BY 7
Champ-Jacquet (R. du) AY 8
Chapitre (R. du) AY 9
Chateaubriant (Quai) BY 10
Châtillon (R. de) BZ
Chézy (Bd de) AXY
Colombier (Bd du) AZ
Dames (R. des) AY 14
Dautry (R. R.) BZ
Dinan (R. de) AXY
Duguay-Trouin (Quai) AY 16
Du-Guesclin (R.) AY 17
Dujardin (Q.) BY
Échange (R. d') AXY
Emile-Zola (Q.) BY
Estrées (R. d') AY 19
Foch (Pl.) AY
Gambetta (R.) BY
Gaulle (Esplanade du Gén.-de) BZ
Guéhenno (R. Jean) BX
Guillaudot (R. Gén.-M.) BY
Guines (Bd de) AZ
Hoche (Pl.) BY
Hoche (R.) BY
Hôtel-de-Ville (Pl. de l') AY 24
Hôtel-Dieu (R. de l') ABX
Ille-et-Rance (Quai) AY 27
Isly (R. d') BZ
Janvier (Av.) BZ
Jaurès (R. Jean) BY 28
Joffre (R. Mar.) BZ 30
La-Fayette (R.) AY 32
Lamartine (Quai) ABY 33
Lamennais (Quai) AY 34
Le-Bastard (R.) AY 35
Legraverend (R.) AX
Lesage (R.) BX
Liberté (Bd de la) ABZ
Lices (Pl. des) AY
Magenta (Bd) BZ
Martenot (R.) BY 42
Mitterrand (Mail F.) AY 43
Monnaie (R. de la) AY 44
Motte (Cont. de la) BY 45
Motte-Fablet (R.) AY 46
Nationale (R.) ABY 47
Nemours (R. de) AZ 49
Orléans (R. d') AY 52
Palais (Pl. du) BY 53
Paris (Rte de) BY
Plélo (R. de) AZ
Pont-aux-Foulons (R. du) AY 56
Poullain-Duparc (R.) AZ 58
Prévalaye (Q. de la) AYZ
Psalette (R. de la) AY 60
Puits-Mauger (R. du) AZ
Rallier-du-Baty (R.) AY 61
République (Pl. de la) AY 62
Richemont (Q. de) BY 63
Robien (R. de) BX
St-Cast (Quai) AY 66
St-Georges (R.) BY 67
St-Guillaume (R.) AY 68
St-Hélier (R.) BZ
St-Louis (R.) AY
St-Malo (R.) AX
St-Martin (R.) ABX
St-Michel (R.) AY 74
St-Sauveur (R.) AY 75
St-Thomas (R.) BZ
St-Yves (R.) AY 77
Ste-Anne (Pl.) AY
Sévigné (Bd de) BX
Solférino (Bd) BZ 82
Tassigny (Bd Mal.-de-Lattre-de) AXY
Vasselot (R.) AZ 85
Verdun (Bd de) AX
Victor-Hugo (R.) BY
Vincennes (R. de) BX
41e-d'Infanterie (R.) AX 90

Basilique St-Sauveur AY
Cathédrale St-Pierre AY
Écomusée du Pays de Rennes BZ
Église N.-D.-en-St-Mélaine BY
Église St-Germain BY
Hôtel de ville AY H
Jardin du Thabor BY
Musées de Bretagne et des Beaux-Arts BY M
Palais du Commerce BY N
Palais du Parlement de Bretagne BY
Palais St-Georges BY
Porte Mordelaise AY
Théâtre ABY T

Place du Champ-Jacquet : maisons à pans de bois du 17e s.

R. Mattès/MICHELIN

Rue du Pont-aux-Foulons
Rue commerçante aux maisons à pans de bois du 17e s.

Rue du Champ-Jacquet
Elle conduit à la curieuse place de forme triangulaire, de même nom, bordée au Nord de hautes maisons du 17e s., à pans de bois, et sur laquelle donne la façade en pierre et en bois de l'ancien hôtel de Tizé *(n° 5)*.

L'itinéraire qui se poursuit par les rues La Fayette et Nationale permet de découvrir une partie de la ville classique où s'élèvent de majestueux édifices, dont le palais du parlement de Bretagne.

Rue St-Georges
Dans cette rue animée, bordée de cafés et de restaurants, toutes les maisons sont anciennes. Au n° 3, l'hôtel de Moussaye (16e s.) possède une splendide façade Renaissance. Les n°s 8, 10, 12 forment un ensemble remarquable de maisons à pans de bois du 17e s.

Palais St-Georges
Précédée d'un beau jardin, cette ancienne abbaye bénédictine de 1670 abrite des services administratifs.

Église St-Germain
De style gothique flamboyant (15e-16e s.), cette église (pignon Sud 17e s.) présente des caractéristiques bretonnes par sa voûte en bois et ses poutres à embouts sculptés.

> Dans le transept droit de l'église Saint-Germain, le **vitrail** du 16e s. retrace la vie de la Vierge et la Passion du Christ ; dans la nef, vitraux modernes par Max Ingrand.

Place de l'Hôtel-de-Ville
Cette place royale constitue le noyau central du quartier classique. Elle est bordée à l'Ouest par l'hôtel de ville *(voir partie « visiter »)* et à l'Est par le théâtre. Au Sud, au-delà de la rue d'Orléans, la perspective est fermée par le **palais du Commerce**, imposant bâtiment décoré de sculptures monumentales.

Le palais du parlement de Bretagne, fierté rennaise, a été entièrement restauré après l'incendie de 1994.

A. de Valroger/MICHELIN

La renaissance du parlement

Le 4 février 1994, un dramatique incendie endommagea gravement le palais du parlement de Bretagne, actuel siège de la cour d'appel de Rennes. Les pompiers sauvèrent l'essentiel, mais les tonnes d'eau qu'il fallut déverser sur le brasier entraînèrent une coûteuse restauration : plus de 400 000 heures de travail, quelque 38 millions d'euros pour la seule reconstruction, mais aussi 22 millions d'euros pour la restauration des décors et des œuvres d'art. Le chantier s'est achevé en 1999, et la cour d'appel a réintégré son berceau historique. Le palais de justice a été reconstitué à l'identique (galerie du rez-de-chaussée et salle des Assises du premier étage), ainsi que le jardin à la française de la place.

visiter

Palais du parlement de Bretagne★★

☎ 02 99 67 11 66 - visite guidée sur réserv. à l'Office de tourisme - fermé 1er Mai - 6,10 € (7-15 ans 3,05 €).

Le parlement de Bretagne, l'un des treize parlements provinciaux que comptait le royaume, siégea d'abord tantôt à Rennes, tantôt à Nantes, avant de se fixer définitivement à Rennes en 1561. Cour suprême des 2 300 justices bretonnes, il jouait aussi un rôle législatif et politique. Son installation hissa Rennes au rang de capitale régionale et de cité aristocratique. La construction du bâtiment dura un siècle : de 1618 à 1655 pour l'architecture, et jusqu'à 1706 pour le décor. Ce fut, en pays breton, l'arrivée d'un art royal et parisien, marqué par l'alternance de matériaux – granit au rez-de-chaussée et tuffeau à l'étage – et par la belle unité de la toiture en façade. La **Grand'Chambre** est le joyau du palais, avec son plafond en bois doré peint par Coypel et Errard.

Les plans du palais
Germain Gaultier, un architecte local, dessina le palais. Ses plans furent repris, pour la façade, par l'architecte de la cour de Marie de Médicis, Salomon de Brosse.

Hôtel de ville

☎ 02 99 28 56 90 - www.rennes.fr - ♿ - tlj sf dim. 8h30-17h, sam. 9h30-12h - fermé j. fériés - gratuit.

Il a été bâti en 1734 par Jacques Jules Gabriel, père de l'architecte qui édifia la place de la Bourse à Bordeaux. Une tour centrale en retrait portant l'horloge, le « Gros » pour les Rennais, se raccorde à deux imposants pavillons par deux bâtiments incurvés. L'aile droite renferme le « Panthéon rennais » : salle consacrée au souvenir des morts pour la France. Le **théâtre**, que jouxtent des immeubles à galeries, fut construit en 1832.

Musée de Bretagne★

☎ 02 99 28 55 84 - réouverture probable fév. 2006 aux « Champs Libres » - se renseigner.

Ce musée, dont les collections représentent une synthèse de l'histoire bretonne, propose actuellement des expositions thématiques : préhistoire, Armorique gallo-romaine, Bretagne médiévale, Ancien Régime, Bretagne moderne.

Grands travaux
Le musée de Bretagne va s'installer dans le Nouvel équipement culturel, baptisé « **Les Champs Libres** », sur l'esplanade du Gén.-de-Gaulle. Cette toute nouvelle structure a été dessinée par l'architecte rennais Christian de Portzamparc pour accueillir le **musée de Bretagne**, la **bibliothèque municipale** et l'**Espace des sciences** (salles d'exposition, planétarium).

Musée des Beaux-Arts★

☎ 02 99 28 55 85 - www.mbar.org - ♿ - tlj sf lun. 10h-12h, 14h-18h - possibilité de visite guidée (1h) - fermé j. fériés - 4,05 € (enf. gratuit).

Le « cabinet de curiosités » constitué par Christophe Paul de Robien, président du parlement de Bretagne au 18e s., est à l'origine de ce musée très éclectique, de l'archéologie aux primitifs italiens et à l'art contemporain. Il possède un beau *Saint Luc peignant la Vierge*, de Martin Van Heemskerk (16e s.) et une riche série d'œuvres du 17e s. Voyez surtout l'exubérante *Chasse au tigre* de Rubens et le célèbre ***Nouveau-Né***★ de Georges de La Tour. Le *Panier de prunes* de Chardin se détache pour le 18e s.

Selon Picasso
La Baigneuse, l'une des figures féminines disloquées que Picasso peignit en 1928 à Dinard, compte parmi les plus surréalistes de ses toiles. On y retrouve l'anatomie recomposée chère à l'artiste, associant les vues de face et de profil.

Le *Massacre des Innocents*, chef-d'œuvre de Cogniet, voisine pour le 19e s. avec des toiles de l'école de Pont-Aven, comme *Solitude* de Paul Sérusier, ou ***Effet de vagues**★* de Georges Lacombe : un superbe paysage onirique, proche de l'estampe japonaise, qu'il réalisa vers 1893 à Camaret. À voir aussi : des Corot, Jongkind, Sisley, Denis et Caillebotte. Le 20e s. est illustré par Picasso, Magnelli, Kupka, Tanguy, De Staël, Poliakoff, Sam Francis, Aurélie Nemours et Geneviève Asse.

A. de Valroger/MICHELIN

Au jardin du Thabor, la volière est l'occasion d'une agréable halte pour observer les oiseaux.

découvrir

Jardin du Thabor★★

Au 16e s., hors des murs de la ville, se dressait l'abbaye bénédictine St-Mélaine, sur un lieu élevé que les moines auraient baptisé Thabor en souvenir de la montagne de Palestine. Ce parc de 10 ha comprend un jardin à la française, un jardin botanique, une roseraie, un jardin paysager et une volière. On y prend le frais en admirant ses roses, dahlias, chrysanthèmes, camélias, rhododendrons, séquoias, cèdres, etc.

Tout à côté, l'**église N.-D.-en-St-Mélaine** a été rebâtie aux 14e et 17e s. La tour et le transept du 11e s. datent de l'ancienne abbaye St-Mélaine. Elle recèle, dans le bras droit du transept, une fresque du 15e s. représentant le baptême du Christ.

alentours

Châteaugiron

16 km au Sud-Est par la D 463. Cette bourgade, déjà réputée au 17e s. pour ses toiles à voiles en chanvre utilisées par les vaisseaux de haut bord, a conservé de pittoresques maisons à pans de bois et un imposant **château**. De cette forteresse, plusieurs fois assiégée, il subsiste les douves, le donjon du 13e s. coiffé en poivrière au siècle suivant, et, lui faisant face, la tour de l'Horloge du 15e s. *Pour découvrir le site du château, emprunter le boulevard du Château.*

Animations

L'écomusée propose régulièrement des fêtes et démonstrations : (fête du pommé, tonte des moutons, vannerie, mycologie, récolte du miel, etc.) ainsi que des expositions temporaires.

Écomusée du Pays de Rennes★

8 km au Sud par la rue du Mar.-Joffre, puis suivre la signalisation. ☎ 02 99 51 38 15 - www.ecomusee-rennes-metropole.fr - avr.-sept. : 9h-18h, sam. 14h-18h, dim. 14h-19h ; oct.-mars : 9h-12h, 14h-18h, sam. 14h-18h, dim. 14h-19h - fermé 16-31 janv., lun. et j. fériés - 4,60 €.

☺ Située aux confins de la ville et de la campagne, la **ferme de la Bintinais** fut longtemps l'une des grosses exploitations du pays de Rennes. À travers son histoire, on découvre l'évolution du monde rural depuis le 16e s. Les techniques anciennes de construction sont également abordées. Un parcours à travers le domaine de 15 ha permet de s'intéresser au jardin, au rucher et aux vergers, ainsi qu'aux parcelles cultivées montrant l'évolution des pratiques agricoles.

Au conservatoire végétal s'est ajouté un cheptel de races de ferme rustiques en voie de disparition. Chevaux (trait-postier breton), vaches (pie noir, froment du Léon, nantaise et armoricaine), cochons (porc blanc de l'Ouest et porc de Bayeux), chèvres (des fossés), moutons (d'Ouessant, des landes de Bretagne, de l'Avranchin) et volailles (poules de La Flèche, coucou de Rennes et gauloise dorée) : toutes les anciennes races de la Bretagne se trouvent ici rassemblées.

M. Dewynter/MICHELIN

Coq coucou de Rennes.

Montfort-sur-Meu

17 km à l'Ouest par la D 125. Située au confluent du Meu et du Garun, cette petite ville construite en pierre rouge du pays possède un certain cachet.

L'**écomusée du Pays de Montfort** est installé dans la tour de **Papegaut** (14e s.), seul élément intact de la période médiévale ; il abrite un ensemble d'expositions ayant trait aux cinq cantons environnants. Belle **vue** du sommet de la tour. ☎ *02 99 09 31 81 - avr.-sept. : 9h-12h, 14h-18h, sam. 10h-12h, 14h-18h, dim. et j. fériés 14h-18h - reste de l'année : tlj sf lun. et sam. 9h-12h, 14h-18h, dim. et j. fériés 14h-18h - fermé 1er janv. et 25 déc. - 3,50 €.*

La **maison natale de saint Louis-Marie Grignion de Montfort** se trouve 15 r. de la Saulnerie. Ce missionnaire, qui naquit dans cette maison le 31 janvier 1673, fit élever le calvaire de Pontchâteau. ☎ *02 99 09 15 35 - ♿ - visite guidée (1h) 9h-12h, 14h-18h, dim. 14h-18h - gratuit.*

Tir à l'arc
La tour de Papegaut doit son nom au jeu de tir à l'arc qu'on exerçait sur la silhouette d'un oiseau *(papegai)*. Celle-ci était découpée dans du bois ou du carton, peinte de couleurs vives et accrochée au chemin de ronde.

circuit

VALLÉE DE LA VILAINE

Circuit de 40 km – environ 1h. Quitter Rennes par la D 177 vers Redon. Se diriger vers Bruz.

Bruz

Ce bourg complètement reconstruit après la Seconde Guerre mondiale est une réussite de l'urbanisme rural.

Église★ – ☎ *02 99 52 56 56 - visite sur demande préalable à l'Office du tourisme de Bruz - 11 pl. du Dr Joly - 9h-11h30, 16h-18h30 - gratuit.*

Elle fut construite en 1950 en schiste veiné de rose. Une flèche pointue coiffe le clocher carré qui forme porche. L'éclairage intérieur est très harmonieux. Dans la nef, des dalles de verre sont décorées de trois poissons dans un cercle. Dans l'abside, des vitraux représentent les sept sacrements. Au transept, deux verrières figurent à droite le Christ, à gauche la Vierge.

Se souvenir
Le 8 mai 1944, un bombardement allié aussi violent qu'inexplicable rase la commune de la carte occasionnant de terribles pertes : 183 morts dont 51 enfants, des centaines de blessés...

Parc ornithologique de Bretagne

☎ *02 99 52 68 57 - parc-ornithologique.com - ♿ - juil.-août : 10h-12h, 14h-19h ; avr.-juin et sept. : 14h-19h ; reste de l'année : dim. et j. fériés 14h-18h - fermé de mi-nov à mi-fév. - 6,20 € (enf. 3,80 €).*

Ce parc présente une intéressante collection de plus de 1 000 oiseaux, venus de tous les continents.

Poursuivre vers le Sud par la D 577. La route franchit le fleuve à Pont-Réan, dans un beau site.

Le Boël

On peut faire une agréable promenade au bord de la Vilaine qui coule entre des collines rocheuses, dans un site verdoyant. Une petite écluse et un barrage semblent relier la rive droite au vieux moulin situé sur l'autre rive.

Revenir à Rennes en repassant par Pont-Réan, prendre à droite, gagner Pont-Péan et Chartres-de-Bretagne.

La Roche-Bernard

Ancienne étape pour le commerce du sel, cette petite ville est joliment étagée sur la butte de la Garenne qui domine la Vilaine. Son port, jadis très florissant, s'est reconverti pour accueillir les bateaux de plaisance.

DRAME
En 1793, 6 000 « Blancs » viennent facilement à bout de 150 « Bleus » qui défendent la ville. Le maire, **Sauveur**, qui n'a pas voulu fuir, est emprisonné. On le somme de crier : « Vive le roi ! ». Il répond : « Vive la République ! ». Un coup de pistolet l'abat. Il devient un héros républicain par décret de la Convention, et la ville porte le nom de Roche-Sauveur jusqu'en 1802.

La situation
Carte Michelin Local 308 R9 – Morbihan (56). Entre Nantes et Vannes, La Roche-Bernard est située sur la N 165, au Nord du Parc régional de Brière.

14 r. du Dr-Cornudet, 56130 La Roche-Bernard, ☎ 02 99 90 67 98.

Le nom
En 1026, la ville s'appelait *Rocha Bernardi*, la roche de Bernard, pour signaler une butte rocheuse ou un château.

Les gens
796 Rochois. La ville accueille fort bien la Révolution et se montre hostile à la Chouannerie.

carnet pratique

SE RESTAURER
Au Vieux Quartier – *8 pl. du Bouffay - ☎ 02 99 90 61 19 - fermé mar. - 11,50/29,50 €.* Ces deux maisons anciennes aux façades rénovées abritent d'un côté un bar fréquenté par une clientèle locale et de l'autre une salle de restaurant au cadre rustique rajeuni. On y sert une copieuse cuisine classique empreinte de simplicité. Le menu du déjeuner est particulièrement attractif.

QUE RAPPORTER
Aux Délices de la Roche – *6 r. de Nantes - ☎ 02 99 90 85 15 - delicesroche@wanadoo.fr - 9h30-12h30, 14h30-19h30, dim. en juil.-août 9h30-12h30 - fermé dim. ap.-midi hors sais.* Cette boutique présente une belle sélection de produits de qualité issus des quatre coins de France. La Bretagne y est bien sûr à l'honneur : soupe de poisson, sardines à l'huile, fleur de sel de Guérande, caramel au beurre salé, galettes, gâteaux et alcools. Vins français et thés en sus.

se promener

Pont du Morbihan★
Il a été ouvert au public en juin 1996. Long de 376 m et large de 21 m, son tablier est posé sur un arc de 200 m de portée sur lequel deux passerelles permettent aux promeneurs courageux *(260 marches)* de dominer la Vilaine à plus de 50 m de haut et d'en admirer le **site**★. Le pont du Morbihan est situé à environ 600 m en amont de ses prédécesseurs.

POINT DE VUE
Au lacet de la route vers La Baule, un belvédère rocheux *(23 marches)* domine la vallée de la Vilaine et ses pentes boisées, avec sur la droite les ponts suspendus, sur la gauche le port de plaisance.

Vieux quartier
Face au point de vue, de l'autre côté de la route, débouche la **promenade du Ruicard**. Elle domine le port, la rue du Ruicard lui fait suite et se perd dans un dédale de ruelles, parfois en escalier. Des maisons des 16e et 17e s. *(nos 6 et 8)*, des porches intéressants *(no 11)*, une tourelle *(no 12)* se succèdent.

Le passage de la Quenelle, avec des lucarnes à fronton sculpté, mène à la **place Bouffay**. Sur la place, la mairie est aussi appelée « maison du Canon » (1599) : un canon, placé dans un angle, provient de *l'Inflexible*, qui se réfugia sur la Vilaine après la bataille des Cardinaux (1759). Rue Haute-Notre-Dame, la chapelle Notre-Dame (11e s.) a été remaniée aux 16e et 19e s. Première église de la cité, elle fut transformée en temple protestant en 1561, puis en magasin à fourrage sous la Terreur, et rendue au culte catholique en 1827.

G. Targat/MICHELIN

Le port de La Roche-Bernard vu du pont du Morbihan.

visiter

Musée de la Vilaine maritime

☎ 02 99 90 83 47 - de mi-juin à mi-sept. : 10h30-12h30, 14h30-18h30 ; juin, de mi-sept. à fin sept. et vac. de printemps : 14h30-18h30 ; avr.-mai et oct. : w.-end 14h30-18h30 - fermé nov.-mars - tarif non communiqué.

Le château des Basses-Fosses (16e et 17e s.), situé sur la rive droite de la Vilaine, abrite ce musée consacré aux traditions maritimes et rurales de l'estuaire de la Vilaine. Le rez-de-chaussée évoque l'intense activité maritime que le fleuve a connue par le passé : pêche, construction navale, conchyliculture, cabotage. L'étage est consacré au monde rural : différents types de charpentes, couvertures et lucarnes, vieux métiers, coiffes et costumes traditionnels.

À VOIR

Une cabine de chasse-marée reconstituée permet d'imaginer la vie à bord de cette embarcation côtière.

Promenades sur la Vilaine

Juil.-août : croisière-promenade (1h1/2), dép. du barrage d'Arzal ou de La Roche-Bernard 14h, 15h, 16h, 17h et 18h. 8€ (enf. : 5€). Mars-déc. : croisière-restauration (4h), dép. du barrage d'Arzal 12h30, ven. et sam. 20h. Entre 33€ et 47€ (croisière comprise). ☎ 02 97 45 02 81.

Des vedettes descendent la Vilaine jusqu'au barrage d'Arzal, ou la remontent jusqu'à Redon.

Un sentier de randonnée qui part du vieux port conduit également au barrage *(10 km).*

alentours

Missillac

13 km au Sud-Est par la N 165.

Dans un **site★** remarquable, le **château de la Bretesche** (15e s.), aux remparts cernés d'eau, est séparé du bourg par un bel étang en bordure de forêt.

Foleux

18 km au Nord par la D 774. À Péaule, prendre à droite la D 20 vers Redon. À 8 km, tourner à droite.

Ce port de plaisance, escale nautique, est établi au confluent de la Vilaine et du Trévelo, dans un très joli site.

Après Foleux, longer la Vilaine et tourner à droite, puis trois fois à gauche pour gagner l'allée du château.

Entouré de bois, le **château de Léhélec**, bâti en schiste ferrugineux, offre la belle perspective de ses trois cours en terrasses longées par les communs. L'un de ces bâtiments abrite un **Musée paysan** (meubles régionaux et objets usuels). Le public est admis dans deux pièces du rez-de-chaussée, le salon et la salle à manger. *♿ - visite guidée (30mn) juil.-août : tlj sf mar. 14h-19h - 4 €.*

En soirée
Bar du Domaine de Rochevilaine – *Pointe de Pen Lan - 18 km à l'O de la Roche-Bernard par N 165 et D 5 - 56190 Billiers - ☎ 02 97 41 61 61 - www.domainerochevilaine.com - 12h-22h.*
Ce bar feutré est aménagé dans un luxueux salon de cet hôtel quatre étoiles idéalement situé à l'extrémité de la pointe de Pen-Lan, face à l'Océan. Centre de balnéothérapie marine.

Barrage d'Arzal

12 km à l'Ouest par la D 34, puis la D 139. Ce barrage sur la Vilaine forme une réserve d'eau douce stabilisant le mouvement des marées et favorise par son plan et son port la navigation de plaisance. Possibilités de promenades en bateau sur la Vilaine. Passe à poisson.

Le Guerno

18 km au Nord-Ouest par la N 165-E 60 vers Muzillac ; à 8 km, tourner à droite : suivre la nouvelle « Route bleue ». Belle surprise en arrivant sur la place de l'église. Cet ancien lieu de pèlerinage possède une belle **église** Renaissance au clocher défensif et aux armes des hospitaliers. On remarque à l'intérieur une tribune en bois très travaillée. Mais ce qui surprend le plus est à l'extérieur où l'on peut voir une remarquable **chaire★**, les stalles et le banc réservés au clergé, l'autel adossé au calvaire élevé sur la place (vestiges d'un enclos disparu).

Ensuite, emprunter la route à droite qui mène à l'allée du château de Branféré sur la gauche.

En vous rendant à Branféré, admirer sur la droite les deux belles **fontaines** du 18e s., dédiées respectivement à sainte Anne et sainte Marie.

Parc animalier et botanique de Branféré★ – *☎ 02 97 42 94 66 - www.branfere.com - ♿ - juil.-août : 10h-19h30 ; avr.-juin et sept. : 10h-18h30, w.-end, j. fériés et vac. scol. (16 avr.-8 Mai) 10h-19h30 (dernière entrée 1h30 av. fermeture) ; fév.-mars et oct.-nov. : 13h-17h30 (dernière entrée 1h av. fermeture) - 10 € (enf. 7 €).*

Propriété de la Fondation de France, ce parc doit ses superbes plantations à un botaniste du 18e s. Ici, l'harmonie prime sur le spectaculaire. Pas de fauves ni de reptiles mais un domaine enchanté de quelque 60 ha où vivent en liberté presque complète plus de 2 000 animaux : primates, cervidés, lamas, wallabies, tapirs, loups à crinière, pandas roux, yacks, chameaux, etc. Des oiseaux de toutes sortes paradent autour du château : canards, cigognes, cygnes, flamants roses et rouges, paons, émeus, autruches... L'une des originalités de ce parc est de permettre à chaque espèce de vivre au plus près de son biotope naturel. Ferme pour enfants, bar, boutique.

Moulin de Pen-Mur

17 km à l'Ouest par la N 165-E 60 ; sortir à Muzillac et suivre les panneaux « site de Pen-Mur ». ☎ 02 97 41 43 79 - visite guidée (45mn) juil.-août : 10h-12h30, 14h-19h (dernière visite 1h av. fermeture) ; avr.-juin : 14h30-18h30 (visite 15h, 16h et 17h) ; sept. : 14h-18h30 (visite 15h, 16h et 17h), fermé reste de l'année et lun. - 5,50 € (enf. 3 €).

Situé dans l'agréable décor d'un étang, le moulin présente la fabrication du papier à la main selon les méthodes traditionnelles du 18e s. On en suit toutes les étapes, depuis le découpage des chiffons jusqu'au séchage.

F. Le Divenah/PHOTONONSTOP

La plage de la Mine-d'Or (Pénestin), du nom d'une exploitation au rendement si faible qu'elle ferma sitôt ouverte.

Pénestin

17 km à l'Ouest par la D 34. Les Phéniciens y auraient tenu un comptoir d'étain. C'est aujourd'hui une station balnéaire tranquille, proche d'un littoral voué à la mytiliculture (élevage de moules).

La **pointe du Halguen** est couverte de landes émaillées de pins. On peut gagner, à pied, les **plages** rocheuses encadrées de courtes falaises.

À la **pointe du Scal★** *(à Tréhiguier)*, la Vilaine s'élargit entre la pointe du Halguen, à gauche, et celle de Pen-Lan. Nombreuses barques à moteur ou à godille pour collecter les moules.

4,5 km au Sud. Face à la pointe de Merquel, de la **pointe du Bile★**, vue sur deux îlots et de belles falaises ocre.

Rochefort-en-Terre*

Bâti sur un promontoire dominant la vallée du Gueuzon, ce bourg charmant occupe un site magnifique, paysage de rochers, de bois, de ravins, de vergers et de vieilles maisons aux fenêtres fleuries de géraniums.

La situation

Carte Michelin Local 308 Q8 – Morbihan (56). Entre Redon et Vannes, le bourg se situe entre la D 775 et l'Oust, rivière qui coule entre Malestroit et Redon. Stationner dans les parkings aux entrées du village.

Mairie, 56220 Rochefort-en-Terre, ☎ 02 97 43 33 57.

Le nom

La ville l'a hérité de la famille de Rochefort qui y éleva une place forte au 12e s.

Les gens

693 Rochefortais. Ce cadre pittoresque attire les peintres et de nombreux artisans.

carnet pratique

SE LOGER

Domaine d'Ar Peoc'h – *R. Candré (au bas de la mairie) - ☎ 02 97 43 35 44 - 5 ch. 50/55 € - 6 €.* Au cœur de la petite cité médiévale, maison abritant des chambres récentes, décorées simplement, mais confortables et calmes. Quelques duplex très pratiques pour les familles. Piscine.

Château de Castellan – *56200 St-Martin-sur-Oust - 13 km au NE de Rochefort-en-Terre par D 777 rte de La Gacilly et D 149 rte de St-Congard - ☎ 02 99 91 51 69 - castellan.fr.st - réserv. obligatoire - 6 ch. 80/110 € - repas 20 €.* Si l'idée d'ouvrir vos fenêtres le matin sur la verdoyante campagne du Vannetais vous séduit, ce château du 18e s. est fait pour vous. Les chambres sont joliment décorées ; celle baptisée « Médaillons » est superbe avec ses lambris et peintures d'origine. L'ex-écurie abrite l'auberge où l'on sert des spécialités du terroir.

SE RESTAURER

Le Café Breton et la Chouannière – *R. du Porche - ☎ 02 97 43 32 60 - fermé mars, 1 sem. en juin, 10-30 nov. et jeu. sf vac. scol. - 7,01/10,50 €.* Ce restaurant aménagé dans une demeure du 16e s. cramponnée à la roche est étonnant. Sa décoration intérieure - fresques représentant des scènes de la vie locale, panneaux de coffres bretons... - est l'œuvre du peintre américain Alfred Klots. Crêpes, salades ou menu campagnard.

se promener

Maisons anciennes*

Le cœur de la cité a conservé des demeures du 16e et du 17e s. que l'on découvre en flânant rue du Porche et sur les places des Halles et du Puits. Elles présentent de belles façades de granit, parfois agrémentées de tourelles d'angle.

G. Targat/MICHELIN

La place du Puits, avec ses ravissantes anciennes demeures, vous replonge dans l'atmosphère de la Renaissance.

Château

☎ *02 97 43 31 56 - ♿ - visite guidée château et musée (1h) juil.-août : 10h-18h30 ; juin et sept. : 14h-18h30 ; avr.-mai : w.-end et j. fériés 14h-18h30 - 4 €.*

De la construction féodale, il reste l'imposant châtelet d'entrée, des remparts, des souterrains et les communs. Ces derniers ont été restaurés dans les années 1910 par le peintre américain Alfred Klots, avec des éléments du 17e s., en particulier des lucarnes provenant du manoir de Kéralio, près de Muzillac.

Un **musée d'Art populaire**, attenant à l'ancien atelier des propriétaires, évoque les aspects de la vie rochefortaise d'antan ; une salle regroupe les portes d'une salle à manger d'hôtel (vers 1880).

À VOIR

Dans le bras droit du transept, un retable du 17e s. porte la statue vénérée de N.-D.-de-la-Tronchaye, découverte au 12e s. dans un taillis ou « tronchaye », où elle aurait été cachée au temps des invasions normandes ; elle fait l'objet d'un pèlerinage, le dimanche qui suit le 15 août.

Église N.-D.-de-la-Tronchaye

◄ Cet édifice des 12e, 15e et 16e s. présente une belle façade à quatre pignons percés de fenêtres flamboyantes. Le chœur renferme des stalles du 16e s. et, derrière le maître-autel *(passage dans le transept à gauche)* un retable Renaissance en pierre blanche qui autrefois séparait les chanoines, qui étaient dans le chœur, des fidèles dans la nef. Au fond de cette ancienne collégiale, la remarquable tribune en bois finement sculptée provient du jubé.

alentours

Malansac

3 km à l'Est par la D 21 en direction de Malansac, puis la D 134 vers St-Gravé.

Parc de préhistoire de Bretagne - ☎ *02 97 43 34 17 - www.prehistoire.com - ♿ - de déb. avr. à mi-oct. : 10h-19h (dernière entrée 2h av. fermeture) ; de mi-oct. à mi-nov. : dim. j. fériés et vac. scol. 13h-18h30 - 9 € (enf. 5 €).*

☺ Le site sauvage de Gwenfol, composé d'anciennes ardoisières (exposition photo) et parsemé de lacs, accueille le **Parc de préhistoire de Bretagne** : une trentaine de scènes retracent le monde des dinosaures (impressionnant brachiosaure) et l'évolution de l'homme du paléolithique au néolithique.

Questembert

10 km au Sud-Ouest par les D 777 et D 7.

Cette petite cité accueillante s'est développée dans une campagne verdoyante, en bordure du pays vannetais. Ses **halles**, construites en 1552 et restaurées en 1675, sont dotées d'une charpente magnifiquement ordonnée qui commande trois allées.

La **chapelle St-Michel** (16e s.) se dresse dans le cimetière. Une croix-calvaire y rappelle la victoire qu'Alain le Grand remporta sur les pirates normands, vers 888 à Coët-Bihan *(6,5 km au Sud-Est)*.

VOIE VERTE

De Questembert à Mauron, un itinéraire de 53 km comblera les passionnés de vélo ou de roller. *Reportez-vous au chapitre Sports en début de guide.*

La Vraie-Croix

8 km à l'Ouest de Questembert par la D 1c. Ce village fleuri conserve une chapelle construite sur une voûte ogivale. La route passait autrefois sous cette voûte. La partie inférieure de l'édifice semble dater du 13e s. La chapelle supérieure fut reconstruite en 1611. L'édifice abrite une croix reliquaire qui renferme un fragment supposé de la croix du Christ.

Roscoff★

Roscoff est à la fois une agréable station balnéaire, un port actif avec des liaisons vers Plymouth et Cork, et un grand centre médical dont les établissements de cure utilisent l'eau de mer et les algues, selon les méthodes de la thalassothérapie.

La situation

Carte Michelin Local 308 H2 – Finistère (29).
On gagne Roscoff, situé au Nord de la baie de Morlaix, à partir de cette ville (D 58) ou de Landivisiau par la D 69.
Chapelle Ste-Anne, 29680 Roscoff, ☎ 02 98 61 12 13.

Le nom

Rosk o Gozen, de *roz* signifie « tertre » et *goff*, « forgeron ».

Les gens

3 550 Roscovites. Le zoologiste Georges Teissier (1900-1972) fut directeur de la Station biologique de Roscoff.

AU MICROSCOPE
Un laboratoire pour les études océanographiques et biologiques a été installé par l'université Pierre-et-Marie-Curie de Paris et le CNRS. Roscoff ne vit pas uniquement de la pêche et de la plaisance.

LE « ROSÉ DE ROSCOFF » ET LES JOHNIES
Une première gabare roscovite traversait la Manche dès 1828 pour aller vendre la production d'oignons de quelques Léonards *(habitants du pays de Léon)* entreprenants. Ceux que l'on appelait les « Johnies » allaient tirer les sonnettes ; le « rosé de Roscoff » en tresse sur l'épaule, ils parcouraient la Grande-Bretagne, durant cinq à neuf mois, jusqu'à épuisement du stock. Apanage de l'exploitation familiale, la culture de l'oignon rose de Roscoff est toujours très présente dans le Léon, mais les Johnies ont disparu, les oignons sont en sac, les tournées se font en camionnette... et le *ministry of foods* est très sourcilleux !

carnet pratique

SE LOGER

Ti Va Zadou – *Le bourg - 29253 Île-de-Batz - ☎ 02 98 61 76 91 - fermé 15 nov.-1er fév. - ⊠ - réserv. conseillée - 4 ch. 40/60 €* ☕. Gaieté et art de vivre règnent en maîtres dans cette demeure en pierre aux volets bleus, dont l'enseigne signifie « la maison de mes pères ». Les chambres, coquettement décorées, jouissent d'une belle vue sur le port et un chapelet d'îlots. Location de vélos.

Hôtel Le Bellevue – *R. Jeanne-d'Arc - ☎ 02 98 61 23 38 - hotelbellevue.roscoff@wanadoo.fr - fermé 4 janv.-15 mars et 15 nov.-23 déc. - 18 ch. 56/69 € - ☕ 7 €.* Les fenêtres des petites chambres de cet hôtel du port sont grand ouvertes sur la mer. Sobre décor, mais fonctionnalité et tenue scrupuleuse.

Grand Hôtel – *29253 Île-de-Batz - ☎ 02 98 61 78 06 - www.grand-hotel-morvan.com - fermé déc.-janv. - 35 ch. 53/118 € - ☕ 6 € - restaurant 12/28 €.* Fruits de mer et recettes familiales se plaisent dans ce cadre : la perspective offerte par la terrasse est un vrai régal, et la salle à manger au mobilier breton a du cachet. Les chambres sont certes très simples, mais la vue et le calme qu'elles offrent valent le déplacement !

SE RESTAURER

La Cassonade – *Au débarcadère - 29253 Île-de-Batz - ☎ 02 98 61 75 25 - fermé oct.-fin mars. sf vac. scol. - réserv. conseillée - 10,67/24 €.* La cassonade est la spécialité sucrée, à base de pommes, de cette chaleureuse crêperie située près du débarcadère. Autre recette maison : la pomme de terre « bio » cuite au four, garnie de charcuterie et salade. Au gré des saisons, vous choisirez une table dans la lumineuse salle à manger ou sur la terrasse face au port.

L'Écume des Jours – *Quai d'Auxerre - ☎ 02 98 61 22 83 - michel.quere2@wanadoo.fr - fermé 1er déc.-1er fév., mar. sf juil.-août et merc. - 20/45 €.* Petit restaurant installé dans une vieille maison bretonne près du phare, servant plusieurs menus gourmands à prix sages. Ambiance chaleureuse dans ses deux salles à manger.

EN SOIRÉE

Casino – *Port de Bloscon - ☎ 02 98 69 75 84 - www.groupetranchant.com - lun.-dim., 10h à 3h du mat. (4h le w.-end et j. fériés).* Espace aéré, décoration chaleureuse et confort ouaté vous attendent dans ce casino pourvu d'un restaurant, d'un bar « lounge », de 46 machines à sous, de deux tables de boule, deux autres de roulette et d'une dernière de black jack (accès payant pour ces dernières).

QUE RAPPORTER

La Maison du Kouign Amann – *18 r. Armand-Rousseau - ☎ 02 98 69 71 61 - lun.-mar. et jeu.-dim. 8h-12h30 et 15h-19h ;*

en sais. : tlj 8h-19h. La première chose que l'on voit en pénétrant dans ce ieu est la profusion de spécialités bretonnes, toutes plus appétissantes les unes que les autres. Le kouign amann tire bien sûr avantage de sa notoriété, mais vous apprécierez tout autant le far et les gâteaux nature ou aux pommes.

Sports & Loisirs

Promenades en bateau – *De déb. juil. à déb. sept. : traversée Roscoff - île de Batz (dép. ttes les 30mn) 8h-19h30 ; de mi-sept. à fin juin : 8 dép./j.*

Visite de la Baie de Morlaix : Compagnie finistérienne de transports maritimes, BP 10, Le Rhû, 29253 Île de Batz, ☎ 02 98 61 76 61/78 87. www.vedettes-ile-de-batz.com

Centre nautique de Roscoff – *Quai Charles-de-Gaulle - ☎ 02 98 69 72 79 - centrenautique.roscoff@wanadoo.fr - tlj sf dim. 9h-12h, 14h-17h - fermé janv.* Outre les activités nautiques de voile et kayak, ce club initie et forme à la croisière côtière et hauturière. Pour l'une, le stage dure une semaine et mène à Paimpol ou vers les îles anglo-normandes. Pour l'autre, les destinations deviennent plus lointaines (Maroc, Portugal, Irlande) et plus longues (15 jours ou davantage).

Centre de Glisse de Santec – *585 r. de Theven-Braz - 29250 Santec - ☎ 02 98 29 40 78 - glisse.santec@wanadoo.fr.* Accueil niché à l'abri d'une dune, ce petit club propose, en plus du char à voile, des cours de surf et de kayak.

Institut Marin Rockroum – *R. Victor-Hugo - ☎ 02 98 29 20 00 - www.thalasso.com - tlj sf dim. - fermé 3 sem. en déc.* Berceau de la thalassothérapie au 19e s., Roscoff dispose toujours d'un établissement posté entre les plages de Rockroum et Saint-Luc, qui perpétue la tradition établie par le docteur Bagot. Le temps d'une journée ou d'un week-end, vous pourrez découvrir l'enveloppement d'algues ou les soins par douches et jets mais surtout sa spécialité : le massage « palper-rouler ».

Piscine – *Av. Victor-Hugo - Thalassothérapie Roscoff - ☎ 02 98 29 20 00 - thalasso-roscoff.com - 8h-20h - fermé 6-26 déc.* Piscine d'eau de mer chauffée (avec jacuzzi et hammam).

Char à voile – *Enez Siek – Le Dossen - 29250 Santec - ☎ 02 98 29 40 78.* Pour un stage de char à voile.

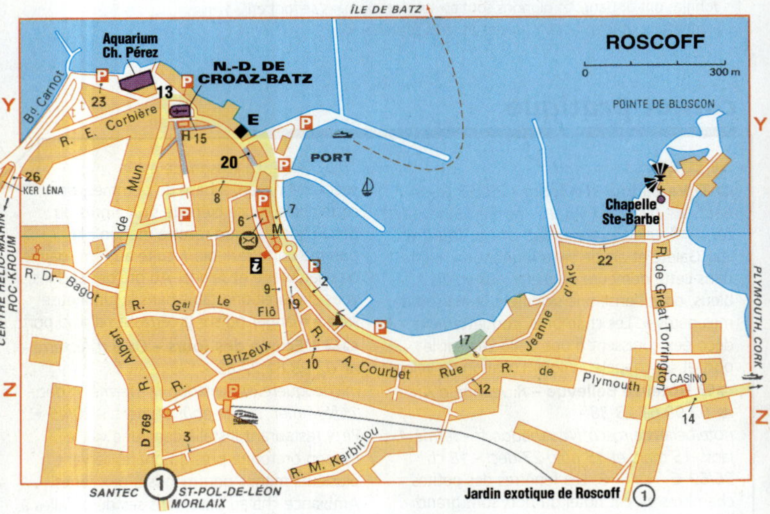

À voir

Roscoff recèle de belles demeures en granit des 16e et 17e s. : place Lacaze-Duthiers et rue Amiral-Réveillère. Dans cette dernière, remarquez la maison dite de Marie Stuart, à l'élégante façade ornée d'accolades.

visiter

Église N.-D.-de-Croaz-Batz★

Cette église gothique (1545) remarquable pour son superbe **clocher★** Renaissance, fut financée par les armateurs et les marchands de la ville. Les murs extérieurs et la tour présentent, de ce fait, des caravelles sculptées en ex-voto. À l'intérieur, sur le retable de l'autel du Sacré-Cœur *(bas-côté droit)*, remarquez quatre bas-reliefs en **albâtre★** du 16e s., dus à l'atelier de Nottingham : ils représentent la Flagellation, la Crucifixion, l'Ascension, la

Pentecôte. Le **retable** du maître-autel (17e s.) à six colonnes torses est richement décoré de statues des évangélistes, d'angelots et de pampres. Dans l'enclos se trouvent deux **chapelles-ossuaires**.

Aquarium Charles-Pérez

Fermé pour travaux jusqu'en 2008.

L'aquarium de l'Observatoire océanologique fait partie du Centre national de la recherche scientifique de l'université Pierre-et-Marie-Curie. Ses 34 petits aquariums présentent des espèces de poissons et d'invertébrés de la Manche.

Chapelle Ste-Barbe

S'y rendre de préférence à marée haute. Contourner le port de pêche et laisser la voiture au parking sur la gauche.

Au milieu d'un joli jardin, trône la minuscule chapelle dédiée à sainte Barbe, dont les murs blancs servent encore d'amer aux marins. Belle **vue** sur la ville, le port, l'île de Batz, la pointe de Primel et le port en eau profonde de Bloscon.

Jardin exotique de Roscoff*

☎ 02 98 61 29 19 - www.jardinexotiqueroscoff.com - juin-sept. : 10h-19h ; ar.-mai et oct. : 10h30-12h30, 14h-18h ; mars et nov : 14h-17h - 4,50 € (-12 ans gratuit)

Cet extraordinaire jardin s'enroule autour du rocher de Roch-Hievec. Deux mille espèces de plantes subtropicales fleurissent et fructifient ici (entre autres, protéacées d'Afrique du Sud, eucalyptus, espèces d'Australie, du Chili et de Nouvelle-Zélande). Un escalier conduit au sommet du rocher (18 m), d'où l'on domine toute la baie de Morlaix, Roscoff, Carantec et le château du Taureau.

G. Targat/MICHELIN

Le clocher de l'église de Roscoff compte parmi les plus beaux du Finistère.

alentours

ÎLE DE BATZ

À 2 km du continent, l'île de Batz (prononcez Ba) est accessible par un étroit bras de mer où règnent de violents courants. Le bateau *(1/4h de traversée depuis Roscoff)* accoste dans la baie de Kernoc'h, autour de laquelle se concentrent le bourg et la station de sauvetage, très moderne. Longue de 4 km, large de 1 km, l'île est entourée au Nord par une ceinture de récifs, mais elle possède aussi quelque vingt **plages** de sable fin et jouit d'un climat très doux. Hors du bourg, les arbres se font rares à Batz, qui compte encore une trentaine d'exploitations agricoles, spécialisées dans les primeurs.

Église

Au centre du bourg, elle a été construite en 1873. Son chœur abrite une statue en bois (17e s.) de saint Pol Aurélien, mort dans l'île en 573. Dans le bras gauche du transept, un tissu oriental appelé « étole de saint Pol » (8e s.) aurait appartenu à ce saint.

Phare

À l'Ouest de l'île. 210 marches. Haut de 44 m, il se dresse au point le plus élevé de l'île (23 m).

Trou du Serpent

Au-delà du phare, gagner la maison en ruine sur la dune et prendre le sentier à droite. Une roche allongée, à quelques mètres de la côte, marque le lieu où saint Pol Aurélien aurait précipité dans les flots, à l'aide de son étole, le dragon qui ravageait l'île.

Chapelle Ste-Anne

À l'Est de l'île. Cette chapelle romane ruinée se dresse à l'emplacement du monastère fondé par saint Pol Aurélien.

Jardin Georges-Delaselle

À l'Est de l'île. ☎ 02 98 61 75 65 - juil.-août : tlj sf mar ; 13h-18h ; avr.-juin et sept.-oct. : 14h-18h - fermé nov.-mars et mar. - 4 € (enf. 2 €).

G. Targat/MICHELIN

Un moment fort : le coucher du soleil sur l'île de Batz.

Discrètement ceinturé de pins maritimes, ce beau jardin colonial fut créé en 1897 par Georges Delaselle, un amoureux de l'île. Planté de palmiers, il recèle quelque 1 500 espèces de plantes, pour la plupart originaires de l'hémisphère Sud. Des sculptures contemporaines ponctuent la visite du jardin, qui appartient aujourd'hui au Conservatoire du littoral.

Rostrenen

Haut lieu de danse et de musique populaire, Rostrenen est une ancienne bourgade très plaisante, située au flanc d'une colline dans le pays fisel.

La situation

Carte Michelin Local 309 C5 – Côtes-d'Armor (22). En pleine Bretagne intérieure, Rostrenen est un carrefour routier situé sur la N 164 reliant Carhaix-Plouguer à Mur-de-Bretagne.

4 r. de la Marne, 22110 Rostrenen, ☎ 02 96 29 02 72.

Le nom

En breton, *roz* signifie « tertre » ; l'autre élément reste obscur.

Les gens

3 616 Rostrenois. Olivier Perrin (1761-1832), « peintre des Bretons de Cornouaille », y naquit.

CALENDRIER

Tous les ans, au mois d'août, le festival Fisel, organisé par le cercle celtique local met le pays Fisel à l'honneur à travers des concours de danse, de musique, des stages d'initiation et aussi des tournois de « Gouren » (lutte bretonne).

se promener

Église N.-D.-du-Roncier

C'est l'ancienne chapelle du château, incendié pendant la Ligue en 1572. Construite au 14e s., remaniée aux 18e et 19e s., elle possède un beau porche faisant la transition entre le gothique et la Renaissance.

Près de l'église, intéressante fontaine sacrée du 17e s. **Pardon** le 15 août.

circuits

PAYS FISEL

Circuit de 45 km – environ 2h1/2. Quitter Rostrenen par la D 790 au Nord-Est en direction de St-Brieuc.

St-Nicolas-du-Pélem

Longez le flanc gauche de l'église pour découvrir la **fontaine** St-Nicolas, du 17e s., adossée à une maison. Dans l'**église** (15e et 16e s.) à chevet plat, remarquez deux beaux vitraux de 1470 illustrant la Passion. *☎ 02 96 36 63 87 - de Pâques à la Toussaint : 10h-18h.*

Prendre au Nord vers Lanrivain.

Lanrivain

Le cimetière garde un ossuaire (15e s.) à arcades tréflées ; à droite de l'église, le calvaire (16e s.) est animé de personnages de grandes dimensions, en granit de Kersanton.

Chapelle N.-D.-du-Guiaudet – *1,5 km au Nord sur la route de Bourbriac. À l'entrée du hameau du Guiaudet, prendre à droite une allée marquée par deux piliers de granit.* Bâtie à la fin du 17e s., la chapelle abrite, au-dessus du maître-autel, une sculpture représentant la Vierge couchée qui tient l'Enfant Jésus dans ses bras. *☎ 02 96 29 51 65 - juil.-sept. : sem. seult 14h-18h.*

À ÉCOUTER

Dans le clocher, un carillon de 16 cloches sonne deux cantiques dédiés à Notre-Dame.

Revenir sur ses pas, prendre à droite la D 87 vers Trémargat et, à 1,5 km, tourner à gauche.

Gorges de Toul Goulic★
1/4h à pied AR. Au fond du parking dominant la vallée boisée du Blavet, prenez le sentier raviné et en forte descente qui conduit sous bois au milieu de la perte du Blavet. La rivière, encore abondante à l'origine de la perte (côté Nord), a entièrement disparu ici et gronde sous des chaos de roches énormes.

Faire demi-tour et tourner à gauche vers Trémargat.

Kergrist-Moëlou
Sur ce site planté de beaux ifs séculaires, se dresse le **calvaire** (1578) regroupant sur sa base une centaine de personnages en Kersanton ; mutilés pendant la Révolution, ils ont été replacés sans ordre.

Par St-Lubin au Sud, regagner Rostrenen.

CANAL DE NANTES À BREST
Circuit de 20 km – environ 1h1/2. Quitter Rostrenen à l'Ouest par la N 164 en direction de Carhaix-Plouguer et, à 4 km, tourner à gauche vers Gourin.

La route atteint le canal, construit de 1823 à 1834, au bief de partage, à l'altitude de 184 m. À droite du pont, il est conseillé d'emprunter le chemin de halage qui conduit à la tranchée du canal : il permet de découvrir une partie de l'escalier de 44 écluses rattrapant en 17 km, jusqu'à Port-de-Carhaix, une dénivellation de 120 m.

Poursuivre jusqu'à la sortie de Glomel pour prendre à droite la route de Paule et, à 1,8 km, tourner encore à droite.

On arrive sur les bords du canal, dans un très joli **site**★, à hauteur de l'ancienne maison de l'éclusier de St-Péran. Agréable promenade sur le chemin de halage, en amont et en aval du pont.

Continuer jusqu'au grand axe routier Brest-Rennes où l'on tourne à droite pour regagner Rostrenen.

Y. Boëlle/ANDIA

La douceur de la Bretagne intérieure.

Saint-Brieuc★

À 3 km de la mer, sur un plateau qu'entament profondément le Gouëdic et le Gouët, St-Brieuc est le centre administratif, commercial et industriel du département. La ville, qui a gardé de belles demeures à pans de bois, préserve son image de vieil évêché tranquille.

La situation
Carte Michelin Local 309 F3 – Côtes-d'Armor (22). Tout en dénivelé, Saint-Brieuc occupe un site curieux, dans une large baie.

7 r. St-Gouéno, 22000 St-Brieuc, ☎ 0 825 002 222. www.baiedesaintbrieuc.com

Le nom
Il rend hommage au missionnaire gallois Brieuc, venu évangéliser ces terres au 6e s. Le calendrier semble ignorer son travail, car sa fête a lieu le 1er mai !

Les gens
85 849 Briochins et, pour emblème, un griffon, animal fabuleux à corps de lion, à tête et ailes d'aigle. Les écrivains Louis Guillou (1899-1980) et Villiers de L'Isle-Adam (1838-1889) sont nés à St-Brieuc.

visiter

Cathédrale St-Étienne★
Cet édifice du 13e s., restauré aux 18e et 19e s., surprend par son allure massive d'église forteresse. La façade austère est encadrée par deux grosses tours à meurtrières

ADMIRER
La finesse du triforium, au-dessus des grandes arcades, avec ses balustrades à quadrilobes et à arcs trilobés.

Se loger

Hôtel Le Duguesclin – *2 pl. Duguesclin - 02 96 33 11 58 - www.hotel-duguesclin.com - 17 ch. 41/51 € - 6,50 € - restaurant 10/25 €.* Cette adresse vaut par sa situation au sein du quartier piétonnier, tout près de deux parkings publics. Chambres rénovées, à choisir plutôt côté place. Au restaurant, petits plats traditionnels, fruits de mer et choucroute maison servis dans un décor de brasserie parisienne. Terrasse côté rue piétonne.

Chambre d'hôte Château de Bonabry – *22120 Hillion - 10 km à l'E de St-Brieuc dir. Yffiniac puis Marinarium - 02 96 32 21 06 - www.bonabry.fr.st - fermé fin sept.-mars - - 3 ch. 85/130 €* . Le temps semble s'être arrêté dans ce noble château maritime qui a les mêmes propriétaires depuis cinq siècles. Ses suites, dotées de lits à baldaquin, tableaux de famille et cheminée, ouvrent sur le parc dont les allées débouchent sur la plage. À voir : le colombier et la chapelle restés intacts.

Se restaurer

Le Chaudron – *19 Fardel - 02 96 33 01 72 - fermé lun. soir et le midi sf 15 juin-15 sept. - 7,50/16,50 €.* C'est dans une rue pavée du vieux St-Brieuc que se trouve cette vénérable maison à colombages. Fondues, raclettes et grillades (préparées sous vos yeux dans la cheminée) comptent parmi les spécialités de ce restaurant aux allures de taverne. Intérieur d'esprit savoyard et belle terrasse.

Le Bistrot Breton – *9 r. St-Guillaume - 02 96 61 93 77 - michel.gaudry@wanadoo.fr - 10,90/23 €.* Cette ancienne écurie avec ses poutres et pierres apparentes s'avère être le cocon « cosy » dont vous rêviez, surtout si un bon feu y crépite. Dans l'assiette, les crêpes sont toujours servies bien chaudes et copieusement garnies d'ingrédients de premier choix.

Salon de Thé Sucré Salé – *6 r. Jouallan - 02 96 68 34 22 - tlj sf dim. 10h30-18h30 - 11,20/15,20 €.* Pour savourer tartes salées et gourmandises sucrées, poussez la porte de cet accueillant salon de thé situé dans une rue piétonne. Ne manquez pas le coup d'œil vers la jolie vitrine garnie d'appétissantes pâtisseries maison et de grosses boîtes à thé.

Aux Pesked – *59 r. Légué - 02 96 33 34 65 - sarl-aumont@wanadoo.fr - fermé 2-12 janv., 26 avr.-3 mai, 30 août-13 sept., sam. midi, dim. soir et lun. - 20€ déj. - 35/90 €.* Les *pesked* (poissons en breton) sont évidemment à l'honneur sur cette table bien connue dans la région. Les habitués plébiscitent ses plats aux accents bretons, servis par une équipe bien rodée dans une salle à manger largement ouverte sur la campagne.

Faire une pause

La Duchesse de Rohan – *2 r. St-Gouéno - 02 96 33 36 27 - mar., jeu. et vend. 9h-13h, 15h-19h15 ; merc. et sam. 8h30-13h, 15h-19h15 ; dim. et j. fériés 8h30-13h - fermé sept.* Au cœur du vieux Saint-Brieuc, belle façade classée abritant une pâtisserie réputée, entre autres, pour son savoureux kouing-amann (gâteau régional mariant pâte à pain, beurre et sucre). À déguster sur place ou à emporter.

En soirée

Rollais – *26 r. du Gén.-Leclerc - 02 96 61 23 03 - lun.-sam. 9h-22h.* Tenu de père en fils depuis l'année 1912, ce bar à vin est une adresse mythique. Dans une lettre affichée dans la salle du fond, un enfant de St-Brieuc, l'écrivain Louis Guilloux, l'auteur en capture l'atmosphère grâce aux propos d'un habitué : « Avec deux œufs frais que tu gobes le matin, tu peux t'envoyer trente vins blanc sans ête dérangé ». Trente, c'est à dire le nombre exact de vins au verre chez Rollais ! Soirée littéraire et philosophique, concerts d'accordéon.

Que rapporter

Marchés – Les marchés et les foires de St-Brieuc sont très courus, en particulier la foire de la Saint-Michel et la foire-exposition au mois de septembre. Marché animé au centre-ville tous les mercredis et samedis matins. Marché sur le port du Légué chaque jeudi matin d'été. Marché artisanal à la mi-août près de la cathédrale St-Étienne.

Sports & Loisirs

Aéro-club des Côtes d'Armor – *Aéroport de St-Brieuc - Le Plessis - 22440 Trémusson - 02 96 94 97 04 - tlj 9h30-19h, plus vol de nuit.* Cet aéroclub propose des baptêmes de l'air et des promenades. Il y a également un club d'hélicoptère à l'aérogare.

Centre Équestre de Brézillet – *22440 Ploufragan - 02 96 94 19 19 - tlj. 9h-19h* - Club établi dans une zone de loisirs accolée à Saint-Brieuc. En plus des leçons d'équitation, il organise des randonnées d'une demi-journée dans la réserve naturelle depuis la grève des Courses. Point de rendez-vous au centre équestre. Maximum huit personnes.

Centre municipal de Voile de St-Brieuc – *27 bd de Cornouaille, Les Rosaires - 22190 Plérin - 02 96 74 51 59 - hors sais. : 9h-12h, 14h-18h ; été : 9h-19h30.* École de voile mettant à votre disposition dériveurs, catamarans, planches à voile.

Aquabaie – *R. Pierre-de-Coubertin - 22440 Ploufragan - 02 96 75 67 56 - cabri22.com - juil.-août : 10h-20h , sam. 14h-20h, dim. 9h-19.* Piscine olympique aux murs et au fond amovibles, bassins d'amusement intérieurs et extérieurs, fosse de plongée profonde de 5 m, hammam, sauna, salles de fitness et de squash : cette structure de 6 800 m² multiplie les activités depuis son ouverture en 2002. Des travaux sont en cours pour en ajouter d'autres encore.

ou à mâchicoulis, épaulées par de robustes contreforts. Les bras du transept, très saillants, sont protégés par des tours à poivrière.

La nef a été remaniée au 18e s. Dans le bas-côté droit, remarquez l'**autel baroque** de la chapelle du Saint-Sacrement, en bois sculpté, exécuté par Yves Corlay vers 1745. Le bras droit du transept présente une belle verrière du 15e s. et, dans la petite chapelle, le tombeau de saint Guillaume, mort en 1234. Le chemin de croix de Saupique est une œuvre rennaise de 1958, en granit.

Musée

☎ 02 96 62 55 20 - expos permanentes : 9h30-11h45, 13h30-17h45, dim. et j. fériés 13h30-17h45, expos temporaires : 10h-18h - fermé lun. 1er janv., 1er Mai et 25 déc. - gratuit.

Il retrace l'histoire et le développement du département des Côtes-du-Nord (aujourd'hui Côtes-d'Armor) au cours du 19e s., son passage d'une Bretagne traditionnelle à la Bretagne moderne. Plusieurs thèmes : baie de St-Brieuc, tradition de la lande, drapiers et toiliers, relations villageoises.

se promener

Maisons anciennes★

Le quartier au Nord de la cathédrale a conservé de belles demeures des 15e et 16e s. à pans de bois et encorbellements. Il faut contempler la place du Martray, la rue Fardel *(à l'angle de la place au Lin, maison du Ribeault ; au n° 15, maison dite « hôtel des ducs de Bretagne » ; puis nos 17, 19, 27, 29, 31, 32 et 34)*, la rue Quinquaine *(n° 9)* et la rue de Gouët *(nos 6, 16 et 22)*.

Tour du Saint-Esprit

Cette belle construction Renaissance (15e s.) rehausse un manoir du 16e s.

Le Gac/PIX

Le vieux Saint-Brieuc où vivaient jadis nobles, ouvriers et petits marchands, recèle de superbes maisons, notamment rue de Gouët.

ST-BRIEUC

Armor (Av. d') ... BZ 3	Glais-Bizoin (R.) ... ABY 20	Résistance (Pl. de la) ... AY 39
Chapitre (R. du) ... AZ 4	Jouallan (R.) ... AY 26	Rohan (R. de) ... AYZ 40
Charbonnerie (R.) ... AY 5	Le Gorrec (R.F.) ... AZ 28	St-Gilles (R.) ... AY 43
Gaulle (Pl. Gén.-de) ... AY 18	Libération (Av. de la) ... BZ 29	St-Gouéno (R.) ... AY 44
	Lycéens-Martyrs (R. des) ... AZ 32	St-Guillaume (R.) ... BZ 46
	Martray (Pl. du) ... AY 33	3-Frères-Le-Goff (R.) ... AY 52
	Quinquaine (R.) ... AY 38	3-Frères-Merlin (R.) ... AY 53

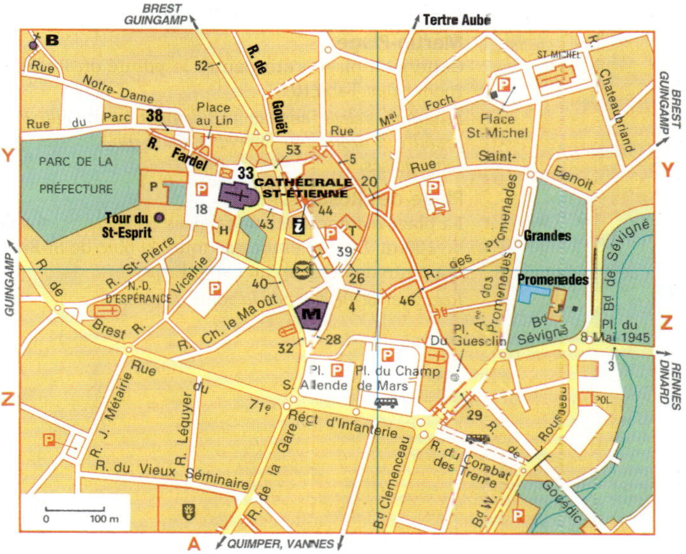

Fontaine de St-Brieuc ... AY B	Musée ... AZ M

Observation des oiseaux
Des sorties de découverte et d'initiation à l'ornithologie, ou au milieu naturel, sont régulièrement organisées par la Maison de la baie. Sorties nature en été : tlj sf w.-end. Galerie des oiseaux : muséographie représentant les milieux naturels de la baie de St-Brieuc.

Fontaine de St-Brieuc
Protégée par un joli porche du 15e s., cette fontaine est adossée au chevet de la chapelle N.-D.-de-la-Fontaine. En ce lieu se serait installé le moine gallois Brieuc, au 5e s., lors de l'évangélisation de cette région.

Tertre Aubé★
Ce terre-plein, aménagé en jardin, offre une belle **vue★** sur la vallée du Gouët, le port du Légué et la baie de St-Brieuc.

alentours

Hillion
À 10 km à l'Est ; sur la N 12, prendre la sortie vers Yffiniac ; gagner Hillion par la D 80 et suivre le fléchage de la maison de la Baie.

La **Maison de la baie**, centre d'accueil et de découverte du milieu marin, pour petits et grands, présente des expositions sur l'environnement et l'écologie de la baie. ☎ *02 96 32 27 98 - se renseigner.*

circuit

DES PLAGES À L'ANCIENNE
Circuit de 25 km – environ 2h. Quitter St-Brieuc au Nord par le port du Légué, longer le quai rive gauche et gagner la D 24. Sur la droite, dans la verdure, se profile la tour ruinée de Cesson ; au cours de la montée, belle vue sur la pointe des Guettes au fond de la baie et sur la côte jusqu'au cap d'Erquy à l'Est.

Pointe du Roselier★
En empruntant le sentier à droite de la longue-vue, on peut faire le tour de la pointe. De belles **vues★** se développent sur St-Quay-Portrieux et la côte à l'Ouest ; le chemin passe à proximité d'un ancien four à rougir les boulets, puis longe la clôture d'une villa. La vue se porte alors sur la pointe de Cesson et, derrière, le fond de la baie de St-Brieuc, puis les bouchots à moules de la pointe des Guettes et la côte vers le Val-André. Des sentiers à flanc de falaise ramènent au point de départ.

Faire demi-tour et, à 2 km, tourner à droite.

Martin-Plage
Cette jolie plage s'étire entre la pointe du Roselier et le rocher des Tablettes.

La route s'élève ensuite rapidement et, à Ville-Fontaine, prendre à droite une agréable route qui descend entre des talus boisés.

Plage des Rosaires
La plage est encadrée de falaises boisées, hautes de près de 100 m. La **vue** embrasse toute la baie de St-Brieuc, de la pointe de St-Quay au cap d'Erquy.

Regagner St-Brieuc par la route directe.

Saint-Cast-le-Guildo

Cette station familiale a déjà une longue histoire de tourisme balnéaire, dont témoignent ses belles villas du quartier des Mielles. St-Cast possède aussi un charmant port de pêche, dont la flottille se consacre plus spécialement aux coquilles Saint-Jacques et aux praires.

La situation

Carte Michelin Local 309 I3 – Côtes-d'Armor (22). À l'Ouest de Dinard et de St-Malo, St-Cast est accessible par la D 786 et les D 13 ou D 19. La station est formée de trois agglomérations : le Bourg, l'Isle et les Mielles.

Pl. Charles-de-Gaulle, 22380 St-Cast-le-Guildo, ☎ 02 96 41 81 52. www.ot-st-cast-le-guildo.fr

Le nom

Cast est la déformation bretonne de Cadoc, saint très populaire au pays de Galles. On retrouve sa trace ailleurs en Bretagne : dans le Morbihan, deux villages lui doivent leur nom, St-Cado et Pleucadeuc.

Les gens

3 187 Castins. En saison, avant tout des baigneurs, comme dans toute station balnéaire qui se respecte !

PLAGES
St-Cast comporte sept plages, dont deux belles étendues de sable fin, la Grande Plage et Pen-Guen. La Frênaye et la Pissotte se nichent dans des sites plus sauvages.

se promener

Pointe de St-Cast★★

À l'extrême pointe, un monument est dédié à la mémoire des « Évadés de France qui préfèrent mourir debout que vivre à genoux ». On l'atteint par un sentier

carnet pratique

SE LOGER

Hôtel restaurant de la Poste – *11 pl. Gouyon - 22550 Matignon - 6 km au S de St-Cast-le-Guildo par D 13 - ☎ 02 96 41 02 20 - www.hoteldelaposte-matignon.net - fermé 15 j. en janv., 15 j. en oct., dim. soir et lun. - 13 ch. 32/48 € - 6,50 € - restaurant 10/27 €.* Cette accueillante auberge de 1900, située dans le bourg, abrite des chambres au confort simple, mais bien entretenues. La salle de restaurant s'agrandit d'une terrasse couverte. L'assiette n'honore que les produits maison.

SE RESTAURER

Crêperie de St-Germain – *Au village de St-Germain-de-la-Mer - 22550 Matignon - 3 km au SO de St-Cast-le-Guildo - ☎ 02 96 41 08 33 - ouv. à partir de Pâques et vac. scol. - réserv. obligatoire hors sais. - 7,62/15,24 €.* Cette aimable crêperie doit, entre autres, sa réputation à sa fameuse galette gratinée au saumon. Intérieur rustique avec cheminée, tables en bois carrelées et photos des aïeux. Une halte ici sera en plus l'occasion de découvrir la baie de la Fresnaye.

SPORTS & LOISIRS

Centre nautique de St-Cast – *Au Port - ☎ 02 96 41 86 42 - cnautique-saintcast.com - secrétariat : mar.-sam. 9h-12h, 14h-18h ; activités tlj - fermé 25 déc. et 1er janv.* En plus de louer un kayak ou un bateau à moteur, d'apprendre à manœuvrer des voiles légères ou de perfectionner votre style en planche à voile, vous aurez la possibilité de sortir en mer à bord d'un voilier habitable de 8 m grâce à ce club qui compte parmi les plus importants de Bretagne Nord.

Établissement Patrick Page – *9 r. de l'Isle, quartier de l'Isle - ☎ 02 96 41 87 71 - patrick.page5@wanadoo.fr - tlj sf dim. et lun. sf vac. scol. 9h-12h30, 14h-19h - fermé 1 sem. en juin et 3 sem. en sept.-oct.* Planté au faîte de l'Isle, cette enseigne dispose d'un beau parc de VTT et VTC, entretenu soigneusement par un professionnel jovial et accueillant. N'hésitez pas à lui demander des conseils de balades, c'est un enfant du pays !

Golf de Saint-Cast Pen Guen – *☎ 02 96 41 91 20 - golfpg@clubinternet.fr - été : 8h-20h, hiver 9h-17h - fermé 1er janv., 25 déc., mar. du 15 nov. au 15 mars.* Son parcours de 18 trous se déploie sur 40 ha de gazon et de bosquets, face au panorama de la côte d'Émeraude. Sans être golfeur, vous pourrez jouir de cette belle vue depuis la terrasse du club house, ouverte au public.

Les trampolines, les tentes, la plage... rien ne change pour les enfants qui ne voient pas encore le temps passer...

GRAND ANGLE
De superbes **vues★★** se déploient sur la pointe de St-Cast, équipée d'une table d'orientation, où l'on découvre la Côte d'Émeraude, et depuis la pointe de la Garde, balcon sur les plages de St-Cast et de Pen-Guen.

courant le long de la falaise. Il rejoint le chemin de St-Cast à la plage de la Mare : autre monument à la mémoire des victimes de la frégate *Laplace*, bâtiment qui sauta sur une mine en 1950.

Pointe de la Garde★★

Un sentier touristique contourne la pointe : il emprunte la corniche de la Plage près de l'hôtel Ar Vro, passe non loin de l'oratoire, suit la falaise à la pointe et se raccorde, sur le versant Sud, au chemin d'accès à la cale près de l'oratoire.

Église

Au Bourg. À l'intérieur de cette église (fin 19e s.), remarquez un curieux bénitier (12e s.) orné de grotesques et les statues de saint Clément et saint Cado, du 17e s.

Chapelle Ste-Blanche

À l'Isle. Au-dessus du maître-autel, une antique statue de sainte Blanche, mère de triplés, est traditionnellement l'objet de vénération.

Saint-Malo★★★

Presque entièrement détruite en août 1944, St-Malo a été si bien restaurée que ses visiteurs y retrouvent sans mal, une fois l'enceinte franchie, l'époque des corsaires. Port très actif, la cité malouine est aussi une station balnéaire réputée, avec ses plages de Bon-Secours et de la Grande-Grève

À PIED
Le vieux St-Malo, reconstruit pierre par pierre, est réservé aux piétons. Profitez du parking situé près du casino.

La situation

Carte Michelin Local 309 J3 – Ille-et-Vilaine (35). Dominant l'embouchure de la Rance, l'agglomération de St-Malo englobe St-Servan-sur-Mer, Paramé et Rothéneuf.
Esplanade St-Vincent, 35400 St-Malo, ☎ 0 825 135 200. www.saint-malo-tourisme.com

Le nom

Au 6e s., saint Malo évangélisa Aleth et devint son évêque. En 1144, l'île voisine est suffisamment peuplée pour que l'évêché d'Aleth y soit transféré ; elle prend le nom de St-Malo tandis qu'Aleth se place sous la protection d'un autre saint local : Servan.

Les gens

50 675 Malouins. Au moment de la Ligue, la ville se proclama république et maintint son indépendance durant quatre ans. Cet esprit particulariste se traduit par la devise : « Ni Français ni Breton : Malouin suis. »

R. Mattès/MICHELIN

LES CORSAIRES
Ces hardis marins recevaient du roi des « lettres de course » qui leur permettaient d'attaquer les navires de guerre ou marchands ennemis sans être traités en pirates, c'est-à-dire pendus. Aux 17e et 18e s., les corsaires ont infligé aux Anglais, aux Hollandais et aux Espagnols des pertes inouïes.

comprendre

QUELQUES MALOUINS CÉLÈBRES

Jacques Cartier (1494-1557) – En 1534, il part chercher de l'or dans la région de Terre-Neuve et du Labrador. Il découvre alors l'estuaire du St-Laurent, qu'il prend pour l'embouchure d'un grand fleuve d'Asie. Comme le mot *« Canada »*, qui signifie village en huron, revient souvent dans les propos des indiens, il appelle ainsi le pays. Cartier en prend possession au nom du roi de France, mais c'est Champlain qui le colonisera et qui fondera Québec, en 1608.

Duguay-Trouin et **Surcouf** – Ce sont les plus illustres corsaires malouins. Fils d'un riche armateur, Duguay-Trouin (1673-1736) est embarqué à 16 ans sur un navire corsaire pour mettre fin à une jeunesse orageuse. Ses talents sont tels qu'il passe à 24 ans dans le « Grand Corps » de la Marine royale, comme capitaine de frégate. Il meurt anobli, lieutenant général et commandeur de St-Louis.

Rien de tel qu'une vue d'avion pour saisir toute la beauté de ce site historique.

Y. Arthus-Bertrand/ALTITUDE

Se loger

Les Croix Gibouins – *Les Croix-Gibouins - 6 km à l'E de St-Malo par D 301 rte de Cancale, et D 155 rte de St-Méloir-des-Ondes - ☎ 02 99 81 12 41 - http://les-croix-gibouins.chez.tiscali.fr - P - 4 ch. 40/53 €*. Oubliez la route qui passe à proximité de cette séduisante gentilhommière du 16e s., car l'épaisseur de ses murs garantit à elle seule le calme de ses intérieurs. Les chambres, douillettes et remarquablement restaurées, ouvrent leurs fenêtres sur un verger.

Chambre d'hôte La Goëletterie – *20 r. Goëletterie, quartier Quelmer - 5 km de St-Malo, dir. Dinard puis Quelmer - ☎ 02 99 81 92 64 - www.la-goelletterie.com - réserv. obligatoire le soir - 5 ch. 45/52 €*. St-Malo côté campagne ! Cette jolie ferme dominant la Rance bénéficie d'une tranquillité très appréciée. Chambres récemment rajeunies. Accueil charmant.

Hôtel Quic en Groigne – *8 r. d'Estrées - ☎ 02 99 20 22 20 - rozenn.roualec@wanadoo.fr - fermé 9 au 16 janv. - 15 ch. 49/63 € - 7 €*. Cet hôtel occupant une ancienne maison en pierre a les atouts d'une gentille petite adresse. Au calme dans une ruelle, il est très bien tenu et son décor est agréable et clair... Petit-déjeuner servi - avec le sourire - sous la véranda.

Hôtel La Rance – *15 quai Sébastopol (port Solidor) - ☎ 02 99 81 78 63 - hotel-la-rance@wanadoo.fr - 11 ch. 81 € - 8 €*. Au pied de la tour Solidor, petit hôtel offrant de jolies vues sur le port et la baie. Une collection de tableaux, maquettes et bibelots sur le thème de la mer égaye son salon, meublé avec autant de soin que les chambres. Quelques balcons côté mer.

Hôtel Les Ajoncs d'Or – *10 r. du Forgeurs - ☎ 02 99 40 85 03 - hotel-ajoncs-dor@wanadoo.fr - fermé déc. et janv. - 22 ch. 105/120 € - 10 €*. Cet hôtel douillet de la vieille ville a insonorisé ses chambres et rénove peu à peu ses salles de bains. Les petits déjeuners sont servis au bar meublé de chaises et de tables de bistrot.

Se restaurer

Au Pied d'Cheval II – *6 r. Jacques-Cartier - ☎ 02 99 40 98 18 - fermé 15 nov.-30 mars sf les w.end ; ouv. tlj d'avr. au 14 nov. - 5/15 €*. Les Le Moal, conchyliculteurs à Cancale, vous proposent une dégustation de coquillages et fruits de mer dans un cadre marin coloré en blanc et bleu. Ne manquez pas le coup d'œil à l'étonnante machine destinée à l'ouverture des huîtres.

Le Petit Crêpier – *6 r. Ste-Barbe (intra-muros) - ☎ 02 99 40 93 19 - www.lepetitcrepier.fr - fermé 15-31 janv., 25 nov.-10 déc., mar. et merc. sf juil.-août - 6,10/12,20 €*. Tentures rouges, bibelots et tableaux marins, maquettes de bateaux et cartes des côtes bretonnes sur les tables créent une plaisante atmosphère en cette discrète crêperie malouine. Quelques galettes et crêpes originales s'ajoutent aux grands classiques du genre.

Crêperie Ti Nevez – *12 r. Broussais (intra-muros) - ☎ 02 99 40 82 50 - fermé janv. et merc. sf vac. scol. - 9,28/14,24 €*. Cette minuscule crêperie fondée en 1959 joue la carte de la tradition, tant dans son décor de meubles bretons et photos anciennes que dans ses recettes : les crêpes sont retournées comme autrefois, en salle devant les convives. Essayez aussi le fameux gâteau breton.

La Brigantine – *13 r. de Dinan - ☎ 02 99 56 82 82 - fermé mar. et merc. hors sais. sf vac. scol. - 10/15 €*. Cette crêperie emprunte son nom à une voile trapézoïdale située à l'arrière des vieux gréements. Galettes et crêpes sont servies dans deux sobres salles à manger égayées par un nappage coloré. Carte bien composée et menu attractif.

Coquille d'Œuf – *20 r. de la Corne-de-Cerf - ☎ 02 99 40 92 62 - fermé lun. - 12/23,50 €*. Murs jaunes ornés de tableaux, parquet, petits fauteuils en osier : le cadre contemporain de ce restaurant du centre-ville est vraiment plaisant. Ajoutez à cela un service impeccable et des plats particulièrement soignés, vous comprendrez qu'il faut vous y arrêter !

L'Ancrage – *7 r. Jacques-Cartier (intra-muros) - ☎ 02 99 40 15 97 - fermé déc.-janv., mar. hors sais. et merc. - 15€ déj. - 18/32 €*. Où jeter l'ancre le temps d'un repas... Adossé aux remparts de la cité corsaire, restaurant de poissons et fruits de mer où vous serez servis « à la bonne franquette » ! Décor marin au rez-de-chaussée ; jolie salle voûtée à l'étage.

La Corderie – *Cité d'Alet, chemin de la Corderie - 35400 St-Servan-sur-Mer - ☎ 02 99 81 62 38 - www.lacorderie.com - fermé lun. sf j. fériés - 14,50/17 €*. Perché au-dessus de la tour Solidor, la villa domine superbement la Rance et son barrage. Aux beaux jours, la terrasse rencontre un vif succès et en hiver, ses deux salles à manger font étalage de leur charme : grandes baies vitrées et mobilier ancien.

Le Chalut – *8 r. de la Corne-de-Cerf - ☎ 02 99 56 71 58 - fermé mar. sf le soir en sais. et lun. - réserv. obligatoire - 22€ déj. - 33/49 €*. Une étape indispensable sur la route des gourmets ! Tenu par un jeune chef passionné, ce restaurant au décor marin sert une cuisine savoureuse privilégiant les produits de la mer. Le rapport qualité-prix est excellent, et ça se sait !

En soirée

Casino Barrière de St-Malo – *2 chaussée du Sillon - ☎ 02 99 40 64 00 - www.lucienbarriere.com - ouv. tlj à partir de 10h*. En plus de ses 125 machines à sous et de son jeu de boule, cet établissement entièrement rénové comprend également un restaurant, un bar et une piste de danse pour des thés ou des soirées à thème. Design confortable et ambiance feutrée garantis !

Le Cancalais – *1 quai Solidor - ☎ 02 99 81 15 79 - illand1@voila.fr - juil.-août : 9h-2h ; reste de l'année : 10h-2h (mar. 9h-2h) -*

M. Dieu/Association Cotre Corsaire

Le Renard.

fermé lun. hors sais. Posté face au port Solidor, petit bistrot centenaire fréquenté par des habitués qui apprécient sa terrasse, ses expositions temporaires (photos et peintures), ses concerts d'été et son accès à Internet.

Le Théâtre de St-Servan – *6 pl. Bouvet - ☎ 02 99 81 62 61 - www.theatresaintmalo.com - mar.-vend. 10h-12h, 14h-19h, lun. et sam. 10h-12h, 14h-18h - fermé dim. et lun. sf spectacles.* Théâtre regroupant les principaux spectacles de St-Malo : théâtre, variétés, musique classique, ballet, cabaret...

Sports & Loisirs

Corsaires Malouins - Kayak de mer – *7 r. de la Clouterie, Porte Saint-Pierre - ☎ 02 99 40 92 04 - c-m-km@wanadoo.fr - tlj sf dim. 9h-12h, 14h-17h.* Le kayak de mer est une embarcation idéale pour découvrir de près la côte. Cet organisme propose initiations, randonnées et stages avec des moniteurs diplômés de la FFCK. À vos pagaies !

Société Nautique de la Baie de St-Malo – *Quai du Bajoyer - ☎ 02 99 56 39 41 - snbsm.stmalo@wanadoo.fr - été : 9h-20h ; printemps et automne : 13h30-17h30 - fermé mi-déc. à fin avr.* D'un stage à la simple location de matériel, découvrez toutes les activités nautiques possibles en baie de Saint-Malo. Deux sites sont à votre disposition : la plage du Bon Secours (au pied de la cité corsaire) et Rothéneuf (localité limitrophe).

Surf School – *2 av. de la Hoguette - ☎ 02 99 40 07 47 - www.surfschool.org - 9h-12h30, 13h30-18h, dim. sur RV.* Installé sur la plage de la Hoguette, ce club organise des cours de planche, fun board, char à voile et catamaran ainsi que des sorties sur de vieux gréements. Possibilité de louer du matériel sur place.

Thermes Marins – *Grande Plage du Sillon - ☎ 02 99 40 75 00 - www.thalassotherapie.com - 8h30-18h30, dim. 8h30-12h - fermé 1ère quinz. de janv.* Algues, douches, bains jets, sauna, piscine, restaurants : voilà le programme rêvé pour un week-end ou une journée dans cet établissement cossu, idéalement situé sur la grande plage du Sillon. Cadre moderne, récemment rénové avec le reste des bâtiments contemporains ou datant de la Belle-Époque. À noter, la présence d'un club-enfant.

PROMENADES, LIAISONS EN BATEAU

Compagnie corsaire – La société organise des excursions commentées en baie de St-Malo (1h et 1h30), à l'île de Cézembre (20mn), au cap Fréhel (2h30), à Dinan par la Rance (2h30), aux îles Chausey (1h10) - juil.-août : pour aller directement de St-Malo à Dinard, sans prendre la voiture, le « bus de mer » (10mn) 9h-21h ; de déb. avr. à mi-nov. : ttes les 40mn à l'embarcadère cale de Dinan - *35400 St-Malo - ☎ 0 825 138 035 -* matinées de pêche en mer.

Étoile Marine Croisières – *41 quai Duguay-Trouin - ☎ 02 99 40 48 72 - www.etoile-marine.com - 9h-12h30, 14h-18h - fermé dim. et j. fériés.* Pour une heure, une journée, un week-end ou une semaine, vous partirez sur de vieux gréements et des bateaux modernes d'exception en direction de Chausey, des îles Anglo-Normandes, du golfe du Morbihan ou du Havre.

« Le Renard » – *Association Côtre corsaire de St-Malo, tour Ouest - ☎ 02 99 40 53 10 - www.cotrecorsaire-renard.com – avr.-oct. : sorties en mer 9h30-17h30 sur demande préalable - fermé déc.-fév. – 60 €.* Naviguez comme en 1812 sur le dernier navire corsaire de R. Surcouf, Le Renard, à la journée ou sur plusieurs jours avec un équipage professionnel.

Îles Anglo-Normandes – Les curiosités sont décrites dans le *Guide Vert Normandie-Cotentin-Îles Anglo-Normandes.* À destination de Jersey-Guernesey - Sercq et Aurigny, des bateaux (catamaran hydrojet, catamaran perce-vagues) et des car-ferries partent régulièrement de St-Malo. ♿ - *8h30-19h.* « Condor Ferries » assure des liaisons quotidiennes avec les îles Anglo-Normandes (Jersey, Guernesey) et la Grande-Bretagne (Weymouth et Poole) au dép. de St-Malo par car-ferry à grande vitesse stabilisé. Traversées piétons et véhicules - *☎ 0 825 135 135 - www.condorferries.com*

Le destin de Surcouf (1773-1827) est bien différent, mais tout aussi brillant. Répondant à l'appel de la mer, il commence très jeune une carrière riche en exploits fabuleux. Négrier, puis corsaire, il amasse un énorme butin et prend à 36 ans une retraite précoce au cours de laquelle il arme des corsaires, des navires marchands et continue à accroître sa fortune.

François René de Chateaubriand – Il est le dixième et dernier enfant d'une famille bretonne désargentée de très ancienne noblesse. Son père est allé chercher fortune aux Amériques et a pu, au retour, s'établir armateur à St-Malo. Le jeune Chateaubriand (1768-1848) passe ses premières années à vagabonder sur le port, puis étudie successivement aux collèges de Dinan, Dol,

Aquarium intra-muros	DZ	Cathédrale St-Vincent	DZ
Bastion St-Louis	DZ	Château	DZ
Bastion St-Philippe	DZ	Corniche d'Aleth	AZ
Belvédère du Rosais	BZ	Église Ste-Croix	AZ
Briantais (la)	BZ	Fort de la Cité	AZ

La chambre où François René vit le jour se trouve au 2e étage d'un immeuble modeste dont l'entrée donne sur la cour d'honneur de l'hôtel « France et Chateaubriand », près de la tour Quic-en-Groigne.

Rennes, Brest, rêvant d'être marin ou prêtre. Il reste deux années dans la solitude de Combourg avec son père, sa mère et sa sœur Lucile : un épisode que le grand écrivain romantique évoquera dans ses *Mémoires d'outre-tombe*. C'est par le métier des armes qu'il commence, en 1786, une carrière mouvementée qui se termine en 1848 dans l'isolement grandiose du Grand Bé.

Lamennais – Cet autre fils (1782-1854) d'armateur malouin tient une place importante dans le mouvement romantique. Orphelin, il est élevé par un oncle au château de la Chesnaye, près de Dinan ; à 22 ans, il devient professeur de mathématiques au collège de St-Malo. Ordonné prêtre en 1816, ses polémiques passionnées le mettent en difficulté avec Rome. Ayant rompu avec l'Église, il se retire à la Chesnaye. Apologiste de l'ultramontanisme, ses idées politiques le font condamner à un an de prison en 1840, mais lui valent un siège à l'Assemblée nationale de 1848.

Maupertuis – Fil d'un corsaire anobli, Pierre Louis Moreau de Maupertuis (1698-1759) est un grand savant

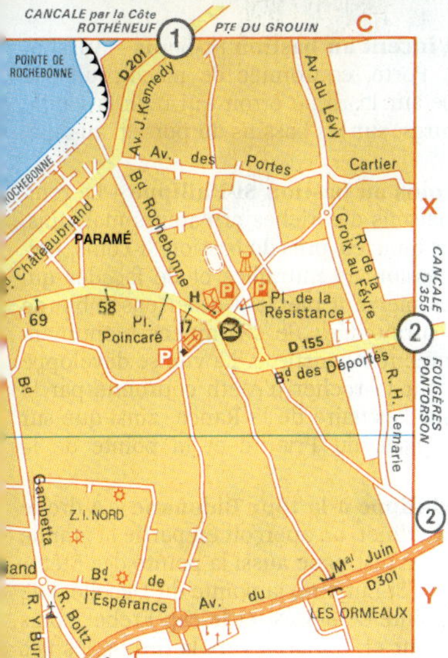

ST-MALO

Bardelière (R. M. de la)	CZ	2
Bas-Sablons (R. des)	AZ	3
Broussais (R.)	DZ	
Cartier (R. J.)	DZ	5
Chartres (R. de)	DZ	6
Chateaubriand (Pl.)	DZ	8
Clemenceau (R. G.)	AZ	12
Cordiers (R. des)	DZ	13
Dauphine (R.)	AZ	15
Dinan (R. de)	DZ	
Doutreleau (R.)	BZ	16
Flaubert (R. G.)	CX	17
Forgeurs (R. du)	DX	18
Fosse (R. de la)	DX	19
Herbes (Pl. aux)	DZ	25
Lamennais (Pl. Fr.)	DZ	28
Mettrie (R. de la)	DZ	35
Mgr-Duchesne (Pl.)	AZ	36
Pilori (Pl. du)	DZ	38
Poids-du-Roi (Pl. du)	DZ	39
Poissonnerie (Pl. de la)	DZ	42
Porcon-de-la-Barbinais (R.)	DZ	43
République (Bd de la)	BY	50
Roosevelt (Av. F)	BY	53
St-Benoist (R.)	DZ	56
St-Vincent (R.)	DZ	57
Schuman (R. du Prés.-R.)	CX	58
Tabarly (Chaussée Éric)	AY	63
Trichet (Q. de)	AY	68
Umbricht (R. du R. P.)	CX	69
Vauban (Pl.)	DZ	70
Ville-Pépin (R.)	AZ	71

Fort National	AX	
Île du Grand Bé	AX	
Grand Aquarium-St-Malo	BZ	
Musée d'Histoire de la ville et d'Ethnographie du pays malouin	DZ	M²
Parc des Corbières	AZ	
Porte St-Vincent	DZ	
Remparts	DZ	
Tour Bidouane	DZ	
Tour Quic-en-Groigne	DZ	E
Tour Solidor	AZ	

trop méconnu. Membre de l'Académie des sciences, il s'illustre en organisant une expédition en Laponie pour mesurer un degré du méridien terrestre. Très curieux, il publie d'intéressants ouvrages de biologie et se voit confier la présidence de l'Académie royale de Berlin par le roi de Prusse Frédéric II.

se promener

Remparts (St-Malo intra-muros)★★★

Visite : 2h. Partir de l'esplanade St-Vincent.

À l'entrée du jardin du casino, la statue de Chateaubriand, élevée en 1948, commémore le centenaire de sa mort. *Passer sous la porte St-Vincent et prendre, à droite, l'escalier qui donne accès au chemin de ronde.*

Commencés au 12e s., les remparts (sortis intacts des destructions de 1944) ont été agrandis et modifiés jusqu'au 18e s.

RESTAURATION

Transformés par les Allemands en un vaste camp retranché, St-Malo et ses environs sont, du 1er au 14 août 1944, l'objet d'une lutte sans merci, dont la ville sort ruinée. Respectueux du passé, les restaurateurs ont su fidèlement revivre la vieille cité.

De la porte St-Vincent au bastion St-Louis – Aussitôt après la Grande Porte, couronnée de mâchicoulis, la vue se développe sur l'isthme étroit qui relie la vieille ville à ses faubourgs, sur les bassins du port et, au-delà, sur St-Servan.

Conseil

La promenade sur les remparts offre des **vues★** magnifiques. Elle est recommandée à marée haute, dont la grande amplitude (de 8 à 14 m) modifie de façon spectaculaire l'aspect du rivage et des flots.

Du bastion St-Louis au bastion St-Philippe – Le rempart borde les maisons des riches armateurs malouins. Deux sont restées intactes, près du bastion St-Louis, précédant une succession de murailles et de façades qui furent remontées pierre à pierre. Ce bel ensemble de hautes toitures, surmontées de cheminées monumentales, a été totalement reconstitué. La vue se développe sur l'avant-port, sur le rocher d'Aleth couronné par le fort de la Cité, sur l'estuaire de la Rance, ainsi que sur Dinard, avec la plage du Prieuré et la pointe de la Vicomté.

Du bastion St-Philippe à la tour Bidouane – À droite de la pointe du Moulinet, on aperçoit en partie la grande plage de Dinard ; on distingue aussi la pointe des Étêtés séparant Dinard de St-Lunaire, la pointe du Décollé, l'île des Ebihens, la pointe de St-Cast et le cap Fréhel ; plus proche, l'île Harbour et, toujours vers la droite, les îles du Grand Bé et du Petit Bé, puis à l'arrière-plan, l'île de Cézembre et le fort de la Conchée.

De la tour Bidouane à la porte St-Vincent – Après avoir longé les bâtiments de l'École nationale de la marine marchande, on découvre le Fort national et la grande courbe qui unit St-Malo à la pointe de la Varde : ici se déploient les plages de Paramé, de Rochebonne et du Minihic.

Bastion avancé qui assurait la protection de la cité corsaire, le Fort national fait corps avec le rocher.

Île du Grand Bé

À marée basse, 3/4h à pied AR. Quitter St-Malo par la porte des Champs-Vauverts et traverser la plage obliquement, pour gagner la chaussée qui conduit à l'île. Suivre le chemin accroché au flanc droit de l'île. Le **tombeau de Chateaubriand** se trouve du côté du large : une simple dalle sans nom, surmontée d'une lourde croix de granit. Du sommet de l'île, superbe **panorama★★** sur toute la Côte d'Émeraude.

Traverser le terre-plein, descendre quelques marches et tourner à gauche dans un chemin qui ramène à la chaussée que l'on a empruntée à l'aller.

Y. Tierny/MICHELIN

La flottille de plaisance, ici au pied des remparts, est surtout concentrée aux Bas-Sablons, près de la cité d'Aleth.

Port

Aménagé au cœur de la vaste rade qui séparait jadis la cité corsaire du continent, le port de St-Malo possède quatre bassins à flot, protégés par une écluse. Son avant-port est équipé de deux gares maritimes pour le trafic des **car-ferries** et des **vedettes** rapides. Des liaisons quotidiennes *(sauf en hiver)* desservent l'Angleterre (Portsmouth) et les îles anglo-normandes de Jersey et Guernesey. Pour la navigation de plaisance, de nombreux pontons ont été aménagés sous les remparts.

visiter

Château★★

Visite : 1h1/2

Symbole du pouvoir ducal puis royal, le château est accolé à la tour Quic-en-Groigne. On y découvre les façades des casernes des 17e et 18e s. qui abritent aujourd'hui l'hôtel de ville, la citerne, le grand donjon et le castelet. Édifié en 1395, le petit donjon flanque l'ancien mur d'enceinte. Élevé en 1424, le grand donjon domine le château : depuis les tourelles de guet beau **panorama★★** sur la ville, le port, la côte et la mer. À l'extérieur, les tours d'angle datent des 15e et 16e s., la chapelle et « la galère », du 17e s.

Occupant le grand donjon et le castelet, le **musée d'Histoire de la ville et d'Ethnographie du pays malouin★** est consacré à l'histoire de St-Malo et de ses hommes célèbres. Documents, maquettes de navires, peintures et armes rappellent le passé maritime de la cité. De l'ancienne chapelle, un passage conduit à la Tour générale où sont présentés l'économie, les modes de vie et les événements marquants du pays malouin. *☎ 02 99 40 71 57 - avr.-sept. : 10h-12h30, 14h-18h ; reste de l'année : tlj sf lun. 10h-12h, 14h-18h - fermé 1er janv., 1er Mai, 1er et 11 Nov., et 25 déc. - 5 €.*

La tour **Quic-en-Groigne★** est située dans l'aile gauche du château. Son nom rappelle la réplique d'Anne de Bretagne aux Malouins : « Qui qu'en groigne, ainsi sera, car tel est mon bon plaisir. »

Cathédrale St-Vincent

Commencée au 11e s., achevée au 18e s., elle fut coiffée au 19e s. d'une flèche ajourée. Couverte de voûtes d'ogives très bombées, de type angevin, la nef contraste avec le chœur (13e s.) qu'éclairent de magnifiques **vitraux★** de Jean Le Moal. Dans le transept, les vitraux ont des tonalités plus assourdies que dans les bas-côtés où les verrières de Max Ingrand offrent des couleurs froides. Une Vierge du 16e s., N.-D.-de-la-Croix-du-Fief, provenant d'une maison médiévale, est conservée dans la deuxième chapelle, côté gauche du déambulatoire où se trouvent aussi les restes de Duguay-Trouin. La chapelle voisine abrite le chef de Jacques Cartier.

> **À VOIR**
> Dans la cathédrale, les vitraux dessinent une éclatante rose, aux flammes orangées, rouges et jaunes, qu'encadrent des verrières grenat, indigo, rose ardent, ciel.

Aquarium d'eau douce tropicale

☎ 02 99 56 94 77 - juil.-août : 10h-20h ; avr.-juin, sept.-oct. et vac. scol. : 10h-13h, 14h-18h ; nov.-mars (hors vac. scol.) w.-end 14h-18h - fermé. nov.-janv (hors vac. scol.) 14h-18h - 6 € (4-14 ans 4 €).

À l'intérieur d'une courtine du rempart, un ancien magasin d'artillerie réunit 35 bacs d'eau douce peuplés de merveilleux poissons tropicaux, aussi colorés qu'insolites.

Fort national★

Accès par la plage de l'Éventail à marée basse – 1/4h à pied AR. ☎ 02 99 85 34 33 - visite guidée (45mn) juin-sept. w.-end de Pâques, de l'Ascension et de la Pentecôte : à marée basse (h variables en fonction des marées) - 4 € (enf. 2 €).

Construit par Vauban en 1689, le « Fort royal » est devenu « Fort national » après 1789, puis propriété privée. La **vue★★** des remparts est exceptionnelle : de l'estuaire de la Rance aux îles Chausey. Et la visite du cachot impressionnante !

> **EN GARDE !**
> Au cours de la visite du fort, on évoque le duel mémorable de Surcouf qui défendit l'honneur de la France contre 12 adversaires. Il épargna le dernier... comme témoin de ses exploits !

Le Petit Bé

Accès à pied ou en bateau (en fonction des marées) à partir du Grand Bé - 5 € (enf. 3 €) - horaires disponibles à l'Office de tourisme - ☎ 0 825 135 200 ou 06 08 27 51 20.

Située après le Grand Bé, l'île possède un remarquable fort construit à partir de 1693 par Vauban et restauré par un passionné. La visite *(guidée)* présente les fortifications de la baie de Saint-Malo et le phénomène des marées. Très belle vue sur la baie.

UNE BIENHEUREUSE SERVANTE
Placée comme domestique à St-Servan chez une vieille demoiselle, **Jeanne Jugan** (1792-1879) acheta une masure pour accueillir des vieillards avec l'aide de trois amies. Cette association spirituelle marquait les débuts de la congrégation des **Petites Sœurs des pauvres**.

alentours

ST-SERVAN-SUR-MER*

On oublie souvent que Saint-Servan est à l'origine de Saint-Malo avec l'ancienne cité gallo-romaine d'Aleth. Tout en jardins, la ville contraste avec la cité de St-Malo, enclose dans ses remparts. St-Servan, dont la plage principale est formée par l'anse des Sablons, possède trois ports : le bassin Bouvet, port de commerce et de pêche qu'elle partage avec St-Malo, l'ancien port militaire Solidor, et le port St-Père.

Corniche d'Aleth**

Laisser la voiture sur la place St-Pierre où se dressent les ruines de l'ancienne cathédrale. Prendre la rue St-Pierre au chevet de l'église et gagner à gauche l'allée en corniche.

Cette promenade procure des **vues**** magnifiques. On verra successivement la cité de St-Malo, les îles du Petit Bé et du Grand Bé ainsi que l'île de Cézembre, le fort de la Cité puis l'ensemble de la rade où se détache au loin l'île fortifiée de la Grande Conchée, le phare du Grand Jardin *(à gauche)*, l'île Harbour et son fort ; au-delà, le cap Fréhel, puis la pointe du Décollé que prolongent des récifs. En empruntant le chemin en descente à droite, on découvre une très belle vue sur l'estuaire de la Rance et, au-delà, sur l'usine marémotrice.

Fort de la Cité

☎ 02 99 82 41 74 - visite guidée (1h) juil.-août : 10h15, 11h, 14h, 15h, 16h et 17h ; avr.-juin et de déb. sept. à mi-nov. : tlj sf lun. 14h, 15h15 et 16h30 - 5 € (enf. 2,50 €).

Bâti en 1759, il fut utilisé et transformé par les Allemands pendant la dernière guerre. Autour de la cour intérieure est disposée une chaîne de blockhaus, reliés par près de 2 km de galeries souterraines.

Tour Solidor*

Bâtie en 1382, restaurée au 17e s., cette ancienne prison (27 m de haut) commande l'estuaire de la Rance. *À l'intérieur de la tour*, le **musée international du Long Cours cap-hornier*** est consacré à l'histoire, aux techniques, aux traditions. La visite, par paliers, permet d'atteindre sans fatigue le chemin de ronde d'où la **vue*** est belle sur l'estuaire, St-Servan-sur-Mer, St-Malo, Dinard et la Rance.

☎ 02 99 40 71 58 - avr.-sept. : 10h-12h30, 14h-18h ; reste de l'année : tlj sf lun. 10h-12h, 14h-18h - fermé 1er janv., 1er Mai, 1er et 11 Nov., et 25 déc. - 5 € (enf. 2,50 €)

R. Mattès/MICHELIN

Emblématique de St-Servan, la fameuse tour Solidor.

Église Ste-Croix

Construite à partir de 1715 pour remplacer l'ancienne église paroissiale, elle se signale par son imposante façade de granit. L'intérieur est décoré de fresques de 1854 et de vitraux modernes.

Parc des Corbières

Dans ce parc boisé aux nombreuses essences, prendre à droite le sentier en corniche qui, contournant la pointe des Corbières, offre de belles **échappées*** sur l'estuaire de la Rance.

Belvédère du Rosais*

Situé près du petit cimetière marin (tombe des parents de Chateaubriand), il offre une jolie **vue*** sur le barrage de la Rance, le rocher Bizeux surmonté d'une statue de la Vierge, la pointe de la Vicomté et Dinard.

Parc de la Briantais*

Direction Quelmer, barrage de la Rance. Stationnement payant. ☎ 02 99 81 83 42 (seult en sem.) - ♿ - juil.-août : 9h-19h ; mars-juin et sept.-oct. : 14h-18h, w.-end 9h-19h ; nov.-fév. : 14h-17h, w.-end 9h-17h - gratuit.

Ce grand domaine de 27 ha bénéficie d'une situation panoramique exceptionnelle à l'Ouest de Saint-Servan.

CÉLÉBRITÉS
Pendant près d'un siècle, la Briantais a appartenu à la famille La Chambre. Le dernier d'entre eux fut **Guy La Chambre**, maire de Saint-Malo de 1947 à 1965, qui s'est illustré dans la reconstruction de la ville. Il a légué le domaine au diocèse qui le vendra à la ville de Saint-Malo en 1999.

Le château (1850) a remplacé un ancien manoir du 17e s. et accueille des expositions temporaires. Mais l'intérêt principal des lieux est ce vaste et agréable parc qui dévoile d'intéressantes **vues**★ sur Saint-Servan et la tour Solidor, Dinard et la vallée de la Rance.

PARAMÉ

Station balnéaire fréquentée, Paramé possède un établissement de cures marines. Deux plages magnifiques s'étendent sur 2 km : la plage du Casino, qui fait suite à celle de St-Malo, et la plage de Rochebonne. Superbe digue-promenade de 3 km.

ROTHÉNEUF

Par ① du plan. Ses deux plages sont très différentes : celle du Val s'ouvre largement sur la mer ; celle du Havre borde une anse presque fermée et entourée de dunes, de falaises et de pins.

À proximité de Rothéneuf se trouve **le Minihic**, avec ses villas et sa plage.

Musée-manoir de Jacques Cartier★

R. David-Macdonald-Stewart. ☎ 02 99 40 97 73 - visite guidée (1h) juil.-août : 10h-11h30, 14h30-18h ; juin et sept. : tlj sf dim. 10h-11h30, 14h30-18h ; oct.-mai : tlj sf dim. 10h et 15h - fermé sept.-juin, dim. et j. fériés (sf 14 Juil. et 15 août) - 4 € (-12 ans 3 €).

Après tous ses voyages d'exploration au Canada, Jacques Cartier acheta une ferme qu'il agrandit et appela Limoëlou (« tertre chauve »). Cette maison des 15e et 16e s., avec sa partie ajoutée au 19e s., a été restaurée et meublée selon le style de l'époque. La visite comprend une présentation audiovisuelle sur les voyages de l'explorateur et la « Nouvelle-France, colonie vulgairement appelée Canada ».

M. Dupuis/Ville de St-Malo

« Jacques Cartier, rendu songeur » par Auguste Lemoine en 1895 (collection du musée d'Histoire de la ville).

Rochers sculptés

☎ 02 99 56 23 95 - se renseigner auprès de M. Janvier - juil.-août : 10h-19h ; reste de l'année : 10h-12h, 14h-19h - fermé j. de grand vent en hiver - 2,50 €

Cette œuvre aussi surprenante qu'incroyable ne peut laisser indifférent. Pendant vingt-cinq ans (à partir de 1870), l'abbé Fouré sculpta sur les rochers l'histoire de la terrible famille de Rotheneuf : près de 300 petits personnages sont ainsi figés dans le granit.

AU SUD

Grand Aquarium - Saint-Malo★★

Av. du Gén.-Patton. Accès : sortie ③ du plan p. 398, puis suivre le fléchage. ☎ 02 99 21 19 00 - www.aquarium-st-malo.com - juil.-août : 9h30-20h (22h de mi-juil. à mi-août) ; avr.-juin et sept. : 10h-19h ; reste de l'année : 10h-18h (dernière entrée 1h av. fermeture) - fermé 3-21 janv., 14-18 et 21-25 nov. - 13,50 € (4-14 ans 9,80 €).

Des eaux froides du pôle Nord jusqu'au Sud de l'Australie, on y découvre quelque 500 espèces, accompagné par le robot pieuvre Octobot. Un bassin présente des animaux venus du froid, tel le poissons-loup, croqueur d'oursins. Dans le bac des Couleurs de l'Atlantique : homard de 5 kg âgé de 30 ans, coraux jaunes, grondins... À voir aussi : la salle Méditerranée, les coraux, les mangroves. Dans le **bassin tactile**, on peut caresser les poissons qui peuplent les côtes bretonnes : raie bouclée, turbot, roussette... L'**Anneau des Requins** offre un panorama de 360° sur les requins gris, le requin taureau, le requin nourrice, les squales, les tortues marines... Le **Vaisseau englouti** reconstitue une épave de galion : le sol de la cale est en légère pente, l'eau suinte le long des parois, des morceaux de gréement traînent sur le plancher, des bruits de vagues claquent sur les sabords disjoints. ►

L. Scazzola/Mystères de la Mer

Au Grand Aquarium, le déjeuner des requins réclame quelques précautions.

À BORD DU NAUTIBUS

Dans ce sous-marin à quatre places, on embarque au sein d'un bassin géant (1,5 million de litres d'eau) comme pour une plongée en eau profonde : à travers le hublot, on distingue des poissons tropicaux, des statues celtes, une cité engloutie. Puis on s'enfonce dans les abysses peuplés d'étranges créatures...

Saint-Nazaire★

Le pont routier de St-Nazaire-St-Brévin, un lien indispensable vers la Vendée.

Le temps est loin où Saint-Nazaire n'était qu'un bourg de pêcheurs... Son ancrage face à l'Atlantique, sur l'estuaire de la Loire, en a fait l'avant-port de Nantes, avec ses chantiers navals de réputation mondiale. Reconstruit sans grâce après 1945, Saint-Nazaire vit – et vaut – par son port, le quatrième de France. Ici, tout est spectaculaire : l'ancienne base sous-marine, le musée-spectacle Escal'Atlantic dédié aux traversées de jadis vers l'Amérique, et les quais hérissés de portiques, où se construisent les plus grands paquebots du monde.

La situation

Carte Michelin Local 316 C4 – Loire-Atlantique (44). St-Nazaire est l'une de ces villes nouvelles, découpées à angles droits. Difficile de s'y perdre !

🅸 *Base sous-marine, bd de la Légion-d'Honneur, 44600 St-Nazaire,* ☎ *02 40 22 40 65. www.saint-nazaire-tourisme.com*

Le nom

Le culte de saint Nazaire de Milan, martyrisé sous l'empereur Néron, se propagea jusqu'à l'estuaire de la Loire.

Les gens

65 874 Nazairiens. Plus de 12 000 personnes travaillent sur le chantier naval, salariés et sous-traitants.

Mille sabords !
Dans *Les Sept Boules de cristal*, Tintin et le capitaine Haddock arpentent les docks de Saint-Nazaire, à la recherche du professeur Tournesol.

comprendre

Des pêcheurs aux « métallos » – En 1850, Saint-Nazaire n'est qu'un village de 800 habitants. Six ans plus tard, pour contrer l'ensablement de l'estuaire, on y crée l'avant-port de Nantes, destiné aux navires de gros tonnage. En même temps, la Compagnie générale transatlantique implante ici son chantier naval. Au tournant du siècle, Saint-Nazaire compte déjà 30 000 habitants.

Opération « Chariot » – Dès 1941, l'armée d'occupation allemande construit dans le port une gigantesque base sous-marine. Le 27 mars 1942, un commando anglo-canadien décide d'attaquer l'ennemi : le destroyer *Campbeltown* défonce la forme-écluse Louis-Joubert qu'il neutralise dès le lendemain, en se faisant sauter.

À voir
Boulevard de Verdun, face à la mer, une stèle-menhir est dédiée au commando de 611 soldats qui mena l'opération *Chariot*.

carnet pratique

Se loger

⊖ **Hôtel Touraine** – *4 av. de la République -* ☎ *02 40 22 47 56 - hoteltouraine@free.fr - fermé 19 déc.-5 janv. - 18 ch. 30/40 € -* ☕ *6 €.* Ce petit hôtel situé en plein centre-ville conviendra parfaitement pour les petits budgets. Ses chambres sont simples, mais fraîches et bien tenues ; nuits plus calmes sur l'arrière. L'été, petits-déjeuners servis dans le jardin.

Se restaurer

⊖⊖ **Le Sabayon** – *7 r. de la Paix-et-des-Arts -* ☎ *02 40 01 88 21 - fermé août, mar. soir et dim. - réserv. conseillée - 16/53 €.* Dans ce sobre restaurant au décor marin, Monsieur prépare en cuisine de délicieux petits plats : noix de Saint-Jacques sautées à la fleur de Guérande et son sabayon au champagne, cornet croustillant de chair de tourteaux ou poissons de nos côtes rôtis. Et pour finir sur une note sucrée, les desserts sont faits maison, à base de chocolat Valhrona.

Visiter Airbus

Site de fabrication des tronçons avant et centraux de la gamme Airbus, il a été sélectionné pour la construction des tronçons de l'A380 - *visite guidée (2h, dép. en autocar de la base sous-marine) juil.-août : lun.-vend. ; avr.-juin et sept.-oct. : lun.-vend. et 1 dim. par mois ; fév.-mars, nov. et déc. : merc. et 1 dim. par mois - réserv. obligatoire 48h à l'avance (se munir d'une carte d'identité ou d'un passeport en cours de validité) -* ☎ *0 810 888 444 - fermé 1er janv.-3 fév. et 25 déc. - 12 € avr.-sept. (4-12 ans 8 €), 9,90 € reste de l'année (4-12 ans 7,40 €).*

Les plages nazairiennes

Plages, criques et falaises se succèdent depuis le Chemin des douaniers qui longe le littoral sur 7 km. Que dire de toutes ces plages si différentes : Port-Charlotte, Bonne-Anse, Villès-Martin, le Rocher du Lion, Trébézy, l'Eve, Porcé... Vingt plages, pas une de moins.

Amérique Latine (Pl. de l') .. BZ 2
Auriol (R. Vincent) .... BZ 3
Coty (Bd René) .... BZ 10
Croisic (R. du) .... AZ 12
Herminier (Av. Cdt-l') .... AY 13
Île-de-France (R. de l') .... AY 14
Jaurès (R. Jean) .... ABY
Légion d'Honneur
(Bd. de la)........................ BZ 16
Martyrs-de-la-Résistance
(Pl. des) .... AY 18
Paix (R. de la) .... AYZ
Quatre Z'Horloges
(Pl. des) .... BZ 21
République (Av. de la) ...... AYZ
Salengro (R. R.) .... AZ 22
Verdun (Bd de) .... BZ 23
28-Février-1943 (R. du) .... BZ 24

Escal'Atlantic .... BZ M
Sous-marin Espadon .... BZ B

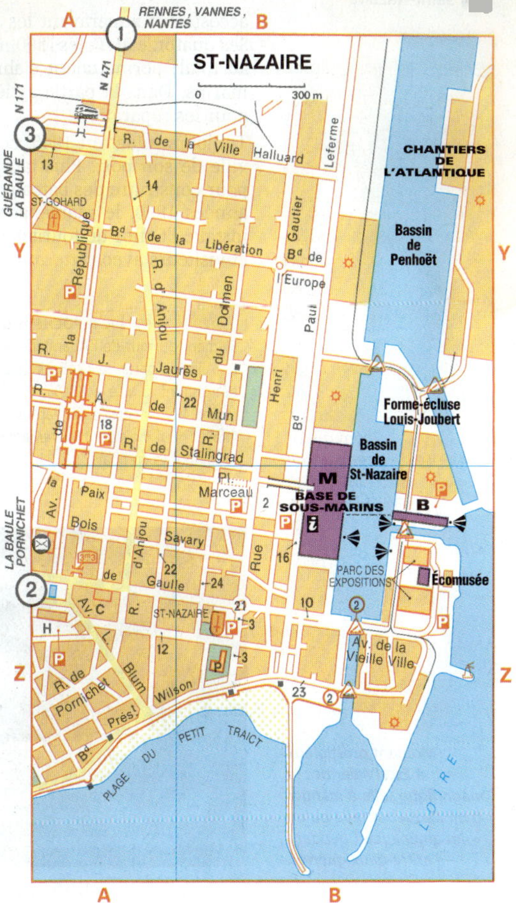

Cap vers le Nouveau Monde

En 1862, Saint-Nazaire devient la tête de ligne de la Compagnie générale transatlantique pour l'Amérique centrale : les Antilles, Panama, Mexique et la Guyane française. La rue principale de la ville débouche directement sur le bassin. Saint Nazaire vit au rythme des grands navires, avec leur foule cosmopolite et leurs cargaisons exotiques. Mais la crise de 1929 fait chavirer le rêve : les chantiers navals déclinent, et les lignes transatlantiques sont regroupées au Havre.

Aujourd'hui – Depuis 1966, le Port autonome de Nantes-St-Nazaire, regroupe plusieurs sites, sur 60 km le long de l'estuaire de la Loire : Donges est spécialisé dans le trafic du pétrole, Montoir-de-Bretagne dans le gaz naturel, le charbon et l'agroalimentaire. Saint-Nazaire accueille le trafic des usines « à quai » et la construction navale.

découvrir

LES INSTALLATIONS PORTUAIRES★★

Une journée de découverte. Suivre le fléchage Ville-Port. Se garer sur le parking de l'ancienne base sous-marine. Billetterie commune à tous les sites de visite.

Base de sous-marins★

Édifiée pendant l'Occupation, de 1941 à 1943, cette forteresse de béton armé (37 500 m²) fut implantée par les Allemands au cœur même du bassin de St-Nazaire, là où accostaient auparavant les grands navires de croisière. Ses quatorze alvéoles (300 m de long, sur 125 m de large au total) permettaient d'abriter une vingtaine de sous-marins. Dans la partie arrière, était installé un arsenal pour les réparations.

Toujours intact en 1945, ce bunker démesuré coupa la ville de son port. Plus tard, il fut utilisé par la Marine pour construire des bateaux de guerre. Depuis la fin des années 1990, le réaménagement des alvéoles, où s'est installé l'Office de tourisme, vise à réconcilier habitants et visiteurs avec cette zone, rebaptisée Ville-Port.

La « poche » de Saint-Nazaire

Élément du mur de l'Atlantique, la base était une cible majeure pour les Alliés : à partir de 1943, cinquante bombardements à haute altitude détruisirent la ville à 85 %, En septembre 1944, alors que toute la région était encerclée par l'armée américaine, la base résistait encore... Il fallut neuf mois pour libérer la « poche » de Saint-Nazaire, au prix de dramatiques combats.

Moment prestigieux à Escal'Atlantic : la magnifique salle à manger d'un paquebot telle qu'on les aménageait pendant l'entre-deux-guerres.

Escal'Atlantic★★

Dans l'ancienne base sous-marine. ☎ *0 810 888 444 - www.saint-nazaire-tourisme.com* - ♿ - *11 juil.-28 août : 10h-19h ; 1er avr.-10 juil. et 29 août-30 sept. : 10h-12h30, 14h-18h ; fév.-mars et oct.-déc. : tlj sf lun. et mar. 10h-12h30, 14h-18h (dernière entrée 1h30 av. fermeture) - fermé 1er janv.-3 fév. et 25 déc. : 12 € été (enf. 8 €), 9,90 € hiver (enf. 6,90 €).*

Cet espace de 3 500 m² est consacré à une époque mythique, celle des grands paquebots transatlantiques comme *Île-de-France* (1927), *Normandie* (1935), *France* (1962). La visite est conçue comme une croisière. Accueillis par un personnel en tenue d'équipage, les « voyageurs » explorent librement les lieux : cabines, salle des machines, cale et entrepont des immigrants, passerelle du commandant, salons de coiffure et de musique, piano-bar (halte rafraîchissement), luxueuse salle à manger... des atmosphères et des décors très différents ponctués d'animations plus ou moins spectaculaires.

Le départ se vit sur le pont arrière où il ne faut pas manquer la scène des adieux.

À bord d'Escal'Atlantic, tout peut arriver : dans la salle de cinéma où se clôt la croisière, l'émotion forte est au rendez-vous...

Terrasses panoramiques★★

Pour apprécier l'étendue du port, il faut se rendre sur le **toit de la base sous-marine**. *(Accès par la rampe qui s'élève face à la rue Henri-Gautier, ou depuis l'intérieur de la base par l'ascenseur situé derrière l'Office de tourisme.)* Une seconde terrasse a été aménagée sur l'autre rive du bassin Saint-Nazaire *(accès en voiture, ainsi que par navette maritime en juil.-août)*.

La vue se déploie sur le **bassin de St-Nazaire** (11 ha à l'origine) dont la superficie fut réduite à 9 ha après la construction de la base, et sur le **bassin de Penhoët**, l'un des plus étendus d'Europe (22 ha). Ce dernier comprend trois formes pour l'entretien et la réparation des navires : la plus grande mesure 226 m sur 32 m. De 1929 à 1932, entre le port et l'estuaire, fut bâtie la **forme-écluse Louis-Joubert** pour réparer les transatlantiques : sa taille (350 m sur 53 m, plus de 16 m de profondeur) répondait aux dimensions nouvelles des navires.

Écomusée de St-Nazaire

☎ 02 51 10 03 03 - www.ecomusee-saint-nazaire.com - de mi-juil. à fin août : 9h30-12h30, 13h30-19h, possibilité de visite guidée (1h) ; avr.-juin et 1re quinz. de juil. : 9h30-12h30, 13h30-18h30 ; reste de l'année : tlj sf lun. et mar. 10h-12h30, 14h-18h - fermé janv. et 25 déc. - gratuit.

Des maquettes et des documents audiovisuels retracent l'histoire de Saint-Nazaire et de son activité économique, la croissance du port et de ses chantiers.

Sous-marin « Espadon »

☎ 0 810 888 444 - www.saint-nazaire-tourisme.com - réserv. et renseignements - 11 juil.-28 août : 10h-19h ; de déb. avr. au 10 juil. et du 29 août à fin sept. : 10h-12h30, 14h-18h ; fév.-mars et oct.-déc. : tlj sf lun. et mar. 10h-12h30, 14h-18h (dernière entrée 30mn av. fermeture) - fermé 1er janv.-3 fév. et 25 déc. - 8 € été (enf. 6,90 €), 6 € hiver (enf. 5,40 €).

Construit en 1957 aux Chantiers Augustin-Normand du Havre, ce fut le premier sous-marin français à naviguer sous les glaces polaires. Dans les coursives, on peut imaginer la vie des quelque 70 hommes qui composaient l'équipage et découvrir l'univers sonore du monde sous-marin.

Chantiers de l'Atlantique★

☎ 0 810 888 444 - visite guidée (2h) réserv. obligatoire (dép. en autocar de la base sous-marine) avr.-oct. : tlj ; fév.-mars et nov.-déc. : merc. et w.-end, se renseigner pour les horaires - fermé 1er janv.-3 fév. et 25 déc. - 12 € saison (4-12 ans 8 €), 10,90 € hors saison (4-12 ans 7,90 €).

L'exposition relate l'évolution des Chantiers de l'Atlantique, et la gestation d'un navire depuis l'atelier de découpe jusqu'à son armement : maquette, tableaux explicatifs.

Un circuit en car sur le **chantier★** permet d'apprécier la démesure du site. Il recèle trois formes, où l'on découvre des paquebots à différents stades de construction. La première (470 m sur 90 m) est utilisée pour le **montage** de la coque. C'est l'activité maîtresse des Chantiers de l'Atlantique, qui se poursuit dans la **forme profonde** (415 m sur 66 m) qu'on longe à pied, dans la galerie technique. Au retour, le car franchit la porte du **bassin d'armement** (424 m sur 95 m). Les activités de finition y sont assurées par plusieurs centaines de sous-traitants : soudure de précision, pose des cabines préfabriquées, installation des ponts en teck...

D'ILLUSTRES PAQUEBOTS

En 1864, le paquebot *Impératrice-Eugénie* fut le premier navire construit à Saint-Nazaire. Il était encore équipé de roues à aubes, remplacées plus tard par des hélices. Le *Normandie* fut livré en 1935, le *France* en 1960. La dernière fierté des chantiers est le *Queen Mary II*. Ce mastodonte (345 m de long, 41 m de large) est le plus grand paquebot jamais construit ! Commandé par la Cunard, il a été livré fin 2003. Deux fois plus gros que le *France*, il accueille 2 800 passagers servis par 1 310 hommes d'équipage et peut traverser l'Atlantique en six jours, à la vitesse de 30 nœuds, soit 54 km/h.

alentours

Saint-Marc-sur-Mer

Direction La Baule. Cette localité doit sa célébrité à un illustre et irrésistible vacancier, le fameux M. Hulot de Jacques Tati. Si la plage, surveillée par sa statue en bronze, ne semble pas avoir beaucoup changé, l'hôtel a largement bénéficié de sa notoriété.

La Grande Brière★ *(voir ce nom)*

À CONTEMPLER

À la nuit tombée, découvrez le port de St-Nazaire qui s'illumine toute la nuit de couleurs bleutées, vertes et rouges : c'est la « Nuit des docks », mise en scène par Yann Kersalé, sculpteur de lumière.

L'« ESPADON » EN CHIFFRES

Longueur : 78 m. Durée d'une plongée : 8 jours au plus. Vitesse maximale : 18 nœuds. Carrière : 2 561 jours en mer entre 1960 et 1985. Trajets : environ 650 000 km, soit 17 fois le tour de la Terre.

TOUJOURS PLUS GRAND !

1983 : *Nieuw Amsterdam* (1 350 passagers). **1987** : *Sovereign of the Seas* (2 600 passagers). **1992** : *Monarch of the Seas* et *Majesty of the Seas* (2 770 passagers). **2000** à **2002** : quatre paquebots Millenium, baptisés « Gros Mimiles » par les ouvriers du chantier (2 450 passagers). **2003** : *Queen Mary II*.

A. de Valroger/MICHELIN

Toujours aussi curieux, M. Hulot surveille avec attention sa plage préférée.

Pont routier St-Nazaire-St-Brévin★
Construit en 1975 à la limite Nord-Est de St-Nazaire, ce pont franchit la Loire sur 3 356 m et culmine à 61 m au-dessus des eaux. Il assure une liaison facile avec le pays de Retz, la Vendée et les Charentes.

Tumulus de Dissignac
À l'Ouest par la D 942, puis à droite vers Les Forges. ☎ 02 51 10 03 03 ou 06 87 64 07 17 - visite commentée (45mn) juil.-août : tlj sf mar. 10h-12h30, 14h-18h30 ; reste de l'année visite guidée sur demande - 2 € (-15 ans gratuit). Érigé sur une butte, ce tombeau à deux chambres couvertes (vers 4000 avant J.-C.) est entouré de murailles circulaires en pierres sèches, étagées en gradins. Deux étroits couloirs mènent aux chambres funéraires.

Saint-Pol-de-Léon★

Y a-t-il une terre bretonne qui se soit davantage singularisée que le pays léonard ? C'est peu probable tant cette « démocratie cléricale » a marqué l'histoire des lieux. St-Pol-de-Léon règne toujours sur ce pays sévère de cultures légumières, bien qu'il soit de plus en plus orienté vers Brest.

La situation
Carte Michelin Local 308 H2 – Finistère (29). Juste avant Roscoff, St-Pol-de-Léon est accessible depuis Morlaix par la D 58.

Pl. de l'Évêché, 29250 St-Pol-de-Léon, ☎ 02 98 69 05 69.

Le nom
Saint Paul, dit l'Aurélien, fut le premier évêque du Léon au 6e s. Il a donné son nom à la ville.

Le pays de Léon

Ce territoire qui couvrait le Nord du Finistère actuel jusqu'à Brest avait pour capitale et évêché la ville de Saint-Pol-de-Léon.

Les gens
7 121 Saint-Politains. La petite ville connaît, de janvier à septembre, une animation extraordinaire durant la saison des choux-fleurs, artichauts, oignons, pommes de terre.

se promener

Chapelle du Kreisker★
Son magnifique **clocher★★**, haut de 78 m, fait sa célébrité. Il est inspiré de la flèche de St-Pierre de Caen, mais l'édifice breton, réalisé dans le granit, surpasse son modèle. Vauban a dit son admiration pour « cette merveille d'équi-

carnet pratique

Se loger

Chambre d'hôte Coz-Milin Mme Moysan – *Coz-Milin - 29233 Cléder - 10 km à l'O de St-Pol-de-Léon par D 10 - ☎ 02 98 69 42 16 - www.gites-finistere.com/gites/cozmilin - - 3 ch. 40/50 €* . Cette demeure en pierre coiffée d'un beau toit d'ardoises est entourée d'un agréable jardin fleuri. Ses chambres (non-fumeurs) mêlent avec brio l'ancien et le contemporain. Le rez-de-chaussée se partage entre un élégant salon et la salle des petits déjeuners.

Se restaurer

Les Fromentines – *18 r. Cadiou - ☎ 02 98 69 23 52 - http://monsite.wanadoo.fr/lesfromentines - fermé 2 sem. en fév., 3 sem. en oct. et jeu. hors sais. - 12€ déj. - 9,25/12 € - 5 ch. 28/35 €.* Une belle situation à l'ombre de la flèche Kreisker, un cadre actuel et quelques spécialités originales. Que demander de plus, si ce n'est solliciter le patron de vous conter l'histoire de la crêpe Tro Breiz...

Auberge La Pomme d'Api – *49 r. Verderel - ☎ 02 98 69 04 36 - perochonsjeanmarc@wanadoo.fr - fermé 7 fév.-2 mars, 15 nov.-1er déc., mar. soir hors sais., dim. soir, mar. midi et lun. - 24€ déj. - 35/58 €.* Cette maison bretonne de 1534 cache derrière sa façade austère un décor chaleureux. Au coin de sa magnifique cheminée, dans un cadre mêlant vieilles pierres et belles poutres, vous savourerez une cuisine gourmande à prix étudiés...

libre et d'audace ». La partie haute, avec sa flèche, relève du style normand ; la partie basse, avec le quadrillage de ses meneaux et la balustrade de son balcon en surplomb, témoigne du style perpendiculaire anglais.

À l'intérieur, l'église est couverte de berceaux de bois ; la seule voûte de pierre réunit les quatre énormes massifs qui soutiennent le clocher, dans le carré du transept. On peut monter à la tour (169 marches). De la plate-forme se dégage un très beau **panorama**★★ sur la ville, l'île de Batz, la côte et les monts d'Arrée.

Rue du Général-Leclerc

Belles maisons anciennes : n° 9, façade en bois, habillée d'ardoise ; n° 12, demeure Renaissance ornée d'une tourelle en encorbellement ; n° 30, maison de 1680 possédant un beau porche et des lucarnes ouvragées.

Ancienne cathédrale★

Les fondations datent du 12e s., la nef, les collatéraux, la façade et les tours des 13e et 14e s., les chapelles latérales, le chœur et l'abside des 15e et 16e s. Les architectes se sont inspirés de la cathédrale de Coutances et ont employé du calcaire normand pour la nef, le reste en granit. La marque bretonne se retrouve dans les porches et les clochetons à la croisée du transept.

La **façade** est dominée par deux tours hautes de 50 m. De la terrasse qui surmonte le porche, se donnait la bénédiction épiscopale. La petite porte, sous la tour de droite, était réservée aux lépreux. Du côté Nord, entre

G. Targat/MICHELIN

La cathédrale de St-Pol-de-Léon, monument grandiose, signe du pouvoir de la ville à l'époque médiévale.

Les exclus à l'extérieur !

Au-dessus de la rosace du transept, on aperçoit une sorte de chaire d'où étaient lues les sentences d'excommunication.

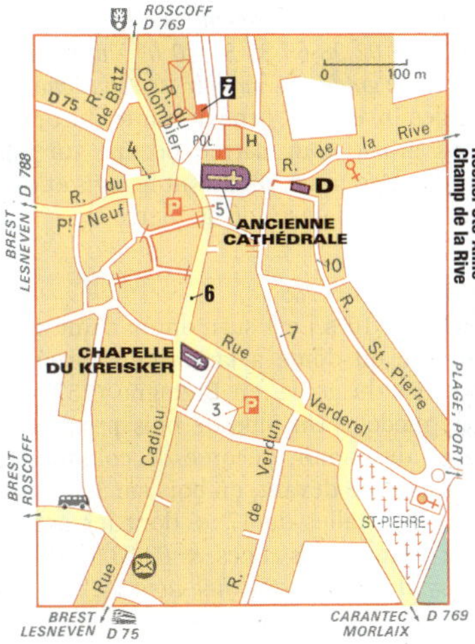

ST-POL-DE-LÉON

Colombe (Pl. M.)	3
Croix-au-Lin (R.)	4
Guébriant (Pl. A. de)	5
Leclerc (R. Gén.)	6
Minimes (R. des)	7
Psalette (R. de la)	10
Maison prébendale	D

l'église et les bâtiments de l'ancien évêché (mairie), un jardin public permet de voir le mur du transept Nord avec des éléments d'époque romane.

Remarquez, à l'**intérieur**, un sarcophage roman qui sert de bénitier, un vitrail de 1560, la grande rosace du 15e s., les tombeaux d'évêques du Léon et deux retables du 17e s. Mais ce sont les **stalles★** (16e s.) sculptées du chœur qui retiennent l'attention. Au-dessus des enfeus contre le chœur, à droite dans le déambulatoire, 34 « boîtes à chef » en bois abritent des crânes exhumés de l'église ou du cimetière.

Maison prébendale

Du 16e s. C'est l'ancienne maison des chanoines du Léon ; un blason est le seul ornement de la façade.

Champ de la Rive

Accès par la rue de la Rive. Agréable promenade ombragée. Par l'allée revêtue, à droite, gagner le haut du tertre couronné par un calvaire récent. De la table d'orientation, beau point de **vue** sur la baie de Morlaix.

S. Sauvignier/MICHELIN

L'artichaut et le chou-fleur, des stars au pays du Léon.

Îlot Ste-Anne

Accès par les rues de la Rive et Abbé-Tanguy. Au cours de la descente, la **vue★** embrasse toute la baie de Morlaix, parsemée d'îlots. Une digue permet d'accéder au rocher Ste-Anne et au port de la Groux, réservé à la plaisance. Le rocher, aménagé avec des bancs de repos, constitue un remarquable belvédère.

alentours

Château de Kérouzéré★

8 km à l'Ouest. Quitter St-Pol-de-Léon par la D 788 en direction de Lesneven, puis suivre la route de Plouescat. Dans Sibiril, tourner à droite vers Moguériec et, à 500 m, à gauche vers l'entrée du château. ☎ 02 98 29 96 05 - visite guidée (de 45mn à 1h) de mi-juil. à fin août : 14h30, 16h et 17h30 ; 1re quinz. de juil. et 1re quinz. de sept. : merc. et dim. 17h ; de mi-mai à fin juin et de mi-sept. à fin oct. : merc. 17h - 3,20 €.

Ce château féodal, en granit, est un intéressant témoignage de l'architecture militaire du début du 15e s. Il conserve trois puissantes tours d'angle à mâchicoulis. Le bel escalier dessert les étages où de vastes salles, les profondes embrasures des fenêtres bordées de bancs de pierre, le chemin de ronde, la tour du guetteur plongent le visiteur dans une atmosphère soldatesque.

Manoir de Tronjoly

À l'Ouest par la D 10. À la sortie de Cléder, prendre à droite ; deux piliers de granit marquent l'entrée de l'allée menant au château. ☎ 02 98 69 33 54/40 01 - extérieur : 10h-18h - gratuit - visite guidée du manoir, se renseigner.

Gracieux manoir des 16e et 17e s. orné de hautes lucarnes Renaissance. Une grosse tour carrée occupe un des angles de la cour d'honneur, qu'entourent le logis et une terrasse clôturée par une balustrade de pierre.

Berven

13 km au Sud-Ouest par la D 788.

La porte triomphale de l'église de Berven donne accès à l'enclos paroissial. C'est un bel exemple de l'art Renaissance, avec ses trois arcs en plein cintre et ses pilastres à chapiteaux.

◄ La façade de l'**église★** (16e s.) est surmontée d'une tour carrée que couronne un dôme à lanternons, orné de balustrades ; premier du genre en Bretagne (1573), il servit souvent de modèle. Un jubé de bois précède la très belle **clôture★** du chœur, décorée de colonnettes cannelées en granit sur le devant, en bois sur les côtés. Dans le chœur, belles stalles du 17e s. dont les accoudoirs ont la forme de cariatides ailées. *☎ 02 98 69 98 18 - visite guidée sur demande à la mairie juil.-août*

Ferme-musée du Léon – *À 200 m après la sortie de Berven en direction de Lesneven, sur la D 788, prendre la petite route à droite en direction de Quéran.* Dans les bâtiments d'une ferme familiale dont le mobilier usuel a été conservé, un musée d'outils agricoles fait revivre un siècle de la vie à la campagne dans le Léon. *☎ 02 98 29 53 07 - mai-sept. : 10h-12h, 14h-19h, lun. 14h-19h ; reste de l'année : sam. 10h30-12h, 14h-19h, dim. et j. fériés 10h-12h, 14h-19h - 4,50 € (enf. 2 €).*

Château de Kerjean★

6 km au Sud-Ouest de Berven. ☎ 02 98 69 93 69 - juil.-août : 10h-19h ; de déb. avr. à mi-juin : tlj sf mar. 14h-18h ; de mi-juin à fin juin et de déb. sept. à mi-sept. : tlj sf mar. 10h-18h ; oct. et vac. de fév. et de Noël : tlj sf mar. 14h-17h ; nov.-mars : merc. et dim. 14h-17h - 5 € (7-17 ans 1 €).

Mi-forteresse, mi-palais Renaissance, ce château s'élève au centre d'un vaste parc. Vers 1550, Louis Barbier hérita de son oncle, le richissime abbé de St-Mathieu, et fit construire ces bâtiments protégés par un fossé ainsi qu'une enceinte fortifiée dont les murs atteignent 12 m d'épaisseur. Deux ponts levants permettaient l'accès au château.

La cour d'honneur est ornée d'un beau **puits** Renaissance, entouré de trois colonnes corinthiennes. L'aile des remises, à droite, abritait autrefois les réserves, une forge et les logements des domestiques ; un diaporama raconte l'histoire de Kerjean. On ne sait quel événement entraîna la ruine d'une bonne partie du logis principal qui abritait les appartements des seigneurs ; la partie conservée constitue un musée d'art breton, avec un beau **mobilier** des 17e et 18e s. : lits clos, bahuts, coffres à grains. Les cuisines, vastes pièces de plus de 6 m de hauteur, ont conservé deux cheminées monumentales et une imposante batterie de cuivres.

Une large **terrasse** dallée, soutenue par huit arcades, relie le pavillon de l'Horloge à la chapelle ; une occasion d'avoir une belle vue d'ensemble sur la cour d'honneur et les bâtiments qui l'entourent. La **chapelle** est coiffée d'une belle voûte en bois (1580) en forme de carène renversée, avec poutres et sablières sculptées.

Autour du château, les **jardins à la française** font l'objet d'une ambitieuse campagne de restauration. Ils sont agrémentés d'une charmante **fontaine** Renaissance et d'un colombier de 9 m de diamètre.

A. de Valroger/MICHELIN

Le roi Louis XIII considérait le château de Kerjean comme l'une des plus belles demeures du royaume.

ANIMATIONS

Le château de Kerjean, aujourd'hui restauré, donne à voir, à comprendre, plus encore, à rêver. Vivez Kerjean au fil des visites insolites, des chasses au trésor pour les enfants, ou encore des expositions, salons, conférences, qui rythment l'année et dont la diversité des sujets invite à porter des regards différents sur le lieu.

Saint-Quay-Portrieux

Cette station balnéaire, dans la baie de Saint-Brieuc, est appréciée pour ses trois belles plages : le Casino, le Châtelet et la Comtesse, abritées par une frange rocheuse appelée roches de Saint-Quay.

La situation

Carte Michelin Local 309 F3 – Côtes-d'Armor (22). Depuis St-Brieuc ou Paimpol, on gagne St-Quay par la D 786, ou par la D 9 si l'on vient de Guingamp.

17 bis r. Jeanne-d'Arc, 22410 St-Quay-Portrieux, ☎ 02 96 70 40 64. www.saintquayportrieux.com

Le nom

La ville doit son nom à un moine irlandais, saint Ké ; selon la légende, il aurait débarqué sur cette côte vers 472.

Les gens

3 114 Quinocéens. Isidore Odorico, mosaïste italien Art déco installé à Rennes, y décora de luxueuses villas.

carnet pratique

Se loger

Hôtel Gerbot d'Avoine – *Bd du Littoral - ☎ 02 96 70 40 09 - gerbotdavoine@net-up.com - fermé 3 janv.-7 fév. et 12 nov.-15 déc. - P - 20 ch. 42,50/56 € - ☕ 7 € - restaurant 28/35 €.* On cultive l'atmosphère des stations balnéaires d'antan dans cette amusante maison au charme agréablement désuet, nichée dans un jardin non loin de la mer. Chambres rafraîchies ; certaines donnant sur la Manche. Produits de la mer au restaurant.

Hôtel Benhuyc – *1 quai Jean-Bart - 22520 Binic - ☎ 02 96 73 39 00 - benhuyc@benhuyc.com - 24 ch. 65/85 € - ☕ 9 €.* Sur le port, dans une maison bretonne rénovée, cet hôtel moderne propose d'agréables chambres lumineuses, crépies de blanc et agrémentées de jolies chaises de style avec des tissus clairs. Menus d'un bon rapport qualité-prix.

Sports & Loisirs

Saint-Quay Port d'Armor – *Capitainerie, Espace Éric Tabarly - ☎ 02 96 70 81 30 - www.port-armor.com - tlj sf dim 8h-12h, 14h-18h (20h en été).* Seul port en eau profonde de Bretagne Nord, accessible 24/24h, il peut accueillir jusqu'à une centaine de bateaux. Possibilité de partir pêcher tous les matins de 7h30 à 11h, à bord d'un chalutier (réservation auprès de l'OT). Liaisons maritimes avec l'île de Bréhat en été, mar. et jeu.

se promener

Ports

Le port d'échouage, situé à Portrieux, armait autrefois pour Terre-Neuve. Une flottille de pêche l'anime aujourd'hui (maquereaux, lieus, bars, et surtout, de novembre à avril, coquilles St-Jacques et crustacés). Et un nouveau port en eau profonde a été inauguré en 1990. Une liaison est assurée avec les îles Anglo-Normandes pendant la saison estivale ; possibilité d'excursions en bateau pour l'île de Bréhat.

Chemin de ronde

1h1/2 à pied AR, à parcourir de préférence à marée haute.

La Comtesse ou, plus exactement, la plage de la Comtesse, profite des marées pour se parer de cristaux d'ilménite noire.

◀ Le sentier des douaniers part du port de Portrieux, au-delà de la mairie. Il longe la plage de la Comtesse et passe devant le sémaphore, offrant une belle **vue★** sur la baie de St-Brieuc. Il gagne ensuite la terrasse surplombant la plage du Châtelet *(table d'orientation)*, contourne la piscine d'eau de mer avant de déboucher près du Casino. On peut poursuivre cette promenade jusqu'à la grève St-Marc *(environ 2h AR en plus)*.

Baignade

Les deux plages de sable fin, des Godelins et du Moulin, qui font la renommée d'Étables-sur-Mer, sont séparées par la pointe du Vau Burel.

alentours

Étables-sur-Mer

5 km au Sud. Situé sur un plateau, le bourg domine la station familiale, à laquelle il est relié par une avenue bordée de villas. Il possède un beau parc municipal. La **chapelle N.-D.-de-l'Espérance**, construite après l'épidémie de choléra de 1850, se dresse sur la falaise d'Étables. Elle est ornée de vitraux (1972) aux belles tonalités de bleu signés Jean Michau et d'une tapisserie de Toffoli représentant la Vierge et l'Enfant. *Juil.-août : 14h-18h.*

S. Sauvignier/MICHELIN

À St-Quay-Portrieux, le chemin de ronde dévoile d'agréables panoramas.

Binic

7,5 km au Sud. Le port de ce charmant centre balnéaire abritait autrefois, en hiver, des goélettes armées pour la pêche à la morue. De nos jours, la plaisance a pris la relève.

Le **musée** évoque la vie des anciens Binicains (collection de coiffes, costumes bretons, objets se rapportant à la vie maritime, métiers). *☎ 02 96 73 37 95 ♿ juil.-août 14h30-18h ; 27 mars-30 juin et sept. : tlj sf mar. 14h30-18h (dernière entrée 15mn av. fermeture) - 3,50 €.*

La **jetée Penthièvre** ferme l'avant-port. On y accède par les quais Jean-Bart et Surcouf. Du belvédère, à l'entrée du môle, jolie vue : d'un côté, sur la plage aux cabines surélevées, dominée par une butte couronnée de pins ; de l'autre côté, sur le port.

Le Palus-Plage

11 km au Nord. Tout près de cette belle anse bordée de petites falaises verdoyantes, à gauche de la plage, des marches taillées dans le roc conduisent à un sentier en corniche : jolies **vues** sur la baie de St-Brieuc.

Plage Bonaparte

13 km au Nord. De cette plage, au fond de l'anse Cochat, que l'on atteint par un tunnel creusé dans la falaise, les aviateurs abattus sur le sol français réembarquaient en 1944 pour l'Angleterre. Une stèle rappelle ce souvenir : on peut l'atteindre à pied en empruntant l'escalier à droite du parking de la plage, puis par le sentier qui escalade la falaise. Du terre-plein, belle **vue** sur la baie de St-Brieuc et le cap Fréhel, l'anse de Port-Moguer à droite, la pointe de Minard à gauche.

Chapelle de Kermaria-an-Iskuit*

11,5 km au Nord-Ouest par la D 786, puis à gauche, par la D 21 jusqu'à Kermaria. ☎ 02 96 20 35 78 - 10h-12h, 14h-19h - possibilité de visite guidée sur demande auprès du presbytère de Plouha.

La « maison de Marie qui conserve et rend la santé » est un but de pèlerinage fréquenté : un grand **pardon** s'y déroule le 3e dimanche de septembre. Au-dessus du porche Sud de cette ancienne chapelle seigneuriale se trouve une salle des archives, clôturée par un petit balcon, qui servit de salle de justice au 16e s. Des **fresques*** (vers 1500) décorent les murs au-dessus des arcades. Celles figurant la Danse macabre ont, paraît-il, inspiré le compositeur Camille Saint-Saëns. La Mort y figure sous les apparences de squelettes ou de cadavres. Ils dansent et entraînent une malheureuse ronde de vivants, du pape au laboureur. En France, on connaît sept représentations murales de Danse macabre.

À voir aussi, dans le chœur, cinq **bas-reliefs*** en albâtre représentant des scènes de la vie de la Vierge, et, dans le transept, N.-D.-de-Kermaria-an-Iskuit (16e s.), Vierge allaitant, mais l'Enfant Jésus esquisse un geste de refus !

S. Sauvignier/MICHELIN

De belles statues polychromes décorent le porche de la chapelle de Kermaria-an-Iskuit.

Lanleff

À 5,5 km à l'Ouest de Kermaria par la D 21 et, à la sortie de Pléhédel, prendre à gauche. Dans le bourg, en retrait de la route, se dresse le **temple***. Ce curieux édifice circulaire, aujourd'hui en ruine, est une ancienne chapelle ou un baptistère bâti au 11e s. par les templiers sur le modèle du Saint-Sépulcre de Jérusalem. Douze arcades en plein cintre font communiquer la rotonde avec un bas-côté tournant. Sur les chapiteaux à la facture naïve, alternent petits personnages, animaux, dessins géométriques, feuillages.

Saint-Thégonnec**

Ce village possède un magnifique enclos paroissial, fleuron du patrimoine breton par son caractère monumental. La chapelle-ossuaire et l'église sont les pièces maîtresses de ce riche ensemble Renaissance des 16e et 17e s.

La situation

Carte Michelin Local 308 H3 - Finistère (29). Entre Landivisiau et Morlaix, St-Thégonnec se situe juste au Sud de la N 12. ▶

UN ÉVÉNEMENT DRAMATIQUE

Un incendie a ravagé une partie de l'église en juin 1998. Les cinq chapelles Nord ont subi des dégâts considérables, bien que leurs principales richesses artistiques aient été sauvées. La restauration est remarquable.

Le nom

Saint Thégonnec (ou Egonec) était un moine originaire du pays de Galles qui s'installa en Armorique au 6e s.

Les gens

2 267 Saint-Thégonnecois. Leur saint patron a pour attribut un loup. Thégonnec aurait en effet attelé cet animal à la charrette transportant les pierres nécessaires à la construction de son église.

L'enclos de St-Thégonnec est l'un des plus beaux de Bretagne.

carnet pratique

SE LOGER

⊖⊖ **Ar Presbital Koz** – *18 r. Lividic, près de la maison de retraite Ste-Bernadette - ☎ 02 98 79 45 62 - andre.prigent@wanadoo.fr - ⊄ - réserv. obligatoire - 6 ch. 44/50 € ☕ - repas 20 €.* Six chambres spacieuses et personnalisées ont été aménagées dans ce presbytère du 18ᵉ s. caché derrière un rideau de cyprès. À la belle saison, vous profiterez du jardin et du potager. Pensez à jeter un coup d'œil à la collection de canards rapportés du monde entier.

⊖⊖⊖ **Auberge St-Thégonnec** – *☎ 02 98 79 61 18 - contact@aubergesaintthegonnec.com - fermé 20 déc.-20 janv. - P - 19 ch. 85/105 € - ☕ 12 € - restaurant 24/45 €.* Face à l'église et son célèbre enclos, maison en pierres de taille aux aménagements intérieurs contemporains. Chambres spacieuses s'ouvrant côté jardin. Au restaurant, cadre confortable et soigné, agrémenté de cuivres et tableaux (scènes et paysages bretons), et carte à l'accent bigouden.

découvrir

ENCLOS PAROISSIAL★★

Il est préférable d'entrer dans l'enclos par la place de l'Église, côté Sud.

Porte triomphale★

En plein cintre, elle est couronnée de lanternons superposés (1587).

Chapelle funéraire★

Souvent appelée ossuaire, elle fut construite de 1676 à 1682. Dans la crypte, sous l'autel, **saint sépulcre★** à personnages sculptés dans le chêne et peints (1699-1702), œuvre du Breton Jacques Lespaignol. Au fond de l'ossuaire, le trésor comporte des pièces d'orfèvrerie, dont une croix processionnelle en vermeil (1610). *☎ 02 98 79 60 39 - juil.-août : 8h30-19h ; avr.-juin et sept. : 9h-18h - gratuit.*

Calvaire★★

Élevé en 1610. Sur le socle, des groupes de personnages figurent des scènes de la Passion. Au-dessous, une niche abrite la statue de saint Thégonnec avec le loup qu'il attela à sa charrette, après que son âne eut été dévoré par les loups. La plate-forme est surmontée d'une croix à deux traverses portant des personnages et de deux croix plus simples pour les larrons. Remarquez les anges qui recueillent le sang s'écoulant des plaies du Christ.

R. Mattès/MICHELIN

Le calvaire est à détailler : des scènes pleines de vie l'animent.

Église★

Le seul vestige de l'ancien édifice est le clocher (1563) du pignon situé à gauche de la tour Renaissance couronnée d'un dôme. Au-dessus du porche, statue de saint Thégonnec. Dans les niches des contreforts d'angle, statues figurant l'Annonciation, saint Jean et saint Nicolas. Sous le porche, il reste quatre statues d'apôtres.

À l'intérieur, la **chaire**★★ est l'un des chefs-d'œuvre (1683) de la sculpture bretonne. Les angles de la cuve sont ornés des vertus cardinales. Sur les quatre panneaux figurent les évangélistes. Sur le médaillon du dossier, Dieu donne à Moïse les Tables de la Loi.
L'abside et les deux bras du transept sont couverts de **boiseries**★ des 17e et 18e s. ; celles du **retable du Rosaire**★, à gauche, représentent : au centre et en bas, la Vierge et l'Enfant remettant le rosaire à saint Dominique et à sainte Catherine ; au-dessus, la Vierge et saint Laurent présentant au Christ une âme délivrée des flammes du purgatoire.

Île de Sein

Au large de la pointe du Raz, paysage nu au cœur de récifs à fleur d'eau, Sein est une bande de terre très peu élevée, livrée aux embruns et aux tempêtes.

La situation

Carte Michelin Local 308 B6 – Finistère (29).

Le nom

Le proverbe « Qui voit Sein voit sa fin » évoque les difficultés de navigation aux abords de l'île.

Les gens

242 Sénans. L'île inspira longtemps une terreur superstitieuse. Au 18e s., ses habitants vivaient dans un isolement presque complet. Certains étaient pilleurs d'épaves. Aujourd'hui, ce sont des sauveteurs très actifs. Les hommes sont navigateurs ou pêcheurs, les femmes travaillent de minuscules jardins ou ramassent le goémon. Quelques-unes portent encore le *jibilinenn*, coiffe noire de deuil à longs pans, parure traditionnelle depuis l'épidémie de choléra de 1886.

EXEMPTÉS D'IMPÔTS

« Vouloir imposer Sein ou Molène, déjà accablées de tous les impôts de la nature, ce serait vouloir imposer la mer, les tempêtes et les rochers » déclara Louis XIV. Ainsi, les habitants de Sein furent exemptés d'impôts locaux par Colbert.

COMPAGNONS DE LA LIBÉRATION

Au lendemain de l'appel du général de Gaulle, le 18 juin 1940, les 130 marins et pêcheurs de l'île de Sein gagnent l'Angleterre. Quand les Allemands arrivent à Sein, il n'y a plus que femmes, enfants et vieillards, maire et curé. Pendant plusieurs mois, des bateaux de pêche déposent et embarquent des officiers alliés. Parmi les marins de l'île partis pour la Grande-Bretagne, 29 ont trouvé la mort sur les champs de bataille. Non loin du phare, un monument portant l'inscription *Kentoc'h Mervel* (« plutôt mourir ») commémore cet épisode. En 1946, le général de Gaulle vint lui-même remettre à l'île la Croix de la Libération.

carnet pratique

SE LOGER

⊖⊖ Hôtel Ar Men – *Rte du Phare - ☎ 02 98 70 90 77 - hotel.armen@wanadoo.fr - fermé 6-20 oct. - 10 ch. 65 € - ☕ 7 € - restaurant 18 €.* Séduisante maison rose isolée face à la mer. L'intérieur, entièrement rénové, abrite des chambres simples, un salon-bibliothèque et une salle à manger modeste où l'on sert une cuisine régionale. Adresse idéale pour les amoureux de silence et d'atmosphère insulaire.

SE RESTAURER

⊖⊖ Chez Annick – *4 quai des Français-Libres - ☎ 02 98 70 90 79 - fermé fin vac. de Toussaint à déb. vac. de printemps et lun. hors sais. - réserv. conseillée en été - 16,70/22,90 €.* Annick, c'est le prénom de la patronne qui, depuis plus de 35 ans, tient ce petit restaurant sans prétention dont la terrasse offre une jolie vue sur le port et la pointe du Raz. Ambiance « à la bonne franquette » et spécialités iodées dont le ragoût de homard.

⊖⊖ Chez Brigitte – *Quai des Paimpolais - ☎ 02 98 70 91 83 - fermé oct. à déb. vac. de Printemps - réserv. conseillée - 20/53 €.* Une toute petite salle aménagée à l'étage d'un bistrot où se retrouvent les pêcheurs venus échanger les dernières nouvelles. Décor sans façon, mais superbe vue sur la pointe du Raz. Un seul menu, composé uniquement de produits de la mer, et ragoût de homard sur commande.

se promener

Accès à l'île

Juil.-août : ligne régulière, dép. Audierne-Esquibien à bord de l'Enez Sun III 9h, 11h30 et 16h50, retour 10h20, 15h30 et 18h15 ; sept.-juin : aller 9h30, retour 16h. Compagnie Penn ar Bed - ☎ 02 98 70 70 70.
De mi-juil. à mi-août : dép. dim. de Brest 8h et de Camaret (à bord de l'André Colin) 8h40 - compagnie Penn ar Bed - ☎ 02 98 80 80 80 (Brest) ; 02 98 27 88 22 (Camaret).

G. Plisson

Le phare d'Ar Men, bâti sur l'un des récifs de la chaussée de Sein, groupe d'écueils s'étirant au-delà de la pointe occidentale de l'île sur près de 20 km.

Port et bourg

Compter une journée.
Protégé par d'importantes digues, le village groupe des maisons blanches aux volets peints, des ruelles étroites qui ont à peine 1 m de largeur, pour offrir moins de prise au vent. Sur le tertre proche de l'église, les deux menhirs fichés côte à côte sont appelés les « Causeurs ».
Le **musée** commémore des événements survenus pendant la Seconde Guerre mondiale : le départ des Sénans pour l'Angleterre, l'action des Forces françaises navales libres, les campagnes auxquelles ont participé les Compagnons de la Libération, les pertes de la marine marchande, la lutte anti-sous-marine. ☎ *02 98 70 90 35 - juil.-août : 10h-12h, 14h-18h ; juin et sept. : 10h30-12h, 14h-16h - 2,50 €.*

Phare – À la pointe Ouest de l'île, ce phare (49 m de haut) est équipé d'une lampe de 6 kW. Sa portée moyenne est de 55 km. À gauche, se trouve la minuscule chapelle dédiée à saint Corentin, l'évêque qui évangélisa les Celtes de cette région.

Sizun★

Ce village du Léon possède un très bel enclos paroissial, bâti du 16e s. au 18e s. La porte triomphale annonce la chapelle-ossuaire et l'église, avec sa belle voûte lambrissée.

La situation

Carte Michelin Local 308 G4 – Finistère (29). À l'Est de Brest, Sizun se trouve à 15 km au Sud de Landivisiau.
ℹ *3 r. de l'Argoat, 29450 Sizun,* ☎ *02 98 68 88 40.*

Le nom

Serait un avatar de *sauzon*, qui veut dire « anglais » en breton.

SE LOGER
€€ Hôtel des Voyageurs – *2 r. Argoat - ☎ 02 98 68 80 35 - hotelvoyag@aol.com - fermé 25 avr.-3 mai, 11 sept.-3 oct., dim. soir et sam. d'oct. à juin - P - 23 ch. 46 € - ☕ 6,20 € - restaurant 13/25 €.* Près de l'église, une halte sans prétention : cet hôtel familial rénové est simple mais agréable. L'annexe propose quelques chambres plus petites et moins chères qui conviendront aux budgets serrés.

découvrir

Enclos paroissial★

Accès libre et gratuit. Visites guidées : s'adresser à l'Office de tourisme ☎ 02 98 68 88 40.
Les parties les plus intéressantes sont la triple **porte triomphale★** et la **chapelle-ossuaire★** à triple arcature, avec sa façade au décor hétéroclite. Ces deux monuments datent de 1585-1588. L'ossuaire abrite un musée consacré aux traditions locales. L'**église** du 16e s., remaniée aux 17e et 18e s., est reliée par un passage à la sacristie, petit édifice isolé de la fin du 17e s. À l'intérieur, la voûte lambrissée offre une belle ornementation : sablière sculptée agrémentée dans le transept et le chœur d'anges présentant les instruments de la Passion, entraits en forme de caïmans. Le buffet d'orgue, le maître-autel et les retables sont du 17e s., de même que le baldaquin des fonts baptismaux. Le trésor d'**art religieux** est le plus important de Bretagne : ciboires, ostensoirs, reliquaires, statues...

GRAND PARDON
Le dernier dim. de juil., cette procession costumée attire une foule nombreuse jusqu'à la chapelle de Log-Ildut (3 km de Sizun) qui a été construite au 15e s.

S. Sauvignier/MICHELIN

La porte triomphale de l'enclos, surmontée d'un calvaire, doit son élégance aux éléments de décor corinthiens.

alentours

Maison de la rivière

1 km à l'Ouest. ☎ 02 98 68 86 33 - www.maison-de-la-riviere.fr - juil.-août : 10h-19h ; juin, sept. et vac. de printemps (ttes zones) : tlj sf sam. 10h-12h, 14h-17h30, dim. 14h-17h30 (dernière entrée 30mn av. fermeture) ; reste de l'année : sur demande - 4 € (enf. 2,50 €).

Installé dans le moulin de Vergraon, ce centre de découverte propose des expositions sur l'importance de l'eau, la vie des poissons et la pêche. Description du matériel : cannes, moulinets, étapes de la fabrication d'une mouche pour la pêche au saumon, aquariums et films. La **Maison du lac** *est une annexe (8 km à l'Est, au pied du barrage du Drennec)* où l'on peut s'informer sur l'aquaculture à travers le monde.

Locmélar

5 km au Nord. L'**église** des 16e et 17e s. abrite d'imposants retables consacrés à saint Mélar et saint Hervé et deux belles **bannières★** des 16e et 17e s. brodées d'or et d'argent. À voir dans le cimetière : l'intéressant calvaire de 1560 à double traverse supportant les personnages, et la sacristie dont le toit prend la forme d'une carène renversée.

RANDONNÉES

Située au cœur du Parc naturel régional d'Armorique, la Maison de la rivière organise des balades accompagnées pour découvrir les monts d'Arrée, les sources de l'Elorn, le lac du Drennec ou la tourbière du Mougau...

Trégastel-Plage

Station balnéaire de la Côte de Granit rose, Trégastel séduit, tout comme sa voisine Ploumanach, par la beauté et l'étrangeté de ses rochers : une merveille naturelle qui fait le charme de la corniche bretonne.

La situation

Carte Michelin Local 309 B2 – Côtes-d'Armor (22). À 13 km au Nord de Lannion par la D 11, Trégastel-Plage est proche de Perros-Guirec.

5 pl. Ste-Anne, 22730 Trégastel, ☎ 02 96 15 38 38. www.ville-tregastel.fr

Le nom

L'étymologie en fait « la trêve du château », qui évoque aujourd'hui la belle plage de la station.

Les gens

2 234 Trégastellois. Un écrivain oublié, **Charles Le Goffic**, auteur de *L'Âme bretonne*, est enterré dans le cimetière de Trégastel-Bourg.

carnet pratique

Se loger

⊖ **La Résidence d'Arvor** – *52 rte des Traouïéros - ☎ 02 96 15 31 90 - www.residencedarvor.com - fermé nov. - 🚭 🅿 - 10 ch. 40/50 € ☕.* Plusieurs formules d'hébergement au choix : chambres récemment rénovées, simples ou dotées d'une kitchenette, et un appartement meublé (idéal pour les longs séjours familiaux) ; tous sont pratiques, agréables et fort bien tenus. Également, cuisine équipée à disposition des résidents.

Se restaurer

⊖ **Crêperie L'Iroise** – *29 r. Charles-le-Goffic - ☎ 02 96 15 93 23 - raymond.drolez@wanadoo.fr - fermé mi-nov. à fin janv. et jeu. hors vac. scol. - 7,80/14 €.* Outre les traditionnelles crêpes, cette adresse propose des recettes maison plus originales et des plats de moules midi et soir. Quelques objets évoquant la mer (belle maquette de voilier) décorent la salle où domine le bois brut. Accueil charmant.

⊖ **Les Triagoz** – *Forum de Trégastel, plage du Coz-Pors - ☎ 02 96 15 34 10 - www.lestriagoz.fr - fermé janv. et 1er-20 déc. - 13/55 €.* Sur la terrasse au bord de la plage, face aux célèbres rochers, ou dans la salle aux larges baies vitrées, vous serez parfaitement installé pour admirer le coucher de soleil. Menus aux accents marins, bien sûr...

visiter

Les « Tortues »
Ainsi dénomme-t-on les énormes rochers sur lesquels a été bâti l'aquarium de Trégastel. Au 19e s., leurs grottes abritaient même une église !

Aquarium marin

Réouverture prévue printemps 2006 - se renseigner à l'Office de tourisme - ☎ 02 96 15 38 38.

◀ 28 aquariums de 300 à 14 000 litres d'eau de mer présentent la faune des fonds sous-marins bretons (homard, coquette, bar, raie, congre...). Une maquette du littoral de Trégastel (30 m²) se couvre et se découvre au rythme des marées ; une exposition et une vidéo expliquent ce phénomène naturel, particulièrement impressionnant en Bretagne Nord.

À la sortie, un escalier de 28 marches conduit à une statue – naïve et étonnante – du « Père éternel » : belle vue sur le chaos de **rochers★★** de Trégastel et la Côte de Granit rose.

se promener

Plage de Coz-Porz

Cette plage de sable fin est bordée de rochers aux noms évocateurs. En dépassant sa jetée, à sa pointe Nord, on gagne une grève où se dressent, à droite, la

« **Tête de Mort** » et le « **Tas de Crêpes** », qui semble feuilleté : c'est un bon exemple d'érosion par le vent. Un banc de sable permet l'accès d'un chaos de rochers où l'on reconnaît le « **Dé** ».

Grève Blanche★

1h à pied. À partir de Coz-Porz, le sentier part à gauche et contourne en corniche un promontoire d'où l'on découvre la grève Blanche, l'île aux Lapins et les îles des Triagoz. Il passe ensuite au pied d'un rocher appelé le « **Tire-bouchon** », puis atteint la grève dominée par le « **Roi Gradlon** », qui a vaguement la forme d'une tête couronnée.

Table d'orientation

On bénéficie d'une **vue**★ circulaire sur la côte et – fait plutôt rare – sur l'arrière-pays avec les bourgs de la Clarté, Pleumeur-Bodou et son radôme, Trébeurden.

UN PANORAMA EXCEPTIONNEL
En avançant à pied parmi les rochers jusqu'à l'extrémité de la presqu'île, on découvre de magnifiques points de vue sur le large et les Sept-Îles au Nord ; à l'Est, la côte de Ploumanach ; au Sud, la baie de Ste-Anne.

Île Renote★★

Un isthme sablonneux *(praticable en voiture)* relie Trégastel à cette île, devenue presqu'île. Constituée d'énormes blocs de granit, de landes et de pins, elle est réservée aux piétons. Laissant sur la gauche la plage de Touldrez, le promeneur arrive près du Gouffre, au milieu de rochers : cette cavité est accessible seulement à marée basse.

Trégastel-Bourg

3 km au Sud vers Lannion.

L'église paroissiale remonte au 13e s. À droite du porche Sud, un ossuaire (17e s.) est orné de balustres et coiffé d'une tourelle à dôme. Au fond de la nef, un curieux bénitier (14e s.) servait jadis de mesure à grain.

Vallée des Traouïero *(voir à Ploumanach)*

Tréguier★★

Au fond de l'estuaire formé par la réunion du Jaudy et du Guindy, l'ancienne cité épiscopale s'étage au flanc d'une colline. Sa cathédrale, ses ruelles et ses maisons à pans de bois forment un ensemble très séduisant, à quelques encablures d'une côte particulièrement belle.

La situation

Carte Michelin Local 309 C2 – Côtes-d'Armor (22). À la verticale Nord de Guingamp, Tréguier se situe à mi-chemin entre Lannion et Paimpol, sur la D 786.

67 r. Ernest-Renan, 22220 Tréguier, ☎ 02 96 92 22 33.

Le nom

Tréguier vient du breton *Trev-ker* : *trev* désigne une paroisse, précédant ici *ker* qui signifie « maison ».

Les gens

2 679 Trégorrois. La grande figure locale est l'écrivain et historien Ernest Renan (1823-1892).

se promener

Port

Ce magnifique plan d'eau est suffisamment profond pour recevoir des caboteurs de fort tonnage. Il réserve une place importante à la navigation de plaisance.

Laisser la voiture sur le parking du port et pénétrer dans la ville par la rue Ernest-Renan, bordée de hautes maisons à colombages. Les deux tours carrées encadraient autrefois la porte de la ville.

carnet pratique

Se loger

Chambre d'hôte Manoir de Troézel Vras – *22610 Kerbors - 9 km au NE de Tréguier rte de Paimpol, dir. Pleumeur-Gautier puis Kerbors - ☎ 02 96 22 89 68 - htpp://troezel.vras.free.fr - fermé 20 oct.-fin mars - ⊄ - 5 ch. 53/66 € - repas 19 €.* Terre cuite au sol, murs travaillés à la chaux, gravures d'inspiration régionale, armoires anciennes et mobilier plus récent : voici planté le décor savamment éclectique, et très réussi, de ces jolies chambres aménagées dans un manoir du 17e s. Une adresse de charme.

Se restaurer

La Poissonnerie J.-P.-Moulinet – *2 r. Renan - entre la cathédrale et le musée Renan - ☎ 02 96 92 30 27 - 5,34/10,67 €.* Adresse originale et sympathique que cette petite poissonnerie centrale qui, outre son activité traditionnelle, propose des dégustations de fruits de mer dans deux salles égayées de fresques marines (ouvertes de juillet à septembre). Un menu « Petit Mousse » a même été prévu pour les enfants.

Crêperie du Moulin à Mer – *1 r. du Moulin-à-Mer - 22740 Lézardrieux - 11 km à l'E de Tréguier par D 20, rte de Lanmodez 2,5 km après le port de Lézardrieux - ☎ 02 96 20 19 49 - ⊄ - 7,62/15,24 €.* Ce beau manoir du 17e s., inscrit aux Bâtiments de France, abrite aujourd'hui une crêperie vivement recommandée par les gens de la région. Sa salle rustique a conservé ses poutres d'origine et sa grande cheminée en granit. Carte bien achalandée. À noter : les toilettes valent le coup d'œil.

Café Pesked – *21 r. du Port, la Roche Jaune - 22220 Plouguiel - 6 km au NE de Tréguier, au port de la Roche Jaune - ☎ 02 96 92 01 82 - fermé lun. sf été - 10,67/24,39 €.* La façade blanche de cette petite maison bretonne contraste avec le bleu du port où s'affairent les ostréiculteurs. Vous y dégusterez huîtres, moules, soupe de poissons et truites fumées dans une ambiance « café » simple et sympathique. Beaux choix de rhums parfumés.

TRÉGUIER

Chantrerie (R. de la)	2
Gambetta (R.)	3
Gaulle (Pl. du Gén.-de)	4
La-Chalotais (R. de)	5
Le-Braz (Bd A.)	6
Le-Peltier (R.)	8
Martray (Pl. du)	
St-Yves (R.)	12

Calvaire de la protestation	B
Maison de Renan	M
Tours carrées	D

Histoire

Au 6e s., saint Tugdual, un moine gallois fuyant Pictes et Saxons, fonde un monastère. Il est le premier évêque de Tréguier, un siège épiscopal qui fut particulièrement important dans la Bretagne médiévale.

Maison de Renan

☎ 02 96 92 45 63 - juil.-août : 10h-12h, 14h-18h ; avr.-juin et sept. : tlj sf lun. et mar. 10h-12h, 14h-18h, w.-end et j. fériés 14h-18h - fermé oct.-mars et 1er Mai - 4,60 € (enf. gratuit).

Cette maison à colombages (16e s.) abrite des souvenirs et des documents concernant l'écrivain. On voit sa chambre natale, une reconstitution de son cabinet de travail et de sa bibliothèque au Collège de France, ainsi que les deux pièces où, enfant, il aimait se retirer pour travailler.

Cathédrale St-Tugdual★★

☎ 02 96 92 30 51 - oct.-mai : 9h-12h, 14h-18h ; juin-sept. : 9h-19h - possibilité de visite guidée juil.-août : 10h-12h, 14h-18h - gratuit.

C'est l'une des plus belles cathédrales bretonnes (14e-15e s.). Trois tours reposent sur le transept. Celle du croisillon Sud (18e s.) s'élève à 63 m et s'ouvre par le « porche des cloches » (1438) surmonté d'une belle **fenêtre★** flamboyante. Inachevée, la tour du Sanctuaire,

Le cloître, un quadrilatère irrégulier découpé de quarante arcades flamboyantes en granit de l'île Grande et de Pluzumet.

de style gothique, occupe la croisée. La tour Hastings, romane, est le seul témoin de la cathédrale du 12e s.

Entrer par le porche de la façade Ouest.

Avec ses arcades gothiques élégamment travaillées dans le granit, la **nef** paraît lumineuse. Une frise, sculptée en tuffeau plus tendre, court sous le triforium. Les voûtes nervurées « à la Tudor » sont éclairées par des fenêtres hautes.

Les vitraux de Hubert de Sainte-Marie, maître verrier de Quintin, illustrent des thèmes bibliques (scènes de l'Ancien Testament à gauche, au Nord, de l'Évangile à droite, au Sud).

Faire le tour par le bas-côté gauche.

Le **tombeau de saint Yves**, saint patron des avocats, date de 1890 : il reproduit le monument érigé au 15e s. par le duc de Bretagne Jean V – le gisant de Jean V, sculpté en 1945, se trouve dans la chapelle du Duc. Le bras gauche du transept est limité par la tour Hastings. Les beaux arcs romans partent d'un lourd pilier accolé de colonnes aux chapiteaux sculptés. En dessous, apparaissent les portes de la sacristie et du cloître. Dans le déambulatoire, la 3e chapelle abrite un Christ du 13e s., en bois, dit « de Trémel ». Un intéressant **groupe en bois** du 15e s., *Saint Yves entre le riche et le pauvre*, se trouve près du porche Sud. Dans le bas-côté droit, remarquez les **enfeus** sculptés de chevaliers en armure, du 15e s.

À VOIR
Les 16 stalles★ Renaissance aux miséricordes sculptées.
Et la **Grande Verrière★** : la vigne mystique se mêle aux fondateurs des sept évêchés bretons, aux saints du terroir et aux métiers bretons.

Conservé dans la sacristie, le **trésor** présente, entre autres, le reliquaire du chef de saint Yves. Cette châsse en bronze doré du 19e s. s'appuie au mur de fondation de la tour Hastings, que certains estiment du 11e s. *☎ 02 96 92 30 51/19 - juil.-août : 10h-18h30, dim. et j. fériés 12h30-18h30 ; de mi-juin à fin juin et de déb. sept. à mi-sept. : 10h-12h, 14h-18h, dim. et j. fériés 14h-18h - 3 € billet combiné avec cloître et trésor.*

Adossé à l'évêché, le **cloître★** forme un bel ensemble du 15e s. encadrant une croix de calvaire. Sous les voûtes à charpente boisée et sablière, voyez les gisants du 15e au 17e s. et les personnages sculptés. Sous l'Ancien Régime, les galeries étaient louées à des marchands ambulants à l'occasion des foires. *☎ 02 96 92 30 51/22 33 - juin-sept. : 9h-19h ; avr.-juin : 9h-12h, 14h-18h ; oct.-mars : tlj sf dim. mat. 9h-12h, 14h-18h - 2 € (avr.-sept). gratuit reste de l'année.*

Place du Martray

Au cœur de la ville, sur cette place ombragée bordée de maisons anciennes, se dresse la **statue** d'Ernest Renan par Jean Boucher.

Rue Saint-Yves

Un petit tour dans cette rue piétonnière permet de voir **la Psalette** édifiée en 1447. C'est dans cette demeure que les petits chanteurs de la cathédrale répétaient.

À voir aussi
Le *Calvaire de la protestation*, œuvre du sculpteur **Yves Hernot**, inaugurée en 1904, en signe de protestation des catholiques contre l'érection de la statue d'Ernest Renan place du Martray.

Monument aux morts

Sur le flanc gauche de la cathédrale.

Cette œuvre sobre et émouvante, due au sculpteur breton **F. Renaud**, représente la douleur d'une Bretonne en cape de deuil.

Presque en face, la **rue Colvestre** recèle de belles maisons anciennes, plus particulièrement la maison du duc Jean V, l'hôtel de Kermorvan et l'hôtel de Coetivy. Revenez sur vos pas et descendez, en passant sous l'ancien évêché, vers le **bois du Poète** qui domine le **Guindy** : il constitue une agréable promenade au cours de laquelle on découvre le monument funéraire de l'écrivain **Anatole Le Braz**.

alentours

Minihy-Tréguier

1 km au Sud. Prendre la direction de La Roche-Derrien et à la sortie de l'agglomération, tourner à gauche.

Minihy-Tréguier, village natal de saint Yves, est le but du **pardon** du 3e dimanche de mai, dit « pardon des pauvres ». On dit couramment « aller à St-Yves ».

L'église (15e s.) est bâtie sur l'emplacement de l'ancienne chapelle du manoir de Ker-Martin où naquit et mourut **Yves Helouri** (1253-1303) ; elle abrite une toile peinte où figure, en latin, son testament.

Au cimetière, face au porche Ouest, un petit monument du 13e s. est percé d'une arcade sous laquelle les pèlerins passent agenouillés. Dénommé « **tombeau de saint Yves** », c'est sans doute l'autel de la chapelle primitive.

La Roche-Derrien

5 km au Sud-Ouest par la D 8. Cette ancienne place stratégique a été le théâtre d'une importante bataille pendant la guerre de Succession de Bretagne en 1347. Elle a longtemps dû sa prospérité au négoce du lin et est aujourd'hui une agréable villégiature de la vallée du Jaudy (kayak).

Église – Elle doit son plan inhabituel à l'ajout d'une grande chapelle par le seigneur Roland de Kersaliou en 1376. Un vitrail de 1927 illustre la célèbre bataille *(voir plus haut)* où Charles de Blois fut fait prisonnier.

Château de la Roche-Jagu★

13 km au Sud-Est par les D 786 et D 787. ☎ 02 96 95 62 35 - de mi-juin à mi-sept. : 10h-19h ; de mi-fév. à mi-juin et de mi-sept. à mi-nov. : 10h30-12h30, 14h-18h - possibilité de visite guidée du parc juil.-août avec spectacles, visite libre gratuite tte l'année - fermé 2 nov.-1er fév. - 2 € château, 2 € parc (visite guidée).

Ancienne forteresse, le château de la Roche-Jagu bénéficie d'un superbe site au-dessus du Trieux.

Cet élégant château, construit au 15e s. au sommet des pentes abruptes et boisées qui forment la rive gauche du Trieux, veillait sur la rivière.
Sa façade Ouest a gardé les corbeaux qui supportaient le chemin de ronde. De belles cheminées, très ouvragées, surmontent l'édifice. Au cours de la visite, on parcourt les nombreuses salles aux plafonds à la française, la petite chapelle et ses deux oratoires. Le chemin de ronde couvert qui subsiste sur la façade Est permet de découvrir le magnifique **site★** du Trieux.

Le **parc★** – Après la terrible tempête de 1987, un parc contemporain de 30 ha a été créé ; les paysages de Bretagne mais aussi une palmeraie et les vestiges de bassins de ruissage (travail du lin) invitent à d'agréables promenades.

Runan

13 km au Sud par la D 8. Situé sur un plateau du Trégorrois, Runan possède une importante **église★** qui appartint aux templiers, puis aux hospitaliers de St-Jean-de-Jérusalem. Élevée aux 14e et 15e s., elle est richement décorée. Son côté Sud présente quatre pignons, constellés d'armoiries martelées. Le pignon du porche est orné d'un linteau sculpté figurant l'Annonciation et la Descente de croix ; les douze apôtres superposés, en se réunissant, forment une clef de voûte.
À l'intérieur, les voûtes lambrissées reposent sur des sablières polychromes : on reconnaît à gauche de la nef les signes du zodiaque, à droite des animaux. *Visite sur demande auprès de M. Jean-Pierre Le Bihan - Lech an Bellec - 22260 Runan - de mi-juil. à mi-août : 10h-19h.*

À VOIR
Datant du milieu du 15e s., le **retable**, situé dans la chapelle des fonts baptismaux, présente des personnages d'une rare élégance, taillés dans la pierre bleutée de Tournai.

circuits

PRESQU'ÎLE DE PLOUGRESCANT 1

Circuit de 37 km – environ 2h. Quitter Tréguier au Nord et, dans Plouguiel, tourner à droite.

La Roche-Jaune

Dans ce petit port sur le Jaudy, les ostréiculteurs élèvent et affinent des huîtres creuses, dites fines du Trégor.

Chapelle St-Gonéry★

☎ 02 96 92 27 54 - visite guidée sur demande à l'association Art, Culture et Patrimoine – 22 r. Renan - de mi-juin à mi-sept. et vac. scol. : 10h45, 11h30, 15h15, 16h, 16h45, 17h30.
La chapelle est surmontée d'une flèche en plomb, de 1612, curieusement inclinée sur une tour du 10e s. À l'intérieur, sur les voûtes en bois peint sont représentés des épisodes de l'Ancien et du Nouveau Testament ; ces **peintures** de la fin du 15e s., restaurées au 18e s. puis au 19e s., sont très intéressantes. Dans la chapelle à gauche du chœur, on découvre le **mausolée★** d'un évêque de Tréguier (16e s.) dont le gisant repose sur une imposante dalle moulurée. Il est supporté par quatre lions, allusion aux armes des Halegoët qui portaient « d'azur à lion morné d'or ».

À VOIR
L'armoire aux reliques★ (16e s.) située dans la chapelle à droite du chœur. Ce meuble à baldaquin est orné de panneaux : ils représentent saint Jean et un calice d'où s'échappe un serpent, sainte Marie-Madeleine et son pot d'onguents parfumés, saint Gonéry et sainte Barbe portant sa tour.

Pors-Hir

Ce petit port est bâti entre de gros rochers, près d'une anse. La route suit la côte dans un beau site, les maisons s'adossent à d'énormes rochers, ou se faufilent entre de hauts blocs rocheux.

La **pointe du Château** est la pointe extrême de cette presqu'île : belles vues sur les îles d'Er, le phare des Héaux et les Sept-Îles.

Le Gouffre★ est une profonde entaille dans un chaos de rochers, où la mer déferle avec violence (*1/4h à pied AR*).

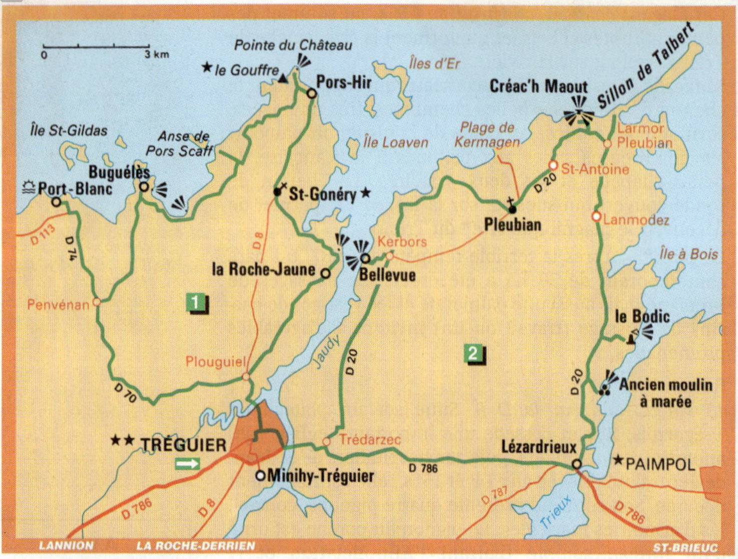

G. Targat/MICHELIN

Le rocher de la Sentinelle à Port-Blanc.

Faire demi-tour : la route longe des lagunes, puis prendre trois fois à droite.

Du Roudour, on peut gagner l'**anse de Pors Scaff**, hérissée d'îlots rocheux, puis rejoindre **Buguélès**, centre balnéaire frangé d'îlots habités.

Port-Blanc

Ce petit port de pêche est aussi un lieu de séjour balnéaire. Sous les dunes de la grande plage, des dalles funéraires, actuellement recouvertes, laissent présumer l'existence d'une nécropole. *Gagner l'esplanade en bordure de mer, tourner à gauche avant un groupe de maisons bâties sur des rochers (parking). Dans l'angle gauche, emprunter un chemin en montée que prolonge un escalier de 35 marches.* La **chapelle N.-D. de Port-Blanc** (16e s.) est couverte d'un toit qui descend jusqu'à terre. *☎ 02 96 92 62 35 - juil.-août : 10h30-12h, 15h-18h ; reste de l'année : visite guidée sur demande auprès du presbytère - 2 bis r. Poulpiquet - 22710 Penvenan - ☎ 02 96 92 67 16.*

Regagner Tréguier en passant par Penvénan.

PRESQU'ÎLE SAUVAGE 2

Circuit de 49 km – environ 3h. Quitter Tréguier en direction de Paimpol.

PÈLERINAGE

Tous les ans a lieu dans la petite île St-Gildas le pardon aux chevaux ou pardon de St-Gildas - *☎ 02 96 92 67 59.*

Lézardrieux

La ville est bâtie sur la rive gauche du Trieux qu'enjambe un pont suspendu. L'église du 18e s. possède un élégant clocher-pignon flanqué de deux tourelles et coiffé d'un clocheton percé d'arcades, recevant les cloches. Ce type de clocher, très particulier, se retrouve pratiquement dans toute la presqu'île.

Prendre au Nord vers le sillon de Talbert. On longe le vaste port de plaisance créé sur le Trieux. À 3 km, tourner à droite dans une route en descente.

Ancien moulin à marée

Un bassin en amont retenait les eaux qui actionnaient ce moulin, aujourd'hui ruiné.

Reprendre la direction du sillon de Talbert et tourner à droite.

Phare du Bodic

Ce petit phare commande l'entrée du Trieux. Un sentier, à gauche de cette construction mène, à travers champs, vers une plate-forme d'où la **vue★** porte sur l'embouchure du Trieux et l'île à Bois au premier plan, l'archipel bréhatin au large.

La route passe ensuite à proximité de la baie de Pommelin, traverse Lanmodez et Larmor-Pleubian.

Sillon de Talbert

Longue de 3 km, cette étroite langue, entourée de récifs, est formée de sable et de galets déposés par les courants du Trieux et du Jaudy. On y ramasse le goémon (la cueillette annuelle est de 8 000 à 10 000 t d'algues) qui est ensuite séché sur place avant d'être traité dans une usine proche du sillon.

Revenir à Larmor-Pleubian et prendre à droite vers la plage de Pors-Rand.

Table d'orientation de Créac'h Maout

Située en avant d'un monument commémoratif et de l'ancien sémaphore. Vaste **panorama★** sur la pointe de l'Arcouest, Bréhat, le sillon de Talbert, le phare des Héaux (1839), d'une hauteur de 56 m et qui atteint la portée moyenne de 35 km, la pointe du Château et l'embouchure du Jaudy.

Par St-Antoine, gagner l'entrée de Pleubian où l'on tourne à droite.

Pleubian

Sur le flanc gauche de l'église, au clocher typique, se dresse une belle **chaire★** du 16e s. surmontée d'une croix. De forme ronde, elle présente une frise sculptée.

Dans Pleubian, prendre la direction de Kerbors par la côte. On passe à proximité de l'allée couverte de Men-ar-Rompet, en partie enfouie dans la végétation, et de l'île à la Poule. Dans Kerbors, tourner à droite avant l'église.

Bellevue

Sur la rive du Jaudy, le regard se perd à droite sur l'embouchure de la rivière, à gauche sur la vallée et le site de Tréguier, dominé par les tours de la cathédrale. En face, s'étage la Roche-Jaune.

La route serpente ensuite parmi les champs de primeurs avant de redescendre vers la vallée du Jaudy et Tréguier.

R. Mattès/MICHELIN

La côte, au Nord de Tréguier, invite à la contemplation, voire à la méditation.

BAIGNADE
Plage de Kermagen : face à la pointe du Château et aux îles d'Er.

TRUITE ET SAUMON
Sur son cours, soumis à la marée, le Jaudy abrite des élevages de truites et de saumons : l'aquaculture est une nouvelle ressource de cette région.

La Trinité-sur-Mer

Face à la baie de Quiberon, ce bourg s'étire en bordure de la rivière de Crach dont le vaste estuaire, bien abrité, accueille de nombreux parcs à huîtres. Port de pêche et de plaisance, La Trinité est devenue un pôle du tourisme nautique.

La situation

Carte Michelin Local 308 M9 - Morbihan (56). En voiture, prendre la D 28 à partir d'Auray. Mais rien ne vaut l'arrivée par la mer !

Cours des Quais, 56470 La Trinité-sur-Mer, ☎ 02 97 55 72 21. www.ot-trinite-sur-mer.fr

G. Targat/MICHELIN

Le port de plaisance de La Trinité-sur-Mer... trois petits tours et puis s'en vont.

carnet pratique

Se loger

⊖ Chambre d'hôte du Stiren ar Mor – *1 Clos du Poulbert - ☎ 02 97 30 15 28 - danchant@libertysurf.fr - fermé 1er nov.-Pâques - ⌧ - 4 ch. 48/63 € ☕.* Cette maison néo-bretonne et son agréable jardin profitent de la quiétude d'un quartier résidentiel proche de la plage. Les chambres bénéficient d'aménagements récents et confortables. Au premier étage, elles disposent d'un espace salon ; au second, elles sont mansardées et agrémentées de poutres.

⊖ Chambre d'hôte Mme Gouzer – *17 rte de Quéhan (C 203) - 56470 St-Philibert - 2 km rte d'Auray et au rd-pt dir. Quéhan - ☎ 02 97 55 17 78 - http://chrisgouzer.free.fr - ⌧ - 3 ch. 50/65 € ☕.* Cette maison d'ostréiculteurs magnifiquement postée au-dessus de la rivière de Crach et bordée de pins maritimes propose trois chambres sobrement meublées, offrant chacune une belle vue sur le large. De quoi enchanter les amoureux de la mer !

⊖⊖⊖ Ostréa – *Cours des Quais - ☎ 02 97 55 73 23 - sylvie@hotel-ostrea.com - fermé déc. et janv., lun. hors sais. et dim. soir - P - 12 ch. 80/85 € - ☕ 8 € - restaurant 18/42 €.* Rénovation réussie pour ce petit hôtel situé face au port de plaisance : toutes les chambres, refaites, bien qu'un peu nues, sont accueillantes ; choisir celles côté rade. Le restaurant et la terrasse offrent une belle vue sur les voiliers ; carte très iodée.

Se restaurer

⊖ La Crêperie du Bourg – *16 r. des Frères-Kermorvant - ☎ 02 97 55 73 26 - fermé janv., dim. soir et lun ; ouv. tlj pdt vac. scol. - 8/15 €.* Petite adresse située dans le vieux bourg, à deux pas du port de plaisance. La cuisine, visible de tous, sépare les deux salles à manger où dominent le bois et les tons clairs. Accueil chaleureux et choix de crêpes - salées et sucrées - assez traditionnel.

⊖⊖ Le Mouillage – *1 pl. Yvonne-Sarcey, sur le port - ☎ 02 97 55 70 70 - mouillage@wanadoo.fr - fermé janv., mar. soir et merc. hors sais. - 25/40 € - 4 ch. 45/75 € - ☕ 10 €.* Le mouillage, c'est bien sûr celui des bateaux que vous pourrez admirer depuis la plaisante terrasse de ce restaurant bien placé sur le port. Décor marin très réussi : hublots en cuivre, murs habillés de lambris bleu délavé, chaises toilées... Cuisine de la mer.

Que rapporter

L'Épicerie du port – *24 cours des Quais - ☎ 02 97 55 76 97 - mars-déc. : tlj sf merc. sf pdt les vac. scol. 10h-13h, 15h30-20h - fermé janv.-fév.* Cette charmante épicerie ne se contente pas de proposer des produits liés à la mer, vous y trouverez également une sélection de charcuteries, des fromages affinés, quelques bouteilles de petits vignerons respectueux des traditions, un choix de thés, des épices et des huiles d'olive.

Sports & Loisirs

Nautic Sport – *35 cours des Quais - ☎ 02 97 30 10 00 - www.nautic-sport.com - avr.-sept. : 9h-20h ; oct.-mars : tlj sf lun. 10h-12h, 14h-17h - fermé janv.* Location de kayaks et de bateaux à moteur de 5 à 14 m.

Stages de dériveur et de catamaran – *Société nautique - cours des Quais - ☎ 02 97 55 73 48.*

Louer un bateau – Il n'y a pas moins de 8 loueurs à La Trinité ! Demandez la liste à l'Office de tourisme pour louer une vedette ou un voilier. Le choix est large.

Clubs de plage – *Le Club Plein Air (plage du Men-Dû) - l'Olympic Club Mickey (plage de Kervillen)..*

Le nom

Du nom d'une chapelle consacrée à la Trinité.

Les gens

1 530 Trinitains et tous les marins du globe qui se retrouvent ici.

se promener

Mecque de la voile

Le port de plaisance peut accueillir 1 200 bateaux. Tous les grands marins viennent y mouiller, les vieux gréements s'y réunissent. Courses et régates se succèdent tout au long de l'année, notamment lors du Spi Ouest-France qui confronte les anonymes aux vedettes de la voile.

Il est toujours agréable de flâner dans un port comme celui-ci, où l'on a toutes les chances d'admirer une « formule 1 » de la mer, amarrée au ponton brise-clapot.

Chemin des douaniers

Depuis le port, il mène à la pointe de Kerbihan. On remarque les nombreux parcs à huîtres destinés à la récolte du naissain, à hauteur de l'estuaire. Le chemin mène aux **plages de Kerbihan et de Kervillen**. Juste après cette dernière, on voit l'île de Stuhan, réserve naturelle protégée.

Pont de Kérisper

De ce pont qui franchit la rivière de Crach, la **vue★** est superbe sur le site et ses installations portuaires.

Le Val-André

Station balnéaire réputée, Pléneuf-Val-André – son nom officiel – possède l'une des plus belles plages de sable fin de la côte Nord de la Bretagne.

La situation

Carte Michelin Local 309 G3 – Côtes-d'Armor (22). À une vingtaine de kilomètres au Nord-Est de St-Brieuc, le Val-André annonce la Côte d'Émeraude, qui s'étend jusqu'à la pointe du Grouin.

1 r. Winston-Churchill, BP 125, 22370 Pléneuf-Val-André, ☎ 02 96 72 20 55.

Le nom

L'étymologie évoque le nom du premier propriétaire ou seigneur de ce val.

Les gens

3 695 habitants. Après avoir séjourné à Dinard et St-Lunaire, l'académicien Jean Richepin (1849-1926) s'est installé dans cette station. Il est enterré dans le cimetière de Pléneuf.

carnet pratique

Se loger

Hôtel de France – *4 r. Pasteur - 22370 Pléneuf-Val-André - ☎ 02 96 72 22 52 - www.pleneuf-hoteldefrance.com - fermé 15 janv.-23 fév., dim soir et lun. hors sais. - 20 ch. 37/53 € - 7,40 € - restaurant 18/40 €.* Au centre de Pléneuf, cet établissement exploité de père en fils depuis 1906 vient de s'offrir une seconde jeunesse : réfection complète du restaurant, nouvelle terrasse installée dans la cour intérieure et jolies chambres à thème.

Chambre d'hôte Villa Marguerite – *34 r. des Garennes - 22370 Pléneuf-Val-André - ☎ 02 96 72 85 88 - fermé oct.-mars - réserv. obligatoire en hiver - 4 ch. 55/63 €.* Charmante villa au style balnéaire typique du 19e s. dans un plaisant jardin, au centre de la station. Les chambres, à la fois sobres et coquettes, dominent la baie de St-Brieuc ; trois d'entre elles bénéficient d'un balcon. Salle des petits-déjeuners agrémentée de jolis meubles chinés.

Grand Hôtel du Val André – *R. de l'Amiral-Charner - ☎ 02 96 72 20 56 - accueil@grand-hotel-val-andre.fr - fermé 2 janv.-13 fév. - P - 39 ch. 86,60/96,60 € - 9 € - restaurant 26/76 €.* Un hôtel de bord de mer typique avec sa façade 1900. Les chambres, d'un confort moderne, bénéficient d'une belle vue dégagée, tout comme le vaste restaurant panoramique. Idéal pour les vacances, notamment en formule demi-pension.

Se restaurer

Au Biniou – *121 r. Clemenceau - ☎ 02 96 72 24 35 - fermé fév., mar. soir et merc. sf juil.-août - 23,50/36,50 €.* Dans une petite maison du centre-ville, ce restaurant sert une cuisine goûteuse mettant en scène produits de la mer et recettes du cru, revisitées par le chef... Un premier menu à prix doux.

En soirée

Casino du Val-André – *1 cours Winston-Churchill - 22370 Pléneuf-Val-André - ☎ 02 96 72 85 06 - 10h-3h.* Il est ouvert tous les jours à partir de 10h.

Sports & Loisirs

Sports nautiques – *☎ 02 96 72 95 28.* Planche et char à voile, catamaran, dériveur, aviron et kayak : ce centre nautique accueille moussaillons et vieux loups de mer pour la pratique de sports toniques.

Golf Blue Green Pléneuf-Val- André – *R. de la Plage-des-Vallées - 22370 Pléneuf-Val-André - ☎ 02 96 63 01 12 - www.bluegreen.com - hiver 9h-18h ; printemps 9h-19h ; haute sais. 8h-20h - fermé 25 déc. et 1er janv. - 31 à 48 €.* Splendide green de 18 trous en bord de plage. Le trou n° 11 est mondialement connu pour son dénivelé de 50 m et son magnifique panorama sur le cap Erquy et Bréhat.

La Pauline – *« Une chaloupe pour Dahouet », quai des Terre-Neuvas - 22370 Pléneuf-Val-André - ☎ 02 96 63 10 99.* « Ce magnifique lougre flambart » de Dahouët à coque noire et voile rouge vous emmènera sur les flots de la Côte d'Émeraude.

Calendrier

Tout au long de l'année ont lieu des manifestations de qualité : des concerts classiques et de jazz aux soirées théâtrales en passant par les régates, les tournois de golf, de tennis, la fête de la mer, les rues en fête. Le Festival de musiques latines Val Latina a lieu en avant-saison.

Val-André séduit par le charme de son environnement et la qualité de sa grande plage.

se promener

Pointe de Pléneuf★

1/4h à pied AR. Depuis le parking du port de Piégu démarre un sentier aménagé au pied de la falaise.

Cette promenade mène à un petit belvédère où l'on trouve un banc de repos, face à l'**îlot du Verdelet**, réserve ornithologique qu'il est possible de rejoindre à pied lors de certaines grandes marées *(se renseigner au poste des sauveteurs, sur la digue, ou à l'Office de tourisme).*

Partir du port de Piégu et gravir l'escalier qui conduit à la rue de la Corniche.

En contournant la pointe de Pléneuf, un « chemin de douaniers » permet de gagner la grève des Vallées *(1/2h à pied)* et celle de la Ville-Berneuf *(3/4h)*. Cette très belle promenade en corniche révèle des **vues★★** superbes sur le Val-André et la baie de St-Brieuc.

Promenade de la Guette★

1h à pied AR. À l'extrémité Sud-Ouest de la digue, à l'angle de la rue des Sablons, deux flèches indiquent le chemin de la Guette, le corps de garde, la batterie.

Contournant l'anse du Pissot, escalier d'accès à la plage, on longe le corps de garde. Une **vue★** immense se découvre sur la baie de Saint-Brieuc. Au niveau de la statue de N.-D.-de-la-Garde, on descend vers **Dahouët**, port de pêche et de plaisance niché dans un joli site.

Suivre le quai des Terre-Neuvas et prendre, face à l'étang de Dahouët (plan d'eau aménagé en jardin nautique), le sentier du Mocquelet pour rentrer par les hauteurs.

Les terre-neuvas de Dahouët

En 1509, les marins de ce port, situé à l'embouchure de la Flora, furent les premiers à pêcher à Terre-Neuve, île découverte seulement douze ans plus tôt par l'Italien Jean Cabot.

Vannes★★

Bâti en amphithéâtre au fond du golfe du Morbihan, Vannes conserve des remparts qui protègent la cité médiévale groupée autour de la cathédrale. Très visitée, la ville est le point de départ idéal de toute excursion dans le golfe.

La situation

Carte Michelin Local 308 O9 – Morbihan (56). On a tout intérêt à laisser son véhicule près de la gare maritime ou place de la République, car il est très difficile de stationner dans le centre.

1 r. Thiers, 56000 Vannes, ☎ 02 97 47 24 34. www.pays-de-vannes.com

Le nom

Les Vénètes, une branche des Vénitiens de Vénétie, ont laissé leur nom à leur capitale.

Darioritum

Au temps des Vénètes, c'est-à-dire à l'époque gallo-romaine, la première agglomération s'appelait *Darioritum*. *Ritum* veut dire « gué » (le gué de Saint-Patern, au Nord-Est de la ville). La cité était un important lieu de convergence de voies romaines. L'empereur Probus la dota de fortifications au 3e s.

Les gens

51 759 Vannetais. Le cinéaste Alain Resnais y est né en 1922.

La réunion à la France

Anne de Bretagne, mariée à Charles VIII, puis à Louis XII, et donc reine de France, est restée souveraine de son duché sans que ce dernier fût rattaché à la Couronne. Lorsqu'elle s'éteint en 1514, à 37 ans, ne laissant pas d'héritier mâle, l'une de ses filles, Claude de France, hérite de la Bretagne. Mariée quelques mois plus tard à François d'Angoulême, elle devient à son tour reine de France le 1er janvier 1515. François Ier obtient qu'elle cède son duché au Dauphin.

Le dernier pas est franchi en août 1532. Les États, réunis à Vannes, proclament l'« union perpétuelle du pays et duché de Bretagne avec le royaume et couronne de France ». Les droits et privilèges du duché sont maintenus : les impôts doivent être consentis par les États ; le parlement de Bretagne garde la souveraineté juridique ; une armée bretonne peut être entretenue aux frais de la province.

se promener

VIEILLE VILLE**

Enfermée dans ses remparts et groupée autour de la cathédrale St-Pierre, elle a été aménagée en zone piétonne.

Partir de la place Gambetta.

Cette place en hémicycle, construite au 19e s., encadre la **porte Saint-Vincent** qui donne accès à la vieille ville par la rue du même nom, bordée de beaux immeubles du 17e s. À l'entrée de la rue, l'hôtel Dondel fut le quartier général de Hoche en 1795.

G. Targat/MICHELIN

Des jardins à la française bordent les remparts de Vannes et le château de l'Hermine.

Place des Lices

Elle est ainsi nommée en raison des tournois et luttes bretonnes qui s'y déroulèrent en 1532, à l'occasion de la célébration de l'union entre la Bretagne et la France. Dans le bas de la place, une statue de saint Vincent Ferrier, nichée dans une maison à tourelle, rappelle qu'il discourut en ces lieux en 1418. Ce dominicain espagnol, grand prédicateur, est mort à Vannes l'année suivante.

Maison de Vannes

Cette demeure médiévale est ornée de deux bustes en granit, aux visages hilares.

Maison de saint Vincent Ferrier

Au n° 17, place Valencia.

C'est dans cette maison, remaniée au 16e s., que Vincent Ferrier mourut en 1419. Bel exemple de maison à colombages, avec son rez-de-chaussée en pierre.

Place Henri-IV*

Par la rue des Halles et la rue St-Salomon bordée de vieilles demeures, on gagne cette place aux jolies maisons à pignons (16e s.). Jetez un coup d'œil dans la rue des Chanoines.

J. Malburet/MICHELIN

Sur la maison de Vannes, ces figures populaires, sont connues sous le nom de « Vannes et sa femme ».

Visites

Vannes, qui porte le label Ville d'art et d'histoire, propose des visites-découvertes animées par des guides-conférenciers agréés par le ministère de la Culture et de la Communication. *Renseignements au service Animation du Patrimoine, Hôtel de Roscanvec, 19 r. des Halles - ☎ 02 97 01 64 00 –www.mairie-vannes.fr/animationdupatrimoine - juil.-août : tlj sf j. fériés 10h30 et 15h, dim. 15h, balades nocturnes vend. 22h ; avr.-juin et sept. : merc. et sam. 15h - 4,70 €*

Se loger

⊖ Le Marina – *4 pl. Gambetta - ☎ 02 97 47 22 81 - lemarinahotel@aol.com - fermé 25 déc. et 1er janv. - 14 ch. 32/52 € - ☕ 5,90 €.* Les chambres de cet hôtel situé au centre-ville, face au port, sont rénovées : papier peint changé, insonorisation revue, nouvelle literie ; une dizaine d'entre elles profitent de la vue sur les voiliers. Adresse pratique pour découvrir la ville à pied.

⊖ Guerlan – *À Guerlan - 56400 Plougoumelen - 12 km à O de Vannes par N 165 et rte secondaire dir. Plougoumelen - ☎ 02 97 57 65 50 - www.bedbreak.com/guerlan - fermé janv.-mars - ⊠ - 5 ch. 36/50 € ☕.* Cette imposante bâtisse du 18e s. est un pied-à-terre très pratique pour partir à la découverte du golfe du Morbihan. Ses chambres, où cohabitent l'ancien et le moderne, sont d'une propreté exemplaire ; l'une d'elles est prévue pour les familles. Sur demande, visite de la ferme.

⊖⊖ France – *57 av. Victor-Hugo - ☎ 02 97 47 27 57 - max-legall@wanadoo.fr - fermé 19 déc.-8 janv. - P - 30 ch. 50/68 € - ☕ 6,50 €.* Hôtel situé entre la gare ferroviaire et le centre-ville. Les chambres bénéficient peu à peu d'une cure de jouvence ; certaines sont neuves, d'autres un brin désuètes, mais toutes restent bien tenues et proposées à des prix plutôt raisonnables. Salon-véranda ouvert sur un patio.

⊖⊖ Manche-Océan – *31 r. du Lt-Col.-Maury - ☎ 02 97 47 26 46 - info@manche-ocean.com - fermé 22 déc.-6 janv. - 41 ch. 75/88 € - ☕ 9 €.* Au cœur de la ville, cet hôtel fonctionnel datant des années 1950 est en constante évolution ; une grande partie des chambres profite d'une récente cure de jouvence. Petits-déjeuners servis sous forme de buffet. Le salon a un petit air colonial des plus plaisants.

Se restaurer

⊖ Crêperie Dan Ewen – *3 pl. du Gén.-de-Gaulle - ☎ 02 97 42 44 34 - fermé fin sept.-déb. oct. - 7,50/15 €.* La tradition bretonne cultivée avec passion dans cette belle maison à colombages proche de la préfecture : crêpes à l'ancienne, authentique mobilier breton, musique celte... Un bastion culturel !

⊖ Le Gavroche – *17 r. de la Fontaine - ☎ 02 97 54 03 54 - fermé merc. soir, dim. et lun. - réserv. conseillée - 11,75/23,50 €.* Dans une rue envahie par les restaurants de toutes nationalités, voici une adresse qui sort du lot. La cuisine mitonnée y est on ne peut plus traditionnelle : blanquette, foie gras maison... Délicieuse terrasse intérieure rafraîchie par une fontaine. Pousse-café offert.

⊖ La Villa Valencia – *3 r. Bienheureux-Pierre-René-Rogue, maison « Vannes et sa Femme » - ☎ 02 97 54 96 54 - réserv. conseillée le w.-end - 13/22 €.* Adresse originale que cette brasserie-pizzeria installée dans une demeure du 16e s. placée sous le regard bienveillant des très populaires figures de « Vannes et sa femme ». Décoration d'esprit méridional agrémentée d'affiches anciennes. Assiettes copieuses.

⊖ Auberge le Moulin de Callac – *Le Moulin de Callac - 56420 Plumelec - ☎ 02 97 67 12 65 - moulindecallac@wanadoo.fr - fermé 15 nov.-8 déc. et lun. sauf de mars à oct. - 10/17 €.* Sur la terrasse ou dans la salle à manger rustique garnie de meubles bretons, vous vous régalerez d'un attrayant menu « terroir » ou de savoureuses crêpes et galettes réalisées avec des farines issues de l'agriculture biologique. Chambres coquettes, dont certaines avec terrassette privative, pour prolonger votre séjour.

⊖⊖ Roscanvec – *17 r. des Halles - ☎ 02 97 47 15 96 - roscanvec@wanadoo.fr - fermé 22 déc.-1er janv., dim. soir et lun. d'oct. à juin - réserv. obligatoire - 17€ déj. - 23,50/74 €.* On est presque surpris de trouver une bonne adresse dans cette rue touristique du vieux Vannes... Installé dans une maison à colombages, le restaurant fait salle comble avec ses menus servis au rez-de-chaussée (où quelques tables offrent le coup d'œil sur les cuisines) ou à l'étage. Recettes inventives.

⊖⊖ La Table des Gourmets – *6 r. A.-Le-Pontois - ☎ 02 97 47 52 44 - fermé vac. de fév., 25 juin-4 juil., 26 nov.-6 déc., dim. soir hors sais., lun. midi et merc. - 24/88 €.* Les vannetais apprécient ce discret restaurant situé juste en face des remparts. Dans sa petite salle à manger moderne égayée de tons chaleureux et de tableaux, vous pourrez savourer une cuisine actuelle bien tournée.

En soirée

Le Master – *R. Gilles-Gahinet - parc du Golfe - ☎ 02 97 46 09 00 - tlj sf vend. 12h-2h, w.-end à partir de 14h.* Outre les douze pistes de bowling et les 13 billards (français, pools, snookers), le Master propose des soirées à thème (karaoké) et des spectacles. Discothèque « Le Bar 131 », bar et petite restauration.

L'Océan – *4 pl. Gambetta - ☎ 02 97 47 22 81 - lemarinahotel@aol.com - 7h-1h.* Ce bar hôtel est situé face au petit porte de Vannes. La terrasse est magnifique et donne sur la place Gambetta où les Vannetais se rassemblent le midi et le soir à la sortie du travail.

Achats

Brasserie Mor Braz – *Zone St-Léonard Nord - 56450 Theix - ☎ 02 97 42 53 53 - www.morbraz.com - boutique : 9h-12h, 14h-19h ; visite : w.-end sur RV.* Sous la houlette d'un couple de brasseurs bretons passionnés, découvrez les secrets de fabrication de la bière à l'eau de mer. Vous pourrez ensuite remplir votre coffre de bouteilles mais aussi de confit de bière, de pâtes de bière ou de savoureuses galettes à la farine de malt.

Sports & Loisirs

Navix – *Allée Loïc-Caradec - Parc du Golfe - ☎ 0 825 132 100 (0,15 €/mn) - www.navix.fr - avr.-sept. : 9h-18h.* Croisières dans le golfe du Morbihan, l'une des plus belles baies du monde. Déjeuner et dîner-croisière, croisières-découverte du golfe et des îles du large (Belle-Île et Houat).

Notre-Dame-de-Becquerel – *☎ 06 72 58 68 76 (messagerie).* Ce « forban », bateau de pêche traditionnel, embarque 10 personnes (sur réserv.) pour une promenade autour des îles du golfe et dans la baie de Quiberon.

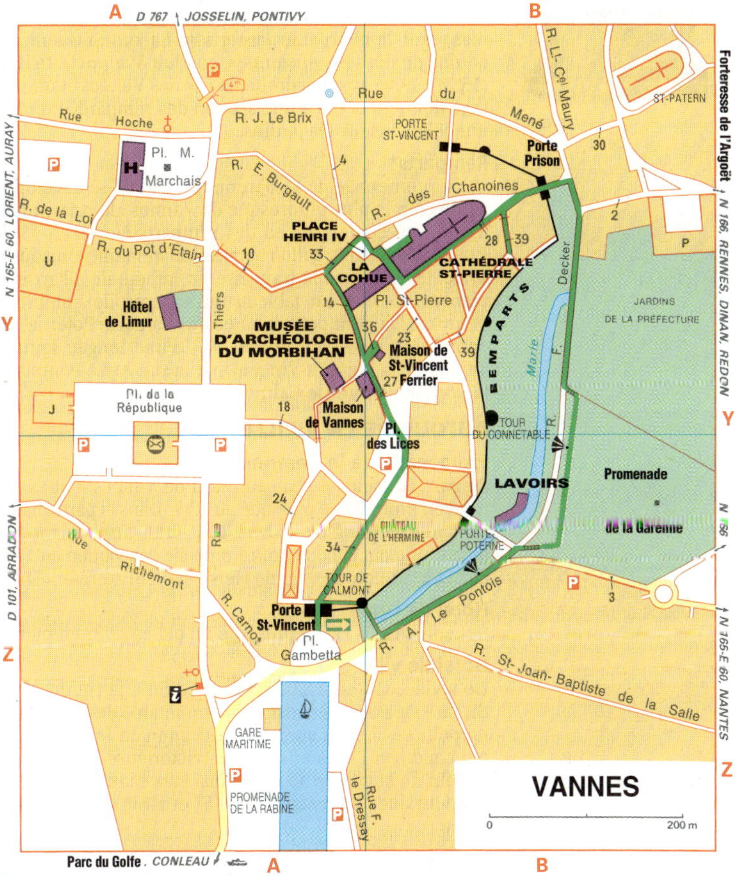

Allain Legrand (R.) .... BY 2
Bazvalan (R. J. de) .... BZ 3
Billault (R.) .... AY 4
Closmadeuc (R.) .... AY 10
Halles (R. des) .... AY 14
Le Hellec (R.) .... AY 18
Le-Brix (R. J.) .... AY
Méné (R. du) .... ABY
Monnaie (R. de la) .... BY 23
Poissonnerie (R. de la) .... AZ 24
Rogue (R.) .... BY 27
St-Guenaël (R.) .... BY 28
St-Nicolas (R.) .... BY 30
St-Salomon (R.) .... AY 33
St-Vincent-Ferrier (R.) .... AZ 34
Valencia (Pl.) .... BY 36
Vierges (R. des) .... BY 39

La Cohue★

La Cohue est le terme fréquemment employé en Bretagne pour désigner les halles, le lieu de commerce et de la justice. Au 13e s., la salle basse abritait une foule de petites échoppes, tandis que dans la salle haute siégeait la justice ducale. À partir de 1675, le parlement de Bretagne, exilé à Vannes, y tint ses séances. Il fut remplacé à la Révolution, et jusque dans les années 1950, par un théâtre.

Restauré avec élégance, ce bâtiment est devenu le **musée des Beaux-Arts** *(voir partie « visiter »)*.

Cathédrale St-Pierre★

Elle fut érigée du 13e au 19e s. La tour gauche, surmontée d'une flèche moderne, est le seul souvenir de la construction d'origine. La chapelle en rotonde, qui fait saillie sur le mur de la nef, est traitée dans le style de la Renaissance italienne, ce qui est rare en Bretagne ; elle a été construite en 1537.

G. Targat/MICHELIN

Le reliquaire de St-Vincent.

Entrez dans l'église par le beau portail du transept (gothique flamboyant, avec niches Renaissance). À l'entrée, à gauche, un tableau évoque la mort de **saint Vincent Ferrier** en présence de la duchesse de Bretagne. Dans la 2e chapelle du bas-côté gauche se trouve son tombeau. La chapelle absidiale ou chapelle du Saint-Sacrement, et les chapelles de la nef abritent des autels, retables, tombeaux, statues des 17e et 18e s. La nef (15e s.) a perdu une part de son caractère d'origine : les lourdes voûtes du 18e s. ont réduit son élévation tout en masquant la charpente lambrissée.La rue St-Guenhaël, bordée de maisons anciennes, conduit à la **porte Prison** (15e s.). Juste avant, à droite, la rue des Vierges et un passage donnent accès à une section des remparts qui offre une jolie vue sur les jardins.

Remparts★

De la promenade de la Garenne, la **vue★★** se développe sur le coin le plus pittoresque de Vannes : le ruisseau (la Marle) qui coule au pied des remparts élevés au 13e s. sur des vestiges gallo-romains et remaniés jusqu'au 17e s., les jardins à la française, la cathédrale à l'arrière-plan composent un tableau qui a tenté de nombreux peintres. Du petit pont conduisant à la porte Poterne, on domine de vieux **lavoirs★** ourlés d'une longue toiture. Rejoignez la porte St-Vincent par la rue A.-Le-Pontois et le pont de la tour de Calmont.

AUTOUR DE LA VIEILLE VILLE

Promenade de la Garenne

Le parc de l'ancien château ducal de Vannes a été aménagé en promenade publique au 17e s. Dans la partie haute du jardin, le long du mur, à gauche du monument aux morts, une plaque de marbre rappelle l'exécution en 1795 de M. de Sombreuil, Mgr de Hercé et de 14 autres émigrés.

Hôtel de Limur

Cet édifice (fin 17e s.) présente un bel escalier en pierre.

Hôtel de ville

De style néo-Renaissance, il fut édifié à la fin du 19e s. En face, la **statue** équestre du connétable de Richemont rappelle ce chef de guerre, compagnon de Jeanne d'Arc, qui conduisit l'armée française, victorieuse des Anglais, à la fin de la guerre de Cent Ans. Succédant à son frère, il devint duc de Bretagne en 1457 et mourut l'année suivante.

Contrairement aux apparences, les vieux lavoirs de Vannes ne datent que du début du 19e s.

visiter

Musée des Beaux-Arts – ☎ *02 97 01 63 00 - de mi-juin à fin sept. : 10h-18h ; de déb. oct. à mi-juin : 13h30-18h - fermé j. fériés (sf 14 Juil. et 15 août) - 4 €.*
La Cohue, restaurée avec élégance, accueille de la statuaire religieuse, des peintures du 19e s. et des œuvres contemporaines. Dans la **galerie des Beaux-Arts** *(1er étage)*, la salle du Tribunal (1550), jadis siège de juridiction du présidial, comporte une belle charpente en chêne. Elle rassemble des œuvres de peintres régionaux des 19e et 20e s. (Jules Noël, Henri Moret, Flavien Peslin, Félix Bouchor), consacrées à la Bretagne.

Musée d'Histoire et d'Archéologie★

☎ *02 97 01 63 00 - 14 mai-14 juin : 13h30-18h ; 15 juin-1er oct. : 10h-18h - fermé 2 oct.-13 mai - 3,50 € (-12 ans gratuit).*
Le château Gaillard (15e s.) a abrité pendant quelque temps le parlement de Bretagne.
Le musée est très riche en objets préhistoriques provenant, pour la plupart, des premières fouilles des mégalithes du Morbihan – Carnac, Locmariaquer, presqu'île de Rhuys – qui permirent de mettre au jour de très belles pièces. Une salle rassemble des objets d'art en tous genres, du 13e au 18e s. Au 2e étage, étonnant **cabinet de travail** du 17e s., dont les boiseries sont peintes sur le thème des « Pères du Désert ».

À NE PAS MANQUER
La remarquable collection d'objets préhistoriques : **colliers**, bracelets, **haches** polies, épées, et de curieux anneaux-disques.

Parc du golfe

Situé à la sortie du port de plaisance, il est le point de départ des promenades en bateau.

Aquarium du Golfe★ – ☎ *02 97 40 67 40 - www.aquarium-du-golfe.com - ♿ - juil.-août : 9h-19h30 ; fév.-juin et sept.-oct. : 10h-12h30, 14h-18h30 ; nov.-janv. : 14h-18h - fermé 1er janv. et 25 déc. - 8,50 € (4-11 ans 5,50 €).*
Dans plus de cinquante bassins où les milieux naturels ont été reconstitués, évoluent un millier de poissons provenant de toutes les eaux du monde. Un bassin de 35 000 l recrée un récif corallien avec ses nombreuses espèces de poissons. Une grande fosse, que l'on peut découvrir depuis une passerelle transparente au ras de l'eau, présente les requins de récif, des tortues géantes et, spectacle exceptionnel, un énorme poisson-scie de 3 m.

Capitaine d'un jour – ☎ *02 97 40 40 39 - ♿ - 9h-18h30 - possibilité de visite guidée (1h30) - fermé janv. et 25 déc. - 6 € (enf. 4,50 €).*
Marins, moussaillons et autres passagers sont invités à découvrir le riche patrimoine naturel et maritime du golfe du Morbihan : ostréiculture, fonds sous-marins, navigation côtière, construction navale...

Jardin aux Papillons – ☎ *02 97 46 01 02 - www.jardinauxpapillons.com - ♿ - juil.-août : 10h-19h30 ; avr.-juin et sept. : 10h-12h30, 14h-18h30 - fermé reste de l'année - 7 € (enf. 5 €).*
Le visiteur se promène librement au milieu d'une multitude de papillons vivants, dans un décor d'arbres tropicaux et d'arbustes fleuris. Dans les éclosoirs, il peut suivre les transformations successives de la chrysalide.

alentours

Presqu'île de Conleau★

5 km, plus une 1/2h à pied. Sortir par la promenade de la Rabine au Sud. Après avoir franchi l'estuaire du Vincin, on entre dans la presqu'île de Conleau.

Conleau – Depuis ce port bien situé à l'embouchure du Vincin, on peut s'embarquer pour l'île d'Arz. On atteint la plage : belle vue entre la pointe de Langle, à gauche, et la pointe de Kerguen, à droite, sur l'île de Boëdic.

E. Quéméré/PHOTONONSTOP

La presqu'île de Conleau est un site splendide et calme.

Presqu'île de Séné

10 km au Sud. Quitter Vannes par la rue Ferdinand-le-Dressay qui longe la rive gauche du port, puis tourner à gauche.

Séné – Anciennement connu pour ses bateaux de pêche typiques, à deux voiles, les sinagots (un des derniers exemplaires mouille dans le port), le bourg conserve sa vocation maritime.

À la sortie de Séné, tourner à droite en direction de Bellevue et Port-Anna.

Les anciens marais salants (près de 220 ha) sont devenus depuis peu un havre de paix pour les milliers d'oiseaux migrateurs ou non de la région.

M. Guillou/MICHELIN

L'avocette élégante (45 cm) se nourrit en sabrant l'eau de son bec gracieux et pointu.

La **réserve naturelle de Séné** (410 ha) a mis en place sept observatoires, dont trois en accès libre (suivre balisage rouge). Le sentier balisé en jaune est accessible seulement pendant les horaires d'ouverture.

Le **centre d'accueil** *(suivre les panneaux « Réserve naturelle »)* abrite des expositions et une boutique. *☎ 02 97 66 92 76 - www.reservedesene.com - juil.-août : 10h-13h, 14h-19h ; vac. de printemps : 14h-19h, dim. et j. fériés 10h-13h, 14h-19h ; fév.-mars et mai-juin : dim. et j. fériés 10h-13h, 14h-19h - fermé sept.-janv. - 4 € (-12 ans gratuit) ; topoguide de la réserve disponible au Centre Nature 2 €.*

Port-Anna – Ce petit port, où se côtoient bateaux de pêche et de plaisance, commande l'étroit goulet qu'empruntent les bateaux ralliant Vannes.

Revenir dans Bellevue et prendre à droite vers l'embarcadère.

Embarcadère – Réservé aux marchandises destinées à l'île d'Arz. Du parc de stationnement, la **vue**★ se développe sur la rivière de Vannes, la presqu'île de Conleau à gauche, Séné, sur la droite, au fond de l'anse.

Château du Plessis-Josso

15 km à l'Est. Quitter Vannes par la N 165-E60 en direction de Nantes ; 3 km après Theix, prendre à gauche la D 183 en direction de Sulniac. www.chateaux-france.com/-plessisjosso - visite guidée (40mn) de déb. à mi-juil. : 1 ou 2 visites l'apr.-midi ; de mi-juil. à fin août : 14h-18h30 ; visite guidée sur demande (la veille ou le mat.) sept. : Journées du patrimoine : sam. 14h-19h, dim. 10h30-12h, 14h-19h - fermé 20 sept.- 30 juin - 5 €.

Ce charmant manoir fortifié bâti dans un agréable cadre de verdure à proximité d'un étang, est le témoin de l'évolution de la vie dans les manoirs bretons. Il se compose de trois parties construites à des époques différentes : une maison forte du 14e s., un corps de logis avec tour d'escalier polygonale du 15e s. et un pavillon Louis XIII. Visitez la grande salle basse, la chambre d'apparat et les cuisines.

Grand-Champ

19 km au Nord-Ouest. Quitter Vannes par la rue Hoche et prendre la D 779.

L'**église** possède, dans la nef, deux panneaux en bois sculpté provenant de N.-D.-de-Burgo, chapelle ruinée joliment située dans un bois, à 2 km à l'Est.

circuit

LES LANDES DE LANVAUX

Itinéraire de 55 km – environ 3h.

Quitter Vannes par la rue du Maréchal-Leclerc et prendre la N 166 vers l'Est. À 14 km, tourner à gauche vers la forteresse de Largoët.

Forteresse de Largoët★

Il faut parcourir environ 800 m à pied pour rejoindre le site. ☎ 02 97 53 35 96 - juin-sept. : 10h30-12h10, 14h20-18h30 ; mars-mai et 23-31 oct. : w.-end et j. fériés 14h-18h30 ; vac. scol. : 14h-18h30 - fermé mar. (sf juil.-août) - 4 € (-10 ans gratuit).

Également appelée « tours d'Elven », la forteresse appartenait au sire de Rieux, conseiller du duc François II, puis tuteur de sa fille Anne de Bretagne. Quand les troupes du roi de France Charles VIII envahirent la Bretagne en 1488, toutes les places fortes du maréchal, y compris celle de Largoët, furent incendiées.

L'arrivée est assez spectaculaire. L'imposant ensemble fortifié (14e et 15e s.) est en partie ruiné mais a conservé son châtelet d'entrée du 15e s. aux armes des Rieux, une tour *(à gauche)* très bien restaurée, ainsi qu'un impressionnant **donjon★** de plus de 45 m de haut *(escalier déconseillé aux personnes âgées et aux enfants)*. La promenade sur la digue de l'étang permet de contempler les tours se reflétant dans l'eau, au milieu d'un beau cadre forestier.

À la sortie d'Elven, prendre à gauche la D 1.

J. Malburet/MICHELIN

Du château fort de Largoët subsiste un impressionnant donjon octogonal (14e s.), haut de 45 m, dont les murs ont 6 à 9 m d'épaisseur.

Landes de Lanvaux

Cette longue crête schisteuse, inculte au siècle dernier, est devenue un belle région plantée d'arbres, riche de cultures variées et de pâturages. De nombreux monuments mégalithiques y ont été découverts.

Après l'imposant château de Trédion (très remanié au 19e s.), tourner à droite, traverser l'agglomération, puis prendre à gauche en haut de la place.

ENVIE DE FRAÎCHEUR ?
Si on ne visite pas le château, on peut profiter du beau **parc** paysager (22 ha) de Trédion.

Callac

Avant une bifurcation, sur la gauche de la route, est creusée une « grotte de Lourdes ». À sa gauche commence un sentier en pente raide qui gravit la colline. Ce chemin de croix est bordé de stations composées de groupes en granit, de taille humaine. Du pied du calvaire, la vue s'étend sur les landes de Lanvaux. La descente s'effectue par un autre sentier qui passe à proximité de la chapelle.

Prendre le chemin de gauche. À sa rencontre avec la route de Plumelec, tourner à gauche et, 600 m plus loin, à droite. 2 km après, suivre la D 126 vers Vannes.

St-Avé

Un calvaire et une fontaine précèdent la **chapelle N.-D.-du-Loc** (15e s.). À l'intérieur, remarquez les sculptures des engoulants, ces gueules d'animaux ouvertes aux extrémités des pièces de bois. Au milieu de la nef, le calvaire à personnages est surmonté d'un dais en bois. *De mi-juil. à fin août : mar. merc. et vend. 14h-19h*

Poursuivre par la D 126 jusqu'à Vannes.

Vitré★★

Vitré est la ville de Bretagne qui a le mieux conservé son aspect d'autrefois : remparts et ruelles n'ont guère changé depuis cinq cents ans. Bâtie sur un éperon, la « ville close » possède un beau château fort : fièrement campé à la pointe d'un promontoire, c'est un parfait exemple d'architecture militaire médiévale.

La situation

Carte Michelin Local 309 O6 – Ille-et-Vilaine (35). À l'Est de Rennes et au Sud de Fougères, Vitré se situe à l'intersection des D 857 et D 178.

Pl. du Général-de-Gaulle, 35500 Vitré, ☎ 02 99 75 04 46. www.ot-vitre.fr

Le nom

On sait que la ville se nommait *Vitriacus* vers l'an 1000.

Les gens

15 313 Vitréens. Marie de Rabutin-Chantal (1626-1696), marquise de Sévigné, y séjourna plusieurs fois.

comprendre

Toiles de chanvre et bas de fil – Du 15e au 17e s., Vitré fut une des plus actives cités bretonnes. Ses draps de laine, ses toiles de chanvre et ses bas de fil se vendaient en France, en Angleterre, en Allemagne, en Espagne et jusqu'en Amérique et aux Indes. Groupés au sein de la confrérie des Marchands d'outre-mer, les commerçants vitréens construisent à cette époque les riches demeures à pans de bois que l'on voit encore.

La carrière de Pierre Landais – Vers le milieu du 15e s., Pierre Landais, tailleur d'habits de Vitré, est remarqué par le duc François II qui en fait son « garde-robier ». Habile, il poursuit son ascension, devient trésorier général du duché et conseiller du souverain de Bretagne. Méfiants à l'égard de ce parvenu qui fait abolir des droits féodaux, noblesse et clergé nouent une conjuration soutenue par le roi de France. Le duc se voit contraint de sacrifier son conseiller : Landais est saisi au château de Nantes. Soumis à la question, il reconnaît tous les chefs d'accusation et termine sa carrière au gibet de Nantes, en 1485.

Les sabots des destriers des preux chevaliers vitréens pourraient encore résonner dans la cité.

carnet pratique

Se loger

⊜ **Hôtel du Château –** *5 r. Rallon - ☎ 02 99 74 58 59 - http://perso.wanadoo.fr/hotel-du-chateau/ - fermé vac. de Toussaint - 24 ch. 36,50/51 € - ☕ 6 €.* Comme le laisse présager l'enseigne, ce petit hôtel familial est posté au pied du château. Certaines chambres bénéficient d'ailleurs d'une jolie vue sur cet édifice médiéval. D'importants travaux ont permis d'aménager un patio pour les petits-déjeuners. Accueil chaleureux.

Se restaurer

⊜ **Crêperie La Gavotte –** *7 r. des Augustins (dir. Fougères) - ☎ 02 99 74 47 74 - la.gavotte-vitre@wanadoo.fr - fermé 1ère sem. de mars, 1ère sem. de juin, lun.-mar. sf juil.-août et vac. scol. - 9,50/12 €.* À défaut de vous initier à la fameuse danse bretonne, vous pourrez découvrir les galettes traditionnelles de blé noir, les crêpes de froment et les cidres régionaux dans le décor typique de ce restaurant situé au pied du château. Les produits biologiques y sont privilégiés.

⊜ **Auberge du Château –** *34 r. d'En-Bas - ☎ 02 99 75 01 83 - fermé vac. de Toussaint - 10/15,80 €.* Restaurant installé dans une rue pittoresque du vieux Vitré. Deux salles à manger : l'une, égayée de couleurs pimpantes, conserve pierres et poutres d'origine ; l'autre, située à l'étage, ménage une vue sur le château. Cuisine traditionnelle ; salon de thé ouvert en fin de semaine.

⊜⊜ **Le Pichet –** *17 bd Laval - ☎ 02 99 75 24 09 - le.pichet@laposte.net - fermé 28 juil.-18 août, merc. soir, jeu. soir et dim. - réserv. obligatoire - 15,50/35 €.* Dans une demeure moderne en pierres de taille, salle à manger moderne et claire dont les larges baies vitrées s'ouvrent sur un jardin paysagé où l'on dresse quelques tables à la belle saison. En hiver, repas au coin du feu.

⊜⊜ **Le Potager –** *5 pl. du Gén.-Leclerc - ☎ 02 99 74 68 88 - restaurant_lepotager@wanadoo.fr - fermé sam. midi, dim. soir et lun. - 15,80/29 €.* Ce Potager là est situé à deux pas de la gare. Expositions de tableaux et murs égayés de couleurs aubergine, orange et vert agrémentent le séduisant décor contemporain du restaurant où l'on sert une cuisine dans l'air du temps. Au bistrot, cadre charmant et formule renouvelée quotidiennement.

⊜⊜ **Ferme-auberge la Garde –** *La Garde - 35220 St-Didier - 12 km au SO de Vitré par D 857, dir. Châteaubourg et à gauche par D 105 - ☎ 02 99 00 90 09 - www.aubergeetfermeauberge.com - fermé 25 déc. - ⊠ - réserv. obligatoire - 17/30 €.* Foie gras, terrine maison, magret, confit, porc grillé au feu de bois et volaille de la ferme sont à déguster dans un cadre simple et une ambiance familiale sans chichi. Un bon cidre local pourra accompagner votre repas. Vente à emporter.

En soirée

Bon à savoir – La rue d'En-Bas est la rue des bars et des restaurants. Plusieurs bars de nuit comme l'Aston Bar ou le Nain Jaune, sont très fréquentés par la jeunesse vitréenne.

Au Vieux Vitré – *1 r. d'En-Bas - ☎ 02 99 75 02 52 - tlj sf dim. et lun. 10h-1h - fermé 25 déc.* C'est la seule maison privée de Vitré classée monument historique ; la façade et la cheminée datent du 16e s. Signe des temps, c'est aujourd'hui un bar-pizzeria-crêperie, tenu par un couple chaleureux et dynamique.

Bar du Château des Rochers-Sévigné – *Les Rochers - ☎ 02 99 96 52 52 - golf.vitre@wanadoo.fr - lun.-vend. 9h-12h, w.-end 9h-20h - fermé lun. en hiver, 25 déc. et 1er janv.* Nul besoin d'être un adepte du green pour accéder au charmant bar du golf établi dans les anciennes écuries du château des Rochers, où séjourna régulièrement Mme de Sévigné. De la terrasse, vous pourrez admirer cette magnifique demeure tout en prenant un verre.

Sports & Loisirs

ANCPV – *Bassin de Haute-Vilaine - ☎ 02 99 76 74 44 - ancpv@wanadoo.fr - été : tlj sf w.-end 10h-12h, 14h-20h ; vac. scol. : 9h-17h ; hors vac. scol. : merc. et sam. 14h-17h - fermé déc.* Cette base nautique permet de pratiquer le dériveur, la planche à voile, et l'aviron... Location possible. Stages initiation et perfectionnement.

G. Targat/MICHELIN

découvrir

LE CHÂTEAU**

☎ 02 99 75 04 54 - www.mairie-vitre.fr - mêmes conditions de visite que le château des Rochers-Sévigné - billet combiné avec les 4 musées de Vitré.

Le premier château datait du 11e s., il fut rebâti aux 13e, 14e et 15e s. L'entrée est défendue par un pont-levis

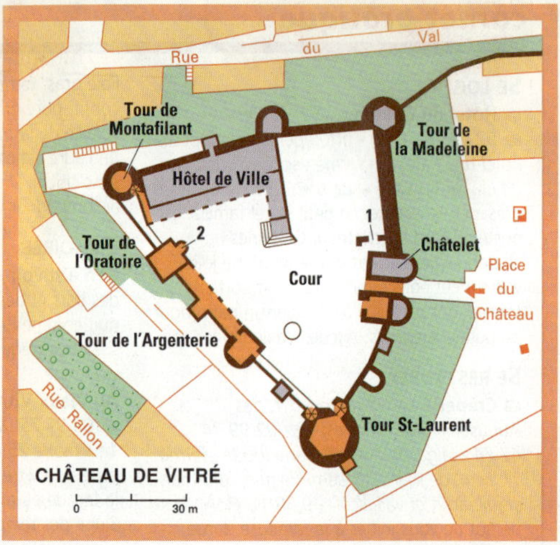

Quel coup d'œil !
Les 82 marches de la tour de Montafilant mènent à une plate-forme d'où l'on a une superbe **vue★** sur la ville, les quartiers des Tertres-Noirs et du Bourg-aux-Moines, la Vilaine et une ancienne tannerie.

et un puissant châtelet flanqué de deux grosses tours à mâchicoulis. À l'angle Sud se dresse le donjon ou tour St-Laurent, à l'angle Nord-Est la tour de la Madeleine, à l'angle Nord-Ouest la tour de Montafilant *(accès lors des visites guidées)*. Ces divers ouvrages sont reliés par une enceinte que renforcent d'autres tours.

Dans la cour, sur la droite, un porche roman **(1)** présente des claveaux de couleurs alternées (granit roux et schiste noir) ; l'hôtel de ville (1913) est adossé au front Nord ; devant soi, on remarque, sur la tour de l'Oratoire, un élégant oratoire Renaissance **(2)**.

La tour St-Laurent abrite, entre autres, des sculptures des 15e et 16e s. provenant de maisons de Vitré : une belle cheminée d'une maison de la rue de la Poterie a été remontée. On voit aussi le tombeau de Gui X, seigneur de Laval et de Vitré (15e s.), des tapisseries des Flandres (16e s.) et d'Aubusson (17e s.).

La tour de l'Argenterie conserve un cabinet de curiosités dont la collection d'histoire naturelle remonte à la fin du siècle dernier.

Rejoindre, par la courtine, la tour de l'Oratoire, où un beau **triptyque★** du 16e s. est orné de trente-deux plaques d'émaux de Limoges.

se promener

CIRCUIT URBAIN★

Partir de la place du Château, prendre la rue Notre-Dame, puis tourner à droite.

Rue de la Baudrairie★★

Cette rue, qui tire son nom de la confrérie des baudroyeurs ou artisans du cuir, est la plus curieuse de Vitré. Chaque maison mérite d'être détaillée.

Rue d'En-Bas

On y voit de nombreuses maisons à pans de bois. Au n° 10 se dresse l'ancien **hôtel du Bol d'Or** (1513) dont la tourelle d'escalier flanquée d'un pavillon carré est fort curieusement coiffée.

À l'extrémité de la rue, au niveau d'une tour, prendre à gauche la promenade St-Yves. En arrivant place du Général-de-Gaulle, tourner à gauche dans la rue Garangeot.

On croise la rue Sévigné : au n° 9, hôtel du 17e s. *(en restauration)* appelé « tour de Sévigné » où habita la célèbre marquise.

Tourner à droite.

G. Targat/MICHELIN

L'hôtel du Bol d'Or.

Rue Poterie

Elle conserve de pittoresques maisons à porches et à pans de bois. Remarquez particulièrement la **maison de l'Île**, au carrefour de la rue Poterie et de la rue Sévigné.

Rejoindre à gauche la place du Marchix, puis prendre à droite la rue Notre-Dame qui conduit à la place de la République.

Remparts*

Place de la République, la tour de la Bridolle (15e s.) est couronnée de mâchicoulis. Au Sud de la ville, les remparts suivaient, un peu en retrait, l'actuelle rue de la Borderie, la place St Yves et rejoignaient le château. Il n'en reste que des fragments, enclavés dans les propriétés. Au Nord et à l'Est, l'enceinte est toujours debout.

À VOIR AUSSI
La rue de Paris s'ouvre sur la place de la République ; elle conserve des maisons anciennes.

Sur la place de la République, franchir une belle grille (à gauche) ; elle ouvre sur la promenade du Val qui fait le tour de l'enceinte. Vers le bas de l'allée, après avoir dépassé une ancienne barrière, prendre à gauche la rampe qui passe sous la poterne St-Pierre ; suivre la rue du Bas-Val, en montée, et tourner à droite en arrivant sur la place, puis à gauche dans la rue Notre-Dame.

Église Notre-Dame*

Édifice des 15e et 16e s. La partie la plus curieuse est la façade Sud avec ses sept pignons décorés de pinacles, sa chaire extérieure et ses deux portes finement sculptées.

À L'INTÉRIEUR
De nombreux retables, un beau vitrail Renaissance figure l'entrée du Christ à Jérusalem, dans le bas-côté droit *(3e travée)*.

Avancez-vous dans la rue Notre-Dame pour admirer, au n° 27, l'ancien hôtel Hardy ou de la Troussanais (16e s.) aux porches et lucarnes finement ouvragés.

Faire demi-tour et gagner la place du Château.

QUARTIERS PÉRIPHÉRIQUES

Faubourg du Rachapt

Pendant la guerre de Cent Ans, ce faubourg fut occupé plusieurs années par les Anglais, alors que la ville et le château résistaient à toutes les attaques. Les Vitréens achetèrent le départ des envahisseurs, d'où le nom donné à l'agglomération.

Au pied du château, ce faubourg traverse la vallée de la Vilaine et escalade le flanc Nord. En suivant la rue Pasteur, on a une vue panoramique sur la rivière et le **Pré des Lavandières**.

PIQUE-NIQUER
Le Pré des Lavandières offre un espace naturel qui permet de pique-niquer agréablement face aux anciens lavoirs. Autre possibilité, le Jardin du Parc, verdoyant jardin de style anglais étendu sur 7 ha et agrémenté, entre autres, d'un kiosque à musique.

Argentré (R. B.-d') .... B 2
Augustins (R. des) .... A 3
Bas-Val (R. du) .... A 4
Baudrairie (R.) .... A 5
Borderie (R. de la) .... B
En-Bas (R. d') .... A 8
Garengeot (R.) .... B 12
Gaulle (Pl. Gén.-de) .... B 13
Jacobins (Bd des) .... B 15
Leclerc (Pl. Gén.) .... B 17
Liberté (R. de la) .... B 18
Notre-Dame (Pl. et R.) .... B 20
Paris (R. de) .... B
Pasteur (R.) .... A
Poterie (R.) .... B
Rochers (Bd des) .... B 22
St-Louis (R.) .... AB 23
St-Yves (Pl.) .... A 25
Sévigné (R.) .... B 26
70e R.-I. (R. du) .... B 27

Maison de l'Île .... B B
Tour de la Bridolle .... B D

Musée St-Nicolas

Entrer par la petite porte à gauche et longer la chapelle. Cette chapelle du 15e s. conserve des peintures murales des 15e s. et 16e s. et abrite un musée d'art sacré. Le maître-autel en bois doré est du 18e s. ☎ *02 99 75 04 54 - www.mairie-vitre.fr - Juil.-sept. : 10h-18h, possibilité de visite guidée ttes les h ; avr.-juin : 10h-12h, 14h-17h30 ; oct. et fév.-mars : 10h-12h, 14h-17h30, w.-end 14h-17h30 ; nov.-fév. : tlj sf mar. 10h-12h, 14h-17h30, w.-end et lun. 14h-17h30 ; - fermé 1er janv., dim. de Pâques, 1er nov. et 25 déc. - 4 € (7-15 ans 2,50 €), billet combiné avec les 4 musées de Vitré, gratuit Printemps des musées.*

Tertres Noirs★★

Accès par la rue de Brest et le chemin des Tertres-Noirs, à droite après le pont sur la Vilaine.

De ce terre-plein ombragé de sapins et de marronniers, on jouit d'une belle **vue**★★ sur Vitré, son site et son château.

Jardin du Parc★

Par ③ du plan.

Agréable jardin de style anglais, très bien entretenu, avec plan d'eau.

GIRAUDON

Le château des Rochers, domaine de la marquise de Sévigné, un but de pèlerinage littéraire pour les admirateurs des fameuses « Lettres ».

alentours

Musée de la Faucillonnaie

À Montreuil-sous-Pérouse, 5 km au Nord. Quitter Vitré par ⑤ du plan et suivre le fléchage. ☎ *02 99 75 04 54 - www.mairie-vitre.fr - juil.-sept. : 10h-18h, possibilité de visite guidée (1h) juil.-août 10h-18h (ttes les h. ; avr.-juin : 10h-12h, 14h-17h30 ; oct. : 10h-12h, 14h-17h30, w.-end. 14h-17h30 ; nov.-fév. : tlj sf mar. 10h-12h, 14h-17h30, w.-end et lun. 14h-17h30 - fermé 1er janv., dim. de Pâques, 1er nov. et 25 déc. - 4 € (7-15 ans 2,50 €), billet combiné avec les 4 musées de Vitré, gratuit Printemps des musées.*

Ce manoir des 15e et 17e s. (remarquez le bel **escalier** en bois) combine la présentation de salles de ferme au rez-de-chaussée et le décor des maisons de maître à « l'étage noble ». Beaux exemples de coffres.

Château des Rochers-Sévigné

6,5 km au Sud-Est. Quitter Vitré par ② du plan. À 6 km de la ville, à la sortie d'un bois, prendre à gauche l'allée du château. ☎ *02 99 75 04 54 - www.mairie-vitre.com - visite guidée (1h) juil.-sept. : 10h-18h ; avr.-juin : 10h-12h, 14h-17h30 ; oct. et de mi-fév. à fin mars : 10h-12h, 14h-17h30, w.-end 14h-17h30 ; de déb. nov. à mi-fév. : tlj sf mar. 10h-12h, 14h-17h30, w.-end et lun. 14h-17h30 - fermé 1er janv., dim. de Pâques, 1er nov. et 25 déc. - 4 € (7-15 ans 2,50 €), billet combiné avec les 4 musées de Vitré, gratuit Printemps des musées.*

Construit au 15e s. et remanié au 17e s., le **château** est formé de deux ailes en équerre. Outre la chapelle construite en 1671 pour le « bien bon » abbé de Coulanges, oncle maternel de la marquise, on visite deux pièces dans la grosse tour Nord. Dans le cabinet Vert, on voit encore quelques objets familiers de Mme de Sévigné : des tableaux de famille, son portrait et, dans une vitrine, des autographes et divers documents.

AMUSANT

Le mur en hémicycle du jardin produit l'écho que Mme de Sévigné appelait « ce petit rediseur de mots jusque dans l'oreille ». Cet écho est double *(occupez les emplacements marqués par des pierres).*

◀ Le **jardin à la française** a été refait d'après les dessins de Le Nôtre. Au-delà s'étend le grand parc boisé, traversé par des allées dont les noms évoquent la marquise et son milieu littéraire : le Mail, la Solitaire, l'Infini...

La marquise de Sévigné aux Rochers

La marquise venait y faire de fréquents séjours, beaucoup par raison d'économie, son mari et son fils ayant dilapidé les trois quarts de ses revenus. À partir de 1678, elle y demeure presque continuellement, mais elle s'éteint chez sa fille, à Grignan, dans la Drôme, en 1696.

Les lettres de la marquise permettent de reconstituer la vie qu'on menait aux Rochers. Lever à 8h, messe à 9h dans la chapelle, promenade, déjeuner. L'après-midi, travaux d'aiguille, promenade, causerie, correspondance. Charles, le fils de la marquise, fait la lecture dont les séances durent parfois cinq heures – on ne sait trop ce qu'il faut le plus admirer : le souffle du lecteur ou la résistance des auditeurs. Dîner à 20h. Charles reprend ensuite la lecture et le cercle se rompt à 22h, la marquise lit ou écrit dans sa chambre jusqu'à minuit.

Champeaux★

9 km à l'Ouest. Quitter Vitré par ④ du plan. À 2 km de la ville, tourner à droite (D 29).

La **place★** du village compose un harmonieux tableau avec son église collégiale, sa mairie coiffée d'un grand toit à quatre pans, ses maisons, anciennes demeures des chanoines, groupées autour du puits du Chapitre.

La **collégiale** (14e et 15e s.), à nef unique, présente des **stalles★** à baldaquin de la Renaissance et une élégante porte de même époque qui donne accès à la sacristie, ancienne salle capitulaire. Deux beaux **vitraux★** Renaissance de fabrication rennaise retiennent également l'attention, l'un dans l'abside représente la Passion du Christ, l'autre dans la sacristie figure le sacrifice d'Abraham. Dans la nef, la chapelle de droite abrite un retable du 17e s. illustrant des scènes de la Passion, et celle de gauche une Vierge du 14e s., tous les deux en bois polychrome.

L'été, il fait bon flâner dans le **parc du Boiscornillé**, à 5 km au Nord de Champeaux par Val-d'Izé. De grands paysagistes - les frères Bülher en 1872, puis Édouard André - ont donné rigueur et fantaisie à ce domaine où se cache un étang muré, avec ses chênes d'Amérique et ses petits ponts de bois. ☏ *06 07 79 11 32* - ♿ - *du 1er dim. de juil. au 1er dim. de sept. : 10h-19h - 3 €.*

Notes

Des vacances tout en douceur

Partir en famille dans des lieux uniques et profiter de locations de standing et de services à la carte, c'est tout l'esprit Pierre & Vacances. 90 destinations d'exception vous attendent en France, en Italie, en Espagne et aux Antilles, pour un séjour unique en toute indépendance.

Informations et réservations au
0 825 095 471
(0,15€/min de France métropolitaine)
ou sur
www.pierreetvacances.com

Pierre & Vacances
LES VACANCES QUI ONT L'ESPRIT DE FAMILLE

Pierre & Vacances Maeva Distribution - S.A. au capital de 1 488 855 ¤ - 314 283 326 RCS Paris - Licence d'agence de voyages n° LI 075 95 0182
Garantie financière : B.E.S.E.D.V. - RC professionnelle : AXA - Photographie : Getty Images.C. Ichou/Le Studio. Jean-Marc Lecerf.

Notes

Découvrez la France

Avec
Jean-Patrick Boutet
«Au cœur des régions»

Frédérick Gersal
«Routes de France»

france info

nouveau france info, prenez de l'avance

Index

Concarneau ....Villes, curiosités et régions touristiques.
Du Guesclin ....Noms historiques et termes faisant l'objet d'une explication.

Les curiosités isolées (châteaux, abbayes, barrages, dolmens, pointes, rochers...) sont répertoriées à leur propre nom.

Manufacture française des pneumatiques Michelin
Société en commandite par actions au capital de 304 000 000 EUR
Place des Carmes-Déchaux – 63 Clermont-Ferrand (France)
R.C.S. Clermont-Fd B 855 200 507

Toute reproduction, même partielle et quel qu'en soit le support,
est interdite sans autorisation préalable de l'éditeur.

© Michelin et Cie, Propriétaires-éditeurs
Dépôt légal Février 2006 – ISSN 0293-9436
Printed in France 01-06/8.1

Conception graphique : Christiane Beylier à Paris 12e

ViaMichelin

Votre meilleur souvenir de voyage

Avant de partir en vacances, en week-end ou en déplacement professionnel, préparez votre itinéraire détaillé sur www.ViaMichelin.com. Vous pouvez comparer les parcours proposés, sélectionner vos étapes gourmandes, afficher les cartes et les plans de ville le long de votre trajet. Complément idéal des cartes et guides MICHELIN, ViaMichelin vous accompagne également tout au long de votre voyage en France et en Europe : solutions de navigation routière par GPS, guides MICHELIN pour PDA, services sur téléphone mobile,...

Pour découvrir tous les produits et services :

www.viamichelin.com

BUCH CORPORATE - www.buchco.fr

MICHELIN
Une meilleure façon d'avancer

**Le Guide Vert propose 24 guides sur les régions françaises.
Ces guides sont mis à jour tous les ans.
Toutes les informations sont alors actualisées et vérifiées sur le terrain.**

ÉCRIVEZ-NOUS ! TOUTES VOS REMARQUES NOUS AIDERONT À ENRICHIR NOS GUIDES !

Merci de renvoyer ce questionnaire à l'adresse suivante :
Michelin, Questionnaire Le Guide Vert, 46 avenue de Breteuil,
75324 Paris Cedex 07

En remerciement, les auteurs des 100 premiers questionnaires recevront en cadeau la carte Local Michelin de leur choix !

Titre acheté : ....

Date d'achat (mois et année) : ....

Lieu d'achat (librairie et ville) : ....

1) Aviez-vous déjà acheté un Guide Vert Michelin ? oui ❑ non ❑

2) Quels sont les éléments qui ont motivé l'achat de ce guide ?

	Pas du tout important	Peu important	Important	Très important
Le besoin de renouveler votre ancien guide	❑	❑	❑	❑
L'attrait de la couverture	❑	❑	❑	❑
Le contenu du guide, les thèmes traités	❑	❑	❑	❑
Le fait qu'il s'agisse de la dernière parution (2006)	❑	❑	❑	❑
La recommandation de votre libraire	❑	❑	❑	❑
L'habitude d'acheter la collection Le Guide Vert	❑	❑	❑	❑

Autres : ....

....

Vos commentaires : ....

....

....

3) Avez vous apprécié ?	Pas du tout	Peu	Beaucoup	Énormément
Les conseils du guide (sites et itinéraires conseillés)	❑	❑	❑	❑
La clarté des explications	❑	❑	❑	❑
Les adresses d'hôtels et de restaurants	❑	❑	❑	❑
La présentation du guide (clarté et plaisir de lecture)	❑	❑	❑	❑
Les plans, les cartes	❑	❑	❑	❑
Le détail des informations pratiques (transport, horaires d'ouverture, prix....)	❑	❑	❑	❑

Vos commentaires : ....

....

....

4) Quelles parties avez-vous utilisées ?
Quels sites avez-vous visités ?

....

....

....

....

....

5) Renouvellerez-vous votre guide lors de sa prochaine édition ?

Oui ❑ Non ❑

Si non, pourquoi ? ....

....

....

....

6) Notez votre guide sur 20 :

7) Vos conseils, vos souhaits, vos suggestions d'amélioration :

....

....

....

....

....

....

8) Vous êtes :

Homme ❑ Femme ❑ Âge : .... ans

Nom et prénom : ....

Adresse : ....

....

Profession : ....

Quelle carte Local Michelin souhaiteriez-vous recevoir ?
(nous préciser le département de votre choix)

....

Offre proposée aux 100 premières personnes ayant renvoyé un questionnaire complet. Une seule carte offerte par foyer, dans la limite des stocks disponibles.

VOUS AVEZ AIMÉ CE GUIDE ?
DÉCOUVREZ ÉGALEMENT LE GUIDE VERT À l'ÉTRANGER ET LES NOUVEAUX GUIDES VERTS THÉMATIQUES
(Idées de promenades à Paris, Idées de week-ends en Provence, Idées de week-ends aux environs de Paris)

Les informations récoltées sur ce questionnaire sont exclusivement destinées aux services internes de Michelin, ne feront l'objet d'aucune cession à des tiers et seront utilisées pour la réalisation d'une étude. Elles seront également conservées pour créer une base de données qui pourra être utilisée pour la réalisation d'études futures. Ce questionnaire est donc soumis aux dispositions de la loi « Informatique et Liberté » du 6 janvier 1978. Vous disposez donc d'un droit d'accès, de modification, de rectification et de suppression des données qui vous concernent. Pour exercer ce droit, il vous suffit d'écrire à MICHELIN 46, avenue de Breteuil 75007 Paris.